〈권두 해설〉

# 「시경(詩經)」에 나타난 시적 이미지와 풍(風), 아(雅), 송(頌)의 시적 작품세계

## 1. 내가 처음 「시경」을 대했을 때

우리 집은 대대로 글 읽는 집안이어서 예부터 항상 글 읽는 소리가 끊이지 않았다. 할아버지 학강(鶴岡), 재종조부, 태명(泰明), 재종숙 이당(怡堂), 이런 분들은 항상 글을 소리 높여 읽고 외웠다. 소년시절 나는 그것이 무엇인지도 모르고 그냥 지나쳐 왔는데, 지금 생각하면 그때 외우시던 것이 「시경」이란 사실을 나중에야 알게 되었다.

「關關雎鳩는 在河之洲로다. 窈窕淑女는 君子好逑로다.」

하는 바로 그 구절이었다. 그때는 그것도 모르고 그냥 무슨 글을 노래하는 식으로 외우는 것으로 알았다. 그것은 그때 연주시(聯珠詩) 같은 당시(唐詩)도 그렇게 외웠기 때문이었다.

그러다가 내가 대학에 입학했다. 문예창작과에 들어가서 시 창작을 전공했다. 그래서 시인 교수들의 강의에 열중하던 중, 그때 신석초(申石艸) 교수가 「시경」을 강의했다. 나는 그 교수의 시경을 관심 있게 들었는데, 그것은 어릴 때 집안 어른들이 노래처럼 외던 그 「시경」에 관심

이 있었기 때문이다. 나는 매우 흥미 있게 「시경」 강의를 들었다. 이것이 내가 시경을 대하는 첫 경험이었다.

## 2. 「시경」에 대하여

우리는 흔히 4서3경을 말하고 있다. 이 3경에 드는 책이 바로 「시경」이나. 예로부터 한문을 공부하는 사람들은 반드시 이 사서삼경(四書三經)을 읽고 선비가 되고, 선비가 되면 바로 과거에 응하게 되었다. 이 중의 3경에 속하는 것이 바로 이 「시경」이다. 그래서 선비 수업의 제1 조건이 「시경」을 읽어야 한다는 것이었다. 유가(儒家)에서는 이 「시경」이 필독서의 하나였던 것이다.

이 「시경」은 중국 대륙에서 가장 오래전부터 전 지역에 흩어져 입에서 입으로 전해 내려오는 것을 공자시대에 공자가 3백여 편을 수집하여 비로소 책으로 만들어진 것이다. 공자는 일찍이 이 「시경」을 편집해놓고 「詩 三百 一言以 蔽之曰 思無邪」라 하였다. 이 말은 시경에 나오는 시편들을 한마디 말로 평해서 생각에 사특함이 없다고 했으니, 여기에 나오는 시야말로 가장 순수한 내용에 순수한 표현으로 사특함이 없다고 한 말이었다. 우리가 시를 정의함에 있어서 동서양을 막론하고 여러 가지 정의가 있었는데, 동양에서 시의 정의가 바로 이 '思無邪' 라고 말하고 있다. 그러니 「시경」의 시편들이 그만큼 순수하다는 말이다.

## 3. 시경의 역사적 의의

이 「시경」은 지금부터 3천여 년 전 중국 대륙의 각지에서 백성들의 입에 회자(膾炙)되었던 민요와 군왕들이 선조에게 제사 지낼 때 부르던 하나의 아악(雅樂)이었다. 이러한 시들은 채시(採詩) · 헌시(獻詩) · 산시(刪詩) 등의 세 과정을 통하여 수집되었으며 전체의 편수 305편을 정리하여 이 「시경」을 편집했다고 한다.

우리나라 신라시대에는 향가(鄕歌)가 있었듯이 중국 대륙에는 「시경」이 있었으며, 이 시경이 중국문화에 끼친 영향은 가히 절대적 가치를 갖고 있다 할 수 있다. 지금도 중국이나 대만에 있는 각 대학에서 이 시경을 연구하여 수많은 논문이 쏟아져 나오고, 이 시경을 해설한 책이 일천 페이지가 넘는 책을 볼 수도 있다. 우리 신라에서 「향가」란 말이 바로 중국의 이 「시경」에 대치되어 부른 명칭이 아닐까 하는 생각마저 든다.

「시경」에서는 풍(風), 아(雅), 송(頌)이란 노래의 형식으로 불리어지고 있다. 풍(風)은 백성들 사이에 널리 불린 민요를 모은 것이요, 아(雅)는 하늘에 제사를 올릴 때, 궁중에서 아악으로 연주되는 음악이요, 송(頌)은 천자가 종묘에서 제사를 올릴 때 연주되던 음악이었다. 이 가운데 풍(風)이 전체 내용 가운데 절반을 차지하고 있다.

또 시경의 305편 중에 그 소재를 살펴보면, 하늘과 신(神), 작은 새들로부터 다양하고 복잡다단한 내용과 동물에서 인간에 이르기까지 아름답고 낭만적(浪漫的)이며 하늘을 경외(敬畏)하는 인간의 현실적인 면까지 아주 다양하다. 위로는 황제로부터 아래는 농부에 이르기까지 인간의 애환이 스며있어 다양한 시적(詩的) 소재를 가지고 있다 하겠다. 그래서 이 시경은 주석(注釋)이 없으면 볼 수 없다고 했다. 그 가운데 한

나라 때 모시(毛詩), 오대(五代) 때의 정현(鄭玄)의 정전(鄭箋), 당(唐)나라의 공영달(孔穎達)이 시의 소(疏)를 정리하여 당대(唐代)에 유행했고, 그 후 북송(北宋) 때 주희(朱熹)에 의하여 「시경집주(詩經集註)」가 완성되어 사람들이 이것을 교본으로 삼아왔었다.

앞에서 시경의 형식을 풍, 아, 송으로 나뉘어 널리 불리었다고 했고, 이 채집 과정에서도 이 셋으로 나누어 분류하고 있다. 그러면 그 첫째의 형식인 풍(風)에 대하여 알아보기로 한다.

## 4. 국풍(國風)을 비롯한 여러 풍요(風謠)들의 시편

「시경」을 읽다가보면 이 풍(風)이 제일 많구나 하는 느낌을 받을 때가 있다. 그것은 이 풍(風)이 절반 이상을 차지하고 있기 때문이다. 그것은 아(雅)나 송(頌)보다 훨씬 많다는 이유이기도 하다.

풍을 들여다보면 국풍에 드는 것이 주남(周南)과 소남(召南)이요, 패풍, 용풍, 위풍, 왕풍, 정풍, 제풍, 위풍, 당풍, 진풍(秦風), 진풍(陳風), 회풍, 조풍, 빈풍, 모두 15풍의 요소가 들어있다. 우선 그 내용별로 나누어보면 다음과 같다.

1. 주남(周南)과 소남(召南) → 여기의 주(周)는 나라 이름이다. 이것은 주나라 풍의 노래라는 뜻으로, 주나라에서 채취했다는 뜻이기도 하다. 그리고 여기서 남(南)은 제후(諸侯)의 나라라는 뜻이다. 후직의 13세손인 고공단보가 처음 도읍을 정한 곳이기도 하다. 무왕 때 이르러 은나라 주왕을 정벌하고 주나라를 건설하여 천하를 통일했다.

소남(召南)에서 소(召)는 지명이다. '소'의 남쪽이란 뜻이다. 이곳은 현재 옹현(雍縣)에서 기산(岐山), 천흥(天興) 두 현으로 나누어져 있다고 한다.

2. 패풍(邶風), 용풍(鄘風), 위풍(衛風) → 邶, 鄘, 衛는 모두 나라 이름이다. 원래 은나라의 수도가 그 안에 있었는데 주왕(紂王)의 땅이었다. 무왕이 주나라를 건설함으로서 주나라의 영토가 된 곳이다.

3. 왕풍(王風) → 왕은 주나라 동쪽 도읍지인 낙읍의 서울 안 사방 6백리 땅을 말한다. 주나라 초창기에는 풍 땅에 도읍했으며 호경(鎬京)으로 도읍지를 옮겼다. 주풍(周風)이라 부르지 않고 왕풍(王風)이라 부르고 있다.

4. 정풍(鄭風) → 정(鄭)은 나라 이름이다. 이곳은 원래 서울 안에 있는 함림(咸林)에 있었다고 한다. 주나라 선왕이 자신의 동생을 봉하여 채읍으로 삼은 곳으로 나중에 정(鄭)나라라고 했다.

5. 제풍(齊風) → 제도 역시 나라 이름이다. 주나라 무왕(武王)이 태공망(太公望) 여상(呂尙)을 봉한 나라이다. 여기에서 채취한 노래가 제풍(齊風)이다.

6. 위풍(魏風) → 위(魏)도 역시 나라 이름이다. 원래 순(舜)과 우(禹)의 옛 도읍지였다.

7. 당풍(唐風) → 당도 역시 나라 이름이다. 본래 요(堯)임금의 옛 도읍지로, 우공(禹貢), 기주(冀州)의 지역이며 대항(大行). 항산(恒山)의 서쪽 태원 태악의 들판에 있었다.

8. 진풍(秦風) → 진(秦)도 나라 이름이다. 이 땅은 우공(禹貢), 옹주(雍州) 지역에 있다.

9. 진풍(陳風) → 이 진(陳)도 역시 나라 이름인데, 태호복희씨(太昊伏羲氏)의 옛터이다. 지금의 진주(陳州) 일대가, 곧 옛날 진나라의 땅이다.

10. 회풍(檜風), 조풍(曹風), 빈풍(豳風) → 회(檜)도 역시 나라 이름이요, 조(曹), 빈(豳)도 역시 나라 이름이다. 모두 다 옛 도읍지로, 그 당시에 있었던 사건이 노래로 남아 있어서 그것을 채취한 것이다.

## 5. 아(雅)를 노래한 시 – 소아(小雅)와 대아(大雅)

아(雅)에는 대아(大雅)와 소아(小雅)로 나눈다. 소아(小雅)에는 녹명(鹿鳴), 백화(白華), 동궁(彤弓), 기보(祈父), 소민(小旻), 북산(北山), 상호(桑扈), 도인사(都人士)가 있고, 대아(大雅)에는 문왕(文王), 생민(生民), 탕(蕩) 등이 있다. 아(雅)는 바르다는 뜻으로, 다른 것에 비해서 바른 음악, 즉 정악(正樂)이라는 뜻이다. 그래서 여기서 말하는 소아, 대아는 정소아(正小雅), 정대아(正大雅)로 기쁘고 즐거운 정악(正樂)으로서 선왕(先王)의 덕을 기리기 위하여 쓰이던 노래를 말한다. 그래서 이 노래는 정적(情的)이어서 아랫사람과 윗사람과의 소통하는 노래가 많이 있었다. 공경하고 장중하여 선왕의 덕을 갖추어 그 공덕을 노래했다.

여기서 아(雅)는 바르다는 뜻을 지니고 있다. 대아(大雅)는 보다 큰 바름을 말하는 것으로 주(周)나라 왕조의 궁중(宮中)의 바른 음악이라는 뜻이기도 하다. 대아(大雅)는 소아(小雅)와 달리 제후들이 조회할 때나 큰 잔치에 통용되던 음악이었다.

## 6. 송(頌)으로 노래한 시경(詩經)

송(頌)으로 노래한 시경을 보면 주송청묘(周頌淸廟), 주송신공(周頌臣工), 주송민여소자(周頌閔予小子), 노송(魯頌), 상송(商頌)으로 끝을 맺고 있다.

여기서 송(頌)이라고 한 것은 종묘(宗廟)에 제사할 때 바치는 노래이다. 대서(大序)에는 융성한 덕을 형용하여 아름답게 그의 공덕을 찬송한다는 것이며, 송(頌)으로서 신명(神明)에게 고한한다고 하였다. 우리가 얼른 보아서도 이 송(頌)이란 것은 찬송(贊頌), 송덕(頌德) 등의 신(神)과 하늘에 대해 통하여 감사함을 노래로 표현하는 것이 이 송(頌)이 아닐까 한다.

여기서 노송(魯頌)과 상송(商頌)에 대해서 좀 더 짚고 나가야 할 것이 있다. 성왕(成王)은 주공(周公)의 큰 은혜를 입었기 때문에 그 공훈을 천하에 드러내기 위하여 백금(伯禽)에게 천자의 예악을 하사하였다. 이에 주(周)나라의 송(頌)을 모방하여 노성(魯頌)을 지었다고 한다.

상송(商頌)은 상(商)나라의 노래이다. 설이 순임금 때 사도가 되어 상나라에 봉해졌다. 설의 14대손 탕(湯)이 하(夏)나라의 걸왕(桀王)을 멸망시키고 천하를 차지하여 상(商)이라 하고 박(亳)에 도읍하였다. 다시 은나라라고 국호를 바꾸었는데, 무왕이 은나라 주왕(紂王)을 치고 은(殷)나라를 멸망시켰다.

## 7. 「思無邪」의 시적인 의미

공자는 기원전 551년에 출생했다. 그는 멸망해가는 주나라를 정통으로 세우고 주나라의 예의와 풍속을 그대로 이어받아 나가려고 했다. 공자가 채집한 각 곳의 민요적인 시를 3백 편이 넘도록 모아서 305편으로 시경을 만들고, 그것을 당시 최고의 노래로 자처했다. 시 삼백 편을 한 말로 말해서 「思無邪」라고 했다는 것은, 공자가 시경에 대한 애착이 대단했다는 사실을 알만도 하다.

이 시경을 처음부터 끝까지 읽는데도 많은 시간이 걸렸다. 읽고 난 다음의 느낌이 과연 그가 말한 '사무사' 란 말에 수긍이 갔다. 아닌 게 아니라 중국 천지에 흩어져 있는 시를 수집했다고는 하지만 공자께서 손을 댄 흔적의 느낌을 받았다는 사실은 어쩔 수 없는 나의 견해이다. 그러나 「思無邪」라는 이 말에 대해서는 절대적인 수긍을 아니할 수가 없다.

내가 일찍이 시를 공부하기 위해서 대학에서 시를 강의하는 교수들의 말을 빌리면, 시의 정의에 있어서는 꼭 이 말이 들어갔었다. 「시는 미의 운률적 창조다. 시는 체험이다. 시는 자연의 모방이다.」 이런 시를 정의하는 말 속에 시는 「사무사(思無邪)」다. 즉 생각에 순수함이 있어야 한다는 것, 그것이 곧 '思無邪' 라고 했다.

## 8. 표현 구조의 복합성

시경 본래의 내용을 보면, 그 본문 끝에 [興也, 賦也, 比也] 이런 것이 붙어있다. 현대적 시경 풀이에는 이것을 모두 생략했다. 이것은 시경을 어떤 비유법에 의하여 표현했느냐 하는 내용을 밝힌 것이다. 그것은 다음과 같이 이해하기 바란다.

＊ **흥체(興體)** = 시경의 시적 표현 형태의 하나. 시의 맨 앞에 어느 사물을 제시하고, 그것으로 시 전체의 분위기와 사상을 강조하여 드러내기 위한 표현법의 하나이다. 〈興也라〉

＊ **부체(賦體)** = 자기 마음의 상태를 직설적으로 표현하는 비유법. 역시 사물을 비유하는 비유법의 하나다. 〈賦也라〉

＊ **비체(比體)** = 비유법으로 자신의 의사를 다른 사물을 통해 우회적으로 드러내는 방식이다. 상징이나 기교적 비유, 혹은 상징법으로 A는 B에 비유하여, 즉 메뚜기 떼→왕실 자손의 번영 등을 표현하는 방법이다. 〈比也라〉

＊ **복합 구조의 표현** = 한 구절 안에 흥체와 비체 등이 동시에 사용됨으로써 공감각적 이미지를 형성하는 방법이다. 즉 〈興而比也라〉, 〈賦而比也라〉, 〈比而興也라〉, 〈賦而興也라〉 등이다.

## 9. 끝을 맺으며

나는 약 석 달 동안 이 시경 1권의 번역을 완성했다. 나는 시인이다. 시를 쓰는 시인으로서 「시경」만은 꼭 번역해 보아야 한다고 생각해서 몇 번을 포기하려다가 결국 끝을 맺고, 이 〈권두 해설〉을 쓰게 되었다. 하기야 요즘 현대시를 쓴다는 사람들은 이 시경에 대한 상식이 없어도 충분하다. 그러나 2천 5백년여 년 전에 만들어졌고, 지은 지가 3천 년이 넘는다는 이 시경을 그렇게 만만하게 보아 넘길 것만이 아니란 사실을 오늘에야 깨닫게 되었다. 요즈음 한문을 공부하는 사람들이 무척 많다고 한다. 우리나라에 수백 개의 향교에서 한문을 가르치고 공부한다고 하는데, 「시경」을 가르치고 공부하는 곳은 전무하다고 한다. 이런 현실 속에 내가 이 시경을 현대시의 감각으로 번역했다는 자부심 하나로 만족해도 된다고 스스로 생각해보기도 한다.

많은 사람들의 격려 있으시길 기원하는 바이다.

# [詩經의 朱子 序文]-본문 풀이

**1.** 或有,問於予曰,「詩는 何爲而,作也오?」 予, 應之曰,「人
혹유 문어여왈 시 하위이 작야 여 응지왈 인

生而靜은 天之性也오, 感於物而動은 性之欲也니라.」
생이정 천지성야 감어물이동 성지욕야

{본문 풀이}

혹 어떤 사람이 있어 나에게 와서 물어 말하기를, 「시는 어떻게 하여서 짓느냐?」고 했을 때, 나는 다음과 같이 대답했다. 「인생에 있어서의 정적(靜的)인 세계는 천품의 세계요, 느낌의 세계는 사물에 마음이 닿아 움직이는 것이 시를 짓고자 하는 마음에 달려있다.」고 대답했다.

**2.** 夫,旣有欲矣면 則,不能無思요, 旣有思矣면 則,不能無言
부기유욕의 즉불능무사 기유사의 즉불능무언

이요, 旣有言矣면 則,言之所,不能盡而,發於,咨嗟詠歎之餘者
기유언의 즉언지소불능진이 발어 자차영탄지여자

하니 必有,自然之音響,節族하고 而,不能已焉하니 此는 詩之,所
필유 자연지음향절족 이불능이언 차 시지소

以作也니라. 曰,「然則,其所以,教者는 何也오?」曰,「詩者는 人
이 작 야 왈 연 즉 기 소 이 교 자 하 야 왈 시 자 인

心之感物이요, 而,形於言之餘也니 心之所感이 有,邪正이라.」
심 지 감 물 이 형 어 언 지 여 야 심 지 소 감 유 사 정

故로 言之所形이 有,是非하니 惟,聖人이 在上則,其所感者는
고 언 지 소 형 유 시 비 유 성 인 재 상 즉 기 소 감 자

無,不正而其言이 皆足,以爲教요, 其,或感之之雜而所發이 不
무 부 정 이 기 언 개 족 이 위 교 기 혹 감 지 지 잡 이 소 발 불

能,無可擇者는 則,上之人이 必,思所以自反하여 而,因有以,勸
능 무 가 택 자 즉 상 지 인 필 사 소 이 자 반 이 인 유 이 권

懲之하니 是亦所以爲,教也니라.
징 지 시 역 소 이 위 교 야

{본문 풀이}

대체로 이미 시를 짓고자 한다면, 생각하지 않고서는 안 되며, 이미 시를 지을 생각이 있으면, 곧 언어가 없으면 안 되고, 이미 언어가 준비되었으면 그 능력을 다하지 않고 거기에 영탄이나 자차하는 여유 없이는 불가능하다. 반드시 자연의 음향 절족이 있어야 하고 그러고서야 능히 말지 못할 것이 없으니, 이것이야말로 시를 짓는 것이니라. 또 말하기를, 「그러면 그 시를 가르치는 자는 어떡해야 하나?」 말하자면, 「시란 것은 사람의 마음이 감동하는 것이요, 그 모양을 말로 나타내는 여유가 있으니, 마음의 느낌이 사(邪)와 정(正)에 있음이라.」 그래서 말의 형용하는 것이 옳고 그름이 있으니, 오직 성인이 그 위에 있음이니, 그 느끼는 것은 그 말이 옳지 않음이 없으니 이것이 족히 가르침이 되는 것이고, 그 느낌이 잡다하게 나오는 것이 있어 선택하기 어려운 것은 그것은 상류급에 해당되고 반드시 그 생각하는 바가 스스로 상반되어 '권선징악' 의 것도 있으니, 이것 역시 가르치는 바와 같으니라.

**3.** 昔에 周,盛時는 上自,郊廟朝廷으로 而下達於,鄕黨閭巷
석 주 성 시 상 자 교 묘 조 정 이 하 달 어 향 당 려 항

히 其言이 粹然無,不出於,正者하니 聖人,固已悏之聲律하여
기 언 수 연 무 불 출 어 정 자 성 인 고 이 협 지 성 률

而,用之鄕人하며 用之邦國하얀 以化天下하시고 至於列國之
이 용 지 향 인 용 지 방 국 이 화 천 하 지 어 열 국 지

詩하여는 則,天子巡守하사 亦必,陳而觀之하여 以行,黜陟之典
시 즉 천 자 순 수 역 필 진 이 관 지 이 행 출 척 지 전

이러시니 降自,昭穆而後로 寖以陵夷하여 至於東遷而,遂廢不
강 자 소 목 이 후 침 이 능 이 지 어 동 천 이 수 폐 불

講矣라.
강 의

{본문 풀이}

옛날에 주나라가 융성할 때는 위로는 종묘나 조정으로부터 아래로는 시골 골목길에 이르기까지 그 말씨가 순수함이 없어서 올바르게 나오지 않음이 없으니, 성인의 진실된 소리와 음률을 생각해서 그것을 향당의 사람들에게 사용하며, 그것을 나라의 사람들이 씀에 있어서는 천하를 교화하시고 열국의 시에 이르러서는, 곧 천자께서 순수하시어 역시 꼭 볼 수 있도록 베풀어서 출척하는 법전으로 행하시니 소목(昭穆 : 주나라 소왕, 목왕) 이후로부터 내려옴으로서 점점 쇠약하여 오랑캐의 침략을 받아 주나라가 동쪽으로 천도하기에 이르러 그 법전이 폐지되어 시행되지 않았다.

**4.** 孔子,生於其時하사 旣不得位하여 無以行,帝王勸懲黜陟
공 자 생 어 기 시 기 부 득 위 무 이 행 제 왕 권 징 출 척

之政이실새 於是에 特擧,其籍而討論之하여 去其重複하고 正
지정 어시 특거 기적이토론지 거기중복 정

其紛亂하여 而,其善之,不足以爲法과 惡之,不足以爲戒者를
기분란 이 기선지 부족이위법 악지 부족이위계자

則,亦刊而去之하여 以終,簡約示久遠하여 使夫學者로 卽是而,
즉 역간이거지 이종 간약시구원 사부학자 즉시이

有以考其得失하여 善者를 師之하고 而,惡者를 改焉케 하시니
유이고기득실 선자 사지 이악자 개언

是以로 其政이 雖,不足以,行於一時나 而,其敎는 實被於萬世
시이 기정 수 부족이 행어일시 이기교 실피어만세

하니 是則,詩之所以,爲敎者然也니라.
시즉 시지소이 위교자연야

{본문 풀이}

공자께서 그때에 나시어 통치하는 위치를 얻지 못하시어 권선징악과 제후들을 출척하는 정치를 시행하지 못했다. 이에 그 전적을 들어 토론하고 그 중복된 부분을 버리고 그 어지러움을 바로잡아서 그 착한 것이 족히 법이 되지 못하고, 악함이 족히 그 계율이 되지 못함을 간행할 때 그것을 버리고 마침내 간략하게 하여 영원히 후세에 보이기 위해서 학자들로 하여금 그 얻고 잃는 것을 고증할 수 있게 하여 선자(善者)는 사표로 삼고 악자(樂者)로 하여금 고치게 하시니, 이로 말미암아 그 정치가 비록 한때 행하여지지 못하였으나, 그러나 그 교육으로 실로 만세의 혜택을 받았으니, 이것이 곧 시를 교육하는 바가 되었으니 바로 그것이었다.

**5.** 曰,「然則,國風雅頌之體와 其,不同이 若是는 何也오?」曰,
왈 연 즉 국 풍 아 송 지 체 기 부 동 약 시 하 야 왈

吾聞之호니 凡詩之,所謂風者는 多出於,里巷歌謠之作하니 所
오 문 지 범 시 지 소 위 풍 자 다 출 어 이 항 가 요 지 작 소

謂,男女相與詠歌하여 各言其,情者也로대 唯,周南召南은 親
위 남 녀 상 여 영 가 각 언 기 정 자 야 유 주 남 소 남 친

被,文王之化하여 以,成德而人皆有,以得其,性情之正이라. 故
피 문 왕 지 화 이 성 덕 이 인 개 유 이 득 기 성 정 지 정 고

로 其發於,言者는 樂而,不過於淫하며 哀而,不及於傷이라.
기 발 어 언 자 낙 이 불 과 어 음 애 이 불 급 어 상

{본문 풀이}

말하되,「그렇다면 국풍(國風)이나 아송(雅頌)의 형태가 그것과 다름이 이와 같음은 어째서인가?」내가 듣기로는, 모든 시는 풍(風)이라고 이르는 바는 많은 것들이 마을 거리의 가요에서 나와서 지어졌다 하니 이르는바 남녀가 서로 더불어 읊어서 모두 각각 그 정을 노래했으되 오직 주남(周南)과 소남(召南)은 친히 문왕의 교화를 입어서 사람들이 모두 덕을 이루어 그 성정의 올바름을 얻은 것이다. 그러므로 그 시를 발하는 자는 즐거움은 있으되 지나친 음탕함이 없으며, 슬픔은 있으되 사람의 마음을 상하게 하지는 않는 것이니라.

**6.** 是以로 二篇이 獨爲,風詩之正經이오, 自邶而下는 則,其國
시 이 이 편 독 위 풍 시 지 정 경 자 패 이 하 즉 기 국

之治亂이 不同하며 人之賢否가 亦異하여 其,所感而發者는 有,
지 치 란 부 동 인 지 현 부 역 이 기 소 감 이 발 자 유

邪正是非之不齊하니 而,所謂先王之,風者는 於此焉,變矣로다.
사 정 시 비 지 부 제 이 소 위 선 왕 지 풍 자 어 차 언 변 의

{본문 풀이}

이로써 (周南 召南) 이 2편이 유독 풍시(風詩)의 올바른 노래로 정풍(正風)이 된 것이요, 패풍(邶風) 이하의 시는 바로 나라의 어지러움을 다스리는 것이 같지 않았으며, 사람의 어질고 어질지 못한 것이 또한 달라서 그 느끼는바 감정의 발로는 사(邪)와 정(正)의 옳고 그름이 있어 그것이 같지 않음이니, 그래서 소위 선왕(先王)의 풍(風)이 후세에 이르러 변화된 것이라 할 수 있다.

**7.** 若夫,雅頌之篇은 則皆,成周之世에 朝廷,郊廟樂歌之詞
약부아송지편 즉개성주지세 조정교묘악가지사

로 其語,和而莊하며 其義,寬而密하며 其作者는 往往,聖人之徒
기어화이장 기의관이밀 기작자 왕왕성인지도

니 固所,以爲萬世法程,而不可易者也오 至於,雅之變者하여는
고소이위만세법정이불가역자야 지어아지변자

亦皆一時,賢人君子가 閔時病俗之하여 所爲,而聖人取之하시
역개일시현인군자 민시병속지 소위이성인취지

니 其,忠厚惻怛之心과 陳善閉邪之意로 尤非,後世能言之士라
기충후측달지심 진선폐사지의 우비후세능언지사

면 所能及之니라. 此는 詩之爲經으로 所以,人事浹於下하고 天
소능급지 차 시지위경 소이인사협어하 천

道,備於上하여 而無,一理之不具也니라.
도비어상 이무일리지불구야

{본문 풀이}

대체로 아(雅)와 송(頌)의 편은 주나라 성왕(成王)시대에 조정이나 교묘(郊廟)의 노래 가사로 그 말이 화평하고 장엄하며 그 뜻이 너그럽고

조밀하여 그 작자는 왕왕 성인의 무리였으니, 이것은 진실로 만대에 정해진 법전이라 바꿀 수 없는 것이요, 또 아(雅)의 변화된 것은 이 또한 한때의 현인군자들이 이 시대를 병들고 속된 것으로 민망히 여겨 이른바 성인이 취하게 되신 것이니, 그 충후하고 비통한 마음과 선함을 베풀고 사특함을 감춘다는 뜻으로 더욱 후세를 말할 수 있는 선비들이라면 능히 미칠 수 있는 것이니라. 이는 시가 경이 되는 것으로 인사가 모든 민중에게 흡족한바 되고, 천도가 그 위에 준비가 되어 한 가지 이치라도 갖추지 않는 것이 없느니라.

**8.** 曰,「然則,其學之也는 當,奈何오?」曰, 本之二南하여 以求
왈 연즉 기학지야 당내하 왈 본지이남 이구

其端하고 參之列國하여 以盡其變하고 正之於雅하여 以大其規
기단 참지열국 이진기변 정지어아 이대기규

하고 和之於頌하여 以要其止하니 此는 學詩之,大旨也라, 於是
화지어송 이요기지 차 학시지대지야 어시

乎,章句以綱之하고 訓詁以紀之하며 諷詠以昌之하고 涵濡以
호장구이강지 훈고이기지 풍영이창지 함유이

體之하여 察之情性,隱微之間하며 審之言行,樞機之始면 則,修
체지 찰지정성은미지간 심지언행추기지시 즉수

身及,家平均,天下之道를 其亦不待,他求而,得之於此矣리요.
신급가평균천하지도 기역부대타구이득지어차의

{본문 풀이}

「그렇다면 그 시를 배우는 데는 마땅히 어쩌면 좋겠습니까?」 하니 대답하기를, 주남(周南) 소남(召南)을 근본으로 하여 그 단서를 찾고 열

국을 참조하여 그 변화를 다하게 하고 바르게 되어 그 법도를 크게 하고 송(頌)에 화답하여 그 그칠 것에 요하는 것이니, 이는 시(詩)를 배우는 큰 취지니라. 이에 장구(章句)로서 그 벼리로 삼고 훈고(訓詁)로써 기록하며 길이 읊어 창성하고 흠뻑 젖어 체험하고, 인간의 성품과 욕망에 은밀하고 미묘한 상태의 사이에서 깊이 통찰하고, 언행의 시발처(始發處)를 자세히 살핀다면, 곧 수신제가치국평천하(修身齊家治國平天下)의 도를 바르게 하는 도리가 이곳에 있을 것이니 어찌 다른 곳에서 찾을 수 있으리오.

**9.** 問者, 唯唯而退어늘 余, 時方輯,詩傳하고 因,悉次是語하
문자 유유이퇴 여 시방집시전 인실차시어

여 以冠其篇云이로라.
이관기편운

淳熙 四年 丁酉(1177) 冬,十月 戊子에 新安 朱熹 書하노라.
순희 사년 정유 동 시월 무자 신안 주희 서

{본문 풀이}

묻는 자가 「예, 예.」 하면서 물러가기에 나는 이때 바야흐로 시전(詩傳)을 편집하고 있었는데, 이 질의문답의 글로 이 책의 머리에 올려 서문(序文)으로 사용하게 되었다.

순희 4년 정유년(1177) 겨울, 10월 무자일에 신안 주희가 쓰노라.

# 차례

• 〈권두 해설〉 3
• [詩經의 朱子 序文] - 본문 풀이 13

제1부 국풍(國風)

제1장 주남(周南) 36

1. 관저(關雎) – 물수리가 우네요 37
2. 갈담(葛覃) – 칡덩굴 39
3. 권이(卷耳) – 도꼬마리 41
4. 규목(樛木) – 가지 늘어진 나무 43
5. 종사(螽斯) – 여치 45
6. 도요(桃夭) – 복숭아나무 46
7. 토저(兎罝) – 토끼그물 48
8. 부이(芣苢) – 질경이 50
9. 한광(漢廣) – 한수는 넓어 52
10. 여분(汝墳) – 여수가의 방죽 54
11. 인지지(麟之趾) – 기린의 발 56

제2장 소남(召南) 58

1. 작소(鵲巢) - 까치집 59
2. 채번(采蘩) - 다북쑥 캐다 60
3. 초충(草蟲) - 풀벌레 62
4. 채빈(采蘋) - 개구리밥을 따다 64
5. 감당(甘棠) - 팥배나무 66
6. 행로(行露) - 길가의 이슬 68
7. 고양(羔羊) - 염소 70
8. 은기뢰(殷其雷) - 천둥소리 71
9. 표유매(摽有梅) - 떨어지는 매화 열매 73
10. 소성(小星) - 작은 별 75
11. 강유사(江有汜) - 강물도 갈라져 77
12. 야유사균(野有死麕) - 들판에 죽은 노루 79
13. 하피농의(何彼襛矣) - 어찌 저리도 고울까? 80
14. 추우(騶虞) - 수렵의 관리(官吏) 82

제3장 패풍(邶風) 84

1. 백주(柏舟) - 잣나무 배 85
2. 녹의(綠衣) - 녹색 저고리 88
3. 연연(燕燕) - 제비야, 제비야 90
4. 일월(日月) - 해와 달 92
5. 종풍(終風) - 바람 불다 95
6. 격고(擊鼓) - 북을 울리며 97
7. 개풍(凱風) - 산들바람 99
8. 웅치(雄雉) - 장끼 101
9. 포유고엽(匏有苦葉) - 박의 마른 잎 103
10. 곡풍(谷風) - 골바람 105
11. 식미(式微) - 여위어가다 109
12. 모구(旄丘) - 비탈 언덕바지 111
13. 간혜(簡兮) - 성대하여라 113

14. 천수(泉水) – 샘물 115
15. 북문(北門) – 북문에서 나오니 117
16. 북풍(北風) – 북쪽 바람 119
17. 정녀(靜女) – 정숙한 아가씨 121
18. 신대(新臺) – 새로운 누대 123
19. 이자승주(二子乘舟) – 두 아들이 배에 타고 124

제4장 용풍(鄘風) 126

1. 백주(柏舟) – 잣나무 배 127
2. 장유자(牆有茨) – 담장의 찔레 128
3. 군자해로(君子偕老) – 임과 함께 살고파라 130
4. 상중(桑中) – 뽕나무 숲 133
5. 순지분분(鶉之奔奔) – 메추라기는 쌍쌍이 135
6. 정지방중(定之方中) – 정성이 하늘까지 136
7. 체동(蝃蝀) – 무지개 138
8. 상서(相鼠) – 쥐를 보아라 140
9. 간모(干旄) – 깃대 142
10. 재치(載馳) – 수레로 달려가다 144

제5장 위풍(衛風) 147

1. 기욱(淇奧) – 기수가의 물굽이 148
2. 고반(考槃) – 오두막집을 지어 150
3. 석인(碩人) – 훌륭하신 분 152
4. 맹(氓) – 백성 155
5. 죽간(竹竿) – 낚싯대 160
6. 환란(芄蘭) – 새박 덩굴 162
7. 하광(河廣) – 황하는 넓어 163
8. 백혜(伯兮) – 그대여! 165
9. 유호(有狐) – 여우 167
10. 모과(木瓜) 168

제6장 왕풍(王風) 170

1. 서리(黍離) – 기장은 우거지고 171
2. 군자우역(君子于役) – 그대는 부역 나가고 173
3. 군자양양(君子陽陽) – 임은 즐거워라 175
4. 양지수(揚之水) – 솟아오르는 물살 176
5. 중곡유퇴(中谷有蓷) – 골짜기의 익모초 178
6. 토원(兎爰) – 토끼는 느긋한데 180
7. 갈류(葛藟) – 칡넝쿨 182
8. 채갈(采葛) – 칡 캐러 가세! 184
9. 대거(大車) – 큰 수레 185
10. 구중유마(丘中有麻) – 언덕에 있는 삼밭 187

제7장 정풍(鄭風) 189

1. 치의(緇衣) – 검은 옷 190
2. 장중자(將仲子) – 둘째 도련님! 191
3. 숙우전(叔于田) – 아저씨 사냥 가시니 193
4. 대숙우전(大叔于田) – 대숙님의 사냥 195
5. 청인(淸人) – 청 고을 사람 198
6. 고구(羔裘) – 염소 갖옷 199
7. 준대로(遵大路) – 큰 길을 따라 201
8. 여왈계명(女曰雞鳴) – 아내는 닭이 운다고 202
9. 유녀동거(有女同車) – 함께 수레 탄 여인 204
10. 산유부소(山有扶蘇) – 산에 있는 부소화 205
11. 탁혜(蘀兮) – 마른 잎이여! 207
12. 교동(狡童) – 교활한 녀석 208
13. 건상(褰裳) – 치마를 걷고 209
14. 봉(丰) – 믿음직한 임 211
15. 동문지선(東門之墠) – 동문 밖 빈터 212
16. 풍우(風雨) – 비바람 214

17. 자금(子衿) – 임의 옷깃 215
18. 양지수(揚之水) – 치솟는 물결 217
19. 출기동문(出其東門) – 동문을 나서니 218
20. 야유만초(野有蔓草) – 들의 넝쿨 풀 219
21. 진유(溱洧) – 진수와 유수 221

제8장 제풍(齊風) 224

1. 계명(雞鳴) – 닭이 우네! 225
2. 선(還) – 당신, 날랜 그대 226
3. 저(著) – 문간에서 228
4. 동방지일(東方之日) – 동쪽에 돋는 해 229
5. 동방미명(東方未明) – 동쪽이 밝기 전에 231
6. 남산(南山) – 남산은 높아 232
7. 보전(甫田) – 큰 밭 234
8. 노령(盧令) – 사냥개 방울 236
9. 폐구(敝笱) – 낡은 통발 237
10. 재구(載驅) – 수레를 타고 239
11. 의차(猗嗟) – 아, 멋져라 241

제9장 위풍(魏風) 244

1. 갈구(葛屨) – 칡 신 245
2. 분저여(汾沮洳) – 분수가의 늪 246
3. 원유도(園有桃) – 정원의 복숭아나무 248
4. 척호(陟岵) – 민둥산에 올라 251
5. 십묘지간(十畝之間) – 십묘의 땅 253
6. 벌단(伐檀) – 박달나무 베다 254
7. 석서(碩鼠) – 큰 쥐 256

제10장 당풍(唐風) 260


1. 실솔(蟋蟀) – 귀뚜라미 261
2. 산유추(山有樞) – 산의 느릅나무 263
3. 양지수(揚之水) – 잔잔한 물 265
4. 초료(椒聊) – 산초나무 267
5. 주무(綢繆) – 얽어 묶어서 269
6. 체두(杕杜) – 아가위나무여! 271
7. 고구(羔裘) – 염소 갖옷 273
8. 보우(鴇羽) – 너새 깃털 274
9. 무의(無衣) – 옷이 없으랴 277
10. 유체지도(有杕之杜) – 우뚝 선 아가위나무 278
11. 갈생(葛生) – 자라나는 칡넝쿨 279
12. 채령(采苓) – 감초 캐러 가세! 281


제11장 진풍(秦風) 284


1. 거린(車鄰) – 수레 소리 285
2. 사철(駟驖) – 검정 사마 287
3. 소융(小戎) – 군인 수레 288
4. 겸가(蒹葭) – 갈대 291
5. 종남(終南) – 종남산(중국) 294
6. 황조(黃鳥) – 꾀꼬리 295
7. 신풍(晨風) – 빨리 나는 새매 298
8. 무의(無衣) – 옷이야 없으랴 300
9. 위양(渭陽) – 위수의 남쪽 302
10. 권여(權輿) – 처음 내게는 303


제12장 진풍(陳風) 306


1. 완구(宛丘) – 낮은 언덕 307
2. 동문지분(東門之枌) – 동문의 느릅나무 308

3. 형문(衡門) – 초라한 집 310
4. 동문지지(東門之池) – 동문 밖 연못 311
5. 동문지양(東門之楊) – 동문 밖의 버드나무 313
6. 묘문(墓門) – 묘문에서 314
7. 방유작소(防有鵲巢) – 제방 위의 까치집 316
8. 월출(月出) – 달이 뜨네 317
9. 주림(株林) – 주읍의 숲 319
10. 택파(澤陂) – 못이 있는 언덕 320

제13장 회풍(檜風) 323

1. 고구(羔裘) – 염소 갖옷 324
2. 소관(素冠) – 흰 갓 325
3. 습유장초(隰有萇楚) – 습지의 장초 327
4. 비풍(匪風) – 바람도 불지 않고 328

제14장 조풍(曹風) 331

1. 부유(蜉蝣) – 하루살이 332
2. 후인(候人) – 낮은 관리여! 333
3. 시구(鳲鳩) – 뻐꾸기 335
4. 하천(下泉) – 흐르는 샘물 337

제15장 빈풍(豳風) 340

1. 칠월(七月) – 7월 341
2. 치효(鴟鴞) – 부엉이 348
3. 동산(東山) – 동산에 가니 350
4. 파부(破斧) – 깨진 도끼 354
5. 벌가(伐柯) – 도낏자루 베려면 356
6. 구역(九罭) – 촘촘한 그물 358
7. 낭발(狼跋) – 이리 359

## 제2부 소아(小雅)


제1장 녹명(鹿鳴) 362

1. 녹명(鹿鳴) - 사슴이 울다 363
2. 사모(四牡) - 네 마리 수말 365
3. 황황자화(皇皇者華) - 아름다운 꽃 368
4. 상체(常棣) - 아가위 꽃 370
5. 벌목(伐木) - 나무를 베면서 373
6. 천보(天保) - 하늘의 보호여! 376
7. 채미(采薇) - 고사리를 뜯으며 379
8. 출거(出車) - 병거(兵車) 출동 383
9. 체두(杕杜) - 아가위나무 387
10. 남해(南陔) - 남해 : 笙으로 연주하는 곡으로, 곡만 남아있다. 390

제2장 백화(白華) 391

1. 백화(白華) 391
2. 화서(華黍) 391
3. 어리(魚麗) - 물고기가 통발에 걸림 392
4. 유경(由庚) - 유경: 가사는 없고 제목만 있음. 394
5. 남유가어(南有嘉魚) - 남쪽, 좋은 물고기 394
6. 숭구(崇丘) - 가사는 없고 제목만 있음. 395
7. 남산유대(南山有臺) - 남산에 산앵도 396
8. 유의(由儀) - 가사는 없고 곡만 있는 생황연주곡이다. 399
9. 육소(蓼蕭) - 긴 다북쑥 399
10. 담로(湛露) - 흠뻑 내린 이슬 401

제3장 동궁(彤弓) 404

1. 동궁(彤弓) - 붉은 활 405
2. 청청자아(菁菁者莪) - 무성한 다북쑥 407

3. 유월(六月) – 6월 409
4. 채기(采芑) – 상추를 뜯으며 413
5. 거공(車攻) – 견고한 수레는… 417
6. 길일(吉日) – 좋은 날 420
7. 홍안(鴻鴈) – 기러기 423
8. 정료(庭燎) – 뜰에 세운 횃불 425
9. 면수(沔水) – 출렁이는 강물 427
10. 학명(鶴鳴) – 학의 울음 429

제4장 기보(祈父) 431

1. 기보(祈父) – 대장님 432
2. 백구(白駒) – 흰 망아지여! 433
3. 황조(黃鳥) – 꾀꼬리여! 436
4. 아행기야(我行其野) – 나는 들판을 걸어간다 438
5. 사간(斯干) – 산골짜기 흐르는 물 440
6. 무양(無羊) – 양이 없다고? 444
7. 절피남산(節彼南山) – 저 높은 남산이여! 447
8. 정월(正月) – 사월에 453
9. 시월지교(十月之交) – 시월에 460
10. 우무정(雨無正) – 내리는 비 466

제5장 소민(小旻) 471

1. 소민(小旻) – 아득한 하늘 472
2. 소완(小宛) – 조그만 비둘기 475
3. 소변(小弁) – 작은 비둘기여! 479
4. 교언(巧言) – 교묘한 말 484
5. 하인사(何人斯) – 뭐하는 사람? 488
6. 항백(巷伯) – 길거리의 간사한 말 492
7. 곡풍(谷風) – 골짜 바람 495
8. 육아(蓼莪) – 긴 다북쑥 497

9. 대동(大東) – 동쪽나라 500
10. 사월(四月) – 4월 504

제6장 북산(北山) 508

1. 북산(北山) – 북쪽 산 509
2. 무장대거(無將大車) – 큰 수레를 끌지 말라 511
3. 소명(小明) – 밝은 하늘 513
4. 고종(鼓鍾) – 종을 치다 517
5. 초자(楚茨) – 더부룩한 가시 519
6. 신남산(信南山) – 뻗어나간 남산 525
7. 보전(甫田) – 큰 밭이여! 528
8. 대전(大田) – 큰 밭 532
9. 첨피낙의(瞻彼洛矣) – 낙수(洛水)를 바라보며 535
10. 상상자화(裳裳者華) – 아름다운 꽃 536

제7장 상호(桑扈) 540

1. 상호(桑扈) – 청작 새여! 541
2. 원앙(鴛鴦) – 원앙새 542
3. 규변(頍弁) – 고깔이여! 544
4. 거할(車舝) – 수레의 빗장 547
5. 청승(青蠅) – 쉬파리 550
6. 빈지초연(賓之初筵) – 잔치 손님 552
7. 어조(魚藻) – 물고기와 마름풀 557
8. 채숙(采菽) – 콩잎 따기 559
9. 각궁(角弓) – 잘 꾸민 활 562
10. 울류(菀柳) – 버드나무 565

제8장 도인사(都人士) 568

1. 도인사(都人士) – 도시 선비님! 569

2. 채록(采綠) – 녹두를 따다 572
3. 서묘(黍苗) – 기장 싹 574
4. 습상(隰桑) – 습지의 뽕나무 576
5. 백화(白華) – 흰 꽃 578
6. 면만(緜蠻) – 물수리가 우네요 581
7. 호엽(瓠葉) – 박 이파리 583
8. 참참지석(漸漸之石) – 우뚝한 바윗돌 585
9. 초지화(苕之華) – 능소화 587
10. 하초불황(何草不黃) – 만추의 풀잎 588

## 제3부 대아(大雅)

제1장 문왕(文王) 592

1. 문왕(文王)이시여! 593
2. 대명(大明) – 아주 밝음 597
3. 면(緜) – 넝쿨이 뻗어서 602
4. 역복(棫樸) – 두릅나무 떨기여! 606
5. 한록(旱麓) – 한산의 기슭 609
6. 사제(思齊) – 성스러움이여! 611
7. 황의(皇矣) – 위대한 그 님 614
8. 영대(靈臺) – 문왕의 영대 621
9. 하무(下武) – 선조의 발자취 623
10. 문왕유성(文王有聲) – 문왕 기리는 소리 626

제2장 생민(生民) 630

1. 생민(生民) – 백성 처음 낳으신 분 632
2. 행위(行葦) – 길가의 갈대 638
3. 기취(旣醉) – 어느 듯 취하여 641

4. 부예(鳧鷖) – 오리와 갈매기 644
5. 가락(假樂) – 아름다운 임 646
6. 공유(公劉) – 공유여! 649
7. 형작(泂酌) – 저 멀리 흐르는 물 654
8. 권아(卷阿) – 굽은 언덕에 656
9. 민로(民勞) – 백성들이 괴롭구나! 660
10. 판(板) – 상제님, 상제님! 665

제3장 탕(蕩) 671

1. 탕(蕩) – 상제님, 위대하십니다 672
2. 억(抑) – 정숙한 아름다움 677
3. 상유(桑柔) – 부드러운 뽕나무 686
4. 운한(雲漢) – 은하수 694
5. 숭고(崧高) – 높은 산 701
6. 증민(烝民) – 백성들이여! 706
7. 한혁(韓奕) – 높고 큰 한나라 711
8. 강한(江漢) – 장강과 한수 717
9. 상무(常武) – 늘 무덕 있어라 721
10. 첨앙(瞻卬) – 우러러보다 726
11. 소민(召旻) – 소공의 하늘 731

제4부 송(頌)

제1장 주송청묘(周頌淸廟) 736

1. 정묘(淸廟) – 청아한 사당 737
2. 유천지명(維天之命) – 오, 천명이여! 738
3. 유청(維淸) – 청명함이여! 739
4. 열문(烈文) – 무공(武功)이 있음이여! 740

5. 천작(天作) – 하늘이 산을 만드시고 741
6. 호천유성명(昊天有成命) – 넓은 하늘, 밝은 명 742
7. 아장(我將) – 제물을 드립니다 744
8. 시매(時邁) – 때에 따라 순방 745
9. 집경(執競) – 집념을 가지심 747
10. 사문(思文) – 문덕 많으신 후직 748

제2장 주송신공(周頌臣工) 750

1. 신공(臣工) – 관리들이여! 751
2. 희희(噫嘻) – 아, 성왕이시여! 752
3. 진로(振鷺) – 백로들은 날다 754
4. 풍년(豊年) – 풍년이라! 755
5. 유고(有瞽) – 악공들 756
6. 잠(潛) – 물속에는 758
7. 옹(雝) – 온화한 모습 759
8. 재현(載見) – 사당에 알현하고 760
9. 유객(有客) – 손님들 762
10. 무(武) – 위대한 무왕 763

제3장 주송·민여소자(周頌·閔予小子) 765

1. 민여소자(閔予小子) – 가없다 소자여! 766
2. 방락(訪落) – 처음부터 물어가며 767
3. 경지(敬之) – 그분을 공경하라 768
4. 소비(小毖) – 조심하라 770
5. 재삼(載芟) – 풀을 베다 771
6. 양사(良耜) – 좋은 보습으로 774
7. 사의(絲衣) – 제복(祭服)을 입고 776
8. 작(酌) – 잔 778
9. 환(桓) – 용감함이여! 779
10. 뢰(賚) – 천명 내리다 780

11. 반(般) – 산과 바다여 781

제4장 노송(魯頌) 783

1. 경(駉) – 좋은 말 784
2. 유필(有駜) – 살찌고 강한 말 787
3. 반수(泮水) – 반궁(泮宮)의 물 789
4. 비궁(閟宮) – 깊숙한 사당[宇堂] 794

제5장 상송(商頌) 804

1. 나(那) – 아름답고 웅장함 805
2. 열조(烈祖) – 선조들이여! 807
3. 현조(玄鳥) – 제비 809
4. 장발(長發) – 오래 또 오래 811
5. 은무(殷武) – 은나라의 무사들 815

# 제1부: 국풍(國風)

올망졸망 마름 풀을
이리저리 헤치며 찾는구나.
얌전하고 정숙한 아가씨를
자나 깨나 찾고 있구나!
찾아도 찾지 못하여
자나 깨나 생각하누나.
생각하고 생각함이여!
이 밤도 잠 못 자며 뒤척거리네.

\- 관저2 첫 부분

## 제1장
# 주남(周南)

주남은 주나라의 남쪽을 가리키는 것이 아닌가 한다. 주나라는 은나라 폭군인 주왕(紂王)을 치고 나라를 건설했고, 공자가 이 주나라를 정통으로 잡았다. 그러나 주남이 어느 곳인가에 대해서는 이설이 많다. 지금의 섬서성 기산현 부근의 기산(岐山)이란 설이 많다. 주왕의 할아버지인 「고공단보」가 도읍하던 땅이다.

여기 주남의 시들은 한광(漢廣), 여분(汝墳)이란 시가 있고, 관저(關雎)에는 '在河之洲' 란 구절이 있어 황하(黃河)가 그 노래의 무대가 되니, 그래서 주남(周南)의 11편은 모두 주남 땅의 노래이다.

꾸르륵 꾸르륵 물수리 새는
황하 늪가에서 우는구나.
얌전하고 정숙한 그 아가씨는
그대의 좋은 짝이로세.

-'물수리가 우네요.' 의 첫 구절.

## 1. 관저(關雎) - 물수리가 우네요

1/ 關關雎鳩는 꾸르륵 꾸르륵 물수리 새는
관 관 저 구

在河之洲로다 황하 늪가에서 우는구나!
재 하 지 주

窈窕淑女는 얌전하고 정숙한 그 아가씨는
요 조 숙 녀

君子好逑로다 그대의 좋은 짝이로세.
군 자 호 구

2/ 參差荇菜를 올망졸망 마름 풀을
참 치 행 채

左右流之로다 이리저리 헤치며 찾는구나!
좌 우 류 지

窈窕淑女를 얌전하고 정숙한 아가씨를
요 조 숙 녀

寤寐求之로다 자나 깨나 찾고 있도다.
오 매 구 지

求之不得하여 찾아도 찾지 못하여
구 지 부 득

寤寐思服이로다 자나 깨나 생각 하누나.
오 매 사 복

悠哉悠哉여 생각하고 생각함이여!
유 재 유 재

輾轉反側이로다 이 밤도 잠 못 자며 뒤척거리네.
전 전 반 측

3/ 參差荇菜를 올망졸망 마름 풀을
참 치 행 채

| | |
|---|---|
| 左右采之로다<br>좌 우 채 지 | 이리저리 뜯어보네! |
| 窈窕淑女를<br>요 조 숙 녀 | 얌전하고 정숙한 아가씨를 |
| 琴瑟友之로다<br>금 슬 우 지 | 금슬 좋게 사귀는구나! |
| 參差荇菜를<br>참 치 행 채 | 올망졸망 마름 풀을 |
| 左右芼之로다<br>좌 우 모 지 | 여기저기 뜯어보노라. |
| 窈窕淑女를<br>요 조 숙 녀 | 얌전하고 정숙한 아가씨를 |
| 鐘鼓樂之로다<br>종 고 락 지 | 풍악 소리 울리며 즐기리로다. |

{해설 및 감상}

관관(關關)은 물수리 새가 암수 서로 부르며 화답하는 소리로 의성어에 해당한다. 즉 저구(雎鳩)는 물새로서 물 위에서 놀고 있으며 서로 짝을 이루어 산다고 한다. 여기에 나오는 물[河]은 북방으로 흐르는 하수를 통칭해서 부른다고 한다. 물 위에서 정답게 놀고 있는 물수리 새를 보고 우리 인간에 비유하여 한 쌍의 젊은 남녀를 생각할 수 있으며 '요조숙녀'라는 말이 나오게 되었다. 여기서 군자는 주나라 문왕을 지칭한다고 했으니, 여자인 요조숙녀는 문왕의 왕비인 태사(太姒)를 가리키는 것이 아닌가 생각한다. 시는 어디까지나 주관적이다. 여기에 나오는 시적 사건을 객관적인 입장에서 보아서는 안될 것이고, 시는 독자의 주관적인 입장에서 보아야 할 것이다.

{어려운 낱말}

[關關(관관)] : 암수가 서로 즐기며 우는 소리. [雎鳩(저구)] : 물에 사는 새의 이름. [河(하)] : 북방으로 흐르는 물의 총칭. 황하. [君子(군자)] : 도덕적 인간형. 여기서는 문왕을 가리킴. [荇菜(행채)] : 마름 풀. [琴瑟(금슬)] : 남녀의 좋은 사이. [芼] : 풀이 우거질(모). [鐘鼓(종고)] : 풍악을 울리다.

## 2. 갈담(葛覃) - 칡덩굴

| | |
|---|---|
| 1/ 葛之覃兮여<br>갈 지 담 혜 | 저 칡덩굴이여! |
| 施于中谷이로다<br>이 우 중 곡 | 골짜기로 막 뻗어가네. |
| 維葉萋萋하니<br>유 엽 처 처 | 저 잎들 무성하니 |
| 黃鳥于飛라<br>황 조 우 비 | 노란 꾀꼬리도 날아드네. |
| 集于灌木하니<br>집 우 관 목 | 떨기나무에 모여 앉아 |
| 其鳴喈喈로다<br>기 명 개 개 | 그 울음 짹짹 요란도 하구나. |
| 2/ 葛之覃兮여<br>갈 지 담 혜 | 칡덩굴 뻗어나감이여! |
| 施于中谷이로다<br>이 우 중 곡 | 골짜기로 뻗어가도다. |
| 維葉莫莫이라<br>유 엽 막 막 | 잎들이 무성하여라 |

| | |
|---|---|
| 是刈是濩하여<br>시 예 시 호 | 베어내고 삶아내어 |
| 爲絺爲綌하니<br>위 치 위 격 | 가는 베 굵은 베 만드니 |
| 服之無斁이로다<br>복 지 무 역 | 그 옷 입고서 좋아하도다. |
| 3/ 言告師氏하여<br>언 고 사 씨 | 부모님께 말씀 올려 |
| 言告言歸하리라<br>언 고 언 귀 | 근친 간다고 일러라. |
| 薄汚我私하고<br>박 오 아 사 | 입었던 옷 다시 빨고 |
| 薄澣我衣하여<br>박 한 아 의 | 예복마저 빨았는데 |
| 害澣害否리오<br>할 한 할 부 | 무엇인들 안 빨겠냐? |
| 歸寧父母하리라<br>귀 녕 부 모 | 돌아가 부모 안부 물으리라. |

{해설 및 감상}

여기서는 칡넝쿨에 대한 노래다. 그래서 '갈담장' 으로 되어 있는데, 칡넝쿨이 한데 어울려서 푸르게 자라는 모양, 즉 올망졸망 마름 풀이 물 위에 떠서 흔들리는 것을 요조숙녀의 정숙한 행동으로 묘사하고 있다. 여기에서 '종고지악' 이 나오는 것으로 보아 매우 홍겹고 다정한 모습으로 비추며 금슬 좋은 한 쌍의 남녀를 떠올리고 있다. 여기 끝 연을 보면 친정 가는 기쁨을 표현하고 있는데, 부지런히 칡을 잘라서 칡베를 만들어 옷을 지어서 친정 갈 때 입겠다는 내용이다. 그리고 헌 옷 새 옷까지 빨아서 입고 가겠다는 내용으로 되어 있다.

{어려운 낱말}

[中谷(중곡)] : 골짜기. [萋萋(처처)] : 무성한 모양. [黃鳥(황조)] : 꾀꼬리. [灌木(관목)] : 가지가 많은 높은 나무. [喈喈(개개)] : 새들이 지저귀는 소리. [施(이)] : 옮기다. [莫莫(막막)] : 대단히 무성한 모양. [綌] : 칡 배(격). [斁] : 가리다(역). [師氏(사씨)] : 여사. 대가집 규수. 여기서는 어머니, 혹은 여자의 스승. [薄汚(박오)] : 엷은 옷과 더러운 옷. [澣] : 씻을(한).

## 3. 권이(卷耳) - 도꼬마리

| | |
|---|---|
| 1/ 采采卷耳하여도<br>채 채 권 이 | 도꼬마리 캐고 또 캐내도 |
| 不盈頃筐이로다<br>불 영 경 광 | 작은 광주리에도 차지 않네. |
| 嗟我懷人에<br>차 아 회 인 | 아! 그리워라, 그대 생각에 |
| 寘彼周行이라<br>치 피 주 행 | 바구니도 한길에 놓아버렸네. |
| 2/ 陟彼崔嵬하니<br>척 피 최 외 | 저 높은 산에 올라가려니 |
| 我馬虺隤로다<br>아 마 훼 퇴 | 내 말이 지쳐있구나. |
| 我姑酌彼金罍하여<br>아 고 작 피 금 뢰 | 내 잠깐 금잔에 술을 따라 |

維以不永懷하리라 이내 회포나 잊어보리라.
유 이 불 영 회

3/ 陟彼高岡하니 저 높은 언덕에 올라가려니
척 피 고 강

我馬玄黃이로다 내 말[馬]이 허덕이네.
아 마 현 황

我姑酌彼兕觥하여 내 잠깐 쇠뿔 잔에 술을 따라
아 고 작 피 시 굉

維以不永傷이로다 오래된 상심이나 잊어보리라.
유 이 불 영 상

4/ 陟彼砠矣하니 저 바위산에 올라가려니
척 피 저 의

我馬瘏矣하고 내 말[馬]이 지쳐 병들고,
아 마 도 의

我僕痡矣니 우리 하인도 병이 났으니
아 복 부 의

云何吁矣리요 어찌하면 그곳을 바라나 볼까나?
운 하 우 의

{해설 및 감상}

도꼬마리는 식물의 이름이다. 이것을 캐서 광주리에 담으면서 그리운 임을 생각하고 있다. 우리나라 같으면 뽕을 딴다거나 도라지를 캐는 것 같은 낭만이 어려 있다. 금잔에 술을 부어서 내 근심과 회포를 풀자는 작중 인물의 서러움이 내비치고 있다. 이것은 끝에 나의 종도 병들어 있으니 어쩌면 좋을까요? 하고 한스러움으로 끝을 맺고 있다. 남자가 전쟁터에 나가있는 군인이라면 이 여인이 남편을 그리워하고 있다.

멀리 남자를 그리워하여 언덕에라도 올라 바라보려니, 그것도 제대로 되지 않는다는 안타까운 노래다.

{어려운 낱말}

[采采(채채)] : 캐고 캐다. [卷耳(권이)] : 도꼬마리. 일년생 풀로 그 잎을 뜯어 먹는다. [傾筐(경광)] : 기우려진 광주리. 낮은 대광주리. [筐] : 광주리(광). [寘] : 둘(치). [周行(주행)] : 큰 길. 주나라의 국도. [虺隤(훼퇴)] : 말이 지쳐 올라가지 못하다. [金罍(금뢰)] : 금으로 만든 술통. 罍는 술잔. [兕] : 쇠뿔 들소(시). [兕觥(시굉)] : 뿔로 만든 술잔. [云何(운하)] : 여하와 같음. '어찌하면' 의 뜻.

## 4. 규목(樛木) - 가지 늘어진 나무

| | |
|---|---|
| 1/ 南有樛木에<br>남 유 규 목 | 남쪽 가지 늘어진 나무에 |
| 葛藟纍之로다<br>갈 류 류 지 | 칡과 등나무 덩굴 얽히었네. |
| 樂只君子여<br>낙 지 군 자 | 즐거워라, 내 임이여! |
| 福履綏之로다<br>복 리 수 지 | 복록이 임을 편히 하리라. |
| 2/ 南有樛木이<br>남 유 규 목 | 남쪽 가지 늘어진 나무에 |

葛藟荒之로다 칡과 등나무 덩굴 뒤덮였구나!
갈 류 황 지

樂只君子여 즐거워라, 우리 임이여!
낙 지 군 자

福履將之로다 복록이 임을 도와주리로다.
복 리 장 지

3/ 南有樛木이 남쪽 가지가 늘어진 나무에
남 유 규 목

葛藟縈之로다 칡과 등나무 덩굴 휘감겼구나!
갈 류 영 지

樂只君子여 즐거워라, 우리 임이여!
낙 지 군 자

福履成之로다 복록이 임을 이뤄지리라.
복 리 성 지

{해설 및 감상}

'규목'은 가지가 늘어진 나무를 말한다. 여기에 '남'은 남산이다. '갈류'는 칡의 등속이며, 여기는 무왕의 왕비의 덕을 기리는 내용으로 '즐거워라 우리 님' 하고 노래하고 있다. 남쪽 가지가 휘늘어진 곳에 칡넝쿨이 휘감기는 것으로 보아 즐거운 삶을 노래하고 있는 것이다. 즐거워라 우리 님, 복록이 이루어지리라. 여기는 완전 은유법으로 표현하고 있다. 여기서 칡넝쿨이 무엇을 상징하는가에 대해서 너무 따질 필요는 없다. 시는 어디까지나 독자의 서정이나 상상의 것이니까.

{어려운 낱말}

[纍] : 얽힐(류). [綏] : 편안할(수). [樛木(규목)] : 등이 굽은 나무들. [葛藟

(갈류)] : 등나무나 칡넝쿨들. [荒(황)] : 덮다. '엄(掩)' 과 같음. [樂之君子(낙지군자)] : 여기서 군자는 첩과 후비를 가리킴. [福履(복리)] : 복과 녹.

## 5. 종사(螽斯) - 여치

| | |
|---|---|
| 1/ 螽斯羽여<br>종 사 우 | 여치 날개여! |
| 詵詵兮이로다<br>선 선 혜 | 날개 소리도 요란하구나. |
| 宜爾子孫들아<br>의 이 자 손 | 그대들 자손들이여 |
| 振振兮하리로다<br>진 진 혜 | 우쩍우쩍 번성하리라. |
| 2/ 螽斯羽여<br>종 사 우 | 여치 날개여! |
| 薨薨兮이로다<br>홍 홍 혜 | 그 소리 붕붕거림이로다. |
| 宜爾子孫이여<br>의 이 자 손 | 그대 자손들, |
| 繩繩兮이로다<br>승 승 혜 | 끝없이 이어지리라. |
| 3/ 螽斯羽여<br>종 사 우 | 여치 날개여! |
| 揖揖兮이로다<br>읍 읍 혜 | 소리도 요란하구나. |

宜爾子孫이여　　그대 자손들이여!
의 이 자 손

蟄蟄兮로다　　화락하게 모여 살도다.
칩 칩 혜

{해설 및 감상}

여치의 날개가 나온다. 붕붕거리는 소리를 들어보아도 화합하는 이미지를 나타낸다. 이 여치는 한 번 울 때마다 99마리의 새끼가 나온다니, 자손들의 융성을 뜻한다. 후비가 덕을 베풀기 때문에 덕과 복을 한꺼번에 빌어주는 것. 이것을 여치에 은유하여 노래하고 있다. 무수히 모여드는 그대들 자손, 화락하게 모여 살도록 기원하고 있다. 후비들의 자손이 많음을 노래했다지만, 시는 독자의 몫이기 때문에 느낌 그대로 감상하시기를 바란다.

{어려운 낱말}

[螽] : 여치(종). [詵詵(선선)] : 소리가 많이 나다. [振振(진진)] : 많고 성대한 모양. [薨薨(홍홍)] : 의성어로 윙윙. [繩繩(승승)] : 자손들이 끊이지 않고 번창함. [繩] : 노끈(승). [蟄蟄(칩칩)] : 어울려 사는 모양.

## 6. 도요(桃夭) - 복숭아나무

1/ 桃之夭夭여　　복숭아나무 싱싱함이여!
도 지 요 요

| | |
|---|---|
| 灼灼其華로다<br>작 작 기 화 | 그 꽃 활짝 피었구나. |
| 之子于歸여<br>지 자 우 귀 | 시집가는 그 아가씨여! |
| 宜其室家로다<br>의 기 실 가 | 온 집안을 화락하게 하리라. |
| 2/ 桃之夭夭여<br>도 지 요 요 | 복숭아나무가 싱싱함이여! |
| 有蕡其實이로다<br>유 분 기 실 | 그 열매 무성하구나. |
| 之子于歸여<br>지 자 우 귀 | 시집가는 아가씨여! |
| 宜其家室이로다<br>의 기 가 실 | 온 집안을 화락하게 하리라. |
| 3/ 桃之夭夭여<br>도 지 요 요 | 복숭아나무 싱싱함이여! |
| 其葉蓁蓁이라<br>기 엽 진 진 | 그 잎도 무성하도다. |
| 之子于歸하니<br>지 자 우 귀 | 아가씨 시집을 가니 |
| 宜其家人이로다<br>의 기 가 인 | 온 집안을 화락하게 하리라. |

{해설 및 감상}

복숭아 잎이 싱싱하고 꽃과 열매가 무성한 것을 보아서 그 집안이 화락하리라는 예상을 하고 있다. 그래서 요요(夭夭)는 작게 보이면서도 좋게 보이는 모양을 말한다. 봄날에 남녀를 모이게 한다고 했으니 복사

꽃이 필 때이다. 이때면 결혼을 할 때이라고 했으니 그 분위기가 너무 어울린다. 문왕의 교화가 한 가정에서 나라에까지 미쳐서 남녀가 바르게 되고, 혼인하는 것이 알맞게 되며 여자의 현철함을 감탄하니 반드시 가정에까지 미치게 됨을 알 수 있다.

{어려운 낱말}

[夭夭(요요)] : 싱싱한 모양. [灼灼(작작)] : 꽃이 활짝 핀 모양. [之子(지자)] : 그 아가씨. '子' 는 시집가는 아가씨. [蕡(분)] : 열매. [于歸(우귀)] : 여자가 시집을 가는 것을 말함. [蓁蓁(진진)] : 잎이 무성한 모양. [家人(가인)] : 집안의 사람들.

## 7. 토저(兎罝) - 토끼그물

1/ 肅肅兎罝하는 (숙숙토저) 촘촘한 토끼그물 치려고
椓之丁丁이로다 (탁지정정) 말뚝 박는 소리 정정하구나.
赳赳武夫여 (규규무부) 씩씩한 무사들이여!
公侯干城이로다 (공후간성) 공후는 나라의 방패로구나.

2/ 肅肅兎罝를 (숙숙토저) 촘촘하게 짜인 토끼그물을

施于中逵로다 저 길목 언덕 위에 치는구나.
시 우 중 규

赳赳武夫여 씩씩한 저 무사여!
규 규 무 부

公侯好仇로다 이 나라 공후의 좋은 신하로다.
공 후 호 구

3/ 肅肅兎罝를 촘촘하게 짜인 토끼그물을
숙 숙 토 저

施于中林이라 숲속에 그물을 박는구나.
시 우 중 림

赳赳武夫여 그 씩씩한 무사여!
규 규 무 부

公侯腹心이로다 이 나라 공후의 심복이어라.
공 후 복 심

{해설 및 감상}

문왕의 교화가 행해지고 풍속이 아름다워 재주 있는 이가 많이 나타났다. 비록 토끼에게 그물을 놓는 야인(野人)까지도 그 재주가 쓸만한 것이었다. 문왕의 덕을 찬양하는 시인들도 그 덕을 찬양함을 볼 수 있다. 그래서 그 큰 덕을 토끼를 잡는 그물과 그물을 치는 무부(武夫)에 이르기까지 임금의 덕을 찬양하고 있다. 이 시에서 흐르고 있는 전체적인 표현은 역시 비유법이다. 「모시서」에는 후비의 덕에 감화하여 현명한 사람이 많아진 것을 노래한 시라고 하였다.

{어려운 낱말}

[兎罝(토저)] : 토끼를 잡는 그물. [丁丁(정정)] : 나무를 찍는 소리. [赳赳

(규규)] : 씩씩한 모양. [武夫(무부)] : 무인. [公侯(공후)] : 제후들의 작위. [干城(간성)] : 방패. [肅肅(숙숙)] : 매우 촘촘한 모양. '축축(縮縮)' 과 같은 뜻으로 쓰인다고 했다. [施(시)] : 그물을 치다. [中逵(중규)] : 길이 교차하는 그 가운데. 언덕. [好仇(호구)] : 함께 일할 수 있는 좋은 짝. 좋은 신하. [腹心(복심)] : 심복. 같은 마음을 가진 사람.

## 8. 부이(芣苢) - 질경이

1/ 采采芣苢하여 (채채부이) 캐고 캐는 질경이를
薄言采之로다 (박언채지) 캐어보세, 캐어보세!
采采芣苢하여 (채채부이) 질경이를 캐고 캐어
薄言有之로다 (박언유지) 그것을 담아나 보세.

2/ 采采芣苢하여 (채채부이) 질경이를 캐고 캐어
薄言掇之하세 (박언철지) 줍고 거둬나 보세!
采采芣苢하여 (채채부이) 질경이를 캐고 또 캐세
薄言捋之로다 (박언날지) 캐서 듬뿍 담아보세.

3/ 采采芣苢하여 질경이를 캐고 캐서
채 채 부 이

薄言袺之로다 옷섶에 담아보구나!
박 언 결 지

采采芣苢하여 질경이를 캐고 캐어
채 채 부 이

薄言襭之로다 치마폭에 담아보세.
박 언 힐 지

{해설 및 감상}

질경이를 캐보자는 노래다. 문왕의 덕에 감탄하여 민중들이 편안하게 살아감을 노래하는 것이라 한다. 교화가 행해지고 풍속이 아름다워 가정이 평안하니, 여자들은 무사하게 가정 일을 돌볼 수 있으니 질경이를 캐는 것까지 노래로 할 수 있었으니 화평함을 표현한 것이다. 질경이는 약명으로 차전자(車前子)라고 하는데, 그 씨는 수기를 통하는 데에 쓰인다고 한다. 이런 보잘 것 없는 질경이를 캐는 것도 화평한 가운데서 일을 하며 매우 즐거움을 노래한 시다. 「모시서」에는 '후비의 아름다움을 읊은 것이다. 세상이 평화로우면 부인들은 자식이 있음을 즐거워한다고 한다.' 고 풀이하고 있다.

{어려운 낱말}

[采采(채채)] : 캔다는 뜻으로 쓰임. [芣苢(부이)] : 질경이. [薄言(박언)] : 여기서는 모두 허사로 쓰였다. [掇(철)] : 떨어진 것을 줍다. [捋(날)] : 열매를 집어 따다. [袺(결)] : 옷섶에 물건을 담고 오다. [襭(힐)] : 옷자락에 물건을 싸다.

## 9. 한광(漢廣) - 한수는 넓어

1/ 南有喬木이라도 (남유교목) — 남쪽에 우뚝 솟은 나무 있어도
不可休息이로다 (불가휴식) — 그 아래서 쉴 수 없도다.
漢有游女하여도 (한유유녀) — 한수에 노는 아가씨 있어도
不可求思로다 (불가구사) — 다가가 가까이할 수 없도다.
漢之廣矣하여도 (한지광의) — 한수가 너무 넓어
不可泳思로다 (불가영사) — 건너서 가까이할 수 없도다.
江之永矣하여 (강지영의) — 강물이 너무 길어
不可方思로다 (불가방사) — 배로도 가까이할 수 없도다.

2/ 翹翹錯薪이여 (교교착신) — 빽빽이 우거진 잡목
言刈其楚하리라 (언예기초) — 가시나무를 베어내리라.
之子于歸하면 (지자우귀) — 저 아가씨 시집가면
言秣其馬하리라 (언말기마) — 그 말을 먹이리라.
漢之廣矣하여 (한지광의) — 한수가 너무 넓어
不可泳思로다 (불가영사) — 다가가 가까이할 수 없도다.

江之永矣하여　강물이 너무 길어
강 지 영 의

不可方思로다　배로도 가까이할 수 없도다.
불 가 방 사

3/ 翹翹錯薪에　빽빽이 우거진 잡목 속에서
교 교 착 신

言刈其蔞로다　물쑥을 베어내리로다.
언 예 기 루

之子于歸하면　저 아가씨 시집가면
지 자 우 귀

言秣其駒하리로다　그 망아지 먹이리라.
언 말 기 구

漢之廣矣하여　한수가 너무 넓어
한 지 광 의

不可泳思로다　다가가 가까이할 수 없도다.
불 가 영 사

江之永矣하여　강물이 너무 길어
강 지 영 의

不可方思하리로다　배로도 가까이할 수가 없도다.
불 가 방 사

{해설 및 감상}

문왕의 교화가 가까이에서 먼 곳으로 옮아가고 있음을 안다. 여기는 한강 부근으로 강물이 너무 길고 넓어서 가까이 할 수 없다는 것은 문왕의 교화가 너무 크다는 것을 비유한 것이라 한다. 그러니 자연물에서 넓은 자연이 한강까지 옮아가면서 노래하고 있다. 강물이 넓고 길어서 가까이할 수 없다는 것은 문왕의 덕이 한수처럼 넓다는 것을 은유적으로 노래하고 있다. 그래서 '홍이비체' 라고 했다.

{어려운 낱말}

[喬木(교목)] : 위로 높이 솟은 나무. [休息(휴식)] : 쉬다. [游女(유녀)] : 밖으로 나돌며 노는 여자. [方(방)] : 배. 방주. [翹翹(교교)] : 빽빽하다. 조밀하다. [錯薪(착신)] : 우거진 숲. 잡목들. [刈] : 벨(예). [楚(초)] : 가시나무. [蔞(루)] : 물쑥. 쑥. [秣(말)] : 꼴. 풀.

## 10. 여분(汝墳) - 여수가의 방죽

1/ 遵彼汝墳하여 저 여수 가의 방죽 따라서
준 피 여 분

伐其條枚로다 작은 나뭇가지를 친다.
벌 기 조 매

未見君子하니 아직 임을 보지 못하니
미 견 군 자

惄如調飢로다 그리움은 배고픈 것 같아라.
역 여 조 기

2/ 遵彼汝墳하여 저 여수 가의 방죽을 따라서
준 피 여 분

伐其條肄로다 작은 나뭇가지를 친다.
벌 기 조 이

旣見君子하니 임을 만나보니
기 견 군 자

不我遐棄로다 나를 버리지 않으셨네.
불 아 하 기

3/ 魴魚赬尾하고 방어는 꼬리가 붉어지고
방 어 정 미

王室如燬로다 왕실은 불타는 듯 어지럽구나!
왕 실 여 훼

雖則如燬하여도 비록 불타듯 하여도
수 즉 여 훼

父母孔邇로다 부모님이 가까이 계심이로다.
부 모 공 이

{해설 및 감상}

여수(汝水)라는 물가에도 나라가 있었는데, 이 미개한 나라도 문왕의 덕을 알고 그 교화를 입었다는 것이다. 부인들은 그의 남편들이 부역을 나갔다가 돌아오는 것과, 돌아오지 않았을 때의 정을 생각하고 노래를 지었음을 미루어 생각할 수 있다. 나라는 안정되지 못하고 계속 어지럽다. 나라가 아무리 어지럽다 하더라도 부모님이 계시니 그래도 안심이 된다. 이 시가 지어진 것이 주나라 말년 어지러운 시대 상황이 나타나 있는 것이다.

{어려운 낱말}

[汝(여)] : 여수(汝水)인데, 여주(汝州)의 천식산(天息山)에서 흘러 영주를 거쳐 회수(淮水)로 합류한다. [墳(분)] : 방죽. 제방. [條枚(조매)] : 나뭇가지와 나무줄기. [惄] : 생각하다(녁). [魴魚(방어)] : 방어. 생선 고기의 이름. [赬] : 붉을(정). [燬(훼)] : 불타다. 주나라 말년의 왕실에 비유. [如燬

(여훼)] : 불타는 듯하다. [孔(공)] : 매우.

## 11. 인지지(麟之趾) - 기린의 발

| | |
|---|---|
| 1/ 麟之趾여<br>인 지 지 | 기린의 발이여! |
| 振振公子로다<br>진 진 공 자 | 번창한 공후의 자제들이로다. |
| 于嗟麟兮여<br>우 차 린 혜 | 아, 기린이여! |
| 2/ 麟之定이여<br>인 지 정 | 기린의 이마여! |
| 振振公姓이로다<br>진 진 공 성 | 번창한 공후의 자손들이로다. |
| 于嗟麟兮여<br>우 차 린 혜 | 아, 기린이여! |
| 3/ 麟之角이여<br>인 지 각 | 기린의 뿔이여! |
| 振振公族이로다<br>진 진 공 족 | 번창한 공후의 일족들이로다. |
| 于嗟麟兮여<br>우 차 린 혜 | 아, 기린이여! |

{해설 및 감상}

각 연마다 기린이 나온다. 기린의 발, 이마, 뿔, 이렇게 부분별로 표현하고 있다. 여기서 기린의 발이 나오는데, 기린은 고라니 몸에 소의 꼬리, 말의 발굽이라고 했다. 왕비 역시 덕을 닦아서 자손과 종족이 모두 인후하여 그 자손 또한 어질고 후했다고 했다. 그러나 말이 부족하므로 차탄하여 '이들이 바로 기린이니 어찌 반드시 고란이의 몸에 소의 꼬리, 말의 발굽인 연후에 왕자의 상서(祥瑞)가 되랴.' 라고 한 것이다.

{어려운 낱말}

[趾] : 발꿈치(지). [麒麟(기린)] : 기린은 중국 고대의 전설적인 동물. 기린은 발로 살아있는 벌레나 산 풀을 밟지 않는 짐승이다. [于嗟(우차)] : 감탄사. [振振(진진)] : 번창하다. [公族(공족)] : 공후의 집안.

## 제2장
# 소남(召南)

소남(召南)에 나오는 시가 모두 14수이다. 소남(召南)이 어느 곳인지는 확실하지 않다. 소남은 주나라 소목공(召穆公)인 호(虎)가 다스리던 남쪽 나라를 가리키는 것이라고 하였다. 소목공이 강수(江水)와 한구(漢水)지방을 개척한 사람으로, 대아(大雅)에서 강한(江漢)은 그의 공적을 읊은 시다. 그래서 주남은 남쪽 양자강 유역에 이르는 지역이란 것을 알 수 있다.

까치둥지가 있으니
거기엔 비둘기가 산다.
아가씨 시집올 때
백대의 수레가 마중하네.

-'작소'의 첫 부분

## 1. 작소(鵲巢) - 까치집

| | |
|---|---|
| 1/ 維鵲有巢에<br>유 작 유 소 | 까치둥지가 있으니 |
| 維鳩居之로다<br>유 구 거 지 | 거기엔 비둘기가 산다. |
| 之子于歸에<br>지 자 우 귀 | 아가씨 시집올 때 |
| 百兩御之로다<br>백 양 어 지 | 백대의 수레가 마중하네. |
| 2/ 維鵲有巢에는<br>유 작 유 소 | 저 까치둥지를 지으면 |
| 維鳩方之로다<br>유 구 방 지 | 비둘기가 날아와 산다. |
| 之子于歸에<br>지 자 우 귀 | 아가씨 시집갈 때 |
| 百兩將之로다<br>백 양 장 지 | 백대의 수레가 배웅하도다. |
| 3/ 維鵲有巢에는<br>유 작 유 소 | 까치둥지에는 |
| 維鳩盈之로다<br>유 구 영 지 | 비둘기로 꽉 찼구나. |
| 之子于歸에는<br>지 자 우 귀 | 아가씨 시집 오면은 |
| 百兩成之로다<br>백 량 성 지 | 백대의 수레로 예를 갖추리로다. |

{해설 및 감상}

까치둥지에 비둘기가 들어와서 산다는 말, 우리나라에도 있는 말이다. 여기서는 아가씨가 시집가면 많은 수레가 영접을 한다고 했으니, 시집갈 때 남편의 집으로 들어간다는 말과 서로 상통하다. 남국의 제후가 문왕의 교화를 입어 능히 마음을 바르게 하고 마음을 닦아서 집안을 바르게 하니, 여자들 또한 왕후의 교화를 입어 모두 덕이 있었다. 그래서 제후들에게 시집갈 때는 집안사람들이 '까치의 집이 있으면 비둘기가 와서 산다.' 고 했다. 그래서 여자가 시집가면 백대의 수레로 맞이한다고 한 것이라고 했다.

{어려운 낱말}

[維鵲(유작)] : 그냥 까치라는 뜻이다. [百兩(백양)] : 1백 대의 수레. [御(어)] : 마중, 혹은 영접. [鳩] : 비둘기(구). [方(방)] : 차지하여 '갖는다' 의 뜻. [盈(영)] : 가득 차다. [成(성)] : 결혼이 성립됨.

## 2. 채번(采蘩) - 다북쑥 캐다

1/ 于以采蘩하리요 어디서 다북쑥을 뜯을까요?
우 이 채 번

于沼于沚로다 그곳은 연못가 물가에지요.
우 소 우 지

于以用之하리요 어디에 그것을 쓸까요?
우 이 용 지

公侯之事하지요　　공후의 제사에 쓰지요.
공 후 지 사

2/ 于以采蘩하리요　　어디서 다북쑥을 뜯을까요?
우 이 채 번

于澗之中이로다　　그곳은 산골짝 물가지요
우 간 지 중

于以用之하리요　　어디에 그것을 쓸까요?
우 이 용 지

公侯之宮하지요　　공후의 묘당에 쓰지요.
공 후 지 궁

3/ 被之僮僮하고　　단정한 멋진 머리하고
피 지 동 동

夙夜在公이로다　　아침부터 밤까지 묘당에 있었지요.
숙 야 재 공

被之祁祁하고　　아름다운 머리하고
피 지 기 기

薄言還歸이로다　　묘당에서 돌아왔지요.
박 언 환 귀

{해설 및 감상}

문왕의 덕에 감화하여 제후들의 부인들이 제사에 쓸 쑥을 뜯는 과정을 노래하고 있다. 이 시는 모두 대화 형식으로 이루어져 있다. 단정한 머리, 묘당, 이런 낱말을 보아 매우 예의에 앞장선 것 같다. 문왕의 교화를 받아서 제후의 부인들이 정성과 공경을 다하여 제사를 받들었다. 이것을 받들어 찬미한 것이다. 옛날 제후의 비나 왕후들이 직접 잠농(蠶農)을 실시했던 것으로 여겨진다. 여기에서 '채번'을 누에를 먹일

뽕 따는 일로 풀이하는 설도 있다고 한다.

{어려운 낱말}

[于沼于沚(우소우지)] : 연못가, 혹은 물가. [沚] : 연못(지). [用之(용지)] : 제사에 씀. [蘩] : 다북쑥(번). [澗(간)] : 간수. [僮僮(동동)] : 경경하는 모양. 굽실거리며 공경하다. [祁祁(기기)] : 천천히 펴나가는 모양. [薄言(박언)] : 모두 허사임. [還歸(환귀)] : 제사를 끝내고 모두 돌아가다.

## 3. 초충(草蟲) - 풀벌레

| | |
|---|---|
| 1/ 喓喓草蟲에 (요요초충) | 요란한 풀벌레 소리에 |
| 趯趯阜螽이로다 (적적부종) | 메뚜기가 뛰어놀도다. |
| 未見君子하니 (미견군자) | 그대를 보지 못해 |
| 憂心忡忡이로다 (우심충충) | 근심스런 마음 뒤숭숭하구나. |
| 亦旣見止하면 (역기견지) | 늘 만나만 본다면 |
| 亦旣覯止면 (역기구지) | 당신을 만나기만 한다면 |
| 我心則降이로다 (아심즉강) | 내 마음 놓이련만… |

| | |
|---|---|
| 2/ 陟彼南山하여<br>척 피 남 산 | 저 남산에 올라 |
| 言采其蕨하리로다<br>언 채 기 궐 | 고사리를 캐자꾸나. |
| 未見君子하니<br>미 견 군 자 | 그대 만나지 못해 |
| 憂心惙惙이나<br>우 심 철 철 | 내 마음 어수선하나 |
| 亦旣見止하면<br>역 기 견 지 | 당신을 보기만 한다면 |
| 亦旣覯止한다면<br>역 기 구 지 | 당신을 만나기만 한다면 |
| 我心則說이로다<br>아 심 즉 열 | 내 마음 기쁘리로다. |

| | |
|---|---|
| 3/ 陟彼南山하여<br>척 피 남 산 | 저 남산에 올라 |
| 言采其薇하리로다<br>언 채 기 미 | 고비를 캐보리로다! |
| 未見君子하니<br>미 견 군 자 | 당신을 보지 못해 |
| 我心傷悲하리라만<br>아 심 상 비 | 내 마음 쓰라리지만 |
| 亦旣見止면<br>역 기 견 지 | 한 번 보기라도 한다면 |
| 亦旣覯止한다면<br>역 기 구 지 | 당신을 만나기만 한다면 |
| 我心則夷이로다<br>아 심 즉 이 | 내 마음 편안하리로다. |

{해설 및 감상}

요요는 풀벌레들의 울음소리를 표현했다. 그리고 남산에 올라 고사리와 고비나물을 캤으면 하는 것으로 내 마음이 편안해진다는 것으로 보아 무엇을 그리워하고 있다는 사실을 알 수 있다. 초충(草蟲)은 풀벌레를 말하는데, 메뚜기 등속이다. 적적은 메뚜기가 뛰는 것을 의미하며, 궐은 고사리이다. 고사리는 잎이 피기 전에 먹는 것으로 시기적인 변화를 나타낸다. 미(薇)는 고비라 이르는 것으로, 역시 고사리다. 끝구절마다 내 마음이란 말이 들어갔는데, 내 마음이란 군자의 마음으로 해석하고 싶다. 이 시는 군역으로 먼 곳에 가 있는 남편을 그리워하는 여자의 마음을 노래한 것이다. '당신을 만나기만 하면 내 마음 편안하다.' 고 했다. 그것은 마음에 맺힌 그리움이다.

{어려운 낱말}

[喓喓(요요)] : 풀벌레가 요란스럽게 우는 소리. [草蟲(초충)] : 풀벌레. [趯趯(적적)] : 뛰놀다. 뛰는 모양. [阜螽(부종)] : 메뚜기의 일종. [忡忡(충충)] : 근심하는 모양. [陟(척)] : 오를(척). [惙惙(철철)] : 근심하는 모양. [覯(구)] : 만나볼(구). [覯止(구지)] : 만나 보다. [薇] : 고비, 고사리(미). [夷(이)] : 편해지다. 기뻐하다.

## 4. 채빈(采蘋) - 개구리밥을 따다

1/ 于以采蘋하리요 　　어디서 개구리밥 딸까요?
우 이 채 빈

| | |
|---|---|
| 南澗之濱이로다<br>남 간 지 빈 | 남쪽 계곡 물가에서 따지요. |
| 于以采藻하리요<br>우 이 채 조 | 어디서 마름을 캘까요? |
| 于彼行潦하리로다<br>우 피 행 료 | 물 흐르는 도랑에서 따지요. |
| 2/ 于以盛之하리요<br>우 이 성 지 | 어디에 담을까요? |
| 維筐及筥로다<br>유 광 급 거 | 네모진 광주리, 둥근 광주리에 담지요. |
| 于以湘之하리요<br>우 이 상 지 | 어디에서 삶을까요? |
| 維錡及釜하리로다<br>유 기 급 부 | 세발 가마, 그리고 가마솥에 삶지요. |
| 3/ 于以奠之하리요<br>우 이 전 지 | 어디에 놓을까요? |
| 宗室牖下로다<br>종 실 유 하 | 종묘 창틀 아래 놓지요. |
| 誰其尸之리요<br>수 기 시 지 | 누가 이것을 받을까요? |
| 有齊季女하리로다<br>유 제 계 녀 | 예쁜 막내딸이 받지요. |

{해설 및 감상}

이 시는 제사에 관한 것이다. 전(奠)자가 들어가는 걸 보면, 모두 대화체를 이루고 있는 시다. 즉 문답 형식으로 된 작품으로 '채빈' 은 물가에 있는 부평초(개구리밥)를 캔다는 뜻으로, 남국의 여인들은 문왕의 교화를 힘입어 대부의 아내가 제사를 받드니 그 일을 찬미하여 노래한 것이라 한다. 종묘, 제물, 이런 낱말이 보이는 것을 보아 귀결점은 결국 제사를 받드는 일에 있는 것이다. 전(奠)이란 말을 보아도 제번은 큰 행사였다. 제사를 받드는데, 아마 이 개구리밥이란 식물을 제물로 쓰는 모양이다.

{어려운 낱말}

[蘋(빈)] : 개구리밥. [采藻(채조)] : 마름을 캐다. [行潦(행료)] : 길가에 흐르는 물. [筐] : 광주리(광). [錡] : 가마솥(기). [奠之(전지)] : 제사 음식을 담아놓다. [牖下(유하)] : 창문과 창 사이. [尸(시)] : 주관하다. 베풀다. [季女(계녀)] : 막내딸.

## 5. 감당(甘棠) - 팥배나무

1/ 蔽芾甘棠을 (폐불감당) 무성한 팥배나무를

勿翦勿伐하라 (물전물벌) 자르지도 말고 베지도 마라,

召伯所茇하신다 (소백소발) 소백님이 머무시던 곳.

2/ 弊芾甘棠을 (폐불감당) 우거진 팥배나무를

勿翦勿敗하라 (물전물패) 자르지도 말고 꺾지도 마라,

召伯所憩하신다 소백님이 쉬시던 곳.
소 백 소 게

3/ 蔽芾甘棠을 우거진 팔배나무를
폐 불 감 당

勿翦勿拜하라 자르지도 말고 휘지도 마라,
물 전 물 배

召伯所說하시니 소백님이 머무르시던 곳이니.
소 백 소 세

{해설 및 감상}

3장 3구로 구성된 정형시다. 한결같이 팥배나무를 베지 말라는 당부의 말이다. 이유는 소공이 앉으실 곳이라고 분명히 말하고 있다. 당(棠)은 지방말로 '아가위' 라고도 한다. 즉 '산앵두' 라는 말로도 쓰인다. 소백님이라고 나오는데, 이 소백은 남국을 순행하여 문왕의 정치적 명령을 펼칠 적에 이 팥배 아래서 집을 지었다고 한다. 그 후에 사람들이 그 덕을 사모하여 이 나무를 사랑하여 차마 베내지 못했다고 한다. 그래서 소백님이 머무시는 곳이라고 표현하고 있다.

{어려운 낱말}

[蔽芾(폐불)] : 나무가 무성하게 자란 모양. [甘棠(감당)] : 팥배나무. 아가위나무. [召伯(소백)] : 소목, 방백. [茇] : 풀뿌리(발). 머물다. [翦] : 자를(전). [憩] : 쉴(게). [拜(배)] : 휘다. [說(세)] : 쉬다.

## 6. 행로(行露) - 길가의 이슬

| | |
|---|---|
| 1/ 厭浥行露에<br>염 읍 행 로 | 촉촉이 이슬 내린 길에 |
| 豈不夙夜리요<br>기 불 숙 야 | 어찌 밤낮 걷고 싶은 마음 없으랴 |
| 謂行多露로다<br>위 행 다 로 | 이는 이슬이 많아서지요. |
| 2/ 誰謂雀無角이요<br>수 위 작 무 각 | 누가 참새에게 뿔이 없다고 하나요? |
| 何以穿我屋이리오<br>하 이 천 아 옥 | 어떻게 우리 집을 뚫을 수 있겠어요? |
| 誰謂女無家리요<br>수 위 여 무 가 | 누가 당신에게 세력이 없다고 하나요? |
| 何以速我獄고<br>하 이 속 아 옥 | 없다면 나를 옥에 부를 수 있을꼬? |
| 雖速我獄이라도<br>수 속 아 옥 | 비록 내가 옥으로 가더라도 |
| 室家不足이로다<br>실 가 부 족 | 우리 집에 부족함이 있으랴. |
| 3/ 誰謂鼠無牙리요<br>수 위 서 무 아 | 누가 쥐에게 이빨이 없다고 하나요? |
| 何以穿我墉고<br>하 이 천 아 용 | 없다면 어떻게 우리 담을 뚫을까요? |
| 誰謂女無家리요<br>수 위 여 무 가 | 누가 당신에게 집이 없다고 하나요? |
| 何以速我訟이라오<br>하 이 속 아 송 | 그러면 어째서 송사를 걸 수 있겠어요? |

雖速我訟이나　　비록 나에게 송사를 걸어도
수 속 아 송

亦不女從이로다　　나는 당신을 따르지 않으리로다.
역 불 여 종

{해설 및 감상}

염읍(厭浥)은 촉촉하다는 뜻으로, 길가의 이슬을 통하여 평화롭고 자유로운 시적 이미지를 끄집어내고 있다. 촉촉한 이슬, 나는 참새, 쥐, 이런 등속으로 자유로운 분위기를 자아내고 있다. 남국 사람이 소백의 가르침을 따르고, 문왕과의 교화에 음란한 풍속을 개혁하고, 여자들은 예로서 스스로를 지켜서 더럽히는 바가 없다고 했다. '길에 이슬이 젖어 있으니 내 어찌 가지 않으리오.' 하고 노래하는 것으로 보아 평화스러움을 표현하고 있다.

{어려운 낱말}

[厭浥(염읍)] : 이슬에 젖어 촉촉한 모습. [行露(행로)] : 이슬이 내린 길. [夙夜(숙야)] : 밤낮으로 부지런히 찾아오는 것. [謂(위)] : 핑계 대는 것. [角(각)] : 여기서는 새의 부리. [穿] : 뚫을(천). [獄(옥)] : 감옥. 송사. [室家(실가)] : 집. 실가가 부족하다는 것. [墉(용)] : 담. [女從(여종)] : 그대에게 시집 감.

## 7. 고양(羔羊) - 염소

| | |
|---|---|
| 1/ 羔羊之皮를<br>고 양 지 피 | 염소 가죽옷을 |
| 素絲五紽로다<br>소 사 오 타 | 흰 명주실 다섯 타래로 만들었네. |
| 退食自公이<br>퇴 식 자 공 | 관청에서 밥 먹으러 가는 길이 |
| 委蛇委蛇로다<br>위 사 위 사 | 의젓하고도 당당하구나. |
| 2/ 羔羊之革을<br>고 양 지 혁 | 염소 가죽 갖옷을 |
| 素絲五緎이로다<br>소 사 오 역 | 흰 명주실 다섯 겹으로 꿰맸구나. |
| 委蛇委蛇하여<br>위 이 위 이 | 의젓하고도 의젓하여 |
| 自公退食이로다<br>자 공 퇴 식 | 밥 먹으러 가는 길이로다. |
| 3/ 羔羊之縫에<br>고 양 지 봉 | 염소 갖옷 솔기에 |
| 素絲五總이로다<br>소 사 오 총 | 흰 실 다섯 총으로 꾸몄네. |
| 委蛇委蛇하여<br>위 이 위 이 | 의젓하고도 의젓하여 |
| 退食自公이로다<br>퇴 식 자 공 | 밥 먹으러 퇴청하는 길이로다. |

{해설 및 감상}

작은 것은 고(羔)라 하고, 큰 것을 양(羊)이라 한다고 했다. 일반적으로는 고는 염소요, 양은 그냥 양(羊) 같은 것을 말하고 있는 것으로 안다. 갖옷은 가죽으로 만드는 것이니, 대부의 연거복(燕居服)이라고 한다. 문왕의 정사에 감화하여 주위에 있는 자들은 모두 절약하고 검소하고 정직했다. 그래서 시적인 표현을 이와 같이 하고 있다고 여겨진다.

{어려운 낱말}

[羔羊(고양)] : 염소와 양. [五紽(오타)] : 실을 꿰맨 수를 말함. 紽는 옷자락(타). [退食(퇴식)] : 저녁 먹으러 집으로 돌아감. [緎] : 옷 솔기(역). [委蛇(위이)] : 당당한 모습.

## 8. 은기뢰(殷其雷) - 천둥소리

| | |
|---|---|
| 1/ 殷其雷가<br>은 기 뢰 | 우르릉 쾅 천둥소리 |
| 在南山之陽이로다<br>재 남 산 지 양 | 남산 남쪽에서 천둥소리 울리네. |
| 何斯違斯이리요<br>하 사 위 사 | 어찌해 이곳을 떠나셨나요? |
| 莫敢或遑고<br>막 감 혹 황 | 잠깐이라도 못 돌아오실까? |
| 振振君子로다<br>진 진 군 자 | 씩씩하고 미더운 당신 |

| | |
|---|---|
| 歸哉歸哉하소서<br>귀 재 귀 재 | 돌아오소서! 돌아오시옵소서! |
| 2/ 殷其雷가<br>은 기 뢰 | 우르릉 쾅 천둥소리 |
| 在南山之側이로다<br>재 남 산 지 측 | 남산 곁에서 천둥소리 울린다. |
| 何斯違斯이요<br>하 사 위 사 | 어찌해 이곳을 떠나셨나? |
| 莫敢遑息하소서<br>막 감 황 식 | 잠깐이라도 돌아와 숨이라도 돌리옵소서. |
| 振振君子시여<br>진 진 군 자 | 씩씩하고 미더운 당신이여! |
| 歸哉歸哉하소서<br>귀 재 귀 재 | 돌아와요, 돌아오시옵소서! |
| 3/ 殷其雷가<br>은 기 뢰 | 우르릉 쾅 천둥소리가 |
| 在南山之下라<br>재 남 산 지 하 | 남산 아래에서 울린다. |
| 何斯違斯요<br>하 사 위 사 | 어찌해 이곳을 떠나셨나요? |
| 莫或遑處리오<br>막 혹 황 처 | 잠시이라도 못 머물러 계실까 |
| 振振君子여<br>진 진 군 자 | 씩씩하고 미더운 당신이여! |
| 歸哉歸哉하소서<br>귀 재 귀 재 | 돌아와요, 돌아오시옵소서! |

{해설 및 감상}

'은기뢰' 는 천둥소리를 말한다. 이 천둥소리가 세 번이나 나온다. 이 우렛소리는 우리 인간들이 두려움의 대상이 되기도 한다. 죄를 짓지 말라는 뜻이기도 하다. 여기서 이곳과 이 사람이 나오는데, 지명과 인명이 등장하는 것이다.

남국이 문왕의 교화를 입어 부인들은 남편이 밖으로 행역에 나갔으므로 그리워하고 있다. 그래서 이 시를 지은 것이다. 요즈음 같으면 남편이 군에 입대했기에 그리워한다는 내용이다. 그래서 그 그리움의 노래가 이 시에 나타나 있는 것이다. 그래서 나라의 덕을 찬미하고 남편이 빨리 돌아오기를 기대하고 있는 것이다. 그래서 '귀재귀재(歸哉歸哉)' 라고 하면 '돌아오소서!' 하면서 고대한다.

{어려운 낱말}

[殷其雷(은기뢰)] : 은은한 우렛소리. [陽(양)] : 양은 산의 남쪽을 의미한다. [遑] : 허둥거릴(황). 겨를. [振振(진진)] : 의젓하고 씩씩한 모습. [歸哉(귀재)] : 돌아오라. [遑處(황처)] : 틈을 타서 함께 머무름.

## 9. 표유매(摽有梅) - 떨어지는 매화 열매

| | |
|---|---|
| 1/ 摽有梅하고<br>표 유 매 | 매화 열매 다 떨어지고 |
| 其實七兮로다<br>기 실 칠 혜 | 남은 것 일곱 개로다. |

| | |
|---|---|
| 求我庶士여<br>구 아 서 사 | 내게 구혼할 도련님이여! |
| 迨其吉兮로다<br>태 기 길 혜 | 이 좋은 기회 붙잡아요. |
| 2/ 摽有梅하니<br>표 유 매 | 매화 열매 다 떨어지고 |
| 其實三兮로다<br>기 실 삼 혜 | 남은 열매 셋이로다. |
| 求我庶士여<br>구 아 서 사 | 내게 구혼할 도련님들이여! |
| 迨其今兮로다<br>태 기 금 혜 | 오늘 곧 붙잡아요. |
| 3/ 摽有梅하니<br>표 유 매 | 매화 열매 다 떨어지니 |
| 頃筐塈之로다<br>경 광 기 지 | 대바구니에 주워 담았도다. |
| 求我庶士여<br>구 아 서 사 | 내게 구혼할 도련님들이여! |
| 迨其謂之로다<br>태 기 위 지 | 말씀만 해주세요. |

{해설 및 감상}

표유매(摽有梅)는 떨어지는 매화 열매다. 무려 세 번이나 반복하여 쓰였다. 도대체 매화 열매와 이 장과는 어떤 관계가 있는가? 남국이 문왕의 교화를 받아서 여자들이 정순함으로서 스스로를 지킬 줄을 알아야 했으니, 그 시집가는 것이 적절한 때를 기다리는 것이다. 그러므로 매실이 떨어져서 나무에 있는 것이 적음을 말하며 때가 지나고 너무 늦었음을 나타낸 것이다. 끝에 가서 '내게 구혼할 도련님들이여!' 하고 '영탄하고 말씀만 해주세요.' 하고 구애를 하고 있다.

{어려운 낱말}

[摽有梅(표유매)] : 익어 떨어지는 매화. [迨] : 미칠(태). [迨其日(태기일)] : 좋은 때. [庶士(서사)] : 도련님. [頃筐(경광)] : 대광주리에 담다. [塈之(기지)] : 주워 담다. [謂之(위지)] : 말을 일러주다.

## 10. 소성(小星) - 작은 별

1/ 嘒彼小星이여 (혜피소성) 반짝반짝 저기 작은 별들
三五在東이로다 (삼오재동) 셋, 다섯, 동쪽에서 반짝이네.
肅肅宵征하여 (숙숙소정) 총총히 밤에 나타나
夙夜在公이로다 (숙야재공) 새벽부터 밤까지 공무를 본다.
寔命不同이라 (식명부동) 정말로 운명 같지 않다네.

2/ 嘒彼小星이여 (혜피소성) 반짝반짝 저기 작은 별들
維參與昴이로다 (유삼여묘) 삼성과 묘성이로다.

肅肅宵征하니 　 종종히 밤에 나타나
숙 숙 소 정

抱衾與裯로다 　 이부자리와 속옷을 안고 도네.
포 금 여 주

寔命不猶라 　 확실히 운명은 같지 않다네.
식 명 불 유

{해설 및 감상}

제목이 "작은 별" 이다. 별이 반짝이는 밤에 무엇인가 생각하게 하는 밤이다. 여기서 명은 운명을 말하는 것이다. 남국의 부인은 후비의 교화를 받들어 질투를 하지 않으며 아랫사람에게도 은혜롭게 하였다. 그래서 '반짝반짝 작은 별 동쪽에 있다고 한결같이 말하고 있는데, 이것은 우주 천체가 정연함을 일컫는 말일 것이다. 별자리도 동쪽에서 서쪽으로 옮아가며 시를 표현하고 있는 것으로 보아 밤을 지키는 여인의 기다림이 아닐까 하는 생각이 들곤 한다. 끝에 '확실히 운명은 같지 않다' 하고 두 번이나 강조하고 있음은 무엇을 말하는가?

{어려운 낱말}

[嘒] : 가냘플(혜). [肅肅(숙숙)] : 총총히. 종종걸음으로 걷는 모습. [宵征(소정)] : 밤길을 가다. [在公(재공)] : 공적인 임무를 띤 자. [寔命不同(식명부동)] : 자기 신분이 같지 않음을 한탄하는 말. [昴] : 별자리(묘). 28수의 하나. [衾] : 이부자리(금). [裯(주)] : 홑이불.

## 11. 강유사(江有汜) - 강물도 갈라져

| | |
|---|---|
| 1/ 江有汜하고<br>강 유 사 | 강물도 갈라져 흐르고 |
| 之子歸로다<br>지 자 귀 | 아가씨는 시집을 가네! |
| 不我以하고<br>불 아 이 | 나를 싫다 하고 |
| 不我以하고는<br>불 아 이 | 나를 싫다고는 하고는 |
| 其後也悔하리라<br>기 후 야 회 | 뒤에는 뉘우치리라. |
| 2/ 江有渚하고<br>강 유 저 | 강물 옆에는 늪이 있고 |
| 之子歸하노라<br>지 자 귀 | 아가씨는 시집을 가네. |
| 不我與이로다<br>불 아 여 | 나와 함께 하려 않네. |
| 不我與이로되<br>불 아 여 | 나와 함께 하려 않지만 |
| 其後也處하리라<br>기 후 야 처 | 뒤에는 나와 함께 있고 말리라. |
| 3/ 江有沱하고<br>강 유 타 | 강물은 굽이치고 |
| 之子歸하노라<br>지 자 귀 | 아가씨는 시집을 가네. |
| 不我過하네<br>불 아 과 | 나를 버리고 가시네. |

| | |
|---|---|
| 不我過하네<br>불 아 과 | 나를 버리고 가시네. |
| 其嘯也歌로다<br>기 소 야 가 | 그 피리 소리는 슬픈 노래이여라. |

{해설 및 감상}

제목이 〈강유사(江有汜)〉이다. 강물이 갈라져서 흘러간다는 뜻이다. 강물은 작은 개울에서 시작하여 내를 이루고, 그 냇물이 모여 강을 만들고 하수를 만드는 것이다. 이것 역시 철학적 의미를 포함하고 있는 것이다. 1) 강물은 갈라져 흐르고, 2) 강물은 늪으로 흐르고, 3) 강물은 굽이쳐 흐른다는 내용으로 되어있다. 강물은 갈라졌다가 합치고, 합쳤다가 다시 갈라지는 묘한 이치를 깨달아 후비(后妃)와 부인(夫人)에게 교화를 입혀서 깨달음의 길로 나아간다는 진리를 깨닫게 되는 것이다. '나를 버리고 가지만 언젠가는 나와 함께할 것이다.' 라는 의지를 갖고 있다.

{어려운 낱말}

[汜(사)] : 물이 갈라졌다가 다시 합치다. [之子歸(지자귀)] : 아가씨가 시집가다. [渚] : 물가(저). [沱] : 물 이름(타). [其嘯也歌(기소야가)] : 탄식하여 노래를 부름.

## 12. 야유사균(野有死麕) - 들판에 죽은 노루

| | |
|---|---|
| 1/ 野有死麕을<br>야 유 사 균 | 들판에서 잡은 노루를 |
| 白茅包之로다<br>백 모 포 지 | 고기를 흰 띠에 싸서 주었도다. |
| 有女懷春하여<br>유 여 회 춘 | 아가씨는 춘정(春情)에 젖어 |
| 吉士誘之로다<br>길 사 유 지 | 멋진 총각을 유혹하네. |
| 2/ 林有樸樕이요<br>임 유 박 속 | 숲속에 떡갈나무요 |
| 野有死鹿을<br>야 유 사 록 | 들판에 잡은 사슴을 |
| 白茅純束이라<br>백 모 돈 속 | 고기를 흰 띠풀로 묶어주었네. |
| 有女如玉이로다<br>유 여 여 옥 | 아가씨는 옥같이 아름다워라. |
| 3/ 舒而脫脫兮여<br>서 이 태 태 혜 | 천천히 가만가만! |
| 無感我帨兮하고<br>무 감 아 세 혜 | 내 앞치마를 만지지 마시고 |
| 無使尨也吠하라<br>무 사 방 야 박 | 삽살개가 짓게 하지 마세요. |

{해설 및 감상}

들판에 죽은 노루가 이 시의 제목이다. 죽은 노루고기를 싸주면서 춘정(春情)에 못 이겨 총각을 유혹한다는 내용이다. 그리고는 들판에 잡은 사슴고기를 싸가지고 띠풀로 묶어 아가씨를 유혹하면서 '옥같이 아름다워.' 라고 했다. 다음에는 아가씨가 총각에게 '내 앞치마를 만지지 마세요.' 하면서 권유한다. 도대체 이 내용은 무엇을 말하고 있는가? 이것은 남국이 문왕의 교화를 받아서 정절을 지키는 자가 되어 강폭한 자의 더럽힘이 되지 말라는 교훈이 들어있다.

{어려운 낱말}

[麕(균)] : 노루, 고라니(균). [白茅(백모)] : 흰 띠풀. [懷春(회춘)] : 봄을 맞아 마음이 설렘. [吉士(길사)] : 멋진 남자. [樸樕(박속)] : 통 떡갈나무. 작은 나무. 땔나무. [純束(돈속)] : '돈속' 은 묶는다는 뜻. 純은 '돈' 으로 읽는다. [純(돈)] : 묶다. [脫脫(태태)] : 서서히 하다. 脫는 '태' 로 읽는다. [尨] : 삽살개(방).

## 13. 하피농의(何彼襛矣) - 어찌 저리도 고울까?

| | |
|---|---|
| 1/ 何彼襛矣리요<br>하 피 농 의 | 어찌 저리도 고울까요? |
| 唐棣之華로다<br>당 체 지 화 | 산매자 꽃이구나! |
| 曷不肅雝이랴<br>갈 불 숙 옹 | 어찌 조용하지 않으랴 |
| 王姬之車로다<br>왕 희 지 거 | 공주님의 수레로다. |

2/ 何彼襛矣리요　　어찌 저리도 고울까요?
하 피 농 의

華如桃李로다　　꽃이 복숭아꽃, 배꽃 같구나.
화 여 도 리

平王之孫요　　평왕의 손녀요
평 왕 지 손

齊侯之子로다　　제후왕의 딸이로다.
제 후 지 자

3/ 其釣維何리요　　낚시질은 어떻게 하나요?
기 조 유 하

維絲伊緡이로다　　명주실을 꼬아 저 낚싯줄로 하지요.
유 사 이 민

齊侯之子요　　제후의 아들이요,
제 후 지 자

平王之孫이로다　　평왕의 손녀로다.
평 왕 지 손

{해설 및 감상}

농(穠)함은 풍성함을 말하는 것이고, 당체(棠棣)는 산앵도나무다. 왕의 딸이 제후에게 시집갈 적에 수레와 의복의 화려함이 이와 같았다. 그래서 '王姬(왕희)의 수레로다.' 라고 했다. 이것을 시를 지어 찬미하기를 '어찌 저리도 융성하고 아름다울까?' 하였다. 그래서 오래도록 쇠하지 않음을 노래했다. 문왕과 태사의 가르침이 오래 쇠하지 않음을 알 수 있다. 의문을 제시하고 거기에 대한 답을 기다리는 대화체다. '질의응답형' 이라 할까?

{어려운 낱말}

[唐棣(당체)] : 산앵도나무. [肅雝(숙옹)] : 공경하고 화해하는 모양. 여기서는 '숙옹' 이라 하여 '조용하다' 로 쓰임. [王姬(왕희)] : 주나라의 성씨는 姬氏(희씨)다. [車(거)] : 시집갈 때 타고 가는 수레. [緡] : 낚싯줄(민).

## 14. 추우(騶虞) - 수렵의 관리(官吏)

1/ 彼茁者葭에 (피줄자가) — 저 무성한 갈대밭에서
壹發五豝로다 (일발오파) — 한 화살에 다섯 마리 암퇘지를 잡았네.
于嗟乎騶虞여 (우차호추우) — 아, 추우관이여!

2/ 彼茁者蓬에 (피줄자봉) — 저 무성한 다북쑥 밭에서
壹發五豵이어니 (일발오종) — 한 화살에 다섯 마리 돼지를 잡았네.
于嗟乎騶虞로다 (우차호추우) — 아, 추우관이여!

{해설 및 감상}

수렵을 하는 관리를 노래하고 있다. 추우(騶虞)는 짐승을 관리하는 관리를 부르는 관명이다. 범은 검은 무늬가 있고 살아 있는 것을 먹지

않는다고 한다. 문왕의 교화를 받들어 수신제가하여 그 나라를 다스리고, 그 백성을 어질게 교화하기에 이른 것이다. 그래서 그해 봄, 사냥을 할 때, 초목의 무성함과 짐승들이 많음을 노래하고 있으며, 한 화살에 다섯 마리 암퇘지를 잡는 추우관의 이야기를 표현하고 있다.

{어려운 낱말}

[茁] : 풀이 자라는 모양(줄). [壹發(일발)] : 화살을 1발만 쏜다는 뜻. [豝(파)] : 암퇘지(파). [騶(추)] : 말을 먹이는 벼슬아치(추). [騶虞(추우)] : 천자의 동산에 동물을 관리하는 관원. 그래서 '추후관' 을 수렵의 관리로 표현했다. [于嗟(우차)] : 감탄사.

## 제3장
# 패풍(邶風)

패풍(邶風)에 나오는 시가 모두 19편이다. 무왕은 은나라 폭군 주왕(紂王)을 치고 주나라를 건설했다고 했다. 무왕은 땅을 3토막으로 갈라서 그의 아우에게 주어서 모든 지역을 감독하게 했다. 그래서 무경(武庚)이 다스리던 곳을 패(邶), 곽숙(藿叔)이 다스리던 곳을 용(鄘), 채숙(蔡叔)이 다스리던 곳이 위(衛)라 일컫게 되었다.

패풍(邶風)은 무경이 다스리던 곳에서 채록한 시를 실었다.

두둥실 저 잣나무 배
물가에 떠서 흘러내리네.
경경하여 잠을 자지 못하네.
은근히 마음에 근심 있는 것 같구나.
내 술이 없어 풀지 못하니
오류하면서 마음 풀지를 못하네.

－'잣나무 배'의 일절

## 1. 백주(柏舟) - 잣나무 배

| | |
|---|---|
| 1/ 汎彼柏舟는<br>범 피 백 주 | 두둥실 저 잣나무 배는 |
| 亦汎其流라<br>역 범 기 류 | 물가에 떠서 흘러내린다. |
| 耿耿不寐하니<br>경 경 불 매 | 경경하여 잠을 자지 못하니 |
| 如有隱憂로다<br>여 유 은 우 | 은근히 근심 있는 것 같구나. |
| 微我無酒로<br>미 아 무 주 | 내 술이 없어 풀지 못했으니 |
| 以敖以遊로다<br>이 오 이 유 | 나가 놀지 못함도 아니로세. |
| 2/ 我心匪鑒이니<br>아 심 비 감 | 내 마음 거울이 아니라서 |
| 不可以茹하고<br>불 가 이 여 | 이미 물을 헤아릴 수 없고 |
| 亦有兄弟라도<br>역 유 형 제 | 비록 형제는 있다 해도 |
| 不可以據라<br>불 가 이 거 | 가히 의지할 수가 없구나. |
| 薄言往愬하다가는<br>박 언 왕 소 | 찾아가서 말을 고했다가 |
| 逢彼之怒하리라<br>봉 피 지 노 | 오히려 노여움을 만날 것이지. |
| 3/ 我心匪石하여<br>아 심 비 석 | 내 마음 돌과 같지 않아서 |

| | |
|---|---|
| 不可轉也라<br>불 가 전 야 | 가히 굴러갈 수 없고 |
| 我心匪席이라<br>아 심 비 석 | 내 마음 자리 같지 않아서 |
| 不可卷也라<br>불 가 권 야 | 말아서 들고 갈 수도 없네. |
| 威儀棣棣하여<br>위 의 체 체 | 위의를 넉넉히 하였으니 |
| 不可選也로다<br>불 가 선 야 | 골라낼 수도 없다네. |

| | |
|---|---|
| 4/ 憂心悄悄하여<br>우 심 초 초 | 근심하는 마음 이렇게 초초하여 |
| 慍于群小로다<br>온 우 군 소 | 여러 사람에게 성냄을 받겠구나. |
| 覯閔旣多하니<br>구 민 기 다 | 병들어 감을 이미 많이 보았으니 |
| 受侮不少로다<br>수 모 불 소 | 수모 당함이 적지 않았네. |
| 靜言思之하니<br>정 언 사 지 | 가만히 그것을 생각해보니 |
| 寤辟有摽로다<br>오 벽 유 표 | 가슴 치며 두드리고 있겠네. |

| | |
|---|---|
| 5/ 日居月諸하니<br>일 거 월 제 | 해는 밝고 달은 기우니 |
| 胡迭而微리오<br>호 질 이 미 | 어찌 번갈아 이지러지는가? |
| 心之憂矣하니<br>심 지 우 의 | 마음에 근심이 이렇게 있으니 |
| 如匪澣矣로다<br>여 비 한 의 | 씻으려도 씻지 못하도다. |

靜言思之하니 고요히 그것을 생각해보니
정 언 사 지

不能奮飛로다 분하여 날래도 또 날지 못하네.
불 능 분 비

{해설 및 감상}

이 '백주' 는 모두 5연으로 되어있다. 부인이 남편의 사랑을 받지 못함을 이 잣나무 배에 비유하여 읊은 시이다. 잣나무 배가 두둥실 떠가는 모양을 은근한 마음으로 표현해서 이 시가 시작되고 있다. 여자가 남편에게 사랑을 받지 못함을 이 잣나무 배에 비유해서 표현하고 있다. '마음에 근심이 이렇게 있으니 씻으려도 씻지 못하네.' 에서 여인의 가냘픈 심정이 잘 나타나 있다.

{어려운 낱말}

[汎(범)] : 물 위에 둥둥 떠 있는 모양. [耿耿(경경)] : 마음이 편하지 않는 모양. [隱憂(은우)] : 마음속에 숨겨진 근심. [鑒] : 거울(감). [愬] : 하소연할(소). [棣棣(체체)] : 풍부한 모양. [悄悄(초초)] : 근심하는 모양. [日居月諸(일거월제)] : 해와 달이여! [微(미)] : 풀다. 숨기다. [匪澣衣(비한의)] : 빨지 않은 옷. [澣] : 씻을(한). [奮飛(분비)] : 새가 날개를 치고 날아가는 모습.

## 2. 녹의(綠衣) - 녹색 저고리

| | |
|---|---|
| 1/ 綠兮衣兮여<br>녹 혜 의 혜 | 녹색 저고리여! |
| 綠衣黃裏로다<br>녹 의 황 리 | 녹색 저고리에 노란색 안감이로다. |
| 心之憂矣여<br>심 지 우 의 | 마음에 이는 시름이여! |
| 曷維其已리요<br>갈 유 기 이 | 어찌 사라지지 않으리요? |
| 2/ 綠兮衣兮여<br>녹 혜 의 혜 | 녹색 저고리여! |
| 綠衣黃裳이로다<br>녹 의 황 상 | 녹색 저고리에 노란색 치마로다. |
| 心之憂矣여<br>심 지 우 의 | 마음에 이는 시름이여! |
| 曷維其亡이리요<br>갈 유 기 망 | 언제나 없어지려나? |
| 3/ 綠兮絲兮여<br>녹 혜 사 혜 | 녹색 실이여! |
| 女所治兮로다<br>여 소 치 혜 | 그대가 물들인 것이로다. |
| 我思古人하여<br>아 사 고 인 | 나 옛사람을 생각하여 |
| 俾無訧兮로다<br>비 무 우 혜 | 허물없도록 살려 하도다. |
| 4/ 絺兮綌兮여<br>치 혜 격 혜 | 고운 갈포, 거친 갈포 |

凄其以風이로다　　바람이 차갑구나!
처 기 이 풍

我思古人하니　　나는 옛사람을 생각하노니
아 사 고 인

實獲我心이로다　　내 마음 잡으려 하누나.
실 획 아 심

{해설 및 감상}

녹색 저고리와 노란 치마가 나온다. 옛 여인들이 즐겨 입는 옷이니, 莊公(장공)이 사랑하는 첩에게 빠져서 본부인이 어진데도 돌보지 않았다. 그래서 이 시를 지었다고 한다. 이 녹의와 노란 속옷은 천첩이 입었고, 정실부인은 그윽하기 때문에 나로 하여금 근심되게 한다는 것, 그것을 표한하고 있다고 했다. 천첩은 더욱 기세등등하였지만 정실부인은 정숙하여 늘 쓸쓸하게 살게 된 것을 슬퍼하여 이를 노래로 지은 것이다.

{어려운 낱말}

[兮(혜)] : 감탄격 조사. [黃(황)] : 노랑 색깔. 중앙. 남편의 사랑을 더 많이 받음을 뜻함. [綠衣黃裏(녹의황리)] : 녹색의 옷에 황색으로 속을 꾸미다. [曷(갈)] : 언제, 언제나. [維其(유기)] : 허사임. [綠兮絲兮(녹혜사혜)] : 녹색 옷. [訧(우)] : 허물(우). [絺] : 갈포(치). [凄(처)] : 찬바람이 부는 모습. [實獲我心(실획아심)] : 옛사람들의 어진 행동은 자기의 마음을 구하는 바를 얻게 하였다.

## 3. 연연(燕燕) - 제비야, 제비야

| | |
|---|---|
| 1/ 燕燕于飛하여<br>연 연 우 비 | 제비들이 날아서 |
| 差池其羽하니<br>차 지 기 우 | 앞서거니 뒤서거니 |
| 之子于歸에<br>지 자 우 귀 | 그녀 시집가는 날 |
| 遠送于野하고<br>원 송 우 야 | 멀리 들 밖에서 전송하고 |
| 瞻望弗及이라<br>첨 망 불 급 | 바라보아도 보이지 않으니 |
| 泣涕如雨로다<br>읍 체 여 우 | 눈물이 비같이 쏟아지누나. |

| | |
|---|---|
| 2/ 燕燕于飛하여<br>연 연 우 비 | 제비들 날아서 |
| 頡之頏之하니<br>힐 지 항 지 | 오르락내리락하니 |
| 之子于歸에<br>지 자 우 귀 | 그녀 시집가는 날 |
| 遠于將之하고<br>원 우 장 지 | 멀리 나가 그녀를 보내고 |
| 瞻望弗及하여<br>첨 망 불 급 | 아득히 바라보아도 보이지 않아 |
| 佇立以泣이로다<br>저 립 이 읍 | 우두커니 서서 눈물 흘리네. |

| | |
|---|---|
| 3/ 燕燕于飛하여<br>연 연 우 비 | 제비들이 날아서 |

下上其音이라　　울음소리도 오르락내리락.
하 상 기 음

之子于歸에　　그녀 시집가는 날에
지 자 우 귀

遠送于南하고　　남쪽으로 멀리 보내고
원 송 우 남

瞻望弗及하여　　아득히 바라봐도 보이지 않으니
첨 망 불 급

實勞我心이로다　　정말로 내 마음 괴로워라.
실 로 아 심

4/ 仲氏任只하여　　둘째 형님 성실하여
중 씨 임 지

其心塞淵하고　　그 마음씨 참으로 깊고
기 심 색 연

終溫且惠로다　　따뜻하고 은혜로워라.
종 온 차 혜

淑愼其身이　　맑고 조심하는 그 몸이
숙 신 기 신

先君之思하면　　선군을 생각하면
선 군 지 사

以勗寡人이로다　　나는 더욱더 힘쓸 것이로다.
이 욱 과 인

{해설 및 감상}

연(燕)은 제비인데, '燕燕' 은 제비들, 제비야, 제비야, 이렇게 표현할 수 있다. 장강(莊姜)이 자식이 없어서 진(陳)나라 여자의 아들인 완(完)을 자기의 자식으로 삼았는데, 장강(莊姜)이 완(完)으로 하여금 즉위 하게 하였는데, 곧 시해(弑害) 당했다. 그래서 장강이 이 시를 짓게 했다고 한다. 모두 4연으로 된 작품으로 제4연에서 그 이야기가 조금 나와 있다. 내용을 보면 모두 마음 아파하는 것으로 가득하다. 그냥 눈물을 뿌리는 내용이 군데군데 나온다. 이것만 보아도 슬픈 사연이 있었다는 것을 알 수 있다.

{어려운 낱말}

[燕燕于飛(연연우비)] : 제비가 날고 있다는 말. [差池(차지)] : 가지런하지 못함. 앞서거니 뒤서거니. [瞻] : 볼(첨). [瞻望(첨망)] : 멀리 바라봄. [泣涕(읍체)] : 소리 없이 눈물을 흘리며 슬피 울다. [頡] : 날아오르다(힐). [佇立(저립)] : 우두커니 서있음. [下上其音(하상기음)] : 지저귀며 날아오르고 날아 내리다. [塞淵(색연)] : 진실하고 깊은 것. [先君(선군)] : 돌아가신 아버지. [勗] : 힘쓸(욱). [寡人(과인)] : 임금의 자칭.

## 4. 일월(日月) - 해와 달

| | |
|---|---|
| 1/ 日居月諸는<br>일 거 월 제 | 해와 달은 |
| 照臨下土로다<br>조 임 하 토 | 세상을 비춰주는구려. |
| 乃如之人兮여<br>내 여 지 인 혜 | 그러나 우리 임이시여! |
| 逝不古處로다<br>서 불 고 처 | 전처럼 대해 주지 않는구나. |

| | |
|---|---|
| 胡能有定이리요<br>호 능 유 정 | 그 마음을 어쩌면 잡을 수 있을까? |
| 寧不我顧리요<br>녕 불 아 고 | 어찌 나를 봐주지 않는가? |
| 2/ 日居月諸는<br>일 거 월 제 | 해와 달은 |
| 下土是冒로다<br>하 토 시 모 | 세상을 덮어주도다. |
| 乃如之人兮여<br>내 여 지 인 혜 | 그러나 그 사람들이여! |
| 逝不相好로다<br>서 불 상 호 | 전처럼 사랑해 주지 않는구나! |
| 胡能有定이리요<br>호 능 유 정 | 그 마음을 어쩌면 잡을 수 있을까? |
| 寧不我報로다<br>녕 불 아 보 | 어찌 내 마음을 알아주지 않으니. |
| 3/ 日居月諸는<br>일 거 월 제 | 해와 달은 |
| 出自東方이로다<br>출 자 동 방 | 동녘에서 떠오른다. |
| 乃如之人兮여<br>내 여 지 인 혜 | 그러나 그 사람이여! |
| 德音無良이로다<br>덕 음 무 량 | 말씀마저 따뜻하지 않구나. |
| 胡能有定이리요<br>호 능 유 정 | 그 마음을 어쩌면 잡을 수 있을까? |
| 俾也可忘하도다<br>비 야 가 망 | 나를 아예 잊어버리셨구나. |

4/ 日居月諸는 해와 달은
일거월제

東方自出이로다 동녘에서 절로 떠오르도다.
동방자출

父兮母兮여 아버님, 어머님이시여!
부혜모혜

畜我不卒이로다 그이는 나를 끝내 버렸구나.
휵아부졸

胡能有定이리요 그 마음을 어쩌면 잡을 수 있을까?
호능유정

報我不述이로다 내게 너무 무도하게 하는구려!
보아불술

{해설 및 감상}

해와 달이 세상을 비춘다는 사실은 누구나 다 아는 일이다. 장강(莊姜)이 장공(莊公)에게 보답을 받지 못함으로 일월을 불러서 호소하여 말하기를, '일월이 땅 위를 비추는 것이 오래인데, 지금 바로 이와 같은 사람을 두어서 예스러운 도의로써 처하지 못했다.' 라고 했다. 버림받은 것이 이와 같은데, 그를 그리는 뜻이 있으니, 이 시의 어짊이 되는 이유이다. 또는 남편에게 버림을 받은 부인의 시름과 탄식을 읊은 시라고도 했다.

{어려운 낱말}

[下土(하토)] : 이 세상. [乃如(내여)] : 그런데. 그러나. [之人(지인)] : 그 사람. 곧 자기 남편임. [冒] : 무릅쓸(모). [胡] : 어찌(호). [德音(덕음)] : 다정한 말, 도리에 맞는 말. [父兮母兮(부혜모혜)] : 아버지! 어머니! 하고 부모

를 부름. [畜(휵)] : 기르다. 좋아하다. [卒(졸)] : 끝내. [不述(불술)] : 예절을 따르지 않다.

## 5. 종풍(終風) - 바람 불다

| | |
|---|---|
| 1/ 終風且暴은 (종풍차폭) | 바람 불고 소나기 퍼붓듯 하다가 |
| 顧我則笑로다 (고아즉소) | 나를 돌아보고 히죽 웃는다. |
| 謔浪笑敖하니 (학랑소오) | 희롱하고 방종하니 |
| 中心是悼이로다 (중심시도) | 속마음이 쓰리도다. |
| 2/ 終風且霾는 (종풍차매) | 바람 불고 흙비 날리듯 |
| 惠然肯來하리 (혜연긍래) | 고분고분 찾아오려나. |
| 莫往莫來하니 (막왕막래) | 오지도 가지도 않으니 |
| 悠悠我思로다 (유유아사) | 내 시름만 그지없구나. |
| 3/ 終風且曀는 (종풍차에) | 바람 불고 흐린 날씨 |
| 不日有曀로다 (불일유에) | 햇볕 없어 음산하기만 하네. |

寤言不寐하니 잠들려 해도 잠 못 이루니
오 언 불 매

願言則嚔이로다 생각하면 가슴만 메인다.
원 언 즉 체

4/ 曀曀其陰하고 어둑어둑 음산하게 흐리고
에 에 기 음

虺虺其雷로다 우르르 천둥도 울린다.
훼 훼 기 뢰

寤言不寐하니 잠들려 해도 잠 못 이루니
오 언 불 매

願言則懷로다 생각하면 마음만 아프다네.
원 언 즉 회

{해설 및 감상}

종풍(終風)은 종일 부는 바람을 말한다. 즉 바람이 분다는 것은 군왕의 광폭함에 비유하여 지은 것이다. 바람에도 종류가 많은데, 온풍, 폭풍, 순풍 등이 있지만, 여기서의 바람은 광풍 내지 질풍인 것 같다. 그래서 포악한 임금의 성격을 이 바람에 비유한 것이다. 첫 구절에 마디마다 종풍이 나오는데, 위나라 장공이 광폭한 행동을 구마다 넣어서 그의 심한 성격을 노래했다.

{어려운 낱말}

[謔浪笑敖(학랑소오)] : 희롱하며 함부로 지껄이고 웃는 것. [敖(오)] : 조롱하다. [中心(중심)] : 마음속에. [霾] : 흙비 올(매). [悠悠(유유)] : 그지없는 모양. [曀] : 음산할(에). [嚔] : 재치기(체). [曀曀(에에)] : 흐리고 바람 부

는 모양. [虺] : 살모사(훼). [虺虺(훼훼)] : 우렛소리.

## 6. 격고(擊鼓) - 북을 울리며

| | |
|---|---|
| 1/ 擊鼓其鏜이면<br>격 고 기 당 | 북소리 둥둥 울리면 |
| 踊躍用兵이로다<br>용 약 용 병 | 무기 들고 뛰어 일어난다. |
| 土國城漕어늘<br>토 국 성 조 | 나라엔 흙일과 조(漕) 땅 성 쌓거늘 |
| 我獨南行이로다<br>아 독 남 행 | 나 혼자 싸우러 남으로 간다. |
| 2/ 從孫子仲하여<br>종 손 자 중 | 손자중(孫子仲) 장군을 따라 |
| 平陳與宋이라<br>평 진 여 송 | 진나라와 송나라를 평정시켰다. |
| 不我以歸하여<br>불 아 이 귀 | 나를 돌려보내지 않아 |
| 憂心有忡이로다<br>우 심 유 충 | 근심스런 마음 그지없도다. |
| 3/ 爰居爰處하여<br>원 거 원 처 | 앉았다 누웠다 하며 |
| 爰喪其馬로다<br>원 상 기 마 | 말조차 어디 갔는지 모르네. |
| 于以求之하여<br>우 이 구 지 | 그 말을 찾아서 |

| | |
|---|---|
| 于林之下로다<br>우 림 지 하 | 숲속을 헤맨다. |
| 4/ 死生契闊에<br>사 생 계 활 | 죽거나 살거나 만나고 헤어짐에 |
| 與子成說이라<br>여 자 성 설 | 그대와 함께 하자고 약속을 했네. |
| 執子之手하여<br>집 자 지 수 | 그대의 손을 잡고서 |
| 與子偕老로다<br>여 자 해 로 | 그대와 함께 해로하려 했도다. |
| 5/ 于嗟闊兮하여<br>우 차 활 혜 | 아아, 헤어져 있어 |
| 不我活兮로다<br>불 아 활 혜 | 우리 함께 살지 못하네! |
| 于嗟洵兮하여<br>우 차 순 혜 | 아아, 멀리 떨어져 있음이여, |
| 不我信兮로다<br>불 아 신 혜 | 우리 서로 믿지 못하게 되었네. |

{해설 및 감상}

북을 친다는 것은 군사 훈련하는 모습일 것이다. 병은 창의 등속을 말하며, 조(漕)는 위나라 읍의 이름이다. 소위 전투훈련의 일환으로 북을 치고, 바람이 불고, 흙비가 날리고, 천둥이 울리는 것으로 표현하고 있다. 끝 5절에서는 전쟁 때문에 이루지 못한 부부의 사랑을 슬퍼하고 있다. 고금을 통해 전쟁 때문에 헤어지고 슬퍼하는 것이 역사 속에 있었던 우리들의 슬픈 이야기다.

{어려운 낱말}

[鏜] : 북소리(당). [踊躍(용약)] : 뛰어나서다. [漕] : 배로 실어 나를(조). [南行(남행)] : 위나라의 고을 이름. [孫子仲(손자중)] : 위나라의 장군 이름. [有忡(유충)] : 마음의 근심. [林之下(임지하)] : 숲속. [偕老(해로)] : 죽도록 함께 늙다. [洵] : 참으로, 진실로(순).

## 7. 개풍(凱風) - 산들바람

| | |
|---|---|
| 1/ 凱風自南하니<br>개 풍 자 남 | 따스한 바람 남쪽에서 부니 |
| 吹彼棘心이로다<br>취 피 극 심 | 저 대추나무에 새싹이 돋아 |
| 棘心夭夭하니<br>극 심 요 요 | 대추나무 어린 싹 무럭무럭 자라니 |
| 母氏劬勞로다<br>모 씨 구 로 | 어머님 노고가 생각나게 한다. |
| 2/ 凱風自南하니<br>개 풍 자 남 | 따스한 바람 남쪽에서 와 |
| 吹彼棘薪이로다<br>취 피 극 신 | 저 대추나무 줄기에 불고 있네. |
| 母氏聖善이여<br>모 씨 성 선 | 어머님은 정말 훌륭하신데 |
| 我無令人이로다<br>아 무 령 인 | 우리는 모두 불초자식들이로다. |

3/ 爰有寒泉하니 원유한천 — 차가운 샘물이 있어

在浚之下로다 재준지하 — 준 마을 아래로 흐른다.

有子七人하니 유자칠인 — 아들 일곱을 두시느라

母氏勞苦로다 모씨노고 — 어머님은 고생하셨다.

4/ 睍睆黃鳥여 현환황조 — 곱고 귀여운 꾀꼬리여!

載好其音이로다 재호기음 — 지저귀는 소리 듣기도 좋아라.

有子七人하여도 유자칠인 — 아들이 일곱이나 있어도

莫慰母心이로다 막위모심 — 어머니 마음 위로하지 못하네.

{해설 및 감상}

개풍(凱風)을 '산들바람' 이라고 표현하고 있다. 봄바람과 대추나무 새싹과 같은 것으로 어머니의 노고를 말하고 있으며, 또 샘물이 흐르고 아들 일곱과 어머니의 고생과 사랑이 표현되고 있다. 제4연에서 귀여운 꾀꼬리 소리가 나오고, 이들 일곱의 어머니의 사연이 나온다. 이 장은 매우 건설적이고 자연스러운 시적 표현으로 한결 부드러운 느낌을 준다.

{어려운 낱말}

[夭夭(요요)] : 어린 나무가 파릇파릇 자라는 모습. [劬勞(구로)] : 수고롭

다. [凱風(개풍)] : 남풍. [棘(극)] : 작은 대추나무. [寒泉(한천)] : 맑은 샘물. [浚] : 깊을(준). [睍睆(현환)] : 곱고 귀여움. [睆] : 환할(환).

## 8. 웅치(雄雉) - 장끼

| | |
|---|---|
| 1/ 雄雉于飛여<br>웅 치 우 비 | 장끼가 날아감이여! |
| 泄泄其羽로다<br>예 예 기 우 | 푸득푸득 날개를 치누나. |
| 我之懷矣는<br>아 지 회 의 | 나의 이 회포는 |
| 自詒伊阻로다<br>자 이 이 조 | 스스로 불러온 걱정거리네. |
| 2/ 雄雉于飛여<br>웅 치 우 비 | 장끼가 날아감이여! |
| 下上其音이로다<br>하 상 기 음 | 그 소리 아래위로 들리는도다. |
| 展矣君子는<br>전 의 군 자 | 임이여, 진정 당신은 |
| 實勞我心이로다<br>실 로 아 심 | 내 마음을 실로 괴롭게 하시네. |
| 3/ 瞻彼日月하니<br>첨 피 일 월 | 저 해와 달을 보니 |
| 悠悠我思로다<br>유 유 아 사 | 아득한 나의 생각이여! |

道之云遠하여 길이 멀고 또 멀어서
도 지 운 원

曷云能來리요 어찌 오실 수 있으랴.
갈 운 능 래

4/ 百爾君子여 여러 군자님들이여!
백 이 군 자

不知德行이로다 덕행을 알지 못하시네.
부 지 덕 행

不忮不求하면 해치지 않고 탐하지 않으면
불 기 불 구

何用不臧하리요 어찌 착하지 아니 하리오.
하 용 부 장

{해설 및 감상}

웅치(雄稚)는 장끼를 말하고 있다. 이것을 사람으로 치면 남자에 해당된다. 남편이 멀리 군역에 가면 남편이 그립고, 남편이 생각나면 장끼가 나는 것만 보아도 남편이 생각날 것이다. 그래서 나의 회포를 스스로 불러 걱정이라고 했다. 2연에는 임이여, 진정 당신은 내 마음을 괴롭게 한다는 내용도 포함하고 있다. 길이 멀고멀어 어찌 오실 수 있으랴 하고 한탄도 한다. 오랫동안 나라의 군역으로 집을 나가 있는 남편을 생각하며 부인이 지어 부른 노래라고 한다.

{어려운 낱말}

[雄稚(웅치)] : 수꿩을 말함. [泄泄(예예)] : 꿩이 날개를 치는 모양. 泄는 '예' 로 읽는다. [詒] : 보낼(이). [悠悠(유유)] : 아득한 모양. [百爾(백이)] :

무릇. 모든. [君子(군자)] : 자기 남편. [不忮不求(불기불구)] : 해치지 않고 탐내지 않는다. [忮] : 성하다. 해치다(기). [臧(장)] : 착하다.

## 9. 포유고엽(匏有苦葉) - 박의 마른 잎

| | |
|---|---|
| 1/ 匏有苦葉하고<br>포 유 고 엽 | 박에는 마른 잎이 생기고 |
| 濟有深涉이라<br>제 유 심 섭 | 나루터에는 깊은 건널목이 있다. |
| 深則厲하고<br>심 즉 려 | 깊으면 그냥 건너고 |
| 淺則揭로다<br>천 즉 게 | 얕으면 옷을 걷고 건너지요. |
| 2/ 有瀰濟盈하고<br>유 미 제 영 | 나루엔 물결이 가득하고 |
| 有鷕雉鳴이로다<br>유 요 치 명 | 까투리 울음소리도 들리지요. |
| 濟盈不濡軌하고<br>제 영 불 유 궤 | 물이 넘쳐도 수레의 축은 안 젖고 |
| 雉鳴求其牡로다<br>치 명 구 기 무 | 까투리는 장끼를 찾는구나. |
| 3/ 雝雝鳴雁이여<br>옹 옹 명 안 | 끼룩끼룩 우는 기러기 |
| 旭日始旦이로다<br>욱 일 시 단 | 해 솟는 아침이로다. |

| | |
|---|---|
| 士如歸妻하면<br>사 여 귀 처 | 총각님 장가를 들려면 |
| 迨冰未泮이로다<br>태 빙 미 반 | 이 얼음 풀리기 전에 오셔요. |
| 4/ 招招舟子여<br>초 초 주 자 | 오라고 손짓하는 사공이여! |
| 人涉卬否로다<br>인 섭 앙 부 | 사람들은 건너가도 나는 안가네. |
| 人涉卬否는<br>인 섭 앙 부 | 남들이 건너도 내가 안 가는 것은 |
| 卬須我友로다<br>앙 수 아 우 | 모름지기 임을 기다리기 때문이에요. |

{해설 및 감상}

제목이 '박의 마른 잎' 인데, 내용은 그렇지가 않다. 우리 현대시에도 제목과는 다른 표현을 얼마든지 볼 수 있다. 나루터가 나오고, 까투리 울음소리, 해 솟는 아침, 총각님, 그리고 오라고 손짓하는 사공, 이런 내용들이 나온다. 끝에 가서 '딴사람들은 물을 건너가는데, 나는 건너지 않는 것은 임을 기다리기 때문이라고 분명 말하고 있다.' 이렇게 볼 때 하나의 연시라고까지 할 만하다. 음란함을 풍자한 시라고는 했지만 그리움은 인간의 본성임에 어떡할 거나?

{어려운 낱말}

[匏] : 박(포). 이 '박' 은 물을 건널 때 쓴다 한다. [苦葉(고엽)] : 마른 잎. '枯葉' 그것이다. [濟(제)] : 나루터를 뜻함. 건너다. [涉(섭)] : 나루를 건

너다. [揭(게)] : 옷자락을 걷고 물을 건너다. [瀰(미)] : 물이 가득한 모양. [有鷕(유요)] : 암꿩이 우는 소리. [牡(무)] : 암꿩이 울면서 수꿩을 찾는다. 牡는 '무'로 발음. 사춘기 여인에 비유. [雝雝(옹옹)] : 끼룩끼룩하는 새 울음. 의성어. [招招(초초)] : 오라고 손짓함. [舟子(주자)] : 뱃사공. [卬須(앙수)] : '나는 기다리겠다.' 의 뜻.

## 10. 곡풍(谷風) - 골바람

| | |
|---|---|
| 1/ 習習谷風이<br>습 습 곡 풍 | 거세게 불어오는 골바람 |
| 以陰以雨로다<br>이 음 이 우 | 날이 흐리더니 비가 내리네. |
| 黽勉同心하여<br>민 면 동 심 | 힘을 모으고 마음을 모아야지 |
| 不宜有怒로다<br>불 의 유 노 | 성을 내어서는 안 되지요. |
| 采葑采菲에는<br>채 봉 채 비 | 순무나 무를 뽑을 때에는 |
| 無以下體하라<br>무 이 하 체 | 밑부분만으로 판단하지 마세요. |
| 德音莫違면<br>덕 음 막 위 | 사랑의 약속 어기지 않으시면 |
| 及爾同死하리라<br>급 이 동 사 | 그대와 죽음을 함께 하리라. |
| 2/ 行道遲遲하고<br>행 도 지 지 | 길을 가도 발길이 떨어지지 않고 |

| | |
|---|---|
| 中心有違로다<br>중 심 유 위 | 마음속 깊은 한이 있어서라오. |
| 不遠伊邇하고<br>불 원 이 이 | 그렇게 멀리도 아니고 |
| 薄送我畿로다<br>박 송 아 기 | 집안에서 나를 박대하여 보냈었지요. |
| 誰謂荼苦리요<br>수 위 도 고 | 씀바귀를 누가 쓰다고 했나요? |
| 其甘如薺로다<br>기 감 여 제 | 내게는 냉이처럼 달지요. |
| 宴爾新昏이니<br>연 이 신 혼 | 그대의 신혼 잔치니 |
| 如兄如弟로다<br>여 형 여 제 | 형처럼 아우처럼 좋았겠지요. |
| 3/ 涇以渭濁이라도<br>경 이 위 탁 | 경수 위수가 흐려도 |
| 湜湜其沚어늘<br>식 식 기 지 | 그 웅덩이는 맑기만 한데 |
| 宴爾新昏에<br>연 이 신 혼 | 그대의 신혼 잔치에 |
| 不我屑以로다<br>불 아 설 이 | 나를 거들떠보지도 않도다. |
| 毋逝我梁하고<br>무 서 아 량 | 나의 어살에 가지 말라고 |
| 毋發我笱하소서<br>무 발 아 구 | 나의 통발을 들어내지 마셔요 |
| 我躬不閱이면<br>아 궁 불 열 | 내 몸도 받아주지 않는데 |
| 遑恤我後하리요<br>황 휼 아 후 | 내 뒷일을 걱정해 주리요. |

4/ 就其深矣는　　　깊은 곳에서는
취 기 심 의

方之舟之하고　　　뗏목 타고 배도 타고
방 지 주 지

就其淺矣는　　　얕은 곳에서는
취 기 천 의

泳之游之로다　　　자맥질하고 헤엄쳐 갔지요.
영 지 유 지

何有何亡이나　　　있거나 없거나
하 유 하 망

黽勉求之로다　　　힘써 구했지요.
민 면 구 지

凡民有喪이면　　　사람들에게 궂은 일 있으면
범 민 유 상

匍匐救之로다　　　힘을 다해 도왔지요.
포 복 구 지

5/ 不我能慉하고　　　나를 위해 주지 않고
불 아 능 휵

反以我爲讐로다　　　도리어 나를 원수로 생각했네.
반 이 아 위 수

旣阻我德하시니　　　나의 정성을 물리치시니
기 조 아 덕

賈用不售로다　　　팔리지 않는 물건 같은 팔자에요.
고 용 불 수

昔育恐育鞫에는　　　옛 살림하며 궁할 때에는
석 육 공 육 국

及爾顚覆이어늘　　　그대와 함께 고생했건만
급 이 전 복

旣生旣育하니　　　살림살이 좋아지니
기 생 기 육

| | |
|---|---|
| 比予于毒이로다<br>비 여 우 독 | 나를 독벌레처럼 여기는구나. |

| | |
|---|---|
| 6/ 我有旨蓄은<br>아 유 지 축 | 나에게 맛있는 마른 나물 장만함은 |
| 亦以御冬이더니<br>역 이 어 동 | 겨울철 막아 넘기기 위한 것이라더니, |
| 宴爾新昏하니<br>연 이 신 혼 | 이제 그대는 신혼 재미만 보니, |
| 以我御窮이로다<br>이 아 어 궁 | 나는 궁할 때만 필요한가요. |
| 有洸有潰하여<br>유 광 유 궤 | 우악스럽고 퉁명스럽게 하여 |
| 旣詒我肄하고도<br>기 이 아 이 | 나에게 고생만 시키고도 |
| 不念昔者리요<br>불 념 석 자 | 옛날 생각은 하지 않나요? |
| 伊予來塈이로다<br>이 여 래 기 | 내가 시집와서 날 사랑하던 일을-. |

{해설 및 감상}

동풍(東風)을 곡풍이라 부른다고 한다. 골짝에서 불어오는 봄바람인 것 같다. 무려 6연이나 되는 이 시는 골바람을 표현함으로서 남녀 간의 애타는 사랑을 노래하고 있다. 여자가 남편의 버린 바가 되어 애타는 여자의 온갖 비유가 여기에 있는 것이다. 골바람 속에 내리는 비애, 여자의 마음속에 서린 깊은 한, 팔리지 않는 물건 같은 팔자를 탓하는 장면에서 여자의 진솔을 엿볼 수 있다.

{어려운 낱말}

[習習谷風(습습곡풍)] : 따뜻하고 부드러운 바람. 곡풍은 동풍이다. 곡풍(穀風)은 곡식을 자라게 하는 바람으로, 역시 봄바람이다. [黽勉(민면)] : 힘을 쓰다. [采葑(채봉)] : 무를 캐다. [下體(하체)] : 뿌리를 말함. [違(위)] : 서로 등지다. [行道(행도)] : 쫓겨나가는 길. [不遠伊邇(불원이이)] : 멀리 나오지 않고 집안에서 인사함. [荼苦(도고)] : 씀바귀. [涇水(경수)] : 물이름. 감숙성 융덕현 평량현에서 합친다. [湜湜(식식)] : 매우 맑음. 물이 맑은 모양. [顚覆(전복)] : 모진 어려움을 당하며 지내다. [旨蓄(지축)] : 맛있는 채소. [旣] : 휴식하다(기). 안식.

## 11. 식미(式微) - 여위어가다

| | |
|---|---|
| 1/ 式微式微하니<br>식 미 식 미 | 여위고 여위었는데 |
| 胡不歸리요<br>호 불 귀 | 어찌 돌아가지 않는가요? |
| 微君之故면<br>미 군 지 고 | 임 때문이 아니면 |
| 胡爲乎中露리요<br>호 위 호 중 로 | 어찌 차가운 이슬 속에서 살리오. |
| 2/ 式微式微하니<br>식 미 식 미 | 여위고 여위었는데 |
| 胡不歸리요<br>호 불 귀 | 어찌 돌아가지 않는가요? |

微君之躬으로　　　미미한 그대 몸으로서
미 군 지 궁

胡爲乎泥中이리요　어찌 진흙 속에서 살리오.
호 위 호 니 중

{해설 및 감상}

위에서 「式微, 式微」는 반복형으로 식(式)은 허사이고, 미(微)는 미미함이다. 여기서 중로(中露)는 그냥 '이슬' 이란 뜻으로 쓰였다. 단 2연으로 된 시로서 '식미, 식미' 를 반복하여 미미한 존재임을 표현하고 있다. 그러나 여기서 살겠다는 의지를 보이면서 어찌 차가운 이슬 속에서 살겠느냐 하면서 모두가 임 때문이라고 힘주어 말하고 있다. 호위(胡爲)란 구절을 반복하고 있다. 결과적으로 임 때문에 여기서 산다고 강조하고 있다. 이것은 연군의 정이며 은둔사상이라고 생각할 수 있다.

{어려운 낱말}

[式微式微(식미식미)] : 쇠약하다는 말의 반복. 여기서 式은 허사이고, 微는 미미함을 의미한다. [胡不歸(호불귀)] : 어찌 돌아가지 않으랴. [中露(중로)] : 이슬. 위나라 들판 이슬 속에서 지내는 것. [微君之躬(미군지궁)] : '임금이 자신만을 생각하는 것이 아니라면' 의 뜻. [泥(니)] : 진흙. 위나라 들판.

## 12. 모구(旄丘) - 비탈 언덕바지

| | |
|---|---|
| 1/ 旄丘之葛兮여 (모구지갈혜) | 모구의 칡덩굴이여! |
| 何誕之節兮로다 (하탄지절혜) | 마디가 어찌 그리 엉성한가요. |
| 叔兮伯兮여 (숙혜백혜) | 숙씨여, 백이시여! |
| 何多日也리요 (하다일야) | 어찌하여 그렇게 소식이 없는가요? |
| 2/ 何其處也오 (하기처야) | 그곳의 형편은 어떠하신지? |
| 必有與也리라 (필유여야) | 반드시 함께할 이 있으리라. |
| 何其久也오 (하기구야) | 어찌하여 일이 길어지세요? |
| 必有以也리라 (필유이야) | 분명 까닭이 있으리다. |
| 3/ 狐裘蒙戎이라도 (호구몽융) | 여우 갖옷이 다 헤어져도 |
| 匪車不東이로다 (비거부동) | 수레는 동으로 오지 않는구려. |
| 叔兮伯兮여 (숙혜백혜) | 숙씨여, 백씨여! |
| 靡所與同이로다 (미소여동) | 함께하는바 아무도 없구나! |
| 4/ 瑣兮尾兮여 (쇄혜미혜) | 가늘고 부서졌구나! |

流離之子여　　이리저리 떠도는 사람들이여!
유 리 지 자

叔兮伯兮여　　숙씨여, 백씨여!
숙 혜 백 혜

褎如充耳로다　　소매로 귀를 막고 있구나.
유 여 충 이

{해설 및 감상}

모구(旄丘)는 앞이 높고 뒤가 낮은 지형을 말한다. 1연에서 '모구지갈' 이란 말이 나오는데, 칡덩굴을 말하고 있다. 아저씨여! 아저씨여! 하고 반복해서 부르고 있는 내용을 볼 때 누구를 기다리고 있는 듯한 상황을 보여주고 있다. 모두 4연으로 된 이 시에서 말하고 싶은 주제는 무엇일까? 모구에서 누구를 기다리는 상태임이 틀림없다. 끝에 가서 '소매로 귀를 막고 있구나.' 라고 했는데, 모구라는 곳에서 은둔하고 있음을 표현하고 있다.

{어려운 낱말}

[旄丘(모구)] : 앞이 높고 뒤가 낮은 언덕. [誕(탄)] : 넓다. [狐裘(호구)] : 여우 가죽으로 만든 갖옷. [蒙戎(몽융)] : 헤어져 어지러운 모습. [瑣] : 자질구레할(쇄). [流離(유리)] : 떠돌아다님. [叔兮伯兮(숙혜백혜)] : 숙백은 위나라의 여러 신하를 지칭함. [褎如充耳(유여충이)] : 귀를 막고 모르는 것처럼 하다. [褎如(유여)] : 귀를 막고 듣지 못함.

## 13. 간혜(簡兮) - 성대하여라

| | |
|---|---|
| 1/ 簡兮簡兮여<br>간 혜 간 혜 | 성대하고, 성대하여라 |
| 方將萬舞로다<br>방 장 만 무 | 만무 춤을 추려 하도다. |
| 日之方中하고<br>일 지 방 중 | 해는 중천에 있고 |
| 在前上處로다<br>재 전 상 처 | 앞으로 나와 서 있구나! |
| 2/ 碩人俁俁여<br>석 인 우 우 | 몸집 큰 우람한 사람들 |
| 公庭萬舞로다<br>공 정 만 무 | 궁전 뜰에서 만무를 춘다. |
| 有力如虎하고<br>유 력 여 호 | 힘은 호랑이 같고 |
| 執轡如組로다<br>집 비 여 조 | 고삐를 다룸이 실 다루듯 하는구나! |
| 3/ 左手執籥하고<br>좌 수 집 약 | 왼손엔 피리 쥐고 |
| 右手秉翟하며<br>우 수 병 적 | 오른손엔 꿩 깃을 들고 |
| 赫如渥赭에<br>혁 여 악 자 | 붉게 탄 얼굴에 |
| 公言錫爵이로다<br>공 언 석 작 | 임금은 술잔을 내리라 하시는구나! |
| 4/ 山有榛이요<br>산 유 진 | 산에는 개암나무 |

隰有苓이로다　　진펄에는 감초 풀
습 유 령

云誰之思하나　　그 누구를 그리워하나
운 수 지 사

西方美人이로다　　서방의 미인이구나!
서 방 미 인

彼美人兮여　　저 미인이여!
피 미 인 혜

西方之人兮로다　　서방에 사는 사람이라네.
서 방 지 인 혜

{해설 및 감상}

여기서 '대성하여라' 하고 말하는 것은 일종의 야유이다. 즉 자조(自嘲)하는 어법으로 쓰여진 작품이다. '만무춤'을 추고 궁전 뜰에서 기찬 춤을 춘다는 것조차 하나의 자조적인 행위이다. 손에는 피리를 쥐고 꿩 깃을 다는 것, 이것마저도 현자가 뜻을 못 얻어서 관직에 벼슬하여 소홀히 여기고 스스로를 칭찬하는 것 같지만, 실지로는 자조하는 행위이다.

{어려운 낱말}

[簡(간)] : 간소한. [方將(방장)] : 하려 하고 있다. [萬舞(만무)] : 모든 무용의 총칭. [方中(방중)] : 한낮. [俁俁(우우)] : 대장부의 훤칠한 모양. [籥(약)] : 피리. [翟] : 꿩(적). [渥] : 두터울(악). [赭] : 붉은 흙(자). [隰] : 진펄(습). 젖은 땅. [苓(령)] : 감초. [西方美人(서방미인)] : 西周의 성왕. 주나라 황제.

## 14. 천수(泉水) - 샘물

| | |
|---|---|
| 1/ 毖彼泉水도<br>비 피 천 수 | 솟구치는 그 샘물도 |
| 亦流于淇로다<br>역 류 우 기 | 또한 기수로 흘러든다. |
| 有懷于衛하여<br>유 회 우 위 | 위나라가 그리워져 |
| 靡日不思로다<br>미 일 불 사 | 생각하지 않는 날이 없네. |
| 孌彼諸姬여<br>연 피 제 희 | 저 어여쁜 여인들 |
| 聊與之謀로다<br>요 여 지 모 | 그들과 함께 할 일 의논한다. |
| 2/ 出宿于泲하고<br>출 숙 우 제 | 제수에서 나와 자고 |
| 飮餞于禰로다<br>음 전 우 예 | 예(附) 땅에서 작별했도다. |
| 女子有行하면<br>여 자 유 행 | 여자가 출가하면 |
| 遠父母兄弟로다<br>원 부 모 형 제 | 부모형제와 멀어진다. |
| 問我諸姑하고<br>문 아 제 고 | 고모들에게 문안드리고 |
| 遂及伯姊하여라<br>수 급 백 자 | 큰언니도 만나고 싶어라. |
| 3/ 出宿于干하고<br>출 숙 우 간 | 간(干) 땅에 나가자고 |

飮餞于言이로다　　언(言) 땅에서 작별한다.
음 전 우 언

載脂載舝하여　　기름 치고 굴대 꽂아
재 지 재 할

還車言邁하면　　수레 되돌려 달려가면
선 거 언 매

遄臻于衛하여　　곧 위나라에 다다라서
천 진 우 위

不瑕有害로다　　잘못될 것도 해로울 것도 없도다.
불 하 유 해

4/ 我思肥泉하면　　나는 비천(肥泉)을 생각하면
아 사 비 천

茲之永歎이로다　　그리워 긴 한탄 하누나.
자 지 영 탄

思須與漕하면　　수(須) 땅과 조(漕) 땅을 생각하면
사 수 여 조

我心悠悠로다　　내 마음 시름 그지없다.
아 심 유 유

駕言出遊하며　　수레 타고 나가 노닐며
가 언 출 유

以寫我憂하리라　　나의 시름이나 달래보리라.
이 사 아 우

{해설 및 감상}

천수는 솟구쳐 흐르는 샘물이다. 천수와 기수는 실제로 존재하는 중국의 물 이름이다. 그냥 샘물로만 풀이했지만 모두 사연이 있는 물이다. 천수는 기수로 흘러내린다는 이야기로 시작해서 泲水(제수) 禰水(예수)는 모두 지명을 따서 거기서 흘러내리는 물을 말한다. 위나라 여

자가 제후에 시집가서 부모가 돌아가심에 돌아갈 것이라 생각했으나 할 수 없으므로 이 시를 지었다고 한다.

{어려운 낱말}

[毖(비)] : 샘물이 처음 솟아나는 모양. [淇(기)] : 기수. 위나라의 강 이름. [孌] : 아름다울(련). [泲(제)] : 땅이름. [禰] : 아비 사당(녜). [干(간)] : 땅이름. [言(언)] : 땅이름. [舝] : 굴대(할). [還車(선거)] : 수레를 돌아가게 하는 것. 還은 '선' 으로 발음함. [肥泉(비천)] : 물 이름. [須與漕(수여조)] : 수와 조는 위나라의 고을 이름. [漕] : 땅이름(조). [悠悠(유유)] : 시름없는 모양. [寫(사)] : 쏟아버리다. 瀉와 같음.

## 15. 북문(北門) - 북문에서 나오니

| | |
|---|---|
| 1/ 出自北門하니 (출자북문) | 북문에서 나오니 |
| 憂心殷殷이로다 (우심은은) | 근심스런 마음 한이 없도다. |
| 終窶且貧하니 (종구차빈) | 누추하고 가난한데 |
| 莫知我艱이로다 (막지아간) | 내 어려움을 아는 이 없어라. |
| 已焉哉하라 (사언재) | 두어라! |
| 天實爲之이니 (천실위지) | 하늘이 하는 일 |

| | |
|---|---|
| 謂之何哉리요<br>위 지 하 재 | 말해서 무엇하랴! |

| | |
|---|---|
| 2/ 王事適我하니<br>왕 사 적 아 | 왕실의 모든 일은 내게 맡겼으니 |
| 政事一埤益我로다<br>정 사 일 비 익 아 | 정사는 모두 나에게 더하도다. |
| 我入自外하면<br>아 입 자 외 | 내가 밖에서 돌아오면 |
| 室人交徧讁我하네<br>실 인 교 편 적 아 | 식구들은 번갈아 나만 나무란다네. |
| 已焉哉하라<br>사 언 재 | 두어라! |
| 天實爲之이니<br>천 실 위 지 | 하늘이 하는 일 |
| 謂之何哉리오<br>위 지 하 재 | 말해서 무엇하랴! |

| | |
|---|---|
| 3/ 王事敦我하고<br>왕 사 돈 아 | 왕실 일 내게 재촉하고 |
| 政事一埤遺我로다<br>정 사 일 비 유 아 | 정사는 모두 나에게 더하도다. |
| 我入自外하면<br>아 입 자 외 | 내가 밖에서 들어오면 |
| 室人交徧摧我로다<br>실 인 교 편 최 아 | 식구들은 번갈아 나만 나무란다네. |
| 已焉哉하라<br>사 언 재 | 두어라! |
| 天實爲之이니<br>천 실 위 지 | 하늘이 하는 일이니 |
| 謂之何埤리요<br>위 지 하 비 | 말해서 무엇하리오! |

{해설 및 감상}

구성은 3장으로 되어 있으며, 장마다 7구절로 되었다. 위나라의 어진 선비가 어지러운 세상에서 난폭한 군주를 섬기는데, 자신의 뜻을 이루지 못한 것을 한탄하며 지은 노래라고 한다. 自出北門(자출북문)에서부터 시작하여 선비의 꿋꿋하고 어려운 현실을 토로하고 있다. 왕실이란 말이 두 번이나 나오는데, 왕사는 국사를 의미하는 것이다.

{어려운 낱말}

[殷殷(은은)] : 근심하는 모양. [窶] : 가난할(구). 가난하여 예의를 차릴 수가 없다. [王事(왕사)] : 나라 일. [交徧(교편)] : 번갈아가면서. [謫] : 나무라다. 귀양 가다(적). [敦(돈)] : 내던지다. [一埤(일비)] : 모든 집안을 두터이 하다. [埤遺(비유)] : 더 맡겨지다. [交徧(교편)] : 번갈아가면서 두루두루. [摧(최)] : 저지시킴.

## 16. 북풍(北風) - 북쪽 바람

| | |
|---|---|
| 1/ 北風其涼하고<br>북 풍 기 량 | 북풍은 싸늘하고 |
| 雨雪其雱이라<br>우 설 기 방 | 눈비는 펑펑 쏟아진다. |
| 惠而好我하여<br>혜 이 호 아 | 온화하고 나를 사랑하여 |
| 攜手同行하리라<br>휴 수 동 행 | 손잡고 동행하리라. |

| | |
|---|---|
| 其虛其邪하랴<br>기 허 기 사 | 어찌 머뭇거리랴, |
| 旣亟只且하리라<br>기 극 지 차 | 어서 빨리 떠나리라. |

| | |
|---|---|
| 2/ 北風其喈하고<br>북 풍 기 개 | 북풍은 사납고 |
| 雨雪其霏로다<br>우 설 기 비 | 눈비가 펑펑 쏟아진다. |
| 惠而好我하여<br>혜 이 호 아 | 온화하고 나를 사랑하여 |
| 攜手同歸하리라<br>휴 수 동 귀 | 손잡고 같이 돌아가리라. |
| 其虛其邪하랴<br>기 허 기 사 | 어찌 머뭇거리랴, |
| 旣亟只且하리라<br>기 극 지 차 | 어서 빨리 떠나리라. |

| | |
|---|---|
| 3/ 莫赤匪狐요<br>막 적 비 호 | 붉게 보이는 건 모두 여우요, |
| 莫黑匪烏로다<br>막 흑 비 오 | 검지 않으면 까마귀가 아니지! |
| 惠而好我하여<br>혜 이 호 아 | 온화하고 나를 사랑하여 |
| 攜手同車하리라<br>휴 수 동 거 | 손잡고 같이 수레 타고 가리라. |
| 其虛其邪하리요<br>기 허 기 사 | 어찌 머뭇거리랴, |
| 旣亟只且하리라<br>기 극 지 차 | 어서 빨리 떠나리라. |

{해설 및 감상}

모두 3장에 장마다 6구절로 구성된 구조다. 위나라의 포악한 정치를 비유한 시라고 한다. 춥고 무시무시한 북풍과 눈비가 내리는 것을 국가의 폭정에 비유하여 어려움이 닥쳐오니 머뭇거리지 말고 빨리 떠날 것을 비유한 시라고 한다. 3연 모두 '어서 빨리 떠나라' 하고 지시하고 있다.

{어려운 낱말}

[其凉(기량)] : 쌀쌀함을 말함. [其雱(기방)] : 눈이 많이 내리는 모습. [其虛(기허)] : 너그러운 모습. [只且(지차)] : 조사로 쓰임. [喈] : 새소리(개). [霏] : 눈 펄펄 내릴(비). [攜] : 끌(휴). [亟] : 빠를(극). [狐] : 여우(호).

## 17. 정녀(靜女) - 정숙한 아가씨

| | |
|---|---|
| 1/ 靜女其姝는 (정녀기주) | 아름답고 정숙한 아가씨 |
| 俟我於城隅로다 (사아어성우) | 성 모퉁이에서 나를 기다린다. |
| 愛而不見하니 (애이불견) | 사랑하면서 보지 못하니 |
| 搔首踟躕하도다 (소수지주) | 머리 긁적이며 서성인다. |

2/ 靜女其孌은 예쁘고 정숙한 아가씨는
정녀기련

貽我彤管이라 빨간 대나무 통을 내게 주었네.
이아동관

彤管有煒하여 빨간 통에 붉은 빛 돌아
동관유위

悅懌女美로다 그녀의 아름다움이 좋아라.
열역녀미

3/ 自牧歸荑는 들에서 가지고 온 띠 꽃은
자목귀제

洵美且異로다 정말 예쁘고 아름답구나!
순미차이

匪女之爲美라 그것이 고아서가 아니라
비녀지위미

美人之貽로다 아름다운 당신이 준 것이기에-.
미인지이

{해설 및 감상}

3장 4구체로 된 시다. 사랑을 노래한 시다. 예쁘고 정숙한 아가씨가 나온다. 남녀 간의 로맨스를 노래하면서 조금도 음탕하지 않고 순수한 애정이 오간다. 그래서 위풍(衛風)에서는 음탕하다고까지 한 것이다. 여기에 나오는 시어를 보면 아름답다, 정숙하다, '愛而不見(애이불견)' 빨간색, 들에 핀 꽃, 이런 것들이 시와 정열의 아름다움을 노래하고 있다.

{어려운 낱말}

[靜(정)] : 한가하고 우아함. [姝(주)] : 곱고 예쁜 모양. [城隅(성우)] : 성의

모퉁이. 으슥한 곳. [踟躕(지주)] : 머뭇거리다. [躕] : 머뭇거릴(주). [其孌(기련)] : 아름다운 모양. [煒(위)] : 붉은 빛. [荑(제)] : 띠풀. [洵(순)] : 진실하다.

## 18. 신대(新臺) - 새로운 누대

| | |
|---|---|
| 1/ 新臺有泚하고<br>신 대 유 차 | 새 누대는 곱기도 하고 |
| 河水瀰瀰로다<br>하 수 미 미 | 황하의 물이 넘실거린다. |
| 燕婉之求러니<br>연 완 지 구 | 고운 님 구하려 왔더니 |
| 籧篨不鮮이로다<br>거 저 불 선 | 꼽추 병신이라니 웬일인가! |
| 2/ 新臺有洒하고<br>신 대 유 최 | 새 누대 높이 솟아있고 |
| 河水浼浼로다<br>하 수 매 매 | 황하의 물은 출렁거린다. |
| 燕婉之求러니<br>연 완 지 구 | 고운 님 구하려 왔더니 |
| 籧篨不殄이로다<br>거 저 부 진 | 꼽추 병신은 죽지도 않았구나! |
| 3/ 漁網之設에<br>어 망 지 설 | 고기 그물 쳐 두었는데 |
| 鴻則離之로다<br>홍 즉 리 지 | 기러기가 걸리었구나! |

燕婉之求하니　　고운 님 구하려 왔더니
연 완 지 구

得此戚施로다　　이런 꼽추 병신을 얻었구나!
득 차 척 시

{해설 및 감상}

제목이 '새로운 누대' 이다. 누대를 상징하는 내용이 예사롭지 않다. 모두 3장으로 된 형식으로, 장마다 4구로 된 짧은 단시에 해당된다. 전하는 말에 의하면, 위나라 선공이 자신의 아들을 제나라의 공주에게 장가를 보냈는데, 선공은 공주를 보고 자신의 첩으로 삼아버렸다. 이런 위나라 선공의 잘못을 풍자하여 노래를 지었다고 한다.

{어려운 낱말}

[泚(차)] : 맑고 선명한 모습. [瀰瀰(미미)] : 넘실거리다. 미미는 성한 모양. [燕婉(연완)] : 아름다운 모양. [籧篨(거저)] : 꼽추. [洒(최)] : 높다. 洒는 '최' 로 읽음. [浼浼(매매)] : 강물이 평평히 흐르는 모양. [殄(진)] : 끊어지다. [戚施(척시)] : 꼽추병신.

## 19. 이자승주(二子乘舟) - 두 아들이 배에 타고

1/ 二子乘舟하고　　아들이 배를 타고
이 자 승 주

汎汎其景이로다　　두둥실 떠가는 그림자여!
범 범 기 영

願言思子하니　　아들을 생각하노니
원 언 사 자

中心養養이로다　가슴속이 안타까워라.
중 심 양 양

2/ 二子乘舟하고　　두 아들이 배를 타고
이 자 승 주

汎汎其逝로다　　두둥실 떠나가네!
범 범 기 서

願言思子하니　　아들을 생각하노니
원 언 사 자

不瑕有害를　　이 모두 무사하기를-.
불 하 유 해

{해설 및 감상}

2장으로 4구절로 된 형식이다. 위나라 선공이 아버지인 장공(莊公)의 첩인 이강(夷姜)과 정을 통하여 급(伋)의 아내로 맞이하려던 며느리감을 자신이 얻어 그 선강(宣姜)에게서 수(壽)와 삭(朔)을 낳았다. 이강(夷姜)은 첩에게서 사랑을 빼앗기고 목을 매어 죽었다. 이 시는 두 이복형제인 급과 수의 죽음을 애도하는 뜻에서 이 시를 지었다.

{어려운 낱말}

[二子乘舟(이자승주)] : 선왕의 아들인 伋과 壽를 말함. [景(영)] : 景은 影의 고자(古字)임. 그래서 '영'으로 발음함. [養養(양양)] : 마음이 불안한 상태. [汎汎(범범)] : 둥실둥실 떠가는 모양. [瑕(하)] : 옥의 티.

## 제4장
# 용풍(鄘風)

용풍은 패풍과 함께 위풍(衛風)의 소속이라 할 수 있다. 그 자세한 내용은 패풍에서 설명하고 있다.

관숙이 다스리던 땅에서 생겨난 시를 용풍(鄘風)이라고 했고, 이 지역에서 발생된 시 모두 용풍에 해당된다. 모두 10편의 시가 소개되고 있다. 柏舟, 牆有茨, 君子偕老, 桑中, 鶉之奔奔, 定之方中, 蝃蝀, 相鼠, 干旄, 載馳가 그것이다.

두둥실 저 잣나무 배는
저 황하 복판에 떠 있다.
늘어진 저 두 다팔머리
실제로 나의 남편이니
죽어도 다른 마음 갖지 않겠다.
어머님은 하늘이신데
내 마음을 몰라주십니다.

– '잣나무배' 의 첫 부분

## 1. 백주(柏舟) - 잣나무 배

| | |
|---|---|
| 1/ 汎彼柏舟는<br>범 피 백 주 | 두둥실 저 잣나무 배는 |
| 在彼中河로다<br>재 피 중 하 | 저 황하 복판에 떠 있다. |
| 髧彼兩髦는<br>담 피 양 모 | 늘어진 저 두 다팔머리 |
| 實維我儀니<br>실 유 아 의 | 실제로 나의 남편이니 |
| 之死矢靡他로다<br>지 사 시 미 타 | 죽어도 다른 마음 갖지 않겠다. |
| 母也天只이니<br>모 야 천 지 | 어머님도 하늘이신데, |
| 不諒人只로다<br>불 량 인 지 | 내 마음을 몰라주십니다. |
| 2/ 汎彼柏舟는<br>범 피 백 주 | 두둥실 저 잣나무 배는 |
| 在彼河側이로다<br>재 피 하 측 | 저 황하 부근에 떠 있다. |
| 髧彼兩髦는<br>담 피 양 모 | 늘어진 저 두 다팔머리 |
| 實維我特이니<br>실 유 아 특 | 실제로 나의 남편이니 |
| 之死矢靡慝이로다<br>지 사 시 미 특 | 죽어도 다른 생각 갖지 않겠나이다. |
| 母也天只라<br>모 야 천 지 | 어머님도 하늘이신데, |
| 不諒人只이로다<br>불 량 인 지 | 내 마음을 몰라주십니다. |

{해설 및 감상}

2장 7구로 지어진 시다. 이 시는 위나라 제후의 세자는 공백이었는데, 일찍 죽어 그의 아내 공강(共姜)이 수절하려고 하는 것을 공강의 부모가 다른 곳으로 시집보내려 하자, 공강이 이 시를 지어 수절할 것을 맹세한 것이라고 전한다.

{어려운 낱말}

[中河(중하)] : 황하의 한가운데를 말함. [髧(담)] : 머리를 늘어뜨리다. [髦(모)] : 더벅머리. 눈썹까지 내려온 머리. 다팔머리. [只] : 다만(지). 여기서는 어조사다. [特] : 짝하다(특). [矢靡(시미)] : 맹세함이 없음. [慝] : 사특할 특. 짝하다.

## 2. 장유자(牆有茨) - 담장의 찔레

| | |
|---|---|
| 1/牆有茨는 (장 유 자) | 담장의 찔레는 |
| 不可埽也로다 (불 가 소 야) | 쓸어버릴 수가 없구나. |
| 中冓之言이라 (중 구 지 언) | 집안일을 말하는 것이라 |
| 不可道也로다 (불 가 도 야) | 말도 할 수가 없네. |
| 所可道也어늘 (소 가 도 야) | 말이야 할 수야 있지만 |

| | |
|---|---|
| 言之醜也로다<br>언 지 추 야 | 말하자니 너무 추할뿐이로다. |

| | |
|---|---|
| 2/ 牆有茨는<br>장 유 자 | 담장의 찔레는 |
| 不可襄也로다<br>불 가 양 야 | 쓸어버리고 치워버릴 수가 없구나. |
| 中冓之言이라<br>중 구 지 언 | 집안을 말하는 것이라 |
| 不可詳也로다<br>불 가 상 야 | 자세히 밝힐 수가 없네. |
| 所可詳也어늘<br>소 가 상 야 | 자세히 밝힐 수야 있지만 |
| 言之長也로다<br>언 지 장 야 | 말하자면 너무 길뿐이로다. |

| | |
|---|---|
| 3/ 牆有茨는<br>장 유 자 | 담장의 찔레는 |
| 不可束也로다<br>불 가 속 야 | 묶어버릴 수도 없구나. |
| 中冓之言이라<br>중 구 지 언 | 집안일을 말하는 것이라 |
| 不可讀也로다<br>불 가 독 야 | 떠들어댈 수가 없네. |
| 所可讀也어늘<br>소 가 독 야 | 떠들어댈 수야 있지만 |
| 言之辱也로다<br>언 지 욕 야 | 말하자면 너무 창피하구나. |

{해설 및 감상}

3장으로 되어 있으며, 장마다 6구절로 되어있다. 옛말에 의하면, 위나라의 선공이 죽고 혜공(惠公)이 뒤를 이었는데, 나이가 어렸다. 혜공의 서형(庶兄)인 완(頑)이 선강과 정을 통했는데, 완은 선강의 배다른 서자(庶子)였다. 그러므로 위나라 사람들이 이 시를 지어 규중의 추잡한 사연을 풍자한 것이다.

{어려운 낱말}

[牆(장)] : 담. [茨(자)] : 가시나무. [中冓(중구)] : 집의 깊숙한 방. 침실. [冓] : 짤(구). [襄(양)] : 제거하다. [讀(독)] : 읽다, 외어서 이야기하듯하다.

## 3. 군자해로(君子偕老) - 임과 함께 살고파라

| | |
|---|---|
| 1/ 君子偕老가<br>군 자 해 로 | 남편과 해로할 몸이 |
| 副笄六珈로다<br>부 계 육 가 | 쪽 비녀에는 구슬이 여섯이나 박혀있네. |
| 委委佗佗는<br>위 위 타 타 | 여유 있는 걸음걸이는 |
| 如山如河로다<br>여 산 여 하 | 산처럼 강처럼 기풍 있도다. |
| 象服是宜에<br>상 복 시 의 | 왕후의 복장에 어울리는데, |
| 子之不淑은<br>자 지 불 숙 | 그대의 부정한 행실은 |
| 云如之何오<br>운 여 지 하 | 어찌된 일인가? |

| | |
|---|---|
| 2/ 玼兮玼兮여<br>자 혜 자 혜 | 빛나고 아름다움이여! |
| 其之翟也로다<br>기 지 적 야 | 왕후의 꿩 깃 예복 같구나. |
| 鬒髮如雲하여<br>진 발 여 운 | 숱 많은 머리는 구름 같아서 |
| 不屑髢也로다<br>불 설 체 야 | 꼭지가 필요 없구나. |
| 玉之瑱也로<br>옥 지 진 야 | 옥으로 만든 귀고리로 |
| 象之揥也에<br>상 지 체 야 | 상아로 만든 머리꽂이에 |
| 揚且之晳也는<br>양 차 지 석 야 | 훤칠한 이마에 흰 살결은 |
| 胡然而天也하고<br>호 연 이 천 야 | 어찌 이렇게 천신과 같고 |
| 胡然而帝也리오<br>호 연 이 제 야 | 어찌 이렇게 천제 같으리오. |
| 3/ 玼兮玼兮여<br>차 혜 차 혜 | 희고 고와라! |
| 其之展也로다<br>기 지 전 야 | 황후의 예복이로다. |
| 蒙彼縐絺여<br>몽 피 추 치 | 저 곱고도 가는 갈포 옷이여! |
| 是紲袢也로다<br>시 설 번 야 | 살결에 달라붙은 속옷이로다. |
| 子之清揚은<br>자 지 청 양 | 그대의 맑고 반짝이는 눈매 |
| 揚且之顏也로다<br>양 차 지 안 야 | 이마 훤칠한 얼굴이구나. |

展如之人兮여 　정말 이런 사람이
전 여 지 인 혜

邦之媛也로다 　이 나라의 미인이로다.
방 지 원 야

{해설 및 감상}

모두 3장으로 1장은 7구절, 2장은 9구절이다. 3장은 8구절로 각각 다르다. 부인이 군자와 더불어 해로하려고 복장을 화려하게 장식하고 스스로 편안함을 얻은 것이라고 했다.

또 일설에는 아름다운 예복을 입고도 자신의 남편인 선공을 바르게 섬기지 못하였으니, 왜 그러한 지를 알 수 없다고 풍자한 시라고 한다.

{어려운 낱말}

[君子(군자)] : 여기서는 남편. [偕老(해로)] : 부부가 늙어 죽을 때까지 함께 사는 것. [副笄(부계)] : 부인의 머리장식임. [笄] : 비녀(계). [珈] : 머리꾸밀(가). [委委佗佗(위위타타)] : 점잖고 얌전하게 걷는 모습. [如山如河(여산여하)] : 미인의 기품이 산처럼 하수처럼 넓고 시원하다. [象服(상복)] : 문채가 있는 왕후나 제후 부인의 예복의 하나. [鬒] : 숱 많을(진). [鬒髮(진발)] : 검은 머리. [髢] : 다리(체), 가발(체). [瑱] : 귀고리(진). [展衣(전의)] : 예복의 하나. [縐] : 주름질(추). [縐絺(추치)] : 고운 갈포로 된 옷. [紲(설)] : 묶을(설). [紲袢(설번)] : 여름에 입는 속적삼. [淸揚(청양)] : 눈이 청명함. '揚' 은 이마가 넓은 것. 그래서 '청양' 은 눈이 맑고 이마가 넓은 미인. [展(전)] : 단정한 모습.

## 4. 상중(桑中) - 뽕나무 숲

| | |
|---|---|
| 1/ 爰采唐矣로<br>원 채 당 의 | 새삼 덩굴 뜯으려고 |
| 沫之鄕矣로다<br>매 지 향 의 | 매(沫)라는 고을로 간다. |
| 云誰之思오<br>운 수 지 사 | 누구를 그리워서 가는가? |
| 美孟姜矣로다<br>미 맹 강 의 | 어여쁜 강씨네 맏딸이라네. |
| 期我乎桑中이라가<br>기 아 호 상 중 | 뽕나무 속에서 나를 기다리다가 |
| 要我乎上宮하고<br>요 아 호 상 궁 | 상궁으로 나를 맞아들이고 |
| 送我乎淇之上矣로다<br>송 아 호 기 지 상 의 | 나를 기수 강가에서 보내주네. |
| 2/ 爰采麥矣여<br>원 채 맥 의 | 보리 싹을 뜯으러 |
| 沫之北矣로다<br>매 지 북 의 | '매' 라는 고을의 북쪽으로 간다. |
| 云誰之思리오<br>운 수 지 사 | 누구를 그리워하여 가는가? |
| 美孟弋矣로다<br>미 맹 익 의 | 어여쁜 익(弋)씨네 맏딸이라네. |
| 期我乎桑中이라가<br>기 아 호 상 중 | 뽕나무 속에 나를 기다리다가 |
| 要我乎上宮하고<br>요 아 호 상 궁 | 상궁으로 나를 맞아들이고 |
| 送我乎淇之上矣로다<br>송 아 호 기 지 상 의 | 나를 기수 강가에서 보내주네. |

| | |
|---|---|
| 3/ 爰采葑矣여<br>원 채 봉 의 | 순무를 뜯으려 |
| 沫之東矣로다<br>매 지 동 의 | 매(沫)의 동쪽으로 간다. |
| 云誰之思리오<br>운 수 지 사 | 누구를 그리워하여 가는가? |
| 美孟庸矣로다<br>미 맹 용 의 | 어여쁜 용(庸)씨네 맏딸이라네. |
| 期我乎桑中이라가<br>기 아 호 상 중 | 뽕나무 속에서 나를 기다리다가 |
| 要我乎上宮하고<br>요 아 호 상 궁 | 상궁으로 나를 맞아들이고 |
| 送我乎淇之上矣로다<br>송 아 호 기 지 상 의 | 나를 기수 강가에서 보내주었네. |

{해설 및 감상}

모두 3장으로 7구절로 된 정형시다. 위나라 사람들은 원래 음란했다고 한다. 귀족들이 자기의 지위를 이용하여 남의 여자를 빼앗고, 여자들도 남자 만나는 곳이 뽕나무 숲으로 간다고 했다. 여기서는 남자들이 남의 여자를 노리고, 뽕나무 숲속에서 남의 여자를 건드리고는 기수라는 물가로 나간다고 했다. 제일 적당한 장소가 뽕밭이니, 여자들이 뽕잎을 따러 여기에 나오기 때문이다. 이것은 옛날 우리나라의 경우와 비슷하다.

{어려운 낱말}

[爰(원)] : 이에. [唐(당)] : 새삼. [沫(매)] : 위나라 고을 이름. [誰之思(수지

사)] : 누구를 생각하고 갔었는가. [孟姜(맹강)] : 귀족을 말함. [桑中(상중)] : 뽕나무 밭 속에서. [上宮(상궁)] : 매 고을의 땅이름. [淇之上(기지상)] : 기수라는 물가에서. [麥] : 보리(맥). 가을에 씨 뿌려 여름에 수확함. [弋(익)] : 아름다운 여인, 하우씨의 후손이라 한다. 여기서는 성씨로 익으로 쓰임. [葑(봉)] : 순무. [庸(용)] : 성씨의 하나. 용씨.

## 5. 순지분분(鶉之奔奔) - 메추라기는 쌍쌍이

1/ 鶉之奔奔하고 (순 지 분 분) 메추리는 서로 정답고
鵲之彊彊이로다 (작 지 강 강) 까치도 깍깍 우는구나!
人之無良하니 (인 지 무 량) 사람 중에서 못난이 있으니
我以爲兄이로다 (아 이 위 형) 내가 형으로 삼으리로다.

2/ 鵲之彊彊하여 (작 지 강 강) 까치는 끼리끼리 정답고
鶉之奔奔이로다 (순 지 분 분) 메추리도 짝이 있어 정답구나!
人之無良하니 (인 지 무 량) 사람 중에서 못난이 없으니
我以爲君하리라 (아 이 위 군) 내가 임금으로 모셔 오리라.

{해설 및 감상}

2장으로 4구씩 되어있는 단시다. 위나라 사람들이 선강이 제자인 완과 서로 정을 통하여 다니는 것을 까치와 메추라기에 비유하여 그의 아들인 혜공(惠公)의 말을 빌어서 풍자한 노래라고 한다. 속언에 '사람이 못된 것은 메추라기보다도 못하다.' 라는 뜻이라는 속담도 있다.

{어려운 낱말}

[鶉之奔奔(순지분분)] : 순은 메추라기요, 분분은 짝이 있다는 말. [彊彊(강강)] : 짝이 있어 함께 날아다닌다는 뜻. [人(인)] : 위나라 공자 완(頑)을 지칭. [無良(무량)] : 옳음이 없는 것. [君(군)] : 소군(小君)의 뜻임. 임금의 부인이며, 곧 선강(宣姜)을 가리킨다.

## 6. 정지방중(定之方中) - 정성이 하늘까지

| | |
|---|---|
| 1/ 定之方中하여<br>정 지 방 중 | 정성(定星)이 하늘 한가운데 있어 |
| 作于楚宮이로다<br>작 우 초 궁 | 초구(楚丘)에 궁실을 짓는다. |
| 揆之以日하여<br>규 지 이 일 | 해 그림자로 방향 가려서 |
| 作于楚室이로다<br>작 우 초 실 | 초구에 궁전을 짓는다. |
| 樹之榛栗하고<br>수 지 진 율 | 개암나무와 밤나무를 심고 |

| | |
|---|---|
| 椅桐梓漆하여<br>의 동 재 칠 | 가래, 오동, 가래나무, 옻을 심어 |
| 爰伐琴瑟하리라<br>원 벌 금 슬 | 훗날 베어 거문고를 만들리라. |
| 2/ 升彼虛矣하여<br>승 피 허 의 | 저 큰 언덕에 올라 |
| 以望楚矣로다<br>이 망 초 의 | 초구를 바라본다. |
| 望楚與堂하고<br>망 초 여 당 | 초와 당 지방을 보시고 |
| 景山與京하여<br>경 산 여 경 | 큰 산과 높은 언덕에 올라 |
| 降觀于桑이로다<br>강 관 우 상 | 내려와 뽕나무 언덕에서 바라본다. |
| 卜云其吉하여<br>복 운 기 길 | 점을 치니 너무 길하여 |
| 終然允臧이로다<br>종 연 윤 장 | 끝내는 정말 좋아진다네. |
| 3/ 靈雨旣零하여<br>영 우 기 령 | 단비도 이미 내려 |
| 命彼倌人이라<br>명 피 관 인 | 수레꾼에게 명령 내린다. |
| 星言夙駕하고<br>성 언 숙 가 | 별이 보이면 일찍 수레 타고 |
| 說于桑田하라<br>열 우 상 전 | 뽕나무 밭으로 나가 즐겨라. |
| 匪直也人은<br>비 직 야 인 | 뿐만 아니라 그 사람은 |
| 秉心塞淵하여<br>병 심 새 연 | 마음가짐이 깊어서 |

騋牝三千이로다　　큰 암말이 삼천 마리나 되었네.
내 빈 삼 천

{해설 및 감상}

모두 3장으로 장마다 7구절로 되어있다. 위나라가 오랑캐의 침략을 받아 수도를 빼앗기고 초구의 땅으로 옮겨 궁실을 지었다. 이에 위나라 사람들이 기뻐하고 이 시를 지어 찬미했다고 한다. 그래서 첫 구절에 '초구에 궁실을 짓는다.' 하고 노래하고 있다. 끝에 가서 마음가짐이 깊어서 큰 암말이 3천 마리라는 구절이 나와서 희망적이었다.

{어려운 낱말}

[定(정)] : 북쪽에 있는 별을 말하며, 28수 중에 室을 의미한다. [方中(방중)] : 정 중앙이라는 뜻이다. [楚(초)] : 楚丘로서 땅이름이다. [楚宮(초궁)] : 초구 땅의 궁. [揆之以日(규지이일)] : 해의 위치로서 방위를 재서 결정함. [楚室(초실)] : 초구의 궁실. [靈雨(영우)] : 좋은 비. [倌人(관인)] : 수레를 맡은 관리. [秉心(병심)] : 마음가짐. [騋牝(내빈)] : 크고 큰 암말. [騋(내)] : 騋는 7척이 넘는 큰말. [三千(삼천)] : 숫자가 그냥 많다는 뜻으로, 부유한 국가를 나타냄.

## 7. 체동(蝃蝀) - 무지개

1/ 蝃蝀在東을　　동쪽에 뜬 무지개
체 동 재 동

| | |
|---|---|
| 莫之敢指하라<br>막 지 감 지 | 감히 손가락으로 가리키지 말라. |
| 女子有行하면<br>여 자 유 행 | 여자가 결혼하면 |
| 遠父母兄弟로다<br>원 부 모 형 제 | 부모형제를 멀리 떠난다. |
| 2/ 朝隮于西를<br>조 제 우 서 | 서쪽에 아침 무지개 |
| 崇朝其雨라<br>숭 조 기 우 | 아침 내 비가 내린다. |
| 女子有行하면<br>여 자 유 행 | 여자가 결혼하면 |
| 遠兄弟父母하리라<br>원 형 제 부 모 | 부모형제를 멀리 떠난다. |
| 3/ 乃如之人也는<br>내 여 지 인 야 | 이와 같은 사람은 |
| 懷昏姻也하니<br>회 혼 인 야 | 결혼할 것만 생각하니 |
| 大無信也하여<br>대 무 신 야 | 너무나 믿음이 없어 |
| 不知命也로다<br>부 지 명 야 | 천명을 알지 못하는구나. |

{해설 및 감상}

음란한 행동을 풍자한 시라고 말하였다. 옛날 중국에서는 음양이 조화되지 못하고, 혼인에 질서가 없어져 음풍이 유행하면, 곧 무지개가 생긴다고 말했다. 그래서 무지개를 가리키면 손가락이 썩는다든지 가리킨 사람에게 화가 미친다고 전해왔다. 이 시에서는 음탕한 것을 풍자하고 있다 하겠다. 「모시서」에는 위나라 문공(文公)이 올바른 도를 백성에게 잘 교화하여 사람들이 음란한 행위를 못하도록 만든 것을 읊은 것이라 했다.

{어려운 낱말}

[蝃] : 무지개(체). [蝃蝀(체동)] : 무지개. [莫之敢指(막지감지)] : 감히 손가락질을 하지 말라. [有行(유행)] : 시집을 가는 것. [隮(제)] : 높이 날아오르다. [崇朝(숭조)] : 하루 종일. 終朝. [命(명)] : 올바른 도리.

## 8. 상서(相鼠) - 쥐를 보아라

1/ 相鼠有皮인데 (상서유피) 쥐를 보아도 가죽이 있는데,

人而無儀로다 (인이무의) 사람이 되어 예의가 없다.

人而無儀면 (인이무의) 사람이 되어 예의가 없으면

不死何爲리요 (불사하위) 죽지 않고 무엇하랴?

2/ 相鼠有齒인데 (상서유치) 쥐를 봐도 이가 있는데,

人而無止로다 (인이무지) 사람이 되어 절제가 없다.

人而無止하면 사람이 되어 절제가 없다면
인 이 무 지

不死何俟리요 죽지 않고서 무얼 기다리나?
불 사 하 사

3/ 相鼠有體인데 쥐를 봐도 몸이 있는데,
상 서 유 체

人而無禮로다 사람이 되어 예의가 없다.
인 이 무 례

人而無禮하면 사람이 되어 예의가 없다면
인 이 무 례

胡不遄死로다 어찌 죽어버리지 않는가!
호 불 천 사

{해설 및 감상}

3장에 장마다 4구절로 구성되어 있다. 3장으로 되어있고, 장마다 4구절로 되어있는 시다. 모든 동물도 모두 이가 있고, 가죽이 있고 갖출 것 다 갖추고 있다. 특히 쥐라는 동물을 들어 인간과 비교하면서 인간이 예의가 없고, 체모가 없고 버릇이 나쁘면 어디 사람이라고 할 수 있는가? 했다. 당시 위나라 사람들은 음란한 행위가 많으므로, 이를 풍자한 시이다. 동쪽에 뜬 무지개를 손가락으로 가리키지 말라는 말은 어떤 경종을 주고 있는 것 같다. 끝에 가서 '너무나 믿음이 없어 천명을 알지 못하는구나.' 하는 내용을 보아도 당시 위나라 사람들의 풍조를 짐작할 수 있다.

{어려운 낱말}

[相鼠(상서)] : 저 쥐를 보라. [止(지)] : 행동거지. 버릇. [遄死(천사)] : 빨리 죽어버리다.

## 9. 간모(干旄) - 깃대

1/ 孑孑干旄하고 (혈혈간모) 쇠 깃대 우뚝 세우고
在浚之郊라 (재준지교) 준(浚) 고을 교외에 있네.
素絲紕之하고 (소사비지) 흰 명주실로 깃대 술을 달고
良馬四之로다 (양마사지) 좋은 말 네 필이 수레를 끈다.
彼姝者子여 (피주자자) 저 어지신 이시여!
何以畀之하리요 (하이비지) 무엇으로 보답할까요?

2/ 孑孑干旟하고 (혈혈간여) 새매 깃대 우뚝 세우고
在浚之都라 (재준지도) 준 고을 성안에 보인다.
素絲組之하고 (소사조지) 흰 명주실로 깃 술을 달고
良馬五之로다 (양마오지) 좋은 말 다섯 필이 수레를 끈다.

彼姝者子여 저 어지신 분이시여!
피 주 자 자

何以予之하리요 무엇으로 보답할까요?
하 이 여 지

3/ 孑孑干旌하여 펑 깃대 우뚝 솟아
혈 혈 간 정

在浚之城이라 준 고을 도성이 보인다.
재 준 지 성

素絲祝之하고 흰 명주실로 깃 술을 달고
소 사 축 지

良馬六之로다 좋은 말 여섯 필이 수레를 끈다.
양 마 육 지

彼姝者子여 저 어지신 분들이여!
피 주 자 자

何以告之하리요 무엇으로 아뢰리까?
하 이 고 지

{해설 및 감상}

모두 3장에서 장마다 6구로 형성하고 있다. 무례함을 풍자한 것이다. 위(衛)나라 문공(文公)은 그의 여러 신하들을 바로잡을 수 있었으나, 임금 자리에 있으면서 선군(先君)의 교화를 받드는 데는 예의가 없음을 풍자한 것이라 한다. 이 선군은 선공(宣公)을 두고 한 말일 것이다. 여기에 구마다 혈혈(孑孑)이 나온다. 이 '혈혈' 은 특별히 솟아오른 모양을 말한다고 한다. 깃대가 우뚝 솟아있음을 말하고, 말의 수식을 함께 말하면서 무엇으로 보답할까요? 하고 의문을 제시하고 있다.

{어려운 낱말}

[孑孑(혈혈)] : 특별히 솟아오르는 모양. [干旄(간모)] : 소꼬리에 단 기. 干은 깃대. [紕] : 깃, 술(비). [四之(사지)] : 네 마리의 말이 수레를 끄는 것. [旟] : 깃발(여). [干旌(간정)] : 꿩의 깃털을 깃대 봉우리에 꽂은 것. [祝(축)] : 붙이다. 속하다.

## 10. 재치(載馳) - 수레로 달려가다

| | |
|---|---|
| 1/ 載馳載驅하여 (재치재구) | 수레를 달리고 달려 |
| 歸唁衛侯로다 (귀언위후) | 돌아가 위나라 임금을 위로하자 |
| 驅馬悠悠하여 (구마유유) | 멀리 말을 달려서 |
| 言至于漕로다 (언지우조) | 조(漕) 땅으로 가도다. |
| 大夫跋涉이라 (대부발섭) | 대부가 산 넘고 물 건넜지만 |
| 我心則憂로다 (아심즉우) | 내 마음은 조급해라. |
| 2/ 旣不我嘉나 (기불아가) | 나를 잘한다고 하는 이는 없으나 |
| 不能旋反이로다 (불능선반) | 돌아갈 수는 없네. |
| 視爾不臧이나 (시이부장) | 그대들이 좋게 여기지 않는 줄 알지만 |

我思不遠이로다 내 생각을 돌이킬 수 없네.
아 사 불 원

旣不我嘉하여 나를 잘한다고 하지 않아도
기 불 아 가

不能旋濟로다 곧 돌이켜 건널 수가 없네.
불 능 선 제

視爾不臧이나 그대들이 좋게 여기지 않는 줄 알지만
시 이 부 장

我思不閟로다 내 생각 막을 수 없네.
아 사 불 비

3/ 陟彼阿丘하여 저 언덕에 올라
척 피 아 구

言采其蝱이로다 마음 달랠 패모(貝母)나 캐어볼까
언 채 기 맹

女子善懷나 여자는 공연히 근심 많다지만
여 자 선 회

亦各有行이라 다 까닭이 있다네.
역 각 유 행

許人尤之나 허(許)나라 사람들 나를 탓하지만
허 인 우 지

衆穉且狂이로다 어리석고 경망스러운 것들이로다.
중 치 차 광

4/ 我行其野에 내가 지나온 저 들판에
아 행 기 야

芃芃其麥이로다 보리가 무성하네.
봉 봉 기 맥

控于大邦이나 큰 나라에 구원을 청하려도
공 우 대 방

誰因誰極고 누구에게 의지하고 또 누가 도와줄까?
수 인 수 극

大夫君子여　　대부와 군자들이여!
대 부 군 자

無我有尤하라　　나를 탓하지 말라.
무 아 유 우

百爾所思는　　그대들 생각은
백 이 소 사

不如我所之로다　　내 생각만 못하오!
불 여 아 소 지

{해설 및 감상}

모두 4장으로 2장이 6구절로 구성되어 있다. 위나라 선강(宣姜)의 딸이 허나라 목공(穆公)의 부인이 되었다. 당시 위나라가 오랑캐의 침략으로 망하게 되자, 친정의 나라에 돌아가 위로하려 하였으나 결국 돌아갈 수 없게 되어 이 시를 지어 노래했다고 전한다.

{어려운 낱말}

[唁] : 위문할(언). [漕(조)] : 위나라의 고을 이름. 배로 실어 나를(조). [跋涉(발섭)] : 땅과 물속을 건너가다. 산 넘고 물 건너. [旋反(선반)] : 위나라로 돌아가는 것. [我思不遠(아사불원)] : 위나라로부터 생각이 멀리 떠나지 못함. [閟] : 문 닫을(비). [阿丘(아구)] : 한쪽이 낮은 언덕. [蝱] : 패모(맹). 백합과에 속하는 식물 이름. [善懷(선회)] : 근심하는 생각이 많음. [穉] : 어릴(치). [芃] : 풀 무성할(봉). [芃芃(봉봉)] : 보리가 무성한 모양. [百爾(백이)] : 여러 사람.

## 제5장
# 위풍(衛風)

위풍은 위나라의 풍으로, 패풍과 용풍도 다 위풍의 소속이었다. 그러나 패나라와 용나라는 모두 위나라에 합병되었기 때문에 위풍에 속했다.

관숙이가 다스리던 땅을 위(衛)라고 했다. 이 지역에서 발생된 노래가 위풍(衛風)인 것이다. 이 위풍에 소개된 작품이 모두 10편이다.

기욱, 고반, 석인, 맹, 죽간, 환란, 하광, 백혜, 유호, 목과 등이 그것이다.

저 기수가의 물굽이를 바라보니
푸른 대가 무성하고
빛나는 그 어른
깎은 듯 다듬은 듯하고
쪼은 듯 간 듯하구나.
장중하고 당당하여
빛나고 훤하도다.

-'기수의 물굽이' 첫 부분

## 1. 기욱(淇奧) - 기수가의 물굽이

| | | |
|---|---|---|
| 1/ | 瞻彼淇奧하니<br>첨 피 기 욱 | 저 기수가의 물굽이를 바라보니 |
| | 綠竹猗猗하고<br>녹 죽 의 의 | 푸른 대가 무성하고 |
| | 有匪君子여<br>유 비 군 자 | 훌륭하신 군자님이시여! |
| | 如切如磋하고<br>여 절 여 차 | 깎은 듯 다듬은 듯하고 |
| | 如琢如磨하도다<br>여 탁 여 마 | 쪼은 듯 간 듯하구나. |
| | 瑟兮僩兮여<br>슬 혜 한 혜 | 장중하고 당당하여! |
| | 赫兮咺兮로다<br>혁 혜 훤 혜 | 빛나고 훤하도다. |
| | 有匪君子여<br>유 비 군 자 | 빛나는 그 어른이여 |
| | 終不可諼이로다<br>종 불 가 훤 | 끝내 잊을 수가 없도다. |

| | | |
|---|---|---|
| 2/ | 瞻彼淇奧하니<br>첨 피 기 욱 | 저 기수 강가의 물굽이를 바라보니 |
| | 綠竹青青하구나<br>녹 죽 청 청 | 녹죽(綠竹)은 푸르구나. |
| | 有匪君子는<br>유 비 군 자 | 빛나는 그 어른의 |
| | 充耳琇瑩이여<br>충 이 수 영 | 귀에 달린 아름다운 옥돌이여! |
| | 會弁如星이라<br>괴 변 여 성 | 고깔에 달린 구슬이 별같이 반짝이네. |

| | |
|---|---|
| 瑟兮僩兮며<br>슬 혜 한 혜 | 장중하고 당당하며 |
| 赫兮咺兮로다<br>혁 혜 훤 혜 | 귀에 달린 아름다운 옥돌이여! |
| 有匪君子는<br>유 비 군 자 | 빛나는 그 어른은 |
| 終不可諼兮로다<br>종 불 가 훤 혜 | 영원히 잊을 수 없도다. |
| 3/ 瞻彼淇奥하니<br>첨 피 기 욱 | 저 기수 강가 물굽이를 바라보니 |
| 綠竹如簀이라<br>녹 죽 여 책 | 푸른 대나무가 빽빽하구나. |
| 有匪君子여<br>유 비 군 자 | 빛나는 그 어른이여! |
| 如金如錫하고<br>여 금 여 석 | 금 같고 주석 같고 |
| 如圭如璧이로다<br>여 규 여 벽 | 옥돌과 둥근 구슬 같도다. |
| 寬兮綽兮는<br>관 혜 작 혜 | 너그럽고 대범한 모습은 |
| 猗重較兮삿다<br>의 중 교 혜 | 수레 옆에 기대어 섰도다. |
| 善戲謔兮이나<br>선 희 학 혜 | 농담도 잘하지만 |
| 不爲虐兮로다<br>불 위 학 혜 | 모질고 심하게 하지는 않으셨도다. |

{해설 및 감상}

3장으로 장마다 9구절로 되어있다. 위나라 사람들이 무공의 지극한 덕을 찬미한 노래이다. '첨피기욱' 이란 말이 구마다 나온다. 강의 흐름을 바라보면서 무공의 덕을 강의 흐름에 비유하여 노래하고 있는 것 같다. 그러니 저 강의 흐름을 바라보라는 뜻이다. 늠름히 흘러가는 강물을 보고 힘찬 무공을 생각할 만도 하다.

{어려운 낱말}

[淇奧(기욱)] : 굽이쳐 흐르는 강물. 淇는 물 이름. [猗猗(의의)] : 아름답다. 무성하다. [磨(마)] : 갈다. 절차탁마(切磋琢磨). [瑟兮(슬혜)] : 무게 있고 당당해보임. [咺] : 섧게 울다(훤). [充耳(충이)] : 귀를 덮도록 관의 양편에 구슬을 매단 장식. [琇瑩(수영)] : 옥돌. [會弁(괴변)] : 주나라의 관의 일종. 會는 '괴' 로 읽는다. [諼(훤)] : 잊어버리다. [綽] : 너그러울(작).

## 2. 고반(考槃) - 오두막집을 지어

1/ 考槃在澗하니 (고반재간) 산골 개울물에 오두막 지으니

碩人之寬이라 (석인지관) 어진 은자의 너그러운 마음이네.

獨寐寤言이 (독매오언) 혼자서 자나 깨나 하는 말이

永矢弗諼이라 (영시불훤) 영원히 생각하네, 영원히 못 잊겠다고-.

2/ 考槃在阿하니 (고반재아) 언덕에 오두막을 지으니

| | |
|---|---|
| 碩人之薖이라<br>석 인 지 과 | 어진 은자의 크나큰 마음이라. |
| 獨寐寤歌는<br>독 매 오 가 | 혼자서 자나 깨나 하는 노래 |
| 永矢弗過로다<br>영 시 불 과 | 영원히 생각하네, 못 떠나겠다고-. |
| 3/ 考槃在陸하니<br>고 반 재 육 | 높다란 평지에 오두막을 지으니 |
| 碩人之軸이여<br>석 인 지 축 | 어진 은자의 여유로운 마음이여! |
| 獨寐寤宿이<br>독 매 오 숙 | 혼자서 자나 깨나 자는 잠 |
| 永矢弗告로다<br>영 시 불 고 | 영원히 생각하네, 말하지 않겠다고-. |

{해설 및 감상}

3장에 장마다 4구절로 되어있다. 어진이가 산골짜기에 숨어 살면서 관대하고 의젓한 모습을 잃지 않는 것을 찬미한 시다. 오두막집을 지은 것은 은자의 마음이라고 했다. 이렇게 은자(隱者)의 사상이 동양의 은둔사상이다. 그리고 영원히 생각한다고 했다. 그리고 말하지 않겠다고 마음까지 다짐한다.

{어려운 낱말}

[考槃(고반)] : 움막집을 짓다. 考는 '이루다'. [澗(간)] : 간수. 산골짝에 흐르는 냇물. [碩人(석인)] : 큰 덕을 지닌 사람. [阿] : 언덕(아). 구불구불한 언덕. [薖] : 관대할(과). [槃(반)] : 머뭇거리다(반). 움막. [軸(축)] : 서성거

리며 가지 못한 모양. [寤宿(오숙)] : 잠을 깼다가 다시 잠이 든 상태.

## 3. 석인(碩人) - 훌륭하신 분

| | |
|---|---|
| 1/ 碩人其頎하고<br>석 인 기 기 | 훌륭하신 분, 훤칠하시고 |
| 衣錦褧衣셨다<br>의 금 경 의 | 비단옷과 홑옷을 입으셨네. |
| 齊侯之子요<br>제 후 지 자 | 제나라 임금의 자식이요, |
| 衛侯之妻요<br>위 후 지 처 | 위나라 제후의 아내요, |
| 東宮之妹이요<br>동 궁 지 매 | 제나라 태자의 누이고, |
| 邢侯之姨요<br>형 후 지 이 | 형(邢)나라 제후의 이모요, |
| 譚公維私이셨다<br>담 공 유 사 | 담(譚)나라 제후가 형부이시다. |
| 2/ 手如柔荑하고<br>수 여 유 제 | 손은 부드러운 띠의 싹 같고 |
| 膚如凝脂로다<br>부 여 응 지 | 피부는 엉긴 기름같이 윤택하지요. |
| 領如蝤蠐하고<br>영 여 추 제 | 목은 흰 나무 벌레 같고 |
| 齒如瓠犀로다<br>치 여 호 서 | 이는 박씨 같이 가지런하지요. |

螓首蛾眉하고 매미 이마에 나방 같은 눈썹이요,
진 수 아 미

巧笑倩兮여 쌩긋 웃는 예쁜 보조개
교 소 천 혜

美目盼兮로다 아름다운 눈이 맑기도 하여라.
미 목 혜 혜

3/ 碩人敖敖하고 훌륭하신 분 날씬하시고
석 인 오 오

說于農郊하신다 도성 밖에 머물러 사신다.
세 우 농 교

四牡有驕하고 수레 끄는 네 필 말은 장대하고
사 모 유 교

朱幩鑣鑣하고 붉은 끈을 감은 재갈은 아름답고
주 분 표 표

翟茀以朝로다 꿩 깃 덮개 덮고 조정에 오시도다.
적 불 이 조

大夫夙退하여 대부들아 일찍 물러나
대 부 숙 퇴

無使君勞하라 임금님을 피곤하게 하지 말라.
무 사 군 로

4/ 河水洋洋하며 강물 불어 넘실거리고
하 수 양 양

北流活活이로다 북쪽으로 콸콸 흘러간다.
북 류 괄 괄

施罛濊濊하면 물 깊은 곳에 고기 그물 던지면
시 고 활 활

鱣鮪發發하고 잉어와 붕어 파닥거리고
전 유 발 발

葭菼揭揭로다 갈대와 풀이 길게 자라 우거졌네.
가 담 게 게

庶姜孼孼하고　　따라온 여인들 곱기도 하고
서 강 얼 얼

庶士有朅이로다　시중드는 무사들 씩씩하였지!
서 사 유 걸

{해설 및 감상}

4장에 장마다 7구절로 되어있다. 장강은 제나라 패자(覇者)의 누이동생으로 위나라 장공에게 시집갔었다. 매우 아름다우나 자식이 없어 위나라 사람들이 그 집안의 귀한 내용을 칭찬한 시라고 한다. 장강의 일은 패풍녹의(邶風綠衣)편에 자세히 기록하고 있다.

{어려운 낱말}

[碩人其頎(석인기기)] : 석인 장강(莊姜)을 가리킴. [錦褧(금경)] : 화려한 옷. [東宮(동궁)] : 태자의 궁. [邢] : 나라 이름(형). [柔荑(유제)] : 부드러운 띠풀. [凝脂(응지)] : 지방질이 응고된 상태. [螓首蛾眉(진수아미)] : 매미 이마에 나비 눈썹. [巧笑倩兮(교소천혜)] : 예쁘게 웃는 모양. [敖敖(오오)] : 키 크고 날씬한 모양. [鑣] : 재갈(표). 성한 모습. [鑣鑣(표표)] : 장식이 아름다운 모양. [翟茀(적불)] : 꿩 깃으로 수레를 장식하다. [洋洋(양양)] : 성대한 모양. [活活(괄괄)] : 물 흐르는 모양. [施罛(시고)] : 강물에 고기 그물을 쳐놓는 것. [濊] : 깊을(활). [濊濊(활활)] : 그물이 물속에 들어갈 때 나는 소리. [菼] : 물 억새(담). [揭揭(게게)] : 길게 자란 대. [孼孼(얼얼)] : 늠름하다. 곱다. 성대히 꾸민 모습. [有朅(유걸)] : 씩씩한 모양.

## 4. 맹(氓) - 백성

| | |
|---|---|
| 1/ 氓之蚩蚩하며<br>맹 지 치 치 | 어수룩한 어떤 남자가 |
| 抱布貿絲로다<br>포 포 무 사 | 옷감을 안고 와서 실과 바꾸려 하네. |
| 匪來貿絲라<br>비 래 무 사 | 실과 바꾸러 온 것이 아니라 |
| 來卽我謀로다<br>내 즉 아 모 | 와서는 나에게 수작을 거노라. |
| 送子涉淇하여<br>송 자 섭 기 | 나는 그대를 전송해 기수를 건너 |
| 至于頓丘로다<br>지 우 돈 구 | 돈구(頓丘) 땅까지 갔었구나. |
| 匪我愆期라<br>비 아 건 기 | 내가 기약을 어긴 것이 아니라 |
| 子無良媒이니<br>자 무 량 매 | 그대에게 좋은 중매가 없어서이니 |
| 將子無怒하고<br>장 자 무 노 | 그대는 노하지 마시고 |
| 秋以爲期하니라<br>추 이 위 기 | 가을로 약속하자고 했지요. |
| 2/ 乘彼垝垣하여<br>승 피 궤 원 | 저 무너진 담장을 타고 올라 |
| 以望復關하고<br>이 망 복 관 | 그대 있는 복관을 바라보고 |
| 不見復關이면<br>불 견 복 관 | 복관(復關)이 보이지 않으면 |
| 泣涕漣漣이로다<br>읍 체 연 련 | 눈물만 뚝뚝 흘렸지요. |

旣見復關하면 복관(復關)에서 그대 보면
기 견 복 관

載笑載言이로다 웃으며 이야기했지요.
재 소 재 언

爾卜爾筮하여 거북점 치고 온갖 점쳐서
이 복 이 서

體無咎言이면 점괘에 나쁜 말 없으면
체 무 구 언

以爾車來하여 그대 수레 몰고 와서
이 이 거 래

以我賄遷하라 나의 혼숫감 옮겨가세요.
이 아 회 천

3/ 桑之未落은 뽕잎 떨어지지 않은 것은
상 지 미 락

其葉沃若이로다 그 잎이 싱싱함이로다.
기 엽 옥 약

于嗟鳩兮여 아, 비둘기들이여!
우 차 구 혜

無食桑葚하라 오디를 따먹지 말라.
무 식 상 심

于嗟女兮여 아, 여자들이여!
우 차 여 혜

無與士耽하라 사내와 환락에 빠지지 말라.
무 여 사 탐

士之耽兮는 사내 중 탐욕스러운 자는
사 지 탐 혜

猶可說也하련만 오히려 좋겠지만
유 가 열 야

女之耽兮여 여자 중 탐욕스러운 자여!
여 지 탐 혜

不可說也로다 좋을 수가 없네그려.
불 가 열 야

4/ 桑之落矣면 뽕나무 잎이 시들어 떨어질 때면
상 지 락 의

其黃而隕이로다 다른 잎도 누렇게 되어 떨어지네.
기 황 이 운

自我徂爾에 내가 그대에게 간 후
자 아 조 이

三歲食貧이로다 삼 년 동안을 가난 속에 굶주렸구나.
삼 세 식 빈

淇水湯湯이여 기수(淇水) 물은 넘실넘실,
기 수 탕 탕

漸車帷裳이라 수레의 포장을 적셨구나.
점 거 유 상

女也不爽이나 여자로서 잘못은 없건만,
여 야 불 상

士貳其行이라 남자인 그대 처음과 행동이 다르네.
사 이 기 행

士也罔極이라 남자란 믿을 수 없는 것,
사 야 망 극

二三其德이로다 마음이 이리 저리 흔들리구려.
이 삼 기 덕

5/ 三歲爲婦로 삼 년 동안 부인되어서
삼 세 위 부

靡室勞矣하고 쉴 사이 없이 수고하였고
미 실 로 의

夙興夜寐하여 새벽 일찍 일어나 밤늦게 자면서
숙 흥 야 매

靡有朝矣로다 하루아침 쉴 겨를도 없었다네.
미 유 조 의

| | |
|---|---|
| 言旣遂矣이니<br>언 기 수 의 | 그 약속한 말 겨우 이루어지자, |
| 至于暴矣로다<br>지 우 폭 의 | 난폭함에 이르렀다네. |
| 兄弟不知하고<br>형 제 부 지 | 여형제들은 알지도 못하고, |
| 咥其笑矣로다<br>질 기 소 의 | 나를 보고 허허 웃기만 하네. |
| 靜言思之하니<br>정 언 사 지 | 고요히 생각해보니 |
| 躬自悼矣하노라<br>궁 자 도 의 | 몸소 스스로 슬퍼지노라. |
| 6/ 及爾偕老이나<br>급 이 해 로 | 그대와 백년해로하려 했으나 |
| 老使我怨이로다<br>노 사 아 원 | 내 늙어지니 원망뿐이네. |
| 淇則有岸하고<br>기 즉 유 안 | 기수 물가에 벼랑이 있고, |
| 隰則有泮이어늘<br>습 즉 유 반 | 습지에는 물 언덕이 있거늘, |
| 總角之宴에<br>총 각 지 연 | 처녀시절 그대와 즐거워함에 |
| 言笑晏晏이로다<br>언 소 안 안 | 말하며 웃고 부드러웠네. |
| 信誓旦旦하여<br>신 서 단 단 | 믿음으로 맹세할 땐 성실하여 |
| 不思其反이로다<br>불 사 기 반 | 이토록 바뀔 줄은 생각도 못했네. |
| 反是不思인데<br>반 시 불 사 | 바뀔 줄은 생각도 못했지만 |

**亦已焉哉**아　　　이제는 끝장이 났나그려!
역 이 언 재

{해설 및 감상}

모두 6장에 장마다 10구절로 이루어져 있다. 음란한 여자가 남편의 버림을 받고 자신의 과거를 회상하여 뉘우치는 상황을 노래한 시라고 한다. 여자는 그동안의 남자를 위해 온갖 일을 다했다고 하는데, 그 내용은 우리는 알 수가 없다. 끝 행에 '이제는 끝장이 났다.' 를 보아도 대충 짐작이 갈 것 같다.

{어려운 낱말}

[氓(맹)] : 여기서는 누군지 모르는 남자. [蚩蚩(치치)] : 어리석은 모양. 무지한 모양. [涉淇(섭기)] : 기수를 건너다. 이미 남녀 간 정을 통함을 말함. [頓丘(돈구)] : 지명이다. 지금 하북성 청풍현임. [垝] : 허물어질(궤). [漣] : 물놀이(연). [漣漣(연련)] : 눈물이 줄줄 흘러내리는 모양. [咎言(구언)] : 점을 치는데 나쁘다는 말. [沃若(옥약)] : 윤택한 모양. [葚] : 오디(심). [帷裳(유상)] : 수레의 휘장. [咥] : 웃음소리(질). [泮] : 물가(반). [總角(총각)] : 미혼 남자. 여기서는 미혼 여자를 말함. [晏晏(안안)] : 부드러운 모양. [旦旦(단단)] : 밝다. 성실하고 정성되고 참됨.

## 5. 죽간(竹竿) - 낚싯대

1/ 籊籊竹竿하고 (적적죽간) — 길고 가는 낚싯대 들고
以釣于淇로다 (이조우기) — 기수 강가에서 낚시질한다.
豈不爾思리오 (기불이사) — 어찌 그대 생각 않을까?
遠莫致之로다 (원막치지) — 너무 멀어 가지 못합니다.

2/ 泉源在左하고 (천원재좌) — 샘물[泉源]은 왼쪽에 있고
淇水在右로다 (기수재우) — 기수는 오른쪽으로 흐르네.
女子有行하면 (여자유행) — 여자가 시집가면
遠兄弟父母로다 (원형제부모) — 부모형제와 멀어지는 것이네.

3/ 淇水在右하고 (기수재우) — 기수는 오른쪽으로
泉源在左로다 (천원재좌) — 천원은 왼쪽에 있구나!
巧笑之瑳는 (교소지차) — 미소 지을 때의 흰 이는
佩玉之儺로다 (패옥지나) — 패옥소리 찰랑찰랑 하도다.

4/ 淇水滺滺하고 (기수유유) — 기수는 아득히 넘실거리고

檜揖松舟하여 　전나무 노에 소나무 배 저어서
회 읍 송 주

駕言出遊하며 　수레 타고 나가 놀며
가 언 출 유

以寫我滺하리라 　나의 근심 흘러 보내리라.
이 사 아 유

{해설 및 감상}

모두 4장에 4구로 구성되어 있다. 구성으로 보아 매우 정형적인 구조를 띠고 있다. 위나라의 여자가 제후에게 시집간 뒤에 다시 친정으로 가지 못하는 것을 한탄하는 노래이다. 이 노래를 지어서 자신의 심회를 달래기 위함이라고 한다. 여기의 주 무대가 기수이고, 낚싯대로 고기를 낚는 일과 넘실거리는 기수의 파도를 타고 노를 저어 강으로 나간다. 그리고 그의 근심이 씻어진다는 내용에서 모든 것을 잊어보려는 것 같은 느낌을 받는다.

{어려운 낱말}

[籊籊(적적)] : 끝이 가늘어 휘청거리는 모양. [竿(간)] : 장대. [泉源(천원)] : 샘물의 근원(毛傳), 혹은 '백천' 이라 하여 강물의 이름이라고도 한다. 동남쪽으로 흘러 기수로 들어옴. [巧笑(교소)] : 예쁜 웃음. [瑳] : 깨끗할(차). [儺] : 귀신 쫓을(나). 찰랑찰랑 소리남. [滺滺(유유)] : 물이 흐르는 모양.

## 6. 환란(芄蘭) - 새박 덩굴

1/ 芄蘭之支를 새박 덩굴의 가는 줄기를
환 란 지 지

童子佩觿로다 어린아이가 뼈송곳처럼 차고 있네.
동 자 패 휴

雖則佩觿하여도 비록 그렇게 뼈송곳 차고 있어도
수 즉 패 휴

能不我知로다 나를 알아보지 못하네.
능 불 아 지

容兮遂兮하며 폼 잡고 의젓한 체 하지만
용 혜 수 혜

垂帶悸兮로다 드리운 띠 늘어뜨려 흔들흔들하는구나.
수 대 계 혜

2/ 芄蘭之葉을 새박 덩굴의 가는 줄기를
봉 란 지 엽

童子佩韘이로다 어린아이 뼈송곳처럼 차고 있네.
동 자 패 섭

雖則佩韘이나 비록 그렇게 깍지는 차고 있어도
수 즉 패 섭

能不我甲이라 나를 가까이하지 아니 하네.
능 불 아 갑

容兮遂兮하며 모양 좋게 잡고 흔들어대며
용 혜 수 혜

垂帶悸兮로다 드리운 띠만이 흔들흔들하네.
수 대 계 혜

{해설 및 감상}

2장 6구로 구성되어 있다. 제목이 '새박 덩굴' 이다. 위나라 혜공을 풍자한 노래라고 한다. 혜공은 나이가 어려 임금 자리에 올라 교만하고 무례하여 대부들이 그를 풍자한 것이라고 한다. 새박 덩굴이 나오는데 이 새박이 상징하는 것은 무엇인가? 아마 상아 송곳을 상징하는 것 같으나 확실하게는 알 수 없다.

{어려운 낱말}

[芄蘭(환란)] : 새박 넝쿨. 그 열매. 들판에 자라는 다년생 넝쿨식물. [芄] : 왕골(환). [童子(동자)] : 위나라 혜공(惠公). [觿] : 뼈송곳(휴). [悸] : 두근거릴(계). [韘] : 까치집(섭).

## 7. 하광(河廣) - 황하는 넓어

1/ 誰謂河廣이리요 누가 황하가 넓다 하나?
수 위 하 광

一葦杭之로다 한 개의 갈대배로 건널 수 있도다.
일 위 항 지

誰謂宋遠하리요 어느 누가 송나라를 멀다고 하나
수 위 송 원

跂予望之를 발돋움만 하면 바라볼 수 있는 것을-.
기 여 망 지

2/ 誰爲河廣고 누가 황하가 넓다 하나?
관 관 저 구

曾不容刀어늘 조그만 배 하나도 띄우지 못하거늘
증 불 용 도

| | |
|---|---|
| 誰謂宋遠하나<br>수 위 송 원 | 어느 누가 송나라를 멀다고 하나 |
| 曾不崇朝를<br>증 불 숭 조 | 아침 전에 가 닿을 수 있는 것을-. |

{해설 및 감상}

2장으로 구성되어 장마다 4구절로 되어있다. 위나라 선강의 딸이 송나라 환공의 부인이 되어 양공을 낳고 위나라로 쫓겨간다. 뒤에 양공이 왕위에 오르자, 양공의 친어머니인 선강의 딸이 아들을 만나보고 싶은 간절한 심정에서 이 시를 지은 것이라 한다. 1, 2구절로 된 단시로서 짜임새 있게 연결되어 있다. 꼭 같이 황하가 누가 넓다고 했나? 조그만 갈대배로 건널 수 있고, 송나라도 멀다고 하나 아침 전에 가 닿을 수 있다고 했다. 황하를 건너 송나라로 갈 수 있다는 내용을 알 수 있다.

{어려운 낱말}

[一葦杭(일위항)] : 갈대 하나로 건너가다. [跂] : 발돋움(기). [不容刀(불용도)] : 刀는 조그만 배다. 그러니 거창한 배도 필요 없다는 것이다. [崇朝(숭조)] : 매우 가까운 거리. 건너가는데 가깝다는 말. 아침거리도 안 된다의 뜻.

## 8. 백혜(伯兮) - 그대여!

1/ 伯兮朅兮여 (백혜걸혜) — 그대의 용감함이여!
邦之桀兮로다 (방지걸혜) — 나라의 영걸이로다.
伯也執殳하고 (백야집수) — 그이는 긴 창을 잡고
爲王前驅로다 (위왕전구) — 임금을 위해 앞장서도다.

2/ 自伯之東에 (자백지동) — 임이 동으로 떠나신 후에는
首如飛蓬이로다 (수여비봉) — 내 머리는 날리는 쑥대 같구나.
豈無膏沐으론 (기무고목) — 어찌 기름 바르고 감지 못하랴만
誰適爲容이리요 (수적위용) — 누구를 위해 화장하리오.

3/ 其雨其雨러니 (기우기우) — 비 내릴 듯, 비 내릴 듯
杲杲出日이로다 (고고출일) — 쨍쨍 햇빛만 나네.
願言思伯하여 (원언사백) — 그이가 그리워서
甘心首疾이로다 (감심수질) — 머리가 아파도 기분 좋구나.

4/ 焉得諼草하여 (언득훤초) — 망우초(忘憂草)를 하나 얻어

言樹之背하리라　　뒤뜰에 심어보리라.
언 수 지 배

願言思伯하여　　그이가 그리워서
원 언 사 백

使我心痗로다　　내 마음 병들듯 아파라.
사 아 심 매

{해설 및 감상}

4장에 장마다 4구로 구성되어 있다. 남편이 오래도록 임금의 선구자로 종군하여 집에 돌아오지 않았으므로 이 시를 지었다고 기록하고 있다. 제목이 그대여!이다. 시의 한 부분을 제목으로 삼았다. 현대시에도 흔히들 시의 한 구절로 제목으로 삼는 경우가 있다. 그러나 내용은 제목과는 다르다. 뭔가 그리움에 싸여 어쩔 줄 모르는 그런 심정을 노래하고 있다.

{어려운 낱말}

[伯兮(백혜)] : 그 이, 그 사람. 군자. 남편. [朅] : 가다(걸). [桀(걸)] : 준수함. 영걸(英桀). [殳] : 창(수). [前驅(전구)] : 앞장을 서다. [飛蓬(비봉)] : 바람에 날리는 다북쑥. [其雨(기우)] : 비가 왔으면 하는 뜻. [杲杲(고고)] : 햇빛이 쨍쨍한 모양. [杲] : 밝을(고). [諼草(훤초)] : 근심을 잊게 한다는 풀. 망우초. [背(배)] : 북쪽 집. [痗] : 병 앓을(매). 병들다.

## 9. 유호(有狐) - 여우

1/ 有狐綏綏하여 (유호수수) — 여우가 있어 어슬렁어슬렁

在彼淇梁이라 (재피기량) — 저 기수 다리 위를 걷고 있다.

心之憂矣는 (심지우의) — 마음속 근심은

之子無裳이로다 (지자무상) — 그대에게 옷이 없는 것이리라.

2/ 有狐綏綏하여 (유호수수) — 여우가 어슬렁어슬렁

在彼淇厲로다 (재피기려) — 저 기수 얕은 물을 걷고 있다.

心之憂矣는 (심지우의) — 마음속 근심하는 것은

之子無帶로다 (지자무대) — 그대가 두를 띠가 없는 것이라네.

3/ 有狐綏綏하여 (유호수수) — 여우가 어슬렁어슬렁

在彼淇側이로다 (재피기측) — 저 기수 물가를 걷고 있다.

心之憂矣는 (심지우의) — 마음속 근심은

之子無服이로다 (지자무복) — 그대에게 입을 옷이 없는 것이라네.

{해설 및 감상}

3장에 장마다 4구절로 구성되어 있다. 나라가 어지러워지고 백성이 많은 피해를 입어 홀아비와 과부가 많아졌다. 이에 과부가 홀아비에게 시집가고 싶어 이 노래를 지었다고 한다. 또 멀리 나가있는 남편을 그리는 여자의 노래라고도 했다. 기수 언저리를 어슬렁거리는 여우에서 이 여인은 자기의 외로움을 느끼고 자기의 남편을 생각했던 것이다.

{어려운 낱말}

[綏綏(수수)] : 어슬렁거리다. [梁(량)] : 돌다리. [厲] : 갈(려).

## 10. 모과(木瓜)

1/投我以木瓜하니 나에게 모과를 던져 주시니
투 아 이 모 과

報之以瓊琚는 내가 패옥으로 보답하는 것은
보 지 이 경 거

匪報也라 답례가 아니라
비 보 야

永以爲好也니라 영원히 좋은 짝이라 생각해서지요.
영 이 위 호 야

2/投我以木桃하니 나에게 복숭아를 던져 주시니
투 아 이 목 도

報之以瓊瑤요 나는 아름다운 옥을 주었다네.
보 지 이 경 요

匪報也니라　　답례가 아니라
비 보 야

永以爲好也로다　　영원히 좋은 짝이라 생각해서지요.
영 이 위 호 야

3/ 投我以木李하니　　나에게 오얏을 던져 주시니
투 아 이 목 리

報之以瓊玖니라　　나는 아름다운 보석을 주었다.
보 지 이 경 구

匪報也어늘　　답례가 아니라
비 보 야

永以爲好也로다　　영원히 좋은 짝이라 생각해서지요.
영 이 위 호 야

{해설 및 감상}

3장에 모두 4구절로 구성되어 있다. 남녀 간의 애정을 노래한 시라고들 한다. 그러나 「모시서」에는 제나라 환공을 기리는 시라고 기록하고 있다. '木李' 를 '木桃' 로 쓴다는 설이 구구하다.

{어려운 낱말}

[瓊] : 옥(경). [琚] : 패옥(거). [瑤] : 아름다운 옥(요). [玖] : 옥돌(구).

# 제6장
# 왕풍(王風)

주나라가 도읍을 낙읍(洛邑)으로 옮겨 동천(東遷)한 다음, 왕의 성터인 낙양(洛陽) 일대에서 수집한 가요를 왕풍(王風)이라 한다. 모두 10수의 시가 실려 있는데, 이 왕풍은 사방 천리의 평왕(平王), 환왕(桓王), 장왕(莊王) 3대에 걸친 시기에 만들어진 노래를 채록한 것이다. 그래서 주나라의 왕실을 존중한다는 뜻에서 '왕풍' 이라고 했다고 한다.

임은 부역 나가고
돌아올 기약 없네.
언제나 돌아오실까
닭은 홰에 오르고
날이 저무니
양과 소도 내려왔도다.

-'임은 부역 나가고' 의 일부

## 1. 서리(黍離) - 기장은 우거지고

1/ 彼黍離離하고 (피서이리) 저기 지장이 우거지고
彼稷之苗로다 (피직지묘) 피의 싹도 자랐구나.
行邁靡靡하니 (행매미미) 가는 길 머뭇거리니
中心搖搖로다 (중심요요) 마음이 동요하도다.
知我者는 (지아자) 나를 알아주는 사람은
謂我心憂하고 (위아심우) 내 마음 시름겹다 하고,
不知我者는 (부지아자) 나를 몰라주는 사람은
謂我何求리요 (위아하구) 나에게 무엇을 구하느냐고-.
悠悠蒼天이여 (유유창천) 아득히 푸른 하늘이여!
此何人哉아 (차하인재) 이것이 누구 탓인가?

2/ 彼黍離離하고 (피서이리) 저기 지장이 우거지고
彼稷之穗로다 (피직지수) 기장의 이삭이 팼구나.
行邁靡靡를 (행매미미) 가는 길 비틀비틀
中心如醉로다 (중심여취) 마음은 술 취한듯하구나.

| | |
|---|---|
| 知我者는<br>지 아 자 | 나를 알아주는 사람 |
| 謂我心憂하고<br>위 아 심 우 | 내 마음 시름겹다 하고 |
| 不知我者는<br>부 지 아 자 | 나를 몰라주는 사람은 |
| 謂我何求리요<br>위 아 하 구 | 나에게 무얼 구하느냐고 한다. |
| 悠悠蒼天이여<br>유 유 창 천 | 아득히 푸른 하늘이여! |
| 此何人哉리요<br>차 하 인 재 | 이것이 누구 탓인가. |

| | |
|---|---|
| 3/ 彼黍離離하고<br>피 서 이 리 | 저기 지장이 우거지고 |
| 彼稷之實이로다<br>피 직 지 실 | 기장의 알이 여물었다. |
| 行邁靡靡를<br>행 매 미 미 | 가는 길 비틀비틀 |
| 中心如噎하고<br>중 심 여 일 | 마음은 목멘 듯하고 |
| 知我者는<br>지 아 자 | 나를 알아주는 사람은 |
| 謂我心憂하고<br>위 아 심 우 | 내 마음 시름겹다 하고 |
| 不知我者는<br>부 지 아 자 | 나를 몰라주는 사람은 |
| 謂我何求리오<br>위 아 하 구 | 나에게 무얼 구하려 하느뇨? |
| 悠悠蒼天이여<br>유 유 창 천 | 아득히 푸른 하늘이여! |

**此何人哉**리오　　이것이 누구 탓인가.
차 하 인 재

{해설 및 감상}

모두 3장으로 장마다 10구절로 이루어져 있다. 주나라가 동쪽으로 도읍지를 옮기고 대부들이 부역으로 종실인 주나라에 이르러보니 지난날의 종묘, 궁실이 다 없어지고 그 자리에는 기장과 피의 싹이 자라는 것을 보고 주실(周室)의 망함을 민망히 여겨 그 감회를 읊은 노래라고 한다.

{어려운 낱말}

[離離(리리)] : 이삭이 우거지다. [行邁(행매)] : 걸어가다. [靡靡(미미)] : 머뭇거리다. [搖搖(요요)] : 정처 없이 가다. [悠悠蒼天(유유창천)] : 높고 먼 푸른 하늘. [穗] : 이삭(수). [噎] : 목멜(일). 근심으로 숨을 제대로 못 쉴(일).

## 2. 군자우역(君子于役) - 그대는 부역 나가고

1/ **君子于役**하고　　임은 부역 나가고
군 자 우 역

**不知其期**라　　돌아올 기약 없네.
부 지 기 기

**曷至哉**리요　　언제나 돌아오실까?
갈 지 재

| | |
|---|---|
| 鷄捿于塒하고<br>계 서 우 시 | 닭은 홰에 오르고 |
| 日之夕矣하니<br>일 지 석 의 | 날이 저무니 |
| 羊牛下來로다<br>양 우 하 래 | 양과 소도 내려왔도다. |
| 君子于役하니<br>군 자 우 역 | 임이 부역 가셨으니 |
| 如之何勿思리요<br>여 지 하 물 사 | 어찌 생각이 나지 않으랴? |
| 2/ 君子于役하고<br>군 자 우 역 | 임은 부역 떠나고 |
| 不日不月하니<br>불 일 불 월 | 날도 달도 모르니 |
| 曷其有佸이리요<br>갈 기 유 괄 | 언제 다시 만날까? |
| 鷄棲于桀하고<br>계 서 우 걸 | 닭은 홰에 오르고 |
| 日之夕矣하니<br>일 지 석 의 | 날이 저무니 |
| 羊牛下括이라<br>양 우 하 괄 | 양과 소도 돌아왔는데 |
| 君子于役하여<br>군 자 우 역 | 임이 부역 떠나시어 |
| 苟無飢渴하소라<br>구 무 기 갈 | 진실로 기갈(飢渴)이나 겪지 말기를-. |

{해설 및 감상}

2장으로 모두 8구로 구성하고 있다. 남편인 대부가 오랫동안 나라의 부역에 나가 있어서 아내가 남편을 그리며 읊은 노래라고 한다. 남편이 부역 나갔으니 몸이나 편하게 있기를 기다리는 마음 간절하다. 끝 연에서 '임이 부역 떠나시어 진실로 기갈이나 겪지 말았으면' 하는 것이 애절한 사연이다.

{어려운 낱말}

[君子(군자)] : 부인이 자기 남편을 일컫는 말. [于役(우역)] : 부역에 끌려나가다. [其期(기기)] : 돌아올 날. [塒] : 홰(시). [不日不月(불일불월)] : 언제 올지 모른다. [桀(걸)] : 닭이 홰에 올라가는 것. [下佸(하괄)] : 돌아오다.

## 3. 군자양양(君子陽陽) - 임은 즐거워라

| | |
|---|---|
| 1/ 君子陽陽이여 (군 자 양 양) | 임은 즐거워라 |
| 左執簧하고 (좌 집 황) | 왼손에 생황을 들고 |
| 右招我由房하니 (우 초 아 유 방) | 오른손으로 나를 방으로 부르시네. |
| 其樂只且로다 (기 락 지 차) | 아, 즐거워라! |
| 2/ 君子陶陶하여 (군 자 도 도) | 임은 즐거워라 |
| 左執翿하고 (좌 집 도) | 왼손에 깃 양산을 잡고 |

右招我由敖하니 / 우 초 아 유 오 — 오른손으로 나를 불러 춤추자고 하니

其樂只且여 / 기 락 지 차 — 아, 즐거워라!

{해설 및 감상}

2장 4구로 구성된 노래다. '군자우역' 이란 말이 있다. 남편이 나랏일에 부역으로 나갔다가 돌아와서 즐거워하며, 과거의 고생을 잊고 흥겨워하는 것을 노래로 지은 것이라고 한다. 그래서 구절마다 '임은 즐거워라' 하고 노래하며 악기를 들고 즐거워하고 있다.

{어려운 낱말}

[陽陽(양양)] : 즐거운 모습. 양양(揚揚)으로 통함. [簧(황)] : 생황(笙簧). [招] : 부를(초). [陶陶(도도)] : 즐기는 모양. [翿(도)] : 춤추는 사람들이 드는 일산(양산). [敖] : 놀다(오).

## 4. 양지수(揚之水) - 솟아오르는 물살

1/揚之水는 / 양 지 수 — 솟아오르는 물살은

不流束薪이로다 / 불 류 속 신 — 한 다발의 나무도 흘려보내지 못하네.

彼其之子들아 / 피 기 지 자 — 저 고국에 있는 그대들아!

| | |
|---|---|
| 不與我戍申이로다<br>불 여 아 수 신 | 함께 신(申)에서 수자리 살지 못하네. |
| 懷哉懷哉라<br>회 재 회 재 | 그리워라, 그리워라! |
| 曷月予還歸哉리요<br>갈 월 여 환 귀 재 | 어느 달에나 나는 고향에 돌아가나? |

| | |
|---|---|
| 2/ 揚之水라도<br>양 지 수 | 솟아오르는 물살도 |
| 不流束楚로다<br>불 류 속 초 | 한 다발 싸리나무도 흘려보내지 못하네. |
| 彼其之子여<br>피 기 지 자 | 저 고국에 있는 그대들이여! |
| 不與我戍甫로다<br>불 여 아 수 보 | 나와 함께 보(甫)에서 수자리 살지 못하네. |
| 懷哉懷哉여<br>회 재 회 재 | 그리워라, 그리워라! |
| 曷月予還歸哉리요<br>갈 월 여 환 귀 재 | 어느 달에나 나는 고향에 돌아가나? |

| | |
|---|---|
| 3/ 揚之水라도<br>양 지 수 | 솟아오르는 물살도 |
| 不流束蒲로다<br>불 류 속 포 | 한 다발 갯버들도 흘려보내지 못하네. |
| 彼其之子여<br>피 기 지 자 | 저 고국에 있는 그대들! |
| 不與我戍許로다<br>불 여 아 수 허 | 나와 함께 수자리 살지 못하네. |
| 懷哉懷哉라<br>회 재 회 재 | 그리워라, 그리워라 |
| 曷月予還歸哉여<br>갈 월 여 환 귀 재 | 어느 달에나 나는 고향에 돌아가나 |

{해설 및 감상}

3장으로 장마다 6구체로 되어있다. 주나라와 초나라가 이웃하고 있었는데, 서로가 자주 침범하는 관계가 되었다. 그래서 국경을 사이에 두고 병역으로 지켜야 하기 때문에 군에 사역하는 것을 원망하여 지은 노래라고 한다.

{어려운 낱말}

[束楚(속초)] : 한 묶음 사리나무. [楚(초)] : 싸리나무. [之子(지자)] : 집에 두고 온 작자의 아내. [戍] : 수자리(수). 국경을 수비하는 일. [蒲] : 부들(포). [許(허)] : 나라 이름. [曷] : 어찌(갈).

## 5. 중곡유퇴(中谷有蓷) - 골짜기의 익모초

| | |
|---|---|
| 1/ 中谷有蓷하니 (중 곡 유 퇴) | 골짜기의 익모초 |
| 暵其乾矣로다 (한 기 건 의) | 볕에 쪼여 시들었네. |
| 有女仳離하여 (유 여 비 리) | 한 여인이 이별하고 돌아와 |
| 嘅其嘆矣로다 (개 기 탄 의) | 슬픈 소리로 탄식하도다. |
| 嘅其嘆矣는 (개 기 탄 의) | 슬픈 소리로 탄식함은 |
| 遇人之艱難矣라 (우 인 지 간 난 의) | 사람 만남이 어려워서라. |

| | |
|---|---|
| 2/ 中谷有蓷하니<br>중 곡 유 퇴 | 골짜기의 익모초 |
| 暵其脩矣라<br>한 기 수 의 | 볕에 쪼여 마른 고기처럼 말랐네. |
| 有女仳離하여<br>유 여 비 리 | 한 여인이 이별하고 돌아와 |
| 條其嘯矣로다<br>조 기 소 의 | 깊은 한숨을 짓도다. |
| 條其嘯矣는<br>조 기 소 의 | 깊은 한숨짓는 것은 |
| 遇人之不淑矣니라<br>우 인 지 불 숙 의 | 사람 만남이 불행해서니라. |
| 3/ 中谷有蓷하니<br>중 곡 유 퇴 | 골짜기의 익모초 |
| 暵其濕矣로다<br>한 기 습 의 | 볕에 쪼여 말라가네. |
| 有女仳離하여<br>유 여 비 리 | 한 여인이 이별하고 돌아와 |
| 啜其泣矣로다<br>철 기 읍 의 | 소리 없이 눈물 삼키는구나. |
| 啜其泣矣하고<br>철 기 읍 의 | 소리 없이 눈물 삼키고 |
| 何嗟及矣리요<br>하 차 급 의 | 탄식한들 무슨 소용 있으랴! |

{해설 및 감상}

3장 6구체의 형식이다. 흉년이 들어 가족이 모두 흩어지고 기아에 허덕이며 돌아다니면서 서로가 가족을 그리워하며 불렀던 노래라고 한다. 말라가는 '익모초'는 흉년에 비유한 것이라고 했다.

{어려운 낱말}

[蓷] : 익모초(퇴). [暵] : 말릴(한). [仳] : 떠날(비). [嘅] : 탄식할(개). [艱難(간난)] : 고난의 뜻. [脩] : 마른 포(수). [啜] : 마실(철).

## 6. 토원(兎爰) - 토끼는 느긋한데

| | |
|---|---|
| 1/ 有兎爰爰이어늘<br>유 토 원 원 | 토끼는 느긋한데 |
| 雉離于羅로다<br>치 리 우 라 | 꿩은 그물에 걸렸구나. |
| 我生之初에<br>아 생 지 초 | 내가 태어난 처음에는 |
| 尙無爲러니<br>상 무 위 | 아직 아무 일도 없었는데, |
| 我生之後에<br>아 생 지 후 | 내가 태어난 뒤에는 |
| 逢此百罹하니<br>봉 차 백 리 | 이 숱한 환난을 만났으니 |
| 尙寐無吪라<br>상 매 무 와 | 잠들어 움직이지나 말자. |

| | |
|---|---|
| 2/ 有兎爰爰한데<br>유 토 원 원 | 토끼는 느긋한데 |
| 雉離于罦하니<br>치 리 우 부 | 꿩은 그물에 걸렸으니 |

我生之初에 내가 태어난 처음에는
아 생 지 초

尙無造러니 아직 아무 탈도 없었는데
상 무 조

我生之後에 내가 태어난 뒤에는
아 생 지 후

逢此百憂하니 이 많은 근심을 만났으니
봉 차 백 우

尙寐無覺이라면 잠들고 깨어나지 않았으면–.
상 매 무 각

3/ 有兎爰爰하고 토끼는 느긋한데
유 토 원 원

雉離于罿하니 꿩은 그물에 걸렸으니
치 리 우 동

我生之初에는 내가 태어난 처음에는
아 생 지 초

尙無庸이러니 아직 아무 고생도 없었는데,
상 무 용

我生之後에는 내가 태어난 뒤에는
아 생 지 후

逢此百凶하니 이 숱한 흉사를 만났으니
봉 차 백 흉

尙寐無聰이라면 오히려 귀를 막고 잠이나 들었으면–.
상 매 무 총

{해설 및 감상}

3장 6구체의 노래다. 주나라가 오래되어 쇠약하니, 제후들이 득세하여 종실을 배반하기 때문에 주나라는 허덕이게 되었다. 그래서 남편들은 모두 실망을 하고 허무한 주나라를 비애의 대상으로 보고 이 노래를 지었다고 한다.

{어려운 낱말}

[爰爰(원원)] : 느릿느릿. 한가하게 뛰는 모양. [雉離于羅(치리우라)] : 꿩이 그물에 걸리다. [離(리)] : 걸리다. [無爲(무위)] : 아무 탈도 없는 것. [百罹(백리)] : 여러 가지 걱정. [吪] : 움직일(와). [罦] : 그물(부). [無造(무조)] : 아무런 일도 없는 것. [尙(상)] : 재앙과 근심. [無聰(무총)] : 아무것도 듣지 않음.

## 7. 갈류(葛藟) - 칡넝쿨

1/緜緜葛藟여 (면면갈류) 칡덩굴 치렁치렁
在河之滸로다 (재하지호) 황하의 물가에 자란다.
終遠兄弟라 (종원형제) 끝내 형제를 멀리 떠나
謂他人父로다 (위타인부) 남을 아버지라 불러본다.
謂他人父니 (위타인부) 남을 아버지라 불러도 좋으니
亦莫我顧로다 (역막아고) 또한 나를 돌봐주는 사람 없어라.

2/ 緜緜葛藟여 / 칡덩굴 치렁치렁
면면갈류

在河之涘로다 / 황하의 물가에 자란다.
재하지사

終遠兄弟라 / 끝내 형제를 멀리 떠나
종원형제

謂他人母호라 / 남을 어머니라고 불러본다.
위타인모

謂他人母나 / 남을 어머니라고 불러보나
위타인모

亦莫我有로다 / 또한 나를 가까이하는 사람 없어라.
역막아유

3/ 緜緜葛藟여 / 칡덩굴 치렁치렁
면면갈류

在河之漘이로다 / 황하의 물가에서 자란다.
재하지순

終遠兄弟라 / 끝내 형제를 멀리 떠나
종원형제

謂他人昆호라 / 남을 형이라 불러본다.
위타인곤

謂他人昆이나 / 남을 형이라 불렀으나
위타인곤

亦莫我聞이로다 / 나를 불러주는 사람 없어라.
역막아문

{해설 및 감상}

3장 6구체의 노래다. 주나라가 쇠약하고 제후가 강성하니, 종실을 배반하는 제후들이 많아서 세상살이에 염증을 느껴서 이 시를 지었다고 한다. 「모시서」에는 왕족들이 평왕을 풍자한 시라고 하였다. 주나라 왕실의 도가 쇠하여 평왕이 그의 집안 사람들까지 버렸음을 풍자한 시라고 하였다.

{어려운 낱말}

[緜緜(면면)] : 길게 끊어지지 않고 뻗어 있는 모양. [葛藟(갈류)] : 칡덩굴. [藟] : 칡넝쿨(류). [滸] : 물가(호). [緜] : 햇솜(면). [涘] : 물가(사). [漘] : 물가(순).

## 8. 채갈(采葛) - 칡 캐러 가세!

| | |
|---|---|
| 1/ 彼采葛兮여<br>피 채 갈 혜 | 저 칡을 캐러 감이여! |
| 一日不見이<br>일 일 불 견 | 하루를 못 보아도 |
| 如三月兮로다<br>여 삼 월 혜 | 석 달을 못 본 듯하구나. |
| 2/ 彼采蕭兮여<br>피 채 소 혜 | 저 무성한 쑥이여! |
| 一一不見이라도<br>일 일 불 견 | 하루를 못 보아도 |
| 如三秋兮로다<br>여 삼 추 혜 | 삼 년이 지난 듯하구나! |

3/ 彼采艾兮여 저 약쑥을 캐러 감이여!
피 채 애 혜

一日不見이면 하루를 못 봐도
일 일 불 견

如三歲兮로다 삼 년이 지난 듯하구나!
여 삼 세 혜

{해설 및 감상}

모두 3장으로 3구로 구성되어 9행으로 이루어진 단시다. 이 시의 해석을 크게 두 가지로 본다. 하나는 참언(讒言)을 두려워하라는 것과, 하나는 구참설(懼讒說)로 남녀상열지정이란 설이 있다. 「모시서」에서는 참언을 두려워하는 것이라 했고, 「경전」에는 환왕(桓王) 때 정사가 어두워서 대신이나 소신들이 참소하는 사람들에 의해 상처를 입게 되므로, 이를 두려워하는 것이라 되어 있다. 또 젊은이들의 사랑 노래라고도 했다.

{어려운 낱말}

[葛] : 칡(갈). [蕭(소)] : 쑥. [三秋(삼추)] : 3년을 말함. [艾] : 쑥(애). 약쑥.

## 9. 대거(大車) - 큰 수레

1/ 大車檻檻하니 큰 수레 덜커덩덜커덩 가고 있으니
대 거 함 함

毳衣如菼이로다 담 풀 같은 붉은 털옷 입은 사람
취 의 여 담

| | |
|---|---|
| 豈不爾思리오<br>기 불 이 사 | 어찌 그대 생각 않을까요? |
| 畏子不敢이라<br>외 자 불 감 | 그대가 두려워 감히 어쩌지 못하리라. |
| | |
| 2/ 大車哼哼하니<br>대 차 톤 톤 | 큰 수레 덜커덩덜커덩 |
| 毳衣如璊이라<br>취 의 여 문 | 옥 같은 붉은 털옷 입은 사람이어라. |
| 豈不爾思랴마는<br>기 불 이 사 | 어찌 그대 생각 않을까마는 |
| 畏子不奔이라<br>외 자 불 분 | 그대가 두려워 달려가지 못한다네. |
| | |
| 3/ 穀則異室이나<br>곡 즉 이 실 | 살아서는 딴 집이라 못살아도 |
| 死則同穴하리라<br>사 즉 동 혈 | 죽어서는 함께 묻히리라. |
| 謂予不信이면<br>위 여 불 신 | 내 말이 믿어지지가 않으면 |
| 有如皦日하시라<br>유 여 교 일 | 밝은 해 보듯 믿어보세요. |

{해설 및 감상}

모두 3장 4구로 되어있는 시다. 주나라가 쇠약해지고 대부들이 사업(私邑)의 형벌을 엄하게 했기 때문에 남녀들이 두려워하여 이 시를 지었다고 함. 「모시서」에는 주나라 대부를 풍자한 시라 하였다. 세상의 예의가 허물어지고 남녀들이 음란해져 옛일을 빌어 현재의 상태를 풍자한 것이다. 특히 대부들이 남녀들 사이에 일어나는 소송문제를 해결

하지 못하는 것을 풍자한 것이라 하였다.

{어려운 낱말}

[大車(대거)] : 대부가 타는 큰 수레. [檻檻(함함)] : 수레가 흔들이며 가는 소리. [毳] : 솜털(취). [菼] : 물억새(담). [不敢(불감)] : 감히 내가 옛 애인이라 못하는 일. [啍啍(톤톤)] : 무겁게 가는 모양. [璊] : 붉은 옥(문). [異室(이실)] : 딴 집에 따로따로 떨어져 사는 것. [同穴(동혈)] : 한 구덩이에 묻히는 것. [皦] : 밝을(교). 흰 것.

## 10. 구중유마(丘中有麻) - 언덕에 있는 삼밭

| | |
|---|---|
| 1/ 丘中有麻하니 (구중유마) | 언덕 위엔 삼밭 있는데 |
| 彼留子嗟로다 (피류자차) | 저 유(留)씨 댁 아드님이로다. |
| 彼留子嗟니 (피류자차) | 저 유씨 댁 아드님이니 |
| 將其來施施하리라 (장기래시시) | 장차 그가 와서 함께하리라. |
| 2/ 丘中有麥하니 (구중유맥) | 언덕 위의 보리밭 있으니 |
| 彼留子國이로다 (피류자국) | 자국에게 넘겨주리라. |
| 彼留子國하여 (피류자국) | 자국에게 남겨주어 |

將其來食하리라 그녀가 와서 먹게 하리라.
장 기 내 식

3/ 丘中有李하니 언덕 위의 자두나무 있으니
구 중 유 리

彼留之子로다 그 사람에게 남겨주리로다.
피 류 지 자

彼留之子하니 그 사람에게 남겨주니
피 류 지 자

貽我佩玖로다 그도 나에게 패옥을 주리로다.
이 아 패 구

{해설 및 감상}

3장에 4구절로 이루어졌다. 이 시는 어진이를 생각하며 노래한 것이라 하였다. 또 부인이 공자를 생각하여 한 번 만나자고 하지만 오지 않기 때문에 이 시를 지었다고도 한다. 여기에 삼밭이 나오고 보리밭이 나온다. 보리밭과 삼밭은 남녀가 비밀리에 만나서 일을 보기에 좋은 장소다. 옛날 우리나라에서도 마찬가지였다.

{어려운 낱말}

[丘中(구중)] : 언덕 위에 메마른 자갈 밭. [麻] : 삼(마). [留子嗟(류자차)] : '류' 는 당시 남자의 성씨요, '자차' 는 남자의 자다. 유씨는 나중에 劉씨라고 한다. 嗟는 감탄사. 자차는 유씨의 字로 보았다. [施施(시시)] : 함께하다. [來食(내식)] : 나에게 와서 먹어라. [之子(지자)] : 유씨 성을 가진 남자의 이름. [玖] : 옥돌(구).

# 제7장
# 정풍(鄭風)

주나라 선왕(宣王)이 그의 서제(庶弟) 우(友)를 함림(咸林)에 봉했는데, 그 사람이 정(鄭)나라의 환공(桓公)이다. 서쪽의 오랑캐들이 침입하여 유왕과 환공이 죽었다. 그래서 그 아들 무공(武公)이 그 뒤를 잇게 되었다.

정나라의 도읍지는 회(檜), 지금의 하남성 신정현 일대에서 수집한 것이다. 회(檜) 땅은 정나라 무공(武公)이 진나라 문후(文候)와 함께 평왕(平王)의 동천(東遷)에 공을 세웠다. 그때의 지역인 괵(虢), 회(鄶) 등 10읍에서 채록한 것으로, 모두 동주시대의 작품들이다. 이 정풍은 애정과 음풍(淫風)을 읊은 노래가 많은 것이 특색이다.

검은 옷 너무 어울려요
헤지면 내가 또 기워드리지요.
관사에 나가시는 구려
돌아오시면 밥 지어 드리지요.

–'검은 옷'의 일부

## 1. 치의(緇衣) - 검은 옷

| | |
|---|---|
| 1/ 緇衣之宜兮여<br>치 의 지 의 혜 | 검은 옷 너무 어울려요 |
| 敝予又改爲兮호리다<br>폐 여 우 개 위 혜 | 헤지면 내가 또 기워드리지요. |
| 適子之館兮여<br>적 자 지 관 혜 | 관사에 나가시는 구려 |
| 還予授子之粲兮하리라<br>환 여 수 자 지 찬 혜 | 돌아오시면 밥 지어 드리지요. |
| 2/ 緇衣之好兮여<br>치 의 지 호 혜 | 검은 옷 너무 좋아요 |
| 敝予又改造兮하리라<br>폐 여 우 개 조 혜 | 헤지면 내가 다시 만들어 드리지요. |
| 適子之館兮라<br>적 자 지 관 혜 | 관사에 나가시는 구려 |
| 還予授子之粲兮하리라<br>환 여 수 자 지 찬 혜 | 돌아오시면 밥 지어 드리지요. |
| 3/ 緇衣之蓆兮여<br>치 의 지 석 혜 | 검은 옷 너무 어울려요 |
| 敝予又改作兮하리라<br>폐 여 우 개 작 혜 | 헤지면 내가 다시 만들어 드리지요. |
| 適子之館兮라<br>적 자 지 관 혜 | 관사에 나가시는 구려 |
| 還予授子之粲兮하리라<br>환 여 수 자 지 찬 혜 | 돌아오시면 밥 차려 드리지요. |

{해설 및 감상}

3장 4구로 구성되어 있다. 정나라의 환공과 무공이 주나라 왕실의 사도(司徒)가 되어 그의 직무를 잘 수행하므로, 주나라 사람들의 아들을 사랑하여 이 시를 지었다고 한다. 남자가 입고 있는 옷이 매우 어울리고, 만약 옷이 떨어지면 다시 기워드리겠다는 갸륵한 뜻이 아름답다. 돌아오시면 밥도 지어 드리겠다는 순박한 마음이 참으로 소박하다.

{어려운 낱말}

[緇衣(치의)] : 검은 비단옷. [改衣(개의)] : 다시 옷을 만드는 것. [粲] : 잘 정제된 쌀(찬). [蓆] : 크다(석). 좋다. 편안하다.

## 2. 장중자(將仲子) - 둘째 도련님!

| | |
|---|---|
| 1/ 將仲子兮여<br>장 중 자 혜 | 둘째 도련님이시여! |
| 無踰我里하여<br>무 유 아 리 | 우리 마을로 넘어오지 마셔요, |
| 折我樹杞어다<br>절 아 수 기 | 우리 집 버드나무도 꺾지 마셔요. |
| 豈敢愛之리오<br>기 감 애 지 | 어찌 그것이 아까워서일까요? |
| 畏我父母니라<br>외 아 부 모 | 우리 부모님이 두려워요, |
| 仲可懷也나<br>중 가 회 야 | 둘째 아드님이 그리워요, |

| | |
|---|---|
| 父母之言도<br>부 모 지 언 | 그러나 부모님 말씀도 |
| 亦可畏也니라<br>역 가 외 야 | 역시 부모가 무서워서요. |
| 2/ 將仲子兮여<br>장 중 자 혜 | 둘째 아드님이시여! |
| 無踰我牆하여<br>무 유 아 장 | 우리 집 담장을 넘어오지 마셔요, |
| 無折我樹桑이어다<br>무 절 아 수 상 | 우리 집 뽕나무도 꺾지 마셔요. |
| 豈敢愛之리오<br>기 감 애 지 | 어찌 그것이 아까워서일까요? |
| 畏我諸兄이라<br>외 아 제 형 | 나의 오빠들이 두려워요, |
| 仲可懷也니라<br>중 가 회 야 | 둘째 아드님이 그리워요. |
| 諸兄之言이<br>제 형 지 언 | 그러나 오빠들 말이 |
| 亦可畏也니라<br>역 가 외 야 | 또한 무서워요. |
| 3/ 將仲子兮여<br>장 중 자 혜 | 둘째 아드님이시여! |
| 無踰我園하시라<br>무 유 아 원 | 우리 집 뜰을 넘어오지 마셔요, |
| 無折我樹檀이어다<br>무 절 아 수 단 | 우리 집 박달나무도 꺾지 마셔요. |
| 豈敢愛之리오<br>기 감 애 지 | 어찌 그것이 아까워서일까요? |
| 畏人之多言이라<br>외 인 지 다 언 | 남들의 소문이 두려워요, |

| | |
|---|---|
| 仲可懷也니라<br>중 가 회 야 | 둘째 아드님이 그리워요. |
| 人之多言이<br>인 지 다 언 | 남들의 소문이 허다하여 |
| 亦可畏也니라<br>역 가 외 야 | 또한 남의 눈이 두려워요. |

{해설 및 감상}

3장 8구체로 된 시다. 남녀 간의 애정을 노래한 시다. 그래서 음란한 시라고 했다. 즉 남녀상열지사에 해당한다. 그러니 밀회의 어려움은 그 기쁨과도 상통한다. 「모시서」에는 정나라 장공(莊公)을 풍자한 시라고 했다.

{어려운 낱말}

[仲子(중자)] : 둘째 아들. [杞(기)] : 버드나무. 구기자나무. [可懷(가회)] : 그리워하다. [諸兄(제형)] : 집안의 연장자. 형, 언니, 누나. [踰] : 넘을(유). [檀] : 향나무(단). 박달나무.

## 3. 숙우전(叔于田) - 아저씨 사냥 가시니

| | |
|---|---|
| 1/ 叔于田하니<br>숙 우 전 | 아저씨 사냥 나가면 |
| 巷無居人이로다<br>항 무 거 인 | 거리에는 사는 사람 없는 것 같구나. |

豈無居人이리요 마는 어찌 사는 사람이 없을까마는
기 무 거 인

不如叔也니라 아저씨만한 사람 없으니 말이죠.
불 여 숙 야

洵美且仁이로다 아름답고 어진이가 없기 때문이네.
순 미 차 인

2/ 叔于狩하니 아저씨가 사냥 나가면
숙 우 수

巷無飮酒로다 거리에는 음주하는 사람 없는 것 같네.
항 무 음 주

豈無飮酒랴만 어찌 술 마시는 사람이 없을까마는
기 무 음 주

不如叔也로다 아저씨만한 사람이 없기 때문이네.
불 여 숙 야

洵美且好니라 정말 아름답고도 좋으니라.
순 미 차 호

3/ 叔適野하니 아저씨가 들판에 나가면
숙 적 야

巷無服馬로다 거리에 말 타는 사람도 없는 것 같아
항 무 복 마

豈無服馬리오 어찌 말 타는 사람이 없을까만
기 무 복 마

不如叔也로다 아저씨만한 사람이 없으니 말일세.
불 여 숙 야

洵美且武니라 정말 아름답고도 씩씩하니라.
순 미 차 무

{해설 및 감상}

3장 5구절로 된 시다. 정(鄭)나라 장공(莊公)의 아우 공숙단(共叔段)

을 찬양하는 노래라고 말한다. *叔于田(숙우전)의 叔(숙)은 莊公(장공)의 아우 共叔段(공숙단)을 가리킨다. 내용은 춘추에 있음. 숙우전을 '숙'이란 말로 표현해서, 그 사람이 사냥이나 들판에 갔다고 왜 사람이 없을까마는 '숙우전' 만한 사람이 없다고 하여 그를 극찬하고 있다.

{어려운 낱말}

[田(전)] : 사냥. 전렵. [巷(항)] : 마을 길. [無居人(무거인)] : 사람이 없는 것 같이 허전함. [洵美(순미)] : 진실하고 아름다움. [狩(수)] : 겨울 사냥을 말함.

## 4. 대숙우전(大叔于田) - 대숙님의 사냥

| | |
|---|---|
| 1/ 大叔于田하니 (대 숙 우 전) | 대숙님이 사냥하러 나가는데 |
| 乘乘馬로다 (승 승 마) | 네 필 말이 끄는 수레를 타고 가네. |
| 執轡如組하니 (집 비 여 조) | 고삐 잡기를 실끈 잡듯 능란하니 |
| 兩驂如舞로다 (양 참 여 무) | 양편의 참마는 춤추듯 달리는구나! |
| 叔在藪하니 (숙 재 수) | 대숙님이 숲에 이르니 |
| 火烈具擧로다 (화 열 구 거) | 불꽃이 일제히 오르네. |

| | |
|---|---|
| 襢裼暴虎하여<br>단 석 폭 호 | 웃옷 벗고 맨손으로 호랑이 잡아 |
| 獻于公所로다<br>헌 우 공 소 | 임금님 계신 곳에 바치네. |
| 將叔無狃하니<br>장 숙 무 뉴 | 숙님이시여! 다시는 무모하지 말지니 |
| 戒其傷女하노라<br>계 기 상 녀 | 그대 다치지 않게 조심하세요. |
| 2/ 大叔于田하니<br>대 숙 우 전 | 대숙님이 사냥하러 나가시니 |
| 乘乘黃이로다<br>승 승 황 | 황색 말이 끄는 수레를 탔도다. |
| 兩服上襄이요<br>양 복 상 양 | 두 마리 복마가 앞에서 끌고 |
| 兩驂鴈行이로다<br>양 참 안 행 | 두 마리 참마는 뒤에서 나란히 따른다. |
| 叔在藪하니<br>숙 재 수 | 아저씨께 사냥하러 늪으로 나가니 |
| 火烈具揚이로다<br>화 열 구 양 | 불꽃이 일제히 오르는구나. |
| 叔善射忌며<br>숙 선 사 기 | 아저씨는 활도 잘 쏘며 |
| 又良御忌로소니<br>우 량 어 기 | 또 말도 잘 모시니 |
| 抑磬控忌며<br>억 경 공 기 | 때로는 달리다가 고삐를 당기며 |
| 抑縱送忌로다<br>억 종 송 기 | 때로는 고삐를 늦추어 달리기도 하네. |
| 3/ 大叔于田하니<br>대 숙 우 전 | 대숙님이 사냥하러 나가시니 |

| | |
|---|---|
| 乘乘鴇로다<br>승 승 보 | 얼룩말이 끄는 수레를 타는구나. |
| 兩服齊首요<br>양 복 제 수 | 두 마리 목마가 머리를 나란히 하고 |
| 兩驂如手로다<br>양 참 여 수 | 두 마리 참마는 내 손같이 움직인다. |
| 叔在藪하니<br>숙 재 수 | 숙님이 사냥하러 나가시니 |
| 火烈具阜로다<br>화 열 구 부 | 꽃이 일제히 오르도다. |
| 叔馬慢忌며<br>숙 마 만 기 | 대숙님의 말은 느려지고 |
| 叔發罕忌로다<br>숙 발 한 기 | 숙님의 활쏘기가 뜸해지도다. |
| 抑釋掤忌며<br>억 석 붕 기 | 화살통 풀어 놓고 |
| 抑鬯弓忌로다<br>억 창 궁 기 | 활집에 활을 넣으시네. |

{해설 및 감상}

3장 10구체로 이루어져 있다. 훤칠하고 마음씨 좋은 미남자를 사모하는 시라고 하며, 공숙단(共叔段)을 찬미하는 노래라고도 한다. 즉 용맹하고 활 잘 쏘는 청년 사냥꾼을 찬미한 노래인 것이다. 기승전결에 맞게 끝에 가서 사냥을 마치고 활과 화살을 활집에 넣음으로써 끝을 맺는다.

{어려운 낱말}

[轡(비)] : 말고삐. [驂] : 곁마(참). 4마리 말이 끄는 마차. [狃] : 친압할

(뉴). [乘黃(승황)] : 4마리 누런 말이 끄는 수레. [襄] : 도울(양). [藪] : 덤불(수). [鴇] : 오총말(보). [罕] : 그물(한). [掤] : 전통 뚜껑(붕). [釋掤(석붕)] : 화살동을 푸는 것. [鬯弓(창궁)] : 활을 활집에 넣는 것.

## 5. 청인(淸人) - 청 고을 사람

1/ 淸人在彭에 (청인재팽) 청 고을 사람이 팽(彭)읍에서
駟介旁旁이로다 (사개방방) 무장한 네 필 말이 요란하게 달린다.
二矛重英하고 (이모중영) 두 창에 붉은 장식깃을 거듭 매달고
河上乎翺翔이로다 (하상호고상) 황하 물가를 맴돌고 있네.

2/ 淸人在消에 (청인재소) 청(淸)읍 사람이 소(消) 땅에 왔는데
駟介麃麃로다 (사개표표) 무장한 네 필 말이 늠름하게 달린다.
二矛重喬하여 (이모중교) 두 창에 꿩 깃을 거듭 매달고서
河上乎逍遙로다 (하상호소요) 황하 기슭을 노닐고 있도다.

3/ 淸人在軸에 (청인재축) 청 고을 사람 축(軸) 땅에 있으니
駟介陶陶로다 (사개도도) 무장한 네 필 말이 신나게 달린다.

左旋右抽하며 — 왼쪽과 오른쪽으로 창을 뽑으며
좌 선 우 추

中軍作好로다 — 중군은 즐기고만 있네.
중 군 작 호

{해설 및 감상}

3장 4구체로 된 시이다. 정문공(鄭文公)이 장수들로 하여금 병사를 거느리고 오랑캐를 무찌르도록 하였다. 고극(高克)은 쳐들어오는 오랑캐를 방어하고 황하의 언덕에 오래 머물러 있었으나 정문공이 불러주지 않자 온 나라사람들이 고극을 위하여 이 노래를 지었다고 한다. 제목이 '청인' 인데, 청인은 청 고을 사람이란 뜻이다.

{어려운 낱말}

[淸人(청인)] : 청 고을 사람. [彭] : 지명(팽). [旁旁(방방)] : 말이 달려서 쉬지 않은 모양. [翺翔(고상)] : 할 일 없이 왔다 갔다 함. [消(소)] : 황하 가의 땅이름. [駟] : 사마(사), 수레 4마리의 말(사). [麃麃(표표)] : 씩씩한 모양. [陶陶(도도)] : 신나다.

## 6. 고구(羔裘) - 염소 갖옷

1/ 羔裘如濡하니 — 매끄러운 염소 갖옷
고 구 여 유

洵直且侯로다 — 참으로 부드럽고 아름답네.
순 직 차 후

彼其之子여 　그 임이시여!
피 기 지 자

舍命不渝로다 　천명에 따라 마음 변치 않으리.
사 명 불 유

2/ 羔裘豹飾하니 　염소 갖옷 표피로 깃을 내니
고 구 표 식

孔武有力이로다 　위엄 있고 씩씩하네.
공 무 유 력

被其之子여 　저 임이시여!
피 기 지 자

邦之司直이로다 　나라의 주인이시네.
방 지 사 직

3/ 羔裘晏兮여 　대부의 염소 갖옷이여!
고 구 안 혜

三英粲兮로다 　장식으로 찬란하네.
삼 영 찬 혜

被其之子여 　저 임이시여!
피 기 지 자

邦之彦兮로다 　나라의 아름다운 선비시네.
방 지 언 혜

{해설 및 감상}

3장에 장마다 4구절로 이루어져 있다. 갖옷은 원래 대부 이상이라야 입을 수 있다고 한다. 염소 갖옷을 입은 대부를 칭찬, 혹은 자랑하고 고귀한 것으로 그 찬란함을 표현하고 있는 것 같다. 고(羔)와 양(羊)의 구분이 모호하다. 고(羔)는 작은 염소를 말한다고 했다. 끝 구절마다 나라의 주인이라고 극구 칭찬하고 있다.

{어려운 낱말}

[裘] : 갖옷(구). [濡] : 젖을(유). [渝(유)] : 윤택하다. [豹] : 표범(표). [粲] : 선명할(찬).

## 7. 준대로(遵大路) - 큰 길을 따라

| | |
|---|---|
| 1/ 遵大路兮여<br>준 대 로 혜 | 큰 길을 따라 나섬이여! |
| 摻執子之袪兮호라<br>삼 집 자 지 거 혜 | 그대 소매 붙잡는다. |
| 無我惡兮어든<br>무 아 오 혜 | 나를 미워하지 않거든 |
| 不寁故也니라<br>부 잠 고 야 | 옛날을 잊지 마세요. |
| 2/ 遵大路兮여<br>준 대 로 혜 | 큰 길을 따라 나섬이여! |
| 摻執子之手兮호라<br>섬 집 자 지 수 혜 | 그대 손을 부여잡아라. |
| 無我魗兮어다<br>무 아 수 혜 | 나를 더러워하지 말아주세요, |
| 不寁好也하소라<br>부 잠 호 야 | 우리 좋은 사이 버리지 마세요. |

{해설 및 감상}

2장 4구로 이루어진 시다. 음란한 여자가 남편의 버림을 받고 떠나가는 남편의 옷깃을 부여잡고 하소연하는 내용으로 되었다. 남녀가 서로 좋아하는 관계를 노래하고 있다. 이것이 순수한 사랑이 아닐까? 끝구마다 옛날을 잊지 말라는 것과, 우리는 좋은 사이라는 것을 극구 강조한다.

{어려운 낱말}

[摻執(삼집)] : 움켜잡다. [袪] : 소매(거). [寁] : 빠를(잠). [魗] : 추악할(수). 더럽고 추하다.

## 8. 여왈계명(女曰雞鳴) - 아내는 닭이 운다고

1/ 女曰鷄鳴이어늘 (여 왈 계 명) — 아내는 닭이 운다 하고

士曰昧旦이니라 (사 왈 매 단) — 남편은 아직 날이 밝지 않았다 하네.

子興視夜하라 (자 흥 시 야) — 당신이 일어나 밖을 보셔요,

明星有爛이라 (명 성 유 란) — 샛별이 반짝이고 있어요.

將鶡將翔하여 (장 고 장 상) — 들판에 나가 여기저기 다니며

弋鳧與鴈이라 (익 부 여 안) — 오리, 기러기 잡을 수 있겠어요?

2/ 弋言加之어든 (익 언 가 지) — 쏘아서 잡으시면

| | |
|---|---|
| 與子宜之이니라<br>여 자 의 지 | 그대에게 안주로 만들어 |
| 宜言飮酒하시며<br>의 언 음 주 | 서로 이야기 나누고 술 마시며 |
| 與子偕老하리라<br>여 자 해 로 | 그대와 해로하리라. |
| 琴瑟在御하여<br>금 슬 재 어 | 거문고 곁에 있어 |
| 莫不靜好로다<br>막 불 정 호 | 즐겁지 않은 날은 없을 거예요. |
| 3/ 知子之來之면<br>지 지 지 래 지 | 당신이 오시는 것을 알면 |
| 雜佩以贈之하고<br>잡 패 이 증 지 | 온갖 패옥을 갖다 드리지요. |
| 知子之順之하고<br>지 자 지 순 지 | 그대가 저를 받아들이시는 줄 알고 |
| 雜佩以問之하리라<br>잡 패 이 문 지 | 온갖 패옥으로 문안하리라. |
| 知子之好之하면<br>지 자 지 호 지 | 그대가 그것을 좋아하시는 줄 알면 |
| 雜佩以報之하리라<br>잡 패 이 보 지 | 온갖 패옥으로 보답하지요. |

{해설 및 감상}

3장에 장마다 6구절로 되어있다. 어진 부부가 서로 사랑하며 경계하는 시라고 한다. 제목을 보면 '여자가 닭이 운다고 한다.' 로 되어있다. 아내와 남편과의 대화가 간간히 이어진다. 그 대화가 바로 이 시의 근간을 이루고 있다.

{어려운 낱말}

[昧旦(매단)] : 이른 아침. [明星(명성)] : 계명의 별. 샛별. [爛] : 찬란하다(란). [弋鳧(익부)] : 오리를 쏘아 잡다. [加(가)] : 맞추다. 쏘아 맞히다. [雜佩(잡패)] : 여자들이 찬 여러 가지 패물.

## 9. 유녀동거(有女同車) - 함께 수레 탄 여인

| | |
|---|---|
| 1/ 有女同車하니 (유녀동거) | 같이 수레 탄 여인 있으니 |
| 顔如舜華로다 (안여순화) | 무궁화 꽃처럼 얼굴이 고와라. |
| 將翶將翔하나니 (장고장상) | 왔다 갔다 거닐면 |
| 佩玉瓊琚로다 (패옥경거) | 패옥소리 들리도다! |
| 彼美孟姜이여 (피미맹강) | 저 어여쁜 강(姜)씨 집 맏딸이여! |
| 洵美且都로다 (순미차도) | 진실로 아름답고 어여쁘구나. |
| 2/ 有女同行하니 (유녀동행) | 함께 수레 탄 여인 있으니 |
| 顔如舜英이로다 (안여순영) | 무궁화처럼 얼굴이 고와라. |
| 將翶將翔하니 (장고장상) | 왔다 갔다 거닐면 |

佩玉將將이로다 패옥은 찰랑거린다.
패 옥 장 장

彼美孟姜이여 저 어여쁜 강(姜)씨 집 맏딸이여!
피 미 맹 강

德音不忘이로다 정다운 그 소리 잊지 못하여라.
덕 음 불 망

{해설 및 감상}

2장 6구절로 되어있다. 여인의 아름다움을 노래한 시로, 여인이 찬 패옥이 짤랑거리는 것을 보고 정다움을 느끼고 음란한 정을 느끼게 하는 시다. 여자와 함께 수레를 타는 것이 이때는 매우 흥미로운 일이었던 모양이다. 여자는 패옥을 달랑거리며 함께 타는 수레를 지금도 이해와 짐작을 할 수 있는 일이다.

{어려운 낱말}

[翺] : 날다(고). [瓊琚(경거)] : 옥으로 만든 장식. [舜] : 무궁화(순). [將將(장장)] : 의성어로 사용함. 옥이 짤랑거림.

## 10. 산유부소(山有扶蘇) - 산에 있는 부소화

1/ 山有扶蘇여 산에는 부소나무
산 유 부 소

隰有荷華여 못엔 연꽃이여!
습 유 하 화

不見子都요 미남은 보이지 않고
불견자도

乃見狂且로다 미친 사람만 보이네.
내견광차

2/ 山有喬松하여 산에는 큰 소나무
산유교송

隰有游龍이라 늪에는 하늘하늘 여귀 풀이라.
습유유룡

不見子充하고 건실한 남자는 보이지 않고
불견자충

乃見狡童이라 교활한 사람만 보이네.
내견교동

{해설 및 감상}

2장 4구로 이루어져 있다. 소나무와 연못의 꽃, 소나무와 여귀 풀, 이러한 것을 남자는 못 본다고 했다. 여인의 아름다움을 저 남자에게 보아달라는 여인의 하소연, 미남자를 보고 여인이 음란한 정을 느끼는 시다. 부소나무와 큰 소나무가 소재로 나온다. 그리고 미남자도 나온다. 꽃이 있고, 산이 있고, 소나무가 있고, 미남자가 있으니 퍽 어울리는 장면이다.

{어려운 낱말}

[扶蘇(부소)] : 소나무. 무궁화의 별종. [荷華(하화)] : 연꽃. [子都(자도)] : 남자의 아름다움. [隰] : 진펄(습). [游龍(유룡)] : 식물의 이름. 물속에서 자람.

## 11. 탁혜(蘀兮) - 마른 잎이여!

| | |
|---|---|
| 1/ 蘀兮蘀兮여<br>탁 혜 탁 혜 | 마른 잎이여, 시든 나무여! |
| 風其吹如리라<br>풍 기 취 여 | 바람이 너희에게 불리라. |
| 叔兮伯兮여<br>숙 혜 백 혜 | 숙이여, 백이여! |
| 倡予和女하리라<br>창 여 화 녀 | 나를 불러주면 나도 화답하리라. |
| 2/ 蘀兮蘀兮여<br>탁 혜 탁 혜 | 마른 잎이여, 시든 나무여! |
| 風其漂女리라<br>풍 기 표 녀 | 바람이 너희를 날리리라. |
| 叔兮伯兮여<br>숙 혜 백 혜 | 숙이여, 백이여! |
| 倡予要女하리라<br>창 여 요 녀 | 나를 불러주면 나도 따르리라. |

{해설 및 감상}

2장 5구체로 된 시다. 음란한 여자가 남자를 향하여 부르는 노래다. 숙이, 백이는 모두 남자를 부르는 소리다. 불러만 주면 나는 따라 가겠다는 여자의 애원 섞인 소리다. 마른 잎과 시든 나무, 숙이, 백이가 나를 불러주면 나도 따라가겠다는 내용이 매우 흥미롭다. '불러만 다오, 내 따라가겠다.' 이런 내용이다.

{어려운 낱말}

[蘀] : 낙엽(탁). [倡] : 부를(창). 唱과 통함. [漂] : 떠돌(표), 날릴(표). [漂女(표녀)] : 바람에 날리다. [倡予(창여)] : 부르면 화답하겠다. 나를 불러 달라.

## 12. 교동(狡童) - 교활한 녀석

| | |
|---|---|
| 1/ 彼狡童兮여<br>피 교 동 혜 | 저 교활한 녀석이여! |
| 不與我言兮로다<br>불 여 아 언 혜 | 나와는 말도 하지 않네. |
| 維子之故로<br>유 자 지 고 | 너 때문에 |
| 使我不能餐兮로다<br>사 아 불 능 찬 혜 | 나는 밥도 먹지 못하는구나. |
| 2/ 彼狡童兮여<br>피 교 동 혜 | 저 교활한 녀석이여! |
| 不與我食兮로다<br>불 여 아 식 혜 | 나와는 밥도 먹지 않도다. |
| 維子之故로<br>유 자 지 고 | 너 때문에 말이야 |
| 使我不能息兮로다<br>사 아 불 능 식 혜 | 나는 편히 쉬지도 못하네. |

{해설 및 감상}

2장에 4구절로 된 시다. 음란한 여인이 남자의 버림을 받고 혼자 지껄이며 원망하는 것이다. 여기에 '너' 라는 대상이 나온다. 너 때문에 밥도 못 먹고 편히 쉬지도 못한다니 도대체 무슨 이유인가? 그 대상이 교활한 녀석으로 나온다. 그 교활한 녀석이 바로 이 여자를 버린 남자가 아닐까?

{어려운 낱말}

[狡] : 교활할(교). [與我言(여아언)] : 나와 함께 얘기함. [餐] : 밥(찬). 여기서는 음식을 먹는 것. [息(식)] : 편안히 쉬다. 안식.

## 13. 건상(褰裳) - 치마를 걷고

| | |
|---|---|
| 1/ 子惠思我하면<br>자 혜 사 아 | 그대 나를 사랑한다면 |
| 褰裳涉溱하리라<br>건 상 섭 진 | 난 치마 걷고 진수라도 건너리라. |
| 子不我思면<br>자 불 아 사 | 그대 나를 사랑하지 않는다면 |
| 豈無他人이리요<br>기 무 타 인 | 어찌 다른 사람이 없을까? |
| 狂童之狂也且로다<br>광 동 지 광 야 차 | 미친 놈, 미친 녀석이로다. |

2/ 子惠思我면 (자 혜 사 아) — 그대 나를 사랑한다면

褰裳涉洧리라 (건 상 섭 유) — 치마 걷고 유수(洧水)라도 건너리라.

子不我思면 (자 불 아 사) — 네 날 사랑하지 않는다면

豈無他士리요 (기 무 타 사) — 어찌 다른 남자 없을까?

狂童之狂也且로다 (광 동 지 광 야 차) — 저 미친 놈, 미친 녀석이로다!

{해설 및 감상}

2장 5구체의 노래다. 치마를 걷고 따라간다는 내용이 참 재미있다. 네가 나를 사랑만 한다면, 치마 걷고 강물이라도 건너가겠다는 섹시한 여인의 하소연이다. 그대가 나를 사랑만 한다면 강물이라도 치마 벗고 건너가겠다는 말이 매우 인상적이다. 그러나 끝 행에 가서는 '미친 짓이다, 미친놈이다.' 하고 말하는 것은, 나를 사랑하지 않을 때를 욕설한 것이다. 직선적이고 노골적 구애 행위이다.

{어려운 낱말}

[惠(혜)] : 사랑하다. [溱] : 물 이름(진). 정나라의 강 이름. 진수란 강물. [狂童(광동)] : 교활한 녀석. [褰(건)] : 옷 걷어 올리다. [洧] : 물 이름(유). 정나라의 강물. [士(사)] : 장가 안 간 총각의 칭호.

## 14. 봉(丰) - 믿음직한 임

1/ 子之丰兮여 (자지봉혜) — 그대의 믿음직함이여!

俟我乎巷兮러니 (사아호항혜) — 나는 거리에서 기다렸거늘

悔予不送兮하노라 (회여불송혜) — 내가 따라가지 않음이 후회가 되노라.

2/ 子之昌兮여 (자지창혜) — 그대의 씩씩함이여!

俟我乎堂兮러니 (사아호당혜) — 나를 방안에서 기다렸거늘

悔予不將兮하노라 (회여부장혜) — 내가 찾아가지 않음이 후회가 되네.

3/ 衣錦褧衣로 (의금경의) — 비단 저고리에 홑옷 걸치고

裳錦褧裳하니 (상금경상) — 비단치마 위에 덧치마 입고

叔兮伯兮여 (숙혜백혜) — 큰오빠 둘째 오빠들이여!

駕予與行이리다 (가여여항) — 수레가 오면 나를 태워 가리이다.

4/ 裳錦褧裳으로 (상금경상) — 비단 치마에 홑치마를 입으시고

衣錦褧衣하니 (의금경의) — 비단 저고리에 홑옷을 입고서

叔兮伯兮여 (숙혜백혜) — 큰오빠 둘째 오빠들이여!

駕予與歸하리다　　수레가 오면 나도 같이 시집가리다.
가 여 여 귀

{해설 및 감상}

4장으로 된 것으로 3구절, 4구절로 되어있다. 여인이 남자를 그리워하는 것으로, 그대와 함께 가겠다는 여인의 남자에 대한 애정과 의지를 보여주고 있다. 그래서 여자는 남자가 멋지면 따라가서 시집이라도 가겠다고 한다. 믿음직한 임이 오신다면 언제라도 따라가겠다는 그 결심이 대단하다.

{어려운 낱말}

[丰(봉)] : 예쁘다. 용모가 잘난 남자. [巷(항)] : 문밖. 거리. [悔] : 뉘우칠(회). [昌(창)] : 씩씩한 모양. [褧裳(경상)] : 홑치마. 홑옷. [駕予(가여)] : 장가들 남자가 수레를 몰고 오다. [與歸(여귀)] : 함께 따라 시집가다.

## 15. 동문지선(東門之墠) - 동문 밖 빈터

1/ 東門之墠에　　동문 밖 빈터가 있고
동 문 지 선

茹藘在阪이로다　　언덕 비탈에 꼭두서니 풀이로다.
여 려 재 판

其室則邇나　　그녀의 집은 가까운데 있지만
기 실 즉 이

其人甚遠이로다 그녀는 아주 멀리 있구나.
기인심원

2/ 東門之栗하고 동문 밖 밤나무가 있고
동문지율

有踐家室이로다 늘어선 집들이 있네.
유천가실

豈不爾思리오 어찌 그대 그립지 않으리오.
기불이사

子不我卽이니라 당신은 나를 찾아오지 않네요.
자불아즉

{해설 및 감상}

2장 4구절로 구성되어 있다. 역시 여자가 남자를 그리워하는 노래다. 동문 밖 빈터에서 기다리고 있는데, 그대는 찾아오지 않는다는 애타는 하소연이다. 동문 밖 빈터, 동문 밖 밤나무, 이런 소재가 나온다. 여기서 그대를 기다려도 찾아오지 않는다고 했으니, 그리움의 표현이다. 약속 장소는 있는데 시간은 없었다. 찾아오도록 기다리고 있는 샘이다. 요즘처럼 약속 장소 시간이 정확하지 못함이 지금과는 다르다.

{어려운 낱말}

[墠(선)] : 땅을 잘 닦아둔 평평한 곳. 터. [茹藘(여려)] : 꼭두서니 풀. [踐(천)] : 집들이 늘어선 모양. [卽(즉)] : 나아가다. 찾아가다.

## 16. 풍우(風雨) - 비바람

1/ 風雨凄凄어늘 비바람 소리 쓸쓸하고
풍 우 처 처
鷄鳴喈喈로다 닭 울음소리 들려온다.
계 명 개 개
旣見君子하니 임을 만났으니
기 견 군 자
云胡不夷리오 어이 편안하지 않으리오.
운 호 불 이

2/ 雨瀟瀟어늘 비바람 소리 사납게 들리는데
우 소 소
鷄鳴膠膠로다 닭 울음소리 교교하게 들려온다.
계 명 교 교
旣見君子하니 임을 만났으니
기 견 군 자
云胡不瘳리오 어찌 병이라도 낫지 않으리오.
운 호 불 추

3/ 風雨如晦어늘 비바람 몰아쳐 칠흑 같다
풍 우 여 회
鷄鳴不已로다 닭 울음소리 그치지 않는구나.
계 명 불 이
旣見君子하니 이제 그대를 만났으니
기 견 군 자
云胡不喜리오 어이 기쁘지 않으리오.
운 호 불 희

{해설 및 감상}

3장으로 4구절로 되어있다. 비바람이 사납고 닭 울음소리 괴괴한 밤에 사모하는 정으로 가득 차있다. 밤마다 그리워지는 그대를 향해 애타게 부르짖고 있는 것이다. 그리던 임을 만났으니, 어찌 '기쁘지 않으리오.' 하고 노래하고 있다. 나도 함께 기뻐지고 있는 것 같다.

{어려운 낱말}

[凄凄(처처)] : 쓸쓸한 모양. [喈豈(개개)] : 닭 울음소리. [瀟瀟(소소)] : 바람이 사납게 부는 소리. [膠膠(교교)] : 닭 울음소리의 의성어. [瘳(추)] : 마음의 병 나을(추).

## 17. 자금(子衿) - 임의 옷깃

| | |
|---|---|
| 1/ 青青子衿이여<br>청 청 자 금 | 푸르고 푸른 그대 옷깃 |
| 悠悠我心이로다<br>유 유 아 심 | 내 마음에 아련하여라. |
| 縱我不往이나<br>종 아 불 왕 | 나 비록 가지 못해도 |
| 子寧不嗣音고<br>자 녕 불 사 음 | 그대는 어찌 소식 전하지 못하는가? |
| 2/ 青子佩여<br>청 자 패 | 푸르른 그대 패옥이여! |

悠悠我思로다 내 생각에 아련하여라.
유 유 아 사

縱我不往이나 나 비록 다녀오지 못해도
종 아 불 왕

子寧不來오 그대는 어찌 오지 못하는가?
자 녕 불 래

3/ 挑兮達兮하니 안절부절, 이리 갔다 저리 갔다
도 혜 달 혜

在城闕兮로다 나는 성에 남아 기다리네.
재 성 궐 혜

一日不見이 하루를 못 봐도
일 일 불 견

如三月兮로다 석 달을 못 본듯합니다.
여 삼 월 혜

{해설 및 감상}

3장 4구절로 구성되어 있다. 연인을 그리워하는 노래로 안절부절, 이리 갔다 저리 갔다 하는 애타는 마음이 안타깝다. '하루를 못 봐도 석 달을 못 본듯하다.' 는 것으로 보아도 얼마나 애타는 기다림인지를 알 수 있다. 우리는 하루가 3년이란 말이 있는데, 여기서는 '하루가 석 달' 이라 했다.

{어려운 낱말}

[子衿(자금)] : 남자의 옷깃. 子는 남자를 가리킴. [悠悠(유유)] : 오랫동안 생각함. [嗣音(사음)] : 소식을 계속 전함. [佩] : 옥을 찰(패). [挑兮達兮(도혜달혜)] : 왕래하는 모양. [城闕(성궐)] : 성 위에 있는 망루.

## 18. 양지수(揚之水) - 치솟는 물결

| | |
|---|---|
| 1/ 揚之水여<br>양 지 수 | 치솟는 물결이여! |
| 不流束楚로다<br>불 류 속 초 | 한 묶음 나무도 흘려보내지 못한다. |
| 終鮮兄弟라<br>종 선 형 제 | 끝내 형제는 적어 |
| 維予與女로니<br>유 여 여 녀 | 오직 나와 너 |
| 無信人之言이어다<br>무 신 인 지 언 | 남의 말 믿지 마라 |
| 人實迋女니라<br>인 실 광 녀 | 남들이 사실을 너에게 속인다. |
| 2/ 揚之水여<br>관 관 저 구 | 치솟는 물결이여! |
| 不流束薪이로다<br>불 류 속 신 | 한 묶음 나무도 흘려보내지 못한다. |
| 終鮮兄弟라<br>종 선 형 제 | 마침내 형제는 적어 |
| 維予二人이여<br>유 여 이 인 | 오직 너와 나 두 사람뿐, |
| 無信人之言이어다<br>무 신 인 지 언 | 남의 말 믿지 말지어다. |
| 人實不信이니라<br>인 실 불 신 | 남들은 사실을 믿을 수 없네. |

{해설 및 감상}

2장에 장마다 6구절로 구성되어 있다. 이 시 역시 남녀의 애정을 노래한 시다. 치솟아 오르는 물이 나오는데, 이것은 아마 격정을 은유한 것이 아닌가 생각한다. 그래서 '양지수여!' 하고 반복을 하고 있다.

{어려운 낱말}

[揚之水(양지수)] : 격양의 뜻으로 본다. [束楚(속초)] : 싸리나무로도 본다. [鮮(선)] : 드물다. [予與女(여여녀)] : 나와 너. [迋] : 속일(광). 거짓.

## 19. 출기동문(出其東門) - 동문을 나서니

1/ 出其東門하니 그 동문을 나서니
출 기 동 문

有女如雲이로다 미녀들이 구름같이 많아라.
유 녀 여 운

雖則如雲이나 비록 구름처럼 많다고 하나
수 즉 여 운

匪我思存이로다 내 마음속에 있는 여인 아니어라.
비 아 사 존

縞衣綦巾이여 흰 옷에 파란 수건 쓴 그녀만이
호 의 기 건

聊樂我員이로다 오직 나를 즐겁게 할 사람이로다.
요 락 아 원

2/ 出其闉闍하니 저 성문 밖으로 나서니
출 기 인 도

有女如荼로다 미녀들 씀바귀 꽃 같이 많아라.
유 녀 여 도

雖則如荼나　　비록 씀바귀 꽃 같이 많아도
수 즉 여 도

匪我思且로다　　내 마음속 여인은 아니어라.
비 아 사 차

縞衣茹藘여　　흰 옷에 붉은 수건 쓴 그녀만이
호 의 여 려

聊可與娛로다　　나와 함께 즐기리로다.
요 가 여 오

{해설 및 감상}

2장 6구로 된 시다. 남자가 미녀들이 구름처럼 많다는 것이 참 재미있으며, 여자를 보고 여자들에 대한 음탕한 마음을 갖는 것을 소재로 하여 이 시를 지었다고 한다. 동문과 서문 밖으로 나가면 전신만신 미인인데, 거기에서 딱 한 사람만 찍겠다는 내용이 참 재미있다.

{어려운 낱말}

[縞] : 명주(호). [綦] : 연둣빛 비단(기). [闉] : 성곽 문(인). [闍] : 망루(도). [荼] : 씀바귀(도).

## 20. 야유만초(野有蔓草) - 들의 넝쿨 풀

1/野有蔓草하니　　들녘에 넝쿨 풀이 있으니
야 유 만 초

零露漙兮로다　　떨어진 이슬에 흠뻑 젖어있네.
영 로 단 혜

| | |
|---|---|
| 有美一人이여<br>유 미 일 인 | 미인 한 사람 있음이여! |
| 淸揚婉兮로다<br>청 양 완 혜 | 맑은 눈 넓은 이마 아름다워라. |
| 邂逅相遇하니<br>해 후 상 우 | 우연히 서로 만났으니 |
| 適我願兮로다<br>적 아 원 혜 | 내가 원하던 바로 그 사람이로다. |
| 2/野有蔓草하니<br>야 유 만 초 | 들녘에 덩굴 풀이 있으니 |
| 零露瀼瀼이로다<br>영 로 양 양 | 떨어진 이슬에 흠뻑 젖어있네. |
| 有美一人이여<br>유 미 일 인 | 미인 한 사람 있어 |
| 婉如淸揚이로다<br>완 여 청 양 | 맑은 눈 넓은 이마 아름다워라. |
| 邂逅相遇하니<br>해 후 상 우 | 우연히 서로 만났으니 |
| 與子皆臧이로다<br>여 자 개 장 | 그대와 나 서로 좋아함이로다. |

{해설 및 감상}

2장 6구체로 남녀의 애정을 노래한 시다. 들풀 넝쿨이 이슬에 젖은 것은 청초함이다. 청초한 미인을 보고 사랑하고픈 마음을 품는 것은 남자의 음흉한 마음일까? 아니면 그리움일까? 나무에 이슬이 젖어 청초함 같이 맑은 눈, 넓은 이마 우연히 서로 만났으니 우리 함께 좋아해 보자는 내용이다.

{어려운 낱말}

[蔓草(만초)] : 넝쿨이 뻗어나감. [漙(단)] : 이슬이 방울 맺힘. [婉] : 순할 (완). [瀼瀼(양양)] : 이슬 흠뻑 젖다. [邂逅(해후)] : 우연히 만나다.

## 21. 진유(溱洧) - 진수와 유수

| | |
|---|---|
| 1/ 溱與洧는 (진 여 유) | 진수와 유수는 |
| 方渙渙兮어늘 (방 환 환 혜) | 지금 넘실거리고 있는데, |
| 士與女는 (사 여 녀) | 총각과 처녀들이 |
| 方秉蕑兮로다 (방 병 간 혜) | 난초를 들고 있네. |
| 女曰觀乎아 하니 (여 왈 관 호) | 처녀가 '보았나요.' 하니, |
| 士曰旣且로다 (사 왈 기 차) | 총각이 '보았지요.' 한다. |
| 且往觀乎아 (차 왕 관 호) | 또 가서 볼 수 있을까요? |
| 洧之外는 (유 지 외) | 유수의 밖은 |
| 洵訏且樂이라 (순 우 차 락) | 정말 즐겁고 재미있을 거예요. |
| 維士與女는 (유 사 여 녀) | 총각과 처녀들은 |

| | |
|---|---|
| 伊其相謔하여<br>이 기 상 학 | 웃으며 장난치며 놀다가 |
| 贈之以勺藥이로다<br>증 지 이 작 약 | 작약을 주며 헤어지는구나. |
| 2/ 溱與洧는<br>진 여 유 | 진수와 유수는 |
| 瀏其淸矣어늘<br>유 기 청 의 | 지금 더없이 맑거늘 |
| 士與女가<br>사 여 녀 | 총각과 처녀들이 |
| 殷其盈矣로다<br>은 기 영 의 | 가득 나와 있구나. |
| 女曰觀乎아<br>여 왈 관 호 | 처녀가 "보셨나요?" 하니, |
| 士曰旣且로다<br>사 왈 기 차 | 총각이 "보았지요." 한다. |
| 且往觀乎아<br>차 왕 관 호 | 우리 또 유수를 건너서 구경 갈까요? |
| 洧之外는<br>유 지 외 | 유수 밖에는 |
| 洵訏且樂이라<br>순 우 차 락 | 정말로 재미있고 즐거울 것이라. |
| 維士與女는<br>유 사 여 녀 | 총각과 처녀들은 |
| 伊其將謔하여<br>이 기 장 학 | 웃으며 장난치며 놀다가 |
| 贈之以勺藥이로다<br>증 지 이 작 약 | 작약을 주며 헤어졌도다. |

{해설 및 감상}

2장 12구절로 된 시다. 이때의 풍속을 잘 표현하고 있다. 정나라의 풍속에 3월 상기일(上己日 : 3월 첫 己가 드는 날)에는 남녀가 모두 진수와 유수 가에 모여 난초를 캐어 나쁜 일이 없도록 소원 성취를 비는 장면이다. 이렇게 소원을 비는 놀이에서 남녀가 즐기는 풍속이 이 시의 소재가 되고 있다. 끝 구절에는 작약을 주고 헤어졌다는 내용이 나온다. 이것은 하나의 약속으로 다음을 기약하는 일일 것이다.

{어려운 낱말}

[渙渙(환환)] : 봄에 물이 콸콸 흐르는 모양. [蕑] : 난초(간). [洵訏(순우)] : 정말 크도다. [芍藥(작약)] : 향기 나는 풀. 꽃 이름. [瀏(유)] : 물이 넘치는 모양.

## 제8장
# 제풍(齊風)

춘추시대 5패의 하나였던 제(齊)나라 땅이 있던 곳. 지금의 산동성 동북부 일대에서 수집한 시가로 모두 11편의 시였다. 제나라는 주(周)나라 무왕(武王) 때 무왕을 받들던 강태공에게 시봉했던 곳이다. 전국시대 초기에는 전화(田和)가 제나라 임금 자리를 빼앗고 여전히 제(齊)나라라고는 했으나 그때는 이미 태공망의 나라는 아니었다.

닭이 우니
조정에는 대신들 가득 찼겠구나!
닭이 아니면 울지 못하니
파리의 소리구나.

-'닭이 우는구나'의 일부

## 1. 계명(雞鳴) - 닭이 우네!

| | |
|---|---|
| 1/ 鷄旣鳴矣하니<br>계 기 명 의 | 닭이 이미 울었으니 |
| 朝旣盈矣로다<br>조 기 영 의 | 조정에는 대신들 가득 차겠군요. |
| 匪鷄則鳴하니<br>비 계 즉 명 | 아니요, 닭이 아니라 |
| 蒼蠅之聲이로다<br>창 승 지 성 | 쉬파리의 소리일 것이요. |
| 2/ 東方明矣하니<br>동 방 명 의 | 동방이 밝았으니 |
| 朝旣昌矣로다<br>조 기 창 의 | 조정의 조회는 한창이겠군요. |
| 匪東方則明하니<br>비 동 방 즉 명 | 동방이 밝은 것이 아니라 |
| 月出之光이로다<br>월 출 지 광 | 달빛이 비치는 것이겠군요. |
| 3/ 蟲飛薨薨하니<br>충 비 홍 홍 | 벌레들이 윙윙 날아다니니 |
| 甘與子同夢이라<br>감 여 자 동 몽 | 당신과 함께 누워 꿈을 꾸고 싶어라. |
| 會且歸矣하리니<br>회 차 귀 의 | 조회에 모였다가 돌아오리니 |
| 無庶予子憎하소라<br>무 서 여 자 증 | 나 때문에 당신 미움을 받지 말아야지요. |

{해설 및 감상}

3장에 장마다 4구절로 이루어져 있다. 아내와 남편의 대화체로 이루어져 있다.  닭이 울면 일찍 하루를 시작한다. 어떤 제후의 아내가 아침 일찍 일어나서 남편을 깨워야 하는데 항상 늦을까 두려워하며 이 시를 지었다고 한다. 남편이 일어나기 전에 닭이 우니 잠을 깨우지 않아도 되지 않을까? '나 때문에 그대 미움 받지 말라' 는 그 마음이 여자의 마음이다.

{어려운 낱말}

[鷄旣鳴(계기명)] : 새벽닭이 우는 것. [盈] : 찰(영). [蒼蠅(창승)] : 쉬파리 떼. [薨薨(홍홍)] : 벌레들이 날아다니는 의성어. 윙윙. [甘(감)] : ~즐기고 싶다. [同夢(동몽)] : 함께 단꿈을 즐기고 싶다. [會(회)] : 조정의 조회를 말함. [子憎(자증)] : 백관들이 임금을 미워함.

## 2. 선(還) - 당신, 날랜 그대

| | |
|---|---|
| 1/ 子之還兮여<br>자 지 선 혜 | 당신의 날랜 모습이여! |
| 遭我乎狃之間兮로다<br>조 아 호 노 지 간 혜 | 나와 만난 곳은 노산 골짜기 |
| 並驅從兩肩兮하소니<br>병 구 종 량 견 혜 | 말을 나란히 달려 두 짐승을 쫓으니 |
| 揖我謂我儇兮로다<br>읍 아 위 아 현 혜 | 당신은 인사하며 멋지다 하셨네. |

2/ 子之茂兮여 당신의 멋있음이여!
자 지 무 혜

遭我乎猛之道兮로다 나와 만난 곳은 노산 골짜기
조 아 호 노 지 도 혜

並驅從兩牡兮하며 말을 나란히 몰아 두 수놈을 쫓으니
병 구 종 량 모 혜

揖我謂我好兮라 당신은 나에게 인사하며 좋아했네.
읍 아 위 아 호 혜

3/ 子之昌兮여 당신의 창성함이여!
자 지 창 혜

遭我乎猛之陽兮라 나와 만난 곳은 노산 남쪽 기슭
조 아 호 노 지 양 혜

並驅從兩狼兮하소니 말을 나란히 달려 이리를 쫓으니
병 구 종 량 낭 혜

揖我謂我臧兮라네 당신은 나에게 인사조로 날래다 했네.
읍 아 위 아 장 혜

{해설 및 감상}

3장에 장마다 4구절로 되어있다. 사냥꾼들의 이야기로 전해진다. 산에서 만나서 서로 칭찬하며 인사하고 반가워하는 것이 이 시의 소제로 되어있다. 당신에 대한 찬미였다. '날랜 그대', '멋진 그대', '창성한 그대' 이렇게 상대에 대한 멋진 말로 칭찬을 한다. 칭찬은 서로 좋아한다는 의미이다. 날렵하고 굳센 것도 남자의 장점이 될 수 있다.

{어려운 낱말}

[還(선)] : 재빠른 모양. '還' 은 '선' 으로 발음한다. [遭] : 만날(조). [猛(노)]

: 제나라에 있는 산 이름. 노산(猺山). [竝驅(병구)] : 나란히 말을 달리다. [茂(무)] : 아름답다. [牡] : 수컷(모). [臧(장)] : 착하다. 잘한다. 여기서는 사냥하는 재주가 좋다는 뜻.

## 3. 저(著) - 문간에서

| | |
|---|---|
| 1/ 俟我於著乎而여<br>사 아 어 저 호 이 | 나를 문간에서 기다리는 사람 |
| 充耳以素乎而에<br>충 이 이 소 호 이 | 귀막이는 흰 귀걸이에 |
| 尚之以瓊華乎而로다<br>상 지 이 경 화 호 이 | 오히려 꽃 새긴 옥돌을 달으셨구나. |
| 2/ 俟我於庭乎而하나니<br>사 아 어 정 호 이 | 나를 뜨락에서 기다리는데 |
| 充耳以青乎而라<br>충 이 이 청 호 이 | 파란 귀걸이 하시었어라 |
| 尚之以瓊瑩乎而로다<br>상 지 이 경 영 호 이 | 오히려 구슬 빛이 남이로다. |
| 3/ 俟我於堂乎而하나니<br>사 아 어 당 호 이 | 나를 방에서 기다리시니 |
| 充耳以黃乎而라<br>충 이 이 황 호 이 | 노란 귀걸이 하시었어라 |
| 尚之以瓊英乎而로다<br>상 지 이 경 영 호 이 | 그것이 보석처럼 곱기도 하여라. |

{해설 및 감상}

3장 3구로 이루어졌다. 제나라에서 결혼식에 신랑이 신부를 맞이하던 광경을 노래한 것이라 한다. 신랑이 신부를 맞이하는 데 최대의 언사와 최고의 시적 소재를 동원하고 있다. 귀걸이, 옥돌, 구슬, 이런 보석보다 고운 것들이 등장하여 눈길을 끌고 있다.

{어려운 낱말}

[俟我於著(사아어저)] : 사(俟)는 기다리다. 아(我)는 시집가는 여자 자신. 저(著)는 기다리다이다. [瓊華(경화)] : 꽃을 새긴 옥돌. [瑩(영)] : 옥돌. 빛날(영). [充耳(충이)] : 일종의 귀걸이 장식. [瓊英(경영)] : 아름다운 옥.

## 4. 동방지일(東方之日) - 동쪽에 돋는 해

| | |
|---|---|
| 1/ 東方之日兮여<br>동 방 지 일 혜 | 해 돋는 동방의 하늘이여! |
| 彼姝者子가<br>피 주 자 자 | 저 아름다운 사람이 |
| 在我室兮로다<br>재 아 실 혜 | 내 방에 와 있도다. |
| 在我室兮하니<br>재 아 실 혜 | 내 방에 와 있으니 |
| 履我卽兮로다<br>이 아 즉 혜 | 나만 따라다니는구나. |

2/ 東方之月兮여　　동쪽에 뜬 달이여!
동 방 지 월 혜

彼姝者子가　　저 아름다운 사람이
피 주 자 자

在我闥兮로다　　내 집안에 와 있도다.
재 아 달 혜

在我闥兮하여는　　내 집안에 와서는
재 아 달 혜

履我發兮로다　　내 발자국만 따라 다니는구나.
이 아 발 혜

{해설 및 감상}

2장으로 장마다 5구절이다. 제목이 동쪽에 해와 달이 뜬다는 내용이다. 해와 달은 밝고 아름다운 존재다. 여자가 남자에게 반하여 그 좋아하는 것을 노래한 시라고 한다. '내 집안에 와 있다.' '나만 따라 다닌다.' 등이 이 시의 전체의 분위기를 말하고 있다. 「모시서」에서는 예도가 쇠약해진 것을 풍자한 시라고 하였다. 임금과 신하가 도리에 벗어난 짓을 하고, 남녀가 음란한 짓을 하는 것은 예도로 세상을 교화하지 못하기 때문이라는 것이다.

{어려운 낱말}

[姝者子(주자자)] : 이 시를 읊은 남자의 애인인 '아름다운 여인'. [履] : 밟을(리). [闥] : 문(달). [發兮(발혜)] : 따라 다니다.

## 5. 동방미명(東方未明) - 동쪽이 밝기 전에

| | |
|---|---|
| 1/ 東方未明이어늘<br>동 방 미 명 | 동녘이 밝지도 않았거늘 |
| 顚倒衣裳호라<br>전 도 의 상 | 거꾸로 옷을 입는구나. |
| 顚之倒之어늘<br>전 지 도 지 | 옷을 거꾸로 입음은 |
| 自公召之로다<br>자 공 소 지 | 관청에서 급히 불렀기 때문일세. |
| 2/ 東方未晞어늘<br>동 방 미 희 | 동녘이 트지도 않았는데 |
| 顚倒裳衣호라<br>전 도 상 의 | 거꾸로 옷을 입는구나. |
| 倒之顚之어늘<br>도 지 전 지 | 옷을 거꾸로 입음은 |
| 自公令之로다<br>자 공 영 지 | 관청에서 급히 불러서라네. |
| 3/ 折柳樊圃를<br>절 류 번 포 | 버들가지 꺾어 채마밭에 울타리 치면 |
| 狂夫瞿瞿어늘<br>광 부 구 구 | 광포한 사람도 두려워하는데 |
| 不能辰夜하여<br>불 능 진 야 | 새벽과 밤을 가리지 않고 |
| 不夙則莫이로다<br>불 숙 즉 막 | 이른 아침 아니면 저물어서 부름이로다. |

{해설 및 감상}

모두 3장으로 4구로 이루어져 있다. 관리가 관청에 등청하는데, 질서도 없고 허둥지둥하는 모양을 표현하고 있다. 실례로, 등청하면서 일찍 서두르다가 옷도 거꾸로 입고 나서는 일이 예사가 아니다. 그 이유는 광포한 사람을 두려워하기 때문이라고 했다.

{어려운 낱말}

[顚倒(전도)] : 허둥지둥 거꾸로 입는 것. [自(자)] : 좇아가다. [晞] : 동틀(희). [令(영)] : 임금의 호령. [樊圃(번포)] : 채소밭의 울타리. [瞿瞿(구구)] : 두려워하다.

## 6. 남산(南山) - 남산은 높아

| | |
|---|---|
| 1/ 南山崔崔에<br>남 산 최 최 | 남산은 높고 높기에 |
| 雄狐綏綏로다<br>웅 호 수 수 | 수여우 어슬렁어슬렁, |
| 魯道有蕩이거늘<br>노 도 유 탕 | 노나라로 가는 길은 평탄하거늘 |
| 齊子由歸로다<br>제 자 유 귀 | 제나라 딸이 그 길로 시집가도다. |
| 旣曰歸止어시니<br>기 왈 귀 지 | 이미 시집갔는데 돌아온다니 |
| 曷又懷止리요<br>갈 우 회 지 | 어찌 또 그리운 회포 있으랴. |

2/ 葛屨五兩이요　칡 신이 다섯 켤레요,
갈 구 오 량

冠緌雙止니라　갓끈 한 쌍이어라.
관 유 쌍 지

魯道有蕩어라　노나라로 가는 길 평탄하거늘
노 도 유 탕

齊子庸止로다　제나라 딸 그 길로 시집가도다.
제 자 용 지

旣曰庸止어시니　이미 시집갔는데 돌아온다니
기 왈 용 지

曷又從止오　어찌 또 그를 따를까?
갈 우 종 지

3/ 蓺麻如之何오　삼을 심을 때는 어떻게 해야 하나?
예 마 여 지 하

衡從其畝니라　가로로 세로로 이랑을 파네.
형 종 기 무

取妻如之何오　장가를 들려면 어찌 해야 하나?
취 처 여 지 하

必告父母니라　반드시 부모님께 고해야지.
필 고 부 모

旣曰告止어시니　이미 부모님께 고했으니
기 왈 고 지

曷又鞠止오　어찌 또 괴롭히는가?
갈 우 궁 지

4/ 析薪如之何오　나무를 하려면 어떻게 하나?
석 신 여 지 하

匪斧不克이로다　도끼 없이는 팰 수가 없네.
비 부 불 극

取妻如之何오　장가를 들려면 어떻게 하나?
취 처 여 지 하

匪媒不得이니　　중매가 아니면 얻을 수가 없느니
비 매 부 득

旣曰得止어시니　　이미 장가 든 사람이
기 왈 득 지

曷又極止오　　어찌 또 아내를 내버려 두는가?
갈 우 극 지

{해설 및 감상}

모두 4장으로 되어있다. 장마다 6구절로 되어 있으며 제나라 양공(襄公)이 군주로서 사특한 행동을 하므로, 그것을 비유하여 지은 시다. 제목이 '남산' 이다. 산은 높은 존재다. 높고 먼 곳으로 시집가는 여자의 험한 길을 노래하고 있다.

{어려운 낱말}

[崔崔(최최)] : 높고 높아. [雄狐(웅호)] : 수여우. [魯道有蕩(노도유탕)] : 노나라 가는 길이 평탄함. [五兩(오량)] : 다섯 켤레. [冠緌(관유)] : 관의 끈. [蓺] : 심을(예). [鞠] : 궁하다(궁). [極] : 궁하다(극). [極止(극지)] : 버려두다.

## 7. 보전(甫田) - 큰 밭

1/ 無田甫田이어다　　넓고 큰 밭에 밭농사 짓지 마라,
무 전 보 전

維莠驕驕리라　　강아지풀만 무성하리라.
유 유 교 교

| | |
|---|---|
| 無思遠人이어다<br>무 사 원 인 | 멀리 떠나 있는 사람 생각지 말라, |
| 勞心忉忉리라<br>노 심 도 도 | 마음만 괴롭고 아프리라. |
| 2/ 無田甫田이어다<br>무 전 보 전 | 넓은 밭에 밭농사 짓지 마라, |
| 維忉桀桀이리라<br>유 유 걸 걸 | 강아지풀만 자라리리라. |
| 無思遠人이어다<br>무 사 원 인 | 멀리 떠나 있는 사람 생각지 말라, |
| 勞心怛怛이라<br>노 심 달 달 | 마음만 근심하여 아프겠구나. |
| 3/ 婉兮孌兮라<br>완 혜 련 혜 | 어여쁘고 아름다워라, |
| 總角丱兮여<br>총 각 관 혜 | 더벅머리 땋아 내린 총각머리여! |
| 未幾見兮면<br>미 기 견 혜 | 얼마 지나지 않아 만나면 |
| 突而弁兮로다<br>돌 이 변 혜 | 어느새 관 쓴 어른이 되었네. |

{해설 및 감상}

3장에 장마다 4구로 되어있다. 보전(甫田)이라 하여 '큰 밭' 으로 풀이하고 있다. 큰 것이라고 결코 좋은 것만은 아니다. 이름 있는 것이라고 다 좋은 것은 아니다. 아름다운 여인이라고 하여 다 행복한 것은 아니다. 그래서 아름다운 여인이 자기를 후회하는 노래라고 한다. 넓은 밭이라고 다 좋은 것이 아니라고 했는데, 그것은 잡초가 많이 나기 때문이라고 했다. 그리고 멀리 있는 사람을 생각하지 말라고 했다. 그것은 가까이에도 좋은 사람이 있다는 말이다.

{어려운 낱말}

[甫田(보전)] : 큰 밭을 말함. [莠] : 강아지풀(유). [驕驕(교교)] : 잡초가 무성한 모양. [忉忉(도도)] : 근심 걱정하는 모양. [桀桀(걸걸)] : 자라난 모양. [怛怛(달달)] : 근심하는 모양. [孌] : 아름다울(련). [丱] : 쌍상투(관). 머리를 두 가닥으로 땋은 모양. [未幾(미기)] : 얼마 아니 있어. [弁(변)] : 일종의 갓. 관(冠).

## 8. 노령(盧令) - 사냥개 방울

1/ 盧令令이로소니 사냥개 방울 딸랑딸랑
노 령 영
其人美且仁이로다 그 사람 아름답고 인자하도다.
기 인 미 차 인

2/ 盧重環이라 그 사냥개 목에 겹 목걸이라
노 중 환
其人美且鬈이로다 그 사람 아름답고 씩씩하도다.
기 인 미 차 권

3/ 盧重鋂로소니 그사냥개 목에 겹 목걸이라
노 중 매
其人美且偲로다 그 사람 아름답고 인자하도다.
기 인 미 차 시

{해설 및 감상}

모두 3장으로 장마다 2구절로 서로 상대 구절을 이루고 있다. 첫 행은 사냥개 방울소리, 둘째 구절은 그 사람이 나온다. '노령' 을 사냥개의 방울이라 풀이했다. 여기에 사냥개가 나오고 사람이 나오는데, 사냥개를 몰고 가는 사람을 일컬은 것이다. 개를 먼저 이야기하고 다음에 사람을 이야기한다. 그 사람은 아름답고 씩씩하다고 했다.

{어려운 낱말}

[盧] : 사냥개(노). [令令(영령)] : 개의 방울소리. [鬈] : 아름다울(권). 용감하고 씩씩함. [重鋂(중매)] : 하나의 큰 고리에 두 개의 작은 고리가 꿰어 있음. [偲] : 굳셀(시).

## 9. 폐구(敝笱) - 낡은 통발

1/ 敝笱在梁하니 　낡은 통발 다리 아래에 치니
폐 구 재 량

其魚魴鰥이로다 　잡힌 고기는 방어와 잉어,
기 어 방 환

齊子歸止하니 　제나라 딸이 시집가니
제 자 귀 지

其從如雲이로다 　따라가는 사람들 구름처럼 많구나!
기 종 여 운

2/ 敝笱在梁하니 　낡은 통발을 돌다리에 치니
폐 구 재 량

其於魴鱮로다 잡힌 고기는 방어와 연어였네.
기 어 방 서

齊子歸止하니 제나라 딸 시집가니
제 자 귀 지

其從如雨로다 따라가는 사람들 비 쏟아지듯 많구나!
기 종 여 우

3/ 敝笱在梁하니 낡은 통발 돌다리에 치니
폐 구 재 량

其魚唯唯로다 잡힌 그 고기가 유유히 노는구나.
기 어 유 유

齊子歸止하니 제나라 딸 시집갈 때
제 자 귀 지

其從如水로다 따라가는 사람들 물처럼 많구나!
기 종 여 수

{해설 및 감상}

3장 4구로 구성되어 있다. 여기에 통발이 나오는데, 통발은 고기를 잡기 위함이요, 잡힌 고기는 제나라 딸 시집갈 때 오는 사람을 대접하기 위함이다. 그러나 떨어진 통발로 무슨 고기를 잡는단 말인가? 노나라 장공이 문강을 제지 못함을 비유해서 쓴 글이라고 한다. 제나라 딸이 시집갈 때 따라가는 사람이 매우 많다는 것을 노래하고 있다. 낡은 통발에 고기가 들락날락한다는 것은 그만큼 국권이 약하여 건잡을 수 없다는 것을 의미하는 것이 아닐까?

{어려운 낱말}

[笱] : 통발(구). [鰥] : 잉어(환). [敝(폐)] : 해진 것. [梁] : 돌다리(량). 어살.

[鱮] : 연어(서). [如雨(여우)] : 비가 내리듯 하다. [唯唯(유유)] : 물고기가 노는 모양.

*제나라 사람이 떨어진 통발로 큰 물고기를 잡지 못하는 것은, 노(魯)나라 장공(莊公)이 문강(文姜)을 제지하지 못하는 것에 비유하여 읊은 노래라고 한다.

## 10. 재구(載驅) - 수레를 타고

1/ 載驅薄薄하니 (재구박박) 수레 타고 빨리 달려가니
簟茀朱鞹이로다 (점불주곽) 대로 엮은 발에 붉은 가죽 장식이네.
魯道有蕩이거늘 (노도유탕) 노나라 가는 길이 평탄하거늘
齊子發夕이로다 (제자발석) 제나라 따님, 이 저녁에 떠나가네.

2/ 四驪濟濟하니 (사려제제) 네 필 검정말 타고 멋지게 가니
垂轡濔濔로다 (수비니니) 늘어진 고삐 치렁치렁하구나.
魯道有蕩이거늘 (노도유탕) 노나라 가는 길 평탄함이 있기에
齊子豈弟로다 (제자기제) 제나라 공주님 참 즐거워하리로다.

3/ 汶水湯湯이거늘 문수(汶水)는 넘실넘실 하거늘
문 수 상 상

行人彭彭이로다 행인들이 가득하여라.
행 인 방 방

魯道有蕩이거늘 노나라 가는 길 평탄하기에
노 도 유 탕

齊子翱翔이로다 제나라 공주님 유유히 오시는구나.
제 자 고 상

4/ 汶水滔滔하거늘 문수는 도도히 흐르거늘
문 수 도 도

行人儦儦로다 행인은 수도 없이 들끓고 있구나.
행 인 표 표

魯道有蕩이거늘 노나라의 길이 평탄함이 있거늘
노 도 유 탕

齊子遊敖로다 제나라 공주님 유유히 오시는구나.
제 자 유 오

{해설 및 감상}

4장으로 장마다 4구절로 구성되어 있다. 제나라 사람들이 문강이 화려한 수레를 타고 노나라에서 제나라로 다니며 즐기는 것을 풍자한 시라고 한다. 화려한 수레를 타고 다니는 모양이 눈으로 보듯 즐겁게 보이기도 한다. 「모시서」에는 제나라 사람들이 양공을 풍자한 시라고 하였다. 예의도 모르면서 수레와 옷을 성대히 차리고 큰 고을의 한 길을 달려와 문강과 음행을 하여 백성들에게까지도 나쁜 영향을 끼쳤기 때문이라고 하였다.

{어려운 낱말}

[薄薄(박박)] : 수레가 빨리 다니는 소리. [簟茀(점불)] : 대나무로 만든 붉은 자리. [簟] : 대자리(점), 대로 만든 발(점). [茀] : 풀 우거질(불). 수레의 가리개. [鞹] : 생가죽(곽). [濔濔(니니)] : 부드러운 모양. [汶水(문수)] : 제나라 남쪽 노나라 북쪽의 국경으로 흐르는 물. [湯湯(상상)] : 물이 흐르는 모양. '湯' 은 '상' 으로 읽음. [彭彭(방방)] : 가득한 모양. '彭' 은 '방' 으로 읽음. [翺翔(고상)] : 수레를 타고 유유히 노닐 듯 오다. [滔滔(도도)] : 큰물이 흘러가는 모양. [遊敖(유오)] : 노닐다. '고상' 과 뜻이 비슷함.

## 11. 의차(猗嗟) - 아, 멋져라!

| | |
|---|---|
| 1/ 犄嗟昌兮여<br>의 차 창 혜 | 아, 멋있고 감탄함이여! |
| 頎而長兮여<br>기 이 장 혜 | 그 씩씩하고 훤칠함이여! |
| 抑若揚兮여<br>억 약 양 혜 | 활을 올리고 내림이여! |
| 美目揚兮로다<br>미 목 양 혜 | 아름다운 눈을 올려 겨누어보도다. |
| 巧趨蹌兮로소니<br>교 추 창 혜 | 교묘한 날개를 편 듯하여 |
| 射則臧兮로다<br>사 즉 장 혜 | 활을 쏘아서 잘도 맞추신다. |
| 2/ 猗嗟名兮여<br>의 차 명 혜 | 아, 멋지고 훌륭함이여! |

| | |
|---|---|
| 美目清兮로다<br>미 목 청 혜 | 그 고운 눈빛 맑기도 하여라. |
| 儀旣成兮로소니<br>의 기 성 혜 | 의식도 이미 잘 이루었으니 |
| 終日射侯하신다<br>종 일 석 후 | 종일토록 과녁을 쏘아대신다. |
| 不出正兮로다<br>불 출 정 혜 | 한 번도 빗나가지 않는구나. |
| 展我甥兮로다<br>전 아 생 혜 | 정말 우리 임금의 조카이로다. |

| | |
|---|---|
| 3/ 猗嗟孌兮여<br>의 차 련 혜 | 아, 멋지고 사랑스러움이여! |
| 清揚婉兮로다<br>청 양 완 혜 | 맑은 눈과 넓은 이마로다. |
| 舞則選兮여<br>무 즉 선 혜 | 춤추듯 사뿐사뿐 움직임이여! |
| 射則貫兮로다<br>사 즉 관 혜 | 활을 쏘면 과녁을 꿰뚫는구나. |
| 四矢反兮로소니<br>사 시 반 혜 | 네 개의 화살 모두 다 맞추시어 |
| 以禦亂兮로다<br>이 어 란 혜 | 그 재주로 세상 어지러움을 막으리로다. |

{해설 및 감상}

3장 마다에 6구절로 구성되어 있다. 멋지다는 감탄사가 계속 이어지고 있다. 제나라 사람들이 노나라의 장공이 그렇게 훌륭한 위의를 가졌음에도, 자기 어머니인 문강의 불륜을 막지 못한 자식의 도리를 풍자한 시라고 한다. 그래서 「모시서」에는 노나라 장공을 풍자한 시라고 하였다. 장공이 이처럼 훌륭한 용모와 활 쏘는 솜씨를 지니고 있으면서 예로서 어머니의 음행을 막지 못하여 자식의 도리를 잃은 것을 풍자하였다.

{어려운 낱말}

[猗嗟昌(의차창)] : 감탄사. [頎] : 씩씩할(기). 장대한 모양. [抑若揚(억약양)] : 아름답고 성대함. [蹌(창)] : 활개 치며 나는 모양. [名(명)] : 칭찬. [射侯(석후)] : 활을 쏘아 맞추다. 射은 '석' 으로 읽음. [我甥(아생)] : 생질. 제나라 양공의 생질임. [四矢(사시)] : 한 번에 4번의 화살을 쏘다.

## 제9장
# 위풍(魏風)

위풍(魏風)은 모두 7편으로, 주나라 초기에 같은 성씨인 희성(姬姓)을 위(魏)에 봉하여 주나라 혜왕(惠王)에 이르러 진(晉)나라 헌공(獻公)에게 멸망하였다. 그 전후의 전말은 알 수 없으나 멸망 이후에는 다른 사람의 채읍(采邑)을 삼았고, 그 후손인 한(韓), 조(趙), 진(晉)의 3으로 갈라져 그중의 하나가 위(魏)나라였는데, 이것이 나중에 전국시대 7웅의 하나인 위나라였다.

껍질 엮어 만든 칡 신으로
서리라도 밟을 수 있겠다.
곱고 가녀린 여인의 손으로
옷을 지을 수도 있겠다.
허리대고 동정도 달면
남편은 그 옷을 입을 것이다.

-'칡으로 만든 신'의 일부

## 1. 갈구(葛屨) - 칡 신

| | |
|---|---|
| 1/ 糾糾葛屨로<br>규 규 갈 구 | 껍질로 엮어 만든 칡 신으로 |
| 可以履霜이라<br>가 이 리 상 | 서리라도 밟을 수 있겠다. |
| 摻摻女手로<br>섬 섬 여 수 | 곱고 가녀린 여인의 손으로 |
| 可以縫裳이라<br>가 이 봉 상 | 옷을 지을 수도 있겠다. |
| 要之襋之하면<br>요 지 극 지 | 허리대고 동정을 달면 |
| 好人服之하리라<br>호 인 복 지 | 남편은 그 옷을 입을 것이다. |
| 2/ 好人提提하여<br>호 인 제 제 | 남편은 편안하고 너그러워 |
| 宛然左辟이라<br>완 연 좌 피 | 겸손하게 왼쪽으로 비껴서네. |
| 佩其象揥라<br>패 기 상 체 | 허리엔 상아 족집게 차고 있어라, |
| 維是褊心에<br>유 시 편 심 | 오직 그 마음 편안함에 |
| 是以爲刺로다<br>시 이 위 자 | 이렇게 나무라기도 해보누나. |

{해설 및 감상}

모두 2장으로, 1장은 6구절, 2장은 5구절로 구성하고 있다. 제목이 '칡으로 만든 신' 이라 했다. 이 시의 내용으로 보아 아주 편협하고 절약한 행위가 나타난다. 위나라는 땅이 좁고 편협하여 그들의 편협한 생활상이 나타나 있다. 칡 신을 만들어 신고 여인이 만들어 준 옷을 입고 멋을 한껏 부려본다.

{어려운 낱말}

[糾糾(규규)] : 동여매는 모양. 엉성히 얽어놓은 모양. [摻摻(섬섬)] : 곱고 가는 모양. [摻摻女手(섬섬여수)] : 가느다란 여자의 손. 섬섬옥수란 뜻이다. [襋] : 옷깃(극). [好人(호인)] : 좋은 임. [提提(제제)] : 편안하고 너그러운 모양. [宛然(완연)] : 사양하는 모양. [左辟(좌피)] : 왼쪽으로 살짝 피하는 겸손. [象揥(상체)] : 상아로 만든 빗. [褊心(편심)] : 마음이 급하고 좁음.

## 2. 분저여(汾沮洳) - 분수가의 늪

| | |
|---|---|
| 1/ 彼汾沮洳에 (피분저여) | 저 분수의 늪에서 |
| 言采其莫로다 (언채기모) | 푸성귀를 뜯는구나. |
| 彼其之子여 (피기지자) | 저기 저분은 |
| 美無度로다 (미무도) | 끝없이 아름답구나. |
| 美無度하나 (미무도) | 그지없이 아름답지만 |
| 殊異乎公路로다 (수이호공로) | 귀족과는 너무나 다르네. |

| | |
|---|---|
| 2/ 彼汾一方에<br>피 분 일 방 | 저 분수의 한쪽에서 |
| 言采其桑이로다<br>언 채 기 상 | 뽕잎을 따는구나. |
| 彼其之子여<br>피 기 지 자 | 저기 저 귀공자는 |
| 美女英이로다<br>미 여 영 | 꽃부리처럼 아름답다. |
| 美如英이나<br>미 여 영 | 꽃부리처럼 아름답지만 |
| 殊異乎公行이로다<br>수 이 호 공 행 | 귀족과는 너무나 다르다. |

| | |
|---|---|
| 3/ 彼汾一曲에<br>피 분 일 곡 | 저 분수의 한 모퉁이에서 |
| 言采其藚이로다<br>언 채 기 속 | 쇠귀나물을 뜯는구나. |
| 彼其之子여<br>피 기 지 자 | 저기 저 귀공자는 |
| 美如玉이로다<br>미 여 옥 | 옥같이 아름답도다. |
| 美如玉이나<br>미 여 옥 | 옥같이 아름다워도 |
| 殊異乎公族이로다<br>수 이 호 공 족 | 귀족과는 너무나 다르구나. |

{해설 및 감상}

3장 6구의 구조로 되어있다. 검소함을 풍자한 시라고 했다. 지나치게 검소하면 인색해지는 법이다. 그 검소한 생활이 예절에는 합당하지 않는 것이다. 이것을 풍자하여 지은 것이 이 시편이다. 그래서 끝 연에

'옥같이 아름다워도 귀족과는 너무 다르다' 하고 노래하고 있다. 귀족이 인색하다면 그것은 보기에도 그렇겠다.

{어려운 낱말}

[汾] : 강 이름(분). 지금의 산서성 영무현 서남쪽 관잠산에서 시작하여 서남쪽으로 정낙현에 이름. [沮洳(저여)] : 물이 들어와서 낮고 습한 땅. [莫(모)] : 나물을 지칭함. 莫는 '모' 로 읽음. [公路(공로)] : 임금의 수레를 맡은 벼슬. [英(영)] : 꽃을 말함. [一曲(일곡)] : 물이 굽이쳐 흐르는 것. [藚] : 택사(속). 풀이름. 마디로 된 물풀. 택사. [公族(공족)] : 제후.

## 3. 원유도(園有桃) - 정원의 복숭아나무

| | |
|---|---|
| 1/ 園有桃하니<br>원 유 도 | 동산의 복숭아나무 |
| 其實之殽로다<br>기 실 지 효 | 그 열매 주렁주렁 열렸도다. |
| 心之憂矣라<br>심 지 우 의 | 마음에 이는 근심 있어서 |
| 我歌且謠호라<br>아 가 차 요 | 나의 노래를 불러보누나. |
| 不我知者는<br>불 아 지 자 | 나를 알지 못하는 사람은 |
| 謂我士也驕로다<br>위 아 사 야 교 | 나를 교만하다 하느니 |

| | |
|---|---|
| 彼人是哉어늘<br>피 인 시 재 | 저분의 하는 일이 바르시거늘, |
| 子曰何其오 하나니<br>자 왈 하 기 | 당신은 '어찌 그런가?' 하니 |
| 心之憂矣로다<br>심 지 우 의 | 마음속의 근심이로다. |
| 其誰知之리오<br>기 수 지 지 | 그 누가 알아 주리요? |
| 其誰知之리오<br>기 수 지 지 | 그 누가 알아준단 말인가? |
| 蓋亦勿思로다<br>개 역 물 사 | 또한 어찌 근심하지 않으리오. |

| | |
|---|---|
| 2/ 園有棘하니<br>원 유 극 | 동산에 대추나무 있으니 |
| 其實之食이로다<br>기 실 지 식 | 그 열매 먹을 수 있겠네. |
| 心之憂矣라<br>심 지 우 의 | 마음에 이는 근심이 있으면 |
| 聊以行國호라<br>료 이 행 국 | 잠시 도성을 다녀도 보노라. |
| 不我知者는<br>불 아 지 자 | 나를 알지 못하는 사람은 |
| 謂我士也罔極이로다<br>위 아 사 야 망 극 | 나를 젊은 사람이 망극하다 하나 |
| 彼人是哉어늘<br>피 인 시 재 | 저 사람은 나를 바르다 하거늘, |
| 子曰何其오 하나니<br>자 왈 하 기 | 당신은 '어찌 그런가?' 고 하니 |
| 心之憂矣여<br>심 지 우 의 | 마음에 이는 근심이여! |

| | |
|---|---|
| 其誰知之리요 (기 수 지 지) | 누가 알아 주리요? |
| 其誰知之리오 (기 수 지 지) | 그 누가 알아준단 말인가 |
| 蓋亦勿思로다 (개 역 물 사) | 차라리 생각을 하지나 말아야지. |

{해설 및 감상}

2장 12구절로 된 시다. 나라가 작아 정치가 제대로 잘 되지 않으므로 이 시를 지었다고 한다. 동산의 복숭아나무와 동산의 대추나무가 시의 소재로 나온다. 이런 과일 나무가 상징하는 이 시의 역할은 무엇인가? 그 자체가 근심스럽다. 이것은 그 당시의 시국을 풍자한 것이리라. 정치가 제대로 안됨을 걱정하는 어진 사람이 자기 나라가 쇠약해지고 있음을 걱정하는 노래라고 했다.

{어려운 낱말}

[其實(기실)] : 복숭아 열매. [殽] : 어지러울(효). 여기서는 '먹다' 임. [歌且謠(가차요)] : 혼자 노래를 부르다. [棘] : 야생 대추나무(극). 본뜻은 가시(자). [行國(행국)] : 나라 안을 돌아다니다. [罔極(망극)] : 옳지 않는 것. 끝이 없음.

## 4. 척호(陟岵) - 민둥산에 올라

| | |
|---|---|
| 1/陟彼岵兮하여 (척피호혜) | 저 산 위에 올라 |
| 瞻望父호라 (첨망부) | 아버지 계신 곳을 바라본다. |
| 父曰嗟予子行役하여 (부왈차여자행역) | 아버지 말씀, 아 내 아들 출정하여 |
| 夙夜無已하니 (숙야무이) | 밤낮으로 끊임없이 일하니 |
| 上愼旃哉하여 (상신전재) | 부디 몸조심하여 |
| 猶來無止하라 (유래무지) | 머물러 있지 말고 돌아오라. |
| 2/陟彼屺兮여 (척피기혜) | 저 산 위에 올라 |
| 瞻望母兮하여 (첨망모혜) | 어머니 계신 곳을 바라본다. |
| 母曰嗟予季行役하여 (모왈차여계행역) | 어머니 이르시되, 내 막내 출정하여 |
| 夙夜無寐하니 (숙야무매) | 밤낮으로 자지도 못하니 |
| 上愼旃哉하여 (상신전재) | 부디 몸조심하여 |
| 猶來無棄하라 (유래무기) | 타향에서 죽지 말고 돌아오라. |
| 3/陟彼岡兮하여 (척피강혜) | 저 언덕에 올라 |

瞻望兄兮여 형님 계신 곳을 바라봄이여!
첨 망 형 혜

兄曰嗟予弟行役하여 형께서 말하기를, 내 아우 출정하여
형 왈 차 여 제 행 역

夙夜必偕리로다 밤낮으로 함께 하리로다.
숙 야 필 해

上愼旃哉하여 부디 몸조심하여
상 신 전 재

猶來無死하라 타향에서 죽지 말고 돌아오라.
유 래 무 사

{해설 및 감상}

3장 6구체로 구성되어 있다. 어느 자식이 군대 부역에 나가서 그 부모형제를 잊지 못하고, 높은 산에 올라서 부모형제를 그리워하여 부른 노래라고 한다. 제목이 '민둥산에 올라' 이다. 민둥산에 올라서 아버지 계신 곳을 향하여 힘껏 외치는 말을 표현하고 있다. 아버지와 형님께 소리 높여 외치고 있는 내용이다. 정말 수긍이 가는 내용이다. 즉 효자가 나랏일로 멀리 나가 부모를 생각하는 노래라고 했다.

{어려운 낱말}

[陟(척)] : 오르다. 즉 올라가다. [岵] : 산(호). 나무가 없는 산. [瞻望(첨망)] : 멀리 바라보다. [旃] : 깃대(전). [無止(무지)] : 머물러 있지 말라. [屺] : 민둥산(기). 나무가 많은 산. [棄(기)] : 죽으면 시체를 버리는 것. [無棄(무기)] : 죽지 말고.

## 5. 십묘지간(十畝之間) - 십묘의 땅

1/ 十畝之間兮여 (십 묘 지 간 혜) — 10묘(畝)의 땅에서
桑者閑閑兮로다 (상 자 한 한 혜) — 뽕 따는 사람이 여유로워라,
行與子還兮리라 (행 여 자 환 혜) — 장차 그대와 돌아가리라.

2/ 十畝之外兮여 (십 묘 지 외 혜) — 10묘(畝)의 땅 밖이여!
桑者泄泄兮하여 (상 자 예 예 혜) — 뽕 따는 사람들 한가로워서
行與子逝兮로다 (행 여 자 서 혜) — 장차 그대와 함께 그리로 가리라.

{해설 및 감상}

2장 3구로 구성되어 있다. 나라가 어지러워지고 정치가 문란해져서 어진 선비들이 전원으로 돌아가고픈 생각으로 이 시를 썼다고 한다. 전원으로 돌아가서 조그만 땅에 뽕이나 따고 한가롭게 그대와 함께 살고 싶다는 내용이다. 그래서 당시 시국을 풍자하면서 전원으로 돌아가고픈 사람들의 시라고 했다.

{어려운 낱말}

[十畝(십묘,무)] : 들판의 땅으로 약 천 평 정도의 밭. '畝(묘,무)' 이랑. [十畝之間(십묘지간)] : 십 묘나 되는 땅. 10묘는 약 천 평의 넓이이다. [桑者

(상자)] : 뽕 따는 사람. [桑者閑閑(상자한한)] : 뽕 따는 사람이 한가롭게 살아가는 것. [閑閑(한한)] : 한가한 모양. [行(행)] : 장차. [還(환)] : 돌아가다. 벼슬을 그만두고 전원으로 가다. [泄泄(예예)] : 한가한 모양.

## 6. 벌단(伐檀) - 박달나무 베다

| | |
|---|---|
| 1/ 坎坎伐檀兮여<br>감 감 벌 단 혜 | 쩡쩡 박달나무 베어서 |
| 寘之河之干兮하니<br>치 지 하 지 간 혜 | 황하의 물가에 두었으니 |
| 河水淸且漣猗로다<br>하 수 청 차 연 의 | 황하의 물은 맑고 잔잔해진다. |
| 不稼不穡이어늘<br>불 가 불 색 | 심지도 않고 거두지도 않으면서 |
| 胡取禾三百廛兮며<br>호 취 화 삼 백 전 혜 | 어찌 벼 삼백 전을 거둬들이며 |
| 不狩不獵이어늘<br>불 수 불 렵 | 사냥을 하지도 않으면서 |
| 胡瞻爾庭有縣貆兮오<br>호 첨 이 정 유 현 훤 혜 | 어찌 뜰에 내걸린 담비가 보이는가? |
| 君子兮여<br>군 자 혜 | 저 진정한 군자여! |
| 不素餐兮로다<br>불 소 찬 혜 | 하는 일 없이 밥만 먹지 않는다네. |
| 2/ 坎坎伐輻兮하여<br>감 감 벌 폭 혜 | 쩡쩡 수레바퀴살 나무 베어서 |

| | |
|---|---|
| 寘之河之側兮하니<br>치 지 하 지 측 혜 | 황하 곁에 놓아두니 |
| 河水清且直猗로다<br>하 수 청 차 직 의 | 황하의 물은 맑고 곧바로 흘러가도다. |
| 不稼不穡이어늘<br>불 가 불 색 | 심지도 않고 거두지도 않거늘 |
| 胡取禾三百億兮며<br>호 취 화 삼 백 억 혜 | 어찌 삼백억 창고 곡식을 거둬들이며 |
| 不狩不獵이어늘<br>불 수 불 렵 | 사냥도 하지 않았거늘 |
| 胡瞻爾庭有縣特兮오<br>호 첨 이 정 유 현 특 혜 | 어찌 너 뜰에 걸린 짐승이 보이는가? |
| 彼君子兮여<br>피 군 자 혜 | 저 참 군자여! |
| 不素食兮로다<br>불 소 식 혜 | 일하지 않고는 먹지도 않는다더라. |

| | |
|---|---|
| 3/ 坎坎伐輪兮하여<br>감 감 벌 륜 혜 | 쩡쩡 수레바퀴용 나무 베어서 |
| 寘之河之漘兮하니<br>치 지 하 지 순 혜 | 황하의 물가에 놓아두었으니 |
| 河水清且淪猗로다<br>하 수 청 차 륜 의 | 항하의 물은 맑고 잔잔하게 흘러가도다. |
| 不稼不穡이어늘<br>불 가 불 색 | 농사도 짓지 않았거늘 |
| 胡取禾三百囷兮며<br>호 취 화 삼 백 균 혜 | 어찌 삼백 창고 곡식을 거둬들이며 |
| 不狩不獵이어늘<br>불 수 불 렵 | 사냥도 하지 않았거늘 |
| 胡瞻爾庭有縣鶉兮오<br>호 첨 이 정 유 현 순 혜 | 어찌 두 뜰에 걸린 메추리가 보이는가? |

彼君子兮여 저 군자여!
피 군 자 혜

不素飧兮로다 일하지 않고는 먹지도 말라는데!
불 소 손 혜

{해설 및 감상}

3장마다 모두 9구절로 이루어져 있다. 심지도 않고 베지도 않았는데도 어찌 풍부하게 사는가? 1, 2, 3장 모두 나무를 베어서 황하 강가에 두고는 하는 일 없이도 잘 지내는 것은 백성의 착취다. 군자여! 어찌 하는 일없이 지내는가? 하고, 군자는 '무위도식' 하지 않는다는 것을 은유적으로 깨우치고 있다. 수긍이 가는 표현이다.

{어려운 낱말}

[坎坎(감감)] : 나무 베는 소리. [干(간)] : 涯와 같은 뜻의 글자다. [漣猗(연의)] : 바람이 불면 물결이 이는 모양. [素餐(소찬)] : 공짜로 얻어먹는 밥. 무위도식. [寘] : 둘(치). [直(직)] : 곧은 파도[直波]. [穡] : 거둘(색). [囷] : 곳집(균). [鶉] : 메추라기(순).

## 7. 석서(碩鼠) - 큰 쥐

1/ 碩鼠碩鼠여 큰 쥐여, 큰 쥐여!
석 서 석 서

無食我黍하라 우리 기장을 먹지마라.
무 식 아 서

| | |
|---|---|
| 三歲貫女어늘<br>삼 세 관 여 | 3년을 너를 위해 주었거늘 |
| 莫我肯顧로다<br>막 아 긍 고 | 나를 돌보지 않는구나. |
| 逝將去女하며<br>서 장 거 녀 | 너를 떠나 멀리 떠나서 |
| 適彼樂土로다<br>적 피 낙 토 | 저 낙원으로 가리로다. |
| 樂土樂土여<br>낙 토 낙 토 | 낙원이여, 낙원이여! |
| 爰得我所로다<br>원 득 아 소 | 내 살 곳을 찾으리라. |
| 2/ 碩鼠碩鼠여<br>석 서 석 서 | 큰 쥐여, 큰 쥐들이여! |
| 無食我麥이어다<br>무 식 아 맥 | 우리 보리를 먹지마라. |
| 三歲貫女어늘<br>삼 세 관 녀 | 삼 년을 위해 주었거늘 |
| 莫我肯德이로다<br>막 아 긍 덕 | 내게 은덕은 베풀지 아니하도다. |
| 逝將去女하리라<br>서 장 거 녀 | 너를 떠나 멀리 가리로다. |
| 適彼樂國이로다<br>적 피 낙 국 | 저 낙원으로 가리라, |
| 樂國樂國이여<br>낙 국 낙 국 | 낙원이여, 낙원이여! |
| 爰得我直이로다<br>원 득 아 직 | 거기가면 내 곧게 살리라. |
| 3/ 碩鼠碩鼠여<br>석 서 석 서 | 쥐야, 쥐야 큰 쥐야! |

| | |
|---|---|
| 無食我苗어다<br>무 식 아 묘 | 우리 곡식 먹지마라 |
| 三歲貫女어늘<br>삼 세 관 녀 | 3년이나 너를 섬겼지만 |
| 莫我肯勞로다<br>막 아 긍 로 | 날 위로하지 않는구나! |
| 逝將去女하고<br>서 장 거 녀 | 떠나가라라, 이제는 너를 버리고 |
| 適彼樂郊로다<br>적 피 낙 교 | 저 행복의 들판으로 가리로다. |
| 樂郊樂郊여<br>낙 교 낙 교 | 즐거운 들판이여, 들판이여! |
| 誰之水號리요<br>수 지 수 호 | 거기에는 긴 한숨도 없으리라. |

{해설 및 감상}

3장 8구로 구성되었다. 그 장의 첫머리에 석서(碩鼠)라고 시작한다. 이는 '큰 쥐' 라는 말이다. 쥐는 곡식을 훔쳐 먹는다. 그래서 백성들은 쥐를 싫어한다. 당시의 위정자들이 쥐처럼 백성이나 국가의 재물을 훔쳐 먹는 것을 상징적으로 표현하고 있다. 쥐 중에도 '큰 쥐' 는 세력이 있는 위정자다. 그래서 '큰 쥐야, 큰 쥐야!' 하고 노래했다. 우리도 지금 이 말에 반성할 여지가 있다고 생각한다. 우리나라에는 지금 저 큰 쥐와 같은 그런 자는 없는가?

{어려운 낱말}

[碩鼠(석서)] : 큰 쥐. [黍] : 기장(서). [樂土(낙토)] : 살기 좋은 낙원. [直

(직)] : 마땅히. 당연히. [三歲貫女(삼세관녀)] : 오랫동안 거두어주었다. 돌봐주다. [樂郊(낙교)] : 살기 좋은 즐거운 들판.

## 제10장
# 당풍(唐風)

진(晉)나라 땅이었던, 지금의 산서성(山西城) 태원(太原) 일대인 태행산(太行山), 항산(恒山) 일대의 서쪽 태원 태악의 평야지대에서 채록한 것이 이 당풍(唐風)이다. 모두 12수가 실려 있는데, 이 지역은 메마르고 척박한 땅이어서 부유하지 못하고 가난하여 근검 절약하는 풍습으로 매우 건전한 생활풍습이었다. 그래서 우수(憂愁)의 색깔이 짙은 작품이 많았다. 이것이 오히려 후세에는 드넓은 기상으로 바뀌도록 했다.

집안에 귀뚜라미
한 해도 저물어가도다.
지금 내가 즐기지 않으면
세월은 그냥 지나가리라.
너무 무사태평하지 말고
집안일도 생각해야 하리라.
즐거움을 즐기기에 지나치지 아니하고
훌륭한 선비는 늘 조심해야 한다네.

-'귀뚜라미' 의 일부

## 1. 실솔(蟋蟀) - 귀뚜라미

| | |
|---|---|
| 1/ 蟋蟀在堂하니<br>실 솔 재 당 | 집안에 귀뚜라미 |
| 歲聿其莫로다<br>세 율 기 모 | 한 해도 저물어가도다. |
| 今我不樂이면<br>금 아 불 락 | 지금 내가 즐기지 않으면 |
| 日月其除리라<br>일 월 기 제 | 세월은 그냥 지나가리라. |
| 無已大康하고<br>무 이 대 강 | 너무 무사태평하지 말고 |
| 職思其居하라<br>직 사 기 거 | 집안일도 생각해야 하리라. |
| 好樂無荒하고<br>호 락 무 황 | 즐거움을 즐기기에 지나치지 아니하고 |
| 良士瞿瞿니라<br>양 사 구 구 | 훌륭한 선비는 늘 조심해야 한다네. |

| | |
|---|---|
| 2/ 蟋蟀在堂하니<br>실 솔 재 당 | 집안에 귀뚜라미가 있으니 |
| 歲聿其逝로다<br>세 율 기 서 | 한 해도 지나간다. |
| 今我不樂이면<br>금 아 불 락 | 지금 내가 즐기지 않으면 |
| 日月其邁니라<br>일 월 기 매 | 세월은 그냥 멀어져 버린다. |
| 無已大康하고<br>무 이 대 강 | 너무 무사태평하지 말고 |
| 職思其外하라<br>직 사 기 외 | 바깥일도 생각해야지. |

好樂無荒하라　　즐거움을 즐기되 지나치지 말라,
호 락 무 황

良士蹶蹶라　　훌륭한 선비는 늘 부지런하다네.
양 사 궤 궤

3/蟋蟀在堂하니　　집안에 귀뚜라미
실 솔 재 당

役車其休로다　　일 나갈 수레도 쉬고 있네.
역 거 기 휴

今我不樂이면　　지금 내가 즐기지 않으면
금 아 불 락

日月其慆니라　　세월은 그냥 묻혀버린다.
일 월 기 도

無已大康하고　　너무 무사태평하지 말고
무 이 대 강

職思其憂하라　　어려운 일도 생각해야지.
직 사 기 우

好樂無荒이　　즐기기를 지나치지 않는 것,
호 락 무 황

良士休休니라　　좋은 선비는 늘 편안히 즐긴다네.
양 사 휴 휴

{해설 및 감상}

3장 8구체의 형식이다. 당풍(唐風) 첫머리에 나오는 노래로서 귀뚜라미를 노래하고 있다. 당나라 사람들은 모두 부지런하고 일을 마치고는 풍속에 의하여 푹 쉬고 놀기도 했다. 그러나 너무 놀아서도 안 된다는 교훈이 들어있다. 귀뚜라미는 일 없이 즐기는 곤충이다. 한가하게 노래만 부르고 있어야 되겠느냐 하는 교훈이다. '여름에 나무 높이 앉아 노래 부르며 놀기만 한다면 겨울에는 굶어 죽는다.' 는 교훈이 들어 있다. '개미와 배짱' 이란 우리 속담이 있지 않는가?

{어려운 낱말}

[蟋蟀(실솔)] : 귀뚜라미. [聿其莫(율기모)] : 늦다는 뜻임. [職(직)] : 주인. [瞿瞿(구구)] : 늘 조심하다. [蹶蹶(궤궤)] : 늘 정신을 차리다. [慆] : 기뻐할(도). 지나가는 것. [思其憂(사기우)] : 근심스런 일이 닥칠 것을 생각하여 미리 조심함. [休休(휴휴)] : 편안하고 한가한 모양.

## 2. 산유추(山有樞) - 산의 느릅나무

| | |
|---|---|
| 1/ 山有樞하고<br>산 유 추 | 산에는 스무나무가 있고 |
| 隰有楡로다<br>습 유 유 | 습지에는 느릅나무도 있네. |
| 子有衣裳이로되<br>자 유 의 상 | 그대에게 옷 있어도 |
| 弗曳弗婁하네<br>불 예 불 루 | 아껴서 입지도 않았구나! |
| 子有車馬로되<br>자 유 거 마 | 그대에게 수레와 말이 있어도 |
| 弗馳弗驅라가<br>불 치 불 구 | 타지도 않고, 달리지도 않았다가 |
| 宛其死矣어든<br>완 기 사 의 | 그러다 그대 만약 죽어버리면 |

他人是愉리라 — 다른 사람 좋은 일만 하게 되리라.
타 인 시 유

2/ 山有栲하고 — 산에는 산가죽나무가 있고
산 유 고

隰有杻로다 — 습지에는 박달나무도 있네.
습 유 뉴

子有廷内하되 — 그대에게 안마당 있으되
자 유 정 내

弗洒弗埽하며 — 물 뿌리지 않고, 쓸지도 않으며
불 쇄 불 소

子有鐘鼓로되 — 그대에게 종과 북 있어도
자 유 종 고

弗鼓弗考라 — 치지도 두드리지도 않네.
불 고 불 고

宛其死矣하면 — 그러다 만약 그대 죽어버린다면
완 기 사 의

他人是保리라 — 다른 사람이 모두 차지하리라.
타 인 시 보

3/ 山有漆하고 — 산에는 옻나무가 있고
산 유 칠

隰有栗이로다 — 습지에는 밤나무도 있네.
습 유 율

子有酒食이로되 — 그대에게 술과 음식 있다고
자 유 주 식

何不日鼓瑟이리요 — 어찌 날마다 거문고만 타느냐?
하 불 일 고 슬

且以喜樂하며 — 이렇게 즐거움만 누리면서
차 이 희 락

且以永日고 — 하루 해를 길게 보내지 않는가?
차 이 영 일

宛其死矣면　　　그러다 만약에 그대 죽어버리면
완 기 사 의

他人入室하리라　　다른 사람이 그대 집 차지하리라.
타 인 입 실

{해설 및 감상}

3장 8구체로 이루어져 있다. 앞에 있는 '실솔' 의 시에 답을 하는 시라고 한다. '실솔' 에서는 먹고 놀고 즐기는 귀뚜라미라면, 여기서는 그 귀뚜라미에 대한 화답하는 노래라 할 수 있다. 맨날 먹고 놀기만 하다가 죽으면, 그 좋은 집과 재산은 다른 사람에게로 넘어간다는 안타까움을 노래하고 있었다. 이 산유추(山有樞)는 검소하게 절약이나 하다가 제때에 즐기지도 못하다 보면 죽을 때에는 후회나 하게 될 것이라는 내용이다.

{어려운 낱말}

[樞] : 지도리(추). 여기서는 '참느릅나무', 혹은 '스무나무' 로 풀이한다. [楡] : 느릅나무(유). [婁(루)] : 여기서는 끌다. 曳와 같음. [宛(완)] : 앉아서 보는 모양. [杻(뉴)] : 참죽나무. 감탕나무. [考(고)] : 여기서는 '擊(격)' 과 같다. [喜樂(희락)] : 재미있게 즐김.

## 3. 양지수(揚之水) - 잔잔한 물

1/ 揚之水에　　　잔잔한 물결 속에
양 지 수

| | |
|---|---|
| 白石鑿鑿이로다<br>백 석 착 착 | 흰 돌은 씻겨 깨끗하네. |
| 素衣朱襮으로<br>소 의 주 박 | 흰옷에 붉은 수놓고 깃 달아 |
| 從子于沃하리라<br>종 자 우 옥 | 곡옥(曲沃)에 가서 임께 바치리라. |
| 旣見君子하니<br>기 견 군 자 | 이미 우리 님 뵈었으니 |
| 云何不樂이요<br>운 하 불 락 | 어이 즐겁지 않으랴? |
| 2/ 揚之水에<br>양 지 수 | 잔잔한 물결 속에 |
| 白石皓皓로다<br>백 석 호 호 | 흰 돌이 새하얗구나! |
| 素衣朱繡로<br>소 의 주 수 | 흰옷에 수놓아 붉은 깃 달아 |
| 從子于鵠하리<br>종 자 우 곡 | 곡옥(曲沃)에 가서 내 임 따르리. |
| 旣見君子하면<br>기 견 군 자 | 우리 님 뵈옵는다면 |
| 云何其憂리라<br>운 하 기 우 | 아무 근심 없어지리라. |
| 3/ 揚之水에는<br>양 지 수 | 잔잔한 물결 속에는 |
| 白石粼粼이로다<br>백 석 인 린 | 흰 돌이 반짝 빛나리로다. |
| 我聞有命이나<br>아 문 유 명 | 나는 명령 내리심을 듣고 있으나 |
| 不敢以告人이로다<br>불 감 이 고 인 | 감히 남에게 알리지 못한다네. |

{해설 및 감상}

'양지수' 는 잔잔한 물결이다. 모두 3장으로 구성되어 있다. 1, 2장은 6구절이요, 3장만 4구절이다. 이 '양지수' 는 '왕풍' 과 '정풍' 에도 나와 있다. 정치적 변화에 따라 백성들이 흔들리는 것을 은유한 내용의 시다. 「모시서」에는 진나라 소공을 풍자한 노래로 보고 있다.

{어려운 낱말}

[鑿鑿(착착)] : 바위가 우뚝 솟은 모양. [朱襮(주박)] : 제후들의 옷. [沃(옥)] : 곡옥(曲沃) 땅. [皓皓(호호)] : 아주 희다. [粼粼(인린)] : 물이 아주 맑아 속의 돌들이 보이는 것을 말함.

## 4. 초료(椒聊) - 산초나무

| | |
|---|---|
| 1/ 椒聊之實이<br>초 료 지 실 | 산초나무 열매가 |
| 蕃衍盈升이로다<br>번 연 영 승 | 잘 익어 됫박에 가득 넘치네. |
| 彼其之子는<br>피 기 지 자 | 저기 우리 님은 |
| 碩大無朋이라<br>석 대 무 붕 | 너무 위대하여 친구가 없다네. |
| 椒聊且여<br>초 료 차 | 산초나무야! |
| 遠條且로다<br>원 조 차 | 가지를 멀리 뻗었구나. |

2/ 椒聊之實이 — 산초나무 열매가
초 료 지 실

蕃衍盈匊이라 — 무성하여 두 움큼에 가득 넘치네.
번 연 영 국

彼其之子는 — 저기 우리 님은
피 기 지 자

碩大且篤이라 — 위대하고도 독실하시네.
석 대 차 독

椒聊且여 — 산초나무야!
초 료 차

遠條且로다 — 가지를 멀리도 뻗었도다.
원 조 차

{해설 및 감상}

2장 6구체의 형식으로 구성되었다. '초료'는 산초나무를 말한다. 알알이 잘 익어서 풍부한 삶의 기쁨을 누리는 이미지를 준다. 무슨 나무든 간에 가지를 쭉쭉 뻗는다는 것은 풍부의 성장을 의미하는 것이다. 혹은 곡옥(曲沃) 땅의 풍부함을 지칭한 것이 아닌가 한다.

{어려운 낱말}

[椒聊(초료)] : 산초나무. 聊는 허사이다. [朋(붕)] : 비교하다. [條(조)] : 가지. [匊] : 움킬(국).

## 5. 주무(綢繆) - 얽어 묶어서

1/ 綢繆束薪하고 (주 무 속 신) 땔감을 묶어 놓고 보니

三星在天이로다 (삼 성 재 천) 삼성이 하늘에 떴네.

今夕何夕고 (금 석 하 석) 오늘 저녁은 어떤 저녁일까요?

見此良人이로다 (견 차 양 인) 이같이 좋은 임을 만나지요.

子兮子兮여 (자 혜 자 혜) 그대여, 그대여!

如此良人何오 (여 차 양 인 하) 이같이 좋은 분이 어디 있을까?

2/ 綢繆束芻하니 (주 무 속 추) 꼴풀을 묶어놓고 나니

三星在隅로다 (삼 성 재 우) 삼성별이 동남쪽에 떴구나!

今夕何夕고 (금 석 하 석) 오늘 저녁은 어떤 저녁일까요?

見此邂逅로다 (견 차 해 후) 이 사람을 만나겠구나.

子兮子兮여 (자 혜 자 혜) 아, 그대여, 그대여!

如此邂逅何오 (여 차 해 후 하) 이처럼 좋은 만남이 어디 있을까요?

3/ 綢繆束楚를 (주 무 속 초) 얽어 묶은 가시나뭇단 위로

三星在户로다 삼성이 지게(戶) 위에 떴구나!
삼 성 재 호

今夕何夕고 오늘 저녁은 어떤 저녁일까요?
금 석 하 석

見此粲者로다 이 멋진 애인을 만났지요.
견 차 찬 자

子兮子兮여 그대여, 멋진 그대여!
자 혜 자 혜

如此粲者何오 이처럼 멋진 남자 어쩌면 좋나요?
여 차 찬 자 하

{해설 및 감상}

3장 6구체 형식이다. 나라와 백성이 혼란에 빠졌기 때문에 가난하고 어려움 속에 혼인할 기회마저 놓친 사람들이 많았다. 어느 날 갑자기 좋은 짝이 나타나서 혼인하는 기쁨을 노래한 시라고 한다. 그대여, 그대여! 하고 멋진 남자라고 좋아하고 있다.

{어려운 낱말}

[綢繆(주무)] : 얽어서 묶다. [三星(삼성)] : 28수 중 '심성(心星)'을 이야기한다. [良人(양인)] : 남편, 애인. [芻(추)] : 꼴, 소먹이 풀. [隅(우)] : 동남쪽의 모퉁이. [楚] : 가시나무(초). [戶(호)] : 방문 위의 하늘. 지게 위를 말함. [粲(찬)] : 선명하고 깨끗함.

## 6. 체두(杕杜) - 아가위나무여!

| | |
|---|---|
| 1/ 有杕之杜여<br>유 체 지 두 | 우뚝 선 아가위나무여! |
| 其葉湑湑로다<br>기 엽 서 서 | 그 잎들도 무성하구나. |
| 獨行踽踽하니<br>독 행 우 우 | 홀로 쓸쓸히 길을 걸으니 |
| 豈無他人이리요<br>기 무 타 인 | 어찌 남이야 없을까마는 |
| 不如我同父하리<br>불 여 아 동 부 | 내 형제만 못하리라. |
| 嗟行之人은<br>차 행 지 인 | 아, 무심히 길 가는 사람들은 |
| 胡不比焉고<br>호 불 비 언 | 어찌 나와 함께 하지 않나? |
| 人無兄弟를<br>인 무 형 제 | 형제 없는 사람들을 |
| 胡不佽焉고<br>호 불 차 언 | 어찌 남이야 없을까마는? |
| 2/ 有杕之杜여<br>유 체 지 두 | 우뚝 선 아가위나무여! |
| 其葉菁菁이로다<br>기 엽 청 청 | 그 잎들도 우거졌구나. |
| 獨行睘睘하니<br>독 행 경 경 | 혼자 외로운 길을 걸으니 |
| 豈無他人이랴만<br>기 무 타 인 | 어찌 남이야 없을까마는 |
| 不如我同姓이라<br>불 여 아 동 성 | 내 동기만 같지 못하리. |

| | |
|---|---|
| 嗟行之人은<br>차 행 지 인 | 아, 무심히 길 가는 사람은 |
| 胡不比焉고<br>호 불 비 언 | 어찌 나와 함께 하지 않는고? |
| 人無兄弟어늘<br>인 무 형 제 | 형제 없는 사람을 |
| 胡不佽焉고<br>호 불 차 언 | 어이해 도와주지 않나? |
| 3/ 有杕之杜여<br>유 체 지 두 | 우뚝 선 아가위나무여! |
| 其葉湑湑로다<br>기 엽 서 서 | 그 잎들 무성도 하여라. |
| 獨行踽踽하니<br>독 행 우 우 | 홀로 쓸쓸히 걷는 길을 |
| 豈無他人이랴마는<br>기 무 타 인 | 어찌 남이야 없을까마는 |
| 不如我同父랴<br>불 여 아 동 부 | 나의 부모만 하랴! |
| 蹉行之人은<br>차 행 지 인 | 아, 무심히 길 가는 사람은 |
| 胡不比焉고<br>호 불 비 언 | 어찌해 나와 함께 하지 않나? |
| 人無兄弟어늘<br>인 무 형 제 | 형제 없는 사람을 |
| 胡不佽焉고<br>호 불 차 언 | 어이해 도와주지 않나? |

{해설 및 감상}

3장마다 9구절로 구성되어 있다. 우뚝 선 아가위나무를 보고 형제

없는 외로운 사람이 남의 도움 없이 혼자 살아가는 것이 너무나 서러워서 이 시를 지었다고 한다. 끝 구절마다 '어찌 나를 도와주지 않느냐?'에서 형제 없는 외로움을 절실하게 느끼고 있음을 알겠다. 이 시를 당시 시국을 풍자한 시라고 하기도 한다.

{어려운 낱말}

[杕] : 홀로 서있는 나무(체). [杜] : 팥배나무(두). 아가위나무. [湑湑(서서)] : 무성하다. [踽踽(우우)] : 쓸쓸한 모양. [比(비)] : 도와주다. [佽] : 도울(차). [菁菁(청청)] : 더욱 싱싱한 모양. [睘睘(경경)] : 외로워 의지할 곳 없음.

## 7. 고구(羔裘) - 염소 갖옷

1/ 羔裘豹袪로 (고구표거) 염소 갖옷에 표범가죽 소매 두르고
自我人居居로다 (자아인거거) 나에게는 스스로 거만스럽게 뵈네.
豈無他人이리요 (기무타인) 어찌 다른 사람 없을까마는
維子之故니라 (유자지고) 오직 그대와의 연고 때문이라네.

2/ 羔裘豹褎로 (고구표유) 염소 갖옷에 표범가죽 소매로 옷을 입고

自我人究究로다　나에게 스스로 오만스럽게 하는구나.
자 아 인 구 구

豈無他人이리요　어찌 다른 사람 없을까마는
기 무 타 인

維子之好니라　오직 그대와 좋은 관계 때문이라네.
유 자 지 호

{해설 및 감상}

2장 4구절로 이루어졌다. 염소 갖옷을 입고 거만을 부리고 있으니, 어찌 다른 사람이야 그런 사람이 없을까마는 오직 그대와의 관계하는 일이 좋다고만 했다. 그러니 염소 갖옷을 입은 사람과의 아름다운 인연을 즐겨하는 내용으로 되어있다. '거만' 이라는 말이 어쩐지 좋은 인연 같이만 느껴진다. 끝에 가서 '오직 그대와 좋은 관계' 때문이란 걸 밝히고 있다.

{어려운 낱말}

[羔裘(고구)] : 염소 갖옷. [裘] : 갖옷(구). [居居(거거)] : 뜻이 미상이나 '거만' 으로 본다. [褎(유)] : 소매. [究究(구구)] : 거만스럽다. [好(호)] : 잘 지내는 사이.

## 8. 보우(鴇羽) - 너새 깃털

1/ 肅肅鴇羽여　급히 펄럭이는 너새의 깃이여!
숙 숙 보 우

集于苞栩로다 상수리나무 떨기에 내려앉았네.
집 우 포 허

王事靡盬라 나랏일은 끊임이 없는데,
왕 사 미 고

不能蓺稷黍하니 아직 기장도 못 심었으니
불 능 예 직 서

父母何怙요 부모님은 무엇을 의지해 사시나?
부 모 하 호

悠悠蒼天이여 아득히 푸른 하늘이여!
유 유 창 천

曷其有所리요 언제나 편안함을 가질 수 있을까요?
갈 기 유 소

2/ 肅肅鴇翼이여 급히 나는 너새 날개여!
숙 숙 보 익

集于苞棘이로다 새순 돋은 멧대추나무에 내려앉았네.
집 우 포 극

王事靡盬하니 나랏일은 끊임이 없으니
왕 사 미 고

不能蓺黍稷이로다 찰기장 메기장도 못 심었도다.
불 능 예 서 직

父母何食고 부모님은 무엇을 잡수실까?
부 모 하 식

悠悠蒼天하여 아득한 푸른 하늘이여!
유 유 창 천

曷其有極고 언제나 나랏일 끝날 수 있을까?
갈 기 유 극

3/ 肅肅鴇行이여 급히 날아가는 너새들이여!
숙 숙 보 항

集于苞桑이라 새순 돋은 뽕나무에 내려앉았네.
집 우 포 상

王事靡盬라 나랏일 끊임이 없어
왕 사 미 고

不能蓺稻粱하니 벼와 기장도 못 심었으니
불 능 예 도 량

父母何嘗고 부모님은 무엇을 잡수실까?
부 모 하 상

悠悠蒼天이여 아득히 푸른 하늘이여!
유 유 창 천

曷其有常고 언제나 평상시처럼 돌아갈꼬?
갈 기 유 상

{해설 및 감상}

3장으로 모두 7구씩 배열되어 있다. 백성들은 나라의 병역으로 시달리며 농사를 시작할 겨를도 없는데, 부모님은 무엇을 먹고 사시나? 나랏일과 함께 부모님 봉양을 걱정하는 마음으로 꽉 차있다. 이때 백성들의 심정이 여기에 잘 나타나 있다. 그래도 부모님 모실 생각으로 가득하니 부모가 먼저요, 다른 것은 생각하지도 못한다. 여기에 나오는 '너새' 는 본래 나무에 앉지 못하는 새라고 한다. 그런데 이 너새가 나무에 앉았다는 그 자체가 부조리한 '사회 풍조' 를 말하고 있다.

{어려운 낱말}

[肅肅(숙숙)] : 급히 나는 모양. [鴇] : 너새(보). 너새는 새 종류의 하나. [苞] : 식물 이름(포). [栩] : 상수리나무(허). [盬] : 염지(고). 소금 나는 곳. [蓺] : 심을(예). [悠悠(유유)] : 아득함. [稻粱(도량)] : 벼와 기장. [常(상)] : 평상시의 상태.

## 9. 무의(無衣) - 옷이 없으랴

1/ 豈曰無衣七兮리오만 어찌 옷이 일곱 벌인들 없으랴만
기 왈 무 의 칠 혜

不如子之衣요 그대가 준 옷만 하겠느냐?
불 여 자 지 의

安且吉兮로다 편하고 길(吉)함이 같지 못함이로다.
안 차 길 혜

2/ 豈曰無衣六兮오만 어찌 옷이 여섯 벌인들 없으랴만
기 왈 무 의 육 혜

不如子之衣리오 그대가 준 옷만 하랴.
불 여 자 지 의

安且燠兮로다 편하고 따뜻함은 그만 못함이로다.
안 차 욱 혜

{해설 및 감상}

3장 3구의 시다. 제목이 '無衣' 라고 나오는데, 옷이 없겠느냐?로 풀이했다. 옷이야 많지만은 그대가 나에게 준 것만 못하다는 뜻일 것이다.

이 시는 주나라의 이왕(釐王)에게 뇌물을 바치며 왕명을 청하는 뜻을 표현한 시라고 한다. 옷이야 많지만 그대가 준 것만 같지 못하다는 것을 은유적으로 노래하고 있다.

{어려운 낱말}

[衣七(의칠)] : 후백(侯伯)은 칠명(七命)이며, 마차 복식을 7가지로 꾸몄다. [子(자)] : 곧 천자를 말함. 여기서는 '그대' 로 풀이했다. [衣六(의육)]

: 천자의 옷으로 6가지 무늬로 장식했다. [燠] : 따뜻할(욱).

## 10. 유체지도(有杕之杜) - 우뚝 선 아가위나무

| | |
|---|---|
| 1/ 有杕之杜가<br>유 체 지 두 | 우뚝 선 아가위나무가 |
| 生于道左로다<br>생 우 도 좌 | 길 왼쪽[동]에 자라고 있네. |
| 彼君子兮여<br>피 군 자 혜 | 저 훌륭하신 군자님이여! |
| 噬肯適我로다<br>서 긍 적 아 | 내게로 와주었으면 좋겠구나. |
| 中心好之나<br>중 심 호 지 | 마음속으로 그를 좋아는 했지만 |
| 曷飮食之오<br>갈 음 식 지 | 어찌 그와 함께 밥 먹을 수 있으랴? |
| 2/ 有杕之杜여<br>유 체 지 두 | 우뚝 선 아가위나무여! |
| 生于道周로다<br>생 우 도 주 | 길가에 자라나 있네. |
| 彼君子兮여<br>피 군 자 혜 | 저 훌륭하신 군자님이여! |
| 噬肯來遊로다<br>서 긍 래 유 | 내게로 놀러와 주셨도다. |
| 中心好之나<br>중 심 호 지 | 마음속으로 그를 좋아는 하지만 |

曷飮食之리오　　어찌 그와 밥을 함께 먹을 수 있으랴.
갈 음 식 지

{해설 및 감상}

2장 6구체로 구성되어 있다. 2구 모두 아가위나무로 시작하여 이 글을 묘사하고 있다. 여기서의 주제는 아가위나무가 아니고, 자기가 좋아하는 어진 사람을 일컫는다. 마음속으로 존경하는 사람과 마주 앉아 밥이라도 함께했으면 좋겠다고 하는 내용이다.

{어려운 낱말}

[有杕(유체)] : 나무가 우뚝 자란 모양. [杕] : 우뚝 설(체). [杜] : 아가위나무(두). [左(좌)] : 왼쪽, 동쪽을 말함. [噬(서)] : 씹다, 먹다, 마시다(서). 여기서는 발어사이다. [周(주)] : 길모퉁이.

## 11. 갈생(葛生) - 자라나는 칡넝쿨

1/ 葛生蒙楚하며　　칡넝쿨이 자라서 가시나무 덮으며
갈 생 몽 초

蘞蔓于野로다　　넝쿨이 들판으로 뻗어가도다.
염 만 우 야

予美亡此하니　　내 님은 여기에 없으니
여 미 망 차

誰與獨處리오　　누구와 함께 외로움 달래리오.
수 여 독 처

2/ 葛生蒙棘하고 칡넝쿨이 자라서 대추나무 덮고
갈 생 몽 극

蘞蔓于域이로다 가시덩굴이 묘역에 뻗어있네.
염 만 우 역

予美亡此하니 내 임은 여기에 없으니
여 미 망 차

誰與獨息이리요 누구와 이 몸 함께 쉬리요.
수 여 독 식

3/ 角枕粲兮하며 뿔 베개의 아름다움이여!
각 침 찬 혜

錦衾爛兮로다 비단 이불이 눈부시게 빛남이로다.
금 금 란 혜

予美亡此하니 내 임은 여기에 없으니
여 미 망 차

誰與獨旦이리요 누구와 더불어 아침을 홀로 맞을까?
수 여 독 단

4/ 夏之日과 기나긴 여름날과
하 지 일

冬之夜를 기나긴 겨울밤을
동 지 야

百歲之後라도 백년이 지난 뒤에라도
백 세 지 후

歸于其居하리라 내 그와 함께 거기 묻히리라.
귀 우 기 거

3/ 冬之夜와 기나긴 겨울밤과
동 지 야

夏之日에 기나긴 여름 낮에
하 지 일

百歲之後라도　　백년이 지난 후에라도
백 세 지 후

歸于其室하리라　　그대 무덤에 가서 묻히리로다.
귀 우 기 실

{해설 및 감상}

모두 5장으로 장마다 4행으로 되었다. 당시에 남편들은 군역으로 동원되고, 집에는 여자 혼자서 외로움을 달래고 있을 때다. 칡넝쿨은 자라서 뻗어 나와 서로 얽기고 설키는데, 외로운 이내 몸은 누구와 함께 외로움을 달래나? 기나긴 여름날이나 기나긴 겨울밤을 이 어쩌나? 죽어서라도 함께 묻히고 싶다는 간절한 내용으로 노래한 것이다.

{어려운 낱말}

[蘞蔓(염만)] : 염은 '가위 톱' 이란 식물의 명칭이고, 만(蔓)은 줄기다. [予美(여미)] : 부인이 남편을 가리키는 말. [域(역)] : 묘역, 경계. [獨旦(독단)] : 홀로 밤을 새우다. 단(旦)은 아침. [居(거)] : 무덤. [室(실)] : 방. 여기서는 무덤 속. 백년유택.

## 12. 채령(采苓) - 감초 캐러 가세!

1/ 采苓采苓을　　감초를 캐세, 감초를 캐세!
채 령 채 령

首陽之嶺이라　　수양산 고개로 올라가리라.
수 양 지 령

| | |
|---|---|
| 人之爲言이니<br>인 지 위 언 | 남들 하는 말이 거짓말이니 |
| 苟亦無信이어다<br>구 역 무 신 | 그 말을 믿지 말지어다. |
| 舍旃舍旃하여<br>사 전 사 전 | 그 말 버리고서 |
| 苟亦無然이면<br>구 역 무 연 | 진실로 그렇게 여기지 않는다면 |
| 人之爲言하여도<br>인 지 위 언 | 남들이 말을 한다 하여도 |
| 胡得焉이리요<br>호 득 언 | 어찌 다 말할 수 있으리오. |
| 2/ 采苦采苦를<br>채 고 채 고 | 씀바귀를 캐세, 씀바귀를 캐세! |
| 首陽之下하니<br>수 양 지 하 | 수양산 아래 가니 |
| 人之爲言을<br>인 지 위 언 | 남의 거짓말을 |
| 苟亦無與이다<br>구 역 무 여 | 진실로 믿지를 말지어다. |
| 舍旃舍旃하여<br>사 전 사 전 | 그 말을 내버리고 |
| 苟亦無然하라<br>구 역 무 연 | 진실로 그렇게 생각지 말지어다. |
| 人之爲言이라도<br>인 지 위 언 | 남이 말한다 하여도 |
| 胡得焉이리요<br>호 득 언 | 어찌 다 말할 수 있으리오. |
| 3/ 采葑采葑하여<br>채 봉 채 봉 | 순무를 캐세, 순무우를 캐세! |

| | |
|---|---|
| 首陽之東이라<br>수 양 지 동 | 수양산 동쪽으로 가서-. |
| 人之爲言을<br>인 지 위 언 | 남이 말한다 하여도 |
| 苟亦無從이라<br>구 역 무 종 | 진실로 그렇게 여기지 말라. |
| 舍旃舍旃하고<br>사 전 사 전 | 그 말을 내버리고 |
| 苟亦無然이면<br>구 역 무 연 | 진실로 그렇게 여기지 않는다면 |
| 人之爲言이라도<br>인 지 위 언 | 남이 말한다 하여도 |
| 胡得焉이리요<br>호 득 언 | 어찌 다 말할 수 있으리오. |

{해설 및 감상}

3장 8구체로 이루어져 있다. 남의 거짓말을 진실로 듣지 말라는 것을 풍자하고 있다. 시작에서 감초를 캐러 가자, 씀바귀를 캐러 가자, 순무를 캐러 가자고 하는 서두에서 다음으로 표현된 것이 마음에 있는 진실을 표현하고 있다. 즉 남의 거짓말을 믿지 말고 진실을 찾으라는 의도가 잘 나타나 있다.

{어려운 낱말}

[采苓(채령)] : 감초를 캐다. [首陽(수양)] : 수양산을 말함. 현재 산서성 영제현에 있는 산. [嶺(령)] : 산꼭대기. [舍旃(사전)] : 남의 말을 들으면 흘려버리라는 뜻. [苦(고)] : 쓰다. 씀바귀. [與(여)] : 허락하다. [從(종)] : 남의 말을 듣다.

## 제11장
# 진풍(秦風)

진(秦)이란 원래 감숙성의 골짜기 이름이다. 진시황의 진(秦)과는 구별되어야 한다. 옛날 백예(伯翳)가 우(禹)임금의 치수를 도와 공을 세워 영(嬴)이라는 사성을 받았다. 그의 후손이 진 땅을 채읍(采邑)으로 받아서 진(秦)이란 이름이 생겨났다. 거기에 살았던 민족이 진족(秦族)이라 했는데, 유목민족이었다. 그래서 그들은 새, 짐승, 소, 말 등과는 밀접한 관계가 있었다. 그래서 그들의 시에는 수레와 말, 사냥 등의 상무정신(尙武精神)으로 격앙된 정조가 주조를 이루고 있다. 모두 10편의 시가 수록되어 있다.

덜커덩 덜커덩 수레바퀴 소리
머리에 흰 털 있는 말이로다.
그대를 뵙지 못하였다고
사인(寺人)을 통하여 알리는구나.

-'수레 소리'의 일부

## 1. 거린(車鄰) - 수레 소리

1/ 有車鄰鄰을 덜커덩 덜커덩 수레바퀴 소리
유거인린

有馬白顚이로다 머리에 흰 털 있는 말이로다.
유마백전

未見君子하니 그대를 뵙지 못하였다고
미견군자

寺人之令이로다 사인(寺人)을 통하여 알리는구나.
사인지령

2/ 阪有漆하고 언덕 위엔 옻나무가 있고
판유칠

隰有栗이로다 습지엔 밤나무가 있네.
습유율

旣見君子하니 이미 군자를 뵙고 보니
기견군자

並坐鼓瑟이로다 함께 앉아서 거문고를 타도다.
병좌고슬

今者不樂이면 지금 즐기지 못하면
금자불락

逝者其耋이로다 세월이 지나면 노인이 된다네.
서자기질

3/ 阪有桑하고 언덕 위엔 뽕나무가 있고
판유상

隰有楊이라 습한 곳에는 버드나무가 있다네.
습유양

旣見君子하니 이미 군자를 뵈오니
기견군자

並坐鼓簧이로다　　함께 앉아서 피리를 불도다.
병 좌 고 황

今者不樂이면　　지금 즐기지 않으면
금 자 불 락

逝者其亡이라　　세월이 지나면 모두 죽고 말리라.
서 자 기 망

{해설 및 감상}

3장에 1장은 4구, 2, 3장은 6구절로 구성돼있다. 진나라 때에는 마차와 사인(寺人)을 두어 제후의 체제를 갖춘 것을 찬미하고 있다.

수레를 끄는 말이 머리가 하얀 말이 특이하다. 2, 3구의 첫머리에 옻나무와 뽕나무가 나온다. 거문고를 타고 지금 즐기지 않으면 세월이 지나가버리면 모두가 끝난다는 평범한 이야기가 마음에 다가오고 있다. 그래서 우리나라에도 「노세, 노세, 젊어서 노세!」란 노래가 있는 것과 같다.

{어려운 낱말}

[隣隣(인린)] : 여러 대의 수레가 달리는 소리. [白顚(백전)] : 이마에 흰 털이 난 말. [君子(군자)] : 여기서는 진나라의 제후를 말함. [寺人(사인)] : 내시. [令(령)] : 명을 내리다. [耋(질)] : 나이 많은 노인. [簧(황)] : 현악기의 하나.

## 2. 사철(駟驖) - 검정 사마

1/ 駟驖孔阜하니　　수레를 끄는 네 필의 말,
사 철 공 부

六轡在手로다　　여섯 고삐를 모두 손으로 쥐었구나.
육 비 재 수

公之媚子는　　임금님이 사랑하는 사람들은
공 지 미 자

從公于狩로다　　공을 따라 함께 사냥을 나가시네.
종 공 우 수

2/ 奉時辰牡하니　　몰아오는 암수 짐승들
봉 시 진 모

辰牡孔碩이로다　　그 짐승들 모두 크기도 하네.
진 모 공 석

公曰左之하여　　임금은 왼쪽으로 몰아라 하여
공 왈 좌 지

舍拔則獲이라　　활을 쏘아 그 짐승들을 잡네.
사 발 즉 획

3/ 遊于北園하니　　북쪽 동산에 놀게 되니,
유 우 북 원

四馬旣閑이라　　4마리 말이 걸음도 익숙하여라.
사 마 기 한

輶車鸞鑣에　　가벼운 수레, 방울 단 말 재갈 물리고
유 거 난 표

載獫歇驕로다　　사냥개로 실려서 쉬게 하고 있네.
재 험 헐 교

{해설 및 감상}

3장에 모두 4구절씩 배치하여 이루어진 시다. 진나라 양공이 사냥하는 모습을 그리고 있다. 아주 호쾌한 기상으로 사냥을 즐기고 있는데, 이 시는 양공이 신하들과 함께 사냥하는 모습을 그렸으니, 심신과 군사 훈련을 겸한 준비로 볼 수 있다.

{어려운 낱말}

[駟驖(사철)] : 수레를 끄는 네 마리의 말. [六轡(육비)] : 손에 쥐고 있는 여섯 고삐. [媚子(미자)] : 사랑하는 사람들. [碩(석)] : 매우 크다. [左之(좌지)] : 짐승을 왼쪽으로 몰아라는 명령. [輶車(유거)] : 적당히 실려진 수레. [鸞鑣(난표)] : 재갈에 방울을 단 것. [歇驕(헐교)] : 사냥개를 쉬게 하다. 주둥이가 짧은 사냥개.

## 3. 소융(小戎) - 군인 수레

| | |
|---|---|
| 1/ 小戎俴收요 (소융천수) | 작은 수레의 앞뒤는 낮고 |
| 五楘梁輈로다 (오목량주) | 다섯 군데나 가죽으로 감은 수레로다. |
| 游環脅驅며 (유환협구) | 복마(服馬) 참마 고삐며 |
| 陰靷鋈續이며 (음인옥속) | 가로나무에 맨 가슴걸이 흰 쇠고리며 |

文茵暢轂이요　호피 자리에 기다란 바퀴통이요,
문 인 창 곡

駕我騏馵로다　나의 수레를 왼쪽 발로 흰 말이 끌도다.
가 아 기 주

言念君子하니　내 님을 생각하니
언 념 군 자

溫其如玉이라　따습기가 마치 옥과 같네.
온 기 여 옥

在其板屋하니　지금은 오랑캐 판자 집에 있으니
재 기 판 옥

亂我心曲이로다　내 마음이 어지럽고 곡진하구나.
난 아 심 곡

2/ 四牡孔阜요　4마리 매우 큰 수말이요,
사 모 공 부

六轡在手로다　6고삐 말의 줄을 손으로 잡았구나.
육 비 재 수

騏駵是中이요　얼룩말과 발목 흰 말이 수레를 끌고
기 류 시 중

騧驪是驂이로다　누런 말과 검은 말, 이것이 참마로다.
왜 려 시 참

龍盾之合이요　용을 그린 방패 합하고
용 순 지 합

鋈以觼軜이로다　백금 고리에 말고삐를 매었네.
옥 이 결 납

言念君子하니　그리운 우리 임을 생각하니
언 념 군 자

溫其在邑이라　다사로움이 변읍에 계시네.
온 기 재 읍

方何爲期오　어느 때 만나길 기약하는가?
방 하 위 기

胡然我念之오　어찌하여 내 마음 그대 생각뿐인가?
호 연 아 념 지

3/ 俴駟孔羣이거늘　엷은 갑옷 걸친 4필 말 정답고
천 사 공 군

厹矛鋈錞로다　세모창 밑 흰 열쇠 물미를 댔네.
구 모 옥 대

蒙伐有苑하고　초피로 싼 고운 방패와
몽 벌 유 원

虎韔鏤膺이로다　앞가슴에 쇠를 새겨 붙인 호피 활집
호 창 루 응

交韔二弓하고　활 엇갈리게 두 개 활집 꽂고
교 창 이 궁

竹閉緄縢이로다　대나무 도지개는 끈으로 맸네.
죽 폐 곤 등

言念君子하니　그리운 우리 임 생각하니
언 념 군 자

載寢載興이라　잠시 자고 곧 일어나네.
재 침 재 흥

厭厭良人이여　온화하고 어지신 임이여!
염 염 량 인

秩秩德音이로다　좋은 말씀 언제나 조리가 있네.
질 질 덕 음

{해설 및 감상}

3장이 모두 10구체로 되어있다. 서융과 진은 원수와 같은 존재다. 진이 서융을 칠 때는 무엇보다 융거가 중요한 것이다. 이 융거가 보이는 위의(威儀)로 서융을 제거할 수 있기 때문이다. 융거는 바로 병거를 말함이요, 병거는 지금 군용 트럭과 같은 존재다. 이 병거에 군인들이 타고 떠나는 그 모습을 노래하고 있으며, 끝에 양인(良人)은 남편을 말하는 것으로 여기서는 임이라고 표현하고 있다.

{어려운 낱말}

[小戎(소융)] : 작은 병거. [俴收(천수)] : 얕은 수레. [五楘(오목)] : 가죽으로 감싸서 꾸민 수레. [游環(유환)] : 말의 가슴에 가죽으로 거는 장식. [騏馵(기주)] : 알룩달룩한 무늬가 있는 말. [君子(군자)] : 여기서는 자기의 남편을 일컫는다. [板屋(판옥)] : 판잣집. 서융은 그때 판자로 집을 지었다고 함. [心曲(심곡)] : 마음이 굽이치다. [騧驪(왜려)] : 말의 한 종류. 누런 말로 주둥이가 검은 말. [龍盾(용순)] : 용이 그려진 방패. [邑(읍)] : 서쪽 변방. [厹矛(구모)] : 세모진 창. [虎韔(호창)] : 호랑이 가죽으로 만든 활집. [交韔(교창)] : 활을 서로 교차되게 꽂아두는 것. [竹閉(죽폐)] : 활을 넣는 기구. [秩秩(질질)] : 차례가 있음.

## 4. 겸가(蒹葭) - 갈대

1/ 蒹葭蒼蒼하니 (겸가창창) 갈대 푸르고 푸른데
白露爲霜이라 (백로위상) 흰 이슬은 서리가 되었네.
所謂伊人은 (소위이인) 저 사람은
在水一方이로다 (재수일방) 강물 저쪽에 있네.

| | |
|---|---|
| 遡洄從之나<br>소 회 종 지 | 물결 거슬러 올라가려 하나 |
| 道阻且長이라<br>도 조 차 장 | 길은 험하고 멀기만 하네. |
| 遡游從之나<br>소 유 종 지 | 물결 따라 내려오려 하니 |
| 宛在水中央이라<br>완 재 수 중 앙 | 여전히 강물 가운데 그 사람 있네. |

| | |
|---|---|
| 2/ 蒹葭萋萋나<br>겸 가 처 처 | 갈대는 푸르고 푸른데 |
| 白露未晞라<br>백 로 미 희 | 흰 이슬은 아직 마르지 않았네. |
| 所謂伊人이<br>소 위 이 인 | 사랑하는 그 이는 |
| 在水之湄로다<br>재 수 지 미 | 물가의 숲속에 있네. |
| 遡洄從之나<br>소 회 종 지 | 물을 거슬러 올라가려니 |
| 道阻且躋며<br>도 조 차 제 | 길이 막히고 가팔라서 |
| 遡游從之나<br>소 유 종 지 | 물길 따라 내려오려니 |
| 宛在水中坻로다<br>완 재 수 중 지 | 여전히 물 가운데 모래섬이 있네. |

| | |
|---|---|
| 3/ 蒹葭采采하니<br>겸 가 채 채 | 갈대는 자라서 무성한데 |
| 白露未已라<br>백 로 미 이 | 백로는 아직 그대로다. |
| 所謂伊人은<br>소 위 이 인 | 저 사람은 아직도 |

在水之涘로다　강물 모래톱에 있도다.
재 수 지 사

遡洄從之니　물길 따라 내려오려 하나
소 회 종 지

道阻且躋며　길이 막히고 꾸불꾸불하네.
도 조 차 제

遡游從之나　물길 따라 내려오려 하나
소 유 종 지

宛在水中沚로다　아득한 물가 작은 섬에 있네.
완 재 수 중 지

{해설 및 감상}

3장마다 모두 8구체로 되어있다. 진나라 양공이 주나라의 예〔周禮〕를 쓰지 않아 나라를 견고하지 못함을 풍자했다고 한다. 여기서 장마다 갈대(겸가)가 나오는데, 이 갈대는 무엇을 말하는 것인가? 그리고 갈대에는 이슬이 등장한다. 즉 갈대에 맺힌 이슬은, 곧 말라서 사라진다는 뜻이 아닐까? 그리고 길이 막힌다는 것은, 그 이상의 발전을 기대할 수 없다는 의미를 담고 있는 듯하다.

{어려운 낱말}

[蒹葭(겸가)] : 갈대를 말한다. 가늘면서 키 큰 갈대임. [伊人(이인)] : 저 사람. [遡洄(소회)] : 거슬러 올라감. [遡游(소유)] : 순리대로 흘러감. [萋萋(처처)] : 풀이 무성히 자라서 푸름. [晞] : 마를(희). [坻] : 모래섬(지). [采采(채채)] : 무성하다. [沚(지)] : 물 가운데 있는 조그만 섬.

## 5. 종남(終南) - 종남산(중국)

1/終南何有요 (종남하유) 종남산에는 무엇이 있나?

有條有梅로다 (유조유매) 개오동나무와 매화나무가 있지.

君子至止하시니 (군자지지) 우리 임 여기에 오셨는데

錦衣狐裘하며 (금의호구) 비단 옷, 여우 갖옷까지 입으시며

顏如渥丹이시니 (안여악단) 얼굴은 붉게 물들인 듯하니,

其君也哉로다 (기군야재) 정말로 위의가 존엄하도다.

2/終南何有오 (종남하유) 종남산엔 무엇이 있나?

有紀有堂이로다 (유기유당) 산 버들이 있는 평평한 곳이로다.

君子至止하니 (군자지지) 군자께서 여기 오셨는데

黻衣繡裳에 (불의수상) 불 무늬 저고리에 수놓은 옷에

佩玉將將하시니 (패옥장장) 패옥 부딪치는 소리 짤랑거리니

壽考不亡하소서 (수고불망) 오래오래 사시어 잊지 마소서.

{해설 및 감상}

2장 6구체 형식이다. 진나라 사람들이 저희들 임금을 찬미하는 노래

라고 한다. 종남산에는 무엇이 있나? 하는 질문에서 자가가 답을 내리는 자문자답 형식으로 이 시를 구성하고 있다. 개오동나무와 매화나무가 있고, 이런 곳에 우리 님이 오시면 얼마나 좋게나 하는 것으로 시작과 끝을 맺고 있다. 패옥 부딪치는 소리를 내며 찾아오시는 우리 님을 기다리는 마음이 바로 시적 이미지이다.

{어려운 낱말}

[終南(종남)] : 중국 주나라 때 산 이름. 종남산을 말함. [條(조)] : 여기서는 산추(山楸)이다. [君子(군자)] : 여기서는 임금을 가리킨다. [錦衣狐裘(금의호구)] : 비단옷에 갖옷을 차려입은 복장 차림. [渥丹(악단)] : 붉은 자주색. [有紀有堂(유기유당)] : 능선과 지평. [黻衣(불의)] : 亞자를 수놓은 옷. [將將(장장)] : 패옥이 짤랑거리는 소리.

## 6. 황조(黃鳥) - 꾀꼬리

1/ 交交黃鳥여 (교교황조) — 꾀꼴꾀꼴 꾀꼬리여!

止于棘이로다 (지우극) — 가시나무에 앉았네.

誰從穆公고 (수종목공) — 누가 목공을 따라가겠는가?

子車奄息이로다 (자거엄식) — 자거씨 아들 엄식(奄息)이로다.

維此奄息이여 (유차엄식) — 오직 이 엄식이여!

百夫之特이라 백 사람의 장부보다 더 낫네.
백 부 지 특

臨其穴하여 그가 무덤에 들어갈 적에
임 기 혈

惴惴其慄이로다 부르르 떨었으리라.
췌 췌 기 율

彼蒼者天이여 저 푸른 하늘이여!
피 창 자 천

殲我良人이랴 어째서 이 좋은 임을 죽이려는가?
섬 아 양 인

如可贖兮여 그를 살릴 수만 있다면
여 가 속 혜

人百其身이라 백 번이라도 이 몸 바칠 수 있는 것을…
인 백 기 신

2/ 交交黃鳥여 꾀꼴꾀꼴 꾀꼬리여!
교 교 황 조

止右桑이로다 뽕나무에 내려앉았네.
지 우 상

誰從穆公고 누가 목공을 따라갔겠는가?
수 종 목 공

子車仲行이로다 자거씨 아들 중행이라네.
자 거 중 행

維此仲行이여 오직 중행이야말로
유 차 중 행

百夫之防이로다 백 사람이라도 막을 수 있는 분이로다.
백 부 지 방

臨其穴에는 그가 묘혈에 묻힐 때에는
임 기 혈

惴惴其慄이로다 두려워서 오들오들 떨었을 것이다.
췌 췌 기 율

| | |
|---|---|
| 彼蒼者天여<br>피 창 자 천 | 저 푸른 하늘이여! |
| 殲我良人이로다<br>섬 아 양 인 | 어찌 이런 분을 죽이려 했는가! |
| 如可贖兮여<br>여 가 속 혜 | 그 몸 살릴 수 있음이여! |
| 人百其身이로다<br>인 백 기 신 | 백 명도 대신 내놓을 수 있을 것일세! |

| | |
|---|---|
| 3/ 交交黃鳥여<br>교 교 황 조 | 꾀꼴꾀꼴 꾀꼬리여! |
| 止于楚로다<br>지 우 초 | 가시덤불에 앉았구나. |
| 誰從穆公고<br>수 종 목 공 | 누가 목공을 따라 죽겠는가? |
| 子車鍼虎로다<br>자 거 침 호 | 자거씨 아들 침호라 하네. |
| 維此鍼虎여<br>유 차 침 호 | 오직 이 침호야말로 |
| 百夫之禦로다<br>백 부 지 어 | 백 사람도 막을 수 있도다. |
| 臨其穴에<br>임 기 혈 | 그 무덤에 들어갈 때 |
| 惴惴其慄이로다<br>췌 췌 기 율 | 부들부들 떨었을 것이로다. |
| 彼蒼者天이여<br>피 창 자 천 | 저 푸른 하늘이여! |
| 殲我良人이로다<br>섬 아 양 인 | 우리 좋은 임을 죽였구나! |
| 如可贖兮이면<br>여 가 속 혜 | 그를 다시 살릴 수만 있다면 |

人百其身하리라　백 번이라도 한 목숨 내 바치리다.
인 백 기 신

{해설 및 감상}

3장에 장마다 12구절로 구성되어 있다. 그래서 이 3장은 바로 3형제의 순결을 애도하고 있다. 진나라 목공이 죽으니, 자거(子車)씨 3형제가 순절을 했다. 엄식, 중항, 겸호가 그들이었다. 이 세 사람은 진나라의 어진 사람이었다. 진나라 온 국민이 슬퍼하여 이 시를 지었다고 한다.

각 장의 첫머리에 '교교황조'가 나온다. 꾀꼬리 울음소리로 대치되는 것이 진나라 사람들의 울음소리다.

{어려운 낱말}

[交交(교교)] : 꾀꼬리 울음소리. 의성어이다. [從穆公(종목공)] : 목공을 따라죽다. [子車奄息(자거엄식)] : 자거는 성씨요, 엄식은 이름이다. [特(특)] : 뛰어남. 특별함. [穴(혈)] : 묘혈, 광속. [惴惴其慄(췌췌기율)] : 두려워서 떠는 모양. [殲(섬)] : 죽다. 목숨이 다하다. [贖(속)] : 바꾸다. 여기서는 다시 살리다.

## 7. 신풍(晨風) - 빨리 나는 새매

1/鴥彼晨風이여　쏜살같이 날아가는 저 새매여!
율 피 신 풍

鬱彼北林이로다 울창한 저 북쪽 숲속으로 날아가네.
울피북림

未見君子하니 그분을 뵙지 못하였으니
미견군자

憂心欽欽이로다 그 근심하는 마음 하염없도다.
우심흠흠

如何如何하여 어찌하여 어찌하여
여하여하

忘我實多오 나를 그렇게 잊으셨나요?
망아실다

2/ 山有苞櫟하고 산 위에 상수리나무 있고
산유포력

隰有六駁이로다 습지에는 가래나무 있도다.
습유육박

未見君子하니 그 임을 뵙지 못하였으니
미견군자

憂心靡樂이라 시름하는 마음으로 즐거움이 없네.
우심미락

如何如何로 어찌하여, 어찌하여
여하여하

忘我實多오 나를 매정하게 잊으셨나요?
망아실다

3/ 山有苞棣하고 산에는 아가위나무가 있고
산유포체

隰有樹檖로다 습지에는 돌배나무가 있도다.
습유수수

未見君子하니 그 임을 만나 뵙지 못하였으니
미견군자

憂心如醉라 시름과 걱정, 술 취한 듯하네.
우심여취

如何如何하여　　어찌하여, 어찌하여
여 하 여 하

忘我實多오　　나를 매정하게 잊으셨나요?
망 아 실 다

{해설 및 감상}

모두 3장으로 장마다 6구절로 구성되어 있다. 남편이 자기를 잊고 떠나갔기에 남편에 대한 애절한 원망을 보내고 있다. 새매와 상수리나무, 가래나무와 아가위나무를 먼저 들고서는 나중에 자기를 잊은 남편을 원망하는 형식으로 이 시를 구성하고 있다. 장마다 끝에는 '나를 어찌하여 잊으셨나요?' 하고 애절한 원망을 보내고 있다.

{어려운 낱말}

[鴥(율)] : 빨리 날(율). [晨風(신풍)] : 새매를 일컬음. [鬱(울)] : 무성한 모양. [君子(군자)] : 여기서는 자기 남편을 가리킴. [欽欽(흠흠)] : 근심하여 못 잊는 것. [駁(박)] : 가래나무. 여기서는 재유(梓楡)와 같다. [棣(체)] : 아가위(체). [檖] : 돌배나무(수).

## 8. 무의(無衣) - 옷이야 없으랴

1/ 豈曰無衣리오　　어찌하여 옷이 없으랴마는
기 왈 무 의

與子同袍로다　　그대와 함께 도포를 입으리로다.
여 자 동 포

| | |
|---|---|
| 王于興師이시든<br>왕 우 흥 사 | 임금님께서 군사를 일으키거든 |
| 脩我戈矛하여<br>수 아 과 모 | 내 짧은 창과 긴 창을 닦아서 |
| 與子同仇하리라<br>여 자 동 구 | 그대와 함께 원수를 갚으리라. |

| | |
|---|---|
| 2/ 豈曰無衣리오<br>기 왈 무 의 | 어찌 옷이 없으랴마는 |
| 與子同澤하리라<br>여 자 동 택 | 그대와 함께 속옷을 함께 입으리라. |
| 王于興師에<br>왕 우 흥 사 | 임금님께서 군사를 일으키시면 |
| 脩我矛戟하여<br>수 아 모 극 | 내 창과 창을 닦아 |
| 與子偕作하리라<br>여 자 해 작 | 그대와 함께 하리로다. |

| | |
|---|---|
| 3/ 豈曰無衣리오<br>기 왈 무 의 | 어찌 옷이 없으랴마는 |
| 與子同裳하리라<br>여 자 동 상 | 그대와 함께 나누어 입으리라. |
| 王于興師하시면<br>왕 우 흥 사 | 임금님께 군사를 일으키시면 |
| 脩我甲兵하여<br>수 아 갑 병 | 내 갑옷과 병기를 닦아 |
| 與子偕行하리라<br>여 자 해 행 | 그대와 함께 동행하리라. |

{해설 및 감상}

3장 5구절로 구성되어 있다. 3장 모두 첫머리에 '기왈무의(豈曰無

衣)'가 나온다. 임금이 전쟁을 너무 좋아해서 모든 것이 딱딱하기 때문에 부드러운 것을 요구하는 백성들이 이 노래를 지어 풍자했다고 한다. 더구나 해학적인 것은 속옷을 함께 입는다는 내용이다. 그러면 얼마나 사이가 좋겠느냐? 그래서 백성들은 임금에 대한 반감이 있었는지도 모른다. 누가 옷이야 없겠느냐마는 그대와 나누어 입겠다는 해학이 멋스럽다.

{어려운 낱말}

[袍] : 도포(포). [興師(흥사)] : 군사를 일으켜 전쟁을 함. [戈矛(과모)] : 모두가 창이다. 그 길이가 다를 뿐이다. [澤(택)] : 속옷. [戟(극)] : 창. 창끝이 두 가닥으로 갈라져 있는 창. [行(행)] : 여기서는 전쟁에 나가다.

## 9. 위양(渭陽) - 위수의 남쪽

1/ 我送舅氏하여 (아 송 구 씨) 외숙님을 전송하러
曰至渭陽하니 (왈 지 위 양) 위수 북쪽에 다다르니
何以贈之리오 (하 이 증 지) 무엇을 선물로 드릴까요?
路車乘黃이로다 (노 거 승 황) 수레와 누런 말을 드리리다.

2/ 我送舅氏하니 (아 송 구 씨) 외숙님을 전송하니

悠悠我思로다　　끝없이 솟아나는 그리운 마음,
유 유 아 사

何以贈之오　　무엇을 드릴까요?
하 이 증 지

瓊瑰玉佩리라　　빛나는 옥돌과 패옥을 드리리다.
경 괴 옥 패

{해설 및 감상}

모두 2장 4구절로 구성되어 있다. 위수(渭水)의 남쪽. 지금의 섬서성 위남(渭南) 일대를 가리킨다. 진나라의 강공(康公)이 외삼촌인 중이(重耳)와 송별하면서 지은 시라고 한다. 구씨(舅氏)는 외삼촌인데, 외삼촌과 이별하면서 선물로 무엇을 드릴까? 하는 것이 내용이다. 수레와 말, 옥돌과 패옥, 이런 선물을 드리고 싶다는 마음이 나타나 있다.

{어려운 낱말}

[舅氏(구씨)] : 외삼촌. 강공의 외삼촌인 중이와 송별하는 경우. [瓊瑰(경괴)] : 옥돌.

## 10. 권여(權輿) - 처음 내게는

1/於我乎에　　처음에 내게
어 아 호

夏屋渠渠러니　　커다란 집에 살게 하더니
하 옥 거 거

| | |
|---|---|
| 今也엔 (금 야) | 지금에는 |
| 每食無餘로다 (매 식 무 여) | 늘 끼니조차 먹을 여유가 없네. |
| 于嗟乎라 (우 차 호) | 아! 슬프다! |
| 不承權輿로다 (불 승 권 여) | 모든 것이 처음과는 같지 않구나. |

| | |
|---|---|
| 2/於我乎에 (어 아 호) | 처음엔 내게 |
| 每食四簋이러니 (매 식 사 궤) | 끼니마다 성찬을 베풀더니 |
| 今也엔 (금 야) | 지금은 |
| 每食不飽로다 (매 식 불 포) | 늘 끼니마다 배불리 먹지도 못하네. |
| 于嗟乎라 (우 차 호) | 아! 슬프구나! |
| 不承權輿로다 (불 승 권 여) | 처음과는 같지 않구나. |

{해설 및 감상}

2장에 5구절로 된 시다. 처음과 끝이 다르다는 내용이다. 처음에는 임금이 어진 이를 대접하기에 융숭히 하더니 날이 갈수록 식어져서 소홀히 대하게 된 것을 풍자하여 쓴 것이다. 처음에는 커다란 집에, 끼니마다 성찬이 나오다가 나중에는 처음과는 너무나 다르다는 것이다. 찾아간 손님도 마찬가지다. 하루 이틀 오래 머물게 되면 박대하고 천대하기 마련이다.

{어려운 낱말}

[夏屋渠渠(하옥거거)] : 크고 좋은 집. 厦屋을 말함. [權輿(권여)] : 처음과 같은 대접. [四簋(사궤)] : 기와로 만든 둥근 그릇. 예의를 갖춘 성대한 대접.

## 제12장

# 진풍(陳風)

진(陳)은 나라 이름이다. 진나라는 옛날 태호복희씨(太昊伏羲氏)의 옛터인데, 지금의 하남성 회양현 동남 일대가, 곧 옛 진(陳)나라의 땅이라 한다. 이 지역에서 수집한 시가 진풍(陳風)으로 모두 10편이 수록되었다. 주 무왕이 순임금의 후손인 우알보(虞閼父)가 도정(陶正)으로 있었는데, 그의 그릇 굽는 솜씨가 있어 그에게 진(陳)나라에 봉했다. 이 사람이 바로 진(陳)의 조상으로 호공(胡公)이었다. 지금의 하남성 개봉부 동쪽인데, 남으로는 안휘성 박주(亳州)에 이르는 일대에 해당한다. 넓고 평탄하였으며 미신과 무격, 그리고 가무를 좋아하여 그 지방에 많은 영향을 주었다. 무왕은 진(陳)에 무격문화(巫覡文化)를 이어가도록 했다.

그대의 방탕함이여!
완구 위에서 노는구나.
진실한 정이 있음이여!
멀리 바라봄은 없구나.

– '낮은 언덕' 의 일부

## 1. 완구(宛丘) - 낮은 언덕

1/ 子之湯兮여 그대의 방탕함이여!
자 지 탕 혜

宛丘之上兮로다 완구 위에서 노는구나.
완 구 지 상 혜

洵有情兮여 진실한 정이 있음이여!
순 유 정 혜

而無望兮로다 멀리 바라봄이 없구나.
이 무 망 혜

2/ 坎其擊鼓여 그 북을 둥둥 침이여!
감 기 격 고

宛丘之下로다 완구 아래서 놀고 있구나.
완 구 지 하

無冬無夏로 겨울도 여름도 없이
무 동 무 하

值其鷺羽로다 저 백로 깃을 가지고 노는구나.
치 기 노 우

3/ 坎其擊缶하며 그 장군을 두드리면서
감 기 격 부

宛丘之道로다 완구의 길에서 노는구나.
완 구 지 도

無冬無夏히 겨울도 여름도 없이
무 동 무 하

值其鷺翿로다 백로 깃을 양산 삼아 놀고 있구나.
치 기 로 도

{해설 및 감상}

모두 3장 4구절로 이루어진 시다. 진나라 사람들이 완구 땅에서 상류계급의 사람들이 위의도 없이 질탕하게 노는 것을 풍자한 노래라고 한다. 매장의 끝 구절에는 '놀고 있다.' 라는 말이 나온다. 질서도 체면도 없이 놀고 있는 상류계급을 아니꼽게 논다는 사실을 표현하고 있다.

{어려운 낱말}

[子之湯(자지탕)] : 질탕하게 노는 것을 子, 湯은 방탕을 말함. [宛丘(완구)] : 굽은 언덕. 언덕바지. 사방이 높고 가운데가 낮은 곳을 완구라 한다. [望(망)] : 쳐다보다. 흉을 보다. [坎(감)] : 북을 두드리는 소리. [鷺羽(노우)] : 백로의 깃. [缶(부)] : 장군이. 똥장군이. 질 장구. [値(치)] : 세우다. 植과 같다.

## 2. 동문지분(東門之枌) - 동문의 느릅나무

| | |
|---|---|
| 1/ 東門之枌과<br>동 문 지 분 | 동문에 느릅나무와 |
| 宛丘之栩여<br>완 구 지 허 | 완구 위의 도토리나무여! |
| 子仲之子가<br>자 중 지 자 | 자중씨의 따님이 |
| 婆娑其下로다<br>파 사 기 하 | 그 아래서 놀고 있도다. |

2/ 穀旦于差하여 (곡단우차) — 좋은 아침 날을 받아서

南方之原이로다 (남방지원) — 남쪽 언덕에 모였네.

不績其麻하고 (부적기마) — 삼배 길쌈하지 않고

市也婆娑로다 (시야파사) — 저잣거리에서 춤만 추누나.

3/ 穀旦于逝하니 (곡단우서) — 날씨 좋은 아침을 골라

越以鬷邁로다 (월이종매) — 떼 지어 놀러 가네.

視爾如荍하니 (시이여교) — 그대를 금규화로 본다 했더니

貽我握椒로다 (이아악초) — 내게 한 줌 산초를 주네.

{해설 및 감상}

3장에 장마다 4구씩 이루어져 있다. 남녀가 어울려서 춤추고 노는 장면을 묘사한 작품이다. 제목이 '동쪽 문밖의 느릅나무' 인데, 제목과 이 시의 주제와는 별 관계가 없다. 주로 놀고 있다는 내용으로 시를 표현하고 있으니, 진나라 사람들은 놀기를 퍽 좋아하나 보다.

{어려운 낱말}

[枌(분)] : 느릅나무. [栩] : 상수리나무(허). [子仲之子(자중지자)] : 자중의 딸. 여기서의 子는 딸을 말함. [婆娑(파사)] : 춤을 추다. [穀旦(곡단)] : 좋

은 날 아침. [逝(서)] : 놀러가다. [鬷邁(종매)] : 떼 지어 가다. [荍(교)] : 금규화. 꽃 이름.

## 3. 형문(衡門) - 초라한 집

1/ 衡門之下여 (형 문 지 하) — 초라한 집 아래에서
可以棲遲로다 (가 이 서 지) — 편안히 쉴 수가 있겠구나.
泌之洋洋이여 (필 지 양 양) — 샘물이 졸졸 흘러내림이여!
可以樂飢로다 (가 이 락 기) — 굶주림 또한 즐길 수 있다네.

2/ 豈其食魚를 (기 기 식 어) — 어찌 생선을 먹는데
必河之魴이리요 (필 하 지 방) — 반드시 황하의 방어라야만 하나.
豈其取妻에 (기 기 취 처) — 어찌 아내를 취하는데
必齊之姜이리요 (필 제 지 강) — 꼭 제나라 강(姜)씨라야 하나요?

3/ 豈其食魚에 (기 기 식 어) — 물고기를 먹는데
必河之鯉리오 (필 하 지 리) — 꼭 황하의 잉어라야 하나

豈其取妻에 　　어찌 아내를 맞는데
기 기 취 처

必宋之子리요 　　꼭 송(宋)나라 따님이라야 하나요?
필 송 지 자

{해설 및 감상}

3장마다 4구절로 구성되어 있다. 세상을 살아나가는데, 어떻게 꼭 좋은 것만 찾을 수 있겠는가? 사람이 살아나가는데, 어떻게 꼭 즐겁게만 살아갈 수만 있겠는가? 바람이 부는 대로 물결이 치는 대로 그렇게 살아가는 사람들의 노래다. 우리나라말로 쓴다면, 장가가는데 어찌 부잣집 따님만 찾을 수 있나? 고관대작의 따님만을 찾을 수 있나? 당시 진나라 사람들 중에는 스스로를 즐기면서 살아가는 사람도 있었던 모양이다.

{어려운 낱말}

[衡門(형문)] : 매우 초라한 집. [棲遲(서지)] : 놀며 먹다. 쉬다. [洋洋(양양)] : 물이 흐르는 모양. [姜(강)] : 성씨. 제나라에는 이 강(姜)씨가 양반인 모양이다. [子(자)] : 송나라의 성씨.

## 4. 동문지지(東門之池) - 동문 밖 연못

1/ 東門之池여 　　동문 밖의 연못이여!
동 문 지 지

可以漚麻로다 　　삼 담그기 좋은 곳이로다.
가 이 구 마

| | |
|---|---|
| 彼美淑姬여<br>피 미 숙 희 | 저 아름다운 아가씨여! |
| 可與晤歌로다<br>가 여 오 가 | 함께 짝지어 노래할만 하도다. |

| | |
|---|---|
| 2/ 東門之池는<br>동 문 지 지 | 동문 밖의 연못은 |
| 可以漚紵로다<br>가 이 구 저 | 왕골 적시는 곳이로다. |
| 彼美淑姬여<br>피 미 숙 희 | 저 아름다운 아가씨여! |
| 可與晤語로다<br>가 여 오 어 | 함께 이야기 나눌만하네. |

| | |
|---|---|
| 3/ 東門之池는<br>동 문 지 지 | 동문 밖의 저 연못에는 |
| 可以漚菅이로다<br>가 이 구 관 | 왕골 담그는 곳이로다. |
| 彼美淑姬여<br>피 미 숙 희 | 저 어여쁜 아가시여! |
| 可與晤言이로다<br>가 여 오 언 | 함께 이야기 나눌만하네. |

{해설 및 감상}

3장이 모두 4구절로 형성되어 있다. 남녀가 서로 만나고 싶어 한다는 내용으로 되어 있다. 3장 모두가 '동문 밖의 연못' 으로 되어 있어서 동문 밖의 연못이 매우 경치가 좋은 곳인 것 같다. 동문 밖이 데이트 하는 장소로 제일 적당한 곳인지도 모른다. 삼[麻] 담그러 오는 아가씨, 왕골 담그러 오는 아가씨, 그때마다 예쁜 아가씨를 볼 수 있으니 참 좋은 장소라고 했다.

{어려운 낱말}

[池(지)] : 연못. [漚麻(구마)] : 삼을 물에 적시다. 물에 담그다. [晤(오)] : 함께 노래하다. [紵(저)] : 모시, 삼. [菅(관)] : 골풀. 왕골.

## 5. 동문지양(東門之楊) - 동문 밖의 버드나무

| | |
|---|---|
| 1/ 東門之楊이여 (동 문 지 양) | 동문 밖 버드나무여! |
| 其葉牂牂이로다 (기 엽 장 장) | 그 잎이 무성하도다. |
| 昏以爲期하고 (혼 이 위 기) | 날 저물어 만나자 약속해놓고 |
| 明星煌煌이로다 (명 성 황 황) | 새벽 별빛 빛나도 나오지 않네. |
| 2/ 東門之楊이여 (동 문 지 양) | 동문 밖 버드나무여! |
| 其葉肺肺로다 (기 엽 폐 폐) | 그 잎이 무성하도다. |
| 昏以爲期러니 (혼 이 위 기) | 저녁녘에 만나자 약속했더니 |
| 明星晢晢로다 (명 성 제 제) | 새벽 별빛만 총총하구나. |

{해설 및 감상}

2장에 4구절로 이루어져 있다. 남녀 간의 약속은 지켜야 하는데, 여기서는 하나도 지켜지지가 않았다. '동문 밖 버드나무'가 약속 장소인데 바람맞은 샘이다. 시계도 없던 그 시절, 날 저물 때 만나자고 약속했으니 밤새도록 얼마를 기다렸을까? 새벽 별빛이 총총하도록 기다렸다니 얼마나 순수한 남녀인가.

{어려운 낱말}

[牂牂(장장)] : 왕성한 모양. 무성하다. [明星(명성)] : 계명성을 말한다.
[煌煌(황황)] : 매우 빛나는 모양. [肺肺(폐폐)] : 매우 장장하다. 무성하다.
[晢晢(제제)] : 매우 크게 밝음.

## 6. 묘문(墓門) - 묘문에서

1/ 墓門有棘하니 묘문유극 — 묘문에 가시나무가 있어
斧以斯之로다 부이사지 — 도끼로 잘라내야 하겠네.
夫也不良을 부야불량 — 그 사람 나쁘다는 것을
國人知之로다 국인지지 — 온 나라 사람들 다 알고 있다네.
知而不已하나니 지이불이 — 다 알고도 말지 않으니

誰昔然矣로다 옛날에도 이와 같았으리.
수 석 연 의

2/ 墓門有梅하니 묘문에 매화나무가 있으니
묘 문 유 매

有鴞萃止로다 올빼미들이 모여드네.
유 효 췌 지

夫也不良을 그 사람 나쁜 것을
부 야 불 량

歌以訊之로다 노래로 알려주도다.
가 이 신 지

訊予不顧하나니 일러주어도 돌보지 않나니
신 여 불 고

顚倒思予하리라 신세 망치고 나를 생각하리라.
전 도 사 여

{해설 및 감상}

2장마다 모두 6구절로 구성되어 있다. 나쁘다는 사실을 알려주었는데도 고치지 않는 태만성을 풍자한 시다. 필요 없는 가시나무를 잘라내고, 묘문의 매화나무도 필요 없으니 모두 자르라고 했는데도 그냥 있으니, 나라의 폐단도 고치지 않는다는 내용이 바로 이것이다. 끝에 가서 일이 그릇되어 망치고 나서야 그때 내 말을 생각하겠느냐? 하는 교훈적인 내용이 들어있다.

{어려운 낱말}

[墓門(묘문)] : 묘지의 입구. [斯(사)] : 여기서는 가르다의 뜻이다. 잘라내다. [夫(부)] : 여기서는 비방하는 대상의 인물이다. [誰昔(수석)] : 옛날.

[訊(신)] : 고하다. 묻다. [顚倒(전도)] : 뒤바뀌다. 여기서는 망치다.

## 7. 방유작소(防有鵲巢) - 제방 위의 까치집

| | |
|---|---|
| 1/ 防有鵲巢하며 (방 유 작 소) | 제방 위에 까치집이 있고 |
| 邛有旨苕로다 (공 유 지 초) | 언덕에는 고운 능소화가 있네. |
| 誰侜予美하여 (수 주 여 미) | 누가 내 연인 꾀어내어 |
| 心焉忉忉리오 (심 언 도 도) | 이 마음 걱정시키나? |
| 2/ 中唐有甓이어니 (중 당 유 벽) | 중당 위에 오리 한 마리 |
| 邛有旨鷊이로다 (공 유 지 역) | 고운 풀이 거기 있도다. |
| 誰侜予美하여 (수 주 여 미) | 누가 내 사랑하는 사람 꼬여내어 |
| 心焉惕惕하리요 (심 언 척 척) | 이 마음 슬프게 하누나 그려. |

{해설 및 감상}

2장마다 4구절로 이루어진 시다. 남녀가 그들만의 애정을 가지고 남을 원망하는 내용으로 되어있다. 각 장의 2행은 아무런 관계도 없는 사실을 들어서 우리 님 꼬여내어 나를 슬프게 한다는 내용이다. 인간 사회에 흔히들 있을 수 있는 내용이다. 남자가 여자를 꼬여내어 상대를 마음 아프게 한다는 내용이 그것이다.

{어려운 낱말}

[防(방)] : 제방. [邛(공)] : 언덕. [侜(주)] : 속이다. [子美(자미)] : 나의 사랑하는 사람. [忉忉(도도)] : 근심하는 모양. [中唐(중당)] : 사당의 가운데 길. [鷊(역)] : 조그만 풀. [惕惕(척척)] : 매우 근심하는 모양.

## 8. 월출(月出) - 달이 뜨네

| | |
|---|---|
| 1/ 月出皎兮여<br>월 출 교 혜 | 달이 떠서 환하게 비쳐오니 |
| 佼人僚兮로다<br>교 인 료 혜 | 아름다운 임의 얼굴 더 예쁘구나. |
| 舒窈糾兮여<br>서 요 규 혜 | 왜 슬슬한 표정을 짓는가요! |
| 勞心悄兮로다<br>노 심 초 혜 | 시름겨운 이 마음 하염없어라. |
| 2/ 月出皓兮여<br>월 출 호 혜 | 달이 떠서 환하게 비침이여! |
| 佼人懰兮로다<br>교 인 류 혜 | 아름다운 임의 얼굴 더 예쁘구나. |
| 舒懮受兮여<br>서 우 수 혜 | 우수에 잠긴 모습이여! |

勞心慅兮로다 　　시름겨운 이 마음 그지없어라.
노 심 소 혜

3/ 月出照兮여 　　달이 떠서 비쳐옴이여!
월 출 조 혜

佼人燎兮로다 　　아름다운 얼굴 더욱 빛나도다.
교 인 료 혜

舒夭紹兮여 　　요요한 달빛 비쳐옴이여!
서 요 소 혜

勞心慘兮로다 　　노심초사 이 마음 더욱 슬프구나.
노 심 참 혜

{해설 및 감상}

3장 4구의 구성으로 되어있다. 남녀 간의 애정으로 노래하면서 서로가 좋아하는 상열지사다. 남녀가 사랑하고 좋아하는 것은 이유가 없다. 달이 떠오는 것만 바라보아도 서로가 생각나는 어쩔 수 없는 사항이다. 너무나 예쁘면 시름겹다는 말이 나온다. 이해가 가는 말이다. 노심초사 더욱 슬프다는 것은 바로 사랑하기 때문이라는 말이다.

{어려운 낱말}

[皎(교)] : 희다. 밝다. [佼人(교인)] : 미인. [窈糾(요규)] : 우수에 어린 모양. [悄(초)] : 근심. [懰(류)] : 좋은 모양, 즐거운 모양. [懮受(우수)] : 근심하고 생각하는 것. [慅(소)] : 근심하다. [燎(요)] : 밝다. [夭紹(요소)] : 수심어린 모습. [慘(참)] : 근심하다. 참혹하다.

## 9. 주림(株林) - 주읍의 숲

| | |
|---|---|
| 1/ 胡爲乎株林고<br>호 위 호 주 림 | 어찌하여 주읍(株邑)에 갔는가? |
| 從夏南이라<br>종 하 남 | 하남(夏南)을 따라간 것이네. |
| 匪適株林이요<br>비 적 주 림 | 주림에 간 것이 아니요, |
| 從夏南이로다<br>종 하 남 | 하남을 따라간 것이네. |
| 2/ 駕我乘馬하여<br>가 아 승 마 | 4필 말의 수레를 타고 |
| 說于株野로다<br>세 우 주 야 | 주(株)의 들에 가서 쉬었네. |
| 乘我乘駒하여<br>승 아 승 구 | 4필 망아지 수레를 타고 |
| 朝食于株로다<br>조 식 우 주 | 주(株)에서 아침밥을 먹었네. |

{해설 및 감상}

2장 4구의 노래다. 진나라의 영공(靈公)이 하징서(夏徵舒)의 어머니에게 반해서 아침저녁으로 하씨(夏氏)의 읍을 찾아가는 것을 나라의 백성들이 풍자한 내용이다. 하남은 주읍(株邑)에 있었다. 주읍에 가면, 바로 하남에 가는 것이다. 거기에 가면 그 사람을 만날 수가 있었다. 영공은 4필의 말에 수레를 끌고 하씨읍(夏氏邑)으로 찾아간 것이다.

{어려운 낱말}

[株林(주림)] : 하씨읍(夏氏邑). [夏南(하남)] : 징서(徵舒)라는 사람의 자. 어머니는 하희(夏姬), 그는 정나라 사람 목공의 딸. [說(세)] : 쉬다. [駒(구)] : 망아지.

## 10. 택파(澤陂) - 못이 있는 언덕

| | |
|---|---|
| 1/ 彼澤之陂에는 (피택지파) | 저 못의 언덕에는 |
| 有蒲與荷로다 (유포여하) | 부들과 연꽃이 있구나. |
| 有美一人이여 (유미일인) | 아름다운 임이여! |
| 傷如之何오 (상여지하) | 애타는 마음 어찌할까요? |
| 寤寐無爲하여 (오매무위) | 자나 깨나 아무 일도 못하고 |
| 涕泗滂沱로다 (체사방타) | 눈물과 콧물만 흘리고 있도다. |

| | |
|---|---|
| 2/ 彼澤之陂엔 (피택지파) | 저 못가의 언덕에는 |
| 有蒲與蕑이로다 (유포여간) | 부들과 난초가 있구나. |
| 有美一人이여 (유미일인) | 아름다운 임이여! |

碩大且卷이로다 훤칠하고 멋지기도 하여라.
석 대 차 권

寤寐無爲하여 자나 깨나 하는 일 없이
오 매 무 위

中心悁悁이로다 마음속 시름만 가득하여라.
중 심 연 연

3/ 彼澤之陂엔 저 못가의 언덕에는
피 택 지 파

有蒲菡萏이로다 부들과 연꽃이 있구나.
유 포 함 담

有美一人이여 아름다운 임이여!
유 미 일 인

碩大且儼이로다 훤칠하고 의젓하도다.
석 대 차 엄

寤寐無爲하여 자나 깨나 하는 일 없이
오 매 무 위

輾轉伏枕이로다 뒤척이며 눈물이 베개를 적시네.
전 전 복 침

{해설 및 감상}

3장 6구의 서정시다. 어느 여인이 한 남자를 지독히 그리워한다고나 할까? 일종의 연시(戀詩)인 것이다. 이 시에 나오는 장마다 두 줄은 서두요, 그 다음 내용은 지극한 연시에 해당된다. 그야말로 순수감정의 그대로다. 못 가에는 부들이 있고, 연꽃이 있고, 그리고 연인이 있다. 그것이 순수 연애 감정 그대로다. 공자가 말한 '思無邪'의 순수감정이다.

{어려운 낱말}

[陂(파)] : 못의 언덕. [蒲與荷(포여하)] : 부들과 연잎. [涕泗滂沱(체사방타)] : 콧물, 눈물을 비오듯 한다. [蕑(간)] : 난초. [卷(권)] : 멋지다. 수염의 아름다운 모습. [悁悁(연연)] : 근심하는 모양. [菡萏(함담)] : 연꽃. [儼(엄)] : 의젓한 모양. [輾轉(전전)] : 뒤척이다. 잠 못 이루는 모양.

# 제13장
# 회풍(檜風)

회(檜)에 나라가 섰다. 고신씨 때 화정(火正) 축융(祝融)의 봉지(封地)로 세워진 나라로, 지금의 하남성 정주 지방에서 4수의 시가 수집되었다고 한다. 주(周)나라의 평왕(平王) 때 정(鄭)나라의 무공(武公)에게 멸망했었다. 그래서 정풍(鄭風)에도 이 지역과 관련된 작품이 여러 편이 나오고 있어 회풍(檜風)의 시와 그 지역이나 악조(樂調)가 다른 것이 없으니, 회풍(檜風)의 시는 다만 정(鄭)나라에 합병(合倂)되기 이전의 시(詩)일 것이라는 것이 다른 점이다.

염소 갖옷을 입고 소요하시며
여우 갖옷 입고 조회를 하시네.
어찌 그대 생각을 하지 않으랴만
시름하는 마음 하염없어라.

–'염소 갖옷' 의 1부

## 1. 고구(羔裘) - 염소 갖옷

1/ 羔裘逍遙하시고 염소 갖옷 입고서 소요하시고
고 구 소 요

狐裘以朝로다 여우 갖옷 입고 조회도 하신다네.
호 구 이 조

豈不爾思리오 어찌 그대 생각을 하지 않으랴,
기 불 이 사

勞心忉忉로다 시름하는 마음 하염없어라.
노 심 도 도

2/ 羔裘翺翔하시고 염소 갖옷 입고 나들이 하시고
고 구 고 상

狐裘在堂이로다 여우 갖옷 입고 조당에도 나오셨도다.
호 구 재 당

豈不爾思리오 어찌 그대 생각 않으랴만
기 불 이 사

我心憂傷이로다 근심 걱정으로 내 마음 아파라.
아 심 우 상

3/ 羔裘如膏하니 염소 갖옷 기름 친듯하니
고 구 여 고

日出有曜로다 해 솟아오를 때처럼 빛이 나는구나.
일 출 유 요

豈不爾思리요 어찌 그대를 걱정하지 않으랴,
기 불 이 사

中心是悼로다 마음속에는 슬픔뿐이로다.
중 심 시 도

{해설 및 감상}

3장 4구체로 구성된 노래다. 임금이 나라 일에는 걱정도 하지 않고 옷만을 깨끗이 입고 소요하며, 정치는 하지 않고 놀이하는 데만 정신이 빠져있기에 그것을 보고 대부가 떠나가면서 이 노래를 지었다고 한다. 여기에 나오는 염소 갖옷이나 여우 갖옷은 호화사치의 극치이다. 1구절은 왕의 호화사치를 읊고, 아래 2구절은 걱정과 슬픔으로 마음 아파하는 대부의 심정이 잘 나타나있다.

{어려운 낱말}

[忉忉(도도)] : 시름없다. [翺翔(고상)] : 나들이하다. 놀다. [堂(당)] : 공무를 집행하는 곳. 관청. [膏(고)] : 기름. 기름기가 번지르르하다. [悼(도)] : 슬픔.

## 2. 소관(素冠) - 흰 갓

| | |
|---|---|
| 1/ 庶見素冠兮여<br>서 견 소 관 혜 | 흰 갓 쓴 사람 보고픔이여! |
| 棘人欒欒兮하여<br>극 인 난 란 혜 | 야위고 초췌해진 몸이 되어 |
| 勞心慱慱兮로다<br>노 심 단 단 혜 | 시름겨운 마음 근심뿐이로다. |
| 2/ 庶見素衣兮여<br>서 견 소 의 혜 | 행여 흰옷 입은 이를 봄이여! |

| | |
|---|---|
| 我心傷悲兮니<br>아 심 상 비 혜 | 내 마음 너무 서러우니 |
| 聊與子同歸兮로다<br>요 여 자 동 귀 혜 | 그대와 함께 돌아가고 싶네. |
| 3/ 庶見素韠兮여<br>서 견 소 필 혜 | 하얀 무릎 가리게 한 이를 보고파 |
| 我心蘊結兮니<br>아 심 온 결 혜 | 내 마음 한이 맺혔으니 |
| 聊與子如一兮로다<br>요 여 자 여 일 혜 | 그대와 함께 한몸 되고 싶네. |

{해설 및 감상}

3장에 장마다 3구절로 모두 9행으로 구성되어 있다. 당시 사람들이 부모의 삼년상을 지키지 않아서 어진 사람들이 이런 현실을 못마땅하게 여겨 이를 풍자한 노래라고 한다. 이렇게 도덕심이 해이해지고 부모가 죽어서도 상례를 지키지 않는 것을 현자들은 이를 안타깝게 여겼을 것이다. 당시의 사회상을 엿볼 수 있다.

위의 글을 다음과 같이 정리할 수 있다. 1) 효자는 삼년상을 지켜야 한다. 2) 아가씨가 효자와 사랑을 맺고 싶어 한다. 3) 남편이 죽자 마음이 아파서 그와 함께 죽기를 원한다. 4) 상가의 비통함을 함께 나누어 조문하는 등의 내용으로 정리할 수 있다.

{어려운 낱말}

[素冠(소관)] : 흰 관을 말함. 그때도 부모가 죽으면 소립을 썼다. [棘人(극인)] : 설움에 몸둘 바를 모르는 사람. [欒欒(난란)] : 파리하게 여윈 사람.

[慱慱(단단)] : 근심하는 모양. [韠(필)] : 슬갑(膝甲). 무릎 가리개. [蘊結(온결)] : 생각이 풀리지 않음.

## 3. 습유장초(隰有萇楚) - 습지의 장초

| | |
|---|---|
| 1/ 隰有萇楚하니<br>습 유 장 초 | 습지에 난 장초나무 |
| 猗儺其枝로다<br>의 나 기 지 | 그 가지 아름답기도 하네. |
| 夭之沃沃하니<br>요 지 옥 옥 | 싱싱하고 반짝이는데 |
| 樂子之無知로다<br>낙 자 지 무 지 | 너 짝이 없음을 즐겁게 여기누나. |
| 2/ 隰有萇楚하니<br>습 유 장 초 | 늪에 난 장초나무 있으니 |
| 猗儺其華로다<br>의 나 기 화 | 그 꽃이 곱기도 하다. |
| 夭之沃沃하니<br>요 지 옥 옥 | 작고 예쁜 모습 싱그럽고 윤기가 나니 |
| 樂子之無家하노라<br>낙 자 지 무 가 | 너의 집사람 없음을 즐거워하노라. |
| 3/ 隰有萇楚하니<br>습 유 장 초 | 진펄에 난 장초나무 |
| 猗儺其實이로다<br>의 나 기 실 | 그 열매 하늘하늘 부드럽구나. |

夭之沃沃하니　　싱싱하고 반짝거리니
요 지 옥 옥

樂子之無室하노라　그대 혼자 몸임을 즐거워하노라.
낙 자 지 무 실

{해설 및 감상}

3장 4구의 형식으로 이루어진 시다. 정치가 어지럽고 부역을 무겁게 할 뿐 아니라 고통을 주니 그 아픔을 이기지 못하여 차라리 아무것도 없이 혼자 지내는 것이 낫겠다는 비유이다. 끝 구절에는 싱싱하고 예쁜 몸매를 가진 여인이 아직 혼자라는 사실을 알고 즐거워하는 내용이다.

{어려운 낱말}

[萇楚(장초)] : 앵두와 비슷한 열매가 열리는 나무 이름. [猗儺(의나)] : 온순하다. 여기서는 '곱다', '부드럽다' 로 풀이. [夭(요)] : 젊고 아름다운 모양. [沃沃(옥옥)] : 빛나고 윤택함. [無家(무가)] : 얽매이지 아니함. [無室(무실)] : 결혼하지 아니함. 혼자 몸.

## 4. 비풍(匪風) - 바람도 불지 않고

1/ 費風發兮여　　바람도 불지 않음이여!
비 풍 발 혜

匪車偈兮로다　　수레도 달려오지 않네.
비 거 걸 혜

| | |
|---|---|
| 顧瞻周道하니<br>고 첨 주 도 | 주나라 가는 길을 돌아다보니 |
| 中心怛兮로다<br>중 심 달 혜 | 내 마음 슬퍼지누나. |
| 2/ 匪風飄兮여<br>비 풍 표 혜 | 회오리바람 불지 않음이여! |
| 匪車嘌兮로다<br>비 거 표 혜 | 수레도 흔들리지 아니하네. |
| 顧瞻周道하니<br>고 첨 주 도 | 주나라로 가는 길 돌아보니 |
| 中心弔兮로다<br>중 심 조 혜 | 속마음 애달파지도다. |
| 3/ 誰能亨魚리오<br>수 능 팽 어 | 누가 물고기를 삶으리오. |
| 漑之釜鬵하리라<br>개 지 부 심 | 가마솥을 씻으리라. |
| 誰將西歸에<br>수 장 서 귀 | 누가 장차 서쪽(주)나라로 돌아가서 |
| 懷之好偈고<br>회 지 호 걸 | 좋은 소식 가져올까요? |

{해설 및 감상}

3장에 장마다 4구절로 구성하고 있다. 제후들이 흥성하고 주나라가 자꾸 쇠약해지고, 회(檜)나라 역시 정치가 어지러워지고 백성들이 방황하고 있는 현실을 보고 나라가 쇠약해지니, 현인들이 그것을 애달파하며 탄식하여 이 시를 지었다고 한다. 바람이 없고 수레도 달려오지 않는다는 것은 외롭고 적막하다는 것이다. 그래도 좋은 소식을 기다리는 것을 호음(好音)이라고 표현했다.

{어려운 낱말}

[發(발)] : 바람이 사납게 부는 모양. [偈(걸)] : 빨리 달리는 모양. [飄(표)] : 되돌아오는 바람. 회오리바람. [嘌(표)] : 수레가 흔들려 불안한 모양. [弔(조)] : 마음이 상하다. [烹(팽)] : 삶다. [漑(개)] : 물을 붓다. [鬵(심)] : 가마솥. [西歸(서귀)] : 서쪽으로, 주나라로 간다는 뜻.

## 제14장
# 조풍(曹風)

조풍(曹風)은 산동성 조주(曹州) 근처에서 수집한 것이다. 주나라 무왕이 은나라 주왕(紂王)을 정벌한 뒤 아우 진탁(振鐸)을 봉했던 곳이다. 산동성 하택현과 정도현 일대로 26대 백양(伯陽) 때 송나라에 멸망했다. 그래서 조풍(曹風)의 시를 이곳에서 수집했기에 '조풍(曹風)' 장이란 명칭이 붙은 것이다. 지금 조주(曹州)가 그곳이다.

하루살이 날개여!
너 옷이 선명하도다.
마음속의 근심이여!
나는 어디로 가서 살아야 하나.

–'하루살이'의 일부

## 1. 부유(蜉蝣) - 하루살이

1/ 蜉蝣之羽여 / 부유지우 — 하루살이 날개여!

衣裳楚楚로다 / 의상초초 — 너 옷이 선명하도다.

心之憂矣여 / 심지우의 — 마음속의 근심이여!

於我歸處로다 / 어아귀처 — 나는 어디로 가서 살아야 하나.

2/ 蜉蝣之翼이여 / 부유지익 — 하루살이의 날개여!

采采衣服이로다 / 채채의복 — 화려한 의복과 같도다.

心之憂矣여 / 심지우의 — 마음속의 근심이여!

於我歸息고 / 어아귀식 — 나는 어디로 돌아와서 쉴꼬?

3/ 蜉蝣掘閱하니 / 부유굴열 — 하루살이 껍질 열고 나올 때

麻衣如雪이로다 / 마의여설 — 삼베옷 흰 눈과 같구나.

心之憂矣여 / 심지우의 — 마음속의 근심이여!

於我歸說리오 / 어아귀세 — 나는 어디에서 쉬어야 하나?

{해설 및 감상}

3장에 모두 4구절로 구성되어 있다. 조(曹)나라 사람들은 작고 가까운 것에는 눈이 어둡고 멀고 원대한 것은 잊고 있었다. 그래서 그 백성들을 하루살이에 비유하여 이 시를 지은 것이다. 하루살이 날개가 현명하여 아름답게만 느꼈을 뿐, 영원한 것에 대해서는 생각을 하지 못했다. 그래서 하루살이에 비유해서 이 글이 지어진 것이다.

{어려운 낱말}

[蜉蝣(부유)] : 하루살이. 아침에 태어나서 저녁에 죽는다는 곤충이다. [楚楚(초초)] : 선명한 모양. [采采(채채)] : 화려하게 꾸민 모양. [掘閱(굴열)] : 뚫고 나오다. [說(세)] : 머물러 쉬다.

## 2. 후인(候人) - 낮은 관리여!

| | |
|---|---|
| 1/ 彼候人兮여<br>피 후 인 혜 | 저 후인이여! |
| 何戈與祋리오<br>하 과 여 대 | 짧은 창 메고 무엇 할 것인가? |
| 彼其之子여<br>피 기 지 자 | 저 아가씨들이여! |
| 三百赤芾이로다<br>삼 백 적 불 | 3백 명의 슬갑[赤版]한 무리이네. |

| | |
|---|---|
| 2/ 維鵜在梁하니<br>유 제 재 량 | 징검다리에는 사다리 새가 있으니 |
| 不濡其翼이라<br>불 유 기 익 | 그 날개는 젖지 않았어라. |
| 彼其之子여<br>피 기 지 자 | 저기 저 아가씨들이여! |
| 不稱其服이라<br>불 칭 기 복 | 그 옷이 어울리지도 않네. |
| 3/ 維鵜在梁하니<br>유 제 재 량 | 징검다리에는 사다리 새가 있으니 |
| 不濡其咮로다<br>불 유 기 주 | 그 부리는 젖지 않았네. |
| 彼其之子여<br>피 기 지 자 | 저 소인들의 자제여! |
| 不遂其媾로다<br>불 수 기 구 | 그 사랑 이루어지지 않았네. |
| 4/ 薈兮蔚兮여<br>회 혜 울 혜 | 초목이 울창하고 무성하여 |
| 南山朝隮로다<br>남 산 조 제 | 남산에는 아침 무지개 섰네. |
| 宛兮孌兮여<br>완 혜 련 혜 | 젊고 예쁜 아가씨여! |
| 季女斯飢로다<br>계 녀 사 기 | 아가씨는 굶주리기만 하네. |

{해설 및 감상}

4장에 모두 4구로 구성되어 있다. 나라의 임금이 군자를 멀리하고 소인을 가까이하기 때문에 이를 풍자하여 지은 시다. 3백 명의 슬갑을

한 무리들과 사다리 새가 등장한다. 이는 현인을 버리고 소인들을 열거하는 내용들이다. 그러나 뒤에는 젊고 예쁜 아가씨가 나오고 이루어지지 않는 사랑이야기도 나온다. 이런 것들은 모두 불안한 그 시대적 상황을 표현하고 있다.

{어려운 낱말}

[侯人(후인)] : 나라의 손님들을 안내하는 관리. [何(하)] : 여기서는 ~를 메다. 荷와 같음. [祋(대)] : 짧은 창. [之子(지자)] : 소인을 지칭함. [芾(불)] : 여기서는 슬갑(膝甲)을 말함. [鵜(제)] : 물새. 사다리 새. 두견. [咮(주)] : 새의 부리. [媾(구)] : 사랑하다. [朝隮(조제)] : 아침 무지개.

## 3. 사구(鳲鳩) - 뻐꾸기

| | |
|---|---|
| 1/ 鳲鳩在桑하니 (시구재상) | 뻐꾸기가 뽕나무에 앉으니 |
| 其子七兮로다 (기자칠혜) | 그 새끼가 일곱 마리로다. |
| 淑人君子여 (숙인군자) | 어지신 군자여! |
| 其儀一兮로다 (기의일혜) | 그 거동이 한결같도다. |
| 其儀一兮하니 (기의일혜) | 그 거동이 한결같으시니 |
| 心如結兮로다 (심여결혜) | 마음도 맺은 듯 변함이 없네. |

| | |
|---|---|
| 2/ 鳲鳩在桑하고<br>시 구 재 상 | 뻐꾸기는 뽕나무에 앉아있고 |
| 其子在梅라<br>기 자 재 매 | 그 새끼들 매화나무에 있어라. |
| 淑人君子여<br>숙 인 군 자 | 어지신 군자여! |
| 其帶伊絲로다<br>기 대 이 사 | 그 띠는 흰 비단실로 하였네. |
| 其臺伊絲이니<br>기 대 이 사 | 띠를 흰 실비단으로 하였으니 |
| 其弁伊騏로다<br>기 변 이 기 | 그 고깔은 검은색이로다. |
| 3/ 鳲鳩在桑하고<br>시 구 재 상 | 뻐꾸기는 뽕나무에 앉아있고 |
| 其子在棘이로다<br>기 자 재 극 | 그 새끼 가시나무에 앉았네. |
| 淑人君子여<br>숙 인 군 자 | 어지신 군자여! |
| 其儀不忒이로다<br>기 의 불 특 | 그 거동은 어김이 없다네. |
| 其儀不忒하니<br>기 의 불 특 | 그 거동이 어김이 없으니 |
| 正是四國이로다<br>정 시 사 국 | 그 고깔은 검은색이로다. |
| 4/ 鳲鳩在桑하고<br>시 구 재 상 | 뻐꾸기는 뽕나무에 앉아있고 |
| 其子在榛이로다<br>기 자 재 진 | 그 새끼들이 개암나무에 앉았구나. |
| 淑人君子여<br>숙 인 군 자 | 어지신 군자여! |

正是國人하리라　　이 나라 사람들을 바르게 하리라.
정 시 국 인

正是國人하리니　　이 나라 사람들을 바르게 하리니
정 시 국 인

胡不萬年이리요　　어찌 만년인들 못 하리요.
호 불 만 년

{해설 및 감상}

4장 6구체로 구성되어 있다. 시구(鳲鳩)는 뻐꾸기를 말한다. 뻐꾸기 새끼가 여기저기 옮겨 다니지만 어미는 있던 자리를 떠나지 않고 새끼를 지킨다고 한다. 이와 같이 한결같은 마음을 가진 선량한 분들이 천하를 바로잡는 것을 아름답게 여겨서 부른 노래라고 한다. 지위가 높은 사람들 중에는 군자가 없고 마음 씀이 한결같지 못함을 풍자한 것이라고도 하였다.

{어려운 낱말}

[鳲鳩(시구)] : 뻐꾸기. [如結(여결)] : 묶여서 흩어지지 않는 것. [帶伊絲(대이사)] : 실 띠. [弁伊騏(변이기)] : 弁은 고깔. 騏는 검은 말. [四國(사국)] : 온 나라.

## 4. 하천(下泉) - 흐르는 샘물

1/ 洌彼下泉하여　　차가운 저 샘물 흘러내려
열 피 하 천

| | |
|---|---|
| 浸彼苞稂이로다<br>침 피 포 랑 | 저 가라지 풀을 적시는도다. |
| 愾我寤嘆하여<br>개 아 오 탄 | 슬프다, 내 자다가 깨어 탄식하며 |
| 念彼周京이로다<br>념 피 주 경 | 저 주나라 서울을 생각하노라. |
| 2/ 洌彼下泉이여<br>열 피 하 천 | 차가운 저 샘물 흘러내려 |
| 浸彼苞蕭로다<br>침 피 포 소 | 저 쑥대 포기를 적시는도다. |
| 愾我寤嘆하며<br>개 아 오 탄 | 슬프다, 내 자다 깨어 탄식하며 |
| 念彼周京이로다<br>념 피 주 경 | 저 주나라 서울을 생각하노라. |
| 3/ 洌彼下泉하여<br>열 피 하 천 | 차가운 저 샘물 흘러내려 |
| 浸彼苞蓍로다<br>침 피 포 시 | 저 시초 포기를 적시네. |
| 愾我寤嘆하여<br>개 아 오 탄 | 슬프다, 내 자다 깨어 탄식하며 |
| 念彼京師로다<br>념 피 경 사 | 저 서울[京師]을 생각하노라. |
| 4/ 芃芃黍苗를<br>봉 봉 서 묘 | 아름답게 자란 기장 싹을 |
| 陰雨膏之로다<br>음 우 고 지 | 단비가 촉촉이 적셔주도다. |
| 四國有王하여<br>사 국 유 왕 | 온 나라 받드는 임금이 계시거늘 |

郇伯勞洌이로다　　순백(郇伯)이 그를 위로해 드리네.
순 백 노 열

{해설 및 감상}

4장에 장마다 4구로 이루어져 있다. 주나라의 왕실이 쇠약해져서 오랑캐의 능멸을 당하고 있는 이때 나라의 곤궁함을 들어서 하천이 흘러서 가라지풀을 적시는 것에 비유하여 읊은 노래이다. 그러니 조나라 사람들이 주나라 왕실이 쇠약해져 사방의 제후들이 약육강식하는 것을 걱정하는 한편 순력(荀躒)을 도와 많은 공을 세운 순백(郇伯)을 찬미하고 있다.

{어려운 낱말}

[洌彼下泉(열피하천)] : 열은 '차갑다' 요, '피하천' 은 저 아래로 흐르는 샘물. [苞稂(포랑)] : 풀이 떨기로 자라다. 랑(稂)은 가라지 풀. [愾(개)] : 탄식하는 소리. [周京(주경)] : 주나라의 서울. 경사. [蕭(소)] : 쑥. [蓍(시)] : 시초 풀. [芃芃(봉봉)] : 아름다운 모양. [郇伯(순백)] : 순(郇)나라의 제후. 무왕의 후예로 주백(州伯)이 되어 제후를 다스렸다.

제15장
# 빈풍(豳風)

빈(豳)은 나라 이름으로 기산(岐山)의 북쪽, 지금의 섬서성 서북쪽 빈읍현(豳邑縣) 부근의 평평하고 낮은 들을 중심으로 유행하던 노래를 모은 것이 빈풍(豳風)이다.

문왕이 처음으로 천명을 받아 나라를 세웠으며, 13세손인 무왕이 드디어 천자가 되었다. 무왕이 죽고 성왕이 즉위하였으나 나이가 어려 주공이 총재로서 섭정하여 나라를 붙들고 제후들을 다스렸다. 후세 사람들이 주공이 지은 것과 주공을 위해 지은 시를 합하여 「빈풍」이라고 부르게 되었다. 빈(豳) 땅은 지금의 빈주(邠州) 삼수현(三水縣)으로, 지금의 경조부(京兆府) 무공현(武功縣)에 있다.

7월이면 화성(火星)이 기울고
9월에는 겨울옷 준비를 하네.
동짓달에는 찬바람이 일고
섣달이면 강추위가 닥치도다.
웃옷도 없고 털옷도 없다면
어떻게 한해를 마칠까?

－'칠월' 의 일부

## 1. 칠월(七月) - 7월

| | |
|---|---|
| 1/ 七月流火하고<br>칠 월 유 화 | 7월이면 유화(流火)절이라 심성이 기울고 |
| 九月授衣니라<br>구 월 수 의 | 9월에는 겨울옷 준비를 하네. |
| 一之日觱發하고<br>일 지 일 필 발 | 동짓달에는 찬바람이 일고 |
| 二之日栗烈이로다<br>이 지 일 율 열 | 섣달이면 강추위가 닥치도다. |
| 無衣無褐이면<br>무 의 무 갈 | 웃옷도 없고 털옷도 없다면 |
| 何以卒歲리오<br>하 이 졸 세 | 어떻게 한해를 마칠까? |
| 三之日于耜하고<br>삼 지 일 우 사 | 정월에는 쟁기를 손질하고 |
| 四之日擧趾니<br>사 지 일 거 지 | 이월에는 밭갈이를 하는데, |
| 同我婦子하여<br>동 아 부 자 | 내 아들과 아내와 함께 |
| 饁彼南畝하면<br>엽 피 남 무 | 저 남쪽 이랑에 점심밥이 오면 |
| 田畯至喜하리니<br>전 준 지 희 | 농사 맡은 관리가 와 보고 기뻐하리니 |
| 2/ 七月流火하고<br>칠 월 유 화 | 7월에 화성이 서쪽으로 기울고 |
| 九月授衣하니라<br>구 월 수 의 | 9월에는 겨울옷을 준비한다네. |
| 春日載陽하여<br>춘 일 재 양 | 봄날의 햇볕은 따뜻하여 |

| | |
|---|---|
| 有鳴倉庚이어든<br>유 명 창 경 | 꾀꼬리가 있어 울음 울면 |
| 女執懿筐하여<br>여 집 의 광 | 여인들은 광주리 들고 |
| 遵彼微行하여<br>준 피 미 행 | 저기 저 오솔길을 따라서 |
| 爰求柔桑하니라<br>원 구 유 상 | 연한 뽕잎 따러 가리라. |
| 春日遲遲하니<br>춘 일 지 지 | 봄날씨 길기도 한데 |
| 采蘩祁祁하며<br>채 번 기 기 | 다북쑥 그득히 뜯고 있으니 |
| 女心傷悲하여<br>여 심 상 비 | 여인의 마음 울적해져서 |
| 殆及公子同歸로다<br>태 급 공 자 동 귀 | 공자님께 시집가고 싶어진다네. |
| 3/ 七月流火하고<br>칠 월 유 화 | 7월에 화성이 서쪽으로 기울고 |
| 八月萑葦니라<br>팔 월 추 위 | 8월에는 갈대를 벤다네. |
| 蠶月條桑이라<br>잠 월 조 상 | 누에 치는 달에 뽕나무 가지 |
| 取彼斧斨하여<br>취 피 부 장 | 도끼를 손에 잡고 |
| 以伐遠揚이요<br>이 벌 원 양 | 멀리 뻗은 가지를 찍어내고, |
| 猗彼女桑이라<br>의 피 여 상 | 부드러운 가지는 휘어잡아 꺾네. |
| 七月鳴鵙하고<br>칠 월 명 격 | 7월에는 백로가 울고 |

| | |
|---|---|
| 八月載績이라<br>팔 월 재 적 | 8월에는 길쌈을 하느니라. |
| 載玄載黃하여<br>재 현 재 황 | 검고 누런 물을 들여 |
| 我朱孔陽이어든<br>아 주 공 양 | 제일 고운 천으로는 |
| 爲公子裳하리라<br>위 공 자 상 | 공자님의 바지를 지어 드리리라. |

| | |
|---|---|
| 4/ 四月秀葽하고<br>사 월 수 요 | 4월에 애기풀 싹이 나고 |
| 五月鳴蜩하고<br>오 월 명 조 | 5월은 매미가 울며, |
| 八月其穫하고<br>팔 월 기 확 | 8월에는 나락을 거두고 |
| 十月隕蘀이니라<br>시 월 운 탁 | 10월에는 낙엽이 지네. |
| 一之日于貉하여<br>일 지 일 우 맥 | 동짓달에는 오소리 사냥, |
| 取彼狐狸하여<br>취 피 호 리 | 여우와 너구리를 잡아서 |
| 爲公子裘하리라<br>위 공 자 구 | 공자(公子)님 갖옷 만들어 드리리라. |
| 二之日其同하여<br>이 지 일 기 동 | 섣달에는 모두 모여 사냥 나가서 |
| 載纘武功하여<br>재 찬 무 공 | 무술을 익혀서는 |
| 言私其豵하고<br>언 사 기 종 | 작은 짐승은 내가 갖고 |
| 獻豜于公하리라<br>헌 견 우 공 | 큰 짐승은 임금에게 바치리라. |

| | |
|---|---|
| 5/ 五月斯螽動股요<br>오 월 사 종 동 고 | 5월에는 여치가 다리 비벼 울고 |
| 六月莎鷄振羽하네<br>육 월 사 계 진 우 | 6월에는 베짱이 날개 떨며 운다. |
| 七月在野하다가<br>칠 월 재 야 | 7월에는 들에서 지내다가 |
| 八月在宇하고<br>팔 월 재 우 | 8월에는 처마 밑에서 지내고 |
| 九月在户요<br>구 월 재 호 | 9월에는 문간 안에 있고 |
| 十月蟋蟀이<br>시 월 실 솔 | 10월에 귀뚜라미가 |
| 入我牀下하네<br>입 아 상 하 | 나의 침상에 들어오네. |
| 穹窒熏鼠하여<br>궁 질 훈 서 | 벽 구멍 막고 쥐 연기 피워 쫓고 |
| 塞向墐户하니라<br>색 향 근 호 | 북창을 막고 진흙으로 문을 바르네. |
| 嗟我婦子여<br>차 아 부 자 | 아, 내 아내와 아들이여! |
| 曰爲改歲니<br>왈 위 개 세 | 한 해가 다시 바뀌려 하니 |
| 入此室處어다<br>입 차 실 처 | 이 집에 들어와서 편안히 쉬어보세. |
| 6/ 六月食鬱及薁하고<br>유 월 식 울 급 욱 | 6월에는 아가위랑 머루랑 따 먹고 |
| 七月亨葵及菽하며<br>칠 월 형 규 급 숙 | 7월에는 아욱국에 콩 쪄 먹으며 |
| 八月剝棗하며<br>팔 월 박 조 | 8월에는 가지 두들겨 대추를 따며, |

| | |
|---|---|
| 十月穫稻하고<br>십 월 확 도 | 10월 벼를 베어 수확하고 |
| 爲此春酒하여<br>위 차 춘 주 | 이것으로 봄술[春酒]을 담가서 |
| 以介眉壽하리라<br>이 개 미 수 | 노인들의 장수를 바라리라. |
| 七月食瓜하고<br>칠 월 식 과 | 7월에는 오이를 따 먹고, |
| 八月斷壺하며<br>팔 월 단 호 | 8월에는 박을 따며 |
| 九月叔苴하고<br>구 월 숙 저 | 9월에는 삼씨를 줍고 |
| 采荼薪樗하여<br>채 도 신 저 | 씀바귀 캐고 가죽나무 땔감 베어 |
| 食我農夫하니라<br>식 아 농 부 | 우리 농부들 먹이리라. |
| **7/** 九月築場圃하고<br>구 월 축 장 포 | 9월에는 채마밭에 타작마당 닦고 |
| 十月納禾稼하니<br>십 월 납 화 가 | 10월에 곡식 거두어들이네. |
| 黍稷重穋과<br>서 직 중 육 | 서직(黍稷)의 늦은 것, 이른 것과 |
| 禾麻菽麥이라<br>화 마 숙 맥 | 벼 삼씨 콩 보리 등이니라. |
| 嗟我農夫여<br>차 아 농 부 | 아, 우리 농부들이여! |
| 我稼旣同이니<br>아 가 기 동 | 우리 곡식 다 모아들이고 |
| 上入執宮功하세<br>상 입 집 궁 공 | 고을로 들어가 집안일을 하세. |

| | |
|---|---|
| 晝爾于茅요<br>주 이 우 모 | 낮에는 띠(茅)를 손질하고 |
| 宵爾索綯하여<br>소 이 삭 도 | 밤에는 새끼를 꼬아서 |
| 亟其乘屋하니<br>극 기 승 옥 | 어서 빨리 지붕이나 이어야지 |
| 其始播百穀이라<br>기 시 파 백 곡 | 그래, 비로소 곡식 씨 뿌리리라. |
| 8/ 二之日鑿冰沖沖하여<br>이 지 일 착 빙 충 충 | 섣달에 얼음을 쩡쩡 깨어 |
| 三之日納于凌陰이라<br>삼 지 일 납 우 능 음 | 정월에 얼음 창고에 들여다 놓고, |
| 四之日其蚤에<br>사 지 일 기 조 | 이월 이른 아침 얼음을 꺼낼 때 |
| 獻羔祭韭라<br>헌 고 제 구 | 염소 잡고 부추나물 담아 제사 지낸다. |
| 九月肅霜하고<br>구 월 숙 상 | 9월에 된서리 내리면 |
| 十月滌場하고<br>십 월 척 장 | 10월에 타작마당 치우고 |
| 朋酒斯饗하여<br>붕 주 사 향 | 친구들과 술판을 벌여 |
| 曰殺羔羊하여<br>왈 살 고 양 | 염소와 양을 잡아서 |
| 躋彼公堂하여<br>제 피 공 당 | 저 공당(公堂)에 올라가 |
| 稱彼兕觥하니<br>칭 피 시 굉 | 무소뿔 잔을 들고 말하기를, |
| 萬壽無疆하리다<br>만 수 무 강 | 만수무강을-. '만수무강' 하오리다. |

{해설 및 감상}

8장에 11구절로 구성되어 있다. 주나라의 주공이 성왕이 어려서 농사의 어려움을 알지 못하므로, 선조인 후직(后稷)과 공류(公劉)의 아름답게 전해오는 풍속을 전하여 그 내력의 뜻을 엮어서 조석으로 들려주면서 가르친 노래라고 전한다. 마치 우리나라의 고전인 '농가월령가'를 읽는 느낌이다. 주로 4월에서 동지섣달에 이르기까지 농사와 관계되는 행사를 노래하고 있다.

{어려운 낱말}

[七月(칠월)] : 夏나라의 칠월이다. 12지에서 인월(寅月)로 시작되었다고 한다. 지금의 우리 현재의 음력과 같다. [流火(유화)] : 유화절(流火節)은 음력 7월이다. 流는 下와 같으며, 火는 28수 중에 心星에 해당되므로 대화(大火)에 해당된다. [授衣(수의)] : 9월은 추위가 오기 때문에 겨울옷을 지어 받는다고 한다. [觱發(필발)] : 찬바람. [二之日(이지일)] : 섣달. [栗烈(율열)] : 찬 기운. 한기. [褐(갈)] : 털옷. 毛布(모포). [于耜(우사)] : 쟁기 등을 수리하다. [擧趾(거지)] : 밭을 갈다. [田畯(전준)] : 농사를 권장하는 관리. 권농관. [載陽(재양)] : 처음으로 따뜻해지는 기후. 음력 3월. [倉庚(창경)] : 꾀꼬리. [微行(미행)] : 조그만 지름길. [祁祁(기기)] : 많은 모양. [公子(공자)] : 빈공(豳公)의 아들. [蠶月條桑(잠월조상)] : 양잠을 하는 달. 條桑은 떨어진 가지에서 뽕잎을 따다. [鵙(격)] : 왜가리. 백설조. [孔陽(공양)] : 심히 밝다. [秀葽(수요)] : 강아지 풀. 꽃 없이 열매 맺는 식물. 영신초(靈神草). [隕蘀(운탁)] : 낙엽이 지다. [于貉(우맥)] : 오소리 같은 짐승을 잡다. [豵(종)] : 돼지 새끼. 일 년이 된 돼지. [動股(동고)] : 두 다리를 비벼 소리를 내는 것. [莎鷄(사계)] : 베짱이. [振羽(진우)] : 날개를 떨어서 소리

를 내다. [穹窒(궁질)] : 틈을 막다. [墐戶(근호)] : 진흙으로 창을 막다. [鬱及薁(울급욱)] : 산앵두와 산머루. [葵及菽(규급숙)] : 아욱과 콩. [剝棗(박조)] : 대추를 흔들어 따다. [介眉壽(개미수)] : 오래 살라고 壽를 빌다. [斷壺(단호)] : 박을 따다. [叔苴(숙저)] : 삼을 캐다. [采荼薪樗(채도신저)] : 씀바귀와 가죽나무를 캐다. [場圃(장포)] : 마당이나 채소밭. [禾稼(화가)] : 수확한 벼. [重穋(중육)] : 올벼. 일찍 익은 벼. [索綯(삭도)] : 새끼를 꼬다. [鑿冰沖沖(착빙충충)] : 얼음을 깨는 소리. [納于凌陰(납우능음)] : 얼음 창고에 넣다. [蚤(조)] : 일찍. 이른 아침. [肅霜(숙상)] : 된서리. [滌場(척장)] : 농사 끝나서 마당을 청소하다. [朋(붕)] : 서로 존경함. [公堂(공당)] : 임금님의 집. [稱彼兕觥(칭피시굉)] : 외뿔소의 뿔로 만든 술잔. [兕(시)] : 외뿔소.

## 2. 치효(鴟鴞) - 부엉이

1/ 鴟鴞鴟鴞야 (치효치효) 부엉, 부엉, 부엉이 올빼미야!

既取我子어니 (기취아자) 내 새끼 잡아먹었으니

無毁我室하라 (무훼아실) 내 집은 허물지 말라.

恩斯勤斯하여 (은사근사) 알뜰살뜰 돌보아서

鬻子之閔斯니라 (죽자지민사) 어린 자식 기르느라 고생을 했네.

2/ 迨天之未陰雨하여 (태천지미음우) 하늘이 비를 내리기 전

徹彼桑土하여　저 뽕나무 뿌리 벗겨다가
철 피 상 토

綢繆牖户로다　창을 엮고 문을 얽어놓았도다.
주 무 유 호

今女下民이　지금 너 같은 아래 백성이
금 녀 하 민

或敢侮予아　어찌 감히 나를 업신여길 수 있으랴!
혹 감 모 여

3/ 予手拮据토록　내 손이 다 닳도록
여 수 길 거

予所捋荼며　내 갈대 이삭 뽑아다가
여 소 날 도

予所蓄租로다　내 집을 쌓고 보금자리를 깔았구나.
여 소 축 조

予口卒瘏는　내 입이 병난 것은
여 구 졸 도

曰予未有室家로다　나의 집이 없기 때문이로다.
왈 여 미 유 실 가

4/ 予羽譙譙하고　내 날개가 부러지고,
여 우 초 초

予尾翛翛이거늘　내 꼬리 다 닳아 빠졌거늘
여 미 소 소

予室翹翹하고　내 보금자리가 위태롭고
여 실 교 교

風雨所漂搖하니　비바람에 흔들거리니
풍 우 소 표 요

予維音嘵嘵로다　나 두렵고 무서워하였노라.
여 유 음 효 소

{해설 및 감상}

모두 4장 5구절로 된 시다. 무왕이 상(商)나라를 정벌하고 동생 관숙선(管叔鮮), 채숙도(蔡叔度)로 주왕(紂王)의 아들 무경(武庚)의 나라를 감독하게 하였다. 무왕이 죽고 아들 성왕(成王)이 왕위에 올라 주공이 섭정하였는데, 관숙과 채숙이 무경과 함께 주나라에 반기를 들고 모략하고 거짓말을 퍼뜨렸다. 주공이 동쪽으로 쳐들어간 2년 만에 관숙과 무경을 죽였는데, 성왕이 주공의 뜻을 알지 못하여 이에 주공이 이 노래를 지어 자신의 심경을 밝혔다고 했다.

{어려운 낱말}

[鴟鴞(치효)] : 부엉이. 올빼미. [室(실)] : 새가 자기의 집을 말한 것이다. [恩斯勤斯(은사근사)] : 은혜로서 부지런히 집을 가꾸다. [桑土(상토)] : 뽕나무 뿌리. [拮据(길거)] : 손과 입으로 열심히 수고하다. [捋荼(날도)] : 갈대꽃을 뽑다. [蓄租(축조)] : 보금자리를 깔다. [卒瘏(졸도)] : 병들어 앓다. [譙譙(초초)] : 부러지다. [翛翛(소소)] : 꼬리가 닳다. [翹翹(교교)] : 위대한 모양.

## 3. 동산(東山) - 동산에 가니

| | |
|---|---|
| 1/ 我徂東山하여 (아 조 동 산) | 내가 동산에 가서는 |
| 慆慆不歸로다 (도 도 부 귀) | 오래도록 돌아오지 못했네. |

| | |
|---|---|
| 我來自東으로<br>아 래 자 동 | 내 동산으로부터 올 때에 |
| 零雨其濛이로다<br>영 우 기 몽 | 비가 부슬부슬 내렸도다. |
| 我東曰歸에<br>아 동 왈 귀 | 내가 동쪽에서 돌아가려 할 때 |
| 我心西悲로다<br>아 심 서 비 | 내 마음 서쪽을 슬퍼했네. |
| 制彼裳衣하며<br>제 피 상 의 | 저 의상을 지으면서 |
| 勿士行枚로다<br>물 사 행 매 | 다시는 병영에 가지 않으려 했네. |
| 蜎蜎者蠋이여<br>연 연 자 촉 | 꿈틀꿈틀하는 뽕나무 벌레여! |
| 蒸在桑野로다<br>증 재 상 야 | 뽕나무 밭에 있었네. |
| 敦彼獨宿하니<br>돈 피 독 숙 | 병사가 웅크리고 홀로 잠을 자고 나니, |
| 亦在車下로다<br>역 재 거 하 | 이 또한 수레 밑에 있었구나. |
| 2/ 我徂東山하여<br>아 조 동 산 | 네 동산으로 가서 |
| 慆慆不歸니라<br>도 도 불 귀 | 오래도록 돌아오지 못했네. |
| 我來自東하니<br>아 래 자 동 | 내 동산에서 돌아오니 |
| 零雨其濛이라<br>영 우 기 몽 | 그 비가 부슬부슬 내렸네. |
| 果臝之實이<br>과 라 지 실 | 하늘타리 열매와 덩굴이 |

| | |
|---|---|
| 亦施于宇하고<br>역 시 우 우 | 처마 밑에 뻗어 있고, |
| 伊威在室하고<br>이 위 재 실 | 쥐며느리는 방 안에서 |
| 蠨蛸在户하며<br>소 소 재 호 | 문에는 거미줄이 쳐져 있었네. |
| 町畽鹿場하고<br>정 톤 록 장 | 뒤뜰에는 사슴이 뛰고 |
| 熠燿宵行이라<br>습 료 소 행 | 밤길에는 도깨비불이라. |
| 不可畏也요<br>불 가 외 야 | 그래도 두렵기는커녕 |
| 伊可懷也로다<br>이 가 회 야 | 오히려 그리움 뿐이로다. |
| 3/ 我徂東山하여<br>아 조 동 산 | 나는 동산에 가서 |
| 慆慆不歸라<br>도 도 불 귀 | 오래도록 돌아오지 못했네. |
| 我來自東에<br>아 래 자 동 | 내 동산으로부터 올 때 |
| 零雨其濛이라<br>영 우 기 몽 | 그 비가 부슬부슬 내렸네. |
| 鸛鳴于垤하고<br>관 명 우 질 | 황새가 개미 둔덕에서 울고 |
| 婦歎于室하며<br>부 탄 우 실 | 아내는 집에서 탄식하며, |
| 洒埽穹窒하고<br>쇄 소 궁 질 | 쓸고 닦고 쥐구멍을 막았었고 |
| 我征聿至로다<br>아 정 율 지 | 나는 출정했다가 돌아왔도다. |

| | |
|---|---|
| 有敦瓜苦여<br>유 돈 과 고 | 둥근 오이 덩굴이 있어 |
| 烝在栗薪이로다<br>증 재 율 신 | 밤나무 가지에 뻗어 있네. |
| 自我不見이<br>자 아 불 견 | 내 보지 못한 것이 |
| 于今三年이로다<br>우 금 삼 년 | 어느덧 삼 년이나 되었네. |

| | |
|---|---|
| 4/ 我徂東山하여<br>아 조 동 산 | 내 동산으로 가서 |
| 慆慆不歸로다<br>도 도 불 귀 | 오래도록 돌아가지 못했네. |
| 我來自東에<br>아 래 자 동 | 내 동쪽으로부터 올 때, |
| 零雨其濛이라<br>영 우 기 몽 | 비가 부슬부슬 내렸다네. |
| 倉庚于飛하여<br>창 경 우 비 | 꾀꼬리 날아서 |
| 熠燿其羽로다<br>습 요 기 우 | 그 날개가 아름답도다. |
| 之子于歸에<br>지 자 우 귀 | 그 사람 시집올 때에 |
| 皇駁其馬로다<br>황 박 기 마 | 갈색 말이 수레를 끌었네. |
| 親結其縭하니<br>친 결 기 리 | 어머니는 옷고름을 매어주며 |
| 九十其儀로다<br>구 십 기 의 | 온갖 법도 갖추어 시집보냈네. |
| 其新孔嘉하니<br>기 신 공 가 | 신혼 때는 심히 좋아했는데, |

其舊如之何오　　오래된 지금은 어떠한가?
기 구 여 지 하

{해설 및 감상}

모두 4장에 장마다 12구절로 구성되어 있다. 주나라 성왕(成王)이 '치효(鴟鴞)' 의 노래를 듣고, 또 뇌풍(雷風)의 변화에 감화하여 비로소 깨달아 주공을 맞이하려 했는데, 그러나 주공은 동쪽으로 정벌 나간 지 3년이나 되었다. 주공이 주나라로 돌아오려고 사졸을 위로하기 위하여 이 노래를 지었다고 한다.

{어려운 낱말}

[東山(동산)] : 정벌하러 간 땅. [慆慆(도도)] : 오래 지나서. [勿士行枚(물사행매)] : 군대에 가지 않겠다는 뜻. [蜎蜎者蠋(연연자촉)] : 꿈틀거리는 뽕나무 벌레. [果蠃(과라)] : 하늘타리. 천과(天瓜). [伊威(이위)] : 쥐며느리. [蠨蛸(소소)] : 거미의 종류. [町畽(정톤)] : 틈이 벌어진 사이. [熠燿宵行(습료소행)] : 밤길 도깨비불. [皇駁(황박)] : 갈색. 누렇고 흰 것. [縭(리)] : 폐슬(蔽膝). 여자의 제복. [九十(구십)] : 아홉 가지 거동. 예절.

## 4. 파부(破斧) - 깨진 도끼

1/ 旣破我斧하고　　이미 내 도끼는 깨어졌고
기 파 아 부

又缺我斨이라 (우결아장) 싸움 도끼는 날이 빠졌네.

周公東征에 (주공동정) 주공이 동쪽을 정벌함에

四國是皇하시니 (사국시황) 온 천하를 바로잡으시니

哀我人斯가 (애아인사) 내 백성을 어여삐 여기심이

亦孔之將이로다 (역공지장) 또한 너무도 크시도다.

2/ 旣破我斧하고 (기파아부) 이미 내 도끼는 깨어지고

又缺我錡나 (우결아기) 내 톱이 이가 다 빠졌으나

周公東征에 (주공동정) 주공이 동쪽을 정벌하여

四國是吪하시니 (사국시와) 온 천하를 교화 시키시니

哀我人斯가 (애아인사) 백성 어여삐 여기심이

亦孔之嘉로다 (역공지가) 또한 너무 아름다우시네.

3/ 旣破我斧로 (기파아부) 이미 내 도끼는 부서지고

又缺我銶나 (우결아구) 연장도 다 부서졌으나

周公東征에 (주공동정) 주공이 동쪽을 정벌함에

四國是遒라 (사국시주) 온 천하를 든든하게 하시니라.

哀我人斯가　　내 백성 어여삐 여기심이
애 아 인 사

亦孔之休라　　역시도 너무나 아름다워라.
역 공 지 휴

{해설 및 감상}

6장 6구체로 형성된 시다. 주공을 따르던 군사가 주공이 자신을 위로하기 위하여 지은 노래에 어떤 병사가 그에 보답하기 위해 지은 노래라고 한다.

여기에 나오는 도끼나 끌 등은 정식 무기가 아니라 행군할 때 사용하는 도구이며, 군중이 이것을 사용하여 후세에 토목, 건축 등의 도구와같은 의도로 사용되었을 것이다.

{어려운 낱말}

[四國是皇(사국시황)] : 사방의 나라를 바로잡다. [錡(기)] : 톱. 끌. [吪(와)] : 동화. 변화하다. [遒(주)] : 평화롭다. 견고하게 하다.

## 5. 벌가(伐柯) - 도낏자루 베려면

1/ 伐柯如何오　　도낏자루 베려면 어떻게 해요?
벌 가 여 하

匪斧不克이라　　도끼가 아니면 할 수가 없지요.
비 부 불 극

取妻如何오 아내를 얻으려면 어떻게 하나요?
취 처 여 하

匪媒不得이라 중매가 아니면 할 수가 없느니라.
비 매 부 득

2/ 伐柯伐柯여 도낏자루 베려면, 도낏자루 베려면!
벌 가 벌 가

其則不遠이라 그것은 멀리 있지 않네.
기 칙 불 원

我覯之子하면 내 그대를 만나보면
아 구 지 자

籩豆有踐이라 그릇에다 성찬을 마련하리로다.
변 두 유 천

{해설 및 감상}

2장에 장마다 4구절로 구성되어 있다. 주공을 찬미한 것이라 하며, 조정에서 주공의 성덕을 알아주지 않음으로 주나라 대부가 이를 풍자한 것이라고 한다. 그리고 또 주공이 동벌하러 갈 때 동쪽 사람들이 주공을 보기가 어려운 것을 노래한 시라고도 한다.

{어려운 낱말}

[柯(가)] : 도낏자루. [克(극)] : 다하다. 능하다. [則(칙)] : 법칙. [覯(구)] : 만나다. [籩豆(변두)] : 대나무와 나무로 만든 제기. [踐(천)] : 늘어놓다.

## 6. 구역(九罭) - 촘촘한 그물

| | |
|---|---|
| 1/ 九罭之魚는<br>구 역 지 어 | 아홉 코의 그물에 걸린 고기는 |
| 鱒魴이로다<br>준 방 | 방어로구나. |
| 我覯之子하니<br>아 구 지 자 | 내 임을 보니 |
| 衮衣繡裳이로다<br>곤 의 수 상 | 용의 무늬, 수놓은 옷을 입으셨네. |
| 2/ 鴻飛遵渚하니<br>홍 비 준 저 | 기러기 날아와 물 따라 노니는데 |
| 公歸無所이니<br>공 귀 무 소 | 공께서 가시면 있을 곳 없으리니, |
| 於女信處시리라<br>어 여 신 처 | 함께 오래 그곳에 머무소서. |
| 3/ 鴻飛遵陸하니<br>홍 비 준 육 | 기러기 날아올라 뭍을 따르니 |
| 公歸不復하리라<br>공 귀 불 부 | 공께서 가시면 다시 오시지 않으리라. |
| 於女信宿하소서<br>어 녀 신 숙 | 그대와 함께 오래 묵게 하소서. |
| 4/ 是以有衮衣兮여<br>시 이 유 곤 의 혜 | 그래서 곤의(衮衣)를 숨겨 놓았네. |
| 無以我公歸兮하여<br>무 이 아 공 귀 혜 | 우리 공을 돌아가게 하지 마소서, |
| 無使我心悲兮어다<br>무 사 아 심 비 혜 | 내 마음 슬프게 하지 마소서. |

{해설 및 감상}

4장에 1장은 4구절, 2, 3, 4장은 모두 3구절로 이루어져 있다. 주공이 동벌할 때 동쪽 사람들이 기쁘게 맞이하고 대접하였는데, 성왕(成王)이 주공(周公)을 영접한다고 하니 동쪽 사람들이 떠드는 것을 애석하게 여기면서 부른 노래라고 한다.

{어려운 낱말}

[九罭(구역)] : 아홉 코의 작은 그물. [鱒魴(준방)] : 준치와 방어. [我覯(아구)] : 내가 만나다. [衮衣(곤의)] : 곤룡포. [女信(여신)] : 그대와 함께.

## 7. 낭발(狼跋) - 이리

1/ 狼跋其胡하고 이리가 나아가면 턱살 밟히고
낭 발 기 호
載疐其尾로다 제 꼬리에 걸려 넘어지려 하네.
재 치 기 미
公孫碩膚하시니 공은 공손하고 도량이 넓으시니,
공 손 석 부
赤舃几几로다 붉은 신이 모양도 아름답네.
적 석 궤 궤

2/ 狼疐其尾요 이리가 물러서면 꼬리에 밟혀 넘어지고
낭 체 기 미
載跋其胡로다 나아가면 턱밑 살이 밟힌다네.
재 발 기 호

公孫碩膚하시니 공은 겸양하시고 도량 넓으시니
공 손 석 부

德音不瑕로다 덕 있는 말씀은 조금의 흠도 없도다.
덕 음 불 하

{해설 및 감상}

2장에 장마다 4구절로 구성되어 있다. 주공이 한때는 오해를 받아 사람들의 의심을 샀으나 수신(修身)과 행동의 법도에 맞는 것이기 때문에, 이를 귀하고 아름답게 여긴 나머지 이 시를 지었다고 한다. 그래서 이 낭발(狼跋)은 주공을 기리는 노래로 알려져 있다.

{어려운 낱말}

[狼跋(낭발)] : 이리가 밟고 넘다. [載疐(재치)] : 곧 넘어지다. [公孫(공손)] : 공손한 주공. [碩膚(석부)] : 크게 아름답다. [几几(궤궤)] : 편안하고 풍부함. [德音(덕음)] : 좋은 소문.

# 제2부: 소아(小雅)

아(雅)에는 대아(大雅)와 소아(小雅)가 있다. 모두 정악이란 뜻이다. 아악은 바른 음악, 즉 정악(正樂)이란 뜻으로, 선유(先儒)들이 이와 같이 두 종류로 나누어 두었다. 그래서 정소아(正小雅)와 정대아(正大雅)는 연회 때나 조회 때에 연주하는 음악이요, 특히 정대악은 조회 때 음악으로 다스리고 경계하라는 음악이었다. 이런 아악은 주공(周公) 시절에 이미 제작되었고 그 후 공자시대에는 아주 중요시하여 아악으로 나라를 다스리는 음악으로 전하여 왔다. 그러나 그 발상은 고증(考證)하기 어렵다고 한다.

제1장
# 녹명(鹿鳴)

녹명(鹿鳴)은 사슴의 울음을 말한다. 이 사슴과 내용은 별 연관은 없지만, 사슴이 울면 나에게 반가운 손님이 온다는 속설 때문이다. 아송(雅頌)은 각 나라의 분별이 없으므로, 10편을 1권으로 정하고 십(什)이라 명명한 것은 군법에서 10인을 십(什)이라고 표기했기 때문이었다.

메~ 메~우는 사슴이여!
들에서 부평을 뜯고 있네.
나에게 반가운 손님 오시니
거문고 비파를 불고 즐기네.
피리 불고 생황 불면서
폐백 광주리 받들어 올리네.
손님이 나를 좋아함에
나에게 큰 도리를 보여주도다.

-'녹명'의 일부

## 1. 녹명(鹿鳴) - 사슴이 울다

| | |
|---|---|
| 1/ 呦呦鹿鳴이여<br>유 유 녹 명 | 메~ 메~우는 사슴이여! |
| 食野之苹이라<br>식 야 지 평 | 들에서 부평을 뜯고 있네. |
| 我有嘉賓하니<br>아 유 가 빈 | 나에게 반가운 손님 오시니 |
| 鼓瑟吹笙이라<br>고 슬 취 생 | 거문고 비파를 불고 즐기네. |
| 吹笙鼓簧하여<br>취 생 고 황 | 피리 불고 생황 불면서 |
| 承筐是將이라<br>승 광 시 장 | 폐백 광주리 받들어 올리네. |
| 人之好我에<br>인 지 호 아 | 손님이 나를 좋아함에 |
| 示我周行이로다<br>시 아 주 행 | 나에게 큰 행지를 보여주도다. |
| 2/ 呦呦鹿鳴이여<br>유 유 녹 명 | 메~메~ 우는 사슴이여! |
| 食野之蒿로다<br>식 야 지 호 | 들에서 쑥을 뜯고 있네. |
| 我有嘉賓하니<br>아 유 가 빈 | 나에게 손님이 있으니 |
| 德音孔昭라<br>덕 음 공 소 | 덕스러운 소문이 매우 밝구나. |
| 視民不恌하니<br>시 민 부 조 | 백성 대하길 투박하게 아니하니 |
| 君子是則是傚로다<br>군 자 시 즉 시 효 | 군자들도 본받아 우러러 받드네. |

我有旨酒하니 내게 맛있는 술 있으니
아 유 지 주

嘉賓式燕以敖라 반가운 손님 마시고 즐기리라.
가 빈 식 연 이 오

3/ 呦呦鹿鳴이여 메~ 메~ 사슴 울음이여!
유 유 녹 명

食夜之芩이로다 들판에서 금(芩) 풀을 뜯는구나.
식 야 지 금

我有嘉賓이여 나의 좋으신 손님이여!
아 유 가 빈

鼓瑟鼓琴이로다 비파를 뜯고 거문고를 타네.
고 슬 고 금

鼓瑟鼓琴이여 비파와 거문고를 뜯음이여!
고 슬 고 금

和樂且湛이로다 화락함이 한이 없구나.
화 락 차 담

我有旨酒하여 내게 맛있는 술이 있어
아 유 지 주

以燕樂嘉賓之心이로다 잔치 열어 손님 마음 즐겁게 하도다.
이 연 락 가 빈 지 심

{해설 및 감상}

3장에 장마다 8구로 구성하고 있다. 평화스러운 날 잔치를 열고 마음에 드는 손님을 모시고 잔치를 즐기는 내용의 시다. 장마다 첫 구절마다 '메에' 하고 사슴이 운다고 했는데, 이 사슴은 외롭고 청아한 동물이기 때문에 이 시적 이미지도 매우 밝다고 하겠다. 특히 청록(靑鹿)이 그렇다.

{어려운 낱말}

[呦呦(유유)] : 사슴의 울음소리. [苹(평)] : 개구리밥. 쑥. 부평. [嘉賓(가빈)] : 아름다운 손님. [吹笙鼓簧(취생고황)] : 관악기의 연주. [蒿(호)] : 쑥. [恌(조)] : 경박하다. [敖(오)] : 놀다. [芩(금)] : 풀이름. [湛(담)] : 즐기다. [燕(연)] : 편안함. 잔치.

## 2. 사모(四牡) - 네 마리 수말

| | |
|---|---|
| 1/ 四牡騑騑하고 (사모비비) | 네 마리의 수말이 달리고 달려도 |
| 周道倭遲로다 (주도위지) | 주나라로 가는 길은 끝이 없도다. |
| 豈不懷歸이오 (기불회귀) | 어찌 돌아가고픈 생각이 없으랴, |
| 王事靡盬하여 (왕사미고) | 나랏일이 끝나지 않아 |
| 我心傷悲로다 (아심상비) | 나의 마음 아프고 슬프도다. |
| 2/ 四牡騑騑하니 (사모비비) | 네 마리 수말이 달리고 달리니 |
| 嘽嘽駱馬로다 (탄탄낙마) | 헐떡거리며 달리는 낙마(駱馬)로다. |
| 豈不懷歸리오 (기불회귀) | 어찌 돌아가고픈 생각 없으랴만, |
| 王事靡盬하여 (왕사미고) | 나랏일 끝나지 않았기에 |

不遑啓處로다　　잠시라도 쉴 겨를이 없어라.
불 황 계 처

3/ 翩翩者鵻여　　펄펄 나는 저 비둘기여!
편 편 자 추

載飛載下하여　　날다가, 날다가 내려와서는
재 비 재 하

集于苞栩로다　　상수리나무에 내려앉았구나.
집 우 포 허

王事靡盬하니　　나랏일이 끝나지 않았으니
왕 사 미 고

不遑將父로다　　아버지를 봉양할 틈도 없어라.
불 황 장 부

4/ 翩翩者鵻여　　펄펄 나는 저 비둘기여,
편 편 자 추

載飛載하여　　날고 또 날아서
재 비 재

集于苞杞로다　　산구기자 숲에 앉았도다.
집 우 포 기

王事靡盬하니　　나랏일 끝나지 않았으니
왕 사 미 고

不遑將母로다　　어머님 봉양할 겨를이 없노라.
불 황 장 모

5/ 駕彼四駱하니　　저 사마의 수레를 몰고
가 피 사 락

載驟駸駸이로다　　나는 듯이 달려가도다.
재 취 침 침

豈不懷歸리요　　어찌 돌아갈 생각이 없으랴,
기 불 회 귀

是用作歌하니　　이 노래를 지으니
시 용 작 가

將母來諗이로다　　어머니 생각이 그리울 뿐이네.
장 모 래 심

{해설 및 감상}

모두 5장으로 5구절로 이루어져 있다. 멀리 밖으로 출전한 사람이 돌아가지 못함을 한탄하는 노래라고 한다. 맡은 일이 채 끝나지도 않아 돌아가지 못하는 애달픈 마음과 하늘에 날아가는 비둘기가 가지에 앉아 쉬는데, 이 작품의 작자는 다만 노래를 지어 부모에 대한 그리움을 달래볼 따름이다.

사모(四牡)의 노래는 오히려 국풍(國風), 당풍(唐風), 보우(鴇羽)와 같이 애처로운 정감이 있을 뿐이다. 어쩌면 행역(行役) 나갔던 사람들 사이에서 생겨났던 노래를 조정의 악가(樂歌)로 삼아 편곡(編曲)하여 멀리에서 찾아온 사신(使臣)을 위무(慰撫)하는 잔치에서 연주(演奏)되었으리라고 생각된다.

{어려운 낱말}

[四牡(사모)] : 마차를 끄는 4마리 수말. [騑騑(비비)] : 말이 달리는 모양. [倭遲(위지)] : 멀고 험함. [嘽嘽駱馬(탄탄낙마)] : 숨을 헐떡이는 말. [遑啓處(황계처)] : 편히 쉬는 겨를. [杞(기)] : 구기자나무. [駸駸(침침)] : 말이 달리는 모양.

## 3. 황황자화(皇皇者華) - 아름다운 꽃

| | |
|---|---|
| 1/ 皇皇者華여 (황황자화) | 아름다운 꽃이여! |
| 于彼原隰이로다 (우피원습) | 저 언덕 늪에 피었구나. |
| 駪駪征夫여 (신신정부) | 말을 몰아 달리는 정부(征夫)여! |
| 每懷靡及이로다 (매회미급) | 행여 못 미칠까 걱정이로다. |
| 2/ 我馬維駒니 (아마유구) | 내 말은 망아지니 |
| 六轡如濡로다 (육비여유) | 여섯 말고삐 부드럽기도 하네. |
| 載馳載驅하여 (재치재구) | 달리고 또 달려서 |
| 周爰咨諏로다 (주원자추) | 두루 살피어 묻고 의논하도다. |
| 3/ 我馬維騏하니 (아마유기) | 내 말은 얼룩말 |
| 六轡如絲로다 (육비여사) | 여섯 고삐가 실처럼 가지런하네. |
| 載馳載驅하여 (재치재구) | 달리고 또 달려서 |
| 周爰咨謀로다 (주원자모) | 두루 물어서 일을 꾀하리로다. |
| 4/ 我馬維駱이라 (아마유락) | 나의 말은 갈기 검은 흰 말, |

六轡沃若이로다　여섯 말고삐 번지르르한데
육 비 옥 약

載馳載驅하여　달리고 또 달려서
재 치 재 구

周爰咨度로다　두루 묻고 요량하도다.
주 원 자 도

5/ 我馬維駰이라　내 말은 오총이 말이라
아 마 유 인

六轡旣均이로다　여섯 말 고삐 고르기도 해라.
육 비 기 균

載馳載驅하여　달리고 또 달려서
재 치 재 구

周爰咨詢이로다　두루 물어서 일을 생각하도다.
주 원 자 순

{해설 및 감상}

5장에 장마다 4구로 구성되어 있다. 나라의 임금이 다른 나라로 사신 가는 신하에게 부른 노래라고 한다. 저 언덕에 피어있는 아름다운 꽃으로 시작하여 말이 달려가는 씩씩한 모양을 노래하여 어떤 일을 성공하고 돌아오라는 내용이 포함된듯한  내용이다.

{어려운 낱말}

[皇皇(황황)] : 화려한. [華(화)] : 꽃. 花와 같음. [駪駪(신신)] : 많은 무리의 말. [征夫(정부)] : 사신. 돌아가는 사람. [如絲(여사)] : 가지런하다.

## 4. 상체(常棣) - 아가위 꽃

1/ 常棣之華여 (상체지화) — 산 아가위 꽃이여,

鄂不韡韡리요 (악불위위) — 어찌 화려하지 않으리오.

凡今之人은 (범금지인) — 무릇 지금 사람들은

莫如兄弟니라 (막여형제) — 형제만한 것도 없어라.

2/ 死喪之威에도 (사상지위) — 죽음의 두려움에서도

兄弟孔懷하며 (형제공회) — 형제만을 생각하며

原隰裒矣에도 (원습부의) — 벌판과 진펄을 당한다 해도

兄弟求矣로다 (형제구의) — 형제만 서로 찾는다네.

3/ 脊令在原하니 (척령재원) — 할미새 벌판에 날아

兄弟急難이로다 (형제급난) — 형제가 어려움을 당한 듯하구나.

每有良朋이나 (매유양붕) — 늘 좋은 친구 있다지만

況也永歎이니 (황야영탄) — 하물며 탄식만 있을 뿐!

4/ 兄弟鬩于牆이나 (형제혁우장) — 형제가 집안에서 다투는 일 있지만

外禦其務니라　　밖에서는 서로 힘써 막는다네.
외 어 기 무

每有良朋이나　　아무리 좋은 벗이 있다 해도
매 유 양 붕

烝也無戎이네　　그럴 때는 우린 돕지 않는다네.
증 야 무 융

5/ 喪亂旣平에　　상란이 이미 평정되면
상 란 기 평

旣安且寧이라　　안정되고 편안해지지만
기 안 차 녕

雖有兄弟라도　　형제가 있더라도
수 유 형 제

不如友生이라　　친구만 못하게 여겨진다네.
불 여 우 생

6/ 儐爾籩豆하여　　좋은 음식 잘 차려놓고
빈 이 변 두

飮酒之飫에　　마음껏 술을 마셔도
음 주 지 어

兄弟旣具라야　　형제 모두 갖추어져야
형 제 기 구

和樂且孺니라　　화락함이 넉넉해지리라.
화 락 차 유

7/ 妻子好合이　　아내와 자식들이 잘 어울림이
처 자 호 합

如鼓瑟琴이라도　　마치 거문고 비파 타는 것 같지만
여 고 슬 금

兄弟旣翕이　　형제가 모여 화합해야
형 제 기 흡

| | |
|---|---|
| 和樂且湛이라<br>화 락 차 담 | 화락함이 더욱 깊어진다네. |
| 8/ 宜爾家室하며<br>의 이 가 실 | 그대 집안이 화목하게 하고 |
| 樂爾妻帑를<br>낙 이 처 노 | 그대 처자식 즐겁게 하는 것을- |
| 是究是圖면<br>시 구 시 도 | 이것저것 생각을 도모하면 |
| 亶其然乎인져<br>단 기 연 호 | 그 도리가 믿어질 것임이여! |

{해설 및 감상}

8장에 장마다 4구절로 형성되어 있다. 형제간의 우애를 강조하는 노래다. 아가위 꽃! 꽃받침이 돋보이듯 형제 사이는 어떤 것보다도 친근하다는 것이다. 어려운 때도, 상을 당했을 때도 형제만한 것이 없고, 실로 친구보다 형제가 낫다는 것을 구체적으로 표현하고 있다. 아가위에다가 거문고와 비파까지 등장하여 가정의 화목을 특히 강조하고 있다.

{어려운 낱말}

[常棣之華(상체지화)] : 상체는 아가위 꽃. 華는 花이다. [脊令(척령)] : 할미새. '척령' 이라고도 읽음. 형제를 상징. [威(위)] : 두렵다. [況也(황야)] : 발어사로 뜻이 없고, '그저' 이런 뜻으로만 사용됨. [鬩于牆(혁우장)] : 집안에서 다투다. '鬩' 은 '혁' 으로 읽음. [其務(기무)] : '務' 는 업신여김. [烝也無戎(증야무융)] : '烝' 은 '곧' 과 같고, '戎' 은 '도우다' 이다. '무융' 은 도와주는 이 없다. [籩豆(변두)] : 그릇으로 음식을 담아내 오

다. [飫(어)] : 배부르다. 음식이 물리다. [瑟琴(슬금)] : 조화를 잘 이루다. 부부간의 조화. [湛(담)] : 즐기다. 탐닉하다. [妻帑(처노)] : 처자식.

## 5. 벌목(伐木) - 나무를 베면서

| | |
|---|---|
| 1/ 伐木丁丁하고<br>벌 목 정 정 | 나무 베는 소리가 정정하고 |
| 鳥鳴嚶嚶이라<br>조 명 앵 앵 | 새소리 짹짹거리네. |
| 出自幽谷하니<br>출 자 유 곡 | 그 소리 깊은 계곡에서 들리니 |
| 遷于喬木이라<br>천 우 교 목 | 높은 나무에 옮겨 앉는다. |
| 嚶其鳴矣여<br>앵 기 명 의 | 짹짹 그 우는 소리여! |
| 求其友聲이라<br>구 기 우 성 | 그 친구 부르는 소리로다. |
| 相彼鳥矣라도<br>상 피 조 의 | 저 새를 보아도 |
| 猶求友聲이니<br>유 구 우 성 | 오직 벗을 찾는 그 소리이니, |
| 矧伊人矣로<br>신 이 인 의 | 하물며 사람이야 |
| 不求友生이랴<br>불 구 우 생 | 어찌 친구를 찾지 않으랴. |
| 神之聽之하면<br>신 지 청 지 | 신령도 이 소리 들으면 |

終和且平이리요　　마침내 화평(和平)하지 아니하리요.
종 화 차 평

2/ 伐木許許하니　　나무 베어 나르는 여차여차하는 소리
벌 목 허 허

釃酒有藇라　　걸러오는 술도 역시 맛이 있네.
시 주 유 서

旣有肥羜하고　　살찐 어린 양 잡아놓고
기 유 비 저

以速諸父하니　　집안 어른 청하노니,
이 속 제 부

寧適不來언정　　때맞추어 오지 않을지언정
녕 적 불 래

微我弗顧리오　　내 도리 다하지 않음이 있으리오.
미 아 불 고

於粲洒埽하여　　깨끗이 쓸고 닦아서
어 찬 쇄 소

陳饋八簋하고　　여덟 그릇 차려놓고
진 궤 팔 궤

旣有肥牡하고는　　살찐 수 짐승 잡아놓고는
기 유 비 모

以速諸舅하니　　친척 어른들 청해오니
이 속 제 구

寧適不來언정　　때맞추어 오지 못하더라도
녕 적 불 래

微我有咎니라　　내 잘못은 아니노라.
미 아 유 구

3/ 伐木于阪이어늘　　언덕에서 나무를 베는데
벌 목 우 판

釃酒有衍이로다　　걸러온 술도 맛이 좋다.
시 주 유 연

籩豆有踐한데　　술자리 푸짐하게 차렸는데
변 두 유 천

兄弟無遠이로다　　형님 동생 모두 와서 즐기네.
형 제 무 원

民之失德은　　사람이 덕을 잃는 것은
민 지 실 덕

乾餱以愆이라　　접대한 음식이 변변치 못함이라.
건 후 이 건

有酒湑我하고　　술이 있으면 내 걸러오고
유 주 서 아

無酒酤我하리니　　술이 없으면 내 사오리니
무 주 고 아

坎坎鼓我하고　　둥, 둥, 둥, 북을 치고
감 감 고 아

蹲蹲舞我하여　　두둥실 춤을 추면서
준 준 무 아

迨我暇矣에　　내가 한가로울 때,
태 아 가 의

飮此湑矣로다　　술을 걸러서 마셔나 보세.
음 차 서 의

{해설 및 감상}

3장에 장마다 12구절로 되어있다. 고구(故舊) 혹은 친한 친구들과 어울려 연회를 베풀면서 즐기고 있는 장면이다. 인생의 삶에서 친구가 없으면 화평(和平)하지 못하다는 것, 그래서 함께 즐기고 싶다는 내용이다. 벌목정정(伐木丁丁)이란, 일상적인 내용으로 시작하여 친구와 함께 술을 즐기는 내용으로 끝을 맺고 있다.

{어려운 낱말}

[丁丁(정정)] : 나무 찍는 소리. 의성어. [嚶嚶(앵앵)] : 새가 우는 소리. [喬木(교목)] : 높은 나무. [許許(허허)] : 여러 사람이 나무를 운반하는 소리. '호호' 라고 읽기도 한다. [釃酒(시주)] : 술을 거르다. [藇(서)] : 곱다. 아름답다. [肥羜(비저)] : 어린 양. [簋(궤)] : 그릇. [蹲蹲(준준)] : 덩실덩실 춤을 추다. [迨(태)] : 미치다. 及과 같음.

## 6. 천보(天保) - 하늘의 보호여!

| | |
|---|---|
| 1/ 天保定爾하사<br>천 보 정 이 | 하늘이 그대를 안정시켜 |
| 亦孔之固로다<br>역 공 지 고 | 보다 더 굳건하게 하셨도다. |
| 俾爾單厚하시니<br>비 이 단 후 | 당신께 크고 두텁게 베푸시니, |
| 何福不除리오<br>하 복 부 제 | 어느 복인들 내리지 않으리오. |
| 俾爾多益이라<br>비 이 다 익 | 너에게 많은 유익함을 더했으니 |
| 以莫不庶로다<br>이 막 불 서 | 복 내림이 적지 아니하도다. |
| 2/ 天保定爾하여<br>천 보 정 이 | 하늘이 그대를 안정하여 |
| 俾爾戩穀이로다<br>비 이 전 곡 | 그대 다 복록 누리게 하였네. |

| | |
|---|---|
| 罄無不宜하여<br>경 무 불 의 | 상서롭지 않는 것이 없어 |
| 受天百祿이로다<br>수 천 백 록 | 하늘로부터 백록(百祿)을 받았네. |
| 降爾遐福하여<br>강 이 하 복 | 그대에게 너무 큰 복을 내려서 |
| 維日不足이로다<br>유 일 부 족 | 복 받을 날이 오히려 모자라도다. |
| 3/ 天保定爾하여<br>천 보 정 이 | 하늘이 그대를 안정시켜 |
| 以莫不興이라<br>이 막 불 흥 | 흥하지 않음이 없어라. |
| 如山如阜하고<br>여 산 여 부 | 산 같고 언덕 같고 |
| 如岡如陵이로다<br>여 강 여 릉 | 언덕과 왕릉과 같으니라. |
| 如川之方至가<br>여 천 지 방 지 | 냇물같이 흘러서 온 곳에 이르니 |
| 以莫不增이로다<br>이 막 부 증 | 불어나지 않음이 없도다. |
| 4/ 吉蠲爲饎하여<br>길 견 위 희 | 몸을 정결하여 술과 음식을 마련하여 |
| 是用孝享하고<br>시 용 효 향 | 정성 들여 조상께 올리고, |
| 禴祠烝嘗을<br>약 사 증 상 | 계절마다 올리는 제사를 |
| 于公先王하시니<br>우 공 선 왕 | 선대왕께 제사를 올리니 |
| 君曰卜爾하시되<br>군 왈 복 이 | 선군께서 기약하여 이르시길 |

| | |
|---|---|
| 萬壽無疆하시도다<br>만 수 무 강 | 만수무강하라 하시네. |
| | |
| 5/ 神之弔矣라<br>신 지 조 의 | 신령께서 오셔서 |
| 詒爾多福이며<br>이 이 다 복 | 당신께 많은 복을 주시고 |
| 民之質矣라<br>민 지 질 의 | 어질고 순박한 백성들 |
| 日用飮食이라<br>일 용 음 식 | 날마다 먹고 마시고 즐긴다. |
| 羣黎百姓이<br>군 려 백 성 | 여러 백성들이 |
| 徧爲爾德이로다<br>편 위 이 덕 | 두루 그대들의 덕분이라 하네. |
| | |
| 6/ 如月之恒하고<br>여 월 지 항 | 항상 밝은 달 같이 점점 차오르고 |
| 如日之升하며<br>여 일 지 승 | 솟아오르는 해 같으며 |
| 如南山之壽하여<br>여 남 산 지 수 | 남산의 무궁한 수(壽)와 같이 |
| 不騫不崩하며<br>불 건 불 붕 | 이지러지고 무너짐이 없으며 |
| 如松柏之茂하니<br>여 송 백 지 무 | 송백(松栢)같이 무성하나니 |
| 無不爾或承이로다<br>무 불 이 혹 승 | 그대 자손 계승하지 않음이 없어라. |

{해설 및 감상}

모두 6장으로 장마다 6구절로 구성되어 있다. 신하가 임금을 축복해 부르는 노래다. 임금의 덕과 은총을 한껏 높여 임금의 은혜에 보답하겠다는 의지가 엿보인다. 하늘과 선군에게 제사를 정성껏 올리는 내용은 모두 임금에 대한 정성이요, 임금의 수(壽)를 비는 일이기도 했다.

{어려운 낱말}

[天保定爾(천보정이)] : 하늘이 당신을 보호하다. 당신(爾)은 군주를 말함. [多益(다익)] : 더욱더. [莫不庶(막불서)] : 庶는 '많다' 의 뜻. 莫不은 ~ 아니함이 없다. [戩穀(전곡)] : 복록. [禴祠烝嘗(약사증상)] : 계절마다 올리는 제사. [公先王(공선왕)] : 좋은 주나라의 시조와 先王을 총칭함. [君(군)] : 선공(先公) 선왕의 총칭. [弔(조)] : 신이 이르다. '적' 이라고도 발음함. [騫(건)] : 이지러지다. [或承(혹승)] : 계승을 뜻함.

## 7. 채미(采薇) - 고사리를 뜯으며

| | |
|---|---|
| 1/ 采薇采薇여<br>채 미 채 미 | 고사리를 캐세, 고사리를 캐세! |
| 薇亦作止로다<br>미 역 작 지 | 고사리가 돋아났네. |
| 曰歸曰歸여<br>왈 귀 왈 귀 | 돌아가세, 돌아들 가세! |
| 歲亦莫止라<br>세 역 막 지 | 한 해도 또한 저물어가네. |

| | |
|---|---|
| 靡室靡家는<br>미실미가 | 아내도 없고 집도 없는 것은 |
| 玁狁之故니라<br>험윤지고 | 오랑캐들 때문이네. |
| 不遑啓居도<br>불황계거 | 편히 쉴 겨를이 없음도 |
| 玁狁之故로다<br>험윤지고 | 오랑캐 때문이로다. |
| 2/ 采薇采薇여<br>채미채미 | 고사리 캐세, 고사리 캐러 가세! |
| 薇亦柔止로다<br>미역유지 | 고사리가 부드럽도다. |
| 曰歸曰歸여<br>왈귀왈귀 | 돌아가세, 돌아들 가세! |
| 心亦憂止로다<br>심역우지 | 마음 역시 시름겹네. |
| 憂心烈烈하여<br>우심열렬 | 시름하는 마음 애가 타서 |
| 載飢載渴이여<br>재기재갈 | 굶주리고 목마름이여! |
| 我戍未定이니<br>아술미정 | 내 수자리(戍) 삶이 끝이 없으니 |
| 靡使歸聘이로다<br>미사귀빙 | 돌아가서 안부할 수도 없도다. |
| 3/ 采薇采薇여<br>채미채미 | 고사리를 캐세, 고사리를 캠이여! |
| 薇亦剛止로다<br>미역강지 | 고사리가 굳어버렸네. |
| 曰歸曰歸여<br>왈귀왈귀 | 돌아가자 돌아들 가자! |

| | |
|---|---|
| 歲亦陽止로다 (세 역 양 지) | 이 해도 벌써 10월이라네. |
| 王事靡盬하니 (왕 사 미 고) | 나랏일도 끝나지 않았으니 |
| 不遑啓處로다 (불 황 계 처) | 편히 쉴 겨를이 없도다. |
| 憂心孔疚나 (우 심 공 구) | 시름하는 마음 깊은 병이 되어 |
| 我行不來라 (아 행 불 래) | 나 한 번 가고 돌아오지 못하리. |

| | |
|---|---|
| 4/ 彼爾維何오 (피 이 유 하) | 저 무성한 것은 무엇인가? |
| 維常之華로다 (유 상 지 화) | 아가위 꽃이로다. |
| 彼路斯何오 (피 로 사 하) | 저 높고 큰 것은 무엇인가? |
| 君子之車로다 (군 자 지 거) | 장군님 수레라네. |
| 戎車旣駕에 (융 거 기 가) | 병거를 몰고 가니 |
| 四牡業業이로다 (사 모 업 업) | 4필의 말은 씩씩하도다. |
| 豈敢定居리요 (기 감 정 거) | 어이 한 곳에 머물러 있겠는가? |
| 一月三捷이라 (일 월 삼 첩) | 한 달에 세 번은 싸워야 하네. |

| | |
|---|---|
| 5/ 駕彼四牡하니 (가 피 사 모) | 4필의 수말이 끌고 가니, |
| 四牡騤騤로다 (사 모 규 규) | 4필의 말은 건장하도다. |

君子所依요　　장군님 타고 가시고,
군 자 소 의

小人所腓로다　　병졸들은 뒤따르네.
소 인 소 비

四牡翼翼하니　　4필 말 나란히 달리고,
사 모 익 익

象弭魚服이로다　　상아 박은 활고자 상어가죽 활주머니
상 미 어 복

豈不日戒리요　　어찌 하루인들 경계하지 않으리.
기 불 일 계

玁狁孔棘이로다　　험윤 오랑캐가 심히 침범하네.
험 윤 공 극

6/ 昔我往矣엔　　옛날 내가 떠나올 적엔
석 아 왕 의

楊柳依依하더니　　버들개지 무성하게 하늘거리더니
양 류 의 의

今我來思엔　　오늘 내가 돌아가려니
금 아 래 사

雨雪霏霏니라　　진눈깨비가 심하게 내리네.
우 설 비 비

行道遲遲에　　가는 길이 더욱 지루하여
행 도 지 지

載渴載飢로다　　목마른 듯 굶주린 듯
재 갈 재 기

我心傷悲어늘　　내 마음 아프고 슬픈 것을
아 심 상 비

莫知我哀로다　　내 서러움을 아는 이 없어라.
막 지 아 애

{해설 및 감상}

6장으로 구성되어 있으며, 장마다 8구체로 되어 있다. 병졸들을 인솔하여 나아가는 장수를 찬양하는 노래라고 한다. 첫 구절에 고사리를 캐러 가자를 반복하여 고사리가 한창 돋아나서 부드러움을 표현하고 오랑캐 때문에 하루도 편히 쉴 수 없음을 노래하고 있다. 6장까지 모두 부드러운 표현으로 그때그때의 상황을 노래하고 있다.

{어려운 낱말}

[曰歸曰歸(왈귀왈귀)] : 돌아가자의 반복. [歸聘(귀빙)] : 가서 예의를 표하다. 안부. [陽止(양지)] : 시월이 되었다. [業業(업업)] : 씩씩한 모양. [騤騤(규규)] : 말이 건장하게 달리는 모양. [君子(군자)] : 여기서는 장수를 뜻함. [翼翼(익익)] : 줄 지어 가는 모양. [玁狁(험윤)] : 오랑캐의 명칭. [依依(의의)] : 하늘거리는 모양. [遲遲(지지)] : 지루하다. 더디게 가는 모양. [莫知(막지)] : 알지 못하다.

## 8. 출거(出車) - 병거(兵車) 출동

1/ 我出我車를 (아 출 아 거) — 나는 내 병거를 출동하여

于彼牧矣로다 (우 피 목 의) — 저 들판으로 나오도다.

自天子所로 (자 천 자 소) — 천자가 계신 곳으로부터

| | |
|---|---|
| 謂我來矣로다<br>위 아 래 의 | 나를 여기 오도록 하였도다. |
| 召彼僕夫하여<br>소 피 복 부 | 저 수레 모는 병사 불러서 |
| 謂之載矣요<br>위 지 재 의 | 수레 위에 싣도록 하고 |
| 王事多難이라<br>왕 사 다 난 | 나라의 일이 어려움 많아 |
| 維其棘矣로다<br>유 기 극 의 | 무척 고생도 많았구나. |
| 2/ 我出我車를<br>아 출 아 거 | 나는 내 병거를 출동하여 |
| 于彼郊矣로다<br>우 피 교 의 | 저 들판으로 나왔도다. |
| 設此旐矣에<br>설 차 조 의 | 이 현무를 그린 깃발을 꽂고 |
| 建彼旄矣하니<br>건 피 모 의 | 저 깃발에 쇠꼬리 단 기를 세우니 |
| 彼旟旐斯가<br>피 여 조 사 | 새매 그려진 기와 현무를 그린 기가 |
| 胡不旆旆리오<br>호 불 패 패 | 어찌 펄럭이지 않으리오. |
| 憂心悄悄에<br>우 심 초 초 | 시름 걱정 근심에 싸여 |
| 僕夫況瘁로다<br>복 부 황 췌 | 마부까지 병이 들었었구나. |
| 3/ 王命南仲하사<br>왕 명 남 중 | 임금께서 남중에 명하여 |
| 往城于方하시니<br>왕 성 우 방 | 방(方) 땅에 가서 성을 쌓게 하시니 |

| | |
|---|---|
| 出車彭彭하여<br>출 거 팽 팽 | 수많은 병거를 출동하여 |
| 旂旐中央이로다<br>기 조 중 앙 | 교통기와 현무기가 뚜렷하도다. |
| 天子命我하사<br>천 자 명 아 | 천자께서 나를 명하시어 |
| 城彼朔方하시고<br>성 피 삭 방 | 삭방(朔方)에 성을 쌓게 하시고 |
| 赫赫南仲하니<br>혁 혁 남 중 | 혁혁히 빛나는 남중이 요란하니 |
| 玁狁于襄이라<br>험 윤 우 양 | 오랑캐를 쳐서 없애리라. |

| | |
|---|---|
| 4/ 昔我往矣에<br>석 아 왕 의 | 옛날 내가 갈 때에는 |
| 黍稷方華이러니<br>서 직 방 화 | 기장과 피가 한창 피어나더니 |
| 今我來思에<br>금 아 래 사 | 이제 내가 돌아올 때에는 |
| 雨雪載塗로다<br>우 설 재 도 | 눈비가 내려 진창이 되었네. |
| 王事多難에<br>왕 사 다 난 | 나랏일이 다난함에 |
| 不遑啓居하니<br>불 황 계 거 | 편이 쉴 겨를이 없더니 |
| 豈不懷歸리오<br>기 불 회 귀 | 어찌 돌아가고 싶지 않으랴. |
| 畏此簡書니라<br>외 차 간 서 | 천자의 명(簡書 : 천자)이 두려워라. |

| | |
|---|---|
| 5/ 喓喓草蟲이며<br>요 요 초 충 | 슬피 우는 풀벌레 소리, |

| | |
|---|---|
| 趯趯阜螽이로다<br>적 적 부 종 | 팔팔 뛰는 메뚜기 |
| 未見君子하니<br>미 견 군 자 | 군자를 보지 못했으니 |
| 憂心忡忡이라<br>우 심 충 충 | 시름겨운 마음 그지없어라. |
| 旣見君子하니<br>기 견 군 자 | 이 군자를 만나니 |
| 我心則降이로다<br>아 심 즉 항 | 내 마음 시름 풀리네. |
| 赫赫南仲이여<br>혁 혁 남 중 | 혁혁하신 남중이시여! |
| 薄伐西戎이로다<br>박 벌 서 융 | 서융(西戎)을 정벌하리로다. |
| 6/ 春日遲遲하고<br>춘 일 지 지 | 봄날이 지루하고 |
| 卉木萋萋로다<br>훼 목 처 처 | 풀 나무가 무성하도다. |
| 倉庚喈喈하며<br>창 경 개 개 | 꾀꼬리가 꾀꼴꾀꼴 지저귀며 |
| 采蘩祁祁로다<br>채 번 기 기 | 흰 산 쑥 캐는 이 많기도 하지. |
| 執訊獲醜하여<br>집 신 획 추 | 적의 괴수 사로잡고 붙잡아서 |
| 薄言還歸하리라<br>박 언 환 귀 | 승리하고 급히 돌아오리라. |
| 赫赫南仲하여<br>혁 혁 남 중 | 혁혁하신 남중이시여! |
| 玁狁于夷이로다<br>험 윤 우 이 | 저 오랑캐 모두 평정하였네. |

{해설 및 감상}

모두 5장으로, 8구절로 구성되어 있다. 이 시는 전쟁에서 돌아온 장수들을 위로하기 위하여 부른 노래라고 한다. 험윤(玁狁)은 정벌에 나갔던 군인들이 돌아와서 그때의 일을 회고하여 노래한 것이라고 한다. 이 시는 소남(召南)과 빈풍(豳風)의 시구와 비슷한 것이라고들 한다.

{어려운 낱말}

[出車(출거)] : 병거가 출동하다. 병거란, 지금의 군용 트럭이라 할까? [牧矣(목의)] : 들판. [僕夫(복부)] : 병졸. [王事(왕사)] : 나랏일. [旐矣(조의)] : 현무의 깃발. [旟(여)] : 새매를 그린 깃발. 펄럭이는 모양. [旆旆(패패)] : 깃발이 펄럭이다. [況瘁(황췌)] : 병이 들다. [彭彭(팽팽)] : 많고 융성한 모양. 많다. 숫자가 많은 모양. [朔方(삭방)] : 북방. [赫赫(혁혁)] : 밝게 빛나다. [玁狁(험윤)] : 오랑캐의 이름. [方華(방화)] : 한창 꽃이 피다. [簡書(간서)] : 천자의 명령. [趯趯阜螽(적적부종)] : 적적은 '뛰다' 이고, 부종은 '메뚜기' 임. [憂心忡忡(우심충충)] : 근심 걱정하는 마음. [獲醜(획추)] : 나쁜 무리들을 붙잡다.

## 9. 체두(杕杜) - 아가위나무

1/ 有杕之杜여 (유 체 지 두) 우뚝 선 아가위나무여!

有睆其實이라 (유 환 기 실) 그 열매 가득하구나.

王事靡盬이니　나랏일이 끝나지 않았으니
왕 사 미 고

繼嗣我日이로다　내 혼자만 나랏일이 계속되도다.
계 사 아 일

日月陽止라　세월은 어느덧 시월이라
일 월 양 지

女心傷止니　여인의 마음 서글퍼지니
여 심 상 지

征夫遑止로다　떠나가신 임, 휴가도 있을 텐데.
정 부 황 지

2/ 有杕之杜여　홀로 우뚝 솟은 아가위나무여!
유 체 지 두

其葉萋萋로다　그 잎이 무성하도다.
기 엽 처 처

王事靡盬라　나랏일이 끝나지 않았으니
왕 사 미 고

我心傷悲로다　내 마음 서글퍼지도다.
아 심 상 비

卉木萋止라　초목이 무성함이여!
훼 목 처 지

女心悲止로다　여인의 마음은 서러워라.
여 심 비 지

征夫歸止어다　군인 가신 그 임 돌아올지어다.
정 부 귀 지

3/ 陟彼北山하여　저 북산에 올라서
척 피 북 산

言采其杞라　구기자를 딴다고 말하네.
언 채 기 기

王事靡盬하여　나랏일 끝나지 않아서
왕 사 미 고

憂我父母라 우리 부모님 걱정이시네.
우 아 부 모

檀車幝幝하니 박달나무 수레도 터덜거리니,
단 거 천 천

四牡痯痯이라 4필의 수말도 병들어 지쳤네.
사 모 관 관

征夫不遠이로다 병정 가신 그 임 돌아옴도 멀지 않았네.
정 부 불 원

4/ 匪載匪來니 오래 타고 오시지 않으니
비 재 비 래

憂心孔疚어늘 근심으로 오랜 병 되었네.
우 심 공 구

期逝不至하니 오실 기약에 오지 않으니,
기 서 부 지

而多爲恤이로다 근심만이 더욱더 크도다.
이 다 위 휼

卜筮偕止하여도 점이란 점 다 쳐보아도
복 서 해 지

會言近止하나 돌아올 날 가깝다고 하나
회 언 근 지

征夫邇止로다 병정 가신 임 가까이 오시겠네요.
정 부 이 지

{해설 및 감상}

모두 4장에 장마다 7구절로 구성되어 있다. 병정에 나갔다가 의무를 마치고 돌아오는 군인들을 위로하는 노래라고 한다. 그런데 제목이 '홀로선 아가위나무' 라고 했다. 전쟁에 나간 남편을 기다리는 여인의 갸륵한 마음이 이런 무성한 아가위나무에 희망과 기쁨을 상징하고 있기 때문이 아닐까 생각해 보기도 한다. 그래서 이 제목으로 쓰지 않았나한다.

{어려운 낱말}

[睆(환)] : 열매 모양. [陽(양)] : 10월. [遑(황)] : 거를. [幝幝(천천)] : 떨어진 모양. [痯痯(관관)] : 피로한 모양.

## 10. 남해(南陔) - 남해 : 笙으로 연주하는 곡으로, 곡만 남아있다.

## 제2장
# 백화(白華)

모시(毛詩)에는 '남해', '백화', '화서'의 3편은 가사가 없으므로 어리(魚麗)편을 녹명(鹿鳴)장 마지막에 붙이고 그 뒤에 남해, 백화, 화서 3편을 이어 놓았다. 남유가어(南有嘉魚)로 제2장을 만들었으나 '의례(儀禮)'를 고증하여 고쳐서 만들었다.

1. 백화(白華) – 가사는 없고 연주하는 악곡이다.
2. 화서(華黍) – 가사가 없는 생곡(笙曲)이다.

## 3. 어리(魚麗) - 물고기가 통발에 걸림

1/ 魚麗于罶하니　물고기가 통발에 걸렸는데
어 리 우 류

鱨鯊로다　날치와 모래무지라네.
상 사

君子有酒하니　군자에게 술이 있으니
군 자 유 주

旨且多라　매우 많고 맛도 있구나.
지 차 다

2/ 魚麗于罶하니　물고기가 통발에 걸렸으니
어 리 우 류

魴鱧라　방어와 가물치로다.
방 례

君子有酒하니　군자에게 술이 있으니
군 자 유 주

旨且多라　맛있고 풍부하네.
지 차 다

3/ 魚麗于罶하니　물고기가 통발에 걸렸는데
어 리 우 류

鰋鯉라　매기와 잉어로다.
언 리

君子有酒하니　군자가 술이 있으니
군 자 유 주

旨且有라　맛있고 풍부하여라.
지 차 유

4/ 物其多矣니　음식물이 모두 풍부하니
물 기 다 의

維其嘉矣로다　　그것이 정말 아름답구나.
유 기 가 의

5/ 物其旨矣하니　　음식물이 모두 맛이 있으니,
물 기 지 의

維其偕矣로다　　그것이 정말 입에 맞구나.
유 기 해 의

6/ 物其有矣하니　　그 음식이 풍부하니,
물 기 유 의

維其時矣로다　　그것이 이 시절에 맞구나.
유 기 시 의

{해설 및 감상}

모두 6장에 3장은 장마다 4구절이요, 3장은 장마다 2구절로 구성되어 있다. 내용이 '어리(魚麗)' 인데, 즉 물고기가 통발에 걸렸다는 내용으로, 그 통발의 고기로 잔치를 벌려 손님들을 많이 모시고 푸짐하게 대접하는 내용으로 되어있다. 鄕飮酒, 燕禮에서 연주하고 노래하는 내용으로 되어있고, 노래는 생(笙)으로 연주한다고 되어있다.

{어려운 낱말}

[麗于罶(이우류)] : 흐르는 냇물에 통발을 넣어 고기를 잡다. 麗는 '이' 로 발음함. 류(罶)는 통발임. [鱨鯊(상사)] : 날치와 모래무지. [君子(군자)] : 잔칫집 주인. [旨且多(지차다)] : 맛있고 많이 있음. [鱧(예)] : 가물치. [鰋(언)] : 매기. [有(유)] : 많다.

## 4. 유경(由庚) - 유경: 가사는 없고 제목만 있음.

## 5. 남유가어(南有嘉魚) - 남쪽, 좋은 물고기

| | |
|---|---|
| 1/ 南有嘉魚하니 (남유가어) | 남녘에 좋은 물고기가 있으니 |
| 烝然罩罩라 (증연조조) | 통발마다 가득가득하구나. |
| 君子有酒하니 (군자유주) | 군자가 술이 있으니 |
| 嘉賓式燕以樂이라 (가빈식연이락) | 좋은 손님과 잔치하며 즐기네. |
| 2/ 南有嘉魚하니 (남유가어) | 남쪽에 좋은 물고기가 있으니 |
| 烝然汕汕이라 (증연산산) | 통발마다 가득가득 많은 물고기, |
| 君子有酒하니 (군자유주) | 군자에게 술이 있으니 |
| 嘉賓式燕以衎이라 (가빈식연이간) | 좋은 손님과 함께 즐기네. |
| 3/ 南有樛木하니 (남유규목) | 남쪽에 가지 늘어진 나무가 있으니 |
| 甘瓠纍之로다 (감호류지) | 단호박 넝쿨이 얽혀있네. |
| 君子有酒하니 (군자유주) | 군자에게 술이 있으니 |

嘉賓式燕綏之로다　　좋은 손님과 잔치하며 즐기네.
가 빈 식 연 수 지

4/ 翩翩者鵻여　　펄펄 나는 저 산비둘기여!
편 편 자 추

烝然來思로다　　떼 지어 날아오르네.
증 연 래 사

君子有酒하니　　군자에게 술이 있으니
군 자 유 주

嘉賓式燕又思로다　　좋은 손님과 술 권하며 즐기네.
가 빈 식 연 우 사

{해설 및 감상}

모두 4장으로 장마다 4구절로 구성되어 있다. 여기 나오는 음악은 당시에 통상적으로 쓰이는 음악이라 하였다. 1, 2구절은 좋은 물고기가 있으니 모두 통발 가득 있다는 내용이요, 다음 구절에서 나뭇가지가 늘어지고 산비들기가 떼 지어 날아올라서 즐거운 상황을 노래하고 있다. 그래서 좋은 손님과 함께 잔치를 열면서 즐기자는 내용이다.

{어려운 낱말}

[南有嘉魚(남유가어)] : 강한의 남쪽이요, '가어' 는 연어와 잉어를 일컫는다. [罩罩(조조)] : 자주 통발을 치다. [汕汕(산산)] : 그물질하다. [衎(간)] : 즐기다.

## 6. 숭구(崇丘) - 가사는 없고 제목만 있음.

## 7. 남산유대(南山有臺) - 남산에 산앵도

| | |
|---|---|
| 1/ 南山有臺하고<br>남 산 유 대 | 남산에 산앵도나무가 있고 |
| 北山有萊라<br>북 산 유 래 | 북쪽 산에는 명아주가 있네. |
| 樂只君子하니<br>낙 지 군 자 | 즐거운 군자가 있으니 |
| 邦家之基로다<br>방 가 지 기 | 나라의 큰 터전이로다. |
| 樂只君子여<br>낙 지 군 자 | 즐거워라 군자여! |
| 萬壽無期하소라<br>만 수 무 기 | 만수무강하시라. |
| 2/ 南山有桑하고<br>남 산 유 상 | 남산에 뽕나무가 있고 |
| 北山有楊이로다<br>북 산 유 양 | 북쪽 산에는 백양이 있네. |
| 樂只君子여<br>낙 지 군 자 | 즐겁다 군자여! |
| 邦家之光이로다<br>방 가 지 광 | 국가의 광영이로다. |
| 樂只君子여<br>낙 지 군 자 | 즐거워라 군자여! |
| 萬壽無疆하소라<br>만 수 무 강 | 만수무강하시라. |
| 3/ 南山有杞하고<br>남 산 유 기 | 남산에 구기자나무가 있고, |

北山有李라　　북산에는 자두나무가 있네.
북 산 유 리

樂只君子여　　즐겁다 군자여!
낙 지 군 자

民之父母로다　　백성들의 어버이로다.
민 지 부 모

樂只君子하니　　즐겁다 군자여!
낙 지 군 자

德音不已로다　　칭송하는 소리 말지 않도다.
덕 음 불 이

3/ 南山有栲하고　　남산에 북나무가 있고
남 산 유 고

北山有杻로다　　북산에는 참죽나무가 있도다.
북 산 유 뉴

樂只君子여　　즐겁다 군자여!
낙 지 군 자

遐不眉壽리오　　어찌 오래 살지 않으리오.
하 불 미 수

樂只君子여　　즐겁다 군자여!
낙 지 군 자

德音是茂니라　　덕을 칭송하는 소리 자자하여라.
덕 음 시 무

4/ 南山有栲하고　　남산에 북나무가 있고
남 산 유 고

北山有杻로다　　북산에는 참죽나무가 있도다.
북 산 유 뉴

樂只君子여　　즐겁다 군자여!
낙 지 군 자

遐不眉壽리오　　어찌 오래 살지 않으리오.
하 불 미 수

| | |
|---|---|
| 樂只君子여<br>낙 지 군 자 | 즐겁다 군자여! |
| 德音是茂니라<br>덕 음 시 무 | 덕을 칭송하는 소리 자자하여라. |

| | |
|---|---|
| 5/ 南山有枸하고<br>남 산 유 구 | 남산에 구기자나무가 있고 |
| 北山有楰로다<br>북 산 유 유 | 북산에는 광나무가 있도다. |
| 樂只君子여<br>낙 지 군 자 | 즐겁다 군자여! |
| 遐不黃耈리오<br>하 불 황 구 | 어찌 늙어가지 않으리오. |
| 樂只君子여<br>낙 지 군 자 | 즐겁다 군자여! |
| 保艾爾後로다<br>보 애 이 후 | 그대 후손을 보호하리로다. |

{해설 및 감상}

모두 5장으로 6구절로 구성되어 있다. 이 노래도 통상적으로 잔치에 부르는 노래라고 하였다. 산앵도와 광나무와 구기자나무와 북나무와 감탕나무, 호깨나무 등이 나오는데, 이런 나무들은 기쁨을 나타내는 서정적 나무들로 덕을 칭송한다고 했다. 끝구에 '즐겁다 군자여!' 하고 칭송하는 노래로 일관하고 있다.

{어려운 낱말}

[臺(대)] : 도롱이를 만드는 풀. [萊(래)] : 명아주. [樂只君子(낙지군자)] : 즐

거운 손님. [杞(기)] : 구기자. [栲(고)] : 북나무. [杻(뉴)] : 참죽나무. [黃耇(황구)] : 나이가 아주 많은 늙은이. [保艾(보애)] : 편안하게 기르다. 애(艾)는 양(養)과 같다.

## 8. 유의(由儀) - 가사는 없고 곡만 있는 생황 연주곡이다.

## 9. 육소(蓼蕭) - 긴 다북쑥

| | |
|---|---|
| 1/ 蓼彼蕭斯에<br>육 피 소 사 | 저 키 큰 다북쑥에 |
| 零露湑兮여<br>영 로 서 혜 | 이슬이 촉촉이 내렸네. |
| 旣見君子하니<br>기 견 군 자 | 이미 군자를 보았으니, |
| 我心寫兮로다<br>아 심 사 혜 | 내 마음 밝아졌도다. |
| 燕笑語兮여<br>연 소 어 혜 | 잔치 벌려 웃고 이야기함이여! |
| 是以有譽處兮로다<br>시 이 유 예 처 혜 | 즐겁고도 편안하도다. |
| 2/ 蓼彼蕭斯에<br>육 피 소 사 | 기다랗게 자란 다북쑥에 |
| 零露瀼瀼이라<br>영 로 양 양 | 이슬에 흠뻑 젖었네. |
| 旣見君子하니<br>기 견 군 자 | 이미 군자를 보아오니 |

爲龍爲光이라 — 사랑받고 영광스러워라.
위 룡 위 광

其德不爽하니 — 그 덕이 어긋남이 없으니,
기 덕 불 상

壽考不忘이로다 — 수명도 끝없으리라.
수 고 불 망

3/ 蓼彼蕭斯에 — 길게 자란 저 다북쑥
육 피 소 사

零露泥泥로다 — 이슬 내려 흠뻑 젖었네.
영 로 이 니

旣見君子하니 — 이미 군자를 보았으니
기 견 군 자

孔燕豈弟로다 — 즐겁고 화목하여라.
공 연 기 제

宜兄宜弟하니 — 형과 아우 의좋고 즐거우니
의 형 의 제

令德壽豈리오 — 덕과 수명 어찌 오래지 않으랴.
영 덕 수 기

4/ 蓼彼蕭斯여 — 저 키 큰 다북쑥이
육 피 소 사

零露濃濃이라 — 이슬에 흠뻑 젖었어라.
영 로 농 롱

旣見君子하니 — 이미 군자를 보았으니
기 견 군 자

鞗革沖沖이라 — 가죽으로 고삐 장식 드리웠네.
조 혁 충 충

和鸞雝雝하니 — 방울소리 어울려 딸랑거리니
화 란 옹 옹

萬福攸同이라 — 만복을 다 함께하는 바로다.
만 복 유 동

{해설 및 감상}

4장에 장마다 6구절로 구성되어 있다. 제후가 천자에게 조회할 때 천자가 이들에게 잔치를 베풀어 사랑을 보이므로 이 노래를 부른 것이라 하였다. 다북쑥은 앉은뱅이 쑥인데 길게 자랐다고 했으니, 성장한 나라를 상징하기도 한다. 다북쑥이 이슬에 흠뻑 젖는다는 것은 풍요를 상징하고 사랑과 영광을 함께 노래하여 천자에게 만복을 빌고 있다.

{어려운 낱말}

[蕭(소)] : 다북쑥. [湑(서)] : 이슬이 맺히다. [瀼瀼(양양)] : 이슬이 많은 모양. [泥泥(이니)] : 이슬에 젖는 모양. [濃濃(농롱)] : 두터운 모양. [和鸞雝雝(화란옹옹)] : 방울소리가 울리는 의성어.

## 10. 담로(湛露) - 흠뻑 내린 이슬

1/ 湛湛露斯여 (담담로사) 촉촉이 내린 이슬이여!
匪陽不晞라 (비양불희) 햇볕 아니면 못 말리지.
厭厭夜飮이여 (염염야음) 편안한 이 밤의 술자리여!
不醉無歸로다 (불취무귀) 취하지 않으면 못 돌아가지요.

2/ 湛湛露斯여 (담담로사) 촉촉한 이 이슬이여!

在彼豊草로다　　저 무성한 풀밭을 적시네.
재 피 풍 초

厭厭夜飮이여　　편안한 이 밤의 술자리여!
염 염 야 음

在宗載考로다　　종실에서 이루어졌도다.
재 종 재 고

3/ 湛湛露斯여　　촉촉이 내린 이 아침이슬이여!
담 담 로 사

在彼杞棘이로다　　구기자나무와 가시나무를 적셨네.
재 피 기 극

顯允君子여　　뚜렷하고 밝은 진실한 군자여!
현 윤 군 자

莫不令德이로다　　덕이 아름답지 않는 이 없도다.
막 불 령 덕

4/ 其桐其椅여　　오동나무 가래나무여!
기 동 기 의

其實離離로다　　그 열매가 주렁주렁 달렸네.
기 실 이 리

豈弟君子여　　즐겁고 편안한 군자여!
개 제 군 자

莫不令儀로다　　예의롭지 않는 이 없도다.
막 불 령 의

{해설 및 감상}

모두 4장 4구로 이루어져 있는 정형체로서의 시구(詩句)이다. 이 시는 천자가 제후들에게 잔치를 베풀고 술잔을 나누는 것을 노래하고 있다. 이 시에서 듬뿍 내린 이슬은 천자의 은택에, 이슬을 맞은 풀이나 나무들은 제후들에 비유한 것이다. 그리고 끝에 오동나무, 가래나무 열매는 나라의 풍요로움과 임금과 신하의 화락함에 비유한 것이 아닌가 한다.

{어려운 낱말}

[湛湛(담담)] : 이슬이 많이 내린 모양. [厭厭(염염)] : 편안한 모양. [夜飮(야음)] : 밤의 술자리. [考(고)] : 여기서는 이루어지다. [顯允(현윤)] : 뚜렷하고 진실함. [離離(이리)] : 늘어진 모양. [豈(개)] : 즐겁다. [弟(제)] : 쉽다. [豈弟(개제)] : 즐겁고 화려함. [儀(의)] : 거동.

## 제3장

# 동궁(彤弓)

동궁(彤弓)은 느슨한 활이란 뜻이다. 이 느슨한 활을 고이고이 간직하였다가 나에게 귀한 손님이 오면 이 활을 내려주겠다는 내용이다. 활이란 탱탱한 것이 활로서 의미가 있지만 느슨한 활이야말로 자기가 아끼는 이 활을 가장 귀중한 사람에게 내어주겠다는 내용이니, 그것이 천자가 제후를 다스리는 방법이기도 하다.

느슨한 활을 받아서
고이 간직하였다가
나에게 귀한 손님이 오시거든
진심으로 내어주리라.
종과 북을 놓아두고
아침부터 술잔을 드리리다.

-'동궁'의 일부

## 1. 동궁(彤弓) - 붉은 활

1/ 彤弓弨兮여 (동궁초혜) 느슨한 활을 받아서
受言藏之라가 (수언장지) 고이 간직하였다가
我有嘉賓이어든 (아유가빈) 나에게 귀한 손님이 오시거든
中心貺之하리라 (중심황지) 진심으로 내어주리라.
鐘鼓旣說이요 (종고기설) 종과 북을 놓아두고
一朝饗之하리라 (일조향지) 아침부터 술잔을 드리리다.

2/ 彤弓弨兮여 (동궁초혜) 느슨한 붉은 활이여!
受言載之라가 (수언재지) 받아서 고이 간직하였다가
我有嘉賓하면 (아유가빈) 나의 귀한 손님이 오시면
中心喜之하리라 (중심희지) 진심으로 기뻐하리라.
鍾鼓旣設하고 (종고기설) 종과 북을 갖추어 놓고
一朝右之하리라 (일조우지) 아침 일찍 잔 권하리라.

3/ 彤弓弨兮여 (동궁초혜) 느슨한 붉은 활이여!

| | |
|---|---|
| 受言櫜之하리라<br>수 언 고 지 | 고이 받아서 간직하리라. |
| 我有嘉賓이면<br>아 유 가 빈 | 나의 귀한 손님이 오시거든 |
| 中心好之하리라<br>중 심 호 지 | 진심으로 좋아하리라. |
| 鐘鼓旣設하고<br>종 고 기 설 | 종과 북을 갖추어 놓고 |
| 一朝酬之하리라<br>일 조 수 지 | 아침부터 술잔 주고받으리라. |

{해설 및 감상}

3장 6구체로 되어있는 정형시이다. 천자가 제후에게 활과 활살을 하사할 때 부르던 노래였다고 하니, 천자가 제후를 다스리는 일이 여의치 않음을 본다. 천자에게 내려 받은 활과 화살을 고이 간직했다가 귀한 손님이 오면 아침부터 술잔을 나누겠다는 그 기쁨의 노래가 인상 깊다.

{어려운 낱말}

[彤弓(동궁)] : 붉은 활. [弨] : 시위가 늘어진 활(초). [嘉賓(가빈)] : 매우 귀한 손님. 공로가 큰 제후. [饗(향)] : 크게 손님과 함께 마시는 것. [右(우)] : 권하는 것. [櫜(고)] : 감추어 두어 좋은 모양. [鍾鼓(종고)] : 종과 북.

## 2. 청청자아(菁菁者莪) - 무성한 다북쑥

| | |
|---|---|
| 1/ 菁菁者莪여<br>청 청 자 아 | 무성하고 청청한 다북쑥이여! |
| 在彼中阿로다<br>재 피 중 아 | 저 언덕 한가운데 있도다. |
| 旣見君子하니<br>기 견 군 자 | 그 임을 뵈오니 |
| 樂且有儀로다<br>낙 차 유 의 | 즐겁고 또 위의(威儀)를 갖추었네. |
| | |
| 2/ 菁菁者莪여<br>청 청 자 아 | 무성하게 우거진 다북쑥이여! |
| 在彼中沚로다<br>재 피 중 지 | 저 강둑 물가에 자랐네. |
| 旣見君子하니<br>기 견 군 자 | 그 임을 뵈오니 |
| 我心則喜로다<br>아 심 즉 희 | 내 마음 한없이 즐거워지네. |
| | |
| 3/ 菁菁者莪하니<br>청 청 자 아 | 무성한 다북쑥을 보니 |
| 在彼中陵이라<br>재 피 중 릉 | 저 구릉(丘陵) 위에 있었구나. |
| 旣見君子하니<br>기 견 군 자 | 이미 우리 임을 보았으니 |
| 錫我百朋이로다<br>석 아 백 붕 | 내가 많은 돈을 받은 듯하구나. |
| | |
| 4/ 汎汎楊舟가<br>범 범 양 주 | 두둥실 뜬 버드나무 배가 |

| | |
|---|---|
| 載沈載浮로다<br>재 침 재 부 | 물결 위에 넘실넘실 떠있도다. |
| 旣見君子하니<br>기 견 군 자 | 이미 우리 군자를 보오니 |
| 我心則休로다<br>아 심 즉 휴 | 내 마음 푸근하구나. |

{해설 및 감상}

모두 4구체로 되어 있으며, 4장으로 구성되어 있다. 그러니 4장 4구체의 형식을 띠고 있으며, 무성하게 자라는 다북쑥을 소재로 떠올리고 있다. 청청은 무성함을 말하고, 莪(아)는 '지칭개' 라는 약초의 이름인데, 편의상 다북쑥으로 표현하고 있다. 4장 모두가 활달하고 긍정적인 삶을 노래하면서 환희와 자연의 무성함을 노래하고 있다. 잔치를 베풀어 빈객을 접대하는 노래라고도 한다.

{어려운 낱말}

[菁菁(청청)] : 무성한 모양. [莪] : 지칭개(아). 다북쑥(아). 약초의 이름이다. [中阿(중아)] : 언덕 가운데 있는 큰 언덕. [君子(군자)] : 여기서는 손님을 가리킴. [中沚(중지)] : 강 가운데 있는 섬. [百朋(백붕)] : '백' 은 숫자이고, '붕' 은 화폐 단위이다. [休(휴)] : 안장. 쉬다.

## 3. 유월(六月) - 6월

1/ 六月棲棲하여 (유월서서) — 6월은 뭔가 불안하여
戎車旣飭하니 (융거기칙) — 병거를 정비하니
四牡騤騤라 (사모규규) — 4마리의 수말이 튼튼하여라.
載是常服하니 (재시상복) — 모든 군복을 실었으니
玁狁孔熾라 (험윤공치) — 오랑캐의 기세가 불과 같구나.
我是用急하니 (아시용급) — 내 이를 막기에 급급하니
王于出征하여 (왕우출정) — 임금께서 직접 출정하여
以匡王國이로다 (이광왕국) — 이 나라를 바로잡게 하셨네.

2/ 比物四驪여 (비물사려) — 길이 잘든 4마리 수말이여!
閑之維則이라 (한지유칙) — 발을 아주 잘 맞추네.
維此六月에 (유차유월) — 이 같은 6월에
旣成我服하고 (기성아복) — 이미 내 옷을 만들고,
我服旣成이면 (아복기성) — 내 옷이 만들어지면
于三十里로다 (우삼십리) — 어언 30리를 달리도다.

| | |
|---|---|
| 王于出征하시니<br>왕 우 출 정 | 임금님도 출정을 하시니 |
| 以佐天子로다<br>이 좌 천 자 | 천자를 돕게 하셨도다. |
| 3/ 四牡脩廣하고<br>사 모 수 광 | 4필의 말이 넓고 크니 |
| 其大有顒이라<br>기 대 유 옹 | 그 크기가 우러러 보이도다. |
| 薄伐玁狁하여<br>박 벌 험 윤 | 오랑캐를 무찔러서 |
| 以奏膚公이라<br>이 주 부 공 | 큰 공로가 있어라. |
| 有嚴有翼하여<br>유 엄 유 익 | 위엄 있고 존경받아서 |
| 共武之服하니<br>공 무 지 복 | 군사 일을 준비하니 |
| 共武之服하여<br>공 무 지 복 | 군사 일에 힘입어서 |
| 以定王國하소라<br>이 정 왕 국 | 왕국을 안정시키시라. |
| 4/ 玁狁匪茹하여<br>험 윤 비 여 | 오랑캐를 예측 못하여 |
| 整居焦穫하고<br>정 거 초 호 | 초호 땅에 진을 치고 |
| 侵鎬及方하여<br>침 호 급 방 | 호(鎬)를 치고 방(方)에 미쳐서 |
| 至于涇陽하니<br>지 우 경 양 | 경양까지 이르니 |
| 織文鳥章이며<br>직 문 조 장 | 깃발 무늬 펄럭이며 |

白旆中央하네 백패 깃발 펄럭이네.
백 패 중 앙

元戎十乘이 큰 병거 열 채가
원 융 십 승

以先啓行이로다 앞장서서 길을 여네.
이 선 계 행

5/ 戎車旣安하니 오랑캐 병거 이미 편안히
융 거 기 안

如輊如軒하구나 엎드린 듯 뒤쳐진 듯하구나.
여 지 여 헌

四牡旣佶하고 4필의 수말 건장하고
사 모 기 길

旣佶且閑이로다 억새면서도 길 잘 들었도다.
기 길 차 한

薄伐玁狁하고 험윤을 박멸하고
박 벌 험 윤

至于大原하니 태원까지 이르니
지 우 태 원

文武吉甫이니 문무를 겸한 길보 장군이니
문 무 길 보

萬邦爲憲이로다 온 나라의 모범이로다.
만 방 위 헌

6/ 吉甫燕喜하니 길보 장군 잔치에서 기뻐하니
길 보 연 희

旣多受祉로다 이미 많은 복을 받았도다.
기 다 수 지

來歸自鎬하니 호(鎬) 땅에서 돌아오니
내 귀 자 호

我行永久로다 내가 떠난 지도 영구하도다.
아 행 영 구

飮御諸友하니　　친구들께 음식을 권하니
음 어 제 우

炰鼈膾鯉라　　자라구이 잉어회라.
포 별 회 리

侯誰在矣오　　누구와 함께하는가?
후 수 재 의

張仲孝友로다　　효도와 우애하는 장중(張仲)이로다.
장 중 효 우

{해설 및 감상}

모두 6장으로 장마다 8구에 해당하는 장구시의 하나다. 제목이 '유월' 인데, 혹 '뒤숭숭한 유월' 로 된 것도 있다. 오랑캐 정벌로 인한 내용으로 되어 있는데, 시적인 배경은 주나라 성왕과 강왕이 죽은 뒤에 주나라가 점점 쇠약해져서 여왕(厲王) 때에 이르러서는 임금이 포악하여 주나라 사람들의 원망이 커지고 있었다. 그래서 '뒤숭숭한 유월' 로 되었을 것이다. 여기에 나오는 함윤은 오랑캐족으로 주나라를 침략하여 여왕을 죽이니, 그의 아들 선왕 청이 왕위에 올라 윤길보 장군으로 오랑캐를 치게 하였다. 그래서 윤길보 장군이 큰 공적을 세우고 돌아왔다. 그 공적을 치하하는 시작품이다.

{어려운 낱말}

[棲棲(서서)] : 매우 불안한 모양. [戎車(융거)] : 전쟁에 사용하는 수레, 즉 지금의 군용차. [騤騤(규규)] : 힘 있고 굳셈. [比物(비물)] : 비등한 힘. [脩廣(수광)] : 길고 큰 것을 말함. [奏(주)] : 여기서는 천거함. [匪茹(비여)] : 헤아리지 않음. [涇陽(경양)] : 경수의 북쪽. 陽은 산은 南이요, 물은 北이

다. [元戎(원융)] : 큰 병거, 선봉에서는 병거. [佶(길)] : 건장한 모양. [大原(태원)] : 태원이라 읽으며, 지명이다. [張仲(장중)] : 윤길보의 친구. 부모에게 효도하고 형제간에 우애 있는 사람으로 알려짐.

## 4. 채기(采芑) - 상추를 뜯으며

| | |
|---|---|
| 1/ 薄言采芑를<br>박 언 채 기 | 상추를 뜯자, 상추를− |
| 于彼新田에서<br>우 피 신 전 | 새로 일군 저 밭에서−. |
| 于此菑畝로다<br>우 차 치 무 | 작년에 일군 밭이로다. |
| 方叔涖止하니<br>방 숙 리 지 | 방숙(方叔)님이 이르니 |
| 其車三千이라<br>기 거 삼 천 | 그 수레가 3천 대라. |
| 師干之試로다<br>사 간 지 시 | 군사들을 훈련시키는구나. |
| 方叔率止하고<br>방 숙 솔 지 | 방숙(方叔)에서 그들을 거느리고, |
| 乘其四騏로니<br>승 기 사 기 | 4필 말의 수레에 타니 |
| 四騏翼翼이로다<br>사 기 익 익 | 4말이 나란히 달리는구나. |
| 路車有奭하니<br>노 거 유 석 | 군용 수레는 붉은 빛이니 |

| | |
|---|---|
| 簟笰魚服하고<br>점 불 어 복 | 대자리로 가리개를 하고 |
| 鉤膺鞗革이로다<br>구 응 조 혁 | 고삐는 가죽 장식이로다. |
| 2/ 薄言采芑를<br>박 언 채 기 | 상추를 뜯자, 상추를- |
| 于彼新田에서<br>우 피 신 전 | 새로 일군 저 밭에서 |
| 于此中鄉이라<br>우 차 중 향 | 마을 한가운데 밭에서 |
| 方叔蒞止하니<br>방 숙 리 지 | 방숙님께 이르니 |
| 其車三千이라<br>기 거 삼 천 | 그 수레 3천이나 되네. |
| 旂旐央央하고<br>기 조 앙 앙 | 교룡 깃발 거북 깃발 뚜렷하고 |
| 方叔率止하니<br>방 숙 솔 지 | 방숙께서 이끄시나니 |
| 約軝錯衡이라<br>약 기 착 형 | 굴대는 가죽 감고 채에는 무늬로다. |
| 八鸞瑲瑲이라<br>팔 란 창 창 | 여덟 개의 말방울이 짤랑거리고 |
| 服其命服하니<br>복 기 명 복 | 천자께서 내리신 군복을 입고서 |
| 朱芾斯皇하네<br>주 불 사 황 | 주황색 슬갑 곱기도 하네. |
| 有瑲蔥珩이로다<br>유 창 총 형 | 옥소리 나는 푸른 노리개로다. |
| 3/ 鴥彼飛隼이여<br>율 피 비 준 | 훨훨 나는 저 새매 |

其飛戾天하여 하늘 높이 날아올라서
기 비 려 천

亦集爰止하여 머물 곳에 모여 앉았네.
역 집 원 지

方叔涖止하니 방숙께서 거느리시니,
방 숙 리 지

其車三千이로니 그 수레가 3천이네.
기 거 삼 천

師干之試하여 무리를 방어한 법 익혀서
사 간 지 시

方叔率止하니 방숙께서 거느리시니,
방 숙 솔 지

鉦人伐鼓어늘 징을 치고 북을 치거늘
정 인 벌 고

陳師鞠旅로다 군사들을 훈련시키네.
진 사 국 려

顯允方叔이여 밝고 진실한 방숙님이여!
현 윤 방 숙

伐鼓淵淵이며 북을 쳐 둥둥 울리며,
벌 고 연 연

振旅闐闐이로다 군사를 정지시켜 북을 치도다.
진 려 전 전

4/ 蠢爾蠻荊이 준동하는 형(荊) 땅의 오랑캐,
준 이 만 형

大邦爲讐로다 크나큰 나라의 원수이로다.
대 방 위 수

方叔元老이나 방숙께서 늙으셨으나
방 숙 원 노

克壯其猶로다 그의 지혜는 뛰어나셨네.
극 장 기 유

| | |
|---|---|
| 方叔率止하시고<br>방 숙 솔 지 | 방숙께서 부하 거느리시고 |
| 執訊獲醜로다<br>집 신 획 추 | 오랑캐 잡고 추한 무리 사로잡았네. |
| 戎車嘽嘽하니<br>융 거 탄 탄 | 군용 수레가 달려가니 |
| 嘽嘽焞焞하여<br>탄 탄 돈 돈 | 천지 울리는 소리 끝이 없어서 |
| 如霆如雷로다<br>여 정 여 뢰 | 천둥소리 뇌진소리 같도다. |
| 顯允方叔이여<br>현 윤 방 숙 | 밝고 진실한 방숙님이시여! |
| 征伐玁狁하니<br>정 벌 험 윤 | 북쪽 오랑캐를 정벌하시니 |
| 蠻荊來威로다<br>만 형 래 위 | 형(荊)땅의 오랑캐를 위협하도다. |

{해설 및 감상}

모두 4장으로 되어 있는 시로, 1장이 12행으로 된 장구 시이다. 주나라는 당시에 있어서는 종주국이다. 많은 제후들이 있고, 주위에는 오랑캐들이 득실거리는 그때였다. 공자도 주나라를 정통으로 잡고 있었다.

주나라의 선왕 때에 형 땅의 오랑캐가 배반하였기에 선왕이 방숙을 시켜 정벌하게 하였으며, 방숙이 오랑캐를 정벌하였으므로 그것을 찬양한 것이 이 노래의 내용이다.

{어려운 낱말}

[芑] : 쓴나물(기). 상추. 풀의 이름. [新田(신전)] : 밭으로 만든 새 땅. 1년

이 되는 밭은 치전(菑田). 2년이 된 것은 신전(新田)임. [方叔(방숙)] : 선왕 때의 장수. [師干(사간)] : 師는 군사를 말하고, 干은 막는다는 뜻. [路車(노거)] : 융거(戎車), 즉, 오랑캐들의 병기. [簟茀(점불)] : 대나무를 엮어서 수레를 덮는 용품. 일종의 위장용품인 듯. [鉤膺(구응)] : 말 배띠의 쇠갈고리. [中鄕(중향)] : 백성들이 사는 동네의 밭. [約軝(약기)] : 가죽으로 묶은 굴대통. [錯衡(착형)] : 무늬로 아로새긴 것. [八鸞(팔란)] : 여덟 개의 말방울. [瑲瑲(창창)] : 방울이 흔들리는 소리. [命服(명복)] : 천자가 내린 매우 좋은 옷. [朱芾(주불)] : 붉은색의 슬갑. [瑲蔥珩(창총형)] : 푸른 옥이 흔들리는 소리. [鴥] : 새가 빨리 나는 모양(율). [鉦人(정인)] : 징을 치는 사람. [師.旅(사.려)] : 군대를 이름. 2,500명은 師, 500명을 旅라고 함. [淵淵(연연)] : 북소리의 평화스러움. [振旅(진려)] : 군사를 거둠. [闐闐(전전)] : 북소리. [蠢] : 준동할(준). [蠻荊(만형)] : 형주의 오랑캐. [大邦(대방)] : 큰 나라. 바로 중국을 가리킴. [嘽嘽(탄탄)] : 많은 무리를 지음. [焞焞(돈돈)] : 끝이 없음. 무성한 모양.

## 5. 거공(車攻) - 견고한 수레는…

| | |
|---|---|
| 1/ 我車旣攻하고 (아 거 기 공) | 나의 수레는 탄탄하고 |
| 我馬旣同이로다 (아 마 기 동) | 나의 말도 이미 갖추었도다. |
| 四牡龐龐하니 (사 모 방 방) | 4마리 수말도 단단하기도 하니, |
| 駕言徂東이라 (가 언 조 동) | 안장을 얹어 동으로 가려고 하네. |

| | |
|---|---|
| 2/ 田車既好하고<br>전 거 기 호 | 사냥 나갈 수레도 튼튼하기도 하고, |
| 四牡孔阜하다<br>사 모 공 부 | 4필 말이 건장도 하다. |
| 東有甫草하니<br>동 유 보 초 | 동쪽에 보전(甫田)이 있으니 |
| 駕言行狩로다<br>가 언 행 수 | 수레 타고 사냥을 나가리다. |
| 3/ 之子于苗하니<br>지 자 우 묘 | 우리 임 사냥 나가시는데 |
| 選徒囂囂로다<br>선 도 효 효 | 시중꾼의 소리도 시끄럽구나. |
| 建旐設旄하니<br>건 조 설 모 | 거북뱀 깃발 꽂고 소꼬리 깃발 꽂아 |
| 搏獸于敖로다<br>박 수 우 오 | 오산(敖山)에서 짐승을 잡았네. |
| 4/ 駕彼四牡하니<br>가 피 사 모 | 저 사마가 끄는 수레를 타니 |
| 四牡奕奕이로다<br>사 모 혁 혁 | 사마는 잘도 달리도다. |
| 赤芾金舃으로<br>적 불 금 석 | 붉은 옷 금색 신발로 |
| 會同有繹이로다<br>회 동 유 역 | 조회 오는 제후들 많기도 하네. |
| 5/ 決拾既佽하며<br>결 십 기 차 | 활깍지와 팔찌를 비교하며 |
| 弓矢既調하니<br>궁 시 기 조 | 활과 화살을 조절하니 |

射夫旣同하여 사냥꾼(제후)들 모두 모여
사 부 기 동

助我擧柴로다 잡은 짐승 쌓기를 도와주도다.
조 아 거 시

6/ 四黃旣駕하니 4필 말이 수레를 끄니
사 황 기 가

兩驂不猗로다 양쪽 곁마가 참으로 고르네.
양 참 불 의

不失其馳어늘 달리는데도 실수가 없거늘
불 실 기 치

舍矢如破로다 화살은 뚫을 듯 가서 꽂히도다.
사 시 여 파

7/ 蕭蕭馬鳴하며 슬슬하게 말은 울고
소 소 마 명

悠悠旆旌이라 깃발은 유유히 흔들리네.
유 유 패 정

徒御不驚하며 보졸 기병은 놀라지 않았으며,
도 어 불 경

大庖不盈로다 부엌엔 잡은 짐승 아직 차지 않았네.
대 포 불 영

8/ 之子于征하니 우리 임이 전장에 나가시니
지 자 우 정

有聞無聲이라 소문은 있어도 소리는 없구나.
유 문 무 성

允矣君子여 신실하다 군자여!
윤 의 군 자

展也大成이로다 진실로 큰일을 이루셨도다.
전 야 대 성

{해설 및 감상}

모두 8장으로 1장이 4행으로 되어있다. 주나라가 강왕 이후부터 쇠퇴하여 제후들도 조회에 참석하지 않았는데, 선왕이 정사를 닦아서 문왕 때의 국경을 되찾았다. 그 후 예식을 갖추어 제후들이 조회하도록 하였다. 이때에 사냥을 나가면 수레와 말을 갖추어 이 건장하고 화려한 광경을 보고 작품화한 시다. 제1장에서 수레가 탄탄하고 말도 갖추어져 있었고, 네 필의 말이 끄는 수레로부터 시작하여 화려한 사냥 행차를 표현하고 있다.

{어려운 낱말}

[攻(공)] : 아주 단단함을 표현함. [龐龐(방방)] : 아주 크고 높다. [田車(전거)] : 사냥할 때 타는 수레. [孔阜(공부)] : 매우 성대하다. [甫草(보초)] : 지명. 甫田을 말함. [苗(묘)] : 여기서는 사냥임. [囂囂(효효)] : 왁자지껄하게 굴러가는 수레의 소리. [敖(오)] : 지명이다. [奕奕(혁혁)] : 흩어지는 모양. [金舃(금석)] : 붉은 신에 금을 수놓은 것. [會同(회동)] : 여기서는 제후가 천자를 보는 것을 말함. [射夫(사부)] : 활 쏘는 사람. [蕭蕭(소소)] : 한가한 모양. 슬슬함. [大庖(대포)] : 부엌. 푸줏간. [有聞無聲(유문무성)] : 소문은 있고 소리는 없음.

## 6. 길일(吉日) - 좋은 날

1/ 吉日維戊하여　　좋은 날을 택하여
길 일 유 무

旣伯旣禱하니　　말의 조상께 비나니,
기 백 기 도

田車旣好하고　　사냥 가는 수레는 튼튼하고
전 거 기 호

四牡孔阜로다　　4필의 말이 건장도 하여라.
사 모 공 부

升彼大阜하여　　저 언덕에 올라서
승 피 대 부

從其羣醜로다　　저 짐승들 무리를 쫓아가리로다.
종 기 군 추

2/ 吉日庚午에　　좋은 날 경오(庚午)일에
길 일 경 오

旣差我馬로다　　나의 말을 찾아 타고 가네.
기 차 아 마

獸之所同에　　짐승들이 많은 곳에
수 지 소 동

麀鹿麌麌로다　　큰 사슴들이 떼 지어 놀도다.
우 록 우 우

漆沮之從하니　　칠저(漆沮)의 물가를 따라가니
칠 저 지 종

天子之所로다　　천자께서 사냥하는 곳이었네.
천 자 지 소

3/ 瞻彼中原하니　　저 언덕을 바라보니
첨 피 중 원

其祁孔有라　　크고 많은 짐승들이 있네.
기 기 공 유

儦儦俟俟하여　　뛰기도 하고 웅성대기도 하여
표 표 사 사

或群或友라　　무리도 짓고 벗하기도 하네.
혹 군 혹 우

| | |
|---|---|
| 悉率左右하여<br>실 솔 좌 우 | 좌우로 모두 몰아서는 |
| 以燕天子로다<br>이 연 천 자 | 천자께 기쁨을 드리네. |
| 4/ 旣張我弓하여<br>기 장 아 궁 | 내 활을 잡아당겨 |
| 旣挾我矢하여<br>기 협 아 시 | 화살을 내 활에 끼워서는 |
| 發彼小爬하여<br>발 피 소 파 | 저 작은 암퇘지를 잡고 |
| 殪此大兕로다<br>에 차 대 시 | 저 크나큰 외뿔소도 잡았네. |
| 以御賓客하여<br>이 어 빈 객 | 손님들에게 나아가서 |
| 且以酌醴로다<br>차 이 작 례 | 맛난 술잔도 올리는도다. |

{해설 및 감상}

4장 6구체로 만들어진 노래다. 이 시의 내용을 보면, 환희에 찬 득의를 보여주는 듯하여 경쾌한 느낌을 준다. 주나라 선왕 때 사냥하는 광경을 아주 가벼우면서 경쾌한 시적 리듬으로 펼쳐나가고 있다.

{어려운 낱말}

[吉日(무일)] : 剛日(강일)이라 하여 매우 좋은 날. [伯(백)] : 말의 신이라고 한다. [羣醜(군추)] : 짐승들. [庚午(경오)] : 경오일. 길일이다. [麌麌(우우)] : 큰 짐승들의 떼. [漆沮(칠저)] : 위경(渭涇)의 북쪽에 있는 물. [中原(중

원)] : 넓은 언덕. 혹은 중국 대륙. [儦儦(표표)] : 매우 많은 모양. [俟俟(사사)] : 무리 지어 천천히 가는 모양. [群友(군우)] : 쌍쌍이 무리를 지어 다니다.

## 7. 홍안(鴻鴈) - 기러기

| | |
|---|---|
| 1/鴻雁于飛라<br>홍 안 우 비 | 기러기가 나란히 날아가네. |
| 肅肅其羽로다<br>숙 숙 기 우 | 훨훨 날개 저으며 날아가네. |
| 之子于征하니<br>지 자 우 정 | 그대들은 전쟁터에 나와서 |
| 劬勞于野로다<br>구 로 우 야 | 들판에서 고생하도다. |
| 爰及矜人이<br>원 급 긍 인 | 이에 불쌍한 백성들이 |
| 哀此鰥寡로다<br>애 차 환 과 | 홀아비와 과부의 슬픔 같구나. |
| 2/鴻鴈于飛라가<br>홍 안 우 비 | 기러기들 날아가다가 |
| 集于中澤이로다<br>집 우 중 택 | 연못 한가운데 앉았노라. |
| 之子于垣하니<br>지 자 우 원 | 사람들은 담을 쌓았으니 |
| 百堵皆作이라<br>백 도 개 작 | 모두 백발 높이 같구나. |

雖則劬勞하나 비록 고생고생 하였으나
수 즉 구 로

其究安宅이라 편안한 집을 마련하였구나.
기 구 안 택

3/鴻鴈于飛하니 기러기 훨훨 날아가며
홍 안 우 비

哀鳴嗷嗷로다 기럭기럭 슬피 우는구나.
애 명 오 오

維此哲人이 이처럼 밝고 똑똑한 사람이
유 차 철 인

謂我劬勞서라 우리에게 고생했다 하시네.
위 아 구 로

維彼愚人은 저렇게도 어리석은 사람이
유 피 우 인

謂我宣驕로다 우리에게 교만하다고 이르네.
위 아 선 교

{해설 및 감상}

3장 6구체로 된 작품이다. 제목이 기러기가 날아가는 내용을 읊으면서 유랑할 때의 과거를 회상하면서 지은 노래이다. 홍(鴻)은 기러기 중에서 큰 것을 말한다고 한다. '鴻은 鴈之大也' 라고 했다.

주나라의 쇠태기에 백성이 흩어져서 어렵게 살다가 선왕이 나라를 바로잡아 백성들이 잘 살게 되어 유랑할 때의 과거를 회상하여 지은 노래라고 한다.

{어려운 낱말}

[鴻雁(홍안)] : 기러기. 큰 것은 홍(鴻), 작은 것은 안(鴈). [肅肅(숙숙)] : 날

개 치는 소리. [之子(지자)] : 유랑민. [劬勞(구로)] : 고생. [矜人(긍인)] : 불쌍한 사람. [鰥寡(환과)] : 과부와 홀아비. [中澤(중택)] : 못 한가운데. [堵(도)] : 담을 말함. 높이를 나타내기도 함. [嗷嗷(오오)] : 슬피 우는 모양. [宣驕(선교)] : 교만함을 보임.

## 8. 정료(庭燎) - 뜰에 세운 횃불

| | |
|---|---|
| 1/ 夜如何其오<br>야 여 하 기 | 밤이 얼마나 되었는가? |
| 夜未央이니<br>야 미 앙 | 아직 한밤이 안 되었으니 |
| 庭燎之光이라<br>정 료 지 광 | 그것은 정원 밝은 불 때문-. |
| 君子至指라<br>군 자 지 지 | 제후들이 여기에 이르니 |
| 鸞聲將將이라<br>난 성 장 장 | 방울소리 딸랑거리네. |

| | |
|---|---|
| 2/ 夜如何其오<br>야 여 하 기 | 밤이 얼마나 되었냐? |
| 夜未艾로다<br>야 미 애 | 밤이 아직 다하지 않았구나. |
| 庭燎晣晣이라<br>정 료 절 절 | 정원의 불빛이 밝아서 그래. |
| 君子至止하니<br>군 자 지 지 | 제후들이 들어와 이르니 |
| 鸞聲噦噦로다<br>난 성 홰 홰 | 방울소리 천천히 들려오네. |

3/ 夜如何其오　　밤이 어떻게 되었는가?
야 여 하 기

夜鄕晨이니　　밤이 새벽이 되었으니
야 향 신

庭燎有煇로다　　뜰에 불빛이 휘황하도다.
정 료 유 휘

君子至止하니　　제후들이 이르니
군 자 지 지

言觀其旂로다　　그들의 깃발이 보이는구나.
언 관 기 기

{해설 및 감상}

3장 5구체로 되어있는 노래다. 3장 모두가 첫 구절에 밤이 어느 정도 되었느냐 하고 묻는 장면이 나오는데, 이걸 보아도 밤에 누구를 기다리는 듯한 느낌을 준다. 황제가 제후들을 기다리면서 안타까운 시간을 아쉬워하는 장면이 이와 같았다. 그래서 그 기다림을 노래로 지은 작품이다.

{어려운 낱말}

[庭燎(정료)] : 뜰에 밝혀둔 불. 제후가 조회하러 올 때 횃불을 밝혔다고 했다. [君子(군자)] : 여기서는 제후를 말한다. [將將(장장)] : 방울소리. [艾(애)] : 쑥. 창백한 빛깔. 여기서는 '다하다' 로 사용. [晣晣(절절)] : 별빛이 밝은 모양. [鄕晨(향신)] : 새벽이 밝아오다. [煇] : 빛날(위). [旂(기)] : 깃발. 날아오르는 용과 내려오는 용을 그린 붉은 깃발. 제후들이 세우는 깃발.

## 9. 면수(沔水) - 출렁이는 강물

| | |
|---|---|
| 1/ 沔彼流水여<br>면 피 유 수 | 흘러넘치는 저 물이여! |
| 朝宗于海로다<br>조 종 우 해 | 모두 바다로 모여들도다. |
| 鴥彼飛隼은<br>율 피 비 준 | 날아가는 저 새매는 |
| 載飛載止로다<br>재 비 재 지 | 날아가서는 곧 거기 앉았네. |
| 嗟我兄弟와<br>차 아 형 제 | 슬프다! 형제들과 |
| 邦人諸友여<br>방 인 제 우 | 이 나라 백성들과 여러 형제여! |
| 莫肯念亂하나니<br>막 긍 념 란 | 이 어려움을 생각지도 않으니 |
| 誰無父母하리라<br>수 무 부 모 | 부모 없으면 그 아무도 없으리라. |

| | |
|---|---|
| 2/ 沔彼流水여<br>면 피 유 수 | 흘러가는 저 물이여! |
| 其流湯湯이로다<br>기 류 탕 탕 | 굽이굽이 흘러가는구나. |
| 鴥彼飛集하니<br>율 피 비 집 | 빨리 날아가는 저 새들이 |
| 載備載揚이라<br>재 비 재 양 | 날아가다가 하늘로 치솟네. |
| 念彼不蹟하여<br>념 피 부 적 | 도를 따르지 않는 사람을 생각하여 |
| 載起載行하네<br>재 기 재 행 | 자리에서 일어나서 곧 떠나네. |

心之憂矣여 — 마음의 근심이여!
심 지 우 의

不可弭忘이라 — 이러지도 저러지도 못하네.
불 가 미 망

3/鴥彼飛隼은 — 훨훨 날아가는 저 새매는
율 피 비 준

率彼中陵이라 — 저 언덕 위로 잘도 날아가네.
솔 피 중 릉

民之訛言이면 — 백성들의 그릇된 말이면
민 지 와 언

寧莫之懲고 — 어찌 그칠 수는 없는가?
녕 막 지 징

我友敬矣하면 — 나의 벗들이 공경하면
아 우 경 의

讒言其興고 — 어찌 참언(讒言)이 일어나랴?
참 언 기 흥

{해설 및 감상}

3장으로 되어 있는데, 2장은 8행이요, 1장은 6행이다. 물은 흘러서 넘실넘실 바다로 흘러가고 새매들도 하늘 높이 날아가는 등, 자유로운 분위가 보이지만 사실은 나라가 어지러운 것을 노래하고 있다고 한다.

{어려운 낱말}

[沔(면)] : 물이 가득 흐르는 모양. [朝宗(조종)] : 천자에게 조회하는 것을 말함. 봄에는 朝, 여름에 조회하는 것을 宗이라고 함. [湯湯(탕탕)] : 물결이 흐르는 모양. [不蹟(부적)] : 도를 따르지 않는 사람. [弭(미)] : 중지하

다. [懲(징)] : 그치다.

## 10. 학명(鶴鳴) - 학의 울음

| | |
|---|---|
| 1/ 鶴鳴于九皐하니<br>학 명 우 구 고 | 학이 언덕에서 우니 |
| 聲聞于野하고<br>성 문 우 야 | 울음소리 온 들판에 들리고 |
| 魚潛在淵하다가<br>어 잠 재 연 | 고기가 연못에 잠겨 있다가 |
| 或在于渚라<br>혹 재 우 저 | 간혹 물가에 나와서 노네. |
| 樂彼之園에는<br>낙 피 지 원 | 즐거운 저 동산에는 |
| 爰有樹檀이라<br>원 유 수 단 | 박달나무 우뚝 서있네, |
| 其下維蘀에<br>기 하 유 탁 | 그 아래 탁(蘀)나무도 자라고 있네. |
| 它山之石이<br>타 산 지 석 | 다른 산의 쓸모없는 돌멩이도 |
| 可以爲錯이로다<br>가 이 위 착 | 옥을 갈 수 있음이로다. |
| 2/ 鶴鳴于九皐하니<br>학 명 우 구 고 | 학이 언덕에서 우니 |
| 聲聞于天이로다<br>성 문 우 천 | 소리는 저 하늘에까지 들리는도다. |

魚在于渚하니　　고기가 저 물가에 있으니
어 재 우 저

或潛在淵이로다　　혹은 물속에, 혹은 연못가에 놀도다.
혹 잠 재 연

樂彼之園에　　즐거운 저 동산에
낙 피 지 원

爰有樹檀이라　　박달나무가 자라고 있네.
원 유 수 단

其下維穀이로다　　그 아래는 닥나무도 자라고 있네.
기 하 유 곡

它山之石이　　다른 산의 돌멩이가
타 산 지 석

可以攻玉이로다　　옥을 쪼는데 쓰임이로다.
가 이 공 옥

{해설 및 감상}

모두 2장으로, 장마다 9행으로 이루어져 있다. 학의 울음으로 시작하여 자연의 조화와 그 속에 숨어있는 오묘한 섭리를 표현하는 것으로, 긴 호흡으로 끝닿는 것이 무엇을 말하려고 하고는 있지만, 꼭 집어서 이것을 말한다 하기엔 말하기 어렵다. 이것이 모든 시의 표현 방법인 것은 아닐까? 타산지석(他山之石)의 의미가 2번이나 나온다. 학의 울음은 선왕(宣王)을 뉘우치게 한다는 지적도 있긴 하다.

{어려운 낱말}

[九皐(구고)] : '구' 는 심원하다는 뜻이요, '고' 는 물의 구덩이를 말한다. [蘀(탁)] : 떨어지다. [錯(착)] : 여기서는 '갈다' 의 뜻. [穀(곡)] : 쓸모없는 나무. 일명 닥나무라고도 함. [攻(공)] : '갈다.' 라는 뜻임.

## 제4장
# 기보(祈父)

父는 '보' 로 읽어야 한다. 祈父(기보)는 대장님으로 풀이했는데, 宣王이 太原의 군사가 부족하여 祈父(기보)에게 명하여 궁중의 군사들을 동원하여 오랑캐를 치게 하였는데, 군사들이 이를 원망하여 지은 노래라고 했다.

모두 10편의 노래를 수록하고 있다.

대장님이시여!
나는 임금님의 조아(爪牙) 오니
어찌 나를 어여삐 여기는 쪽으로 옮겨
살만한 곳도 없이 합니까?

-'기보' 의 일부

## 1. 기보(祈父) - 대장님

| | |
|---|---|
| 1/ 祈父여<br>기 보 | 대장님이시여! |
| 予王之爪牙어니<br>여 왕 지 조 아 | 나는 임금님의 조아(爪牙)이오니 |
| 胡轉予于恤하여<br>호 전 여 우 휼 | 어찌 나를 어여삐 여기는 쪽으로 옮겨 |
| 靡所止居요<br>미 소 지 거 | 살만한 곳도 없이 합니까? |

| | |
|---|---|
| 2/ 祈父여<br>기 보 | 대장님! |
| 予王之爪士이니<br>여 왕 지 조 사 | 나는 임금님의 요긴한 선비이니 |
| 胡轉予于恤하여<br>호 전 여 우 휼 | 어찌 나를 근심스런 곳으로 옮겨 |
| 靡所底止오<br>미 소 지 지 | 갈 곳 없는 곳에 이르게 합니까? |

| | |
|---|---|
| 3/ 祈父여<br>기 보 | 대장님! |
| 亶不聰이로다<br>단 불 총 | 당신은 정말로 귀가 어둡군요. |
| 胡轉予于恤하여<br>호 전 여 우 휼 | 어찌 나를 근심하는 곳으로 옮겨 |
| 有母之尸饔고<br>유 모 지 시 옹 | 어머니가 혼자 밥 짓게 하십니까? |

{해설 및 감상}

모두 3장 4행으로 이루어진 시다. 여기에 나오는 '기보'는 자기 상관인 대장을 일컫는다. 자기 상관인 대장님에게 하소연하는 내용으로 되어 있는데, 나는 임금께 요긴한 사람으로 쓰이는 사람인데 어째서 대장님은 저를 모르시고 여러 가지 어려운 일만 시키는 것입니까? 하고 원망하고 있다. 특히 제일 끝 연에 보면 '어머니가 혼자 밥 짓게 하십니까?' 하고 원망하는 내용은 무슨 사연이 있어 보이는 내용인 것 같다.

{어려운 낱말}

[祈父(기보)] : 군대의 모든 것을 관장하는 우두머리, 즉 대장. [爪牙(조아)] : 손톱과 어금니. 가장 중요한 인물을 일컬음. [底(지)] : 숫돌. 이르다. 다다르다. [恤(휼)] : 어여삐 여기다.

## 2. 백구(白駒) - 흰 망아지여!

| | |
|---|---|
| 1/ 皎皎白駒여 (교교백구) | 희고 흰 망아지여! |
| 食我場苗로다 (식아장묘) | 내 밭의 곡식을 뜯어 먹는구려. |
| 縶之維之하여 (집지유지) | 망아지 고삐를 잡아 묶어서 |
| 以永今朝하여 (이영금조) | 오늘 아침 다 가도록 붙잡아 |

所謂伊人이 　　이른바 저 어진 사람이
소 위 이 인

於焉逍遙하리라 　　여기서 놀다 가게 하리라.
어 언 소 요

2/ 皎皎白駒여 　　희고 흰 망아지여!
교 교 백 구

食我場藿이로다 　　우리 콩밭 콩잎을 뜯어 먹는구려.
식 아 장 곽

縶之維之하고 　　고삐를 나무에 묶어두고
집 지 유 지

以永今夕하고 　　온 저녁 내내 다 가도록
이 영 금 석

所謂伊人이 　　저 분이 여기서
소 위 이 인

於焉嘉客하리라 　　더 놀다가 가게 하리라.
어 언 가 객

3/ 皎皎白駒여 　　희고 흰 망아지여!
교 교 백 구

賁然來思하여 　　재빨리 달려와서
분 연 래 사

爾公爾侯하여 　　그대를 후작으로 삼아
이 공 이 후

逸豫無期하리라 　　즐거움이 끝없이 하리라.
일 예 무 기

愼爾優遊하며 　　넉넉한 즐거움에 빠지지 말고
신 이 우 유

勉爾遁思하리라 　　은둔의 생각마저 신중히 하리라.
면 이 둔 사

4/ 皎皎白駒여　　희고 흰 망아지여!
교 교 백 구

在彼空谷이로다　　저 빈 골짜기에 있네.
재 피 공 곡

生芻一束하니　　싱싱한 꼴 한 줌 먹이나니
생 추 일 속

其人如玉이로다　　그 사람 얼굴 옥과 같도다.
기 인 여 옥

毋金玉爾音을　　금옥 같은 그대 옥음(玉音)을
무 금 옥 이 음

而有遐心하소라　　멀리하는 마음 없게 하소서.
이 유 하 심

{해설 및 감상}

모두 4장 6구체로 되었다. 4구 끝 5구는 파격으로 5자로 구성하고 있다. 여기서 장마다 '백구' 가 나오는데, 망아지에게 영탄법을 써서 싱싱한 꼴을 먹도록 해서라도 내가 존경하는 그분이 떠나지 못하게 하려는 심정이 잘 나타나 있다. 그 사람이란 어진 선비, 혹은 귀인, 아니면 임금일 수도 있다.

현군이 현인을 기다리는 것으로 보는 것이 일반적인 견해이다. 또 현자를 머물게 하지 못하는 것을 풍자한 것이라고도 했다.

{어려운 낱말}

[姣姣(교교)] : 희고 흰. [白駒(백구)] : 흰 망아지. 현자는 망아지를 타고 다녔다고 함. [場(장)] : 밭을 말함. [縶(집)] : 메다. [伊人(이인)] : 현자를 말함. [逍遙(소요)] : '놀다' , 혹은 '쉬다' 의 뜻. [嘉客(가객)] : 좋은 손님.

[賁然(분연)] : 빠른 모양. [生芻(생추)] : 싱싱한 꼴.

## 3. 황조(黃鳥) - 꾀꼬리여!

| | |
|---|---|
| 1/ 黃鳥黃鳥여<br>황 조 황 조 | 꾀꼬리야, 꾀꼬리야! |
| 無集于穀하라<br>무 집 우 곡 | 곡식밭에 앉지 마라. |
| 無啄我粟하면<br>무 탁 아 속 | 우리 곡식 쪼아내면 |
| 此邦之人은<br>차 방 지 인 | 이 나라 사람들은 |
| 不我肯穀하리라<br>불 아 긍 곡 | 나를 좋게 여기지 않으리라. |
| 言旋言歸하여<br>언 선 언 귀 | 돌아가고 돌아가서 |
| 復我邦族하라<br>부 아 방 족 | 내 나라 내 가족에 돌아가리라. |

| | |
|---|---|
| 2/ 黃鳥黃鳥여<br>황 조 황 조 | 꾀꼬리여, 꾀꼬리여! |
| 無集于桑하라<br>무 집 우 상 | 뽕나무에 모여 앉지 마라, |
| 無啄我粱하라<br>무 탁 아 량 | 우리 밭 수수를 쪼아먹지 마라. |
| 此邦之人이<br>차 방 지 인 | 온 나라 사람들이 |

| | |
|---|---|
| 不可與明이라<br>불 가 여 명 | 나를 믿고 지내지 않으니 |
| 言旋言歸하여<br>언 선 언 귀 | 돌아가고 또 돌아가서 |
| 復我諸兄이로다<br>부 아 제 형 | 내 형제들에게 돌아가리로다. |
| 3/ 黃鳥黃鳥여<br>황 조 황 조 | 꾀꼬리여, 꾀꼬리여! |
| 無集于栩하라<br>무 집 우 허 | 상수리나무에 앉지 마라, |
| 無啄我黍하라<br>무 탁 아 서 | 우리 밭 기장을 쪼지 마라, |
| 此邦之人이<br>차 방 지 인 | 온 나라 사람들이 |
| 不可與處라<br>불 가 여 처 | 함께 살 수 없느니라. |
| 言旋言歸하여<br>언 선 언 귀 | 돌아가고 또 돌아가서 |
| 復我諸父하리라<br>부 아 제 부 | 우리 부모 곁으로 돌아가리라. |

{해설 및 감상}

모두 3장으로 7행씩 짜여 있다. 장의 첫머리에 '꾀꼬리여, 꾀꼬리여!' 하고 같은 호격과 감탄조를 사용하여 시적인 분위기를 자아내고 있다. 온 나라 사람들이 정착을 하지 못하고 떠돌아다니는 상황을 이 시로 표현했다고 한다. 그래서 끝 구절마다 '돌아가리라, 돌아가리라.' 하고 그 의지를 표현하는 말이 시 속에 나오게 되었다.

{어려운 낱말}

[穀(곡)] : 곡식. 착하다, 기르다, 살다 등의 뜻도 있다. [旋(선)] : 돌아오다. [歸(귀)] : 돌아오다.

## 4. 아행기야(我行其野) - 나는 들판을 걸어간다

| | |
|---|---|
| 1/ 我行其野하니<br>아 행 기 야 | 내가 그 들판에 나가니 |
| 蔽芾其樗라<br>폐 불 기 저 | 가죽나무만 무성하구나. |
| 昏姻之故하니<br>혼 인 지 고 | 혼인한 까닭으로 인해서 |
| 言就爾居로다<br>언 취 이 거 | 그대의 집에서 살게 되었구나. |
| 爾不我畜하니<br>이 불 아 축 | 그대가 나를 돌보지 않으니 |
| 復我邦家로다<br>부 아 방 가 | 나 그대의 집에서 친정으로 다시 가려네. |
| 2/ 我行其野하여<br>아 행 기 야 | 내 들판에 나가서 |
| 言采其蓫이라<br>언 채 기 축 | 소리쟁이 풀을 뜯었네. |
| 昏姻之故로<br>혼 인 지 고 | 혼인하는 까닭으로, |
| 言就爾宿이로다<br>언 취 이 숙 | 나 그대의 집에 유숙했구나. |

爾不我畜하니 그대 나를 가까이하지 않으니
이 불 아 축

言歸斯復하리라 다시 우리 집으로 돌아가리라.
언 귀 사 부

3/ 我行其野하여 내 그 들판으로 가서
아 행 기 야

言采其葍이라 무를 하나 뽑았네.
언 채 기 복

不思舊姻하고 옛날의 혼인을 생각하지 않고,
불 사 구 인

求爾新特이라 그대는 새 짝만 찾고 있으니
구 이 신 특

成不以富라 진정한 부를 이룬 것이 아니라
성 불 이 부

亦祇以異로다 역시 그대는 다른 사람이 있었구나.
역 지 이 이

{해설 및 감상}

3장 6구체로 된 시다. 장마다 그 첫 행에서 '내가 그 들판으로 나가니' 하고 시작하고 있는데, 그 들판이 의미하는 것은 무엇일까? 농경사회에서의 들판은 모든 일과 이야기의 시작이기 때문이다. 다른 나라에 시집간 여자가 혼인이란 것 때문에 참고 사는데, 상대가 돌아보지도 않으니 친정으로 다시 돌아가겠다는 의지가 포함되어 있다. 그것이 이 시의 주제이다.

{어려운 낱말}

[樗(저)] : 가죽나무. [昏姻(혼인)] : 지금의 결혼이다. [畜(축)] : 돌보다. [蓫

(축)] : 나물 이름. [葍(복)] : 무, 산 우엉, 메꽃. [新特(신특)] : 새로운 짝.

## 5. 사간(斯干) - 산골짜기 흐르는 물

| | |
|---|---|
| 1/ 秩秩斯干이여<br>질 질 사 간 | 천천히 흐르는 시냇물이여! |
| 幽幽南山이로다<br>유 유 남 산 | 아득히 남산으로 흐르는구나. |
| 如竹苞矣에<br>여 죽 포 의 | 대나무 우거진 무성한 곳에 |
| 如松茂矣로다<br>여 송 무 의 | 소나무도 무성한 곳이로다. |
| 兄及弟矣하며<br>형 급 제 의 | 형에게 아우가 잘 따르며 |
| 式相好矣하고<br>식 상 호 의 | 서로 서로 좋아하고 |
| 無相猶矣로다<br>무 상 유 의 | 서로가 미루어 탓할 바가 없도다. |

| | |
|---|---|
| 2/ 似續妣祖하여<br>사 속 비 조 | 조상님의 유업을 이어 |
| 築室百堵하니<br>축 실 백 도 | 훌륭한 집 여러 칸을 지었으니 |
| 西南其户로다<br>서 남 기 호 | 서문과 남문이 그것이로다. |
| 爰居爰處며<br>원 거 원 처 | 이곳저곳에 거처하며 |

| | |
|---|---|
| 爰笑爰語로다<br>원 소 원 어 | 같이 웃고 말하며 즐기리라. |
| 3/ 約之閣閣하며<br>약 지 각 각 | 서로가 오르락내리락하며, |
| 椓之橐橐이로다<br>탁 지 탁 탁 | 절구질을 탁탁하는구나 |
| 風雨攸除하며<br>풍 우 유 제 | 그건 비바람을 막는 바이며 |
| 鳥鼠攸去하니<br>조 서 유 거 | 새와 쥐새끼들도 제거함이니 |
| 君子攸芋로다<br>군 자 유 우 | 군자가 사는 집, 높고 큰 바 있도다. |
| 4/ 如跂斯翼하며<br>여 기 사 익 | 우뚝 솟아 날개 편듯하며 |
| 如矢斯棘하며<br>여 시 사 극 | 화살처럼 똑바로 곧아서 |
| 如鳥斯革하며<br>여 조 사 혁 | 용마루는 새가 날개를 편 듯하며 |
| 如翬斯飛하니<br>여 휘 사 비 | 처마는 꿩이 날아가는 듯하니 |
| 君子攸躋로다<br>군 자 유 제 | 군자가 사는 바가 높고 크도다. |
| 5/ 殖殖其庭이며<br>식 식 기 정 | 뜰은 평평하고 |
| 有覺其楹이로다<br>유 각 기 영 | 기둥은 쪽쪽 곧았네. |
| 噲噲其正이며<br>쾌 쾌 기 정 | 쾌청한 대청이며 |

| | |
|---|---|
| 噦噦其冥은<br>홰 홰 기 명 | 고요하고도 넓은 방은 |
| 君子攸寧이로다<br>군 자 유 녕 | 군자가 편안한 바로다. |
| 6/ 下莞上簟이니<br>하 완 상 점 | 아래는 돗자리 위에는 대자리 |
| 乃安斯寢이로다<br>내 안 사 침 | 편안히 잠을 자도다. |
| 乃寢乃興하여<br>내 침 내 흥 | 잠자고 일어나서 |
| 乃占我夢하니<br>내 점 아 몽 | 잠자고 일어나서 내 꿈을 점치니 |
| 吉夢維何오<br>길 몽 유 하 | 길몽이 무엇인가? |
| 維熊維羆에<br>유 웅 유 비 | 꿈속의 곰과 큰곰에다가 |
| 維虺維蛇로다<br>유 훼 유 사 | 독사와 뱀도 보았도다. |
| 7/ 大人占之하니<br>대 인 점 지 | 큰 점쟁이가 꿈을 점치니 |
| 維熊維羆라<br>유 웅 유 비 | 곰과 큰곰은 |
| 男子之祥이요<br>남 자 지 상 | 아들 낳을 꿈이요 |
| 維虺維蛇는<br>유 훼 유 사 | 독사와 뱀은 |
| 女子之祥이로다<br>여 자 지 상 | 딸 낳은 꿈이로다. |

8/ 乃生男子하여 — 아들을 낳아서는
내 생 남 자

載寢之牀하며 — 침상에다 뉘여 놓으며
재 침 지 상

載衣之裳하여 — 좋은 옷 입혀서
재 의 지 상

載弄之璋하니 — 구슬 주어 놀게 하니
재 롱 지 장

其泣喤喤하고 — 울음소리 황황하고
기 읍 황 황

朱芾斯皇하며 — 붉은 슬갑 찬란하며
주 불 사 황

室家君王이로다 — 제후나 군왕이 되리로다.
실 가 군 왕

9/ 乃生女子하여 — 이에 딸을 낳아서는
내 생 여 자

載寢之地하고 — 땅에다 뉘어놓고
재 침 지 지

載衣之裼하며 — 포대기로 덮어주며
재 의 지 석

載弄之瓦하니 — 실패를 가지고 놀게 하니
재 롱 지 와

無非無儀라 — 잘못도 없고 잘함도 없어라.
무 비 무 의

唯酒食是議하여 — 오직 술과 밥 짓기를 익히며
유 주 식 시 의

無父母詒罹로다 — 부모 걱정 끼칠 리 없으리로다.
무 부 모 이 리

{해설 및 감상}

9장까지 이르는 방대한 장편이다. 9에 4장은 장마다 7구절, 5장은 장마다 5구절로 이루어져 있다. 새집을 짓고 그 화려함과 꿈과 희망에 찬 내용으로 긍정적 정서로 이루어져 있다. 넓고 크고 화려한 집을 짓고 앞으로 그 집에서 이루어지는 화목한 분위기를 꿈꾸고 있다. 아들 낳고 딸을 낳아서 부모 걱정 끼침이 없이 잘 자라나 훌륭한 인물이 될 것을 기대하고 있다.

{어려운 낱말}

[秩秩(질질)] : 순서가 있는 모양. [斯干(사간)] : 이 산골짜기 시냇물. [苞(포)] : 무성하다. 길가에 나는 풀. [猶(유)] : 꾀하다. [閣閣(각)] : 오르락내리락하다. [橐橐(탁탁)] : 절구 찧는 소리. 의성어. [翬(휘)] : 화려한 새의 종류. [殖殖(식식)] : 평평하고 바른 모양. [噦噦(홰홰)] : 유쾌한 모양. [下莞(하완)] : 왕골로 만든 돗자리. [羆] : 큰 곰(비). [虺] : 독사(훼). [璋] : 구슬(장). 半圭(반규). [喤喤(황황)] : 큰 소리. [朱芾(주불)] : 붉은 슬갑.

## 6. 무양(無羊) - 양이 없다고?

1/ **誰謂爾無羊**고　　누가 그대에게 양이 없다고 하나?
수 위 이 무 양

**三百維羣**이로다　　3백 마리가 무리 지어 있는데,
삼 백 유 군

| | |
|---|---|
| 誰謂爾無牛요<br>수 위 이 무 우 | 누가 그대에게 소가 없다고 이르는고? |
| 九十其犉이로다<br>구 십 기 순 | 90마리 황소가 있는데, |
| 爾羊來思하니<br>이 양 래 사 | 그대의 양떼가 돌아오고 있으니 |
| 其角濈濈이로다<br>기 각 즙 즙 | 서로가 뿔을 모으고 있도다. |
| 爾牛來思하니<br>이 우 래 사 | 저기 오는 그대의 소 |
| 其耳濕濕이로다<br>기 이 습 습 | 그 소들의 귀 촉촉하고 건강하네. |
| 2/ 或降于阿하며<br>혹 강 우 아 | 혹 어떤 놈은 언덕을 내려오고 |
| 或飮于池로다<br>혹 음 우 지 | 혹 어떤 놈은 못에서 물을 마시네. |
| 或寢或訛하고<br>혹 침 혹 와 | 어떤 놈은 자고, 어떤 놈은 움직이고 |
| 爾牧來思하니<br>이 목 래 사 | 그대의 목동, 오는 것을 보니 |
| 何簑何笠하며<br>하 사 하 립 | 도롱이 입고 삿갓 쓰고 |
| 或負其餱로다<br>혹 부 기 후 | 혹은 마른밥도 짊어졌네. |
| 三十維物이라<br>삼 십 유 물 | 30가지 색깔도 가지가지로 |
| 爾牲則具로다<br>이 생 즉 구 | 그대 희생물(제물)까지 갖추었네. |
| 3/ 爾牧來思하니<br>이 목 래 사 | 그대 목동 오는 걸 보니 |

| | |
|---|---|
| 以薪以蒸이니<br>이 신 이 증 | 섶과 땔나무를 짊어졌으니 |
| 以雌以雄이로다<br>이 자 이 웅 | 암놈과 수놈 짐승도 잡았구나. |
| 爾羊來思하니<br>이 양 래 사 | 그대의 양이 오는 것을 보니 |
| 矜矜兢兢이라<br>긍 긍 긍 긍 | 튼튼하고 씩씩하게 잘도 자랐네. |
| 不騫不崩하며<br>불 건 불 붕 | 떨어지거나 흩어지는 일 없으며 |
| 麾之以肱하니<br>휘 지 이 굉 | 팔을 들어 손짓하니 |
| 畢來旣升이로다<br>필 래 기 승 | 모두 우리를 향해 들어오네. |
| 4/ 牧人乃夢에<br>목 인 내 몽 | 목축 관리인이 꿈을 꾸니 |
| 衆維魚矣하며<br>중 유 어 의 | 많은 물고기들이 |
| 旐維旟矣로다<br>조 유 여 의 | 여러 가지 깃발이로다. |
| 大人占之하니<br>대 인 점 지 | 점쟁이가 점을 치니 |
| 衆維魚矣는<br>중 유 어 의 | 많은 물고기들은 |
| 實維豐年이오<br>실 유 풍 년 | 실로 풍년을 말해주고 |
| 旐維旟矣는<br>조 유 여 의 | 여러 가지 깃발은 |
| 室家溱溱이로다<br>실 가 진 진 | 집안이 번창할 조짐이라 하네. |

{해설 및 감상}

4장 8구체로 이루어져 있다. 축산을 많이 하여 소와 양이 많음을 노래하고 있다. 그리고 더욱 융성해지기를 비는 시이다. 선왕이 목축을 이룬 것을 노래한 것이라고 하였다. 양이 3백 마리요, 소가 90마리라고 첫 구에 기록하고 있다. 목축을 담당한 관리가 꿈을 꾸는 장면은 참 재미있다. 그리고 해몽하는 것도 절찬이다. 그래서 풍부한 삶을 누리는 것을 노래하고 있음을 알겠다.

{어려운 낱말}

[九十其犉(구십기순)] : 순은 키가 7척이 넘는 소. 이런 소가 90마리나 있다고 한다. 犉(순)은 누르고 입술이 검은 소를 말함. [濈濈(즙즙)] : 화목하다. [濕濕(습습)] : 윤택함을 말함. [訛(와)] : 여기서는 움직이는 것을 말함. [蓑笠(사립)] : 삿갓과 도롱이. [矜矜兢兢(긍긍긍긍)] : 건강한 모양. [騫] : 이지러질(건). [旣升(기승)] : 우리로 들어오다. [旐旟(조여)] : 거북과 송골매를 그린 깃발. [溱溱(진진)] : 무리들.

## 7. 절피남산(節彼南山) - 저 높은 남산이여!

| | |
|---|---|
| 1/ 節彼南山에는<br>절 피 남 산 | 높이 솟은 저 남산에는 |
| 維石巖巖이로다<br>유 석 암 암 | 바위가 첩첩이 쌓여있네. |
| 赫赫師尹이여<br>혁 혁 사 윤 | 빛나고 빛나는 태사 윤씨여! |

| | |
|---|---|
| 民具爾瞻이로다<br>민 구 이 첨 | 백성들이 그대 우러러보도다. |
| 憂心如惔하여<br>우 심 여 담 | 근심하는 마음 불 붙은 것 같아서 |
| 不敢戲談이라<br>불 감 희 담 | 감히 농담도 못하네. |
| 國旣卒斬이거늘<br>국 기 졸 참 | 나라가 이미 망하였거늘 |
| 何用不監이리요<br>하 용 불 감 | 어찌 살펴보지도 않는가? |
| 2/ 節彼南山이여<br>절 피 남 산 | 저 높은 남산이여! |
| 有實其猗로다<br>유 실 기 의 | 그 열매가 아름다기도 해라. |
| 赫赫師尹이여<br>혁 혁 사 윤 | 빛나고 빛나는 태사 윤씨여! |
| 不平謂何오<br>불 평 위 하 | 어찌 골고루 다스리지 않는가? |
| 天方薦瘥라<br>천 방 천 채 | 하늘이 바야흐로 재앙을 내리시어 |
| 喪亂弘多하도다<br>상 란 홍 다 | 환란이 자꾸 늘어나도다. |
| 民言無嘉어늘<br>민 언 무 가 | 백성들이 즐거움이 없거늘 |
| 憯莫懲嗟로다<br>참 막 징 차 | 참람하게 한탄도 없도다. |
| 3/ 尹氏大師여<br>윤 씨 대 사 | 대사 윤씨여! |
| 維周之氐니<br>유 주 지 저 | 주나라는 초석과 같으니 |

秉國之均이면 나라를 잡아 잘 다스리면
병국지균

四方是維이며 사방이 이에 이어지며,
사방시유

天子是毗하면 천자께서 이에 보살피면
천자시비

俾民不迷리니 백성들 미혹하지 않으리니
비민불미

不弔昊天이여 야속하다 하늘이여!
부조호천

不宜空我師하소서 백성들 못살게 하지 마옵소서.
불의공아사

4/ 弗躬弗親이면 몸소 정사를 돌보지 않으면
불궁불친

庶民弗信이니 백성들이 믿지 않나니
서민불신

弗問弗仕하고 묻지도 않고 돌보지도 않고
불문불사

勿罔君子하라 군자를 속이지 마시라.
물망군자

式夷式已면 평탄한 마음으로 잘못을 그만두시어
식이식이

無小人殆하라 소인들을 위태롭게 하지 마시라.
무소인태

瑣瑣姻亞는 하찮은 인척들에게는
쇄쇄인아

則無膴仕하라 후한 벼슬 주지를 말라.
칙무무사

5/ 昊天不傭하여 하늘이 공평하지 못하여
호천불용

| | |
|---|---|
| 降此鞠訩하며<br>강 차 국 흉 | 이 어지러운 재난을 내리시며 |
| 昊天不惠하여<br>호 천 불 혜 | 하늘은 은혜를 주지 않아 |
| 降此大戾로다<br>강 차 대 려 | 이 큰 변고를 내리셨도다. |
| 君子如屆하면<br>군 자 여 계 | 군자가 만일 이르게 되면 |
| 俾民心闋이며<br>비 민 심 결 | 민심도 가라앉혀지며 |
| 君子如夷면<br>군 자 여 이 | 관리가 공평하게 다스리게 된다면 |
| 惡怒是違하리라<br>오 노 시 위 | 증오도 성냄도 없었을 것이리라. |
| 6/ 不弔昊天이여<br>부 조 호 천 | 야속하다 하늘이여! |
| 亂靡有定하고<br>난 미 유 정 | 어지러운 세상 안정도 안 되고 |
| 式月斯生이여<br>식 월 사 생 | 불안은 나날이 더 늘어서 |
| 俾民不寧이라<br>비 민 불 녕 | 백성들이 안녕하지 못하니라. |
| 憂心如酲하니<br>우 심 여 정 | 근심하는 마음 술병 난 것 같으니 |
| 誰秉國成하리요<br>수 병 국 성 | 누가 이 나라를 다스리랴? |
| 不自爲政하여<br>부 자 위 정 | 스스로 정사를 행하지 않아 |
| 卒勞百姓이로다<br>졸 로 백 성 | 끝내 백성을 괴롭히도다. |

| | |
|---|---|
| 7/ 駕彼四牡하니<br>가 피 사 모 | 저 4필의 말이 끄는 수레를 타니 |
| 四牡項領이로다<br>사 모 항 령 | 4필의 말, 목이 굵기도 하네. |
| 我瞻四方하니<br>아 첨 사 방 | 내 사방을 바라보니 |
| 蹙蹙靡所騁이로다<br>축 축 미 소 빙 | 웅크려들어 어디 갈 바를 모르네. |
| 8/ 方茂爾惡이라<br>방 무 이 악 | 바야흐로 그대 나쁜 짓 한창이라 |
| 相爾矛矣리니<br>상 이 모 의 | 그대 창으로 찌르고 싶으리니 |
| 旣夷旣懌이면<br>기 이 기 역 | 이미 평화롭고 기쁠 때면 |
| 如相酬矣로다<br>여 상 수 의 | 서로 술잔이라도 주고받고 싶도다. |
| 9/ 昊天不平하여<br>호 천 불 평 | 하늘이 고르지 못하여 |
| 我王不寧이거늘<br>아 왕 불 녕 | 우리 임금 편치 못하거늘 |
| 不懲其心하고<br>부 징 기 심 | 그 마음 고치지 않고 |
| 覆怨其正이로다<br>복 원 기 정 | 도리어 바른 것을 원망하도다. |
| 10/ 家父作誦하여<br>가 보 작 송 | 가보(家父)가 시를 지어 |
| 以究王訩하나니<br>이 구 왕 흉 | 왕실 재앙의 원인을 알았나니 |

**式訛爾心**하여　　그대 마음을 고쳐먹고서
식 와 이 심

**以畜萬邦**하리　　온 세상 잘 다스리도록 하리라.
이 축 만 방

{해설 및 감상}

모두 10장으로 되어 있는데, 6장은 장마다 8구절이요, 4장은 장마다 4구절로 이루어져 있다. 이 시는 '가보'라는 주나라 대부가 정사를 제대로 돌보지 않는 태사와 윤씨를 풍자하여 쓴 시라고 한다. 임금이 태사 윤씨를 등용하여 난이 일어난 것을 이 시에 담았다는 것이라고 한다.

모두 10장으로 된 장장한 구절로 여러 가지 비유와 은유로 '절피남산(節彼南山)'이란 구절을 반복함으로써 산의 웅장함을 인간의 정의에 대립시켜 은유하고 있다.

{어려운 낱말}

[節(절)] : 높고 가파른 모양. [巖巖(암암)] : 바위가 층층이 쌓여있는 모양. [赫赫(혁혁)] : 지위가 높으며 세력이 당당함. [師尹(사윤)] : 태사 윤씨. [惔(담)] : 속이 타는 것. [卒斬(졸참)] : 마침내 끊어지다. [薦瘥(천채)] : 거듭 고통을 내림. [憯(참)] : 참람하다. [師(사)] : 군대. 무리. [氐(저)] : 근본. [毗(비)] : 돕다. 힘을 보태다. [勿罔君子(물망군자)] : 군자를 잊지 말라. [瑣瑣(쇄쇄)] : 작은 모양. [鞠訩(국흉)] : 곤궁하고 어지러움. [戾] : 어그러질(려). [闋] : 끝나다(결). 쉬다. [酲] : 술병(정). [蹙蹙(축축)] : 오그라들다. [家父(가보)] : 주나라 대부. 성은 家씨, 父(보)는 자이다. 父를 '보'라고 읽는 것은 존칭임.

## 8. 정월(正月) - 사월에

1/ 正月繁霜하니 (정 월 번 상) — 사월에 서리가 많이 내리니

我心憂傷이라 (아 심 우 상) — 내 마음 상심뿐이네.

民之訛言이 (민 지 와 언) — 백성들의 헛소문들이

亦孔之將이로다 (역 공 지 장) — 더더욱 심하게 퍼지도다.

念我獨兮하니 (념 아 독 혜) — 나의 이 외로움을 생각하니

憂心京京이로다 (우 심 경 경) — 근심과 걱정이 끝이 없구나.

哀我小心이 (애 아 소 심) — 애달픈 나의 이 작은 마음이

癙憂以痒이로다 (서 우 이 양) — 근심 걱정으로 병이 들었도다.

2/ 父母生我하시고 (부 모 생 아) — 부모님이 나를 낳으시고

胡俾我瘉오 (호 비 아 유) — 어찌하여 나를 괴롭게 하시나?

不自我先이며 (부 자 아 선) — 지금의 나보다 먼저 낳든지

不自我後로다 (부 자 아 후) — 나보다 뒤에 낳든지 하지 않았네.

好言自口며 (호 언 자 구) — 좋은 말도 입으로부터 하며

莠言自口라 (유 언 자 구) — 궂은 말도 입에서 나오는 것.

| | |
|---|---|
| 憂心愈愈하여<br>우 심 유 유 | 시름하는 마음 깊어져서 |
| 是以有侮로다<br>시 이 유 모 | 이렇게 해서 업신여김을 받도다. |
| 3/ 憂心惸惸하여<br>우 심 경 경 | 시름하는 마음 그지없어서 |
| 念我無祿하면<br>념 아 무 록 | 내 복록 없음을 생각하면 |
| 民之無辜도<br>민 지 무 고 | 백성들 중에 무고한 이도 |
| 幷其臣僕이로다<br>병 기 신 복 | 모두 함께 잡혀서 종이 되었네. |
| 哀我人斯는<br>애 아 인 사 | 슬프다, 우리 백성들은 |
| 于何從祿고<br>우 하 종 록 | 어디 가서 복록을 누릴까? |
| 瞻烏爰止하니<br>첨 오 원 지 | 저기 저 까마귀를 보니 |
| 于誰之屋고<br>우 수 지 옥 | 누구 집에 날아가 앉을꼬? |
| 4/ 瞻彼中林하니<br>첨 피 중 림 | 저기 저 숲속을 보니 |
| 侯薪侯蒸이로다<br>후 신 후 증 | 굵은 나무와 잔나무가 있도다. |
| 民今方殆어늘<br>민 금 방 태 | 백성들이 지금 위험 속에 있거늘 |
| 視天夢夢이로다<br>시 천 몽 몽 | 하늘을 보아도 흐리기만 하네. |
| 旣克有定이면<br>기 극 유 정 | 기왕에 안정시키려 한다면 |

| | |
|---|---|
| 靡人弗勝이니<br>미 인 불 승 | 이를 막을 자가 없을 것이니 |
| 有皇上帝하면<br>유 황 상 제 | 하늘의 옥황상제가 있으시다면 |
| 伊誰云憎이리요<br>이 수 운 증 | 그 누구를 미워하시겠습니까? |
| 5/ 謂山蓋卑나<br>위 산 개 비 | 이르되 저 산이 낮다고 하지만 |
| 爲岡爲陵이라<br>위 강 위 릉 | 뫼와 산 구릉이 있으리라. |
| 民之訛言을<br>민 지 와 언 | 백성들의 떠드는 헛된 소문을 |
| 寧莫之懲이리오<br>녕 막 지 징 | 어찌 다 징벌하지 않으리오. |
| 召彼故老하여<br>소 피 고 노 | 저기 저 노인을 불러서는 |
| 訊之占夢하니<br>신 지 점 몽 | 꿈 풀이하는 이에게 점을 치니 |
| 具曰予聖하니<br>구 왈 여 성 | 모두 말하기를 내가 성인이라니 |
| 誰知烏之雌雄이랴<br>수 지 오 지 자 웅 | 누가 어찌 까마귀의 암수를 알리요? |
| 6/ 謂天蓋高나<br>위 천 개 고 | 하늘이 아무리 높다고 하더라도 |
| 不敢不局이요<br>불 감 불 국 | 몸을 굽히지 않을 수 없고 |
| 謂地蓋厚나<br>위 지 개 후 | 땅이 아무리 두껍다 하나 |
| 不敢不蹐이로다<br>불 감 불 척 | 살살 걷지 않을 수 없도다. |

| | |
|---|---|
| 維號詐言도<br>유 호 사 언 | 이렇게 부르짖는 말도 |
| 有倫有脊하거늘<br>유 륜 유 척 | 도리에 맞고 이치에 맞거늘 |
| 哀今之人은<br>애 금 지 인 | 슬프다, 오늘 이 사람들은 |
| 胡爲虺蜴고<br>호 위 훼 척 | 왜 독사나 뱀처럼 해만 끼치는가? |
| 7/ 瞻彼阪田하니<br>첨 피 판 전 | 저 산비탈 언덕 밭을 바라보니 |
| 有菀其特이거늘<br>유 울 기 특 | 특별한 싹이 무성하거늘 |
| 天之扤我여<br>천 지 올 아 | 하늘이 나를 움직이게 함이여! |
| 如不我克이라<br>여 불 아 극 | 나를 이기지 못하는 것 같이 하네. |
| 彼求我則이나<br>피 구 아 칙 | 저들이 내 허물을 찾고자 하나 |
| 如不我得이라<br>여 불 아 득 | 나를 어쩌지는 못할 것이다. |
| 執我仇仇는<br>집 아 구 구 | 내게 원수처럼 대하는 것은 |
| 亦不我力이라<br>역 불 아 력 | 내가 힘을 쓰지 못하기 때문이다. |
| 8/ 心之憂矣는<br>심 지 우 의 | 내 마음속의 시름은 |
| 如或結之도다<br>여 혹 결 지 | 얽힌 듯 맺혔구나. |
| 今茲之正은<br>금 자 지 정 | 오늘 이 나라 정국은 |

| | |
|---|---|
| 胡然厲矣요<br>호 연 려 의 | 어찌 이처럼 사나운가. |
| 燎之方揚도<br>요 지 방 양 | 타오르는 요원의 불길도 |
| 寧或滅之니<br>녕 혹 멸 지 | 어쩌면 끌 수도 있으려니 |
| 赫赫宗周를<br>혁 혁 종 주 | 혁혁한 주나라 종실을 |
| 褒姒滅之로다<br>포 사 멸 지 | 포사(褒姒)가 망쳐놨구나. |
| 9/ 終其永懷하니<br>종 기 영 회 | 마침내 깊이 근심이 있으니 |
| 又窘陰雨로다<br>우 군 음 우 | 흐리고 비 오며 군색하고 괴로워라. |
| 其車旣載에<br>기 거 기 재 | 수레에 짐을 가득 실었기에 |
| 乃棄爾輔하니<br>내 기 이 보 | 너의 수레 깔판을 떼어버리니 |
| 載輸爾載하여<br>재 수 이 재 | 그대 실은 짐이 모두 떨어져 |
| 將伯助予로다<br>장 백 조 여 | 나더러 도와 달라 외치는구려. |
| 10/ 無棄爾輔하여<br>무 기 이 보 | 수레의 짐 판을 버리지 말아서 |
| 員于爾輻하고<br>원 우 이 폭 | 그대 수레바퀴 살을 늘리고, |
| 屢顧爾僕이면<br>누 고 이 복 | 자주 수레꾼을 살피면 |
| 不輸爾載하고<br>불 수 이 재 | 수레의 짐은 떨어지지 않고 |

| | |
|---|---|
| 終踰絶險을<br>종 유 절 험 | 험한 곳도 별지장 없이 넘는 것을 |
| 曾是不意리라<br>증 시 불 의 | 일찍 생각하지도 못했으리라. |

| | |
|---|---|
| 11/ 魚在于沼나<br>어 재 우 소 | 고기는 물속에 있으나 |
| 亦匪克樂이라<br>역 비 극 락 | 또한 즐거울 수는 없네. |
| 潛雖伏矣나<br>잠 수 복 의 | 비록 물속에 잠겨 엎드려 있으나 |
| 亦孔之炤로다<br>역 공 지 소 | 또한 심히 다 보이도다. |
| 憂心慘慘하여<br>우 심 참 참 | 근심하는 마음 아프도록 |
| 念國之爲虐하노라<br>념 국 지 위 학 | 나라의 학정을 생각하노라. |

| | |
|---|---|
| 12/ 彼有旨酒하며<br>피 유 지 주 | 저 맛나는 술 하며 |
| 又有嘉殽하여<br>우 유 가 효 | 또 맛나는 안주가 있어 |
| 洽比其鄰하며<br>흡 비 기 린 | 그 이웃과 친하며 |
| 昏姻孔云이거늘<br>혼 인 공 운 | 인척들에게도 많이 베풀거늘 |
| 念我獨兮여<br>념 아 독 혜 | 나의 외로움을 생각함이여! |
| 憂心慇慇이로다<br>우 심 은 은 | 근심하는 마음 아픔뿐이로다. |

| | |
|---|---|
| 13/ 佌佌彼有屋하며<br>차 차 피 유 옥 | 소인들은 저 깨끗한 집이 있고 |
| 蔌蔌方有穀이거늘<br>속 속 방 유 곡 | 친한 사람도 녹을 받거늘 |
| 民今之無祿은<br>민 금 지 무 록 | 백성들이 지금 녹이 없음은 |
| 天夭是椓이로다<br>천 요 시 탁 | 하늘이 재앙을 내림이로다. |
| 哿矣富人이거니와<br>가 의 부 인 | 부자야 그런대로 괜찮지만 |
| 哀此惸獨이로다<br>애 차 경 독 | 환과고독(鰥寡孤獨)만 불쌍하도다. |

{해설 및 감상}

모두 13장으로, 8장은 장마다 8구절, 5장은 장마다 6구절로 되었다. 소인들이 권력을 쥐고 백성에게 학정을 하는 것을 한탄하는 시다. 또 주나라 대부 유왕을 풍자한 시라고도 한다. 내용 중에 '혁혁한 주나라를 포사가 멸망시켰다.' 는 내용이 나온다. 포사는 왕녀로 나오는데, 음탕 계집이었다. 그래서 포사는 서주의 마지막 왕인 유왕의 애첩으로 나온다.

{어려운 낱말}

[正月(정월)] : 夏나라의 4월. 4월을 정월로 잡았기 때문이다. [訛言(와언)] : 뜬소문. [京京(경경)] : 근심이 없어지지 않는 모양. [癙憂(서우)] : 깊은 근심. [莠(유)] : 추하다. [愈愈(유유)] : 더욱더. 점점. [惸惸(경경)] : 근심하는 모양. [無祿(무록)] : 국록을 받지 못함. [臣僕(신복)] : 신하와 종. 포로

를 종으로 삼음. [夢夢(몽몽)] : 환상. 밝지 않음. [皇上帝(황상제)] : 옥황상제. [占夢(점몽)] : 꿈으로 해몽함. [虺蜴(훼척)] : 독사, 또는 일반 뱀. [阪田(판전)] : 비탈 밭. [扤(올)] : 흔들리다. [正(정)] : 여기서는 정치와 통한다. [宗周(종주)] : 주나라 종실. 호경(鎬京). [褒姒(포사)] : 주나라 유왕의 첩신. 포국의 딸로, 성은 姒(사)씨다. [輔(보)] : 여기서는 수레의 깔판을 이른다. [佌佌(차차)] : 작은 모양. [蔌蔌(속속)] : 구차한 모양. [椓(탁)] : 치다. 때리다. 宮刑. [哿] : 좋을(가). [惸獨(경독)] : 외로운 사람.

## 9. 시월지교(十月之交) - 시월에

| | |
|---|---|
| 1/ 十月之交는<br>시 월 지 교 | 시월이 교차되는 |
| 朔月辛卯에<br>삭 월 신 묘 | 초하루 신묘일에 |
| 日有食之하니<br>일 유 식 지 | 일식이 있었으니 |
| 亦孔之醜하다<br>역 공 지 추 | 역시 흉한 일이로다. |
| 彼月而微하니<br>피 월 이 미 | 저번 달에도 월식이 있더니 |
| 此日而微여<br>차 일 이 미 | 이 달에는 일식이 있음이여! |
| 今此下民은<br>금 차 하 민 | 지금 우리 백성들은 |
| 亦孔之哀로다<br>역 공 지 애 | 역시 슬퍼하고 있도다. |

| | |
|---|---|
| 2/ 日月告凶하여<br>일 월 고 흉 | 일월의 흉함을 알림으로 하여 |
| 不用其行하니<br>불 용 기 행 | 그들의 길을 가지 않으니 |
| 四國無政은<br>사 국 무 정 | 온 나라의 정사가 어지러움은 |
| 不用其良이라<br>불 용 기 량 | 그 어진 이를 쓰지 않음이로다. |
| 彼月而食은<br>피 월 이 식 | 저번 달의 월식은 |
| 則維其常어니와<br>즉 유 기 상 | 보통 흔히 있는 일이어니와 |
| 此日而食은<br>차 일 이 식 | 이번 달의 일식은 |
| 于何不臧고<br>우 하 불 장 | 어떤 불길한 일이 아닌가? |
| 3/ 爗爗震電이<br>엽 엽 진 전 | 번갯불 우레가 진동을 하니 |
| 不寧不令이로다<br>불 녕 불 령 | 불안하고 좋지 않는 일이로다. |
| 百川沸騰하며<br>백 천 비 등 | 모든 냇물이 끓어오르며 |
| 山冢崒崩하여<br>산 총 줄 붕 | 산봉우리가 우르르 무너져서 |
| 高岸爲谷이요<br>고 안 위 곡 | 높은 언덕이 골짜기가 되고 |
| 深谷爲陵이라<br>심 곡 위 릉 | 깊은 골짜기가 언덕이 되었네. |
| 哀今之人은<br>애 금 지 인 | 슬프구나, 지금의 사람들은 |

| | |
|---|---|
| 胡憯莫懲고<br>호 참 막 징 | 어찌 이런 일을 징계하지 않는고? |
| 4/ 皇父卿士요<br>황 보 경 사 | 황보는 경사요, |
| 番維司徒하며<br>번 유 사 도 | 번(番)씨는 사도가 되며, |
| 家伯維宰와<br>가 백 유 재 | 가백(家伯)은 재부가 되고 |
| 仲允膳夫라<br>중 윤 선 부 | 중윤(仲允)은 선부니라. |
| 棸子內史요<br>추 자 내 사 | 추자(棸子)는 내사요, |
| 蹶維趣馬요<br>궤 유 추 마 | 궤씨는 추마가 되고, |
| 楀維師氏하여<br>우 유 사 씨 | 우씨는 사씨가 되어 |
| 豔妻煽方處로다<br>염 처 선 방 처 | 요염한 여인[褒姒]과 어울려졌네. |
| 5/ 抑此皇父는<br>억 차 황 보 | 아, 황보라는 자는 |
| 豈曰不時리요<br>기 왈 불 시 | 어찌 때를 모르는가? |
| 胡爲我作하되<br>호 위 아 작 | 어찌 나를 부리면서 |
| 不卽我謀요<br>불 즉 아 모 | 나와는 함께 의논하지 않는가? |
| 徹我牆屋하고<br>철 아 장 옥 | 내 집과 담장은 무너지고 |
| 田卒汙萊하거늘<br>전 졸 오 래 | 밭은 물이 고여 잡초가 나거늘 |

| | |
|---|---|
| 曰予不戕이라<br>왈 여 부 장 | 자신이 해친 것이 아니라 |
| 禮則然矣라<br>예 즉 연 의 | 예절이 그러한 것이라 하네. |
| 6/ 黃父孔聖하여<br>황 보 공 성 | 황보는 너무도 영리하여 |
| 作都于向하고<br>작 도 우 상 | 상(向) 땅에 도읍을 하고 |
| 擇三有事하니<br>택 삼 유 사 | 손수 삼경(三卿)을 가려서 |
| 亶侯多藏이라<br>단 후 다 장 | 진실로 많은 재산을 모았네. |
| 不憖遺一老도<br>불 은 유 일 노 | 한 늙은 신하조차도 |
| 俾守我王하고<br>비 수 아 왕 | 왕의 곁에 있지 않게 하고 |
| 擇有車馬하여<br>택 유 거 마 | 수레와 말 가진 사람을 골라 |
| 以居徂向이로다<br>이 거 조 상 | 상(向) 땅으로 가서 살게 했도다. |
| 7/ 黽勉從事하여<br>민 면 종 사 | 부지런히 힘써 일하며 |
| 不敢告勞로다<br>불 감 고 로 | 감히 괴롭다는 말 한마디 못하네. |
| 無罪無辜어늘<br>무 죄 무 고 | 죄도 없고 허물도 없거늘 |
| 讒口囂囂로다<br>참 구 효 효 | 모함하는 소리만 자자하네. |
| 下民之孽은<br>하 민 지 얼 | 백성들이 받는 재앙은 |

| | |
|---|---|
| 匪降自天이요<br>비 강 자 천 | 하늘이 내리는 것이 아니요, |
| 噂沓背憎이<br>준 답 배 증 | 앞에서 칭찬하고 돌아서 미워하니 |
| 職競由人이라<br>직 경 유 인 | 다투어 사람이 만든 결과니라. |
| 8/ 悠悠我里여<br>유 유 아 리 | 근심 걱정의 내 삶이여! |
| 亦孔之痗니라<br>역 공 지 매 | 또한 괴로움뿐이니라. |
| 四方有羨하나<br>사 방 유 선 | 온 세상이 모두 부러워하나 |
| 我獨居憂로다<br>아 독 거 우 | 내 홀로 근심에 싸였도다. |
| 民莫不逸이거늘<br>민 막 불 일 | 온 백성들이 모두 즐기거늘 |
| 我獨不敢休로다<br>아 독 불 감 휴 | 나 혼자만 쉬지 못하는구나. |
| 天命不徹하여<br>천 명 불 철 | 하늘의 운명이 철저하지 못하여 |
| 我不敢傚하여도<br>아 불 감 효 | 나는 본받을 수 없어도 |
| 我友自逸이로다<br>아 우 자 일 | 내 친구들처럼 즐기지는 못하네. |

{해설 및 감상}

모두 8장으로 장마다 8구절로 이루어져 있다. 주나라 유왕이 포사에 빠져 있는 것을 풍자한 시라고 한다. 그리고 유왕 때 한 대부가 경사로 있는 황보의 난정을 풍자한 것이라고도 한다. 경사는 백관 수장으로서 지금의 내각과 같으며, 대부는 그 아래 관속에 해당된다.

유왕 2년에 지진이 일어나고 경수, 위수, 낙수의 3천이 마르고 기산(岐山)이 무너졌다는 내용이 나온다. 이러한 것들이 모두 유왕의 잘못으로 받은 재앙이라고 했다.

{어려운 낱말}

[十月之交(시월지교)] : 夏나라의 역법으로는 亥에 해당하는 8월이다. 交는 날과 달이 교차되는 그믐과 초하루. 일식은 반드시 초하루나 그믐에 일어난다. [爗爗(엽엽)] : 번갯불이 번쩍이는 모양. [沸騰(비등)] : 끓어오름. [冢崒(총줄)] : 높은 산등성이. [憯] : 날카로움(참), 일찍(참). [黃父卿士(황보경사)] : 황보는 그 사람의 字이고, 경사는 6경의 우두머리. [司徒(사도)] : 교육을 책임지는 사람. [膳夫(선부)] : 음식을 맡은 벼슬. [內史(내사)] : 중대부로서 작록과 생사여탈권을 가진 사람. [趣馬(추마)] : 왕의 말을 관장하는 벼슬. [師氏(사씨)] : 중대부로서 일의 득실을 맡은 벼슬. [豔妻(염처)] : 褒姒(포사)를 가리킴. [豔] : 고울(염). [方處(방처)] : 그곳에 처하여 있음. [汙萊(오래)] : 물이 고여서 더럽게 됨. [戕(장)] : 죽이다, 해치다(장). [孔聖(공성)] : 매우 현명하다. [都于向(도우상)] : 도는 큰 도시이고, 向(상)은 지명이다. [三有事(삼유사)] : 나랏일을 맡은 삼경(三卿). [亶] : 진실할(단). [多藏(다장)] : 저장된 재물. [囂囂(효효)] : 무리들이 많은 모양. [職競(직경)] : 어떤 일에 주력을 하다. [悠悠(유유)] : 근심 걱정하는 모양. [痗] : 병들(매).

## 10. 우무정(雨無正) - 내리는 비

| | |
|---|---|
| 1/ 浩浩昊天이여<br>호 호 호 천 | 넓고 넓은 하늘이여! |
| 下駿其德하시니<br>하 준 기 덕 | 그 덕을 베풀지 아니하시니 |
| 降喪饑饉하여<br>강 상 기 근 | 나리에 기근을 내려서 |
| 斬伐四國하시니<br>참 벌 사 국 | 천하를 정벌하시니 |
| 旻天疾威는<br>민 천 질 위 | 하늘이 너무 미워하시어 |
| 弗慮弗圖로다<br>불 려 불 도 | 생각도 걱정도 않는구려. |
| 舍彼有罪는<br>사 피 유 죄 | 저 죄인을 놓아둔 것은 |
| 旣伏其辜하고<br>기 복 기 고 | 그 허물을 숨겨두고 |
| 若此無罪를<br>약 차 무 죄 | 이같이 무죄한 사람을 |
| 淪胥以鋪로다<br>윤 서 이 포 | 모두 함정에 빠져야 하는도다. |
| 2/ 周宗旣滅에<br>주 종 기 멸 | 주나라 종실이 이미 멸망하여 |
| 靡所上戾하니<br>미 소 상 려 | 머물러 살 곳이 없으니 |
| 正大夫離居하여<br>정 대 부 리 거 | 정대부(正大夫) 모두 흩어져서 |
| 莫知我勩하고<br>막 지 아 예 | 나의 괴로움을 알지 못하고, |

三事大夫는 삼공대부(三公大夫)는
삼사대부

莫肯夙夜하여 아침저녁 임금께 문안드리지 않고
막긍숙야

邦君諸侯도 나라의 제후들도
방군제후

莫肯朝夕이라 아침저녁 임금을 뵙지 않네.
막긍조석

庶曰式臧이거늘 행여 착해질까 하였거늘
서왈식장

覆出爲惡이라 더욱더 악해지고만 있네.
복출위악

3/ 如何昊天이여 어찌하여 하늘은
여하호천

辟言不信고 법에도 맞는 말을 믿지 않는가?
벽언불신

如彼行邁가 저대로 가는 것이
여피행매

則靡所臻이로다 이대로 가다간 어찌 될지 모르겠네.
즉미소진

凡百君子는 무릇 모든 관리들은
범백군자

各敬爾身이어다 각각 몸을 공경할지어다.
각경이신

胡不相畏리요 어찌 서로 두려워하지 않으랴?
호불상외

不畏于天인가 하늘도 두렵지 않단 말인가?
불외우천

4/ 戎成不退하며 난리가 나도 물리치지 못하고
융성불퇴

| | |
|---|---|
| 飢成不遂하여<br>기 성 불 수 | 배가 고파도 바라만 보니 |
| 曾我暬御가<br>증 아 설 어 | 일찍이 가까운 신하만이 |
| 憯憯日瘁어늘<br>참 참 일 췌 | 근심으로 나날이 여위어 가거늘 |
| 凡百君子는<br>범 백 군 자 | 무릇 모든 군자들은 |
| 莫肯用訊이요<br>막 긍 용 신 | 즐겨 사정을 즉시 아뢰지 아니하고 |
| 聽言則答하고<br>청 언 즉 답 | 들은 말이 있으면 곧 답하고 |
| 譖言則退로다<br>참 언 즉 퇴 | 참언은 즉시 물리치도다. |
| 5/ 哀哉不能言이여<br>애 재 불 능 언 | 슬프다, 말할 수 없음이여! |
| 匪舌是出이니<br>비 설 시 출 | 혀로 다 말하지 못하니 |
| 維躬是瘁로다<br>유 궁 시 췌 | 이 몸에 병만 났구나. |
| 哿矣能言이여<br>가 의 능 언 | 말 잘하는 이여! |
| 巧言如流하고<br>교 언 여 류 | 교묘한 말 물 흐르듯 하고 |
| 俾躬處休로다<br>비 궁 처 휴 | 제 몸 하나 편하게 사는구려! |
| 6/ 維曰予仕나<br>유 왈 여 사 | 나도 벼슬하는 사람이지만 |
| 孔棘且殆로다<br>공 극 차 태 | 매우 위태로울 뿐이네. |

| | |
|---|---|
| 云不可使하니<br>운 불 가 사 | 맡은 일을 그만두려 하니 |
| 得罪于天子하고<br>득 죄 우 천 자 | 천자께 죄를 짓게 되고 |
| 亦云可使하니<br>역 운 가 사 | 또한 일을 계속하려니 |
| 怨及朋友로다<br>원 급 붕 우 | 벗들에게 원한을 사겠구나. |

| | |
|---|---|
| 7/ 謂爾遷于王都하니<br>위 이 천 우 왕 도 | 그래서 도읍지를 옮기려 하니 |
| 曰予未有失家라<br>왈 여 미 유 실 가 | 내 집을 잃어 없다고 이르네. |
| 鼠思泣血이니<br>서 사 읍 혈 | 근심 걱정으로 피 눈물 흘리니 |
| 無言不疾이라<br>무 언 부 질 | 안 아픈 곳이 없다 말하네. |
| 昔爾出居에는<br>석 이 출 거 | 옛날 그대들이 나가서 살 때는 |
| 誰從作爾室가<br>수 종 작 이 실 | 누가 와서 너의 집을 지어주었던가? |

{해설 및 감상}

모두 7장으로, 3장은 6구로 이루어져 있고, 나머지는 8구로 되어있음을 본다.

이 시의 제목이 '雨無正(우무정)' 인데, 본문과는 아무런 관계가 없는 것 같고, 이 '우무정' 이란 구절은 전연 나오지 않는다. 결국 비가 올바르게 내리지 않아 농사를 다 망쳤다는 내용과 기근이 들어 더 살 수 없어서 모두 떠난다는 것으로 국정과 관계있는 내용인 것이다. 그래서 나라가 기근이 들었기 때문에 먹고 살 수 없어서 여러 신하들이 흩어져 떠나갔는데, 떠나지 않고 남은 신하가 이 시를 지어 떠나가는 자를 책망하는 내용으로 되었다.

{어려운 낱말}

[浩浩昊天(호호호천)] : 넓고 넓은 하늘. 浩는 넓을(호). [駿] : 준마(준)자로, 여기서는 크다는 뜻으로 사용. [疾威(질위)] : 포악함. [弗慮(불려)] : 꾀하지 못함. [周宗(주종)] : 주나라 종실. [戾(려)] : 어그러지다. 여기서는 정하다. [正大夫(정대부)] : 주나라의 6관의 우두머리. 상대부. [勩(예)] : 수고로움. [三事大夫(삼사대부)] : 三公. 6대부는 6卿과 중하대부. [辟言(벽언)] : 法言과 같음. [凡百君子(범백군자)] : 여러 신하들. [憯憯(참참)] : 근심 걱정함. [哿(가)] : 좋다. 훌륭하다. [鼠思(서사)] : 근심 걱정하는 것.

## 제5장

# 소민(小旻)

임금이 소인의 계책을 따르면 나라가 어지럽게 된다. 군자와 소인은 어디에도 있는 법, 임금이 소인의 말을 따르면 나라가 어지러운 법이다. 그래서 나라가 어지러우니 그 어지러움을 어진 신하가 풍자한 시가 바로 이것이라고 한다. 「모시서」에도 유왕을 대부가 풍자한 것이라고 하였는데, 꼭 유왕이라는 증거는 없고 유왕 때 같은 혼란기의 작품들이라고 한다.

소민(小旻), 소완(小宛), 소변(小弁), 소명(小明), 이런 작품들은 내용과 관계없이 모두 '小자' 가 붙어있다. 이 또한 특색이 아닌가 한다.

## 1. 소민(小旻) - 아득한 하늘

| | |
|---|---|
| 1/ 旻天疾威가<br>민 천 질 위 | 높고 위엄 있는 하늘이 |
| 敷于下土하여<br>부 우 하 토 | 땅에 노여움을 펴시어, |
| 謀猶回遹하니<br>모 유 회 휼 | 꾀하는 일이 간사하니 |
| 何日斯沮리오<br>하 일 사 저 | 그 어느 날에 그치리오. |
| 謀臧不從하니<br>모 장 부 종 | 좋은 계획은 따르지 않고 |
| 不臧覆用이라<br>부 장 복 용 | 못된 것만 가려서 쓰니라. |
| 我視謀猶하니<br>아 시 모 유 | 내가 그 계획을 보니 |
| 亦孔之邛이리요<br>역 공 지 공 | 어떻게 이루어 낼 것인가? |
| 2/ 潝潝訿訿는<br>흡 흡 자 자 | 친하다가도 헐뜯는 것은 |
| 亦孔之哀라<br>역 공 지 애 | 너무나 애달픈 일이네. |
| 謀之其臧하고<br>모 지 기 장 | 계획이 좋으면 |
| 則具是違하니<br>즉 구 시 위 | 모두가 피하거나 거절하고 |
| 謀之不臧은<br>모 지 부 장 | 계획이 나쁘면 |
| 則具是依하나니<br>즉 구 시 의 | 모두들 따라 하나니 |

我視謀猶컨데<br>아 시 모 유 — 그 계획 내가 보기엔

伊于胡底오<br>이 우 호 지 — 어느 지경에 이를지를 몰라라.

3/ 我龜旣厭하여<br>아 귀 기 염 — 나의 거북도 이미 싫어서

不我告猶하니<br>불 아 고 유 — 계획을 알려주지 않으니,

謀夫孔多하여<br>모 부 공 다 — 내 계획이 너무 많아

是用不集이라<br>시 용 부 집 — 하는 일이 잘 되지 않으리라.

發言盈庭하여<br>발 언 영 정 — 말하는 자가 조정에 가득차서

誰敢執其咎오<br>수 감 집 기 구 — 누가 감히 허물을 잡으리오?

如匪行邁謀라<br>여 비 행 매 모 — 방 안에서 세운 계획이라

是用不得于道로다<br>시 용 부 득 우 도 — 아무런 쓸모가 없도다.

4/ 哀哉爲猶여<br>애 재 위 유 — 슬프다, 계획하는 이여!

匪先民是程이며<br>비 선 민 시 정 — 선민의 길을 본받지 않고

匪大猶是經이요<br>비 대 유 시 경 — 떳떳한 도를 안 지키고

維邇言是聽이며<br>유 이 언 시 청 — 오직 경박한 말만 따르며

維邇言是爭하네<br>유 이 언 시 쟁 — 경박한 말로 서로 다투고 있다네.

如彼築室于道謀라 누가 감히 허물을 잡으리오.
여 피 축 실 우 도 모

是用不潰于成이로다 아무것도 이루지 못하도다.
시 용 불 궤 우 성

5/ 國雖靡止나 나라는 비록 정해지지 않았으나
국 수 미 지

或聖或否라 혹은 성스럽고, 혹은 아니라 하네.
혹 성 혹 부

民雖靡膴하나 백성은 많지 않으나
민 수 미 무

或哲或謀하며 혹은 밝으며, 혹은 꾀가 있으며
혹 철 혹 모

或肅或艾니 혹은 공경하고, 어진 사람도 있으니
혹 숙 혹 애

如彼泉流라 한 번 흘러가는 샘물처럼
여 피 천 류

無淪胥以敗라 모두 다 돌아오지 못할 것인가!
무 륜 서 이 패

6/ 不敢暴虎하고 감히 맨손으로 호랑이를 잡지 못하듯
불 감 포 호

不敢馮河를 감히 걸어서 황하를 건너지 못함을
불 감 빙 하

人知其一하고 사람들은 그 하나만 알고
인 지 기 일

莫知其他라 그 다른 것을 알지 못하네.
막 지 기 타

戰戰兢兢을 두려워하고 쩔쩔매기를
전 전 긍 긍

如臨深淵하고 깊은 연못에 임하는 것 같이하고
여 림 심 연

如履薄氷하라　　　엷은 얼음 밟고 가는 것 같이 하라.
여 리 박 빙

{해설 및 감상}

모두 6장인데, 1, 2, 3장은 8구로 되어있고, 4, 5, 6장은 7구로 구성하고 있다. 임금이 소인의 나쁜 계책에 따라 나라를 다스리어 혼란에 빠뜨리는 것을 대부가 풍자한 시다. 어진 신하를 등용하지 않고 바른말을 듣지 않으며, 나쁜 계획에 따라 나라를 다스리니 나라는 혼란에 빠질 수 밖에 없다. 유왕 때 그의 잘못을 보고 지은 작품으로 간주하고 있다.

{어려운 낱말}

[旻天(민천)] : 하늘. [疾威(질위)] : 포악함. [謀猶回遹(모유회휼)] : 사특함을 꾀하다. [謀臧(모장)] : 좋은 계획. [邛(공)] : 폐단. 병폐. [潝潝訿訿(흡흡자자)] : 가깝다가도 헐뜯는 일. 서로 헐뜯다. [胡底(호지)] : 어느 지경에 이르는가? '胡'는 어디의 뜻. [哀哉(애재)] : 슬프다. 안타깝다. [于道謀(우도모)] : 길가에서 길 가는 사람에게 집 짓는 일을 묻는 것. [靡膴(미무)] : 많지 않다. [艾(애)] : 다스리다. [暴(포)] : 맨손으로. 모질다. [戰戰兢兢(전전긍긍)] : 두려워하고 경계하다.

## 2. 소완(小宛) - 조그만 비둘기

1/ 宛彼鳴鳩여　　　조그만 비둘기가 우는구나!
완 피 명 구

翰飛戾天이로다
한 비 려 천

날개 치며 하늘 높이 날아오르도다.

我心憂傷하니
아 심 우 상

내 마음 시름에 겨워서

念昔先人이로다
념 석 선 인

옛날의 선조를 생각하도다.

明發不寐하여
명 발 불 매

날이 밝도록 잠 못 이루어

有懷二人이로다
유 회 이 인

두 분의 부모님이 그리워라.

2/ 人之齊聖은
인 지 제 성

사람이 지혜롭고 총명하면

飮酒溫克이어늘
음 주 온 극

술을 마셔도 온순하거늘

彼昏不知는
피 혼 부 지

저 미련하고 지혜 없는 사람은

壹醉日富로다
일 취 일 부

매일 취하여 교만해지도다.

各敬爾儀어다
각 경 이 의

각자 행동을 삼갈지어다.

天命不又니라
천 명 불 우

하늘의 운명도 다시 오지 않으리.

3/ 中原有菽하니
중 원 유 숙

저 언덕에 열린 콩이 있으니

庶民采之로다
서 민 채 지

온갖 사람들이 다 따고 있네.

螟蛉有子하니
명 령 유 자

뽕나무 벌레 새끼 있으니

蜾蠃負之로다
과 라 부 지

나나니벌(땅벌)이 업고 가네.

| | |
|---|---|
| 教誨爾子하여<br>교 회 이 자 | 너의 자식 잘 가르쳐 |
| 式穀似之어라<br>식 곡 사 지 | 그처럼 착하고 선하게 하라. |
| 4/ 題彼脊令하니<br>제 피 척 령 | 저기 보이는 할미새 있으니 |
| 載飛載鳴이로다<br>재 비 재 명 | 날며 지저귀도다. |
| 我日斯邁하며<br>아 일 사 매 | 나는 나날이 나아가고, |
| 而月斯征이로다<br>이 월 사 정 | 나는 날로 달로 나아가도다. |
| 夙興夜寐하여<br>숙 흥 야 매 | 일찍 일어나고 늦게 잠자서 |
| 毋忝爾所生이어라<br>무 첨 이 소 생 | 나를 낳아준 부모님께 욕됨이 없게 하라. |
| 5/ 交交桑扈가<br>교 교 상 호 | 콩새 한 마리 짹짹 우짖고 와서 |
| 率場啄粟이로다<br>솔 장 탁 속 | 마당에 놓인 곡식 쪼아 먹도다. |
| 哀我塡寡하여<br>애 아 전 과 | 슬프다, 내 병들고 궁한 몸으로 하여 |
| 宜岸宜獄이로다<br>의 안 의 옥 | 감옥살이가 더 편하다네. |
| 握粟出卜은<br>악 속 출 복 | 곡식 들고 점치러 가는 것은 |
| 自何能穀이라<br>자 하 능 곡 | 언제쯤 좋아질까 알아봄이라. |

6/ 溫溫恭人이 온화하고 공손한 사람이
온 온 공 인

如集于木하여 나무 위에 앉은 듯하여
여 집 우 목

惴惴小心이 두렵고 조심하는 마음이
췌 췌 소 심

如臨于谷하고 깊은 골짜기에 임한 듯하고
여 림 우 곡

戰戰兢兢이 두렵고 조심하기를
전 전 긍 긍

如履薄氷이어라 살얼음 밟듯 하여라.
여 리 박 빙

{해설 및 감상}

모두 6장으로 장마다 6구절로 구성되어 있다. 이 시는 대부(大夫)가 나라의 어려움에 처하여 형제들이 서로 경계하여 화를 면하자는 것이라고 한다. 「모시서(毛詩書)」에는 대부가 주나라 선왕(宣王)을 풍자한 것이라 했고, 정전(鄭箋)에는 여왕(厲王)을 풍자했다고 했으며, 또 유왕(幽王)을 풍자했다고도 했다. 주자(朱子)는 '형제가 서로 경계하는 시'라고 했다.

{어려운 낱말}

[溫溫(온온)] : 화하고 유순한 모양. [惴惴(췌췌)] : 두려워하고 조심하는 모양.

## 3. 소변(小弁) - 작은 비둘기여!

| | |
|---|---|
| 1/ 弁彼鸒斯여<br>변 피 여 사 | 저 즐겁게 날아가는 비둘기 떼여! |
| 歸飛提提로다<br>귀 비 시 시 | 떼 지어 날아들 가도다. |
| 民莫不穀이거늘<br>민 막 불 곡 | 모두들 다 잘 지내는데 |
| 我獨于罹로다<br>아 독 우 리 | 나만 홀로 재난 만났구나. |
| 何辜于天고<br>하 고 우 천 | 하늘에 무슨 죄를 지었을까? |
| 我罪伊何오<br>아 죄 이 하 | 내 죄가 무엇인가? |
| 心之憂矣여<br>심 지 우 의 | 마음의 시름이여! |
| 云如之何오<br>운 여 지 하 | 이를 어찌할꼬? |
| 2/ 踧踧周道여<br>척 척 주 도 | 평평한 저 큰길이여! |
| 鞫爲茂草로다<br>국 위 무 초 | 풀이 가득 무성하도다. |
| 我心憂傷하여<br>아 심 우 상 | 내 마음 시름겨워서 |
| 惄焉如擣로다<br>녁 언 여 도 | 방아질 하듯 마음 졸인다. |
| 假寐永嘆하여<br>가 매 영 탄 | 옷 입은 채 누워 길게 탄식하여 |
| 維憂用老하니<br>유 우 용 노 | 근심으로 다 늙어가니 |

心之憂矣여
심 지 우 의

이 마음의 시름이여!

疢如疾首로다
진 여 질 수

열병에 머리도 깨질 듯 아프구나.

3/ 維桑與梓도
유 상 여 재

뽕나무 가래나무도

必恭敬止니
필 공 경 지

반드시 공경하는 뜻이 있나니,

靡瞻匪父며
미 첨 비 부

아버지 말고 누구를 우러르며

靡依匪母로다
미 의 비 모

어머니 말고 누구에 의지하리요.

不屬于毛여
불 속 우 모

터럭도 이어 받지 않았음이여!

不離于裏아
불 리 우 리

마음도 물려 받지 않았다네.

天之生我여
천 지 생 아

하늘이 나를 내셨는데

我辰安在리오
아 진 안 재

나의 좋은 때는 어디에 있는가?

4/ 菀彼柳斯여
울 피 류 사

저 버드나무 무성하고

鳴蜩嘒嘒하고
명 조 혜 혜

매미 울음소리 매매 울고

有漼者淵에
유 최 자 연

깊은 연못가에

萑葦淠淠로다
추 위 비 비

물 억새와 갈대가 우거져 있네.

譬彼舟流는
비 피 주 류

마치 저 떠내려가는 배가

| | |
|---|---|
| 不知所居하니<br>부 지 소 계 | 어디로 갈지도 알지를 못하듯 하니 |
| 心之憂矣여<br>심 지 우 의 | 마음의 시름이여! |
| 不遑假寐로다<br>불 황 가 매 | 옷 입은 채 잠잘 겨를도 없어라. |
| 5/ 鹿斯之奔이여<br>록 사 지 분 | 사슴이 내달릴 적에도 |
| 維足伎伎하며<br>유 족 기 기 | 그 다리 날듯이 달리고, |
| 雉之朝雊는<br>치 지 조 구 | 꿩이 아침에 우는 것은 |
| 尚求其雌로다<br>상 구 기 자 | 그 암놈을 찾는 것이라네. |
| 譬彼壞木이<br>비 피 괴 목 | 비유컨대 부러진 나뭇가지가 |
| 疾用無枝이니<br>질 용 무 지 | 쓸모없는 것과 같으니 |
| 心之憂矣여<br>심 지 우 의 | 마음의 시름이여! |
| 寧莫之知로다<br>녕 막 지 지 | 마음의 시름을 알지 못하도다. |
| 6/ 相彼投兎하면<br>상 피 투 토 | 저 그물에 잡힌 토끼를 보면 |
| 尚或先之며<br>상 혹 선 지 | 빠져 나가는 놈이 있고 |
| 行有死人하면<br>행 유 사 인 | 길에 죽은 사람이 있으면 |
| 尚或墐之하거늘<br>상 혹 근 지 | 오히려 묻어주려고 하거늘 |

| | |
|---|---|
| 君子秉心은<br>군 자 병 심 | 군자의 마음 쓰는 것은 |
| 維其忍之로다<br>유 기 인 지 | 너무도 잔인하시구나. |
| 心之憂矣여<br>심 지 우 의 | 마음의 시름이여! |
| 涕旣隕之로다<br>체 기 운 지 | 눈물만이 흘러내리도다. |

| | |
|---|---|
| 7/ 君子信讒을<br>군 자 신 참 | 군자가 거짓말을 믿으심을 |
| 如或酬之하니<br>여 혹 수 지 | 술잔 돌리듯 즐겨하나니 |
| 君子不惠라<br>군 자 불 혜 | 군자께서 은혜롭지 않음이라. |
| 不舒究之로다<br>불 서 구 지 | 자세히 보려고도 않도다. |
| 伐木掎矣며<br>벌 목 기 의 | 나무를 베도 끌어당겨야 하고 |
| 析薪扡矣어늘<br>석 신 타 의 | 장작을 패어도 결을 따라야 하거늘 |
| 舍彼有罪하고<br>사 피 유 죄 | 저 죄 지은 사람은 놓아두고 |
| 予之佗矣로다<br>여 지 타 의 | 내게 죄를 짊어지우도다. |

| | |
|---|---|
| 8/ 莫高匪山하고<br>막 고 비 산 | 높지 않으면 산이 아니고 |
| 莫浚匪泉이로다<br>막 준 비 천 | 깊지 않으면 샘이 아니로다. |
| 君子無易由言하라<br>군 자 무 이 유 언 | 군자는 말을 쉽게 하지 말라, |

耳屬于垣이라　　저 담장에도 귀가 있음이라.
이 속 우 원

無逝我梁하고　　나의 어량에 가지를 말고
무 서 아 량

無發我笱어다　　내 통발도 꺼내 가지 말지어다.
무 발 아 구

我躬不閱이니　　내 몸도 살피지 못하면서
아 궁 불 열

遑恤我踧이리오　　어느 겨를에 뒷일을 걱정하랴.
황 휼 아 축

{해설 및 감상}

모두 8장에 장마다 8구절로 형성하고 있다. 「모시서」에서는 유왕(幽王)을 풍자한 시라고 했다. 유왕이 간녀(奸女) 포사(褒姒)를 좋아하여 태자 의구(宜臼)를 폐하였으므로, 태자의 스승이 이 시를 지었다고 한다. 주희(주자)는 의구(宜臼)의 자작이라 하였고, 집전에는 윤길보(尹吉甫)의 아들 백기(伯奇)가 지은 것이라 하였다.

{어려운 낱말}

[鸒(여)] : 떼 까마귀. [提提(시시)] : 새가 무리 지어 날아가는 모양. 提를 '시' 로 읽음. [踧踧(척척)] : 평탄한 모양. [嘒嘒(혜혜)] : 매미가 우는 소리. [淠淠(비비)] : 무성한 모양. [伎伎(기기)] : 발의 움직임이 더딘 모양. [投兎(투토)] : 토끼 잡기 위한 그물. [讒(참)] : 참소. 근거 없이 모함하는 말. [어량(魚粱)] : 물살을 가로막고 물길을 한군데 터놓은 다음 거기에 통발이나 살을 놓아서 고기를 잡는 것.

## 4. 교언(巧言) - 교묘한 말

| | |
|---|---|
| 1/ 悠悠昊天은<br>유 유 호 천 | 아득히 넓은 하늘은 |
| 曰父母且니라<br>왈 부 모 차 | 부모라고 이르느니라. |
| 無罪無辜어늘<br>무 죄 무 고 | 죄도 허물도 없거늘 |
| 亂如此憮아<br>난 여 차 무 | 어찌 이렇게 재앙을 내리는가? |
| 昊天已威나<br>호 천 이 위 | 하늘이 아무리 엄해도 |
| 予慎無罪며<br>여 신 무 죄 | 나는 진정 아무 죄 없으며 |
| 昊天泰憮시나<br>호 천 태 무 | 하늘이 크고 또 크더라도 |
| 予慎無辜니라<br>여 신 무 고 | 나는 진정 허물이 없어라. |
| 2/ 亂之初生은<br>난 지 초 생 | 변란이 처음 생겨난 것은 |
| 僭始既涵이며<br>참 시 기 함 | 참람함에서 비롯되었으며 |
| 亂之又生은<br>난 지 우 생 | 변란이 또 일어난 것은 |
| 君子信讒이라<br>군 자 신 참 | 군자가 참언을 믿었기 때문이라. |
| 君子如怒하면<br>군 자 여 노 | 임께서 참언에 노하신다면 |
| 亂庶遄沮며<br>난 서 천 저 | 재난은 곧 막아지고 |

| | |
|---|---|
| 君子如祉면<br>군 자 여 지 | 임께서 바른말을 기뻐하신다면 |
| 亂庶遄已니라<br>난 서 천 이 | 재난은 바로 끝이 나리라. |
| 3/ 君子屢盟이니<br>군 자 루 맹 | 군자가 맹세만 자주하시니 |
| 亂是用長이며<br>난 시 용 장 | 재난이 더욱 늘어나고 |
| 君子信盜면<br>군 자 신 도 | 군자가 소인을 믿으시면 |
| 亂是用暴에<br>난 시 용 포 | 재난이 더욱 맹렬해지며 |
| 盜言孔甘하여<br>도 언 공 감 | 소인들의 말이 하도 달콤해서 |
| 亂是用餤이로다<br>난 시 용 담 | 재난이 더욱 심해졌도다. |
| 匪其止共이니<br>비 기 지 공 | 그들과 함께 일할 수가 없으니 |
| 維王之邛이로다<br>유 왕 지 공 | 임금님만 지치게 할 뿐이니라. |
| 4/ 奕奕寢廟를<br>혁 혁 침 묘 | 크고 빛나는 저 종묘를 |
| 君子作之며<br>군 자 작 지 | 임께서 지었으며 |
| 秩秩大猷는<br>질 질 대 유 | 질서 분명한 법도는 |
| 聖人莫之로다<br>성 인 막 지 | 성인께서 정하셨네. |
| 他人有心을<br>타 인 유 심 | 다른 사람의 속마음을 |

| | |
|---|---|
| 予忖度之하니<br>여 촌 도 지 | 내 요량할 수 있으니 |
| 躍躍毚兔도<br>적 적 참 토 | 깡충깡충 뛰는 교활한 토끼도 |
| 遇犬獲之니라<br>우 견 획 지 | 사냥개 만나면 잡히게 되니라. |
| 5/ 荏染柔木을<br>임 염 유 목 | 부드럽고 좋은 나무를 |
| 君子樹之로다<br>군 자 수 지 | 군자께서 심으셨도다. |
| 往來行言을<br>왕 래 행 언 | 오가며 떠도는 말을 |
| 心焉數之니라<br>심 언 수 지 | 마음에 헤아려야 하네. |
| 蛇蛇碩言도<br>이 이 석 언 | 허황한 큰소리도 |
| 出自口矣요<br>출 자 구 의 | 입에서 나오고 |
| 巧言如簧은<br>교 언 여 황 | 생황 같은 교묘한 말은 |
| 顏之厚矣라<br>안 지 후 의 | 낯 두꺼운 자들이 하네. |
| 6/ 彼何人斯요<br>피 하 인 사 | 저 사람은 누구인가요? |
| 居河之麋하며<br>거 하 지 미 | 황하 가에 살며 |
| 無拳無勇도<br>무 권 무 용 | 주먹도 용기도 없으면서 |
| 職爲亂階로다<br>직 위 란 계 | 변란 일으키기를 일삼네. |

| | |
|---|---|
| 旣微且尰하니<br>기 미 차 종 | 정강이 발꿈치에 종기 났으니 |
| 爾勇伊何며<br>이 용 이 하 | 그대 용기 무엇하며 |
| 爲猶將多나<br>위 유 장 다 | 잔꾀를 많이 부린다 하나 |
| 爾居徒幾何오<br>이 거 도 기 하 | 너 같은 무리 얼마나 될까? |

{해설 및 감상}

모두 6장으로, 장마다 8구로 구성되어 있다. 소인들의 교묘한 참언에 상처를 입고 밀려나간 어진 선비가 임금을 풍자하여 자신의 처지를 노래한 것이라고 한다. 「모시서」에는 그 대부가 주나라 유왕(幽王)을 풍자했다는데, 여기에 나오는 군자가 유왕인지는 알 수가 없다.

{어려운 낱말}

[悠悠(유유)] : 아득히 넓은 모양. [無辜(무고)] : 죄도 허물도 없음. [泰憮(태무)] : 매우 큰 것. [讒(참)] : 참소하다. 거짓말. [遄沮(천저)] : 곧바로 막아버리다. 빨리 막다. [奕奕(혁혁)] : 높고 큰 모양. [躍躍(적적)] : 토끼가 뛰는 모양. '躍' 은 '적' 으로 읽음. [荏染(임염)] : 부드러운 모양. [行言(행언)] : 떠돌아다니는 말. [蛇蛇(이이)] : 큰소리로 세상을 속이는 모양. '蛇' 는 '이' 로 읽음. [顔之厚(안지후)] : 얼굴 두꺼운 것. [尰(종)] : 발이 붓다. 부종 병.

## 5. 하인사(何人斯) - 뭐하는 사람?

| | |
|---|---|
| 1/ 彼何人斯오<br>피 하 인 사 | 저 사람은 누구인가? |
| 其心孔艱이로다<br>기 심 공 간 | 그 마음 아주 험악하네. |
| 胡逝我梁하되<br>호 서 아 량 | 어찌하여 내 어살(漁殺)에는 가면서 |
| 不入我門고<br>불 입 아 문 | 내 집에는 들리지도 않는가? |
| 伊誰云從고<br>이 수 운 종 | 저이는 누구를 따라 가는가? |
| 維暴之云이로다<br>유 포 지 운 | 포공(暴公)을 따라간다네. |
| 2/ 二人從行에<br>이 인 종 행 | 두 사람이 함께 가는데 |
| 誰爲此禍리오<br>수 위 차 화 | 누가 이런 재앙을 만들었나? |
| 胡逝我梁에<br>호 서 아 량 | 어찌하여 내 어살엔 가면서 |
| 不入唁我리요<br>불 입 언 아 | 내게 와서 위로하지는 않는가. |
| 始者不如今이러니<br>시 자 불 여 금 | 처음에는 지금 같지 않더니 |
| 云不我可로다<br>운 불 아 가 | 나를 옳다고 하지 않는구나. |
| 3/ 彼何人斯오<br>피 하 인 사 | 저 사람은 어떤 사람인가? |

| | |
|---|---|
| 胡逝我陳고<br>호 서 아 진 | 어찌 내 뜰 앞을 지나는가? |
| 我聞其聲이나<br>아 문 기 성 | 나는 그 소리는 들었으나 |
| 不見其身이라<br>불 견 기 신 | 그의 몸은 보지 못했네. |
| 不愧于人이로되<br>불 괴 우 인 | 남에게 부끄럽지 않다지만 |
| 不畏于天인가<br>불 외 우 천 | 하늘에겐 부끄럽지 않는가? |
| 4/ 彼何人斯오<br>피 하 인 사 | 저 사람은 어떤 사람인가? |
| 其爲飄風이로다<br>기 위 표 풍 | 그는 회오리바람이로다. |
| 胡不自北이며<br>호 불 자 북 | 어찌 북쪽으로부터 아니 불고, |
| 胡不自南고<br>호 불 자 남 | 어찌 남쪽으로부터 불어오는가? |
| 胡逝我梁하고는<br>호 서 아 량 | 어찌 내 어살에 오고서는 |
| 祇攪我心이로다<br>지 교 아 심 | 다만 내 마음만 흔들어놓네. |
| 5/ 爾之安行에도<br>이 지 안 행 | 그대 천천히 다닐 적에도 |
| 亦不遑舍어니<br>역 불 황 사 | 또한 쉴 겨를이 없다더니 |
| 爾之亟行에<br>이 지 극 행 | 그대 바삐 다닐 때에도 |
| 遑脂爾車리오<br>황 지 이 거 | 그대 수레에 기름칠할 겨를은 있으랴. |

| | |
|---|---|
| 壹者之來에<br>일 자 지 래 | 한 번쯤 오면 되련만 |
| 云何其盱리오<br>운 하 기 우 | 어찌 눈 치켜뜨고 보게 하는고? |
| 6/ 爾還而入이면<br>이 환 이 입 | 그대 돌아와 들려주면 |
| 我心易也어늘<br>아 심 이 야 | 내 마음 편안해지련만 |
| 還而不入하니<br>환 이 불 입 | 돌아와서도 들리지 않으니 |
| 否難知也라<br>부 난 지 야 | 그 이유를 알지 못하겠노라. |
| 壹者之來면<br>일 자 지 래 | 한 번쯤 와준다면 |
| 俾我祇也니라<br>비 아 지 야 | 내 마음 편안하게 되리라. |
| 7/ 伯氏吹壎하고<br>백 씨 취 훈 | 맏형은 흙 나팔 불고 |
| 仲氏吹篪하고<br>중 씨 취 지 | 중형은 대 피리 불고, |
| 及爾如貫이리니<br>급 이 여 관 | 그대와 줄에 꿰듯 지내려더니 |
| 諒不我知로다<br>양 불 아 지 | 진실로 나를 몰라주도다. |
| 出此三物하여<br>출 차 삼 물 | 개, 닭, 돼지 여기 내어서 |
| 以詛爾斯하리라<br>이 조 이 사 | 그대를 저주하리라. |

| | |
|---|---|
| 8/ 爲鬼爲魊이면<br>위 귀 위 역 | 귀신이나 물여우 같으면 |
| 則不可得이라도<br>즉 불 가 득 | 가히 볼 수 없더라도 |
| 有靦面目하니<br>유 전 면 목 | 사람의 면목으로도 |
| 視人罔極이로다<br>시 인 망 극 | 남 보기에 망극하구나. |
| 作此好歌하여<br>작 차 호 가 | 이 좋은 노래를 지어 |
| 以極反側하노라<br>이 극 반 측 | 그대를 뉘우치게 함이로다. |

### {해설 및 감상}

모두 8장에 6구절로 이루어진 시편이다. 「모시」에 의하면, 주나라 포공(暴公)이란 사람이 친구인 소공(蘇公)을 참소하였고, 소공이 이 시를 지어 그를 풍자하여 절교하였다고 한다. 이 시는 친한 친구에게 모함을 받아 해를 입고 그를 풍자한 시이다.

### {어려운 낱말}

[梁(량)] : 물고기 잡으려고 막아둔 방축. 어살이라고 말함. [飄風(표풍)] : 회오리바람. [祇攪(지교)] : 흔들리다. [不遑舍(불황사)] : 내 집에 와서 머물 겨를이 없다. [壎(훈)] : 흙을 구워 만든 악기. 흙 나발. [魊(역)] : 어린 아이가 죽은 귀신. 물여우. [罔極(망극)] : 끝이 없음. [反側(반측)] : 뒤집어 바로잡다.

## 6. 항백(巷伯) - 길거리의 간사한 말

| | |
|---|---|
| 1/ 萋兮斐兮여<br>처 혜 비 혜 | 아름다운 무늬여! |
| 成是貝錦이로다<br>성 시 패 금 | 조개무늬 비단을 이루었네. |
| 彼譖人者여<br>피 참 인 자 | 저 남을 참소하는 자들이여! |
| 亦已大甚이라<br>역 이 대 심 | 또한 너무도 심하구려. |
| 2/ 哆兮侈兮여<br>치 혜 치 혜 | 입을 크게 벌려 |
| 成是南箕로다<br>성 시 남 기 | 남기(南箕) 성을 이루었네. |
| 彼譖人者여<br>피 참 인 자 | 저 참소하는 사람들이여! |
| 誰適與謀오<br>수 적 여 모 | 누구와 더불어 모의하는가? |
| 3/ 緝緝翩翩하며<br>집 집 편 편 | 간사스레 소곤거리며 |
| 謀欲譖人하니<br>모 욕 참 인 | 남을 참소하려 모의하니, |
| 愼爾言也어다<br>신 이 언 야 | 그대들 조심할지어다 |
| 謂爾不信이리라<br>위 이 불 신 | 그대를 믿지 않게 되리라. |
| 4/ 捷捷幡幡하여<br>첩 첩 번 번 | 약삭빠르게 요리조리 살피며 |

| | |
|---|---|
| 謀欲譖言이로다<br>모욕참언 | 모함하는 일 모의하도다. |
| 豈不爾受리요<br>기불이수 | 어찌 그대라고 받지 않으랴? |
| 旣其女遷하리라<br>기기여천 | 이미 너에게도 옮기리라. |
| 5/ 驕人好好어늘<br>교인호호 | 교만한 사람들은 좋아하거늘 |
| 勞人草草로다<br>노인초초 | 고생하는 사람은 고생뿐이네. |
| 蒼天蒼天이여<br>창천창천 | 푸르고 푸른 하늘이여! |
| 視彼驕人하사<br>시피교인 | 저 교만한 사람을 보시어 |
| 矜此勞人하소서<br>긍차로인 | 이 고생하는 사람들을 불쌍히 여기소서. |
| 6/ 彼譖人者여<br>피참인자 | 저 모함하는 사람들이여! |
| 誰適與謀리오<br>수적여모 | 누가 가서 그와 모의하는가? |
| 取彼譖人하여<br>취피참인 | 저 참소하는 사람들을 모아서 |
| 投畀豺虎하리라<br>투비시호 | 승냥이나 범에게 던져주리라. |
| 豺虎不食이면<br>시호불식 | 승냥이와 범이 먹지 않으면 |
| 投畀有北하라<br>투비유북 | 북쪽 땅 벌판에 던져버리라. |
| 有北不受면<br>유북불수 | 그래도 받지 않거든 |

投畀有昊하라 하늘에다 던져주리라.
투 비 유 호

7/ 楊園之道여 양원으로 가는 길이여!
양 원 지 도

猗于畝丘로다 묘구로 뻗어있네.
의 우 묘 구

寺人孟子가 사인 맹자가
사 인 맹 자

作爲此詩하니 이 시를 지으니
작 위 차 시

凡百君子는 모든 사람들은
범 백 군 자

敬而聽之어다 공경하게 들을 지로다.
경 이 청 지

{해설 및 감상}

모두 7장으로 구성된 시다. 사인 맹자란 사람이 모함을 당하여 궁형(宮刑)이란 형벌을 받아 이 시를 지었다고 한다. 항백(巷伯)이란 길의 책임을 맡은 우두머리라고 했는데, 내용에는 언급되지 않고 그 사람에 대한 간사함이 신랄하게 거론되고 있다. 이 글의 제목이 '항백(巷伯)' 인데, 그 사람을 구체적으로 거론하지 않고 호랑이에게 던져주어 죽게 하라는 말까지 퍼붓고 있다. 이 시의 끝에 가서 내시인 맹자란 사람이 이 시를 지었다 하고 밝혔다.

{어려운 낱말}

[萋菲(처비)] : '처' 는 풀이 무성한 모양이요, '비' 는 무늬가 아름다움을

말함. [貝錦(패금)] : 비단이 조개껍질같이 아름답다. [南箕(남기)] : 별의 이름. 箕는 28수의 하나. [緝緝翩翩(집집편편)] : 간사스런 모양. [捷捷幡幡(첩첩번번)] : 첩첩은 약삭빠름이요, 번번은 반복의 의미를 지님. [好好(호호)] : 매우 좋아하는 모양. [草草(초초)] : 근심스러운 모양. [楊園(양원)] : 정원의 이름. [寺人(사인)] : 내시. 거세당한 사람으로 궁인 내시. [孟子(맹자)] : 맹자는 사인(寺人)의 이름, 혹은 字.

## 7. 곡풍(谷風) - 골짝 바람

| | |
|---|---|
| 1/ 習習谷風이여<br>습 습 곡 풍 | 불어오는 습습한 골바람이여! |
| 維風及雨로다<br>유 풍 급 우 | 비바람으로 함께 내리치네. |
| 將恐將懼에<br>장 공 장 구 | 무섭고 두려운 바람 불 때에 |
| 維予與女더니<br>유 여 여 녀 | 오직 나와 너뿐이더니 |
| 將安將樂에는<br>장 안 장 락 | 편안하고 즐거울 때는 |
| 女轉棄予로다<br>여 전 기 여 | 너는 나를 버리는구나. |
| 2/ 習習谷風이여<br>습 습 곡 풍 | 불어오는 습습한 골바람이여! |
| 維風及頹로다<br>유 풍 급 퇴 | 회오리바람과 함께 부네. |

| | |
|---|---|
| 將恐將懼에는 (장공장구) | 무섭고 두려울 때는 |
| 寘予于懷더니 (치여우회) | 나를 품 안에 품어주더니 |
| 將安將樂에는 (장안장락) | 편하고 즐거울 때는 |
| 棄予如遺로다 (기여여유) | 나를 오줌똥처럼 버리도다. |

| | |
|---|---|
| 3/ 習習谷風이여 (습습곡풍) | 불어오는 습습한 골바람이여! |
| 維山崔嵬로다 (유산최외) | 드높은 산꼭대기까지 불어오네. |
| 無草不死하여 (무초불사) | 죽지 않는 풀이 없으며 |
| 無木不萎로다 (무목불위) | 시들지 않는 나무도 없도다. |
| 忘我大德이요 (망아대덕) | 나의 이 큰 덕을 잊고 |
| 思我小怨이로다 (사아소원) | 나의 작은 허물만 생각하네. |

{해설 및 감상}

3장 6구체로 구성되어 있다. 소박맞은 여인이 마음 변한 남편을 원망하며 부른 노래라고 한다. 가정이 어려울 때는 부부가 함께 힘 모아 살다가 집이 좀 부자가 되니 남자가 여자를 헌신짝처럼 버리는 것이 고대 풍습이었다. 펄벅의 대지(大地)라는 소설에 왕융이 생각나게 하는 시다.

{어려운 낱말}

[習習(습습)] : 부드러운 바람이 부는 모양. [谷風(곡풍)] : 골짝에서 불어오는 바람. [風及雨(풍급우)] : 바람과 비가 섞여 내리는 모양. [如遺(여유)] : 遺는 똥과 오줌으로 마치 대소변을 버리듯 하다. [崔嵬(최외)] : 높고 높다.

## 8. 육아(蓼莪) - 긴 다북쑥

| | |
|---|---|
| 1/ 蓼蓼者莪는 (육륙자아) | 커다랗게 자란 저 다북쑥은 |
| 匪莪伊蔚이로다 (비아이울) | 다북쑥이 아니라 약쑥이로다. |
| 哀哀父母여 (애애부모) | 슬프다 부모님이시여! |
| 生我劬勞하셨다 (생아구로) | 날 낳아 기르기에 고생하셨다. |
| 蓼蓼者莪여 (육륙자아) | 더부룩하게 자란 저 다북쑥이여! |
| 匪莪伊蔚이로다 (비아이울) | 다북쑥이 아니라 제비쑥이로다. |
| 哀哀父母여 (애애부모) | 슬프다, 부모여! |
| 生我勞瘁하셨다 (생아노췌) | 날 나으시고 병이 드셨도다. |
| 2/ 缾地罄矣여 (병지경의) | 작은 술그릇이 빈 것은 |

| | |
|---|---|
| 維罍之恥로다<br>유 뢰 지 치 | 큰 술그릇의 부끄러움이로다. |
| 鮮民之生이여<br>선 민 지 생 | 가난한 백성들의 삶이여! |
| 不如死之久矣로다<br>불 여 사 지 구 의 | 일찍 죽음만 못하도다. |
| 無父何怙며<br>무 부 하 호 | 아버지가 없으면 누굴 믿으며 |
| 無母何恃리오<br>무 모 하 시 | 어머니가 없으면 누구를 믿으리오? |
| 出則銜恤이요<br>출 즉 함 휼 | 집 밖에 나가도 걱정이요, |
| 入則靡至로다<br>입 즉 미 지 | 안에 들어오면 몸 둘 곳 몰라라. |
| 3/ 父兮生我하시고<br>부 혜 생 아 | 아버지 날 낳으시고 |
| 母兮鞠我하시니<br>모 혜 국 아 | 어머니 날 기르시니 |
| 拊我蓄我하시며<br>부 아 휵 아 | 나를 어루만져 길러주시며 |
| 長我育我하시다<br>장 아 육 아 | 나를 기르시고 감싸주셨다. |
| 顧我復我하시며<br>고 아 복 아 | 나를 돌보시기 걱정하시며 |
| 出入腹我하시다<br>출 입 복 아 | 날며 들며 돌보시고 걱정하셨다. |
| 欲報之德하니<br>욕 보 지 덕 | 그 은혜 갚고자 하니 |
| 昊天罔極이로다<br>호 천 망 극 | 하늘 같은 은혜 끝이 없어라. |

| | |
|---|---|
| 4/ 南山烈烈이요 (남 산 열 열) | 남산은 높이 솟아있고 |
| 飄風發發이라 (표 풍 발 발) | 회오리바람은 몰아치는데, |
| 民莫不穀이거늘 (민 막 불 곡) | 백성들은 무양하게 잘 살거늘 |
| 我獨何害리오 (아 독 하 해) | 나 홀로 어찌 부모 봉양 못하나? |
| 5/ 南山律律이요 (남 산 율 율) | 남산은 우뚝 솟아있고 |
| 飄風弗弗이라 (표 풍 불 불) | 회오리바람은 빠르게 부는구나! |
| 民莫不穀이거늘 (민 막 불 곡) | 못 사는 백성은 아무도 없는데 |
| 我獨不卒이로다 (아 독 부 졸) | 나만 홀로 봉양을 끝까지 못하나. |

{해설 및 감상}

모두 5장으로 1, 2, 3은 8구로 되어있고, 4, 5장은 4구로 구성되어 있다. 이 시는 백성들이 그의 부모를 끝까지 봉양 못함을 안타까워하여 노래한 것이다. 이 시를 유왕(幽王) 때의 것으로 보고 있으나 그 근거는 없다.

{어려운 낱말}

[蓼蓼(육륙)] : 길게 자란 모양. [劬勞(구로)] : 수고하셨다. [蔚] : 풀이름(울). [瘁(췌)] : 병들다. [罄(경)] : 작은 술그릇. [罍(뢰)] : 큰 술그릇. [怙

(호)] : 믿다. [銜恤(함휼)] : 근심을 지니다. [飄風(표풍)] : 회오리바람. [發發(발발)] : 몰아치는 모양. [弗弗(불불)] : 바람이 불어대다.

## 9. 대동(大東) - 동쪽나라

| | |
|---|---|
| 1/ 有饛簋飧에<br>유 몽 궤 손 | 대그릇에 담긴 음식에 |
| 有捄棘匕로다<br>유 구 극 비 | 대추나무 숟가락이로다. |
| 周道如砥하고<br>주 도 여 지 | 주나라 가는 길은 숫돌같이 평평하고 |
| 其直如矢로다<br>기 직 여 시 | 그 곧기는 화살과 같도다. |
| 君子所履요<br>군 자 소 리 | 어르신 밟고 다니는 길이요, |
| 小人所視이니<br>소 인 소 시 | 젊은 사람들은 보는 바가 되나니 |
| 睠言顧之이라<br>권 언 고 지 | 그저 뒤돌아 돌아볼 뿐이라, |
| 潸焉出涕로다<br>산 언 출 체 | 주르륵 눈물만 흘리도다. |
| 2/ 小東大東에<br>소 동 대 동 | 크고 작은 동쪽나라에 |
| 杼柚其空이로다<br>저 축 기 공 | 베틀의 북과 바디가 비어있구나. |
| 糾糾葛屨에<br>규 규 갈 구 | 거친 칡 신 신고 서리 밟고 감에 |

| | |
|---|---|
| 可以履霜고<br>가 이 리 상 | 어째서 찬서리를 밟으랴? |
| 佻佻公子가<br>조 조 공 자 | 경박하게 빨리 달리는 귀공자들이 |
| 行彼周行하여<br>행 피 주 행 | 저 한길을 가고 있는데, |
| 旣往旣來가<br>기 왕 기 래 | 오가는 그 걸음걸이 |
| 使我心疚로다<br>사 아 심 구 | 내 마음 병든 듯 아파라. |
| 3/ 有冽氿泉에<br>유 열 궤 천 | 솟아오르는 차가운 샘물에 |
| 無浸穫薪하라<br>무 침 확 신 | 베어놓은 땔나무 적시지 말라. |
| 契契寤歎하노니<br>계 계 오 탄 | 시름겨워 잠 깨어 탄식을 하노니 |
| 哀我憚人이로다<br>애 아 탄 인 | 슬퍼서 고생하는 사람들뿐이로다. |
| 薪是穫薪이면<br>신 시 확 신 | 땔나무 여기 베어다 놓으면 |
| 尚可載也며<br>상 가 재 야 | 수레에 실어갈 수도 있으며, |
| 哀我憚人이면<br>애 아 탄 인 | 우리 백성들을 불쌍히 여긴다면 |
| 亦可息也니라<br>역 가 식 야 | 또한 돌아가서 쉬어야 하느니-. |
| 4/ 東人之子는<br>동 인 지 자 | 동쪽나라 사람들은 |
| 職勞不來요<br>직 로 불 래 | 고생만 할 뿐 돌아오지 않고, |

西人之子는
서 인 지 자

서쪽 나라 사람들은

粲粲衣服이로다
찬 찬 의 복

좋은 옷만 입었구나.

舟人之子는
주 인 지 자

북방의 맥(貊)족 사람들은

熊羆是裘요
웅 비 시 구

곰 가죽 갖옷 입었고

私人之子를
사 인 지 자

그 집 하인들까지도

百僚是試로다
백 료 시 시

온갖 벼슬 다 차지하네.

5/ 或以其酒라도
혹 이 기 주

어쩌다 술이 있다 하더라도

不以其漿이며
불 이 기 장

그 간장만큼도 안 여기고

鞙鞙佩璲도
현 현 패 수

길에 떨어뜨린 패옥도

不以其長이로다
불 이 기 장

그게 좋은 것은 아니로다.

維天有漢하니
유 천 유 한

하늘에는 은하수가 있으니

監亦有光하며
감 역 유 광

보게 되면 역시 빛이 나고,

跂彼織女가
기 피 직 여

발돋움하여 바라보는 저 직녀성,

終日七襄이로다
종 일 칠 양

종일토록 일곱 번을 베틀에 오르도다.

6/ 雖則七襄이나
수 즉 칠 양

비록 일곱 번을 베틀에 올라도

| | |
|---|---|
| 不成報章하며<br>불 성 보 장 | 비단 베 한 조각 짜내지 못하고 |
| 睆彼牽牛가<br>환 피 견 우 | 반짝이는 저 견우성이 |
| 不以服箱이로다<br>불 이 복 상 | 수레 상자 한 번 끌지 못하도다. |
| 東有啓明하고<br>동 유 계 명 | 동쪽에는 샛별이 뜨고 |
| 西有長庚이라<br>서 유 장 경 | 서쪽에는 장경(長庚)성이 떴네. |
| 有捄天畢이<br>유 구 천 필 | 구부러진 천필(天畢) 성좌가 |
| 載施之行이라<br>재 시 지 행 | 줄지어 떠 있구나! |
| 7/ 維南有箕하여도<br>유 남 유 기 | 남쪽에는 기성(箕星)이 있어도 |
| 不可以簸揚하며<br>불 가 이 파 양 | 가히 키질을 할 수도 없고 |
| 維北有斗하나<br>유 북 유 두 | 북쪽에는 북두성이 있으나 |
| 不可以挹酒漿이로다<br>불 가 이 읍 주 장 | 가히 술이나 국을 뜰 수는 없네. |
| 維南有箕하니<br>유 남 유 기 | 남쪽의 기성은 |
| 載翕其舌이며<br>재 흡 기 설 | 혀로써 빨아들일 것 같고, |
| 維北有斗하니<br>유 북 유 두 | 북에는 북두칠성이 있으니 |
| 西柄之揭로다<br>서 병 지 게 | 서쪽에서 자루 들고 있도다. |

{해설 및 감상}

모두 7장의 시로, 장마다 8구체로 형성되어 있다. 동쪽의 여러 나라들이 서쪽 주나라 왕실과의 차별 대우와 과중한 부역을 원망하여 지은 시라고 한다. 동쪽나라 사람들은 은나라 주왕(紂王)을 멸망시키고 나라가 패망한 은나라의 유민으로 이들의 저항이라 볼 수 있다. 그래서 동서란 말이 나오고, 심지어는 하늘의 북두성과 기성(箕星)의 이야기까지 나온 것이다.

{어려운 낱말}

[簋飧(궤손)] : 그릇에 담긴 밥. [棘匕(극비)] : 대추나무 주걱. [潸(산)] : 눈물을 흘리다. [葛屨(갈구)] : 칡으로 만든 신발. [履霜(이상)] : 서리를 밟다. [佻佻(조조)] : 홀로 가는 모양. [契契(계계)] : 근심하고 괴로워함. [粲粲(찬찬)] : 선명한 모습. 아름다움. [熊羆(웅비)] : 곰. [鞙鞙(현현)] : 노리개를 길게 늘어뜨린 모양. 긴 모양. [啓明(계명)] : 금성, 샛별. [長庚(장경)] : 금성을 말함. [箕(기)] : 별 이름. 28수 중의 하나. [斗(두)] : 북두칠성. [西柄(서병)] : 남두성의 자루.

## 10. 사월(四月) - 4월

| | |
|---|---|
| 1/ 四月維夏더니<br>사 월 유 하 | 4월, 여름이 시작되더니 |
| 六月徂暑니라<br>유 월 조 서 | 6월에는 더위가 한창이네. |

先祖匪人가 조상님은 사람이 아니던가,
선 조 비 인

胡寧忍予리오 어찌 나를 잔인하게 하느뇨?
호 녕 인 여

2/ 秋日凄凄하니 가을날이 서늘해지니
추 일 처 처

百卉具腓로다 초목들이 모두 시들도다.
백 훼 구 비

亂離瘼矣하니 난리와 근심으로 병이 깊으니
난 리 막 의

爰其適歸리오 그 어디로 돌아가야 하리요.
원 기 적 귀

3/ 冬日烈烈하니 겨울이 매우 추우니
동 일 열 렬

飄風發發이로다 회오리바람, 사납게 몰아치도다.
표 풍 발 발

民莫不穀하거늘 백성들은 잘들 사는데
민 막 불 곡

我獨何害리오 어찌 나 홀로 해로움을 당하는가?
아 독 하 해

4/ 山有嘉卉하고 산에는 아름다운 초목이 있고,
산 유 가 훼

侯栗侯梅로다 밤나무 매화나무로다.
후 율 후 매

廢爲殘賊하니 마음 변하여 남을 해치니
폐 위 잔 적

莫知其尤라 그의 허물은 알지 못하네.
막 지 기 우

| | |
|---|---|
| 5/ 相彼泉水하니<br>상 피 천 수 | 저 샘물을 보아하니 |
| 載清載濁이로다<br>재 청 재 탁 | 맑기도 흐리기도 하는구나. |
| 我日構禍하니<br>아 일 구 화 | 나에는 날마다 재앙이 닥치는데 |
| 曷云能穀이오<br>갈 운 능 곡 | 언제나 잘 살 수 있을꼬? |
| 6/ 滔滔江漢이여<br>도 도 강 한 | 넘실거리는 한수와 강수는 |
| 南國之紀니라<br>남 국 지 기 | 남국으로 흐르는 벼리가 되네. |
| 盡瘁以仕어늘<br>진 췌 이 사 | 죽도록 힘을 다해 봉사했거늘 |
| 寧莫我有리오<br>녕 막 아 유 | 어찌하여 나와 잘 지내지 않는가? |
| 7/ 匪鶉匪鳶이<br>비 순 비 연 | 메추라기도 솔개도 아닌 것이 |
| 翰飛戾天이요<br>한 비 여 천 | 하늘 높이 날아오르고 |
| 匪鱣匪鮪가<br>비 전 비 유 | 철갑상어와 다랑어가 |
| 潛逃于淵이로다<br>잠 도 우 연 | 물속 깊이 살고 있도다. |
| 8/ 山有蕨薇하고<br>산 유 궐 미 | 산에는 고사리와 고비가 있고 |
| 隰有杞桋로다<br>습 유 기 이 | 습지에는 구기자와 사시목도 있네. |

君子作歌하여　　군자는 노래지어서
군 자 작 가

維以告哀하노라　　이 슬픔을 읊고 있노라.
유 이 고 애

{해설 및 감상}

모두 8장에 각 장마다 4구절로 구성되어 있다. 동서의 백성들을 차별대우하는 것에 대한 반발의식으로 여러 가지 어려움을 당하여 구차한 생활을 역겨워하여 그 생활의 상처를 노래하고 있다. 각 장에서 앞에 2구절은 자연이나 강하(江河)의 도도함을 빌어 자기의 심정을 노래하고 있다.

{어려운 낱말}

[維夏(유하)] : 여름이 시작되다. [淒淒(처처)] : 으스스하고 서늘한 바람. [莫不穀(막불곡)] : 잘 살고 있음. [卉(훼)] : 풀. [紀(기)] : 벼리. [翰飛戾天(한비여천)] : 새들은 하늘 높이 날다. 「鳶飛於天(연비어천), 魚躍于淵(어약우연)」이란 말이 있음. [潛逃(잠도)] : 물속에 숨다. [蕨薇(궐미)] : 고사리.

제6장

# 북산(北山)

부역(賦役)이란 말이 있다. 이 부역은 나라의 노력동원의 하나이다. 이 부역이 행역(行役)이다. 병역(兵役)이 바로 행역이었다. 나라에서 행역을 하는데, 공평하지 못하고 혼자 나라의 부역에 나가 고생하면 그동안에 부모에 대한 봉양을 하지 못함을 한탄하게 되어 이 시를 쓰게 되었다. 이것이 백성들의 원망의 소리였다.

저 북쪽 산에 올라서
구기자를 따도다.
씩씩한 사나이는
아침저녁으로 일을 하고,
나랏일을 소홀히 할 수 없어
부모님을 걱정하도다.

## 1. 북산(北山) - 북쪽 산

1/ 陟彼北山하여 — 저 북쪽 산에 올라서
척 피 북 산

言采其杞로다 — 구기자를 따도다.
언 채 기 기

偕偕士子는 — 씩씩한 사나이는
해 해 사 자

朝夕從事하고 — 아침저녁으로 일을 하고,
조 석 종 사

王事靡盬하여 — 나랏일을 소홀히 할 수 없어
왕 사 미 고

憂我父母로다 — 부모님이 걱정하도다.
우 아 부 모

2/ 溥天之下에 — 이 넓은 하늘 아래에
부 천 지 하

莫非王土하며 — 임금님의 땅이 아님이 없고,
막 비 왕 토

率土之濱이 — 모든 땅의 그 누구도
솔 토 지 빈

莫非王臣이거늘 — 모두 임금의 신하 아님이 없거늘
막 비 왕 신

大夫不均하여 — 대부들을 골고루 쓰지 않아서
대 부 불 균

我從事獨賢이로다 — 나만 일하느라 홀로 수고롭네.
아 종 사 독 현

3/ 四牡彭彭하나 — 4필에 말이 달리고 또 달려도
사 모 방 방

| | |
|---|---|
| 王事彭彭이로다<br>왕 사 방 방 | 나랏일은 끝남이 없구나. |
| 嘉我未老하여<br>가 아 미 노 | 내 늙지 않음을 아름답게 여겨 |
| 鮮我方將이라<br>선 아 방 장 | 지금 바로 한창이라네. |
| 旅力方剛이여<br>여 력 방 강 | 나의 힘, 이에 강건함이여! |
| 經營四方이로다<br>경 영 사 방 | 온 나라를 경영하리로다. |
| 4/ 或燕燕居息이거늘<br>혹 연 연 거 식 | 어떤 이는 편히 쉬고 있는데 |
| 或盡瘁事國하며<br>혹 진 췌 사 국 | 어떤 이는 온갖 고생으로 나랏일하고, |
| 或息偃在牀이거늘<br>혹 식 언 재 상 | 어떤 이는 침상에 누워 쉬는데 |
| 或不已于行이로다<br>혹 불 이 우 행 | 어떤 이는 쉬지 않고 돌아다니네. |
| 5/ 或不知叫號하거늘<br>혹 부 지 규 호 | 어떤 이는 부르짖음도 모르거늘 |
| 或慘慘劬勞하며<br>혹 참 참 구 로 | 어떤 이는 처참하게 고생만 하고, |
| 或棲遲偃仰이거늘<br>혹 서 지 언 앙 | 어떤 이는 편안하게 뒹굴고 사는데 |
| 或王事鞅掌이로다<br>혹 왕 사 앙 장 | 어떤 이는 나랏일에 여념이 없도다. |
| 6/ 或湛樂飮酒하고<br>혹 담 락 음 주 | 어떤 이는 술을 마시고 |

或慘慘畏咎하며　　어떤 이는 허물 쓸까 마음 조이며,
혹 참 참 외 구

或出入風議하고　　어떤 이는 들락날락 수군거리고
혹 출 입 풍 의

或靡事不爲로다　　어떤 이는 하지 않는 일 없이 다하네.
혹 미 사 불 위

{해설 및 감상}

모두 6장에서 3장까지는 장마다 6구절이요, 4장 이후는 장마다 4구로 구성되어 있다. 제목이 '북산'이지만, 내용은 세상일이 고르지 못하여 홀로 나랏일을 하는 사람이 있는가 하면, 어떤 이는 핑핑 놀면서 지나는 꼴이 한탄스럽다고 했다. 대부가 국가의 일에 종사하면서 바르지 못한 일이 너무 많아서 그것을 꼬집어 이 시를 썼다고 한다.

{어려운 낱말}

[陟(척)] : 오르다. [偕偕(해해)] : 씩씩한. [靡盬(미고)] : 그침 없음. [彭彭(방방)] : 그치지 않는 모양. [偃仰(언앙)] : 이리저리 뒹굴며 편히 지내는 것. [鞅掌(앙장)] : 짐을 지고 물건을 들고 다닌다는 뜻. [畏咎(외구)] : 일을 잘못하여 죄를 짓지 않을까 두려워함.

## 2. 무장대거(無將大車) - 큰 수레를 끌지 말라

1/ 無將大車하라　　큰 수레를 몰지 말라,
무 장 대 거

| | |
|---|---|
| 祇自塵兮리라<br>지 자 진 혜 | 다만 스스로 먼지나 쓰리라. |
| 無思百憂하라<br>무 사 백 우 | 온갖 걱정 생각마라, |
| 祇自疷兮리라<br>지 자 저 혜 | 다만 스스로 병만 만들 뿐이다. |

| | |
|---|---|
| 2/ 無將大車하라<br>무 장 대 거 | 큰 수레를 몰지 마라, |
| 維塵冥冥하리라<br>유 진 명 명 | 먼지만 더욱 자욱하리라. |
| 無思百憂어다<br>무 사 백 우 | 온갖 걱정 생각지 마라, |
| 不出于熲이리라<br>불 출 우 경 | 근심 걱정에서 헤어나지 못하리라. |

| | |
|---|---|
| 3/ 無將大車하라<br>무 장 대 거 | 큰 수레를 몰지 마라, |
| 維塵雝兮리라<br>유 진 옹 혜 | 먼지만 덮어쓰리라. |
| 無思百憂어다<br>무 사 백 우 | 온갖 걱정 생각하지 마라, |
| 祇自重兮리라<br>지 자 중 혜 | 다만 마음만 더욱 무거우리라. |

{해설 및 감상}

3장으로 4구씩 정형을 이루고 있다. 어진 대부가 소인과 함께 일하는 것을 뉘우치는 시라고 했고, 국가의 부역에 동원되어 괴로움이 심한 것을 근심하여 지은 시라고 했다. 첫 구절마다 큰 수레를 타지 말라는 권고와 함께 그 결과에 대해서도 분명히 지적하고 있다. 큰 수레는 높은 지위를 말하는 것 같고, 높은 지위에 있으면 그만큼 돌아오는 결과도 좋지 않다고 분명히 말하고 있다.

{어려운 낱말}

[將大車(장대거)] : 장은 몰고 간다는 뜻이요, 대거는 큰 수레를 말한다. [祇(지)] : 글자는 '공경(지)' 이지만, 나는 다만(只)으로 풀이했다. [百憂(백우)] : 여러 가지 근심. [冥冥(명명)] : 자욱하게 먼지가 나는 모양. [熲(경)] : 마음이 불안한 상태. 경경(耿耿)하다. [雍(옹)] : 가리다. 덮어쓰다.

## 3. 소명(小明) - 밝은 하늘

| | |
|---|---|
| 1/ 明明上天이 (명명상천) | 밝고 밝은 하늘이 |
| 照臨下土로다 (조림하토) | 하늘 아래 온 천지를 비추도다. |
| 我征徂西하여 (아정조서) | 나는 서쪽으로 종군하여 가니 |
| 至于艽野로다 (지우구야) | 거친 끝 변방에 이르렀네. |
| 二月初吉하여 (이월초길) | 2월 초하룻날 집을 떠나 |
| 載離寒暑로다 (재리한서) | 어느덧 여름 가고 겨울이 왔네. |

| | |
|---|---|
| 心之憂矣이여<br>심 지 우 의 | 마음의 시름이여! |
| 其毒大苦로다<br>기 독 대 고 | 마치 독약처럼 너무나 쓰구나. |
| 念彼共人하니<br>념 피 공 인 | 저 고향 벗을 생각하니 |
| 涕零如雨하니<br>체 령 여 우 | 눈물이 비 오듯 하니 |
| 豈不懷歸리오<br>기 불 회 귀 | 어찌 돌아갈 마음이 없으리오, |
| 畏此罪罟로다<br>외 차 죄 고 | 지은 죄의 그물이 두렵다네. |

| | |
|---|---|
| 2/ 昔我往矣에는<br>석 아 왕 의 | 옛날 나 떠나올 때는 |
| 日月方除러니<br>일 월 방 제 | 세월이 바야흐로 봄이었더니 |
| 曷云其還고<br>갈 운 기 환 | 언제 돌아갈까? |
| 歲聿云莫이로다<br>세 율 운 막 | 이 해도 다 저물었네. |
| 念我獨兮여<br>념 아 독 혜 | 이 외로움을 생각하니 |
| 我事孔庶로다<br>아 사 공 서 | 나의 일이 너무도 많구나. |
| 心之憂矣여<br>심 지 우 의 | 마음의 시름이여! |
| 憚我不暇로다<br>탄 아 불 가 | 시달림에 쉴 겨를이 없구나. |
| 念彼共人하고<br>념 피 공 인 | 저 고향의 벗을 생각하고 |

| | |
|---|---|
| 睠睠懷顧로다<br>권 권 회 고 | 돌이켜 생각하니 그리워지네. |
| 豈不懷歸리오<br>기 불 회 귀 | 어찌 돌아갈 마음이 없으랴. |
| 畏此譴怒니라<br>외 차 견 노 | 오로지 죄책이 두려울 뿐이로다. |
| 3/ 昔我往矣에는<br>석 아 왕 의 | 옛날 나 떠나올 때에는 |
| 日月方奧더니<br>일 월 방 오 | 따뜻한 봄날이었는데 |
| 曷云其還고<br>갈 운 기 환 | 어느 날 다시 돌아갈까? |
| 政事愈蹙이로다<br>정 사 유 축 | 나랏일만 더욱더 다급하도다. |
| 歲聿云莫이라<br>세 율 운 막 | 어느새 이 해도 저물어가고 |
| 采蕭穫菽하리라<br>채 소 확 숙 | 쑥도 캐고 콩도 수확하리라. |
| 心之憂矣여<br>심 지 우 의 | 마음속이 시름이여! |
| 自詒伊戚이로다<br>자 이 이 척 | 스스로 이런저런 생각하게 하네. |
| 念彼共人하며<br>념 피 공 인 | 저 고향 사람 생각하며 |
| 興言出宿이로다<br>흥 언 출 숙 | 일어나서 이 밤을 지새우리로다. |
| 豈不懷歸리요<br>기 불 회 귀 | 어찌 돌아갈 생각 없으랴, |
| 畏此反覆이로다<br>외 차 반 복 | 억울한 생각 누명쓸까 두렵구나. |

| | |
|---|---|
| 4/ 嗟爾君子는 (차이군자) | 아, 그대 친구들이여! |
| 無恒安處하라 (무항안처) | 항상 평안히 쉬려 하지 말라. |
| 靖共爾位하여 (정공이위) | 그대 자리 삼가 받들어 |
| 正直是與하리라 (정직시여) | 마음 곧은 사람과 함께하리라. |
| 神之聽之면 (신지청지) | 신께서 이것 들으시면 |
| 式穀以女하리라 (식곡이녀) | 너에게 좋은 복을 주시리라. |

| | |
|---|---|
| 5/ 嗟爾君子는 (차이군자) | 아, 이 땅의 군자들이여! |
| 無恒安息하라 (무항안식) | 항상 편히 쉬려 하지 말라. |
| 靖共爾位하여 (정공이위) | 그대 맡은 일에 힘을 다하여 |
| 好是正直하라 (호시정직) | 정직한 사람 가까이하라. |
| 神之聽之하여 (신지청지) | 신께서 이를 들으시고 |
| 介爾景福하리라 (개이경복) | 너에게 큰 복을 내리리라. |

{해설 및 감상}

모두 5장에 1, 2, 3장은 12행이요, 4, 5장은 장마다 6행으로 구성되어있다. 첫머리에 명명상천(明明上天)이 나오는데, 하늘에 호소하는 내용으로 주나라 대부가 서쪽으로 종군하여 일 년이 다 가도록 돌아오지 못하여 하늘에 호소하는 내용으로 지은 시다. 구구절절이 돌아가고 싶다는 낱말이 나오는데, 돌아가지 못하는 안타까움이 전편에 나타나 있다.

{어려운 낱말}

[初吉(초길)] : 초하루. [共人(공인)] : 고향 친구들. [除(제)] : 제야(除夜)로 송구영신을 뜻함. [睠睠(권권)] : 돌아가는 것, 두려워하는 모양. [譴怒(견노)] : 견책. 꾸짖다. [反覆(반복)] : 한쪽으로 기울어짐. [穀(곡)] : 복록.

## 4. 고종(鼓鍾) - 종을 치다

| | |
|---|---|
| 1/ 鼓鍾將將하고<br>고 종 장 장 | 북소리 덩덩 울리고 |
| 淮水湯湯이라<br>회 수 탕 탕 | 회수는 넘실거린다. |
| 憂心且傷하오니<br>우 심 차 상 | 시름하는 마음 아파오나니 |
| 淑人君子여<br>숙 인 군 자 | 숙녀와 군자들이여! |
| 懷允不忘이로다<br>회 윤 불 망 | 마음속 진실을 잊을 길 없도다. |
| 2/ 鼓鍾喈喈하고<br>고 종 개 개 | 북소리 덩덩 울리고 |

| | |
|---|---|
| 淮水湝湝로다<br>회 수 개 개 | 회수는 늠름하게 흐른다. |
| 憂心且悲하니<br>우 심 차 비 | 시름에 겨워 슬퍼지나니 |
| 淑人君子여<br>숙 인 군 자 | 숙녀와 군자들이여! |
| 其德不回로다<br>기 덕 불 회 | 그 덕이 남과 다르도다. |
| 3/ 鼓鍾伐鼛하고<br>고 종 벌 고 | 쇠북 치고 큰북 울리고 |
| 淮有三洲하니<br>회 유 삼 주 | 회수는 삼주로 흘러드니 |
| 憂心且妯이로다<br>우 심 차 축 | 근심하는 마음 더욱 어지럽네. |
| 淑人君子여<br>숙 인 군 자 | 숙녀와 군자들이여! |
| 其德不猶로다<br>기 덕 불 유 | 그 덕이 어디 아니 미치랴. |
| 4/ 鼓鍾欽欽하고<br>고 종 흠 흠 | 소북소리 덩덩거리고 |
| 鼓瑟鼓琴이로다<br>고 슬 고 금 | 북소리 비파소리로다. |
| 笙磬同音하니<br>생 경 동 음 | 생황과 경쇠도 함께 어울리니, |
| 以雅以南하며<br>이 아 이 남 | 아(雅)와 남(南)을 연주하고 |
| 以籥不僭이로다<br>이 약 불 참 | 피리도 함께 부니 잘도 어울리는구나. |

{해설 및 감상}

모두 4장으로 5구절씩으로 구성되었다. 첫 구절부터 종고지락(鐘鼓之樂)을 이야기하고 있다. 예부터 이 종고지락은 야외에서 하지 않는 것을, 여기에서는 삼주(三洲)가에서 연주하는 것이기 때문에 이것은 예(禮)가 아님을 비방하는 내용이라고 했다.

{어려운 낱말}

[將將(장장)] : 쇠북을 치는 소리, 즉 종소리이다. [淮水湯湯(회수탕탕)] : 회수는 하남성 동으로 흐르는 강. 탕탕은 강물이 굽이쳐 흐르는 모양. [淑人君子(숙인군자)] : 숙녀와 군자. [鼓鍾喈喈(고종개개)] : 종을 치는 소리. [伐鼛(벌고)] : 큰북을 치다. 벌은 '치다' 요, 고(鼛)는 '큰북' 을 말함. [三洲(삼주)] : 회수가의 모래섬이 3개가 있었는데, 이것을 삼주라 했다. [欽欽(흠흠)] : 종을 치는 소리. [笙磬(생경)] : 생과 경을 말함.

## 5. 초자(楚茨) - 더부룩한 가시

1/ 楚楚者茨는 (초초자자) — 더부룩한 사시나무에는
言抽其棘이로다 (언추기극) — 가시가 송송 났구나.
自昔何爲요 (자석하위) — 예부터 무얼 하였나?
我蓺黍稷이라 (아예서직) — 메기장과 찰기장을 심었지.

| | |
|---|---|
| 我黍與與며<br>아 서 여 여 | 메기장도 무성하고 |
| 我稷翼翼하여<br>아 직 익 익 | 차기장도 우거져서 |
| 我倉旣盈하며<br>아 창 기 영 | 창고도 가득 차고 |
| 我庾維億이로다<br>아 유 유 억 | 노적갈이 산더미 같구나. |
| 以爲酒食하여<br>이 위 주 식 | 주식을 장만하여 |
| 以享以祀하며<br>이 향 이 사 | 제물 차려 제사 지내며 |
| 以妥以侑하니<br>이 타 이 유 | 신주를 안치하고 술을 올리니 |
| 以介景福이로다<br>이 개 경 복 | 큰 복 내리기를 빌고 빌도다. |
| 2/ 濟濟蹌蹌하며<br>제 제 창 창 | 여럿이 왔다 갔다 하며 |
| 絜爾牛羊하여<br>결 이 우 양 | 소와 양 정결하게 잡아 |
| 以往烝嘗하니<br>이 왕 증 상 | 제사를 지내러 가니 |
| 或剝或亨하며<br>혹 박 혹 형 | 과일 깎고 고기 삶으며 |
| 或肆或將이로다<br>혹 사 혹 장 | 벌려놓기도 하고 바치기도 하네. |
| 祝祭于祊하니<br>축 제 우 팽 | 축관이 사당 안에 제사 지내니 |
| 祀事孔明하다<br>사 사 공 명 | 제사가 잘 진행되었구나. |

| | |
|---|---|
| 先祖是皇하여<br>선 조 시 황 | 선조들 돌아오시어 |
| 神保是饗이시니<br>신 보 시 향 | 선조의 신이 제사를 잡수시니 |
| 孝孫有慶하여<br>효 손 유 경 | 효성 있는 후손들이 복이 있어서 |
| 報以介福하니<br>보 이 개 복 | 큰 복을 보답으로 받으니 |
| 萬壽無疆이로다<br>만 수 무 강 | 만수를 누릴 것이로다. |

| | |
|---|---|
| 3/ 執爨踖踖하여<br>집 찬 적 적 | 날렵하게 음식 만들고 |
| 爲俎孔碩하며<br>위 조 공 석 | 제기에 큰 짐승 잡아 담아놓으며 |
| 或燔或炙하며<br>혹 번 혹 자 | 굽기도 하고 지지기도 하며 |
| 君婦莫莫하며<br>군 부 막 막 | 주부는 공경히 움직이며, |
| 爲豆孔庶하니<br>위 두 공 서 | 음식이 매우 많으니 |
| 爲賓爲客이로다<br>위 빈 위 객 | 손님 위한 것이로다. |
| 獻酬交錯하니<br>헌 수 교 착 | 술잔 서로 주고받으니 |
| 禮儀卒度하며<br>예 의 졸 도 | 예의 모두 법도에 맞고 |
| 笑語卒獲하니<br>소 어 졸 획 | 웃고 얘기하며 모두가 화합하니 |
| 神保是格하소서<br>신 보 시 격 | 조상신이여 내려오소서. |

| | |
|---|---|
| 報以介福하시니<br>보 이 개 복 | 큰 복 내려주시니 |
| 萬壽攸酢로다<br>만 수 유 초 | 만수무강하리로다. |
| 4/ 我孔熯矣하니<br>아 공 한 의 | 매우 삼가 하니 |
| 式禮莫愆일새<br>식 례 막 건 | 예의에 어긋남이 없을 것일세. |
| 工祝致告하되<br>공 축 치 고 | 축관이 축문을 드리되 |
| 徂賚孝孫하시며<br>조 뢰 효 손 | 효성스런 자손에게 복 내려주시며 |
| 苾芬孝祀하니<br>필 분 효 사 | 향 피우고 제사 올리니 |
| 神嗜飲食하여<br>신 기 음 식 | 조상신은 음식을 즐기시고 |
| 卜爾百福하되<br>복 이 백 복 | 여러 가지 복을 주시되 |
| 如幾如式이라<br>여 기 여 식 | 바라는 대로 법대로 내려주시네. |
| 既齊既稷이며<br>기 제 기 직 | 공경스럽고 날렵하며 |
| 既匡既勑로다<br>기 광 기 래 | 올바르고 정제하게 제사 지내도다. |
| 永錫爾極하되<br>영 석 이 극 | 오래도록 복 내리심을 |
| 時萬時億이로다<br>시 만 시 억 | 수없이 많이 이루시도다. |
| 5/ 禮儀既備하며<br>예 의 기 비 | 예의 다 갖추고 |

| | |
|---|---|
| 鍾鼓旣戒하여<br>종 고 기 계 | 악기도 모두 갖추어 연주하며 |
| 孝孫徂位하니<br>효 손 조 위 | 효성 있는 자손이 자리에 드니 |
| 工祝致告로다<br>공 축 치 고 | 축관이 축문을 올리도다. |
| 神具醉止라<br>신 구 취 지 | 신들이 모두 취하여 |
| 皇尸載起하여<br>황 시 재 기 | 신주가 자리에서 일어나서 |
| 鼓鍾送尸하네<br>고 종 송 시 | 풍악 울리며 신을 전송하네. |
| 神保聿歸로다<br>신 보 율 귀 | 신들도 마침내 돌아가시도다. |
| 諸宰君婦가<br>제 재 군 부 | 여러 사람들과 주부가 |
| 廢徹不遲하니<br>폐 철 부 지 | 빨리 제상을 물리니 |
| 諸父兄弟가<br>제 부 형 제 | 모든 부형과 형제들은 |
| 備言燕私로다<br>비 언 연 사 | 모두 모여서 잔치를 벌이네. |

| | |
|---|---|
| 6/ 樂具入奏하여<br>낙 구 입 주 | 악기 모두 들여와서 연주하여 |
| 以綏後祿이로다<br>이 수 후 록 | 편안히 복을 누리도다. |
| 爾殽旣將하니<br>이 효 기 장 | 안주도 모두 들여 나아오니 |
| 莫怨具慶이라<br>막 원 구 경 | 아무 한없이 모두 즐기네. |

| | |
|---|---|
| 旣醉旣飽하여<br>기 취 기 포 | 모두 취하고 배불린 다음에 |
| 小大稽首로다<br>소 대 계 수 | 아래위 사람 모두 함께 절하네. |
| 神嗜飮食하여<br>신 기 음 식 | 신이 음식을 즐기시고 |
| 使君壽考로다<br>사 군 수 고 | 자손들 오래오래 살게 하시네. |
| 孔惠孔時하여<br>공 혜 공 시 | 매우 잘하고 매우 알맞게 |
| 維其盡之하니<br>유 기 진 지 | 온갖 예를 다하니 |
| 子子孫孫이<br>자 자 손 손 | 자자손손 대를 이어 |
| 勿替引之로다<br>물 체 인 지 | 그 뜻 바꾸지 말고 오래하시길-. |

{해설 및 감상}

모두 6장의 시로, 12행의 장시로 매우 긴 것이 특징이다. 아주 정연하게 제사 지내는 예의(祭禮)를 통하여 조상의 은덕을 구하려는 동양의 전통적인 기복(祈福) 행사라고 할 수 있다. 우리는 제사를 통하여 조상을 추모하는 것이 제사의 의의이지만, 여기서는 제사를 통하여 복을 받고 온 집안 형제 자손들이 화합과 화목을 느끼는 과정이라 생각하고 있다.

{어려운 낱말}

[楚楚(초초)] : 무성하고 빽빽한 모양. [黍稷(서직)] : 기장과 피. 黍는 메기장이요, 稷은 차기장이라고 했음. [翼翼(익익)] : 번성한 모양. [倉,庾(창,

유)] : 모두 창고를 말함. [濟濟蹌蹌(제제창창)] : 여러 사람이 왔다 갔다 하는 모양. [踖踖(적적)] : 빨리 움직이는 모양. [燔炙(번자)] : 굽고 지지다. [苾芬(필분)] : 향을 피우다. [鍾鼓(종고)] : 북 치고 종을 울리다. [皇尸(황시)] : 조상의 신주. [廢徹(폐철)] : 제상을 물림. [稽首(계수)] : 머리를 조아려 절을 올리다. [勿替(물체)] : 버리거나 바꾸지 않음.

## 6. 신남산(信南山) - 뻗어나간 남산

| | |
|---|---|
| 1/ 信彼南山은 (신피남산) | 길게 뻗어나간 저 남산은 |
| 維禹甸之로다 (유우전지) | 옛날 우임금이 다스린 곳, |
| 畇畇原隰을 (윤윤원습) | 언덕과 들판을 잘 일구어 |
| 曾孫田之라 (증손전지) | 후손들이 농사를 지었네. |
| 我疆我理하니 (아강아리) | 경계를 정하고 정돈하여 |
| 南東其畝로다 (남동기무) | 남동으로 이랑이 뻗었구나. |
| 2/ 上天同雲하고 (상천동운) | 하늘은 구름이 온통 덮이고 |
| 雨雪雰雰이로다 (우설분분) | 눈비가 펄펄 내리도다. |
| 益之以霢霂하니 (익지이맥목) | 더하여 부슬비 부슬부슬 내리니 |

| | |
|---|---|
| 既優既渥이로다<br>기 우 기 악 | 온 땅을 촉촉이 적시도다. |
| 既霑既足하니<br>기 점 기 족 | 비 흠뻑 풍족히 내리니 |
| 生我百穀이로다<br>생 아 백 곡 | 나의 온갖 곡식 자라게 되도다. |
| 3/ 疆埸翼翼하고<br>강 역 익 익 | 밭의 경계가 가지런하고 |
| 黍稷彧彧이라<br>서 직 욱 욱 | 메기장과 찰기장이 무성하구나. |
| 曾孫之穡하여<br>증 손 지 색 | 증손자가 이를 거두어 |
| 以爲酒食하여<br>이 위 주 식 | 술 빚고 음식을 만들어 |
| 畀我尸賓하니<br>비 아 시 빈 | 신주와 손님을 접대하니 |
| 壽考萬年이로다<br>수 고 만 년 | 만년토록 살게 되리라. |
| 4/ 中田有廬하니<br>중 전 유 려 | 밭 가운데 움막이 있으니 |
| 疆場有瓜로다<br>강 장 유 과 | 그 경계에는 오이가 열렸네. |
| 是剝是菹하여<br>시 박 시 저 | 껍질 벗겨 김치 담고 |
| 獻之皇祖하리니<br>헌 지 황 조 | 조상께 바치리니 |
| 曾孫壽考하고<br>증 손 수 고 | 증손자는 수를 누려 오래 살겠고 |
| 受天之祜로다<br>수 천 지 호 | 하늘의 복을 받게 되리라. |

5/ 祭以清酒하고 청주로써 제사를 지내고
제 이 청 주

從以騂牡하여 붉은 수소를 제물로 하여
종 이 성 모

享于祖考하니 조상님께 바치려 하니
향 우 조 고

執其鸞刀하고 방울 달린 칼을 손에 잡고
집 기 란 도

以啓其毛하고 털을 벗기고 피를 뽑아
이 계 기 모

生我百穀이로다 피와 기름기를 받아내네.
생 아 백 곡

6/ 是烝是享하니 이에 제사 지내고 이에 흠향하니
시 증 시 향

苾苾芬芬하여 향기가 높이 피어올라서
필 필 분 분

祀事孔明하니 제사 지냄이 잘 갖추어지니,
사 사 공 명

先祖是皇하여 선조의 제사를 잘 지내서
선 조 시 황

報以介福하니 큰 복으로 갚으시니
보 이 개 복

萬壽無疆이로다 만수무강 하오리다.
만 수 무 강

{해설 및 감상}

모두 6장에 장마다 6구절로 형성되어 있다. 앞장의 '초자자(楚者子)'와 같이 제사를 올리는 내용으로 구성하고 있다. 조상께 제사를 올리는 것은, 복을 받기 위함이라고 했다. 그래서 제사는 정성껏 푸짐한 음식으로 조상의 복을 비는 것이기 때문에 풍성하게 정성껏 해야 한다는 것을 은연 중에 나타내고 있다. 그래야 조상의 복을 받아 만수무강할 수 있다고 했다.

{어려운 낱말}

[信南山(신남산)] : 길게 뻗어나간 남산. 여기서 信은 伸과 통한다. [畇畇(윤윤)] : 밭을 개간해 놓은 모양. [霢霂(맥목)] : 비가 부슬부슬 내리는 모양. [疆埸(강역)] : 국경, 경계. '埸' 은 '역' 으로 읽음. [翼翼(익익)] : 가지런하게 정돈된 모양. [彧彧(욱욱)] : 무성하다. [騂牡(성모)] : 털이 붉은 수소. [苾苾芬芬(필필분분)] : 향기가 그윽이 피어오르다. [祀事孔明(사사공명)] : 제사를 잘 지내다. [介福(개복)] : 복 내려주기를 기원함. '介' 는 '빌다' 이다.

## 7. 보전(甫田) - 큰 밭이여!

| | |
|---|---|
| 1/ 倬彼甫田이여<br>탁 피 보 전 | 저 크고 넓은 밭이여! |
| 歲取十千이라<br>세 취 십 천 | 한 해에 많은 수확이 있었네. |
| 我取其陳하여<br>아 취 기 진 | 나는 그 묵은 곡식 가져다가 |
| 食我農人하리니<br>식 아 농 인 | 우리 농부들께 먹이리니 |

| | |
|---|---|
| 自古有年이로다<br>자 고 유 년 | 예부터 계속 풍년이 들도다. |
| 今適南畝하니<br>금 적 남 무 | 이제 남쪽 밭에 가니 |
| 或耘或耔로다<br>혹 운 혹 자 | 혹은 김 메고, 혹은 북돋우도다. |
| 黍稷薿薿어늘<br>서 직 의 의 | 메기장과 찰기장이 무성히 자라거늘 |
| 攸介攸止에<br>유 개 유 지 | 크게 자라 익으면 |
| 烝我髦士하리라<br>증 아 모 사 | 뛰어난 농민을 대접하리라. |
| 2/ 以我齊明하여<br>이 아 제 명 | 이 서속으로 수북이 담아서 |
| 與我犧羊으로<br>여 아 희 양 | 나의 희생양을 잡아 |
| 以社以方하리라<br>이 사 이 방 | 사신과 방신에 제사 지내리라. |
| 我田其臧이<br>아 전 기 장 | 우리 밭 좋은 것이 |
| 農夫之慶이로다<br>농 부 지 경 | 농부들의 복이로다. |
| 琴瑟擊鼓하여<br>금 슬 격 고 | 거문고 비파 뜯고 북까지 치며 |
| 以御田祖하여<br>이 어 전 조 | 신농씨를 맞이하여 |
| 以祈甘雨로다<br>이 기 감 우 | 단비 내리게 기도하네. |
| 以介我稷黍하여<br>이 개 아 직 서 | 나의 찰기장 메기장 잘 자라게 하여 |

| | | |
|---|---|---|
| 以穀我士女로다<br>이 곡 아 사 녀 | 내 식솔 남녀를 잘 먹이리라. |
| 3/ | 曾孫來止에<br>증 손 래 지 | 증손이 오셨는데 |
| | 以其婦子도<br>이 기 부 자 | 그 자녀들도 |
| | 饁彼南畝하니<br>엽 피 남 무 | 저 남쪽 밭이랑에서 점심을 먹이니 |
| | 田畯至喜하여<br>전 준 지 희 | 권농관도 매우 기뻐하여 |
| | 攘其左右하여<br>양 기 좌 우 | 좌우의 음식을 집어 |
| | 嘗其旨否로다<br>상 기 지 부 | 그 맛이 어떤지 맛을 보네. |
| | 禾易長畝하니<br>화 이 장 무 | 긴 밭에 벼가 넘실거리니 |
| | 終善且有라<br>종 선 차 유 | 잘도 되고 풍성하기도 해라. |
| | 曾孫不怒하며<br>증 손 불 노 | 증손도 화를 내지 않고 |
| | 農夫克敏이로다<br>농 부 극 민 | 농민들도 더욱 민첩하게 일하네. |
| 4/ | 曾孫之稼가<br>증 손 지 가 | 증손자의 가을 추수가 |
| | 如茨如梁이며<br>여 자 여 량 | 언덕 같고 등성이 같네. |
| | 曾孫之庾도<br>증 손 지 유 | 증손의 노적가리도 |
| | 如坻如京이로다<br>여 지 여 경 | 언덕 같고 산 같도다. |

| | |
|---|---|
| 乃求千斯倉하며 (내구천사창) | 천 개의 창고를 열고 |
| 乃求萬斯箱이러니 (내구만사상) | 일만의 상자를 마련하니 |
| 黍稷稻粱이 (서직도량) | 기장과 피와 벼와 수수는 |
| 農夫之慶이라 (농부지경) | 농부의 경사라네. |
| 報以介福하니 (보이개복) | 보답으로 복을 받으니 |
| 萬壽無疆이로다 (만수무강) | 농민들도 더욱 민첩하게 일하네. |

{해설 및 감상}

모두 4장에 10구씩을 배열하여 구성하고 있다. 이 보전(甫田)은 '크고 넓은 밭' 이라고 하였다. 주나라 시대의 권농시(勸農詩)로서, 그때의 왕조가 농업과 농산물의 증산을 강조하는 시대적 소산인 것으로 생각되며 시적인 표현이 생산적 기쁨을 표현하고 있다. 농사신과 신농씨에게 제사 지내는 것을 서사적으로 기록했다고 할 수 있다.

{어려운 낱말}

[甫田(보전)] : 훤히 트인 큰 밭. [陳(진)] : 해묵은 곡식. [有年(유년)] : 풍년. [南畝(남무)] : 남쪽 밭. 양지바른 밭. [黍稷(서직)] : 기장과 피. 메기장과 찰기장. [髦士(모사)] : 뛰어난 농부. [齊明(제명)] : 정성껏 수북이 담은 밥. [犧羊(희양)] : 희생양. [田祖(전조)] : 농사의 원조이니, 곧 신농씨. [饁(엽)] : 들판에서 먹는 점심. [田畯(전준)] : 권농관. [終善(종선)] : 농사가

매우 잘 됨.

## 8. 대전(大田) - 큰 밭

| | |
|---|---|
| 1/ 大田多稼리라<br>대 전 다 가 | 넓은 밭에 많은 농사지으리라 |
| 旣種旣戒하여<br>기 종 기 계 | 씨앗 골라 농구 갖추어 |
| 旣備乃事하니<br>기 비 내 사 | 준비 끝내고 일 시작하네. |
| 以我覃耜하고<br>이 아 담 사 | 날카로운 보습 준비하고 |
| 俶載南畝하여<br>숙 재 남 무 | 남쪽 들판에서 일을 시작하여 |
| 播厥百穀하니<br>파 궐 백 곡 | 온갖 씨를 다 뿌리니 |
| 旣庭且碩하여<br>기 정 차 석 | 싹은 크고 잘 자라 |
| 曾孫是若이로다<br>증 손 시 약 | 증손자도 이에 만족하네. |
| 2/ 旣方旣皁하고<br>기 방 기 조 | 이삭 패어 열매 맺고 |
| 旣堅旣好라<br>기 견 기 호 | 견고하게 잘 영글었네. |
| 不稂不莠하고<br>불 낭 불 유 | 잡초와 강아지풀도 없애고 |

去其螟螣하고 　그 해충 잡아 없애고
거 기 명 등

及其蟊賊이라야 　모든 해충을 잡아 없애야
급 기 모 적

無害我田穉리니 　우리 밭 어린 싹이 해가 없으니
무 해 아 전 치

田祖有神은 　신농씨 신령님께
전 조 유 신

秉畀炎火하리라 　벌레 잡아 불길 속에 던져주시리.
병 비 염 화

3/ 有渰萋萋하여 　구름이 뭉게뭉게 일어서
유 엄 처 처

興雨祁祁하여 　비가 촉촉이 내리네.
흥 우 기 기

雨我公田이요 　우리 공전(公田) 적셔주고
우 아 공 전

遂及我私하여 　나의 밭에도 내려서
수 급 아 사

彼有不穫穉며 　저 베지 않는 어린 곡식
피 유 불 확 치

此有不斂穧며 　저기 거두지 않는 볏단이며,
차 유 불 렴 제

彼有遺秉이며 　저기 버려진 볏단이며,
피 유 유 병

此有滯穗하니 　이 버려진 이삭이 있으니
차 유 체 수

伊寡婦之利로다 　저 불쌍한 과부들의 이익이구나.
이 과 부 지 리

4/ 曾孫來止하니 　증손자가 여기 나오니
증 손 래 지

以其婦子로다 부인과 애들도 함께 나오네.
이 기 부 자

饁彼南畝하니 저 남쪽 이랑에서 점심밥 먹으니
엽 피 남 무

田畯至喜라 권농관도 기뻐하누나.
전 준 지 희

來方禋祀하여 사방 신에게 제사 올리니
내 방 인 사

以其騂黑하고 붉은 소, 검은 소 잡고
이 기 성 흑

與其黍稷으로 메기장 찰기장으로 밥을 지어
여 기 서 직

以享以祀하니 제물 베풀어 제사 올리니
이 향 이 사

以介景福이로다 크나큰 복 내려주시리라.
이 개 경 복

{해설 및 감상}

모두 4장에 장마다 8구절이요, 3, 4장은 9구절이다. 이 시는 '보전(甫田)'의 시에 답한 것이라고 한다. 내용은 풍년을 감사드리는 노래로 그 감사의 제사를 올리는 형식으로 되어있다.

{어려운 낱말}

[多稼(다가)] : 많은 농사. [覃耜(담사)] : 날카로운 쟁기보습. [播厥(파궐)] : 씨를 뿌리다. [稂莠(낭유)] : 강아지풀. [螟螣(명등)] : 명충과 황충. [田祖(전조)] : 신농씨. [萋萋(처처)] : 구름이 뭉게뭉게 피는 모양. [祁祁(기기)] : 매우 많은 모양. [滯穗(체수)] : 떨어진 벼 이삭. 낙수. [田畯(전준)] : 권농관.

## 9. 첨피낙의(瞻彼洛矣) - 낙수(洛水)를 바라보며

| | |
|---|---|
| 1/ 瞻彼洛矣하니<br>첨 피 낙 의 | 저 낙수를 바라보니 |
| 維水泱泱이로다<br>유 수 앙 앙 | 오직 물만 깊고 넓게 흐르네. |
| 君子至止하시니<br>군 자 지 지 | 천자께서 오셨으니 |
| 福祿如茨로다<br>복 록 여 자 | 복록이 지붕처럼 쌓여있네. |
| 韎韐有奭하니<br>매 겹 유 석 | 붉은 가죽 군복을 입으니 |
| 以作六師로다<br>이 작 육 사 | 육군(六軍)을 호령하도다. |
| 2/ 瞻彼洛矣하니<br>첨 피 낙 의 | 저 낙수를 바라보니 |
| 維水泱泱이로다<br>유 수 앙 앙 | 오직 물만 깊고 넓게 흐르네. |
| 君子至止하니<br>군 자 지 지 | 천자께서 오셨으니 |
| 鞸琫有珌이로다<br>필 봉 유 필 | 칼과 칼집도 화려하네. |
| 君子萬年토록<br>군 자 만 년 | 천자께서 만년토록 |
| 保其家室이로다<br>보 기 가 실 | 길이길이 나라를 보존하리로다. |
| 3/ 瞻彼洛矣하니<br>첨 피 낙 의 | 저 낙수를 바라보니 |

維水泱泱이라 (유수앙앙) — 오직 물만 출렁거리네.

君子至止하시니 (군자지지) — 천자께서 오셨으니

福祿旣同이로다 (복록기동) — 복록이 아울러 함께하네.

君子萬年토록 (군자만년) — 천자께서 만년토록 사시어

保其家邦하소서 (보기가방) — 길이길이 이 나라를 보존하소서.

{해설 및 감상}

3장에 장마다 6구절로 구성하고 있다. 이 시는 천자가 제후들을 동도(東都 : 낙읍)에 모아놓고 무사(武士)들을 강습할 때 제후가 천자를 찬미하는 노래라고 전해진다.

{어려운 낱말}

[泱泱(앙앙)] : 강물이 넘실거리며 흘러가는 모양. [君子(군자)] : 천자. [如茨(여자)] : 노적가리. [韎韐(매겹)] : 붉은 가죽바지. [六師(육사)] : 6군. [鞸琫(필봉)] : 꾸민 칼집. 칼집 장식.

## 10. 상상자화(裳裳者華) - 아름다운 꽃

1/ 裳裳者華여 (상상자화) — 아름다운 꽃이여!

其葉湑兮로다 그 잎이 무성하도다.
기 엽 서 혜

我覯之子하니 우리 님을 만나 뵈니
아 구 지 자

我心寫兮로다 내 마음 후련하도다.
아 심 사 혜

我心寫兮하니 내 마음 후련하니
아 심 사 혜

是以有譽處兮로다 이렇게 편안하도다.
시 이 유 예 처 혜

2/ 裳裳者華여 아름다운 꽃이여!
상 상 자 화

芸其黃矣로다 노란빛이 곱기도 하여라.
운 기 황 의

我覯之子하니 우리 님을 만나 뵈니
아 구 지 자

維其有章矣라 몸가짐이 화려해졌네.
유 기 유 장 의

維其有章矣이여 몸가짐이 화려함이여!
유 기 유 장 의

是以有慶矣이로다 좋은 경사가 있을 것이로다.
시 이 유 경 의

3/ 裳裳者華여 아름다운 꽃이여!
상 상 자 화

或黃或白이로다 노란빛 흰빛이로다.
혹 황 혹 백

我覯之子하니 우리 님을 만나보니
아 구 지 자

乘其四駱이로다 4말이 끄는 수레를 탔네.
승 기 사 락

乘其四駱하니　　4말 끄는 수레를 타니
승 기 사 락

六轡沃若이로다　　6줄 고삐 빛이 나네.
육 비 옥 약

4/ 左之左之에　　좌로 갈 때는 좌측으로
좌 지 좌 지

君子宜之하며　　군자께서 마땅하시며,
군 자 의 지

右之右之에　　오른쪽에서 오른쪽으로
우 지 우 지

君子有之로다　　군자의 모습 갖추고 있네.
군 자 유 지

維其有之라　　군자의 모습 갖추셨기에
유 기 유 지

是以似之로다　　그러므로 이와 같으시네.
시 이 사 지

{해설 및 감상}

4장으로 장마다 6구절로 되어 있다. 제목이 '아름다운 꽃' 이니, 아름다움을 찬미하는 노래라는 것을 짐작할 수 있다. 그러나 이 시는 천자가 제후들을 칭찬하는 내용이라고 했는데, 그것이 확실한 것은 아니라고 했다. 또 벼슬하던 사람이 유왕(幽王)을 풍자한 것이라고 했으나 풍자적인 표현은 보이지 않는다.

{어려운 낱말}

[華(화)] : 꽃, '花' 와 같음. [湑(서)] : 말끔한 모습. [寫(사)] : 마음이 후련

해지다. [裳裳(상상)] : 융성한 모습, 화려한 모습. [芸其黃(운기황)] : 그 누른빛이 성하다. [章(장)] : 문장.

## 제7장
# 상호(桑扈)

상호(桑扈)는 천자를 찬미하는 시라고 한다. 주희(朱熹)는 천자가 제후들을 모아놓고 잔치할 때 부르던 노래로 보고 있지만 그렇게 보기는 무리가 있다.

천자가 제후를 찬미한 것으로 알려져 있다. 그러나 제후들을 모아놓고 잔치를 베풀며 천자의 입장에서 부른 노래라고 했는데, 그렇게 보기에는 힘들다고 했다. 일설에는 유왕(幽王)을 풍자한 시라고 했는데, 고지새가 나와서 그것을 유왕으로 보고 노래했다는 것, 그것은 천자를 아름다운 새에 비유한 것은 제후가 천자에 대한 아부 같은 생각이 들어 이해하기 어렵다.

짹짹 우는 고지새여!
그 목이 예쁘기도 하네.
군자께서 즐기시니
하늘이 내린 복이로세.

–'상호' 첫 구

## 1. 상호(桑扈) - 청작 새여!

1/ 交交桑扈여 짹짹 우는 고지새여!
교교상호

有鶯其羽로다 그 목이 예쁘기도 하네.
유앵기우

君子樂胥하니 군자께서 즐기시니
군자락서

受天之祜로다 하늘이 내린 복이로세.
수천지호

2/ 交交桑扈여 짹짹 우는 고지새여!
교교상호

有鶯其領이로다 그 목이 예쁘기도 하네.
유앵기령

君子樂胥하니 군자님이 즐기시니
군자락서

萬邦之屛이로다 온 나라의 울타리로다.
만방지병

3/ 之屛之翰하니 울타리 되어 줄기이시니
지병지한

百辟爲憲이로다 모든 제후가 본을 받겠네.
백벽위헌

不戢不難하니 크게 화목하고 크게 공경하니
부집불난

受福不那로다 복받음이 한량없도다.
수복불나

4/ 兕觵其觩하나 뿔잔은 구부정하나
시굉기구

旨酒思柔로다　　맛있는 술 부드럽구나.
지 주 사 유

彼交匪敖하니　　저 사람이 오만하지 않으니
피 교 비 오

萬福來求로다　　만복이 모여들도다.
만 복 래 구

{해설 및 감상}

모두 4장으로 장마다 4구절로 형성되어 있다. 천자가 제후를 찬미한 것으로 알려져 있다. 그러나 제후들을 모아놓고 잔치를 베풀며 천자의 입장에서 부른 노래라고 했는데, 그렇게 보기에는 힘들다고 했다. 일설에는 유왕(幽王)을 풍자한 시라고 했는데, 고지새가 나와서 그것을 유왕으로 보고 노래했다는 것, 그것은 천자를 아름다운 새에 비유한 것은 제후가 천자에 대한 아부 같은 생각이 들어 이해하기 어렵다.

{어려운 낱말}

[交交(교교)] : 새의 울음소리. [桑扈(상호)] : 고지새. [君子(군자)] : 제후를 가리킴. [屛(병)] : 울타리. 가리개. [翰(한)] : 줄기. [百辟(백벽)] : 모든 제후. [那(나)] : 많은 것. [兕觥(시굉)] : 술잔.

## 2. 원앙(鴛鴦) - 원앙새

1/ 鴛鴦于飛하니　　원앙새가 날아오르니
원 앙 우 비

| | |
|---|---|
| 畢之羅之라<br>필 지 라 지 | 그물 쳐서 잡아야겠구나. |
| 君子萬年토록<br>군 자 만 년 | 군자는 만년이 되도록 |
| 福祿宜之로다<br>복 록 의 지 | 복록을 누리시리라. |
| 2/ 鴛鴦在梁하니<br>원 앙 재 량 | 원앙새는 어살에서 |
| 戢其左翼이로다<br>집 기 좌 익 | 왼쪽 깃을 접고 쉬고 있네. |
| 君子萬年히<br>군 자 만 년 | 천자님은 만년까지 |
| 宜其遐福이로다<br>의 기 하 복 | 큰 복을 누리시리라. |
| 3/ 乘馬在廐하니<br>승 마 재 구 | 타는 말은 마구간에 있으니 |
| 摧之秣之로다<br>최 지 말 지 | 꼴을 베어 먹여주도다. |
| 君子萬年히<br>군 자 만 년 | 천자님은 만년토록 |
| 福祿艾之로다<br>복 록 애 지 | 복록을 누리소서. |
| 4/ 乘馬在廐하니<br>승 마 재 구 | 타는 말은 마구간에 있으니 |
| 秣之摧之로다<br>말 지 최 지 | 꼴을 베어 먹여주도다. |
| 君子萬年히<br>군 자 만 년 | 천자님은 만년토록 |

福祿綏之로다　　복록이 편안하시리로다.
복 록 수 지

{해설 및 감상}

모두 6장으로 장마다 4구로 형성되어 있다. 제후가 천자에게 만년토록 복록을 누리시도록 축수하는 내용으로 되어있다. 그러니 송축의 시다. 여기에 원앙새가 나오는데, 이 새는 아름다운 새의 극치다. 그래서 천자를 만년토록 무궁하라고 송축하는 것이다. 여기서 원앙을 들어 귀족의 혼인을 축하하는 뜻으로도 보고 있다.

{어려운 낱말}

[鴛鴦(원앙)] : 금슬이 좋은 새. [羅(라)] : 그물. [君子(군자)] : 천자. [梁(양)] : 어살. 물고기를 잡기 위해 물을 막아 만든 것. [艾(애)] : 기르다. 늙도록. [綏(수)] : 편안함.

## 3. 규변(頍弁) - 고깔이여!

1/ 有頍者弁이여　　점잖고 둥근 고깔이여!
유 규 자 변

實維伊何오　　무엇 땜에 썼는가?
실 유 이 하

爾酒旣旨하며　　너의 술은 맛있고
이 주 기 지

爾殽旣嘉하니 너의 안주는 맛이 좋으니
이 효 기 가

豈伊異人이리요 어찌 남남이리요,
기 이 이 인

兄弟匪他로다 타인 아닌 형제로다.
형 제 비 타

蔦與女蘿가 담쟁이와 새삼 넝쿨이
조 여 여 라

施于松栢이로다 소나무와 잣나무에 감겨있네.
시 우 송 백

未見君子하니 군자를 만나지 못했으니
미 견 군 자

憂心奕奕이라 마음의 시름이 가득하구나.
우 심 혁 혁

旣見君子하니 이미 군자를 만났으니
기 견 군 자

庶幾說懌이로다 기쁨으로 가득하도다.
서 기 설 역

2/ 有頍者弁이여 점잖고 둥근 고깔이여!
유 규 자 변

實維何期오 무엇 땜에 썼는가?
실 유 하 기

爾酒旣旨하며 너의 술은 맛있고
이 주 기 지

爾殽旣時하니 너의 안주는 철에 맞으니
이 효 기 시

豈伊異人이랴 어찌 우리가 남남인가?
기 이 이 인

兄弟具來로다 형제가 모두 함께 모였도다.
형 제 구 래

蔦與女蘿가　　담쟁이와 새삼 덩굴이
조 여 여 라

施于松上이로다　　소나무를 감고 있구나.
시 우 송 상

未見君子하니　　군자를 만나지 못했으니
미 견 군 자

憂心怲怲이러니　　근심스런 마음 더욱 심하더니
우 심 병 병

旣見君子하니　　이미 군자를 만나니
기 견 군 자

庶幾有臧이라　　한없이 즐겁기만 하네.
서 기 유 장

3/ 有頍者弁이여　　점잖고 둥근 고깔이여!
유 규 자 변

實維在首로다　　실제로 머리에 쓰고 있네.
실 유 재 수

爾酒旣旨하며　　너의 술이 맛좋고
이 주 기 지

爾殽旣阜하니　　너의 안주가 너무 풍성하니
이 효 기 부

豈伊異人이리요　　어찌 우리가 남남인가?
기 이 이 인

兄弟甥舅로다　　형제와 친인척들 아닌가.
형 제 생 구

如彼雨雪에는　　큰 눈이 오기 전에
여 피 우 설

先集維霰이라　　먼저 싸락눈이 내린다네.
선 집 유 산

死喪無日하여　　언제 죽을지 모르는 목숨이라
사 상 무 일

無幾相見이니 서로 만날 날이 많지 않으리니
무 기 상 견

樂酒今夕하리니 오늘저녁 함께 즐기리니
낙 주 금 석

君子維宴하리라 군자들이여! 잔치를 열리로다.
군 자 유 연

{해설 및 감상}

3장에 12구절로 형성된 시다. 12구절이면 시경에서는 장시에 해당된다. 이 시는 형제와 친척들이 모여서 잔치하는 상황을 읊은 시다. 또 다른 해설로는 유왕(幽王)이 학정을 해서 그의 친족들까지도 함께 즐기지 못하고 있음을 여러 제후들이 풍자하는 시로 보고 있다는 설도 있지만, 지금은 그 설을 인정하지 않고 있다.

{어려운 낱말}

[頍者弁(규자변)] : 머리에 쓰는 고깔. [旣旨(기지)] : 맛난. [君子(군자)] : 여기서는 형제와 친척 형제들을 말함. [奕奕(혁혁)] : 크게 시름하는 모양. [庶幾(서기)] : 거의. [怲怲(병병)] : 근심하는 모양. [甥舅(생구)] : 사위, 생질, 조카, 장인. [霰(산)] : 싸락눈.

## 4. 거할(車舝) - 수레의 빗장

1/ 間關車之舝兮여 덜커덩거리는 수레 빗장이여!
간 관 거 지 할 혜

| | |
|---|---|
| 思孌季女逝兮로다<br>사 련 계 여 서 혜 | 어여쁜 막내딸 시집가는구나. |
| 匪飢匪渴이라<br>비 기 비 갈 | 굶지도 않고 목마르지도 않음이라, |
| 德音來括이니<br>덕 음 래 괄 | 그리운 사람의 목소리 들려오니 |
| 雖無好友라도<br>수 무 호 우 | 좋은 친구 없더라도 |
| 式燕且喜로다<br>식 연 차 희 | 잔치 열어 기뻐하리라. |

| | |
|---|---|
| 2/ 依彼平林에<br>의 피 평 림 | 저 울창한 평림(平林)에서 |
| 有集維鷮로다<br>유 집 유 교 | 꿩들이 모여들도다. |
| 辰彼碩女는<br>진 피 석 여 | 아름다운 저 큰 아씨는 |
| 令德來教로다<br>영 덕 래 교 | 부덕 가르침을 받았도다. |
| 式燕且譽하여<br>식 연 차 예 | 잔치하여 마음껏 즐겨서 |
| 好爾無射이로다<br>호 이 무 역 | 그대 좋아하여 싫어않으리. |

| | |
|---|---|
| 3/ 雖無旨酒나<br>수 무 지 주 | 맛있는 술은 없더라도 |
| 式飲庶幾로다<br>식 음 서 기 | 끝까지 마시길 바라네. |
| 雖無嘉殽나<br>수 무 가 효 | 비록 맛있는 안주 없다 하나 |
| 式食庶幾며<br>식 식 서 기 | 끝까지 먹어주시며 |

| | |
|---|---|
| 雖無德與女이나<br>수 무 덕 여 여 | 비록 덕은 그대보다 적지만 |
| 式歌且舞리라<br>식 가 차 무 | 노래하며 춤추리라. |
| 4/ 陟彼高岡하여<br>척 피 고 강 | 저 높은 산 위에 올라 |
| 析其柞薪이로다<br>석 기 작 신 | 떡갈나무 장작 패어내도다. |
| 析其柞薪하니<br>석 기 작 신 | 떡갈나무 장작을 패어내니 |
| 其葉湑兮로다<br>기 엽 서 혜 | 그 잎들 싱싱하구나. |
| 鮮我覯爾하니<br>선 아 구 이 | 그대 나와 만났으니 |
| 我心寫兮로다<br>아 심 사 혜 | 내 마음도 시원하구나. |
| 5/ 高山仰止하니<br>고 산 앙 지 | 높은 산 우러러보니 |
| 景行行止로다<br>경 행 행 지 | 큰 길로 가야 하리! |
| 四牡騑騑하니<br>사 모 비 비 | 4필의 수말 달리는데 |
| 六轡如琴이로다<br>육 비 여 금 | 6줄 고삐가 거문고 줄 같구나. |
| 覯爾新昏하니<br>구 이 신 혼 | 그대 만나 처음 결혼하니 |
| 以慰我心이로다<br>이 위 아 심 | 내 마음 즐거울 뿐이로다. |

{해설 및 감상}

이 시는 모두 5장에 6구절로 구성되어 있다. 이 시는 신혼의 즐거움을 노래와 춤과 음식으로 즐기며 노래한 것이라고 한다. 수레를 타는 즐거움, 높은 산에 오르는 상쾌함, 네 마리의 말을 타고 달리는 즐거움에 비유하여 아주 호쾌함을 신혼의 노래로 표현하고 있다.

{어려운 낱말}

[間關(간관)] : 수레가 굴러가는 소리. [舝(할)] : 수레의 굴대 빗장. [孌季(연계)] : 막내딸. [鷮(교)] : 꿩. [無射(무역)] : 싫어하지 않음. 좋아함. '射'은 '역' 으로 읽음. [庶幾(서기)] : 거의. 희원하다. [嘉殽(가효)] : 맛좋은 안주. [柞薪(작신)] : 갈참나무 장작. 땔나무. [景行(경행)] : 큰 길. [騑騑(비비)] : 말이 터벅터벅 걷는 모양. [六轡(육비)] : 여섯 줄 고삐.

## 5. 청승(青蠅) - 쉬파리

| | |
|---|---|
| 1/ 營營青蠅이 (영영청승) | 왕왕거리는 쉬파리가 |
| 止于樊이로다 (지우번) | 울타리에 앉았구나. |
| 豈弟君子여 (기제군자) | 점잖으신 임이여! |
| 無信讒言하소서 (무신참언) | 그 말 믿지 마소서. |

2/ 營營靑蠅이　　　윙윙거리는 쉬파리가
영 영 청 승

止于棘이로다　　　가시나무에 앉았구나.
지 우 극

讒人罔極하여　　　참소하는 사람들 끝이 없어서
참 인 망 극

交亂四國이로다　　　온 나라가 어지럽구나.
교 란 사 국

3/ 營營靑蠅이　　　윙윙거리는 쉬파리가
영 영 청 승

止于榛로다　　　개암나무에 앉았네.
지 우 진

讒人罔極하여　　　참소하는 것이 끝이 없어서
참 인 망 극

構我二人이로다　　　우리 두 사람을 갈라놓았네.
구 아 이 인

{해설 및 감상}

모두 3장에 4구씩을 구성하여 만들어진 시다. 정형시다. 쉬파리소리는 참소하는 말로서, 임금이 신하들의 참소를 듣고 나라가 어지러움을 개탄하는 노래다. 그러니 임금님께서는 참소하는 신하들의 말을 듣지 말라는 애절하고 간절한 당부다. 유왕(幽王)을 풍자한 시로 보고 있다.

{어려운 낱말}

[營營(영영)] : 윙윙거리는 소리. 의성어. [靑蠅(청승)] : 쉬파리. [樊(번)] : 울타리. [讒(참)] : 모함하다. 즉 참소함. [棘(극)] : 가시 울타리. [罔極(망

극)] : 끝이 없음. [構(구)] : 혼란하게 만듦.

## 6. 빈지초연(賓之初筵) - 잔치 손님

| | |
|---|---|
| 1/ 賓之初筵에<br>빈지초연 | 손님이 모이는 첫 잔치에 |
| 左右秩秩이로다<br>좌우질질 | 좌우가 질서 정연하도다. |
| 籩豆有楚에<br>변두유초 | 대나무 접시 줄지어 있어 |
| 殽核維旅하고<br>효핵유려 | 안주도 쌓여있고 |
| 酒旣和旨에<br>주기화지 | 술은 잘 빚어 맛이 있어 |
| 飮酒孔偕로다<br>음주공해 | 모두 함께 술을 마시네. |
| 鍾鼓旣設에<br>종고기설 | 쇠북과 북소리 울리면 |
| 擧酬逸逸이라<br>거수일일 | 모든 술잔들이 왔다 갔다 하네. |
| 大侯旣抗하고<br>대후기항 | 큰 과녁 세워놓고 |
| 弓矢斯張이라<br>궁시사장 | 활에 살 끼워 당겨보네. |
| 射夫旣同에<br>사부기동 | 활 쏘는 사람 다 모이니 |
| 獻爾發功이로다<br>헌이발공 | 자기의 활쏘기 공을 알리도다. |

發彼有的하여 쏘아 저 과녁을 맞히면
발 피 유 적

以祈爾爵이로다 그대 술잔 들어 축하하리라.
이 기 이 작

2/ 籥舞笙鼓하여 피리 춤에 생황과 북을
약 무 생 고

樂旣和奏하니 풍악이 이미 어우러지니
낙 기 화 주

烝衎烈祖하여 여러 조상님들 즐겁게 하여
증 간 열 조

以洽百禮로다 모든 예의에 합당하네.
이 흡 백 례

百禮旣至하여 온갖 예절 다 갖추어
백 례 기 지

有壬有林이로다 크고 성대하도다.
유 임 유 림

錫爾純嘏하니 그대에게 큰 북 내리시니
석 이 순 하

子孫其湛이로다 자손들이 즐기라 함이로다.
자 손 기 담

其湛曰樂하니 그 즐거움이 무르익으니
기 담 왈 락

各奏爾能이로다 각자 재능을 자랑하네.
각 주 이 능

賓載手仇하니 손님들이 손으로 짝을 정하고
빈 재 수 구

室人入又로다 주인도 들어와서 거들도다.
실 인 입 우

酌彼康爵하여 저 큰 잔에 술을 부어서
작 피 강 작

| | |
|---|---|
| 以奏爾時로다<br>이 주 이 시 | 적중한 그 사람에게 올리네. |
| 3/ 賓之初筵에<br>빈 지 초 연 | 손님들이 처음 앉을 때에 |
| 溫溫其恭이로다<br>온 온 기 공 | 점잖고 겸손하도다. |
| 其未醉止에는<br>기 미 취 지 | 술 취하지 않았을 때는 |
| 威儀反反이러니<br>위 의 반 반 | 위의를 갖추더니 |
| 曰旣醉止에는<br>왈 기 취 지 | 이미 취한 뒤에는 |
| 威儀幡幡이로다<br>위 의 번 번 | 위의와 예의가 없어지네. |
| 舍其坐遷하여<br>사 기 좌 천 | 자리를 떠나 옮겨 다니며 |
| 屢舞僊僊이로다<br>누 무 선 선 | 너울너울 춤을 추네. |
| 其未醉止에는<br>기 미 취 지 | 술 취하기 전까지는 |
| 威儀抑抑이러니<br>위 의 억 억 | 위의가 의젓하더니 |
| 曰旣醉止에는<br>왈 기 취 지 | 이미 취한 뒤에는 |
| 威儀怭怭이로다<br>위 의 필 필 | 위엄과 예의가 없어지네. |
| 是曰旣醉라<br>시 왈 기 취 | 이렇게 술 취하면 |
| 不知其秩이로다<br>부 지 기 질 | 그 질서는 알지 못하네. |

4/ 賓旣醉止라 / 빈 기 취 지 — 손님이 이미 술 취한지라
載號載呶하여 / 재 호 재 노 — 소리 치고 떠들어서
亂我籩豆하고 / 난 아 변 두 — 음식 그릇이 어지럽고
屢舞僛僛로다 / 누 무 기 기 — 비틀비틀 춤을 추네.
是曰旣醉면 / 시 왈 기 취 — 이렇게 술이 취하면
不知其郵로다 / 부 지 기 우 — 그의 잘못도 모른다네.
側弁之俄하여 / 측 변 지 아 — 비스듬히 관을 쓰고
屢舞傞傞로다 / 누 무 사 사 — 비틀비틀 춤을 추네.
旣醉而出하면 / 기 취 이 출 — 이미 취하여 자리를 뜬다면
竝受其福이로다 / 병 수 기 복 — 서로가 그 복을 받을 것이네.
醉而不出이면 / 취 이 불 출 — 취해서도 나가지 않으면
是謂伐德이로다 / 시 위 벌 덕 — 이것은 덕을 손상시키는 일일세.
飮酒孔嘉는 / 음 주 공 가 — 술 마시고도 아름다운 것은
維其令儀니라 / 유 기 령 의 — 오직 예의를 지키는 일일세.

5/ 凡此飮酒에 / 범 차 음 주 — 대체로 술을 마심에도

| | |
|---|---|
| 或醉或否로다<br>혹 취 혹 부 | 혹은 취하고 혹은 취하지 않네. |
| 旣立之監이요<br>기 입 지 감 | 이에 감시자가 있고 |
| 或佐之史로다<br>혹 좌 지 사 | 기록하는 관리를 두어 돕게 한다네. |
| 彼醉不臧이면<br>피 취 부 장 | 저 술 취한 자가 추태를 부리면 |
| 不醉反恥로다<br>불 취 반 치 | 취하지 않는 사람이 도로 부끄럽네. |
| 式勿從謂하여<br>식 물 종 위 | 쫓아가서 많이 마시지 말라 일러 |
| 無俾大怠하라<br>무 비 대 태 | 크게 잘못이 없게 하라. |
| 匪言勿言이며<br>비 언 물 언 | 말 아닌 말을 하지 말며 |
| 匪由勿語하라<br>비 유 물 어 | 어긋난 말도 하지 말라. |
| 由醉之言은<br>유 취 지 언 | 술 취해서 하는 말은 |
| 俾出童羖로다<br>비 출 동 고 | 뿔 없는 염소를 내라고 할 것이다. |
| 三爵不識이니<br>삼 작 불 식 | 세 잔 술에도 의식이 없는데 |
| 矧敢多又하랴<br>신 감 다 우 | 하물며 더 마시라 할 텐가? |

{해설 및 감상}

모두 5장에 장마다 14구절로 된 장장한 시다. 장장한 시라는 것은 웅장하면서 호흡이 긴 시편이란 말이다. 우(衛)나라 무공(武公)이 술을 마시고 자기의 잘못을 뉘우쳐 이 시를 지었다고 하였다. 대사례를 시작하면서부터 잔치가 끝나는 과정을 모두 노래하고, 잔치에서 술을 많이 마시고 허튼 소리 하는 과정까지 모두 시로 쓰고 있다.

{어려운 낱말}

[初筵(초연)] : 처음 잔치 자리에서 처음 잔치를 시작함. [秩秩(질질)] : 질서가 있는 모양. [籩豆(변두)] : 대나무로 만든 여러 가지 음식 그릇. [有楚(유초)] : 가지런하게 잘 신설되어 있음. [和旨(화지)] : 맛이 좋은 음식. [逸逸(일일)] : 오가는 것이 매우 질서가 있음. [的(적)] : 맞다. 적중하다. [祈爾爵(기이작)] : 상대방에게 술을 마시게 하다. 작(爵)은 작(酌)과 같음. [烝衎(증간)] : 즐기는 것을 말함. [洽百禮(흡백례)] : 모든 예절에 흡족하다. [有林(유림)] : 예절이 성대함. [康爵(강작)] : 편안한 술잔. [反反(반반)] : 예의를 돌아봄. [幡幡(번번)] : 방정맞은 모양. [傞傞(사사)] : 취하여 계속해서 춤을 추는 모양. [童羖(동고)] : 뿔이 없는 숫양. [不識(불식)] : 의식을 잃음.

## 7. 어조(魚藻) - 물고기와 마름풀

| | |
|---|---|
| 1/ 魚在在藻하니<br>어 재 재 조 | 고기가 수초 사이에서 노니 |
| 有頒其首로다<br>유 반 기 수 | 그 머리가 큼직도 하도다. |
| 王在在鎬하니<br>왕 재 재 호 | 임금님은 호경에 계시며 |

豈樂飮酒로다 즐겁게 술을 마시도다.
기 락 음 주

2/ 魚在在藻하니 고기가 마름 사이에서 노니
어 재 재 조

有莘其尾로다 그 꼬리 길기도 하네.
유 신 기 미

王在在鎬하니 임금님은 호경에 계시니
왕 재 재 호

飮酒樂豈로다 술 마시며 즐거워하시네.
음 주 락 기

3/ 魚在在藻하니 고기가 수초 사이에서 노는데
어 재 재 조

依于其蒲로다 그 부들 잎이 옆에 있네.
의 우 기 포

王在在鎬하니 임금님은 호경에 계시니
왕 재 재 호

有那其居로다 편안하게 지내고 계시네.
유 나 기 거

{해설 및 감상}

3장에 장마다 4구절로 된 정형시다. 이 시는 천자가 제후들에게 잔치를 베풀 때 제후들이 천자를 찬미하는 노래라고 한다.

{어려운 낱말}

[藻(조)] : 말. 수초. [頒(반)] : 머리가 큰 모양. [鎬(호)] : 호경임. 서주의 서울. 지금의 섬서성 장안. [莘(신)] : 긴 모양. 족두리 풀.

## 8. 채숙(采菽) - 콩잎 따기

1/ 采菽采菽은 (채숙채숙) — 콩을 따고 콩을 따서
筐之筥之로다 (광지거지) — 모난 광주리 둥근 광주리에 담네.
君子來朝에 (군자래조) — 제후들이 조회 오는데
何錫予之리오 (하석여지) — 무엇을 내려주랴.
雖無予之나 (수무여지) — 비록 줄 것이 없더라도
路車乘馬로다 (노거승마) — 큰 수레 큰 말을 주셨네.
又何予之요 (우하여지) — 또 무얼 주셨나?
玄袞及黼로다 (현곤급보) — 검은 곤룡포와 수놓은 바지라네.

2/ 觱沸檻泉에 (필불함천) — 솟아나는 샘가에
言采其芹이로다 (언채기근) — 미나리를 캐도다.
君子來朝에 (군자래조) — 제후들이 조회 올 때
言觀其旂로다 (언관기기) — 그 깃발을 보이네.
其旂淠淠하며 (기기비비) — 그 깃발 펄럭거리고
鸞聲嘒嘒하며 (난성혜혜) — 방울소리 딸랑거리며

| | |
|---|---|
| 載驂載駟하니<br>재 참 재 사 | 4필 말 수레 몰고 |
| 君子所屆로다<br>군 자 소 계 | 제후들이 다다르도다. |
| 3/ 赤芾在股요<br>적 불 재 고 | 다리에 붉은 슬갑 두르고 |
| 邪幅在下로다<br>사 폭 재 하 | 그 아래 행전을 쳤네. |
| 彼交匪紓하니<br>피 교 비 서 | 단단히 둘러 소홀함이 없으니 |
| 天子所予로다<br>천 자 소 여 | 천자께서 하사하셨네. |
| 樂只君子여<br>낙 지 군 자 | 제후들이여, 즐겁구나! |
| 天子命之로다<br>천 자 명 지 | 천자께서 명하셨도다. |
| 樂只君子여<br>낙 지 군 자 | 즐겁다, 제후들이여! |
| 福祿申之로다<br>복 록 신 지 | 복록을 계속 내리시네. |
| 4/ 維柞之枝여<br>유 작 지 지 | 떡갈나무 가지여! |
| 其葉蓬蓬이로다<br>기 엽 봉 봉 | 그 잎이 무성하도다. |
| 樂只君子여<br>낙 지 군 자 | 즐겁다, 제후들이여! |
| 殿天子之邦이라<br>전 천 자 지 방 | 천자님의 나라를 안정시키리라. |
| 樂只君子여<br>낙 지 군 자 | 즐겁다, 제후들이여! |

| | |
|---|---|
| 萬福攸同이로다<br>만 복 유 동 | 만복을 함께하는 바로다. |
| 平平左右가<br>평 평 좌 우 | 잘 다스린 신하들이 |
| 亦是率從이로다<br>역 시 솔 종 | 이 또한 제후들을 따르리로다. |
| 5/ 汎汎楊舟여<br>범 범 양 주 | 두둥실 뜨는 버드나무 배여! |
| 紼纚維之로다<br>불 리 유 지 | 밧줄에 매여 있네. |
| 樂只君子여<br>낙 지 군 자 | 즐겁다, 제후들이여! |
| 天子葵之로다<br>천 자 규 지 | 천자께서 헤아리시리. |
| 樂只君子여<br>낙 지 군 자 | 즐겁다, 제후들이여! |
| 福祿膍之로다<br>복 록 비 지 | 복록이 더욱 두터워지리. |
| 優哉游哉여<br>우 재 유 재 | 의젓한 모습 유유함이여! |
| 亦是戾矣로다<br>역 시 려 의 | 역시 여기에 이르셨구나. |

{해설 및 감상}

모두 5장에 장마다 5구절씩 배열하여 구성하고 있다. 제후들이 조회를 하기 위하여 모여드는 그 광경을 노래한 것이라고 한다. 제후들이 등장하는 늠름한 모습과 천자로부터 받은 복록을 한없이 누리는 행복한 모습을 표현하고 있다. 제목이 '채숙(采菽)' 인데, 콩을 딴다는 것으로 시작하여 제후들이 등장하는 씩씩하고 건장한 모습들을 그리고 있다.

{어려운 낱말}

[菽(숙)] : 밭에 있는 콩. [君子(군자)] : 여기서는 제후들을 가리킨다. [路車(노거)] : 수레. [玄袞(현곤)] : 검은 곤룡포. [觱沸檻泉(필불함천)] : 솟아오르고 있는 샘물. [芹(근)] : 미나리. [淠淠(비비)] : 움직이는 모양. [嘒嘒(혜혜)] : 방울소리. [柞枝(작지)] : 떡갈나무 가지. [蓬蓬(봉봉)] : 무성한 모양. [汎汎(범범)] : 둥둥 뜨는 모양. [膍(비)] : 두터운 것. [戾(려)] : 이르다.

## 9. 각궁(角弓) - 잘 꾸민 활

| | |
|---|---|
| 1/ 騂騂角弓이여<br>성 성 각 궁 | 잘 만들어진 뿔활이여! |
| 翩其反矣로다<br>편 기 반 의 | 핑하고 튕겨나가네. |
| 兄弟昏姻은<br>형 제 혼 인 | 형제나 인척들은 |
| 無胥遠矣어다<br>무 서 원 의 | 서로 멀리하지 말지어다. |
| 2/ 爾之遠矣면<br>이 지 원 의 | 그대가 멀리하면 |
| 民胥然矣하고<br>민 서 연 의 | 모든 백성들 다 그렇게 되고, |
| 爾之教矣면<br>이 지 교 의 | 그대 그렇게 가르치면 |

民胥傚矣리라
민 서 효 의
백성들도 본받게 되리라.

3/ 此令兄弟는
차 령 형 제
의좋은 형제들은

綽綽有裕나
작 작 유 유
너그럽고 우애가 있지만

不令兄弟는
불 령 형 제
의롭지 못한 형제들은

交相爲瘉로다
교 상 위 유
서로 배 아파하도다.

4/ 民之無良은
민 지 무 량
의좋지 못한 백성들은

相怨一方하며
상 원 일 방
서로가 상대를 원망하며

受爵不讓하나니
수 작 불 양
벼슬 받고도 사양 않느니

至于已斯亡이로다
지 우 이 사 망
자기 몸만 망치게 되도다.

5/ 老馬反爲駒하여
노 마 반 위 구
늙은 말이 도리어 망아지 되어

不顧其後니라
불 고 기 후
그 뒤를 돌아보지 않느니라.

如食宜饇요
여 식 의 어
먹는 데는 남보다 배불리 하고

如酌孔取로다
여 작 공 취
술 마시기는 남보다 빠르네.

6/ 毋敎猱升木이어다
무 교 노 승 목
원숭이 나무 타기 가르치지 말라

| | |
|---|---|
| 如塗塗附니라<br>여 도 도 부 | 진흙에 진흙 바르기와 같다네. |
| 君子有徽猷면<br>군 자 유 휘 유 | 군자가 아름다운 도를 지키면 |
| 小人與屬이로다<br>소 인 여 속 | 소인도 이를 따르리로다. |
| 7/ 雨雪瀌瀌나<br>우 설 표 표 | 눈이 펄펄 내리지만 |
| 見晛曰消니라<br>견 현 왈 소 | 햇빛 보면 곧 녹으리라. |
| 莫肯下遺요<br>막 긍 하 유 | 자기 몸 낮추려고 하지 않고 |
| 式居婁驕로다<br>식 거 루 교 | 늘 교만스럽게만 구는구려. |
| 8/ 雨雪浮浮하나<br>우 설 부 부 | 눈이 펄펄 내리지만 |
| 見晛曰流하니라<br>견 현 왈 류 | 햇빛 나면 곧 녹느니라. |
| 如蠻如髦라<br>여 만 여 모 | 오랑캐같이 행동을 하니 |
| 我是用憂로다<br>아 시 용 우 | 나는 항시 걱정이로다. |

{해설 및 감상}

모두 8장으로 장마다 4구절로 구성되어 있다. 부형들이 유왕(幽王)을 풍자한 노래라고 한다. 임금이 종친들을 돌보지 아니하고 서로 집안끼리 참소 망언을 일삼으니 종족들이 서로 원망하는 내용으로 된 노래라고 한다.

{어려운 낱말}

[角弓(각궁)] : 뿔로 된 활. [翩(편)] : 활이 튕겨지는 소리. [昏姻(혼인)] : 여기서는 인척들. [令(영)] : 착한. [綽綽(작작)] : 너그러운 모양. [蠻(만)] : 남쪽 오랑캐. [髦(모)] : 남쪽 오랑캐의 머리털.

## 10. 울류(菀柳) - 버드나무

1/ 有菀者柳에 (유울자류) — 무성한 버드나무 그늘에서

不尙息焉가 (불상식언) — 어찌 쉬고 싶은 생각 없겠는가?

上帝甚蹈이시니 (상제심도) — 임금님이 심히 혹독하시니

無自暱焉이어다 (무자일언) — 내 가까이하지 못하리로다.

俾予靖之면 (비여정지) — 나로 하여금 다스리게 한다면

後予極焉이리라 (후여극언) — 나는 곧 끝을 내고 말리라.

2/ 有菀者柳에 (유울자류) — 무성한 버드나무 그늘에서

不尙愒焉가 (불상게언) — 모두가 쉬고 싶지 않는가?

| | |
|---|---|
| 上帝甚蹈하니<br>상 제 심 도 | 상제께서 심히 혹독하시니 |
| 無自瘵焉가<br>무 자 채 언 | 나 병들게 하지 않지 않는가? |
| 俾予靖之면<br>비 여 정 지 | 나로 하여금 다스리게 한다면 |
| 後予邁焉하리라<br>후 여 매 언 | 나는 곧 그를 쫓아내리라. |

| | |
|---|---|
| 3/ 有鳥高飛라도<br>유 조 고 비 | 새가 높이 난다 하더라도 |
| 亦傅于天이랴<br>역 부 우 천 | 하늘 저 끝까지 닿으랴! |
| 彼人之心은<br>피 인 지 심 | 저 임금의 마음은 |
| 于何其臻고<br>우 하 기 진 | 어느 곳까지 이를 것인가? |
| 曷予靖之리요<br>갈 여 정 지 | 어쩌면 내 편안케 할 수 있겠는가? |
| 居以凶矜이로다<br>거 이 흉 긍 | 흉악하고 위태로울 뿐이로다. |

{해설 및 감상}

모두 3장에 장마다 6구절로 구성하고 있다. 어떤 악독한 사람을 두고 노래한 것 같다. 그러니 임금이 포악한 제후들이 조회에 오지 않으므로 이 노래를 불렀다고도 한다. 그러한 사실과 내용은 파악하기 어렵다.

{어려운 낱말}

[菀柳(울류)] : 무성한 버드나무. [甚蹈(심도)] : 심히 포악함. [暱(일)] : 가

깝다. 친하다. [愒(게)] : 쉬다. [瘵(채)] : 못된 행동. [傅(부)] : 이르다.

## 제8장
# 도인사(都人士)

귀한 집안의 따님이 주(周)나라로 출가하는 모양을 그리는 것이 도인사(都人士)이다. 주(周)나라 신랑은 훌륭한 집안에서 교양을 가지고 성장(盛裝)한 멋진 남자로 되어있다. 그래서 「모시서」에는 주나라 사람의 의복이 무상함, 의복이 일정하지 못함을 풍자한 것이라고 했다.

저 서울 양반이여!
찬란한 여우 갖옷 입으셨네.
그 얼굴엔 항상 위엄이 있고
말솜씨도 조리가 있네.
이제 주나라로 돌아가면
만민이 우러러보리로다.

-'도인사'의 일부

## 1. 도인사(都人士) - 도시 선비님!

| | | |
|---|---|---|
| 1/ | 彼都人士여<br>피 도 인 사 | 저 서울 양반이여! |
| | 狐裘黃黃이로다<br>호 구 황 황 | 찬란한 여우 갖옷 입으셨네. |
| | 其容不改하며<br>기 용 불 개 | 그 얼굴엔 항상 위엄이 있고 |
| | 出言有章이로다<br>출 언 유 장 | 말솜씨도 조리가 있네. |
| | 行歸于周하니<br>행 귀 우 주 | 이제 주나라로 돌아가면 |
| | 萬民所望이로다<br>만 민 소 망 | 만민이 우러러보리로다. |
| 2/ | 彼都人士여<br>피 도 인 사 | 저 서울 양반이여! |
| | 臺笠緇撮이로다<br>대 립 치 촬 | 풀 삿갓에 검은 관을 썼네. |
| | 彼君子女는<br>피 군 자 녀 | 저 군자의 따님은 |
| | 綢直如髮이로다<br>주 직 여 발 | 묶은 머리가 삼단 같네. |
| | 我不見兮니<br>아 불 견 혜 | 내 이제 보지 못하리니 |
| | 我心不說이로다<br>아 심 불 열 | 내 마음 기쁘지 아나하네. |
| 3/ | 彼都人士여<br>피 도 인 사 | 저 서울 양반이여! |

| | |
|---|---|
| 充耳琇實이로다<br>충 이 수 실 | 예쁜 구슬로 귀막이 하셨네. |
| 彼君子女는<br>피 군 자 녀 | 저 군자의 따님은 |
| 謂之尹吉이로다<br>위 지 윤 길 | 윤씨나 길씨 집의 규수 같네. |
| 我不見兮여<br>아 불 견 혜 | 우리 이제는 볼 수 없으니 |
| 我心苑結이로다<br>아 심 원 결 | 내 마음이 서러워지네. |
| 4/ 彼都人士여<br>피 도 인 사 | 저 서울 양반이여! |
| 垂帶而厲로다<br>수 대 이 려 | 띠가 축 늘어져 있도다. |
| 彼君子女여<br>피 군 자 녀 | 저 군자의 따님이여! |
| 卷髮如蠆로다<br>권 발 여 채 | 전갈 같이 머리를 틀어 올렸네. |
| 我不見兮어니<br>아 불 견 혜 | 내 이제 보지 못하리니 |
| 言從之邁하리라<br>언 종 지 매 | 그를 따라 나서리라. |
| 5/ 匪伊垂之여<br>비 이 수 지 | 그가 띠를 늘어뜨린 것이 아니라 |
| 帶則有餘로다<br>대 즉 유 여 | 띠가 여유 있어 그런 거네. |
| 匪伊卷之요<br>비 이 권 지 | 머리를 말아 올린 게 아니라, |
| 髮則有旟로다<br>발 즉 유 여 | 머리가 올라갔기 때문이로다. |

| | |
|---|---|
| 我不見兮어니<br>아 불 견 혜 | 나 이제 보지 못하리니 |
| 云何盱矣리오<br>운 하 우 의 | 어찌 병인들 나지 않으리오. |

{해설 및 감상}

모두 5장에 장마다 6구절로 구성된 노래다. 귀한 집안 따님이 주나라로 출가하는 차림의 모양을 노래한 것이라 한다. 우리나라 같으면 시골 처녀가 서울로 시집가는 그 화려한 모습이라 할까. 또 아름다운 도성에 난리가 나서 그 아름다운 모습을 다시 볼 수 없음을 안타까워하는 노래라고도 했다. 이 노래에 대해서 여러 가지 설이 있으나 생략하기로 한다.

{어려운 낱말}

[都人士(도인사)] : 도시에 사는 양반, 혹은 서울 신사. [黃黃(황황)] : 노란 색깔. 곧 여우 갖옷의 색깔임. [有章(유장)] : 말이나 문장이 조리가 있음. [周(주)] : 주나라의 수도 鎬京. [臺笠(대립)] : 사초로 만든 삿갓. [綢直如髮(주직여발)] : 머리를 장식한 모양. [尹吉(윤길)] : 윤씨와 길씨. [苑結(원결)] : 마음에 시름이 쌓이는 것을 말함. '苑' 은 '菀' 으로 된 곳도 있으며, '울(鬱)' 로 발음하기도 한다. [厲(려)] : 띠를 늘어뜨린 모양. [蠆(채)] : 전갈. [旟(여)] : 머리가 올라간 모양.

## 2. 채록(采綠) - 녹두를 따다

| | |
|---|---|
| 1/ 終朝采綠이나<br>종 조 채 록 | 아침 끝끝내 녹두를 따도 |
| 不盈一匊이로다<br>불 영 일 국 | 한 줌 손안에도 안차네. |
| 予髮曲局하니<br>여 발 곡 국 | 내 머리털이 뒤엉키니 |
| 薄言歸沐하리라<br>박 언 귀 목 | 돌아가서 머리나 감으리라. |
| 2/ 終朝采藍이나<br>종 조 채 람 | 아침 지나도록 쪽풀을 뜯어도 |
| 不盈一襜이로다<br>불 영 일 첨 | 앞치마에도 차지 않네. |
| 五日爲期나<br>오 일 위 기 | 5일에 약속했으나 |
| 六日不詹이로다<br>육 일 불 첨 | 6일이 되어도 보이지 않네. |
| 3/ 之子于狩하면<br>지 자 우 수 | 임께서 사냥 가시면 |
| 言韔其弓하고<br>언 창 기 궁 | 활은 활집에 잘 넣어드리고, |
| 之子于釣에<br>지 자 우 조 | 임께서 낚시 가시려면 |
| 言綸之繩하리라<br>언 륜 지 승 | 낚싯줄을 간추려 드리리라. |
| 4/ 其釣維何리오<br>기 조 유 하 | 무슨 고기를 낚으시나요? |

| | |
|---|---|
| 維魴及鱮로다<br>유 방 급 서 | 방어와 연어로다. |
| 維魴及鱮면<br>유 방 급 서 | 방어와 연어 잡으시면 |
| 薄言觀者로다<br>박 언 관 자 | 잠시나마 구경하러 가리로다. |

{해설 및 감상}

4장에 장마다 4구절로 구성된 시다. 부부가 서로 떨어져 있음을 원망하는 노래라고 한다. 남자는 전쟁에 나가고 부인이 혼자 집에서 남편을 생각하는 내용이다. 일이 손에 잡히지 않아 녹두를 따도 한 줌에 차지 않고 쪽[藍]풀을 따도 일이 손에 잡히지 않는다는 내용이다. 그러나 그 임이 오시기만 하면 모든 시중을 다 들리라고 하는 각오로 임하고 있다. 사냥, 낚시, 이 모든 것을 도와드리겠다는 이때의 여자의 마음이다.

{어려운 낱말}

[終朝(종조)] : 아침 내내. [采綠(채록)] : 녹두를 따다. [一匊(일국)] : 한 움큼. [曲局(곡국)] : 헝클어진 머리카락. [藍(남)] : 쪽풀. [韔(창)] : 활집. [之子(지자)] : 남편. [綸(륜)] : 낚싯줄. [魴鱮(방서)] : 방어와 연어.

## 3. 서묘(黍苗) - 기장 싹

| | |
|---|---|
| 1/ 芃芃黍苗를<br>봉 봉 서 묘 | 무성하게 솟은 기장 싹을 |
| 陰雨膏之로다<br>음 우 고 지 | 비가 내려 축축이 적셔주도다. |
| 悠悠南行을<br>유 유 남 행 | 멀고 먼 남쪽 길을 |
| 召伯勞之로다<br>소 백 로 지 | 소백(召伯)께서 괴로워하는구나! |
| 2/ 我任我輦가<br>아 임 아 련 | 등짐 지고 손수레 끌고 가는 |
| 我車我牛로다<br>아 거 아 우 | 나의 수레 나의 소로다. |
| 我行旣集하니<br>아 행 기 집 | 우리 가서 이미 일을 이루었으니 |
| 蓋云歸哉아<br>개 운 귀 재 | 언제 어느 때에 돌아오겠는가? |
| 3/ 我徒我御며<br>아 도 아 어 | 걷는 사람 탄 사람 |
| 我師我旅로다<br>아 사 아 려 | 작은 군사 큰 군사들이여! |
| 我行旣集하니<br>아 행 기 집 | 우리 가서 일 다 이루었으니 |
| 蓋云歸處리오<br>개 운 귀 처 | 언제 그곳에 돌아가 살게 되리요? |
| 4/ 肅肅謝功을<br>숙 숙 사 공 | 빈틈없는 사읍(謝邑)의 일을 |

召伯營之로다 소백님께서 경영하리로다.
소 백 영 지

烈烈征師를 씩씩한 젊은 군인들을
열 열 정 사

召伯成之로다 소백님께서 만드셨구나.
소 백 성 지

5/ 原隰旣平에 언덕과 진펄은 이미 평지가 되고
원 습 기 평

泉流旣淸이로다 샘물은 흘러서 이미 맑았도다.
천 류 기 청

召伯有成에 소백님께서 일을 이루었으니
소 백 유 성

王心則寧이로다 왕의 마음은 곧 편안하시겠네.
왕 심 즉 녕

{해설 및 감상}

모두 5장으로 4구씩 구성되어 있다. 주나라 선왕이 신백(申伯)이란 사람을 사(謝) 땅에 봉하고 목공(穆公)을 불러 사(謝) 땅에 가서 읍성(邑城)을 건설하라 명하였다. 이때에 많은 무리들을 거느리고 남쪽을 향하여 가는데, 그 무리들 가운데 어떤 한 사람이 이 시를 지었다고 전해지고 있다. 이 시에 나타난 뭇사람들의 행차가 여실하게 나타나 있고, 첫수에 '봉봉서리(芃芃黍苗)' 라 하여 이 시의 서두를 희망적인 것으로 시작하고 있다.

{어려운 낱말}

[芃芃(봉봉)] : 무성한 모양. [悠悠(유유)] : 매우 멀리 흘러가는 모양. [我輦

(아련)] : 나의 수레. [集(집)] : 이루어내다. 성(成)과 같음. [肅肅(숙숙)] : 엄정한 모양. [烈烈(열열)] : 위엄이 있는 모양. [原隰(원습)] : 들판과 습지.

## 4. 습상(隰桑) - 습지의 뽕나무

1/ 隰桑有阿하니 (습 상 유 아) — 습지에 뽕나무가 언덕에 있으니
其葉有難로다 (기 엽 유 나) — 그 잎새가 무성하도다.
旣見君子하니 (기 견 군 자) — 우리 님 만나 뵈니
其樂如何오 (기 락 여 하) — 그 즐거움이 어떠하랴?

2/ 隰桑有阿하니 (습 상 유 아) — 진펄의 뽕나무가 언덕에 있으니
其葉有沃이로다 (기 엽 유 옥) — 그 잎이 기름지도다.
旣見君子하니 (기 견 군 자) — 이미 군자를 보았으니
云何不樂고 (운 하 불 락) — 어찌 즐겁다 아니하리오?

3/ 隰桑有阿하니 (습 상 유 아) — 진펄의 뽕나무가 언덕에 있으니
其葉有幽로다 (기 엽 유 유) — 그 잎이 무성하도다.

旣見君子하니 이미 군자를 보았으니
기 견 군 자

德音孔膠로다 사랑의 약속도 끈끈하도다.
덕 음 공 교

4/ 心乎愛矣어니 마음으로 사랑하거니
심 호 애 의

遐不謂矣리오 어찌 고백하지 않으리오?
하 불 위 의

中心藏之어니 마음속에 품고 있거니
중 심 장 지

何日忘之리오 어느 날인들 잊으리오.
하 일 망 지

{해설 및 감상}

모두 4장으로 장마다 4구절로 구성되어 있다. 이 노래는 남녀의 애정을 노래한 시다. 군자(君子)가 임이라면 그 임을 보고 노래한 것이다. 첫 수에 진펄의 뽕나무는 남녀 간의 사랑을 상징하는 것으로, 어디 없이 남녀가 만나는 곳은 뽕나무밭이다. 우리나라에서도 처녀가 뽕밭에 가서 뽕을 따면서 남녀가 만나는 장소로 이용되어왔다. 마찬가지다. '마음으로 사랑하는데 어느 날엔가 잊으리오.' 한 것을 보아도 찐한 애정을 노래하고 있다.

{어려운 낱말}

[阿(아)] : 언덕. 아름답다. [難(나)] : 무성한 모양. [沃(옥)] : 기름지다. 윤택하다. [有幽(유유)] : 무성한 모양. [德音(덕음)] : 사랑함의 언약. [孔膠

(공교)] : 굳은 약속.

## 5. 백화(白華) - 흰 꽃

1/ 白華菅兮하고 하얀 꽃 왕골 물에 담그고
백 화 관 혜
白茅束兮로다 흰 띠 풀로 묶어두었네.
백 모 속 혜
之子之遠하니 그대 멀리 떠나고 나니
지 자 지 원
俾我獨兮로다 나 홀로 외로워짐이여!
비 아 독 혜

2/ 英英白雲이여 흰 구름 뭉게뭉게 떠감이여!
영 영 백 운
露彼菅茅로다 이슬이 왕골과 띠풀을 적시네.
노 피 관 모
天步艱難하니 시국은 어지러워만 가는데
천 보 간 난
之子不猶로다 그대는 돌아올 마음도 없네.
지 자 불 유

3/ 滮池北流하여 저 물은 북으로 흘러서
표 지 북 류
浸彼稻田이로다 저기 벼 밭을 적시는구나.
침 피 도 전
嘯歌傷懷여 쓸쓸한 노래 마음 아픔이여!
소 가 상 회

念彼碩人이로다 　저 임을 생각하노라.
념 피 석 인

4/ 樵彼桑薪하여 　저 뽕나무 가지 잘라다가
초 피 상 신

卬烘于煁이로다 　아궁이에다가 불을 지피네.
앙 홍 우 심

維彼碩人이여 　저 임이시여!
유 피 석 인

實勞我心이로다 　진실로 내 마음 괴롭도다.
실 로 아 심

5/ 鼓鍾于宮이면 　궁 안에 종을 치게 되면
고 종 우 궁

聲聞于外로다 　그 소리 밖에까지 들리네.
성 문 우 외

念子懆懆어늘 　그대 생각에 애가 타는데도
념 자 조 조

視我邁邁로다 　나를 돌아보지도 않도다.
시 아 매 매

6/ 有鶖在梁이거늘 　두루미는 어살에 있거늘
유 추 재 량

有鶴在林이로다 　학은 숲속에 있도다.
유 학 재 림

維彼碩人이여 　저 크신 임이시여!
유 피 석 인

實勞我心이로다 　진정 내 마음 아프게 하네.
실 로 아 심

7/ 鴛鴦在梁에 　원앙새는 어살에 있어서
원 앙 재 량

戢其左翼이로다　　왼쪽 날개 접고 쉬고 있도다.
집 기 좌 익

之子無良이여　　그 임은 어질지 못하여
지 자 무 량

二三其德이로다　　그 마음이 오락가락하도다.
이 삼 기 덕

8/ 有扁斯石은　　이 조그만 돌멩이들은
유 편 사 석

履之卑兮로다　　밟아서 낮아진 것이로다.
이 지 비 혜

之子之遠이여　　그대 멀리에 있음이여!
지 자 지 원

俾我疷兮로다　　나를 병들게 하는구나.
비 아 저 혜

{해설 및 감상}

모두 8장에 장마다 4구로 구성된 노래다. 유왕(幽王)이 포사(褒姒)를 얻고 난 다음 신후(申后)를 내쫓아서 나라가 어지럽게 되고, 포사의 미모에 정신이 빠진 유왕을 풍자하여 신후가 지었다는 노래다. 그러니 버림받은 신후의 마음이 어떠하였으랴. '지자무량, 이삼기덕(之子無良, 二三其德)' 에 가서 이 노래의 절정을 이루고 있다.

{어려운 낱말}

[白華(백화)] : 흰 꽃. [管(관)] : 왕골. [之子(지자)] : 여기서는 유왕을 말함. [俾我(비아)] : 나로 하여금. 곧 신후 자신을 말함. [英英(영영)] : 가볍고 밝은 모양. [天步(천보)] : 그때의 시운. [滮池(표지)] : 못 이름. [懆懆(조

조)] : 근심하는 모양. [鶖(추)] : 무수리. 두루미. [二三(이삼)] : 마음이 변하여 이랬다저랬다 함.

## 6. 면만(緜蠻) - 물수리가 우네요

| | |
|---|---|
| 1/ 緜蠻黃鳥여<br>면 만 황 조 | 조그만 새 꾀꼬리여! |
| 止於丘阿로다<br>지 어 구 아 | 언덕 아래에 앉아 있네요. |
| 道之云遠하니<br>도 지 운 원 | 갈 길이 멀다고 하니 |
| 我勞如何오<br>아 로 여 하 | 나 지쳤으니 어찌하리오? |
| 飮之食之하며<br>음 지 식 지 | 먹게 하고 마시게 하며 |
| 教之誨之하며<br>교 지 회 지 | 가르쳐주고 깨우쳐주며, |
| 命彼後車하여<br>명 피 후 거 | 저 뒤 수레에 명하여 |
| 謂之載之로다<br>위 지 재 지 | 태워주라고 해야겠네. |

| | |
|---|---|
| 2/ 緜蠻黃鳥여<br>면 만 황 조 | 조그만 새 꾀꼬리여! |
| 止于丘隅로다<br>지 우 구 우 | 언덕 모퉁이에 앉아 있네요. |
| 豈敢憚行이리요<br>기 감 탄 행 | 어찌 자기를 꺼리랴마는 |

| | |
|---|---|
| 畏不能趨니라<br>외 불 능 추 | 빨리 가지 못할까 두려울 뿐. |
| 飮之食之며<br>음 지 식 지 | 마실 것 주고 먹을 것 주며 |
| 敎之誨之로다<br>교 지 회 지 | 가르쳐주고 깨우쳐주었구나. |
| 命彼後車하여<br>명 피 후 거 | 저 뒤 수레에 명하여 |
| 謂之載之로다<br>위 지 재 지 | 태워주라고 일렀도다. |
| 3/ 緜蠻黃鳥여<br>면 만 황 조 | 조그만 새 꾀꼬리여! |
| 止于丘側이로다<br>지 우 구 측 | 언덕 옆에 앉아있도다. |
| 豈敢憚行이리요<br>기 감 탄 행 | 어찌 자기를 꺼리랴만 |
| 畏不能極이라<br>외 불 능 극 | 이르지 못함을 두려워함이니라. |
| 飮之食之며<br>음 지 식 지 | 마실 것 주고 먹을 것을 주며 |
| 敎之誨之로다<br>교 지 회 지 | 가르쳐주고 깨우쳐주었구나. |
| 命彼後車하여<br>명 피 후 거 | 뒤 수레에 명하여 |
| 謂之載之로다<br>위 지 재 지 | 태워주라고 일러주랴. |

{해설 및 감상}

3장에 장마다 8구절로 형성되어 있다. 미천한 신하나 졸병들이 부역에 시달려 그 어려움을 노래한 시라고 한다. 대신들이 어진 마음을 쓰지 않기 때문에 미천한 사람들을 망각하고 먹을 것마저 주지 않으므로 이에 대한 불만을 읊은 것이다. 수레 뒤에라도 명하여 태워주는 그 정도의 아량이라도 있었으면 하는 것을 희망하고 있다.

{어려운 낱말}

[緜蠻(면만)] : 조그만 모양. [阿(아)] : 구부러진 언덕을 말함. [誨之(회지)] : 그것을 가르쳐주다. [丘隅(구우)] : 언덕 모퉁이. [憚行(탄행)] : 꺼리는 행동. [能趨(능추)] : 빨리 달려가다. [後車(후거)] : 뒤따라 다니는 수레. [黃鳥(황조)] : 꾀꼬리. [能極(능극)] : 목적지에 도착하는 것.

## 7. 호엽(瓠葉) - 박 이파리

1/ 幡幡瓠葉을 (번번호엽) — 펄럭이는 박 이파리를
采之亨之로다 (채지팽지) — 뜯어서 삶았네.
君子有酒하니 (군자유주) — 군자께 술이 있으니
酌言嘗之로다 (작언상지) — 한 잔 들고 맛을 보노라.

2/ 有兎斯首하니 (유토사수) — 토끼 한 마리 있으니

炮之燔之로다 　 굽고 볶고 지졌네.
포 지 번 지

君子有酒하니 　 군자에게 술이 있으니
군 자 유 주

酌言獻之로다 　 한 잔 따라서 올리리로다.
작 언 헌 지

3/ 有兎斯首를 　 토끼 한 마리를
유 토 사 수

燔之炙之로다 　 지지고 구워놓았네.
번 지 자 지

君子有酒하니 　 군자에게 술이 있으니
군 자 유 주

酌言酢之로다 　 한 잔 들고 답례를 올리리라.
작 언 작 지

4/ 有兎斯首하니 　 토끼 한 마리 있으니
유 토 사 수

燔之炮之로다 　 통째로 구워냈도다.
번 지 포 지

君子有酒하니 　 군자가 술이 있으니
군 자 유 주

酌言酬之로다 　 한 잔 따라서 주리로다.
작 언 수 지

{해설 및 감상}

모두 4장에 4구절씩 구성되어 있는 노래다. 안주를 만들어놓고 주객이 함께 술을 마시는 장면을 묘사하고 있다. 아니면 사냥을 가서 호박잎을 삶아서 나물과 토끼를 구워놓고 그것을 안주 삼아 신나게 마시는 장면을 노래하고 즐기는 것을 내용으로 하고 있다.

{어려운 낱말}

[幡幡(번번)] : 잎새가 나부끼는 모양. [采亨(채팽)] : 뜯어서 삶다. '亨' 은 '팽' 으로 읽고, '烹' 과 통함. [有兎斯首(유토사수)] : 토끼 한 마리. [炮燔(포번)] : 굽고 익히다. [酌獻(작헌)] : 술잔을 올리다. [酌酬(작수)] : 술을 마신 후 다시 술을 따라 권하는 것.

## 8. 참참지석(漸漸之石) - 우뚝한 바윗돌

| | |
|---|---|
| 1/ 漸漸之石이여 (참참지석) | 높이 솟은 바윗돌이여! |
| 維其高矣로다 (유기고의) | 정말 높기도 하여라. |
| 山川悠遠하니 (산천유원) | 산천이 아득히 멀어 |
| 維其勞矣로다 (유기로의) | 정말 고생이 엄청 크도다. |
| 武人東征에 (무인동정) | 동쪽을 정벌하는 무인이여! |
| 不皇朝矣로다 (불황조의) | 황제를 뵈올 겨를도 없네. |
| 2/ 漸漸之石이여 (점점지석) | 우뚝 솟은 바윗돌이여! |

| | |
|---|---|
| 維其卒矣로다<br>유 기 졸 의 | 험하기도 험하구나. |
| 山川悠遠하니<br>산 천 유 원 | 산천이 더욱 머니 |
| 曷其沒矣리오<br>갈 기 몰 의 | 언제 어느 때 끝날 것인가. |
| 武人東征에<br>무 인 동 정 | 동쪽을 정벌하는 무인이여! |
| 不皇出矣로다<br>불 황 출 의 | 언제나 벗어날 것인가. |
| 3/ 有豕白蹢하니<br>유 시 백 척 | 하얀 발톱 멧돼지가 |
| 烝涉波矣로다<br>증 섭 파 의 | 무리 지어 물결을 건너가네. |
| 月離于畢하니<br>월 리 우 필 | 달이 필성에 걸렸으니 |
| 俾滂沱矣로다<br>비 방 타 의 | 큰 비가 내리겠네. |
| 武人東征이여<br>무 인 동 정 | 동쪽을 정벌하는 무인들이여! |
| 不皇他蹢이로다<br>불 황 타 척 | 다른 일 할 겨를이 없도다. |

{해설 및 감상}

3장으로 구성되어 각 장마다 6구절로 되어 있다. 동쪽으로 정벌 나간 장수가 그 험난하고 먼 곳까지 힘들고 괴로움을 참다못해 읊은 시라고 한다. 이 고달픈 행역에 큰 비까지 내리는 고달픔을 노래했다고 한다.

{어려운 낱말}

[嶄嶄(참참)] : 높고 높은 모양. 여기서는 장수를 가리킴. '嶄' 은 '참' 으로 읽음. [悠遠(유원)] : 멀고 아득함. [卒(졸)] : 높고 험함. [烝(증)] : 무리. [畢(필)] : 필성(畢星). 28수의 하나. [滂沱(방타)] : 큰 비가 내리는 것. [蹢(척)] : 말굽.

## 9. 초지화(苕之華) - 능소화

1/ 苕之華여 능소화여!
초 지 화

芸其黃矣로다 노란 그 꽃 향기롭네.
운 기 황 의

心之憂矣여 마음의 근심이여!
심 지 우 의

維其傷矣로다 내 가슴 아파오네.
유 기 상 의

2/ 苕之華여 능소화여!
초 지 화

其葉靑靑이로다 그 잎이 푸르고 푸르도다.
기 엽 청 청

知我如此면 내 이럴 줄 알았다면
지 아 여 차

不如無生이로다 태어나지 않음과 못하리.
불 여 무 생

3/ 牂羊墳首하고 　암염소는 머리만 크고
장 양 분 수

三星在罶로다 　삼성이 통발을 비추네.
삼 성 재 류

人可以食이나 　사람이 먹고는 살지만
인 가 이 식

鮮可以飽로다 　배불리 먹기란 드물 것이지.
선 가 이 포

{해설 및 감상}

모두 3장에 4구로 구성되어 있다. 시인 자신이 주나라가 날로 쇠약해지는 것을 보고 능소화에 비유하여 그 아픈 심정을 읊은 것이라 한다. 또 대부가 시국을 걱정하는 것으로, 유왕(幽王) 때 서융(西戎)과 동이(東夷)가 중화(中華)를 침범하여 병난이 함께 일어나고 기근이 겹쳐서 어느 군자가 주나라가 장차 망할 것을 걱정하여, 이것을 서글피 여겨 지은 노래라고도 한다.

{어려운 낱말}

[苕(초)] : 능소화. [墳首(분수)] : 큰 머리. [罶(류)] : 통발.

## 10. 하초불황(何草不黃) - 만추의 풀잎

1/ 何草不黃이며 　어떤 풀이 시들지 않으며
하 초 불 황

| | |
|---|---|
| 何日不行고<br>하 일 불 행 | 어느 날엔가 길 가지 않겠는가? |
| 何人不將이며<br>하 인 부 장 | 어느 누군들 길 걷지 않으며 |
| 經營四方이랴<br>경 영 사 방 | 사방을 경영하지 않으랴. |
| 2/ 何草不玄이며<br>하 초 불 현 | 어느 풀이 마르지 않으며 |
| 何人不矜이리오<br>하 인 불 긍 | 어느 누군들 홀아비가 되지 않으랴. |
| 哀我征夫여<br>애 아 정 부 | 슬프다, 우리 정부여! |
| 獨爲匪民인가<br>독 위 비 민 | 그 홀로 백성이 아니란 말인가? |
| 3/ 匪兕匪虎가<br>비 시 비 호 | 외뿔소도 아니요 호랑이도 아닌 것이 |
| 率彼曠野로다<br>솔 피 광 야 | 넓은 들을 쏘다니고 있네. |
| 哀我征夫여<br>애 아 정 부 | 슬프다, 정부여! |
| 朝夕不暇로다<br>조 석 불 가 | 아침저녁 쉴 겨를이 없도다. |
| 4/ 有芃者狐가<br>유 봉 자 호 | 꼬리 긴 여우가 |
| 率彼幽草하고<br>솔 피 유 초 | 저 풀밭을 쏘다니며 있고 |
| 有棧之車가<br>유 잔 지 거 | 저기 짐 실은 수레가 있어 |

行彼周道로다　　큰 길을 달리고 있구나.
행 피 주 도

{해설 및 감상}

모두 4장에 장마다 4구로 구성되어 있다. 주나라가 쇠약하여 망해 가는데 행역도 끊어지지 않아 부역에 나간 사람 중의 하나가 이 노래를 지었다고 한다. 「모시서」에는 다른 제후가 유왕(幽王)을 풍자한 것이라고도 했다.

{어려운 낱말}

[將(장)] : 가다. [玄(현)] : 붉고 검은색. [矜(긍)] : 여기서는 홀아비. 鰥과 통함. [芃(봉)] : 꼬리가 긴 모양. [棧之車(잔지거)] : 짐 싣는 수레. [周道(주도)] : 큰 길. 주나라로 가는 길.

# 제3부: 대아(大雅)

아(雅)는 바르다는 뜻이다. 그러니 대아는 크게 바르다는 뜻으로, 주나라 왕조의 궁중이 올바른 음악이라는 뜻으로 대아라는 말로 불리어졌다. 이 「대아(大雅)」는 「소아(小雅)」와 달리 제후들이 조회할 때나 큰 잔치를 할 때 사용되는 음악이다. 그러니 「대악」은 「소악」에 대한 반대개념이다.

文王在上은 於昭于天이로다.
周雖舊邦이나 其命維新이로다.

## 제1장
# 문왕(文王)

그래서 첫 장에 문왕이 나와서 대악의 문왕편(文王篇)을 이루었으니 문왕의 덕을 추모하고 찬양한 시로서 전부 7장으로 되어 있는데, 이 '유신' 이란 말이 들어있는 첫 장을 소개하면 다음과 같다.

문왕이 위에 계시니
아아, 하늘이 빛나도다.
주나라가 비록 옛 나라이지만
그 명은 오직 새롭도다.

-'문왕' 의 일부

## 1. 문왕(文王)이시여!

| | |
|---|---|
| 1/ 文王在上하니 (문왕재상) | 문왕이 위에 계시니 |
| 於昭于天이로다 (어소우천) | 아, 하늘이 빛나도다. |
| 周雖舊邦이나 (주수구방) | 주나라가 비록 옛 나라지만 |
| 其命維新이로다 (기명유신) | 그 명은 오직 새롭도다. |
| 有周不顯이어도 (유주불현) | 주나라가 나타나지 않음에 있어도 |
| 帝命不時로다 (제명불시) | 하늘의 명이 때를 맞추지 않았는가! |
| 文王陟降하시며 (문왕척강) | 문왕께서 오르내리시며 |
| 在帝左右하시니 (재제좌우) | 천재와 함께 계시니–. |
| 2/ 亹亹文王이여 (미미문왕) | 문왕께서 힘을 쓰심이여! |
| 令聞不已로다 (영문불이) | 어진 소문이 말지 않도다. |
| 陳錫哉周하시되 (진석재주) | 큰 복을 주나라에 주시되 |
| 侯文王孫子하시니 (후문왕손자) | 문왕의 후손을 도우시니 |
| 文王孫子가 (문왕손자) | 문왕의 후손들이 |
| 本支百世시며 (본지백세) | 본 손과 지손들이 백세토록 지탱하시며 |

| | |
|---|---|
| 凡周之士도<br>범 주 지 사 | 모든 주나라 신하들도 |
| 不顯亦世로다<br>불 현 역 세 | 대대로 드러나지 않음이 없었네. |
| 3/ 世之不顯하니<br>세 지 불 현 | 대대로 드러나지 않음이 없으니 |
| 厥猶翼翼이로다<br>궐 유 익 익 | 그 뜻이 신중하고 충성되도다. |
| 思皇多士가<br>사 황 다 사 | 빛나는 그 많은 신하들이 |
| 生此王國이로다<br>생 차 왕 국 | 이 왕국에서 생겨났도다. |
| 王國克生이여<br>왕 국 극 생 | 이 왕국에서 생겨났음이여! |
| 維周之楨이로다<br>유 주 지 정 | 주나라의 기둥이로다. |
| 濟濟多士여<br>제 제 다 사 | 많은 어진 선비들이 있으니 |
| 文王以寧이로다<br>문 왕 이 녕 | 문왕께서 편안하시리라. |
| 4/ 穆穆文王이여<br>목 목 문 왕 | 덕이 많은 문왕이시여! |
| 於緝熙敬止로다<br>어 집 희 경 지 | 아아 끊임없이 힘써 공경하셨네. |
| 假哉天命은<br>가 재 천 명 | 커다란 하늘의 명은 |
| 有商孫子하니<br>유 상 손 자 | 상나라 자손께 있었느니-. |
| 商之孫子는<br>상 지 손 자 | 상나라 자손들은 |

| | |
|---|---|
| 其麗不億이나<br>기 려 불 억 | 그 수는 헤아릴 수 없지만 |
| 上帝旣命에<br>상 제 기 명 | 상제의 명이 이에 내리심이라 |
| 侯于周復이로다<br>후 우 주 복 | 주나라에 복종하라 하셨네. |
| 5/ 侯服于周하니<br>후 복 우 주 | 주나라에 복종토록 하였으니 |
| 天命靡常이로다<br>천 명 미 상 | 천명이 늘 그런 것은 아니로다. |
| 般士膚敏이<br>은 사 부 민 | 은나라의 훌륭한 선비도 |
| 祼將于京하니<br>관 장 우 경 | 술을 따라 제사를 올리니 |
| 厥作祼將이여<br>궐 작 관 장 | 그들이 강신할 술 올림이여! |
| 常服黼冔이로다<br>상 복 보 후 | 항상 은나라의 예복과 관을 썼네. |
| 王之藎臣은<br>왕 지 신 신 | 왕의 진실한 충신들은 |
| 無念爾祖어다<br>무 념 이 조 | 그대들의 조상을 잊지 말라. |
| 6/ 無念爾祖하고<br>무 념 이 조 | 그대들의 조상을 잊지 말고 |
| 聿修厥德이어다<br>율 수 궐 덕 | 진실로 덕 닦기를 바라네. |
| 永言配命이<br>영 언 배 명 | 길이 하늘의 명을 받들어 |
| 自求多福이어다<br>자 구 다 복 | 스스로 많은 복을 구할지어다. |

| | |
|---|---|
| 殷之未喪師에는<br>은 지 미 상 사 | 은나라가 없어지지 않았을 때는 |
| 克配上帝터니<br>극 배 상 제 | 상제의 뜻에 따를 줄 알았더니 |
| 宜鑒于殷하여<br>의 감 우 은 | 마땅히 은나라를 거울삼아 |
| 駿命不易니라<br>준 명 불 이 | 큰 명 따르기 쉽지 않으니라. |
| 7/ 命之不易니<br>명 지 불 이 | 하늘의 명 지키기가 쉽지 않으니 |
| 無遏爾躬이어다<br>무 알 이 궁 | 그대의 대에서 끊지 말지어다. |
| 宣昭義問하며<br>선 소 의 문 | 좋은 소문이랑 나게 하며 |
| 有虞殷自天하라<br>유 우 은 자 천 | 은나라 흥망이 천명인 줄 알라. |
| 上天之載는<br>상 천 지 재 | 하늘의 일은 |
| 無聲無臭하니<br>무 성 무 취 | 소리도 없고 냄새도 없으니 |
| 儀刑文王하면<br>의 형 문 왕 | 문왕을 본받게 되면 |
| 萬邦作孚하리라<br>만 방 작 부 | 모두 나아가 믿고 따르리라. |

{해설 및 감상}

모두 7장에 8구로 구성된 긴 노래이다. 문왕이 천명을 받아 주나라를 이룩한 것이라고 했다. 악을 치고 일어선 주나라가 천명에 의한 것이라고 강조하면서 주공이 아버지인 문왕(文王)의 덕을 찬술하여 주(周)나라가 천명을 받아 상(商)나라를 대신한 것을 인용하여 성왕(成王)을 경계하는 것이라고 하였다.

{어려운 낱말}

[於昭(어소)] : 매우 밝다. 於는 감탄사. [維新(유신)] : 매우 새롭다. [陟降(척강)] : 하늘에 올라갔다가 땅에 내려오는 것. [亹亹(미미)] : 부지런히 힘쓰는 모양. [陳錫(진석)] : 복을 내려주다. 錫은 賜와 같음. [翼翼(익익)] : 신중하고 충성된 모양. [楨(정)] : 주나라를 바친 동량재. [濟濟(제제)] : 장엄하고 공경하는 모양. [穆穆(목목)] : 덕이 있는 모양. [假哉(가재)] : 크고 위대하구나. [膚敏(부민)] : 아름답고 민첩함. [黼冔(보후)] : 은나라의 예복과 관. [駿命(준명)] : 대명. [爾躬(이궁)] : 대를 이을 왕들. [儀刑(의형)] : 본받음.

## 2. 대명(大明) - 아주 밝음

| | |
|---|---|
| 1/ 明明在下하며<br>명 명 재 하 | 밝고 밝아 아래에 계시며 |
| 赫赫在上이라<br>혁 혁 재 상 | 빛나고 빛나서 하늘에 계시네. |
| 天難忱斯하고<br>천 난 침 사 | 하늘은 믿기가 어렵고 |
| 不易維王하니<br>불 이 유 왕 | 임금 노릇은 쉽지 않으니 |

天位殷適에게 — 천자의 적손 은에게
천위은적

使不挾四方이로다 — 천하를 두지 못하게 하셨네.
사불협사방

2/ 摯仲氏任이 — 지(摯)나라 둘째 딸 임씨가
지중씨임

自彼殷商으로 — 저 은나라에서부터
자피은상

來嫁于周하사 — 주나라에 시집오셔서
내가우주

曰嬪于京하시니 — 주나라의 수도 부인되시니
왈빈우경

乃及王季로 — 이에 왕계(王季)로 더불어
내급왕계

維德之行이셨다 — 덕을 행하셨네.
유덕지행

大任有身하사 — 이 태임(太任)께서 아이가 있어
태임유신

生此文王이로다 — 이 문왕을 낳으심이로다.
생차문왕

3/ 維此文王이 — 이런 문왕께서
유차문왕

小心翼翼이라 — 삼가고 조심하심이라.
소심익익

昭事上帝하사 — 밝게 하늘을 섬기시고
소사상제

聿懷多福하시니 — 많은 복 누리심을 생각하시니
율회다복

厥德不回하사 — 그 덕이 어긋남 없어
궐덕불회

| | | |
|---|---|---|
| | 以受方國이로다<br>이 수 방 국 | 온 나라를 얻으심이로다. |
| 4/ | 天監在下하사<br>천 감 재 하 | 하늘이 아래를 두루 살피시어 |
| | 有命旣集하니<br>유 명 기 집 | 천명이 여기에 모였으니 |
| | 文王初載에<br>문 왕 초 재 | 문왕이 처음 일을 시작할 때 |
| | 天作之合이로다<br>천 작 지 합 | 하늘이 좋은 짝을 주셨도다. |
| | 在洽之陽하며<br>재 흡 지 양 | 흡수가 북쪽에 있고 |
| | 在渭之涘하여<br>재 위 지 사 | 위수가 그 가에 있어 |
| | 文王嘉止에<br>문 왕 가 지 | 문왕이 혼례를 하였으니 |
| | 大邦有子로다<br>대 방 유 자 | 큰 나라 좋은 규수 두셨네. |
| 5/ | 大邦有子하니<br>대 방 유 자 | 큰 나라 좋은 규수를 두었으니 |
| | 俔天之妹로다<br>현 천 지 매 | 하늘이 주신 천사였네. |
| | 文定厥祥하시고<br>문 정 궐 상 | 그 좋은 날을 정하여 |
| | 親迎于渭로다<br>친 영 우 위 | 친히 위수에서 맞이하셨네. |
| | 造舟爲梁하시니<br>조 주 위 량 | 배를 만들어 다리 놓으시니 |
| | 不顯其光이로다<br>불 현 기 광 | 그 빛이 더욱 밝도다. |

| | |
|---|---|
| 6/ 有命自天하니<br>유 명 자 천 | 하늘로부터 명이 있었으니 |
| 命此文王하여<br>명 차 문 왕 | 이 문왕께서 명하시어 |
| 于周于京하고<br>우 주 우 경 | 주나라 서울서 다스리게 하고 |
| 纘女維莘이<br>찬 여 유 신 | 아름다운 신나라의 규수가 |
| 長子維行하여<br>장 자 유 행 | 맏아들에게 시집오시어 |
| 篤生武王하시어<br>독 생 무 왕 | 돈독히 무왕을 낳으시어 |
| 保右命爾하시고<br>보 우 명 이 | 보호하고 명하시고 |
| 燮伐大商이로다<br>섭 벌 대 상 | 큰 상나라를 정벌하심이로다. |
| 7/ 殷商之旅가<br>은 상 지 려 | 은나라 군사들의 그 수가 |
| 其會如林하여<br>기 회 여 림 | 숲처럼 모여들어 |
| 矢于牧野하니<br>시 우 목 야 | 목야에서 군사에게 맹세하기를 |
| 維予侯興이로다<br>유 여 후 흥 | 내가 일어났도다. |
| 上帝臨女하시니<br>상 제 임 녀 | 하늘이 그대를 돌보시니 |
| 無貳爾心이로다<br>무 이 이 심 | 두 마음 먹지 말라시도다. |
| 8/ 牧野洋洋하니<br>목 야 양 양 | 목야(牧野)는 넓고 넓으니 |

檀車煌煌이라 | 박달나무 수레가 휘황하도다.
단 거 황 황

駟騵彭彭이로다 | 배가 흰 4필 말은 씩씩하도다.
사 원 방 방

維師尙父는 | 스승 상보인 태공망은
유 사 상 보

時維鷹揚하여 | 매가 날듯 용맹하여
시 유 응 양

涼彼武王하여 | 저 무왕을 도우시어
양 피 무 왕

肆伐大商하니 | 방자한 큰 상나라를 치니
사 벌 대 상

會朝淸明이로다 | 하늘은 아침 같이 청명하도다.
회 조 청 명

{해설 및 감상}

모두 8장에 4장은 6구절이요, 4장은 8구절로 구성되어 있다. 이 시는 주공이 성왕을 경계한 시로 알려져 있다. 주나라 문왕, 무왕이 나라를 건국하는 내용을 표현하고, 주나라가 하늘의 뜻을 얻어 건국한 나라임을 곳곳에 강조하고 모진 은나라를 치고 새로운 나라를 건국함에, 특히 상보(尙父)로 모시는 강태공의 큰 활약까지 표현하고 있다. 당당한 내용으로 보아 서사시적 요소가 다분하다.

{어려운 낱말}

[明明(명명)] : 덕이 밝은 모양. [赫赫(혁혁)] : 빛이 아주 밝음. [殷商(은상)] : 은나라, 상나라. [王季(왕계)] : 문왕의 아버지. [翼翼(익익)] : 신중한 모

습. [渭(위)] : 중국의 강 이름. 위수를 말함. [嘉止(가지)] : 혼례. [大邦有子(대방유자)] : 大邦은 莘國. 有子는 太姒임. [莘(신)] : 신나라. [長子(장자)] : 신국의 장녀 太姒. [煌煌(황황)] : 선명한 모양. [彭彭(방방)] : 강성한 모양. [師尙父(사상보)] : 스승 태공망. [涼(양)] : 亮과 통하며, 밝다는 뜻이다. [會朝(회조)] : 조정에서 아침에 만나는 것.

## 3. 면(緜) - 넝쿨이 뻗어서

| | |
|---|---|
| 1/ 緜緜瓜瓞이여 (면면과질) | 길게 뻗은 덩굴이여! |
| 民之初生에 (민지초생) | 백성이 처음 살아갈 때에 |
| 自土沮漆하니 (자토저칠) | 저수(沮水)와 칠수(漆水)의 물가였으니 |
| 古公亶父는 (고공단보) | 고공단보께서는 |
| 陶復陶穴하여 (도복도혈) | 굴을 파고 기거하시며 |
| 未有家室이로다 (미유가실) | 집 같은 집에는 살지를 못하였었네. |
| 2/ 古公亶父가 (고공단보) | 고공단보께서 |
| 來朝走馬하사 (내조주마) | 일찍 말을 달리어 |
| 率西水滸하사 (솔서수호) | 서쪽 호수를 따라서 |

| | |
|---|---|
| 至于岐下로다<br>지 우 기 하 | 기산 아래에 이르셨도다. |
| 爰及姜女로<br>원 급 강 녀 | 이곳에서 강녀(姜女)와 함께 |
| 聿來胥宇하니라<br>율 래 서 우 | 여기 와서 살게 되었네. |
| 3/ 周原膴膴하여<br>주 원 무 무 | 주나라 들판은 기름져서 |
| 菫荼如飴로다<br>근 도 여 이 | 쓴 나물과 씀바귀도 엿처럼 달았다. |
| 爰始爰謀하시며<br>원 시 원 모 | 이에 시작하고 이에 꾀하여 |
| 爰契我龜하고<br>원 계 아 귀 | 거북점을 쳐 보시고 |
| 曰止曰時하사<br>왈 지 왈 시 | 머물러 살만하다 하시고 |
| 築室于茲하시니라<br>축 실 우 자 | 여기에 집을 지으라 하셨네. |
| 4/ 迺慰迺止하니<br>내 위 내 지 | 머물러 살게 되자 |
| 迺左迺右하여<br>내 좌 내 우 | 왼쪽과 오른쪽에도 집을 지어 |
| 迺疆迺理하며<br>내 강 내 리 | 경계 짓고 도랑 파서 |
| 迺宣迺畝하니<br>내 선 내 무 | 밭 갈고 이랑을 내니 |
| 自西徂東하여<br>자 서 조 동 | 서쪽에서 동쪽에 이르기까지 |
| 周爰執事로다<br>주 원 집 사 | 이에 주나라를 위해 일하였도다. |

| | |
|---|---|
| 5/ 乃召司空하고<br>내 소 사 공 | 이에 사공을 부르고 |
| 乃召司徒하여<br>내 소 사 도 | 이에 사도를 불러서 |
| 俾立室家하니<br>비 립 실 가 | 집을 짓게 하시니 |
| 其繩則直이어늘<br>기 승 즉 직 | 먹줄을 친 곳이 곧고 바르거늘 |
| 縮版以載하니<br>축 판 이 재 | 담틀을 세워 흙을 얹으니 |
| 作廟翼翼이로다<br>작 묘 익 익 | 지은 종묘는 위엄이 있도다. |
| 6/ 捄之陾陾하고<br>구 지 잉 잉 | 흙 담아 나르는 소리 들리고 |
| 度之薨薨하며<br>도 지 훙 훙 | 담틀에 척척 흙을 넣으며 |
| 築之登登하여<br>축 지 등 등 | 탁탁 흙을 다지며 |
| 削屢馮馮하여<br>삭 루 풍 풍 | 평평 높은 곳을 쳐 내려서 |
| 百堵皆興하니<br>백 도 개 흥 | 모든 담벼락 다 세우니 |
| 鼛鼓弗勝이로다<br>고 고 불 승 | 북 치는 소리도 그치지 아니했네. |
| 7/ 迺立皐門하니<br>내 립 고 문 | 성곽 문을 세우니 |
| 皐門有伉하며<br>고 문 유 항 | 성곽문은 하늘을 찌를 듯하고 |
| 迺立應門하니<br>내 립 응 문 | 정문을 세우고 보니 |

| | |
|---|---|
| 應門將將이라<br>응 문 장 장 | 정문은 반듯하고 장엄하여라. |
| 迺立冢土하니<br>내 립 총 토 | 큰 사직을 세우니 |
| 戎醜攸行이로다<br>융 추 유 행 | 모든 사람들 다니는 곳이로다. |
| 8/ 肆不殄厥慍하니<br>사 불 진 궐 온 | 그들에 대한 노여움을 풀지 않았으니 |
| 亦不隕厥問하니<br>역 불 운 궐 문 | 돌보아주는 일 게을리하지 않았네. |
| 柞棫拔矣라<br>작 역 발 의 | 떡갈나무 느릅나무 뽑아서 |
| 行道兌矣하니<br>행 도 태 의 | 다니는 길을 통하게 하니 |
| 混夷駾矣하여<br>혼 이 태 의 | 오랑캐들 두려워 뛰어 도망치며 |
| 維其喙矣로다<br>유 기 훼 의 | 어쩔 줄을 모르는구나. |
| 9/ 虞芮質厥成하니<br>우 예 질 궐 성 | 우와 예의 논쟁이 풀리니 |
| 文王蹶厥生이로다<br>문 왕 궐 궐 생 | 문왕께서 움직임을 빠르게 하였도다. |
| 予曰有疏附하며<br>여 왈 유 소 부 | 내 소부 잘하는 신하 있다 하며 |
| 予曰有先後하며<br>여 왈 유 선 후 | 내 선후 아는 신하 있다 하며 |
| 予曰有奔奏하며<br>여 왈 유 분 주 | 내 분주 잘하는 신하 있다 하며 |
| 予曰有禦侮하니라<br>여 왈 유 어 모 | 내 어모 잘하는 신하 있다 말하니라. |

{해설 및 감상}

모두 9장으로 장마다 6구절로 구성되었다. 주공이 성왕을 경계하기 위해 지은 시라고 한다. 그래서 주나라의 건국으로부터 그 시원(始原)을 밝혀서 국가 건국의 이념과 문왕의 덕치를 들고 고공단보의 이야기를 들어 표현하고 있다 이 시도 서사적 성격을 띠고 있으며, 이 건국이념이 후세에 미치도록 경계를 주고 있다.

{어려운 낱말}

[緜緜(면면)] : 계속 이어짐. [瓜瓞(과질)] : 덩굴이 길게 뻗음. 주나라 왕실이 번창하여 길게 이어나감을 상징함. [古公亶父(고공단보)] : 고공은 호, 단보는 자. 곧 태왕을 말함. [水滸(수호)] : 빈(豳) 땅 서쪽의 칠수(漆水)를 말함. [岐山(기산)] : 중국 섬서성 기산현에 있음. 岐下는 기산 아래를 말함. [姜女(강녀)] : 태왕의 비. [膴膴(무무)] : 기름지고 아름다운 모양. [迺畝(내무)] : 이랑을 내다. [執事(집사)] : 나라 위해 일하는 것. [司徒(사도)] : 모든 역사를 맡은 관직. [繩(승)] : 먹줄. [翼翼(익익)] : 엄정한 모양. [薨薨(훙훙)] : 흙을 던져서 채워 넣는 소리. [登登(등등)] : 일하면서 서로 주고받는 소리. [鼛鼓(고고)] : 큰 북을 두드리다. [冢土(총토)] : 토지의 신께 제사 올리는 것. [戎醜(융추)] : 서융. 서쪽 오랑캐. [慍(온)] : 성내다.

## 4. 역복(棫樸) - 두릅나무 떨기여!

1/ 芃芃棫樸이여 무성한 두릅나무 떨기여!
봉 봉 역 복

| | |
|---|---|
| 薪之槱之로다<br>신 지 유 지 | 땔나무로 베어서 쌓아두었네. |
| 濟濟辟王이여<br>제 제 벽 왕 | 위엄 있는 임금님이시여! |
| 左右趣之로다<br>좌 우 취 지 | 좌우의 신하들 저렇게 달려오네. |
| 2/ 濟濟辟王이여<br>제 제 벽 왕 | 거룩하신 임금님이여! |
| 左右奉璋이로다<br>좌 우 봉 장 | 좌우의 신하들이 옥잔을 들어 받들도다. |
| 奉璋峨峨하니<br>봉 장 아 아 | 잔 받드는 모양이 장엄하여 |
| 髦士攸宜로다<br>모 사 유 의 | 뛰어난 선비의 마땅함이로다. |
| 3/ 淠彼涇舟를<br>비 피 경 주 | 두둥실 뜨는 저 경수 위의 배를 |
| 烝徒楫之로다<br>증 도 즙 지 | 많은 사람들이 노를 젓고 있네. |
| 周王于邁하시니<br>주 왕 우 매 | 주나라 임금 가시니 |
| 六師及之로다<br>육 사 급 지 | 온 군사들이 뒤따르도다. |
| 4/ 倬彼雲漢이여<br>탁 피 운 한 | 저 큰 은하수여! |
| 爲章于天이로다<br>위 장 우 천 | 온 하늘에 수를 놓고 있네. |
| 周王壽考하시니<br>주 왕 수 고 | 주나라 임금님 만수무강하시니 |

遐不作人이리요　　어찌 사람을 잘 쓰지 않으리오.
하 부 작 인

5/ 追琢其章하니　　옥을 쪼아 문체를 만드니
추 탁 기 장

金玉其相이라　　금과 옥으로 바탕을 만드시네.
금 옥 기 상

勉勉我王이여　　면면하신 우리 임금이시여!
면 면 아 왕

綱紀四方이로다　　온 세상에 기강(紀綱)을 바로잡네.
강 기 사 방

{해설 및 감상}

모두 5장으로 장마다 4구절로 구성하고 있다. 주나라의 임금을 기리는 시로써, 문왕의 덕과 신하 등용까지 예찬한 노래다. 위엄 있는 임금과 그 아래의 신하들이 일사불란하게 움직이는 것을 무성한 두릅나무에 비유해서 그 첫 장을 시작했다. 끝에 가서 면면한 임금님이 온 기강으로 나라를 다스리어 사방으로 뻗어나가는 기상을 노래하면서 끝을 맺고 있다.

{어려운 낱말}

[芃芃(봉봉)] : 무성한 모양. [棫樸(역복)] : 두릅나무 떨기. 樸은 '복' 으로 읽음. [濟濟(제제)] : 공경스런 모양. [奉璋(봉장)] : 옥잔을 받들다. [峨峨(아아)] : 장엄한 모양. [涇舟(경주)] : 경수에 뜬 배. 경수는 감숙성 동쪽에서 흘러 위수로 들어가는 강 이름. [六師(육사)] : 모든 군대. 師는 군대를 말함. [雲漢(운한)] : 은하수. [壽考(수고)] : 만수무강. [勉勉(면면)] : 근면한

모양.

## 5. 한록(旱麓) - 한산의 기슭

1/ 瞻彼旱麓하니 저 한산 기슭을 바라보니
첨 피 한 록

榛楛濟濟로다 개암나무 싸리나무가 울창하구나.
진 고 제 제

豈弟君子여 점잖으신 군자여!
기 제 군 자

干祿豈弟로다 점잖게 녹을 받으시네.
간 록 기 제

2/ 瑟彼玉瓚에 아름다운 저 옥잔에
슬 피 옥 찬

黃流在中이로다 울창주 술이 가득하도다.
황 류 재 중

豈弟君子여 점잖으신 군자여!
기 제 군 자

福祿攸降이로다 복록이 내려오도다.
복 록 유 강

3/ 鳶飛戾天이요 솔개는 하늘 위로 날고
연 비 여 천

魚躍于淵이로다 물고기는 연못에서 뛰어오르도다.
어 약 우 연

豈弟君子여 점잖으신 군자여!
기 제 군 자

| | |
|---|---|
| 遐不作人고 (하불작인) | 어찌 사람을 잘 쓰지 않는고? |
| 4/ 清酒旣載하며 (청주기재) | 맑은 술 부어놓고 |
| 騂牡旣備하니 (성모기비) | 붉은 황소 잡아놓았으니 |
| 以享以祀하여 (이향이사) | 바쳐놓고 제사 지내서 |
| 以介景福이로다 (이개경복) | 큰 복을 비시네. |
| 5/ 瑟彼柞棫은 (슬피작역) | 무성한 저 떡갈나무와 두릅나무는 |
| 民所燎矣로다 (민소료의) | 백성들의 땔감이로다. |
| 豈弟君子는 (기제군자) | 점잖으신 군자님은 |
| 神所勞矣로다 (신소로의) | 신령님도 위로해 주시네. |
| 6/ 莫莫葛藟여 (막막갈류) | 무성한 칡넝쿨이여! |
| 施于條枚로다 (시우조매) | 나뭇가지를 휘감았네. |
| 豈弟君子여 (기제군자) | 점잖으신 군자여! |
| 求福不回로다 (구복불회) | 복을 구하기에 어긋남이 없으리. |

{해설 및 감상}

모두 6장으로 구성되어서 4구절씩 이어 나가고 있다. 주나라 임금의 덕을 노래한 시라고 일러지고 있다. 선조의 후직(后稷)과 공류(公劉)의 유업을 대대로 잘 닦아서 복록이 무궁무진하도록 기원하는 시다.

{어려운 낱말}

[旱麓(한록)] : 한은 산 이름이요, 록은 산의 기슭이다. [濟濟(제제)] : 나무들이 많은 모양. [豈弟(기제)] : 점잖음. [瑟彼(슬피)] : 저 깨끗하고 고운. [玉瓚(옥찬)] : 옥의 일종으로, 그것으로 만든 술잔. 옥잔. [黃流(황류)] : 울창 술. [騂牡(성모)] : 붉은 황소. [景福(경복)] : 큰 복. [柞棫(작역)] : 떡갈나무와 두릅나무. [莫莫(막막)] : 성한 모양. [葛藟(갈류)] : 무성한 칡덩굴과 등나무.

## 6. 사제(思齊) - 성스러움이여!

| | |
|---|---|
| 1/ 思齊大任은 (사 제 태 임) | 거룩하신 태임은 |
| 文王之母시니 (문 왕 지 모) | 문왕의 어머니시니 |
| 思媚周姜하사 (사 미 주 강) | 주강을 사랑하사 |
| 京室之婦시다 (경 실 지 부) | 주나라 집안의 주부이시다. |

| | |
|---|---|
| 大姒嗣徽音이여<br>태 사 사 휘 음 | 태사님의 아름다운 명성이여! |
| 則百斯男이로다<br>즉 백 사 남 | 여러 아들 낳으셨도다. |
| 2/ 惠于宗公하사<br>혜 우 종 공 | 종묘의 성공에게 순종하시어 |
| 神罔時怨하며<br>신 망 시 원 | 신령들은 원망도 없으시고 |
| 神罔時恫하다<br>신 망 시 통 | 신령들은 상심하지도 않으시다. |
| 刑于寡妻하사<br>형 우 과 처 | 과처를 본보기로 삼아 |
| 至于兄弟하사<br>지 우 형 제 | 형제에게 이르시어 |
| 以御于家邦이로다<br>이 어 우 가 방 | 집안과 나라를 다스렸도다. |
| 3/ 雝雝在宮하시며<br>옹 옹 재 궁 | 화합하는 모습으로 궁에 계시며 |
| 肅肅在廟로다<br>숙 숙 재 묘 | 공경하는 마음으로 묘당에 계시도다. |
| 不顯亦臨하시며<br>불 현 역 임 | 밝게 나라에 임하시며 |
| 無射亦保로다<br>무 역 역 보 | 싫어함이 없이 보호하시네. |
| 4/ 肆戎疾不殄하시니<br>사 융 질 부 진 | 큰 잘못은 크게 징계하시니 |
| 烈假不瑕하시며<br>열 가 불 하 | 공적에 과실이 없으며, |

| | |
|---|---|
| 不聞亦式하시니<br>불 문 역 식 | 들은 것 없어도 법도에 맞으니 |
| 不諫亦入하시다<br>불 간 역 입 | 간함 없어도 선에 드셨네. |

| | |
|---|---|
| 5/ 肆成人有德하며<br>사 성 인 유 덕 | 어른들은 덕이 있고 |
| 小子有造하니<br>소 자 유 조 | 소자들은 성취가 있으니 |
| 古之人無斁이라<br>고 지 인 무 역 | 문왕께서는 싫어함이 없으시니라. |
| 譽髦斯士로다<br>예 모 사 사 | 선비들도 이름을 날리게 되었네. |

{해설 및 감상}

5장에 2장은 장마다 6구절, 3장은 장마다 4구절로 구성되어 있다. 이 장은 문왕의 덕을 노래한 것으로, 그의 성덕의 바탕이 되는 모든 일들을 노래한 것으로 되었다. 「모시서」에서도 문왕이 성인이 된 까닭을 노래한 것이라고 했다.

{어려운 낱말}

[大任(태임)] : 문왕의 어머니. [周姜(주강)] : 문왕의 할머니. [京室(경실)] : 주나라 왕실. [大姒(태사)] : 문왕의 비. [宗公(종공)] : 종묘의 先公. [雝雝(옹옹)] : 온화한 모양, 부드러운 모양. [肅肅(숙숙)] : 공경하는 모양. [不顯(불현)] : 깊숙하고 은밀한 곳. [射(역)] : 싫어하다. 射은 '역' 으로 읽음. [斯士(사사)] : 훌륭한 선비들.

## 7. 황의(皇矣) - 위대한 그 님

| | |
|---|---|
| 1/ 皇矣上帝가<br>황 의 상 제 | 하늘의 옥황상제께서 |
| 臨下有赫하사<br>임 하 유 혁 | 위엄 있게 이 땅에 강림하시어 |
| 監觀四方하시어<br>감 관 사 방 | 사방을 살피시어 |
| 求民之莫하시니라<br>구 민 지 막 | 백성들을 편안히 구하셨네. |
| 維此二國이<br>유 차 이 국 | 하(夏)와 은(殷) 두 나라가 |
| 其政不獲하여<br>기 정 불 획 | 그 정사를 잘못했기에 |
| 維彼四國에<br>유 피 사 국 | 온 세상 나라에서 |
| 爰究爰度하시니<br>원 구 원 탁 | 이에 살피고, 이에 꾀하셨네. |
| 上帝耆之는<br>상 제 기 지 | 상제께서 노하심은 |
| 憎其式廓이라<br>증 기 식 곽 | 정사를 잘못하여 미워하심이라. |
| 乃眷西顧하사<br>내 권 서 고 | 서쪽을 돌아보시고는 |
| 此維與宅하시니라<br>차 유 여 택 | 여기서 함께 머무시게 되었네. |
| 2/ 作之屛之하니<br>작 지 병 지 | 뽑아버리고 제거하니 |
| 其菑其翳로다<br>기 치 기 예 | 말라죽고 시들은 나무로다. |

| | |
|---|---|
| 脩之平之하니<br>수 지 평 지 | 닦고 평평하게 하니 |
| 其灌其栵이로다<br>기 관 기 렬 | 떨기나무와 다시 움트는 나무로다. |
| 啓之辟之하니<br>계 지 벽 지 | 틔우고 일구니 |
| 其檉其椐로다<br>기 정 기 거 | 산뽕나무와 들뽕나무로다. |
| 攘之剔之하니<br>양 지 척 지 | 치우고 베고 하는 것은 |
| 其檿其柘로다<br>기 염 기 자 | 산뽕나무 들뽕나무로다. |
| 帝遷明德이라<br>제 천 명 덕 | 상제의 밝은 덕을 옮기시니 |
| 串夷載路하고<br>관 이 재 로 | 오랑캐들 도망을 가고 |
| 天立厥配하시니<br>천 입 궐 배 | 하늘이 그 배필을 세우시니 |
| 受命旣固로다<br>수 명 기 고 | 받으신 천명이 굳어지셨네. |
| 3/ 帝省其山하시니<br>제 성 기 산 | 하늘이 그 산을 살피시니 |
| 柞棫斯拔하며<br>작 역 사 발 | 떡갈나무 두릅나무 다 뽑혔고, |
| 松柏斯兌하여<br>송 백 사 태 | 소나무 잣나무 무성하게 자라 |
| 帝作邦作對하시니<br>제 작 방 작 대 | 하늘이 나라 세우시니 |
| 自大伯王季로다<br>자 태 백 왕 계 | 태백과 왕계부터로다. |

| | |
|---|---|
| 維此王季로<br>유 차 왕 계 | 이 왕계야말로 |
| 因心則友하사<br>인 심 즉 우 | 마음에 우애 있으시어 |
| 則友其兄이라<br>즉 우 기 형 | 그 형과 우애하심이라. |
| 則篤其慶하사<br>즉 독 기 경 | 그 복을 두터이 하시며 |
| 載錫之光하시니<br>재 석 지 광 | 빛나는 복을 주셨으니 |
| 受祿無喪하여<br>수 록 무 상 | 받은 복 잃지 않으시어 |
| 奄有四方이로다<br>엄 유 사 방 | 마침내 온 세상 다스리게 되셨도다. |

| | |
|---|---|
| 4/ 維此王季를<br>유 차 왕 계 | 이 왕계님을 |
| 帝度其心하여<br>제 탁 기 심 | 상제께서 그 마음 헤아리시어 |
| 貊其德音하시니<br>맥 기 덕 음 | 그 덕과 명성을 널리 알리니 |
| 其德克明이로다<br>기 덕 극 명 | 그 덕이 극히 밝아졌도다. |
| 克明克類하시니<br>극 명 극 류 | 밝고 선하게 하시니 |
| 克長克君이로다<br>극 장 극 군 | 더욱 어른답고 더욱 군왕답도다. |
| 王此大邦하사<br>왕 차 대 방 | 이 큰 나라의 왕이 되사 |
| 克順克比로다<br>극 순 극 비 | 더욱 순하시고 더욱 친 하시니라. |

| | |
|---|---|
| 比于文王하사<br>비 우 문 왕 | 문왕에 이르시어 |
| 其德靡悔하시니<br>기 덕 미 회 | 그 덕이 더욱 후회 없으시니 |
| 旣受帝祉하사<br>기 수 제 지 | 상제의 복을 받으시어 |
| 施于孫子로다<br>시 우 손 자 | 자손만대에 뻗치셨네. |
| 5/ 帝謂文王하시되<br>제 위 문 왕 | 하늘이 문왕께 이르시기를 |
| 無然畔援하며<br>무 연 반 원 | 그처럼 인심 떨어지게 말며, |
| 無然歆羨하여<br>무 연 흠 선 | 그처럼 탐내는 일 없게 하여 |
| 誕先登于岸하시다<br>탄 선 등 우 안 | 먼저 공평하게 처리하라 하시다. |
| 密人不恭하여<br>밀 인 불 공 | 밀(密)나라 사람 공손치 않아 |
| 敢距大邦하여<br>감 거 대 방 | 감히 큰 나라에[周] 항거하여 |
| 侵阮徂共이로다<br>침 완 조 공 | 완(阮)과 공(共) 땅을 침공하였네. |
| 王赫斯怒하사<br>왕 혁 사 노 | 임금님 크게 화를 내시어 |
| 爰整其旅하여<br>원 정 기 려 | 군사를 거느리고 |
| 以按徂旅하여<br>이 안 조 려 | 그 무리를 막아서 |
| 以篤于周祜하시니<br>이 독 우 주 호 | 주나라의 덕을 두터이 하시니 |

| | |
|---|---|
| 以對于天下하시니라<br>이 대 우 천 하 | 천하의 위세를 드날리셨네. |
| 6/ 依其在京하여<br>의 기 재 경 | 늠름한 군사는 서울에 있는데 |
| 侵自阮疆하니<br>침 자 원 강 | 완(阮) 땅으로부터 침략을 시작하니 |
| 陟我高岡하니<br>척 아 고 강 | 나의 높은 언덕에 올랐으니 |
| 無矢我陵하고<br>무 시 아 릉 | 나의 언덕에 군사 진열할 자 없고, |
| 我陵我阿이며<br>아 릉 아 아 | 나의 능이 나의 언덕이며 |
| 無飮我泉이라<br>무 음 아 천 | 나의 샘에 물 마실 자 없으니, |
| 我泉我池로다<br>아 천 아 지 | 나의 샘이 나의 연못이로다. |
| 度其鮮原하사<br>도 기 선 원 | 선원 땅 넘으시어 |
| 居岐之陽하여<br>거 기 지 양 | 기산 남쪽 땅에 기거하여 |
| 在謂之將하니<br>재 위 지 장 | 위수의 곁에 머무시니 |
| 萬邦之邦이요<br>만 방 지 방 | 온 나라가 고향이요 |
| 下民之王이로다<br>하 민 지 왕 | 모든 백성의 왕이로다. |
| 7/ 帝謂文王하시되<br>제 위 문 왕 | 상제께서 문왕에게 말씀하시되 |
| 予懷明德은<br>여 회 명 덕 | 내가 생각하기에 밝은 덕은 |

不大聲以色하며　소리와 빛으로 크게 나타내지 않고,
부 대 성 이 색

不長夏以革이니　하(夏)와 혁(革)을 길게 하지 말며
부 장 하 이 혁

不識不知하여　알거나 모르거나
불 식 부 지

順帝之則이라　하늘의 법칙을 따르라 하셨네.
순 제 지 칙

帝謂文王하시되　상제가 문왕께 이르길
제 위 문 왕

詢爾仇方하여　그대 원수 나라를 꾀하여
순 이 구 방

同爾兄弟하여　그대의 형제 나라와 함께하여
동 이 형 제

以爾鉤援과　그대 성에 오를 사다리와
이 이 구 원

與爾臨衝으로　그대 임거(臨車), 충거(衝車)로 하여
여 이 임 충

以伐崇墉이라　숭(崇)나라 성을 치라 함이니라.
이 벌 숭 용

8/ 臨衝閑閑하니　임거(臨車) 충거(衝車) 서서히 가니
임 충 한 한

崇墉言言이로다　숭(崇)나라 도성은 높고 크네.
숭 용 언 언

執訊連連하고　줄줄이 포로를 잡고
집 신 연 연

攸馘安安이로다　적의 목을 베어 유유히 바친다.
유 괵 안 안

是類是禡하여　유제 지내고 마제 지내어
시 류 시 마

| | |
|---|---|
| 是致是附하시니<br>시 치 시 부 | 모두 와 복종하게 하시니 |
| 四方以無侮로다<br>사 방 이 무 모 | 사방의 나라가 업신여김이 없도다. |
| 臨衝茀茀하며<br>임 충 불 불 | 임거와 충거가 강성하고 |
| 崇墉仡仡이로다<br>숭 용 흘 흘 | 숭나라 도성은 높고 크도다. |
| 是伐是肆하며<br>시 벌 시 사 | 쳐부수고 무찌르시고 |
| 是絶是忽하시니<br>시 절 시 홀 | 이에 자르고, 이에 소탕하니 |
| 四方以無拂이로다<br>사 방 이 무 불 | 사방의 나라가 거역함이 없도다. |

{해설 및 감상}

모두 8장에 장마다 12구로 구성되어 있다. 역시 이 시도 주나라를 예찬하는 시다. 상제께서 이 지상에 은나라를 대신하여 주나라를 명하여 내리셨고, 주나라는 대대로 덕을 닦아 그 가운데도 문왕의 크신 왕조를 예찬하고 있다.

{어려운 낱말}

[皇矣(황의)] : 위대한. [上帝(상제)] : 옥황상제. [有赫(유혁)] : 위엄이 있는 모양. [二國(이국)] : 은나라, 하나라. [不獲(불획)] : 잘 하지 못함. 민심을 얻지 못함. [四國(사국)] : 온 천하 사방의 나라. [式廓(식곽)] : 그 규모를 말하는 것. [菑翳(치예)] : 나무가 자연히 죽는 것. [灌栵(관렬)] : 떨기로,

혹은 길가에 자라는 나무. [檿柘(염자)] : 산뽕나무와 들뽕나무. [厥配(궐배)] : 어진 아내. [德音(덕음)] : 명성. [克類(극류)] : 선악의 분별. [克君(극군)] : 임금 노릇을 잘함. [克比(극비)] : 상하가 서로 친하여지는 것. [阮(완)] : 나라 이름. [仇方(구방)] : 원수의 나라. [鉤援(구원)] : 성에 오를 때 쓰는 사다리. [衝車(충거)] : 성을 공격할 때 쓰는 공격용 수레. [崇墉(숭용)] : 崇나라의 성. [閑閑(한한)] : 서서히 가는 것. [言言(언언)] : 높고 높은 것. [連連(연연)] : 계속되는 것. [茀茀(불불)] : 강성한 모양. [仡仡(흘흘)] : 굳세고 씩씩한 모양. [是肆(시사)] : 군대가 종대로 서는 모양. [忽(홀)] : 멸하다.

## 8. 영대(靈臺) - 문왕의 영대

| | |
|---|---|
| 1/ 經始靈臺하여<br>경 시 영 대 | 영대를 짓기 시작하여 |
| 經之營之하시니<br>경 지 영 지 | 재고 경영하시니 |
| 庶民攻之하여<br>서 민 공 지 | 백성들이 모두 도와서 |
| 不日成之로다<br>불 일 성 지 | 하루가 안 되어 다 이루었도다. |
| 經始勿亟이나<br>경 시 물 극 | 재고 짓고 일을 서둘지 말라 했으나 |
| 庶民子來로다<br>서 민 자 래 | 백성들은 자식이 부모일 돕듯 했네. |

2/ 王在靈囿하시니 (왕 재 영 유) — 왕께서 영유에 계시니

麀鹿攸伏이로다 (우 록 유 복) — 암수 사슴들 엎드려 노네.

麀鹿濯濯하고 (우 록 탁 탁) — 암수 사슴 살이 쪄 윤기 흐르고

白鳥翯翯이로다 (백 조 학 학) — 백조는 깨끗해 희기도 하네.

王在靈沼하니 (왕 재 영 소) — 왕께서 영소에 계시니

於牣魚躍이로다 (어 인 어 약) — 아, 연못 가득 물고기가 뛰노네.

3/ 虡業維樅이요 (거 업 유 종) — 종(鍾)과 경(磬)에는 틀을 세우고

賁鼓維鏞이로다 (분 고 유 용) — 큰 북과 큰 종을 달았도다.

於論鼓鐘이여 (어 론 고 종) — 아, 절도 있게 종을 치니

於樂辟廱이로다 (어 락 벽 옹) — 아, 천자께서 공부함이 즐겁네.

4/ 於論鼓鐘이여 (어 론 고 종) — 아, 절도 있게 종을 침이여!

於樂辟廱이로다 (어 락 벽 옹) — 아, 천자님 공부하는 곳 즐겁네.

鼉鼓逢逢하며 (타 고 봉 봉) — 악어 북 둥둥 울리며

矇瞍奏公이로다 (몽 수 주 공) — 장님 악공들이 노래를 연주하네.

{해설 및 감상}

모두 4장에 2장은 장마다 6구, 2장은 장마다 4구절로 구성되어 있다. 이는 문왕의 즐거움을 기리는 노래라고 한다. 즉 문왕이 영대(靈臺), 영소(靈沼)를 백성들과 함께 즐기는 것을 노래한 것이라고 했다. 문왕은 즐거움에 도가 있기 때문에 문왕이 즐기는 것은 모든 백성들도 함께 따라 기뻐했다고 한다.

{어려운 낱말}

[靈臺(영대)] : 궁궐 속에 있는 문왕의 별장. [攻之(공지)] : 영대를 짓는 일. [不日(불일)] : 하루가 안 되어. [勿亟(물극)] : 서두르지 않음. [子來(자래)] : 자식이 부모 일처럼 오는 것. [靈囿(영유)] : 영대 아래에 있는 동산. [麀鹿(우록)] : 암수 사슴. [濯濯(탁탁)] : 비대하고 윤택함. [翯翯(학학)] : 희고 깨끗함. [辟廱(벽옹)] : 임금이 활을 쏘고 예절을 배우는 곳. 공부하는 곳. [逢逢(봉봉)] : 화락하는 모습. [矇瞍(몽수)] : 맹인. 청맹관이.

## 9. 하무(下武) - 선조의 발자취

1/ 下武維周하여 (하 무 유 주) 주나라 무왕의 뒤를 이어서

世有哲王이로다 (세 유 철 왕) 대대로 어진 임금이셨네.

三后在天하고 (삼 후 재 천) 세 임금은 하늘에 계시고

王配于京이로다 임금은 호경에서 왕이 되셨네.
왕 배 우 경

2/ 王配于京하여 무왕이 호경에서 왕이 되시어
왕 배 우 경

世德作求로다 대대로 덕을 구하셨네.
세 덕 작 구

永言配命하사 길게 천명을 받들어
영 언 배 명

成王之孚로다 임금님의 믿음을 이루시었네.
성 왕 지 부

3/ 成王之孚하시니 임금의 믿음을 이루어서
성 왕 지 부

下土之式이로다 세상의 본보기가 되셨네.
하 토 지 식

永言孝思하시니 언제나 효도하시니
영 언 효 사

孝思維則이로다 효도는 선왕들의 본보기가 되었네.
효 사 유 칙

4/ 媚兹一人이라 이 한 분을 사랑한 것이라
미 자 일 인

應侯順德하니 응함이 순한 덕으로 여기니,
응 후 순 덕

永言孝思하사 길이 효도 다하시어
영 언 효 사

昭哉嗣服이로다 계승한 일을 밝게 하셨네.
소 재 사 복

5/ 昭兹來許하사 이에 이렇게 밝히시어
소 자 래 허

| | |
|---|---|
| 繩其祖武하면 (승 기 조 무) | 선왕의 업적을 이으면 |
| 於萬斯年에 (어 만 사 년) | 아, 만년토록에 |
| 受天之祜로다 (수 천 지 호) | 하늘의 복을 받으리로다. |

| | |
|---|---|
| 6/ 受天之祜하니 (수 천 지 호) | 하늘의 덕을 받으시니 |
| 四方來賀로다 (사 방 래 하) | 사방에서 와 하례 드리네. |
| 於萬斯年에 (어 만 사 년) | 아, 만년토록 |
| 不遐有佐로다 (불 하 유 좌) | 어찌 도움이 없으시랴. |

{해설 및 감상}

모두 6장으로 각 장은 4구절로 구성된 시다. 무왕이 성덕을 간직하여 다시 천명을 받아 선인의 공을 밝히며 문왕의 유업을 잘 계승하였음을 노래한 것으로 보고 있다. 또 성왕을 찬미한 시로 보기도 한다. 이 모든 것이 하늘의 도움으로 복받아 만년토록 이어나갈 것을 기원하고 있다.

{어려운 낱말}

[下武(하무)] : 문왕과 무왕의 뒤를 이어. [哲王(철왕)] : 현철한 임금. 태왕과 왕계. [三后(삼후)] : 태왕, 왕계, 문왕. [京(경)] : 호경(鎬京). [式(식)] : 법칙. [嗣服(사복)] : 선왕의 일을 계승. [祜(호)] : 복. [有佐(유좌)] : 도움이 있다.

## 10. 문왕유성(文王有聲) - 문왕 기리는 소리

| | |
|---|---|
| 1/ 文王有聲하니 (문왕유성) | 문왕을 기리는 소리 있으니 |
| 遹駿有聲이라 (휼준유성) | 그 소리 크기도 하여라. |
| 遹求厥寧하니 (휼구궐녕) | 세상 사람들이 안녕을 구하니 |
| 遹觀厥成하고 (휼관궐성) | 그 이루어짐을 볼 수 있고, |
| 文王烝哉신저 (문왕증재) | 훌륭하여라, 문왕이시여! |
| 2/ 文王受命하셔 (문왕수명) | 문왕께서 하늘의 명을 받으시어 |
| 有此武功이로다 (유차무공) | 무공을 세우셨도다. |
| 旣伐于崇하고 (기벌우숭) | 숭(崇)나라를 치고 나서 |
| 作邑于豐하니 (작읍우풍) | 풍(豐) 땅에 도읍을 하시니 |
| 文王烝哉신저 (문왕증재) | 문왕이시여, 훌륭하셔라! |
| 3/ 築成伊淢하고 (축성이역) | 성을 쌓고 해자를 파시고 |
| 作豊伊匹하며 (작풍이필) | 풍(豊) 땅을 어울리게 만드시며 |
| 匪棘其欲이요 (비극기욕) | 욕심 부려 이루지 않으시고 |

| | |
|---|---|
| 遹追來孝하니<br>휼 추 래 효 | 선왕의 뜻을 좇아 효도하시니 |
| 王后烝哉신저<br>왕 후 증 재 | 훌륭하셔라, 임금님이시여! |

| | |
|---|---|
| 4/ 王公伊濯은<br>왕 공 이 탁 | 임금님이 위대하심은 |
| 維豐之垣이라<br>유 풍 지 원 | 풍 땅에 쌓은 성으로도 알 수 있다네. |
| 四方攸同하여<br>사 방 유 동 | 사방의 제후 모여들어 |
| 王后維翰하니<br>왕 후 유 한 | 임금님의 기둥이 되니 |
| 王后烝哉신저<br>왕 후 증 재 | 훌륭하셔라, 임금님시여! |

| | |
|---|---|
| 5/ 豐水東注는<br>풍 수 동 주 | 풍수(豐水)가 동쪽으로 흐름은 |
| 維禹之績이라<br>유 우 지 적 | 우임금의 공적이라. |
| 四方攸同하여<br>사 방 유 동 | 사방의 제후가 모여들어 |
| 皇王維辟하니<br>황 왕 유 벽 | 대왕을 받드니 |
| 皇王烝哉신저<br>황 왕 증 재 | 훌륭하셔라, 대왕님이시여! |

| | |
|---|---|
| 6/ 鎬京辟廱에<br>호 경 벽 옹 | 호경에서 배움 닦으심에 |
| 自西自東하며<br>자 서 자 동 | 서에서부터 동에 이르기까지 |

| | |
|---|---|
| 自南自北하여<br>자 남 자 북 | 남에서부터 북에 이르기까지 |
| 無思不服하니<br>무 사 불 복 | 복종하지 않는 이 없으니 |
| 皇王烝哉신저<br>황 왕 증 재 | 훌륭하셔라, 대왕님이시여! |
| 7/ 考卜維王이<br>고 복 유 왕 | 점을 치신 임금님이 |
| 宅是鎬京하여<br>택 시 호 경 | 이 호경으로 오시어 |
| 維龜正之어늘<br>유 귀 정 지 | 거북이 그것을 바르게 하거늘 |
| 武王成之하니<br>무 왕 성 지 | 무왕이 그것을 이루었으니 |
| 武王烝哉신저<br>무 왕 증 재 | 훌륭하셔라, 무왕이시여! |
| 8/ 豊水有芑하니<br>풍 수 유 기 | 풍수(豊水)가에도 풀이 자랐으니 |
| 武王豈不仕리오<br>무 왕 기 불 사 | 무왕께서 어찌 일하지 않으랴. |
| 詒厥孫謀하여<br>이 궐 손 모 | 따라야 하는 계획 세워서 |
| 以燕翼子하니<br>이 연 익 자 | 자손들 편안히 보호하니 |
| 武王烝哉신저<br>무 왕 증 재 | 훌륭하셔라 무왕이시여! |

{해설 및 감상}

모두 8장으로 장마다 5구로 구성되어 있는 노래다. 주나라 문왕이 풍(豐) 땅으로 도읍을 옮기고, 무왕이 호경(鎬京)에 도읍을 옮긴 일을 중심으로 문왕, 무왕의 공덕을 노래한 시다. 장마다 첫 구에서 사적을 들고 끝 구절에서 임금의 공덕을 감탄하는 내용으로 되어있다. 훌륭하셔라, 임금이시여! 하는 것이 그것이다.

{어려운 낱말}

[有聲(유성)] : 기리는 소리. [厥寧(궐녕)] : 세상 사람들의 안녕을 말함. [烝哉(증재)] : 烝은 아름다움이요, 哉는 감탄형으로 사용. [伊匹(이필)] : 성을 만들고 거기 맞는 것을 또 만들다. [王后(왕후)] : 군왕을 뜻함. 여기서는 문왕. [考卜(고복)] : 점을 쳐서 요량함. [宅是(택시)] : 천도를 뜻함. [龜正之(귀정지)] : 거북점을 쳐서 그것에 따르다.

## 제2장
# 생민(生民)

백성들을 낳으신 분을 '민생(民生)' 이라 했다. 민생의 시작을 이 강원(姜嫄)으로부터라고 하는데, 이 강원(姜嫄)은 주나라의 조상인 후직(后稷)의 어머니라는 것이다. 그렇기 때문에 주(周)나라 사람들을 처음 낳은 분이란 뜻이다. 성은 강(姜)씨요, 원(嫄)은 이름으로, 고대 전설 속에 나오는 유태씨(有部氏)의 딸로서 제곡(帝嚳)의 비(妃). 강원의 시기는 모계 씨족사회에서 부계씨족으로 넘어오는 것을 의미하고 있다. 그래서 아마 강원은 모계씨족사회의 여추장(女酋長)이 아닌가 하는 추정을 낳게 한다.

卬盛于豆하니 (앙성우두) 제기에 제물 가득 담으니
于豆于登이로다 (우두우등) 접시와 대접이로다.
其香始升하니 (기향시승) 그 향기 하늘에 올라가서
上帝居歆이로다 (상제거흠) 상제께서 즐겨 흠향하시네.
胡臭亶時오 (호취단시) 어찌 향기가 그때만 나리요?
后稷肇祀로 (후직조사) 후직이 비로소 제사 지내심으로
庶無罪悔하니 (서무죄회) 거의 아무런 죄도 허물도 없으니

以迄于今이로다　대대로 이어 지금에 이르렀도다.
이 흘 우 금

후직이 어려서부터 자라서는 성인이 되고 하늘에 제사를 올리는 장면이 나온다. 제물의 향기가 하늘에 올라 상제께서 맡으시고 흠향한다는 시적 구조가 재미있다. 후직이 하늘에 제사를 지냄으로써 큰 죄 없이 나라를 다스릴 수 있었고, 대대로 이어 나라를 잘 살 수 있게 되었다는 내용이다. 그래서 후직의 민생이 서사적인 시의 구조로 펼쳐지고 있다.

## 1. 생민(生民) - 백성 처음 낳으신 분

| | |
|---|---|
| 1/ 厥初生民은<br>궐 초 생 민 | 그 처음 백성을 낳으신 분은 |
| 時維姜嫄이라<br>시 유 강 원 | 바로 강원이니라. |
| 生民如何오<br>생 민 여 하 | 백성을 어떻게 낳았을까요? |
| 克禋克祀하여<br>극 인 극 사 | 정결하게 제사 지내어 |
| 以弗無子하고<br>이 불 무 자 | 자식 없는 징조 쫓아내고 |
| 履帝武敏하여<br>이 제 무 민 | 상제 엄지발가락 밟아서 |
| 歆攸介攸止니라<br>흠 유 개 유 지 | 마음 기뻐서 그 자리 쉬며 머물렀네. |
| 載震載夙하고<br>재 진 재 숙 | 곧 아기 배어 삼가시고 |
| 載生載育하니<br>재 생 재 육 | 아기 낳아 기르니 |
| 時維后稷이라<br>시 유 후 직 | 이분이 바로 후직(后稷)이니라. |
| 2/ 誕彌厥月하여<br>탄 미 궐 월 | 아기 낳을 달 가득차서 |
| 先生如達하시니<br>선 생 여 달 | 먼저 아기를 쉽게 낳으시니 |
| 不坼不副하며<br>불 탁 불 부 | 빠지지도 터지지도 않고 |
| 無菑無害니라<br>무 치 무 해 | 재난도 피해도 없었네. |

| | |
|---|---|
| 以赫厥靈하니<br>이 혁 궐 령 | 그 영험을 밝히니 |
| 上帝不寧이리오<br>상 제 불 녕 | 상제가 크게 편안하지 않으리오. |
| 不康禋祀하여<br>불 강 인 사 | 정결한 제사에 크게 즐거워서 |
| 居然生子하니라<br>거 연 생 자 | 의연히 아들을 낳으셨다. |
| 3/ 誕寘之隘巷이나<br>탄 치 지 애 항 | 아기를 좁은 골목에 버렸으나 |
| 牛羊腓字之하며<br>우 양 비 자 지 | 소와 양도 감싸 아껴줬으며 |
| 誕寘之平林하나<br>탄 치 지 평 림 | 넓은 숲속에 버렸으나 |
| 會伐平林하며<br>회 벌 평 림 | 나무꾼이 안아주고 |
| 誕寘之寒冰이러니<br>탄 치 지 한 빙 | 얼음 위에 버렸더니 |
| 鳥覆翼之로다<br>조 복 익 지 | 새가 날개를 펴서 덮어주었도다. |
| 鳥乃去矣어늘<br>조 내 거 의 | 새가 날아가거늘 |
| 后稷呱矣하니<br>후 직 고 의 | 후직이 울고 있으니 |
| 實覃實訏어늘<br>실 담 실 우 | 그 소리 길고 커서 |
| 厥聲載路로다<br>궐 성 재 로 | 큰길까지 들렸다네. |
| 4/ 誕實匍匐하사<br>탄 실 포 복 | 엉금엉금 기어 다니다가 |

克岐克嶷하시어 준수하고 총명하시어
극 기 극 억

以就口食하서 음식을 찾아 먹을 나이가 되셨네.
이 취 구 식

蓺之荏菽하니 콩을 심으시니
예 지 임 숙

荏菽旆旆하며 콩은 너풀너풀 길게 자라며
임 숙 패 패

禾役穟穟하여 벼도 심어 쑥쑥 자라서
화 역 수 수

麻麥幪幪하고 삼과 보리도 무성하게 자라고
마 맥 몽 몽

瓜瓞唪唪이로다 오이 넝쿨도 탐스럽게 자라네.
과 질 봉 봉

5/誕后稷之穡이 후직이 지은 농사가
탄 후 직 지 색

有相之道로다 땅의 도리에 다했다네.
유 상 지 도

茀厥豐草하고 무성한 풀을 다 치우시고
불 궐 풍 초

種之黃茂하니 씨앗을 가득 뿌리시니
종 지 황 무

實方實苞하여 곡식의 싹이 바야흐로 나와서
실 방 실 포

實種實褎하고 점점 자라 오르고,
실 종 실 유

實發實秀하며 이삭 패어 여물며
실 발 실 수

實堅實好하고 열매가 탄탄해서 보기에도 좋고
실 견 실 호

| | |
|---|---|
| 實穎實栗터니<br>실 영 실 율 | 영근 이삭 축축 늘어지더니 |
| 卽有部家實이니라<br>즉 유 태 가 실 | 태(部)나라에서 집안일 거느리셨네. |
| 6/ 誕降嘉種하여<br>탄 강 가 종 | 좋은 종자 씨를 내려주시어 |
| 維秬維秠하며<br>유 거 유 비 | 검은 기장과 좋은 씨앗과 |
| 維穈維芑로다<br>유 미 유 기 | 붉은 차조와 흰 차조로다. |
| 恒之秬秠하여<br>항 지 거 비 | 검은 기장과 좋은 씨앗을 심어 |
| 是穫是畝하며<br>시 확 시 무 | 거두어 밭에 쌓아놓고 |
| 恒之穈芑하며<br>항 지 미 기 | 붉은 차조와 흰 차조 두루 심어서 |
| 是任是負하여<br>시 임 시 부 | 어깨로 매고 등으로 져다가 |
| 以歸肇祀로다<br>이 귀 조 사 | 처음으로 제사를 지냈구나. |
| 7/ 誕我祀如何오<br>탄 아 사 여 하 | 제사는 어떻게 지내셨나? |
| 或舂或揄하여<br>혹 용 혹 유 | 찧고 빻고 하여 |
| 或簸或蹂하며<br>혹 파 혹 유 | 바람에 키질하고 비비고 하여 |
| 釋之叟叟하며<br>석 지 수 수 | 쓰윽 쓱 물에 일어서 |
| 烝之浮浮하며<br>증 지 부 부 | 그것을 찌고 푹 익혀서 |

載謀載惟하며 　　좋은 날 택하여
재 모 재 유

取蕭祭脂하고 　　쑥을 기름에 섞어 태우고
취 소 제 지

取羝以軷하여 　　숫양으로 길가 신에게 제사 지내고
취 저 이 발

載燔載烈하여 　　굽고 익혀 내어서
재 번 재 열

以興嗣歲로다 　　새해의 풍년을 빌었도다.
이 흥 사 세

8/ 卬盛于豆하니 　　제기에 제물 가득 담으니
앙 성 우 두

于豆于登이로다 　　접시와 대접이로다.
우 두 우 등

其香始升하니 　　그 향기 하늘에 올라가서
기 향 시 승

上帝居歆이로다 　　상제께서 즐겨 흠향하시네.
상 제 거 흠

胡臭亶時오 　　어찌 향기가 그때만 나리요?
호 취 단 시

后稷肇祀로 　　후직이 비로소 제사 지내심으로
후 직 조 사

庶無罪悔하니 　　거의 아무런 죄도 허물도 없으니
서 무 죄 회

以迄于今이로다 　　대대로 이어 지금에 이르렀도다.
이 흘 우 금

{해설 및 감상}

모두 8장으로, 4장은 장마다 10구절, 4장은 8구절로 구성되고 있다.

강원(姜嫄)이 들판에 나가서 제천의식을 올리다가 큰 발자취를 밟아 따라갔더니 임신이 되어서 후직을 낳는 대목이 나온다. 이것은 보통 인간으로서가 아니고 위대한 인물의 탄생을 의미하는 것이다. 이 후직이 주나라 성립의 시조라는 것이다. 주공은 이런 선조를 둔 위대한 인물로 기록하여 주나라가 보통의 나라가 아니고 발상부터가 상서로운 국가임을 강조하여 하늘의 명령이라는 것을 말하고 있다. 그러니 주나라의 후손은 보통 사람과는 다르다는 것을 표현하고 있다.

{어려운 낱말}

[生民(생민)] : 백성이 처음 태어남, 즉 주나라의 시작. [姜嫄(강원)] : 주나라의 조상. 후직의 어머니. [克祀(극사)] : 정결하게 제사 지냄. [載生載育(재생재육)] : 아기를 낳아서 기르다. [誕彌厥月(탄미궐월)] : 誕은 발어사. 달이 차서. 임신하여 낳을 달이 됨. [厥靈(궐령)] : 천제의 영험함. [隘巷(애항)] : 좁은 골목. 강원이 후직을 낳았을 때 아비 없는 자식이라 '거리'에 버리라는 것. [平林(평림)] : 평지로 된 숲. [會(회)] : 마침, 그때. [呱(고)] : 아기가 우는 것. [匍匐(포복)] : 기어 다님. [岐嶷(기억)] : 지각이 매우 영리함. [荏菽(임숙)] : 콩을 말함. [穟穟(수수)] : 곡식의 싹이 탐스럽다. [幪幪(몽몽)] : 곡식이 무성한 모양. [穡(색)] : 농사를 짓다. 즉 곡식을 거두다. [豊草(풍초)] : 많은 잡초. [黃茂(황무)] : 곡식이 무성함. [實栗(실율)] : 이삭이 여물다. [嘉種(가종)] : 좋은 곡식. [穫畝(확무)] : 곡식을 거두어 밭에 쌓아두는 것. [揄(유)] : 절구에 넣어 찧다. [叟叟(수수)] : 곡식을 물에 이는 것. [浮浮(부부)] : 김이 오르는 모양. [肇祀(조사)] : 처음으로 제사를 지냄.

## 2. 행위(行葦) - 길가의 갈대

| | |
|---|---|
| 1/ 敦彼行葦를<br>돈 피 행 위 | 빽빽하게 자란 저 길가의 갈대를 |
| 牛羊勿踐履하면<br>우 양 물 천 리 | 소나 양이 밟지 않게 하면 |
| 方苞方體하여<br>방 포 방 체 | 무성하게 자라서 모양을 갖춰 |
| 維葉泥泥리라<br>유 엽 이 니 | 그 잎이 무성하리라. |
| 戚戚兄弟를<br>척 척 형 제 | 친하고 정다운 형제들을 |
| 莫遠具爾면<br>막 원 구 이 | 멀리하지 않고 가까이하면 |
| 或肆之筵하고<br>혹 사 지 연 | 어떤 이는 자리 깔아드리고 |
| 或授之几리라<br>혹 수 지 궤 | 어떤 이는 안석을 드리리라. |
| 2/ 肆筵設席하고<br>사 연 설 석 | 자리를 겹으로 깔아놓고 |
| 授几有緝御로다<br>수 궤 유 집 어 | 공손히 안석을 받쳐 드리도다. |
| 或獻或酢하며<br>혹 헌 혹 작 | 혹은 드리며, 혹은 받으며 |
| 洗爵奠斝라고<br>세 작 전 가 | 술잔 씻어 다시 권하고 |
| 醓醢以薦하며<br>탐 해 이 천 | 육장과 젓갈 권하며 |
| 或燔或炙로다<br>혹 번 혹 자 | 혹은 구운 고기도 있구나. |

嘉餚脾臄하고 좋은 순대 안주도 있고
가 효 비 갹

或歌或咢이로다 노래 부르고 북까지 두드리네.
혹 가 혹 악

3/ 敦弓既堅하고 무늬 새긴 활 또한 견고하고
돈 궁 기 견

四鍭既鈞커늘 네 화살촉은 고르거늘
사 후 기 균

舍矢既均하니 활을 쏘면 다 적중하니
사 시 기 균

序賓以賢이로다 순서에 따라 어진 이를 정하네.
서 빈 이 현

敦弓既句하며 무늬 새긴 활 잡아당기며
돈 궁 기 구

既挾四鍭하여 4개의 화살 끼워
기 협 사 후

四鍭如樹하니 4개의 화살 꽂은 듯 적중하니
사 후 여 수

序賓以不侮로다 손님 순서 경박함이 없구나.
서 빈 이 불 모

4/ 曾孫維主하니 증손자가 주인이니
증 손 유 주

酒醴維醹로다 술과 단술의 맛이 진하도다.
주 례 유 유

酌以大斗하여 큰 국자로 술을 퍼서
작 이 대 두

以祈黃耇로다 노인들의 장수를 빌도다.
이 기 황 구

黃耇台背는 허리 굽은 노인들은
황 구 태 배

| | |
|---|---|
| 以引以翼하여 (이인이익) | 이끌고 부축하여 |
| 壽考維祺하여 (수고유기) | 오래도록 장수하시게 |
| 以介景福이로다 (이개경복) | 모든 경복을 빌리도다. |

{해설 및 감상}

모두 4장에 장마다 8구씩 구성하고 있다. 이 시는 집안에 제사(祭祀)를 끝내고 부형(父兄)과 기로(耆老)들을 위하여 자리를 베푸는 장면을 시화(詩化)한 것이다. 잘 자란 길가의 갈대를 소나 양이 밟지 않으면 무성하게 자란다는 첫 구절은, 가족이나 집안의 결속(結束)을 다지는 구절로 짐작이 된다. 끝에 가서 기로(耆老)들을 잘 모시고 이끌어서 오래 살도록 해드린다면, 모두가 경복(景福)을 비는 것이라 하고는 끝을 맺고 있다.

{어려운 낱말}

[行葦(행위)] : 길가의 갈대. [勿踐履(물천리)] : 밟지 않으면. [泥泥(이니)] : 무성한 모양. [筵(연)] : 대자리. 잔치. [獻酢(헌작)] : 주인과 손님이 술잔을 주고 받음. [燔炙(번자)] : 고기를 굽는 것. [殽臄(효갹)] : 순대 안주. [敦弓(돈궁)] : 무늬 새긴 활. [四鍭(사후)] : 4대의 화살을 쏘다. [序賓(서빈)] : 손님들의 순서. [如樹(여수)] : 화살이 제대로 들어맞는 것. [曾孫(증손)] : 제사를 주관하는 자. [大斗(대두)] : 긴 자루. [台背(태배)] : 아주 늙은 노인. [介(개)] : 비는 것.

## 3. 기취(旣醉) - 어느 듯 취하여

| | |
|---|---|
| 1/ 旣醉以酒요<br>기 취 이 주 | 이미 술로 취하고 |
| 旣飽以德하니<br>기 포 이 덕 | 덕으로 이미 배가 불렀으니 |
| 君子萬年토록<br>군 자 만 년 | 군자께서 만년이 되도록 |
| 介爾景福이로다<br>개 이 경 복 | 큰 복 누리심을 빌도다. |
| 2/ 旣醉以酒하고<br>기 취 이 주 | 이미 술에 취하였고 |
| 爾殽旣將이로다<br>이 효 기 장 | 너의 안주가 이미 드렸으니 |
| 君子萬年에<br>군 자 만 년 | 군자는 만년 동안에 |
| 介爾昭明이로다<br>개 이 소 명 | 밝고 뚜렷하기를 빌도다. |
| 3/ 昭明有融이여<br>소 명 유 융 | 밝고 빛남이 융융함이여! |
| 高朗令終이로다<br>고 랑 영 종 | 높고 밝아서 내내 잘 마치리라. |
| 令終有俶하니<br>영 종 유 숙 | 유종의 미를 잘 거두었으니 |
| 公尸嘉告로다<br>공 시 가 고 | 공시(公尸)가 좋은 말씀하시었네. |
| 4/ 其告維何오<br>기 고 유 하 | 그 고하는 것이 어떠한가? |

籩豆靜嘉하고　　제기와 제물이 아름답고
변 두 정 가

朋友攸攝이　　제사를 돕는 사람들이
붕 우 유 섭

攝以威儀로다　　위엄과 예의 다 지키네.
섭 이 위 의

5/ 威儀孔時하니　　위엄과 예의가 다하니
위 의 공 시

君子有孝子로다　　군자께서는 효자를 두셨네.
군 자 유 효 자

孝子不匱하니　　효자가 끊이지 아니하니
효 자 불 궤

永錫爾類로다　　길이 복을 내려주리라.
영 석 이 류

6/ 其類維何오　　무슨 복을 내리는가?
기 류 유 하

室家之壼로다　　온 집안 화목하도다.
실 가 지 호

君子萬年에　　군자께서 만년토록
군 자 만 년

永錫祚胤이로다　　길이 복과 자손을 내리도다.
영 석 조 윤

7/ 其胤維何오　　그 후손은 어떠한가?
기 윤 유 하

天被爾祿하여　　하늘의 복록을 입게 하여
천 피 이 록

君子萬年에　　군자가 만년토록
군 자 만 년

景命有僕이로다　　하늘의 명을 따르리로다.
경 명 유 복

8/ 其僕維何오　　그 딸린 식구는 어떠한가?
기 복 유 하

釐爾女士로다　　너에게 좋은 배필을 얻게 하도다.
이 이 여 사

釐爾女士여　　좋은 배필 주심이여!
리 이 여 사

從以孫子로다　　어진 자손 얻게 되리로다.
종 이 손 자

{해설 및 감상}

모두 8장에 장마다 4구로 구성된 형식이다. 이 시는 앞의 「행위(行葦)」시에 대하여 부형(父兄)이 답한 답시(答詩)라고 했다. 첫 구에서 〈이미 술로 취하고 덕으로 이미 배가 불렀으니, 군자께서 만년이 되도록 큰 복 누리심을 빌도다.〉로 시작하여 끝에서 좋은 배필과 어진 자손을 얻겠다는 하의(賀意)를 보냄으로 끝을 맺는다.

{어려운 낱말}

[介(개)] : 주다. 즉 경복을 주다. [殽(효)] : 안주. [將(장)] : 행하다. [君子(군자)] : 여기서는 왕을 가리킴. [昭明(소명)] : 빛나고 크다. [融(융)] : 빛나고 성대함. [公尸(공시)] : 임금의 시동(尸童). 즉 위패 대신에 교의 위에 아이를 올리는 것. [靜嘉(정가)] : 청결하고 아름다움. [朋友攸攝(붕우유섭)] : 붕우(朋友)는 제사를 도우는 여러 신하. 유섭(攸攝)은 일을 맡아 도우는 사람.

## 4. 부예(鳧鷖) - 오리와 갈매기

1/ 鳧鷖在涇하고 부예재경 — 물오리와 갈매기 경수에 놀고

公尸來燕來寧이로다 공시래연래녕 — 시동은 잔치에 와 편안히 즐기네.

爾酒旣淸하고 이주기청 — 그대의 술은 맑고

爾殽旣馨이로다 이효기형 — 그대의 안주도 향기롭구나.

公尸燕飮하니 공시연음 — 시동이 즐겁게 술을 마시니

福祿來成이로다 복록래성 — 복록이 다 이루어지리로다.

2/ 鳧鷖在沙하고 부예재사 — 물오리 갈매기 모래 위에 놀고

公尸來燕來宜로다 공시래연래의 — 시동은 잔치에 와서 편안히 즐기네.

爾酒旣多하고 이주기다 — 그대의 술은 많기도 하고

爾殽旣嘉로다 이효기가 — 그대의 안주도 아름답구나.

公尸燕飮하니 공시연음 — 시동이 즐겨 술 마시니

福祿來爲로다 복록래위 — 복록이 내려오리라.

3/ 鳧鷖在渚하니 부예재저 — 물오리와 갈매기 물가에 있는데

| | |
|---|---|
| 公尸來燕來處로<br>공 시 래 연 래 처 | 시동은 잔치에 와서 자리 정하네. |
| 爾酒旣湑하니<br>이 주 기 서 | 그대의 술은 체에 거르니 |
| 爾殽伊脯로다<br>이 효 이 포 | 그대의 안주는 마른포로다. |
| 公尸燕飮하니<br>공 시 연 음 | 시동이 즐기고 술을 마시니 |
| 福祿來下로다<br>복 록 래 하 | 복록이 내려오도다. |
| 4/ 鳧鷖在潀하고<br>부 예 재 총 | 물오리와 갈매기 물머리에서 놀고 |
| 公尸來燕來宗이로다<br>공 시 래 연 래 종 | 시동은 잔치에 와서 즐기고 존경받네. |
| 旣燕于宗하니<br>기 연 우 종 | 이미 종묘에 와서 잔치 베푸니 |
| 福祿攸降이로다<br>복 록 유 강 | 복록이 내려오도다. |
| 公尸燕飮하니<br>공 시 연 음 | 시동이 즐기고 술 마시니 |
| 福祿來崇이로다<br>복 록 래 숭 | 복록이 거듭 내리네. |
| 5/ 鳧鷖在亹하고<br>부 예 재 문 | 물오리 갈매기 물가에 놀고 |
| 公尸來止薰薰이로다<br>공 시 래 지 훈 훈 | 시동은 잔치에 머물러 기뻐하네. |
| 旨酒欣欣하며<br>지 주 흔 흔 | 맛있는 술 즐기며 |
| 燔炙芬芬이로다<br>번 자 분 분 | 고기 굽는 향기 가득하구나. |

公尸燕飮하니　　시동이 잔치에 즐겨 마시니
공 시 연 음

無有後艱이로다　　아무 어려움이 없어라.
무 유 후 간

{해설 및 감상}

모두 5장에 장마다 6구절로 구성되어 있다. 이 시는 제사를 끝낸 다음 날에 모두 모여 잔치하여 빈객과 시동이 함께 즐기는 장면을 노래한 것이라 한다.

{어려운 낱말}

[涇水(경수)] : 물 이름. [馨(형)] : 향기. [公尸(공시)] : 군시(君尸). 주나라의 왕. 곧 시동(尸童). [殽(효)] : 안주. 효(肴)임. [鳧鷖(부예)] : 물오리와 갈매기. [渚(저)] : 물가. [亹(문)] : 물가의. [薰薰(훈훈)] : 기뻐하는 모양. 술이 거나하게 되어 기분이 좋은 모양. [欣欣(흔흔)] : 즐거운 모습. [芬芬(분분)] : 향기로움. [後艱(후간)] : 뒷날의 어려움.

## 5. 가락(假樂) - 아름다운 임

1/ 假樂君子여　　아름다운 임이시여!
가 락 군 자

顯顯令德이로다　　밝고 밝은 어진 덕이로다.
현 현 령 덕

| | |
|---|---|
| 宜民宜人하니<br>의 민 의 인 | 백성을 잘 돌보시니 |
| 受祿于天이로다<br>수 록 우 천 | 하늘의 녹을 받으시네. |
| 保右命之하시고<br>보 우 명 지 | 보호하여 도우시고 |
| 自天申之로다<br>자 천 신 지 | 하늘로부터 복이 거듭되도다. |
| 2/ 干祿百福하니<br>간 록 백 복 | 복을 구하여 백복을 받으시니 |
| 子孫千億이로다<br>자 손 천 억 | 자손이 천억이나 되도다. |
| 穆穆皇皇하여<br>목 목 황 황 | 공경하고 아름다워라, |
| 宜君宜王이라<br>의 군 의 왕 | 임금, 제후로도 마땅함이라. |
| 不愆不忘하여<br>불 건 불 망 | 허물없고 잊지 아니하여 |
| 率由舊章이로다<br>솔 유 구 장 | 모두 옛 법도를 따르네. |
| 3/ 威儀抑抑하여<br>위 의 억 억 | 위엄과 예의 빈틈없어 |
| 德音秩秩이라<br>덕 음 질 질 | 덕의 소리 차례가 있어 |
| 無怨無惡하여<br>무 원 무 오 | 원망도 없고 미움도 없어 |
| 率由羣匹하니<br>솔 유 군 필 | 모든 군중의 뜻 따르니 |
| 受福無疆이라<br>수 복 무 강 | 복 받음이 끝이 없어 |

| | |
|---|---|
| 四方之綱이로다<br>사 방 지 강 | 온 세상의 기강이로다. |
| | |
| 4/ 之綱之紀하여<br>지 강 지 기 | 법이 되고 본보기가 되어 |
| 燕及朋友로다<br>연 급 붕 우 | 여러 제후 신하들 즐겁게 하도다. |
| 百辟卿士가<br>백 벽 경 사 | 여러 제후 신하들이 |
| 媚于天子하니<br>미 우 천 자 | 천자님을 받들어 모시니 |
| 不解于位하여<br>불 해 우 위 | 지위에 게으르지 않아 |
| 民之攸塈로다<br>민 지 유 기 | 백성들 편안하게 쉬게 되리라. |

{해설 및 감상}

모두 4장으로 장마다 모두 6구절로 구성되어 있는 시이다. 「모시서」에는 성왕(成王)을 기리는 것으로 보았지만, 주나라의 임금을 예찬한 것임에는 틀림없다. 주나라의 임금님의 덕을 모든 백성들과 관리와 제후들까지 하늘의 복록을 누리라는 찬미의 노래라고도 했다. 첫머리에 「가락군자」에서 「민지유기」까지 모두 백성들을 편안하게 해야 한다는 것과 하늘의 비호를 받는다는 내용으로 일관하고 있다.

{어려운 낱말}

[假樂(가락)] : 아름답고 즐거운 것. [顯顯(현현)] : 밝고 밝은 모양. [申(신)] : 거듭하는 것. [穆穆(목목)] : 공경하는 것. [皇皇(황황)] : 아름다운 것. [舊

章(구장)] : 옛날 제도. 법도. [抑抑(억억)] : 치밀하고 빈틈없는 모양. [秩秩(질질)] : 질서와 차례가 있는 모양. [媚(미)] : 사랑하다. 아양. [攸塈(유기)] : 攸는 허사요, 기(塈)는 편히 쉬다.

## 6. 공류(公劉) - 공류여!

| | |
|---|---|
| 1/ 篤公劉는<br>독 공 류 | 돈독하신 공류(公劉)께서는 |
| 匪居匪康하사<br>비 거 비 강 | 몸 편할 날이 없으시어 |
| 迺埸迺疆하여<br>내 역 내 강 | 밭을 골라 경계 지으시어 |
| 迺積迺倉하니라<br>내 적 내 창 | 노적가리와 창고에 가득하네. |
| 迺裹餱糧을<br>내 과 후 량 | 마른 음식과 곡식을 |
| 于橐于囊하며<br>우 탁 우 낭 | 전대와 자루에 넣고 |
| 思輯用光하사<br>사 집 용 광 | 평화롭고 빛나게 하시려고 |
| 弓矢斯張하고<br>궁 시 사 장 | 활과 화살을 갖추시고 |
| 干戈戚揚으로<br>간 과 척 양 | 방패와 창 도끼 들고 |
| 爰方啓行하니라<br>원 방 계 행 | 비로소 길을 떠나셨네. |

| | | |
|---|---|---|
| 2/ 篤公劉는 | 독공류 | 돈독하신 공류께서는 |
| 于胥斯原하시고 | 우서사원 | 이 언덕을 둘러보시고 |
| 旣庶旣繁하며 | 기서기번 | 많은 백성들이 살고 있으며 |
| 旣順迺宣하여 | 기순내선 | 편안하게 여기 저기 두루 살아서 |
| 而無永嘆이로다 | 이무영탄 | 길게 탄식하는 소리 없도다. |
| 陟則在巘하시며 | 척즉재헌 | 산봉오리에 올랐다가 |
| 復降在原하시니 | 복강재원 | 다시 들판으로 내려오시니 |
| 何以舟之오 | 하이주지 | 무엇을 지니고 계셨나? |
| 維玉及瑤와 | 유옥급요 | 옥과 옥돌과 |
| 鞞琫容刀로다 | 병봉용도 | 화려한 칼을 차고 있었도다. |
| 3/ 篤公劉는 | 독공류 | 돈독하신 공류께서는 |
| 逝彼百泉하사 | 서피백천 | 저 백천(百泉)의 물가로 가시어 |
| 瞻彼溥原하시고 | 첨피부원 | 저 넓은 언덕을 보시고 |
| 迺陟南岡하사 | 내척남강 | 남쪽 산마루에 올라가시어 |
| 乃覯于京하시니라 | 내구우경 | 경(京) 땅을 살펴보시니라. |

| | |
|---|---|
| 京師之野에<br>경 사 지 야 | 경(京) 땅의 들판에 |
| 于時處處하며<br>우 시 처 처 | 곳곳에 살 곳을 정하고 |
| 于時廬旅하며<br>우 시 려 려 | 거기서 머물러 살며 |
| 于時言言하고<br>우 시 언 언 | 그때마다 서로 말을 나누고 |
| 于時語語하시니라<br>우 시 어 어 | 서로 의논하며 살아가셨도다. |
| 4/ 篤公劉는<br>독 공 류 | 돈독하신 공류께서는 |
| 于京斯依하시니<br>우 경 사 의 | 경(京) 땅에 의지해 사시니 |
| 蹌蹌濟濟어늘<br>창 창 제 제 | 많은 사람들이 나아가 살거늘 |
| 俾筵俾几하니<br>비 연 비 궤 | 자리 깔고 안석 펴니 |
| 旣登乃依로다<br>기 등 내 의 | 모두 잔치에 나와 안석에 앉았네. |
| 乃造其曹하여<br>내 조 기 조 | 이에 우리에 가서 |
| 執豕于牢하며<br>집 시 우 뢰 | 우리에 가서 돼지 잡게 하시고 |
| 酌之用匏하여<br>작 지 용 포 | 바가지로 술을 듬뿍 떠서 |
| 食之飮之하며<br>식 지 음 지 | 먹고 마시며 |
| 君之宗之로다<br>군 지 종 지 | 임금으로 받들어 존경하네. |

5/ 篤公劉는 돈독하신 공류께서는
독 공 류

旣溥旣長이어늘 그 땅을 넓고 길게 하셨네.
기 부 기 장

旣景迺岡하여 그림자를 재고 언덕에 올라
기 경 내 강

相其陰陽하며 집의 음양 살피시며
상 기 음 양

觀其流泉하고 그 물의 흐름을 살펴보고
관 기 류 천

其軍三單이로다 그 군사는 3군(단)이었네.
기 군 삼 단

度其隰原하여 그 습지와 언덕을 헤아려
탁 기 습 원

徹田爲糧하고 정전법을 세워 세금 거두고
철 전 위 량

度其夕陽하여 그곳 서쪽 땅을 재어보니
탁 기 석 양

豳居允荒이로다 빈 땅은 진실로 넓기만 하네.
빈 거 윤 황

6/ 篤公劉는 돈독하신 공류께서는
독 공 류

于豳斯館하사 빈 땅에 객관을 지으시니
우 빈 사 관

涉渭爲亂하여 위수를 가로질러 건너가
섭 위 위 란

取厲取鍛하여 큰 돌과 잔돌을 주워서
취 려 취 단

止基迺理하니 터전을 닦고 땅을 나누니
지 기 내 리

| | |
|---|---|
| 袁衆爰有하여 (원중원유) | 많은 사람들이 모여들어 |
| 夾其皇澗하며 (협기황간) | 그 황간(皇澗)을 끼고 |
| 遡其過澗하며 (소기과간) | 과간(過澗)을 거슬러 올라가며 |
| 止旅乃密하여 (지려내밀) | 빽빽이 사람들이 모여 |
| 芮鞫之琫이로다 (예국지봉) | 물굽이 안팎까지 나가서 살게 되었네. |

{해설 및 감상}

모두 6장에 장마다 10구절로 구성된 시다. 「모시서」에는 성왕이 정사를 맡을 때 주공이 선조인 공류(公劉)가 백성들을 위해 애쓴 공로를 찬양하여 조카를 훈계한 노래라고 한다. 또 주나라의 선조 공류(公劉)가 후직(后稷)이 봉함을 받은 태(邰) 땅으로부터 빈(豳) 땅으로 옮겨와 살게 된 것을 노래한 것이라고도 했다. 그러나 이 시의 작자를 소강공이라는 근거에 대해서는 알 수가 없다고 했다.

{어려운 낱말}

[篤(독)] : 두텁다. [公劉(공류)] : 주나라의 시조인 后稷의 증손. 公은 칭호, 劉는 이름. [埸疆(역강)] : 경계를 이름. 埸은 '역'이라고 읽음. [迺積迺倉(내적내창)] : 곡식을 창에 넣고 쌓아 둠. 乃積乃倉이라고도 쓴다. [餱糧(후량)] : 말린 곡식. [槖囊(탁낭)] : 곡식을 담는 자루. [無永嘆(무영탄)] : 한숨 쉴 일이 없음. [巘(헌)] : 산봉우리. [舟(주)] : 허리에 차다. [鞞琫(병봉)] : 좋은 칼집과 칼. [言言(언언)] : 서로 말을 주고 받음. [語語(어어)] :

의논하다. [蹌蹌(창창)] : 나아가는 모양. [濟濟(제제)] : 많은 모양. [几(궤)] : 안석. [豕牢(시뢰)] : 우리의 돼지. [溥(부)] : 넓다. 즉 京 땅이 널고 길다는 뜻. [三單(삼단)] : 3軍. [夕陽(석양)] : 산의 서쪽. [豳(빈)] : 나라 이름. 지금의 섬서성 구읍현 서쪽. 豳(빈) 땅. [允荒(윤황)] : 진실로 넓고 크다. [涉謂(섭위)] : 위수를 건너다. [過澗(과간)] : 간수. 냇물의 이름.

## 7. 형작(泂酌) - 저 멀리 흐르는 물

| | |
|---|---|
| 1/ 泂酌彼行潦하여 (형작피행료) | 저 멀리 흐르는 물을 떠다가 |
| 挹彼注玆하면 (읍피주자) | 이곳에 갖다 부으면 |
| 可以饋饎로다 (가이분치) | 밥을 쪄서 술밥을 만들도다. |
| 豈弟君子는 (기제군자) | 점잖으신 군자여! |
| 民之父母로다 (민지부모) | 백성들의 어버이로다. |
| 2/ 泂酌彼行潦하여 (형작피행료) | 저 멀리 흐르는 물을 떠서는 |
| 挹彼注玆하면 (읍피주자) | 이곳에 갖다 부으면 |
| 可以濯罍로다 (가이탁뢰) | 술잔을 씻을 수 있겠구나. |
| 豈弟君子여 (기제군자) | 점잖으신 군자여! |

民之攸歸로다　　백성들이 따르는도다.
민 지 유 귀

3/ 泂酌彼行潦하여　　저 멀리 흐르는 물을 떠다가
형 작 피 행 료

挹彼注玆하면　　이곳에 갖다 부으면
읍 피 주 자

可以濯溉로다　　술통을 씻을 수 있겠네요.
가 이 탁 개

豈弟君子여　　점잖으신 군자여!
기 제 군 자

民之攸墍로다　　백성들을 쉬게 하신다네.
민 지 유 기

{해설 및 감상}

모두 3장에 5구절씩으로 구성된 시다. 이 시는 주나라의 천자를 예찬하는 시라고 한다. 멀리 있는 물이라도 길러서 가져오면 술도 만들고 밥도 지을 수 있다는 것으로– 임금이 정치를 잘하면 백성들이 따르고 임금을 섬길 수 있다는 내용이다. 「모시서」에는 소강공이 성왕을 경계한 시라고 한다.

{어려운 낱말}

[泂(형)] : 멀다. [行潦(행료)] : 흘러가는 물. [饙饎(분치)] : 밥을 쪄서 술밥을 만듦. [君子(군자)] : 왕을 가리킴. [墍(기)] : 씻다.

## 8. 권아(卷阿) - 굽은 언덕에

| | | |
|---|---|---|
| 1/ 有卷者阿에 | 유 권 자 아 | 굽은 언덕 위로 |
| 飄風自南이로다 | 표 풍 자 남 | 남쪽에서 회오리바람 불도다. |
| 豈弟君子여 | 개 제 군 자 | 점잖으신 임이시여! |
| 來游來家하여 | 내 유 래 가 | 오시어 노래 불러서 |
| 以矢其音이로다 | 이 시 기 음 | 그 소리 들려주시네. |
| 2/ 伴奐爾游矣하고 | 반 환 이 유 의 | 한가하게 노닐면서 |
| 優游爾休矣로다 | 우 유 이 휴 의 | 한가하게 쉬고 계시네. |
| 豈弟君子여 | 기 제 군 자 | 점잖으신 임이시여! |
| 俾爾彌爾性하여 | 비 이 미 이 성 | 오래도록 사시어 |
| 似先公酋矣로다 | 사 선 공 추 의 | 선공들의 업적을 이으리로다. |
| 3/ 爾土宇昄章하니 | 이 토 우 판 장 | 그대 땅 넓고도 크게 밝으셔 |
| 亦孔之厚矣로다 | 역 공 지 후 의 | 심히 또한 두텁네. |
| 豈弟君子여 | 기 제 군 자 | 점잖으신 임이시여! |

| | |
|---|---|
| 俾爾彌爾性하여 (비이미이성) | 오래오래 사시어 |
| 百神爾主矣로다 (백신이주의) | 여러 신령, 그대 주인으로 삼으리. |
| | |
| 4/ 爾受命長矣하고 (이수명장의) | 누리시는 수명 길고 길어 |
| 茀祿爾康矣로다 (불록이강의) | 복록에 모두 편안하리로다. |
| 豈弟君子여 (기제군자) | 점잖으신 임이시여! |
| 俾爾彌爾性하여 (비이미이성) | 오래오래 사시어 |
| 純嘏爾常矣로다 (순하이상의) | 큰 복을 항상 누리소서. |
| | |
| 5/ 有馮有翼하며 (유풍유익) | 의지하며 도와주며 |
| 有孝有德하여 (유효유덕) | 효도하고 덕이 있어 |
| 以引以翼이로다 (이인이익) | 끌어주고 덮어주도다. |
| 豈弟君子여 (기제군자) | 점잖으신 군자시여! |
| 四方爲則이로다 (사방위칙) | 온 세상의 본보기가 되도다. |
| | |
| 6/ 顒顒卬卬하며 (옹옹앙앙) | 온화하고 위엄 있으셔 |
| 如圭如璋하며 (여규여장) | 구슬 같고 옥돌 같으며 |

| | |
|---|---|
| 令聞令望이라<br>영 문 령 망 | 아름다운 덕망이 자자하리라. |
| 豈弟君子여<br>기 제 군 자 | 점잖으신 군자시여! |
| 四方爲綱이로다<br>사 방 위 강 | 온 세상 법이 되리라. |
| 7/ 鳳凰于飛하니<br>봉 황 우 비 | 봉황새가 날아오르니 |
| 翽翽其羽하여<br>홰 홰 기 우 | 그 날개로 훨훨 날아서 |
| 亦集袁止로다<br>역 집 원 지 | 머물 곳 찾아 여기 앉았도다. |
| 藹藹朾多吉士하여<br>애 애 왕 다 길 사 | 어진 임금님에 어진 신하 많아서 |
| 維君子使하니<br>유 군 자 사 | 임금님께서 시키시니 |
| 媚于天子로다<br>미 우 천 자 | 천자님께 사랑 받으시네. |
| 8/ 鳳凰于飛하니<br>봉 황 우 비 | 봉황새가 높이 날아오르니 |
| 翽翽其羽하여<br>홰 홰 기 우 | 그 날개가 훨훨 날아올라서 |
| 亦傅于天이로다<br>역 부 우 천 | 또한 하늘 위로 날아오르네. |
| 藹藹王多吉人하시니<br>애 애 왕 다 길 인 | 여러 임금 훌륭한 신하들 |
| 維君子命이라<br>유 군 자 명 | 임금의 명령이라 |
| 媚于庶人이로다<br>미 우 서 인 | 여러 사람 사랑받으리로다. |

| | |
|---|---|
| 9/ 鳳凰鳴矣하니<br>봉 황 명 의 | 봉황새가 울음 우니 |
| 于彼高岡이로다<br>우 피 고 강 | 저 높은 언덕이로다. |
| 梧桐生矣하니<br>오 동 생 의 | 오동나무 자라나니 |
| 于彼朝陽이로다<br>우 피 조 양 | 저 산의 동쪽 기슭이로다. |
| 菶菶萋萋하여<br>봉 봉 처 처 | 오동나무 곳곳에 무성하여 |
| 雝雝喈喈로다<br>옹 옹 개 개 | 봉황 새소리 구성지구나. |
| 10/ 君子之車는<br>군 자 지 차 | 임금님의 수레는 |
| 旣庶且多로다<br>기 서 차 다 | 많기도 많구나. |
| 君子之馬는<br>군 자 지 마 | 임금님의 말은 |
| 旣閑且馳로다<br>기 한 차 치 | 익숙하게 달려간다. |
| 矢詩不多라도<br>시 시 부 다 | 읊은 시는 많지 않아도 |
| 維以遂歌로다<br>유 이 수 가 | 드디어 노래되어 나오네. |

{해설 및 감상}

모두 10장에 1~6장은 장마다 5구절이요, 7~10장은 장마다 6구절로 구성되어 있다. 종주국으로 조회하러 온 제후들을 기리는 시라고 하였다. 그래서 제후는 천자를 잘 보좌하고 백성을 사랑하도록 해야 하며, 그래서 제후는 천자와 백성들 사이에서 그 하는 일이 매우 크다는 것을 강조하고 있다. 본문에 봉황새가 등장하여 나라의 위엄을 상징하고 있다.

{어려운 낱말}

[卷阿(권아)] : 굽은 언덕. [飄風(표풍)] : 회오리바람. [豈弟(개제)] : 豈는 발어사, 弟는 悌와 같음. [君子(군자)] : 여기서는 왕이나 천자를 지칭함. [有翼(유익)] : 보좌, 도와줌. [顒顒(옹옹)] : 존엄하고 온화한 모양. [卬卬(앙앙)] : 의기 있음을 말함. [圭璋(규장)] : 상서로운 옥, 깨끗하고 순결한 옥. [鳳凰(봉황)] : 천자나 제후를 상징하는 전설적인 새. [翽翽(홰홰)] : 새가 날개로 날아오르는 소리. [藹藹(애애)] : 숫자가 많은 모양. [朝陽(조양)] : 산의 동쪽. [菶菶(봉봉)] : 풀이 무성한 모양. [萋萋(처처)] : 풀이 우거져 있는 모양. [雝雝喈喈(옹옹개개)] : 봉황새의 울음소리가 조화를 이룸. [矢(시)] : 베풀다. 시를 읊다.

## 9. 민로(民勞) - 백성들이 괴롭구나!

| | |
|---|---|
| 1/ 民亦勞止하니<br>민 역 로 지 | 백성들이 괴로우니 |
| 汔可小康이로다<br>흘 가 소 강 | 조금이나마 편안하게 하리라. |
| 惠此中國하여<br>혜 차 중 국 | 이 나라를 사랑하여 |

| | |
|---|---|
| 以綏四方이로다<br>이 수 사 방 | 온 세상을 편안케 하리로다. |
| 無縱詭隨하여<br>무 종 궤 수 | 거짓말로 속이는 자 그냥 두지 말고 |
| 以謹無良하라<br>이 근 무 량 | 못된 놈을 항상 조심하라. |
| 式遏寇虐과<br>식 알 구 학 | 못됐고 포악한 자들과 |
| 憯不畏明이로다<br>참 불 외 명 | 밝고 바름을 두려워 않는 자 막음이로다. |
| 柔遠能邇하여<br>유 원 능 이 | 먼 곳 가까운 곳을 편안케 하여 |
| 以定我王이어다<br>이 정 아 왕 | 이 나라를 안정시킬지어다. |
| 2/ 民亦勞止니<br>민 역 로 지 | 백성은 괴로움에 있으니 |
| 汔可小休하라<br>흘 가 소 휴 | 조금은 쉬도록 하라. |
| 惠此中國하여<br>혜 차 중 국 | 이 나라를 사랑하여 |
| 以爲民逑어다<br>이 위 민 구 | 백성들의 짝이 될지어다. |
| 無縱詭隨하고<br>무 종 궤 수 | 거지 뿌리로 속이는 자 용서하지 말고 |
| 以謹惛怓하며<br>이 근 혼 노 | 잘 다투는 자를 조심시켜 |
| 式遏寇虐하여<br>식 알 구 학 | 포악한 자를 막아서 |
| 無棄民憂하라<br>무 기 민 우 | 백성께 근심 끼치지 말게 하라. |

| | |
|---|---|
| 無棄爾勞하여<br>무 기 이 로 | 그대 수고로움을 아끼지 말고 |
| 以爲王休어다<br>이 위 왕 휴 | 임금님 하시는 일 아름답게 할지로다. |
| 3/ 民亦勞止하니<br>민 역 로 지 | 백성들 괴로움에 지쳤으니 |
| 汔可小息하리니<br>흘 가 소 식 | 이제 좀 쉬게 하리니 |
| 惠此京師하여<br>혜 차 경 사 | 이 서울 땅을 사랑하여 |
| 以綏四國이어다<br>이 수 사 국 | 온 나라를 편히 할지어다. |
| 無縱詭隨하여<br>무 종 궤 수 | 거짓말하고 속이는 자 용서 말고 |
| 以謹罔極하며<br>이 근 망 극 | 망극한 자를 조심하여 |
| 式遏寇虐하며<br>식 알 구 학 | 포학한 자를 막을 것이며 |
| 無俾作慝이어다<br>무 비 작 특 | 사특한 짓 못하게 할지어다. |
| 敬愼威儀하여<br>경 신 위 의 | 위엄과 예의로 공경하고 |
| 以近有德이어다<br>이 근 유 덕 | 덕 있는 자를 가까이하기를-. |
| 4/ 民亦老止하니<br>민 역 로 지 | 백성들 고생에 지쳤으니 |
| 汔可小愒로다<br>흘 가 소 게 | 조금이라도 쉬게 하기를-. |
| 惠此中國하여<br>혜 차 중 국 | 이 나라를 사랑하여 |

| | |
|---|---|
| 俾民憂泄하며<br>비 민 우 예 | 백성들 근심 없게 하며 |
| 無縱詭隨하여<br>무 종 궤 수 | 거짓말과 속이는 것 용서하지 말아서 |
| 以謹醜厲하고<br>이 근 추 려 | 악하고 사나운 자를 조심하고 |
| 式遏寇虐하여<br>식 알 구 학 | 포학한 자를 막아서 |
| 無俾正敗하라<br>무 비 정 패 | 정도가 그릇되지 않게 하라. |
| 戎雖小子나<br>융 수 소 자 | 너희 비록 어리다 하나 |
| 而式弘大니라<br>이 식 홍 대 | 그 하는 일은 넓고 큰 것이니-. |
| 5/ 民亦勞止하니<br>민 역 로 지 | 백성들 괴로움에 지쳤으니 |
| 汔可小安하라<br>흘 가 소 안 | 조금은 편안케 하라. |
| 惠此中國하여<br>혜 차 중 국 | 이 나라를 사랑하여 |
| 國無有殘하라<br>국 무 유 잔 | 나라 해치는 자 없게 하라. |
| 無縱詭隨하여<br>무 종 궤 수 | 거짓말과 속이는 자 두지 말고 |
| 以謹繾綣하며<br>이 근 견 권 | 아첨하는 자를 물리치며 |
| 式遏寇虐하여<br>식 알 구 학 | 포악한 자를 막아서 |
| 無俾正反하라<br>무 비 정 반 | 정도에 어긋나지 말게 하라. |

王欲玉女시니 　 왕이 그대를 옥으로 여기시니
왕 욕 옥 녀

是用大諫이로다 　 이는 크게 간하는 일 때문이로다.
시 용 대 간

{해설 및 감상}

모두 5장으로 장마다 10구로 구성되어 있다. 이 시는 관리들이 나라를 위하여 올바르게 행동할 것을 훈계하는 내용으로 되어 있다. 악랄하고 흉측한 놈들을 없애고, 괴로운 백성을 쉬게 하며 나라를 사랑하여 임금이 올바른 정치를 할 수 있도록 하자는 내용으로 되어있는 시다. 제일 끝 연에 가서는 임금이 너를 옥같이 여기니, 모두 임금을 위하여 간관(諫官)이 되라고 강조하고 있다.

{어려운 낱말}

[民勞(민로)] : 백성들의 괴로움. [汔(흘)] : 거의. [中國(중국)] : 서울. 나라의 중심이 되는 곳. 곧 경사(京師). [四方(사방)] : 온 나라. [詭隨(궤수)] : 잘못된 말을 따라가다. [憯(참)] : 일찍. [柔遠(유원)] : 먼 곳의 사람을 편안하게. [休(휴)] : 아름다움. [民逑(민구)] : 백성들의 벗. [惽怓(혼노)] : 시끄럽게 다투다. [罔極(망극)] : 끝이 없이 악을 쓰는 사람. 끝이 없음. [憂泄(우예)] : 근심을 흩어 없애는 사람. [厲(려)] : 사나운 것. 악함. [正敗(정패)] : 정도를 그르치는 것. [繾綣(견권)] : 소인으로 임금께 아부하는 사람. [正反(정반)] : 정도에 반대함. [玉女(옥녀)] : 그대를 구슬처럼 사랑함. 女는 汝임.

# 10. 판(板) - 상제님, 상제님!

| | |
|---|---|
| 1/ 上帝板板하면<br>상 제 판 판 | 상제께서 버리시면 |
| 下民卒癉이로다<br>하 민 졸 단 | 백성들 모두 고생이로다. |
| 出話不然이면<br>출 화 불 연 | 하는 말이 옳지 않으면 |
| 爲猶不遠하여<br>위 유 불 원 | 하는 일은 원대하지 못하여 |
| 靡聖管管하며<br>미 성 관 관 | 의지할만한 성인이 없으며 |
| 不實於亶이로다<br>불 실 어 단 | 성실한 이도 없음이로다. |
| 猶之未遠이니<br>유 지 미 원 | 계획도 멀지 않으니 |
| 是用大諫이로다<br>시 용 대 간 | 크게 간하는 바이로세. |
| 2/ 天之方難이니<br>천 지 방 난 | 하늘이 바야흐로 어지러우니 |
| 無然憲憲이로다<br>무 연 헌 헌 | 그렇게 즐기지는 말지어다. |
| 天之方蹶에<br>천 지 방 궐 | 하늘이 바야흐로 움직이시니 |
| 無然泄泄어다<br>무 연 예 예 | 너무 떠들지 말지어다. |
| 辭之輯矣면<br>사 지 집 의 | 말이 부드러우면 |
| 民之洽矣하고<br>민 지 흡 의 | 백성들이 흡족해하고 |

| | |
|---|---|
| 辭之懌矣면<br>사 지 역 의 | 말이 즐거우면 |
| 民之莫矣리라<br>민 지 막 의 | 백성들이 안정되리라. |
| 3/ 我雖異事나<br>아 수 이 사 | 내 비록 하는 일은 달라도 |
| 及爾同僚로다<br>급 이 동 료 | 너와 더불어 같은 동료이네. |
| 我卽爾謀나<br>아 즉 이 모 | 내 그대에게 꾀를 말했으나 |
| 聽我囂囂로다<br>청 아 효 효 | 내 말은 귀담아 듣지 않네. |
| 我言維服이니<br>아 언 유 복 | 내 말을 잘 들어야 함이니 |
| 勿以爲笑하라<br>물 이 위 소 | 비웃지를 말라. |
| 先民有言이거늘<br>선 민 유 언 | 옛 분들의 말씀이거늘 |
| 詢于芻蕘니라<br>순 우 추 요 | 무식한 나무꾼에게 물으라 하였지. |
| 4/ 天之方虐에<br>천 지 방 학 | 하늘이 바야흐로 잔학하니 |
| 無然謔謔하라<br>무 연 학 학 | 너무 희희낙락하지 말게나. |
| 老夫灌灌이니<br>노 부 관 관 | 늙은 이 진정으로 대하니 |
| 小子蹻蹻이로다<br>소 자 갸 갸 | 젊은이들은 교만하기만 하네. |
| 匪我言耄라<br>비 아 언 모 | 내 말은 망령된 것이 않음이라, |

| | |
|---|---|
| 爾用憂謔이로다<br>이 용 우 학 | 그대 농담으로 받아들일 뿐이네. |
| 多將熇熇하여<br>다 장 학 학 | 장차 활활 타는 불꽃처럼 되어 |
| 不可救藥이로다<br>불 가 구 약 | 고칠 약도 가히 없겠구나. |
| 5/ 天之方懠하시니<br>천 지 방 제 | 하늘이 성을 내고 계시니 |
| 無爲夸毗하라<br>무 위 과 비 | 너무 굽실거리지나 말라 |
| 威儀卒迷하여<br>위 의 졸 미 | 위엄과 예의 모두 혼미해져서 |
| 善人載尸로다<br>선 인 재 시 | 착한 사람들 모두 시동(尸童)같네. |
| 民之方殿屎어늘<br>민 지 방 전 시 | 백성들 모두 신음하고 있거늘 |
| 則莫我敢葵요<br>즉 막 아 감 규 | 우리를 전혀 생각지도 않네. |
| 喪亂蔑資어늘<br>상 란 멸 자 | 혼란으로 물자마저 없거늘 |
| 曾莫惠我師로다<br>증 막 혜 아 사 | 우리 백성들 걱정하지도 않네. |
| 6/ 天之牖民하여<br>천 지 유 민 | 하늘이 이 백성을 인도하여 |
| 如壎如篪하며<br>여 훈 여 지 | 나팔과 피리 같으며, |
| 如璋如圭하며<br>여 장 여 규 | 장옥과 규옥 같으며, |
| 如取如攜하니<br>여 취 여 휴 | 밀어주고 끌어주듯 하니 |

攜無曰益이면 이끄심을 막지만 않으면-.
휴 무 왈 익

牖民孔易이로다 백성들 쉽게 인도하리니
유 민 공 이

民之多辟하니 백성들이 사특한 자 많으니
민 지 다 벽

無自立辟이로다 스스로 간사해지지 말지로다.
무 자 입 벽

7/ 价人維藩이요 큰 덕을 가진 이는 나라의 울타리요,
개 인 유 번

大師維垣이라 3공들은 나라의 담장이라.
대 사 유 원

大邦維屛이요 제후들은 나라의 병풍이요,
대 방 유 병

大宗維翰이며 종친은 나라의 기둥이며,
대 종 유 한

懷德維寧하며 덕을 품게 되면 나라가 편안하며,
회 덕 유 녕

宗子維城이로다 아들들은 바로 성벽이로다.
종 자 유 성

無俾城壞면 성벽이 무너지지 않게 하여
무 비 성 괴

無獨斯畏하라 홀로 두려움에 떨지 말게 하라.
무 독 사 외

8/ 敬天之怒하여 하늘의 노하심을 공경하여
경 천 지 노

無敢戲豫하며 감히 희롱하고 즐기지 말며,
무 감 희 예

敬天之渝하여 하늘의 노하심을 경외하여
경 천 지 투

無敢馳驅어다　　제멋대로 행동하지 말지어다.
무 감 치 구

昊天曰明하여　　넓은 하늘 밝으시어
호 천 왈 명

及爾出王하고　　그대 가는 곳을 바라보고
급 이 출 왕

昊天曰旦하사　　넓은 하늘 밝기만 하여
호 천 왈 단

及爾游衍하시니라　　그대 노는 것 바라보시리라.
급 이 유 연

{해설 및 감상}

모두 8장에 장마다 8구체로 구성되어 있다. 이 시는 범백(凡伯)이 여왕(厲王)을 풍자한 시라고 했다. 그러나 이런 풍자적 요소보다는 나약한 백성들이 하늘의 무서움을 알고 상제의 지시를 따라야 하며, 특히 백성들은 하늘의 넓고 밝으심을 알아서 우리들을 지켜보고 계시니, 이를 알아서 모든 일에 조심해야 한다고 했다.

{어려운 낱말}

[板板(판판)] : 反과 같은 뜻으로 '등지다' 임. [卒癉(졸단)] : 모두 병이 들다. [爲猶(위유)] : 나라 다스리는 계획. [管管(관관)] : 의지할 곳이 없음. [亶(단)] : 진실함. [憲憲(헌헌)] : 흔흔(欣欣)으로, 즐거운 모양이다. [蹶(궐)] : '움직이다' 의 뜻. [泄泄(예예)] : 말이 많은 모양, 늘어진 모양. [輯(집)] : 부드러움. [洽(흡)] : 화합. 융화. [異事(이사)] : 하는 일이 같지 않음. [囂囂(효효)] : 남의 말을 잘 듣지 않음. [先民(선민)] : 옛 현인. [芻蕘(추요)] : 나무를 베고 꼴이나 하는 무식한 사람. [灌灌(관관)] : 정성되고 간절함.

[耄(모)] : 늙은이. [夸毗(과비)] : 아첨하고 굽실거림. [殿屎(전시)] : 신음하는 소리. [蔑資(멸자)] : 전쟁으로 백성들이 살기 불편함. [惠我師(혜아사)] : 백성의 무리들을 사랑함. [牖民(유민)] : 백성을 개명하여 밝힘. [大宗(대종)] : 임금의 종친. [宗子(종자)] : 임금의 적자. 종손.

## 제3장
# 탕(蕩)

「모시서」에는 소목공(召穆公)이 주나라가 크게 어지러워짐을 탄식하는 노래라고 했다. 또 시인이 주나라 여왕(厲王)이 장차 망해가는 것을 알고, 이 시를 문왕에 비겨서 지은 시라고도 하였다. 이 시를 주나라 초기의 작품으로 보고 은나라 사람들의 포악함을 들어서 밝히고, 주나라 사람들이 나라를 건설한 것은 하늘의 뜻이라는 정당성을 말하고 있다.

넓고 큰 상제님은
백성의 임금이시니
사납고 포악한 상제님은
그 명령에 허물이 많도다.
하늘이 백성을 낳으셨으나
그 명령 믿을 수 없도다.
처음 시작이 있지 않음이 아니로되
유종의 미를 거둔 이는 드물다네.

-상제님, 위대 하십니다.

## 1. 탕(蕩) - 상제님, 위대하십니다

| | |
|---|---|
| 1/ 蕩蕩上帝는<br>탕 탕 상 제 | 넓고 큰 상제님은 |
| 下民誌辟이시니<br>하 민 지 벽 | 백성의 임금이시니, |
| 疾威上帝는<br>질 위 상 제 | 사납고 포악한 상제님은 |
| 其命多辟이로다<br>기 명 다 벽 | 그 명령에는 허물이 많구나. |
| 天生烝民하시나<br>천 생 증 민 | 하늘이 백성을 낳으셨으나 |
| 其命匪諶이로다<br>기 명 비 심 | 그 명령 믿을 수 없도다. |
| 靡不有初나<br>미 불 유 초 | 처음 시작이 있지 않음이 아니로되 |
| 鮮克有終이로다<br>선 극 유 종 | 유종의 미를 거둔 이는 드물다네. |
| 2/ 文王曰咨라<br>문 왕 왈 자 | 문왕께서 말씀하시기를 |
| 咨汝殷商이여<br>자 여 은 상 | 아, 그대 은나라여! |
| 曾是彊禦와<br>증 시 강 어 | 어찌하여 이 포악한 사람과 |
| 曾是掊克이<br>증 시 부 극 | 가렴주구 하는 자들이 |
| 曾是在位하며<br>증 시 재 위 | 일찍 이런 자리에 있었으며, |
| 曾是在服이니<br>증 시 재 복 | 일찍 이런 일을 보고만 있었으니 |

| | |
|---|---|
| 天降慆德하여도<br>천강도덕 | 하늘이 징벌을 내려서도 |
| 女興是力이로다<br>여흥시력 | 그대들은 나쁜 짓만 힘써 행했도다. |

| | |
|---|---|
| 3/ 文王曰咨라<br>문왕왈자 | 문왕께서 말씀하시되 |
| 咨女殷商이여<br>자여은상 | 아, 그대 은나라여! |
| 而秉義類어늘<br>이병의류 | 의로운 무리들을 써야 하거늘 |
| 彊禦多懟로<br>강어다대 | 포악하고 원망 많은 자만으로 |
| 流言以對하나니<br>유언이대 | 뜬소문만 대하니 |
| 寇攘式內라<br>구양식내 | 도둑들이 안으로 들어온 것이라, |
| 侯作侯祝하니<br>후작후축 | 서로 미워하고 저주함이 |
| 靡屆靡究로다<br>미계미구 | 끝이 없어 결말이 없도다. |

| | |
|---|---|
| 4/ 文王曰咨라<br>문왕왈자 | 문왕께서 말씀하시되 |
| 咨女殷商이여<br>자여은상 | 그대, 은나라여! |
| 女炰烋于中國하여<br>여포휴우중국 | 그대 나라 안에서 포악한 짓만 하여 |
| 斂怨以爲德하나니<br>염원이위덕 | 원망 듣는 것을 덕으로 삼았으니 |
| 不明爾德이라<br>불명이덕 | 그대 덕 밝지 않는지라. |

| | |
|---|---|
| 時無背無側하며<br>시 무 배 무 측 | 곁에는 좋은 신하 없고 |
| 爾德不明이라<br>이 덕 불 명 | 그대 덕 밝지 않음이라 |
| 以無陪無卿이로다<br>이 무 배 무 경 | 어진 신하가 없도다. |
| 5/ 文王曰咨라<br>문 왕 왈 자 | 문왕께서 말씀하시되 |
| 咨女殷商이여<br>자 여 은 상 | 아, 너희 은나라여! |
| 天不湎爾以酒어늘<br>천 불 면 이 이 주 | 하늘이 그대 술에 빠지지 말라 했거늘 |
| 不義從式이로다<br>불 의 종 식 | 올바르지 못함에만 따르고 있네. |
| 旣愆爾止하여<br>기 건 이 지 | 이미 그대 체면도 잃고 |
| 靡明靡晦하며<br>미 명 미 회 | 밤도 없고 낮도 없으며 |
| 式號式呼하여<br>식 호 식 호 | 소리 지르고 외치면서 |
| 俾晝作夜로다<br>비 주 작 야 | 낮으로 밤처럼 여겼다네. |
| 6/ 文王曰咨라<br>문 왕 왈 자 | 문왕께서 말씀하시되 |
| 咨女殷商이여<br>자 여 은 상 | 아, 그대 은나라여! |
| 如蜩如螗하며<br>여 조 여 당 | 쓰르라미 같고 씽씽 매미 같으며 |
| 如沸如羹하여<br>여 비 여 갱 | 국이 부글부글 끓는 듯하여 |

| | |
|---|---|
| 小大近喪이어늘<br>소 대 근 상 | 크고 작은 사람 다들 망해 가거늘 |
| 人尙乎由行하여<br>인 상 호 유 행 | 사람의 행실 아직 고치지 않아 |
| 內奰于中國하여<br>내 비 우 중 국 | 안으로 원망이 가득하여 |
| 覃及鬼方이로다<br>담 급 귀 방 | 오랑캐 나라까지 미쳤도다. |
| 7/ 文王曰咨라<br>문 왕 왈 자 | 문왕께서 말씀하시되 |
| 咨女殷商이여<br>자 여 은 상 | 아, 그대 은나라여! |
| 匪上帝不時라<br>비 상 제 불 시 | 상제께서 때가 되지 않아서가 아니라 |
| 殷不用舊니라<br>은 불 용 구 | 은나라가 예법을 따르지 않아서니라. |
| 雖無老成人이나<br>수 무 노 성 인 | 비록 노성한 신하 없다고 하나 |
| 尙有典刑이어늘<br>상 유 전 형 | 오히려 옛 법도는 있거늘 |
| 曾是莫聽하여<br>증 시 막 청 | 이것을 듣지 아니하여 |
| 大命以傾이로다<br>대 명 이 경 | 대명(大命)이 기울어진 것이로다. |
| 8/ 文王曰咨라<br>문 왕 왈 자 | 문왕께서 말씀하시되 |
| 咨女殷商이니<br>자 여 은 상 | 아, 그대 은나라여! |
| 人亦有言하되<br>인 역 유 언 | 사람들이 말하기를 |

| | |
|---|---|
| 顚沛之揭에<br>전 패 지 게 | 나무가 쓰러져 뿌리가 드러나면 |
| 枝葉未有害라도<br>지 엽 미 유 해 | 가지와 잎은 상하지 않아도 |
| 本實先撥이니라<br>본 실 선 발 | 뿌리는 벌써 죽었다고 했네. |
| 殷鑒不遠이나<br>은 감 불 원 | 은나라의 거울이 멀리 있지 않아 |
| 在夏后之世하니라<br>재 하 후 지 세 | 하(夏)나라가 망함에 있었다네. |

{해설 및 감상}

모두 8장에 장마다 8구절로 구성되어 있다. 「모시서」에는 소목공(召穆公)이 주나라가 크게 어지러워짐을 탄식하는 노래라고 했다. 또 시인이 주나라 여왕(厲王)이 장차 망해가는 것을 알고, 이 시를 문왕에 비겨서 지은 시라고도 하였다. 이 시를 주나라 초기의 작품으로 보고 은나라 사람들의 포악함을 들어서 밝히고, 주나라 사람들이 나라를 건설한 것은 하늘의 뜻이라는 정당성을 말하고 있다.

{어려운 낱말}

[蕩蕩(탕탕)] : 위대한 모양을 말하고 있다. [辟(벽)] : 임금을 지칭함. [疾威(질위)] : 포학함. [多辟(다벽)] : 사벽하다. 무도함. [諶(심)] : 진실함. [咨(자)] : 탄식하여 말함. 감탄. [殷商(은상)] : 주왕(紂王) 때의 殷나라를 말함. [疆禦(강어)] : 포악한 신하. [掊克(부극)] : 백성을 갈취하는 신하들. 가렴주구. [慆德(도덕)] : 패덕. 나쁜 덕. [多懟(다대)] : 많은 원망. [流言(유언)] : 뜬소문. [蜩螗(조당)] : 매미. [沸羹(비갱)] : 국이 끓듯 들끓다. 어지

러운 세상. [典刑(전형)] : 옛 법도. [顚沛(전패)] : 뿌리가 뽑혀 넘어지다. [撥(발)] : 끊어지다. [鑒(감)] : 거울.

## 2. 억(抑) - 정숙한 아름다움

| | |
|---|---|
| 1/ 抑抑威儀는<br>억 억 위 의 | 중후한 위엄은 |
| 維德之隅니라<br>유 덕 지 우 | 오직 덕과 짝이 된다네. |
| 人亦有言에<br>인 역 유 언 | 사람들이 말하기를 |
| 靡哲不愚니라<br>미 철 불 우 | 현철한 사람은 어리석지 않다네. |
| 庶人之愚는<br>서 인 지 우 | 서민들의 어리석음은 |
| 亦職維疾이나<br>역 직 유 질 | 역시 병폐라 하지만 |
| 哲人之愚는<br>철 인 지 우 | 철인의 어리석음은 |
| 亦維斯戾로다<br>역 유 사 려 | 있을 수 없는 일이라네. |
| 2/ 無競維人이면<br>무 경 유 인 | 지극히 선한 사람이라면 |
| 四方其訓之하고<br>사 방 기 훈 지 | 사방에서 받들어 교훈으로 삼고 |
| 有覺德行이면<br>유 각 덕 행 | 큰 덕행을 한다면 |

| | |
|---|---|
| 四國順之로다<br>사 국 순 지 | 사방에서 그를 따르리로다. |
| 訏謨定命하고<br>우 모 정 명 | 큰 계획은 하늘이 정하고 |
| 遠猶辰告하니<br>원 유 신 고 | 원대한 계획은 때를 맞추어야 하니 |
| 敬愼威儀하면<br>경 신 위 의 | 항상 위의를 삼가고 공경하면 |
| 維民之則이니라<br>유 민 지 칙 | 백성의 법칙이 되느니라. |
| 3/ 其在于今하여<br>기 재 우 금 | 지금 세상에 있어서는 |
| 興迷亂于政하여<br>홍 미 란 우 정 | 정사가 어둡고 어지러워서 |
| 顚覆厥德이요<br>전 복 궐 덕 | 그 덕을 전복시키고 |
| 荒湛于酒로다<br>황 담 우 주 | 술에 빠져 헤어나지 못하도다. |
| 女雖湛樂從이나<br>여 수 담 락 종 | 그대 비록 즐거움에 빠져 있어도 |
| 弗念厥紹로다<br>불 념 궐 소 | 조상의 유서는 생각도 아니 하네. |
| 罔敷求先王하여<br>망 부 구 선 왕 | 선왕의 도와 덕을 널리 구하여 |
| 克共明刑이로다<br>극 공 명 형 | 밝은 법을 밝히려 하지 않네. |
| 4/ 肆皇天弗尙이시니<br>사 황 천 불 상 | 이에 하늘이 그대를 돕지 않으니 |
| 如彼泉流니라<br>여 피 천 류 | 저 흐르는 샘물 같구나. |

| | |
|---|---|
| 無淪胥以亡이어다<br>무 륜 서 이 망 | 서로 함께 망하지 말지어다. |
| 夙興夜寐하여<br>숙 흥 야 매 | 일찍 일어나고 밤늦게 자며 |
| 洒掃廷内하여<br>쇄 소 정 내 | 뜰 안을 쓸고 닦아 |
| 維民之章이어다<br>유 민 지 장 | 백성들 본보기가 될지어다. |
| 脩爾車馬와<br>수 이 거 마 | 그대의 수레와 말과 |
| 弓矢戎兵하여<br>궁 시 융 병 | 활과 화살과 무기를 닦아 |
| 用戒戎作하며<br>용 계 융 작 | 전쟁 일어남을 대비하며 |
| 用逖蠻方이어다<br>용 적 만 방 | 오랑캐를 멀리 추방할지어다. |
| 5/ 質爾人民하며<br>질 이 인 민 | 그대의 백성을 안정시키고 |
| 謹爾侯度하여<br>근 이 후 도 | 그대 임금의 법도를 삼가하여 |
| 用戒不虞요<br>용 계 불 우 | 의외의 혼란에 대비하고 |
| 慎爾出話하며<br>신 이 출 화 | 그대의 언행을 삼가하여 |
| 敬爾威儀하여<br>경 이 위 의 | 그대의 위의를 공경하여 |
| 無不柔嘉어다<br>무 불 유 가 | 훌륭하지 않음이 없기를—. |
| 白圭之玷은<br>백 규 지 점 | 흰 옥돌의 한 티는 |

| | |
|---|---|
| 尙可磨也어니와<br>상 가 마 야 | 오히려 갈면 갈수 있거니와 |
| 斯言之玷은<br>사 언 지 점 | 말의 잘못된 점은 |
| 不可爲也니라<br>불 가 위 야 | 어찌할 도리가 없느니라. |
| 6/ 無易由言하며<br>무 이 유 언 | 가벼이 말하지 말며 |
| 無曰苟矣어다<br>무 왈 구 의 | 함부로 말하지 말지어다. |
| 莫捫朕舌하며<br>막 문 짐 설 | 내 혀는 아무도 건드리지 못하며 |
| 言不可逝矣니라<br>언 불 가 서 의 | 말은 한 번 하면 잡을 수가 없느니–. |
| 無言不讎하고<br>무 언 불 수 | 어떤 말이든 대답이 없을 수 없고 |
| 無德不報니<br>무 덕 불 보 | 덕은 갚지 않음이 없으니 |
| 惠于朋友하라<br>혜 우 붕 우 | 친구에게 은혜를 베풀라. |
| 庶民小子가<br>서 민 소 자 | 서민과 젊은이들이 |
| 子孫繩繩하니<br>자 손 승 승 | 자자손손 대대로 뻗어나가니 |
| 萬民靡不承이랴<br>만 민 미 불 승 | 만민이 어찌 이어나가지 않으랴. |
| 7/ 視爾友君子하노니<br>시 이 우 군 자 | 그대의 벗 군자들께 권하노니 |
| 輯柔爾顔하여<br>집 유 이 안 | 그대 얼굴을 부드럽게 하여 |

| | |
|---|---|
| 不遐有愆하고<br>불 하 유 건 | 무슨 허물이 있을까 생각하고, |
| 相在爾室이라도<br>상 재 이 실 | 그대 방 안에 있을 때라도 |
| 尙不愧于屋漏로다<br>상 불 괴 우 옥 루 | 어두운 방에서도 부끄러움 없기를—. |
| 無曰不顯이며<br>무 왈 불 현 | 보는 이 없다고 말하지 말 것이며 |
| 莫予云覯어다<br>막 여 운 구 | 아무도 나를 못 본다고 하지 말라. |
| 神之格思를<br>신 지 격 사 | 신령께서 나타나심을 |
| 不可度思이니<br>불 가 도 사 | 미리 알 수 없는 것이니 |
| 矧可射思리요<br>신 가 사 사 | 하물며 게을리할 수가 있으리오. |
| 8/ 辟爾爲德이면<br>벽 이 위 덕 | 그대를 본 떠 덕을 행하게 되면 |
| 俾臧俾嘉이니<br>비 장 비 가 | 착하고 아름답게 되리니 |
| 淑愼爾止면<br>숙 신 이 지 | 그대 행동을 삼가게 되면 |
| 不愆于儀로다<br>불 건 우 의 | 거동에 잘못이 없도다. |
| 不僭不賊이면<br>불 참 부 적 | 어긋남이 없고 해침이 없으면 |
| 鮮不爲則이리라<br>선 불 위 칙 | 모두가 본받을 것이리라. |
| 投我以桃면<br>투 아 이 도 | 나에게 복숭아를 던지면 |

報之以李로다 오얏으로 갚는다고 하였네.
보 지 이 리

彼童而角이니 저 목동에게 어린 양의 뿔을 내라면
피 동 이 각

實虹小子니라 실로 그대를 속이리라.
실 홍 소 자

9/ 荏染柔木에 부드럽고 휘청거리는 나무에
임 염 유 목

言緡之絲니라 줄을 매어 활을 만드네.
언 민 지 사

溫溫恭人은 온순하고 공손한 사람은
온 온 공 인

維德之基니라 오직 덕의 터전이라네.
유 덕 지 기

其維哲人은 그 오직 어진 사람은
기 유 철 인

告之話言이면 좋은 말을 들려주면
고 지 화 언

順德之行이로다 덕을 따라 행하는구나.
순 덕 지 행

其維愚人은 그처럼 어리석은 사람은
기 유 우 인

覆謂我僭하나니 도리어 나를 헐뜯을 것이니
복 위 아 참

民各有心이로다 백성의 마음은 각각이라네.
민 각 유 심

10/ 於呼小子여 아, 젊은이들이여!
어 호 소 자

未知臧否로다 선과 악을 구분하지 못하는구나.
미 지 장 부

| | |
|---|---|
| 匪手攜之요<br>비 수 휴 지 | 손으로 이끌어줄 뿐만 아니요, |
| 言示之事며<br>언 시 지 사 | 말을 들어 일을 밝히며 |
| 匪面命之요<br>비 면 명 지 | 직접 명령만 할 뿐 아니라 |
| 言提其耳로다<br>언 제 기 이 | 귀를 당겨서 들려주기도 하네. |
| 借曰未知나<br>차 왈 미 지 | 설사 아는 것이 없다 하더라도 |
| 亦旣抱子로다<br>역 기 포 자 | 나 역시 자식 낳아 길러 보았다네. |
| 民之靡盈이니<br>민 지 미 영 | 속이 가득한 사람은 없는 것이니 |
| 誰夙知而莫成이랴<br>수 숙 지 이 막 성 | 누가 일찍 알았으면 성공하지 않으랴. |

| | |
|---|---|
| 11/ 昊天孔昭하사<br>호 천 공 소 | 넓은 저 하늘은 심히 밝고 |
| 我生靡樂이로다<br>아 생 미 락 | 나의 이 삶은 즐겁지 않도다. |
| 視爾夢夢하니<br>시 이 몽 몽 | 그대를 보니 멍청하니 |
| 我心慘慘이로다<br>아 심 참 참 | 내 마음 슬프기만 하네. |
| 誨爾諄諄하니<br>회 이 순 순 | 그대에게 듣도록 타일러도 |
| 聽我藐藐이로다<br>청 아 막 막 | 내 말은 귀 곁으로 듣네. |
| 匪用爲敎요<br>비 용 위 교 | 가르쳐도 듣지 아니하고 |

| | |
|---|---|
| 覆用爲虐이로다<br>복 용 위 학 | 도리어 장난으로 여기네. |
| 借曰未知나<br>차 왈 미 지 | 설사 아는 것이 없다 해도 |
| 亦聿既耄어다<br>역 율 기 모 | 나이는 내가 많이 먹었다네. |
| 12/ 於乎小子들아<br>어 호 소 자 | 아, 젊은이들이여! |
| 告爾舊止하리라<br>고 이 구 지 | 너희에게 옛 법대로 일러주리라. |
| 聽用我謀면<br>청 용 아 모 | 내 말을 듣는다면 |
| 庶無大悔하리라<br>서 무 대 회 | 큰 후회는 없으리라. |
| 天方艱難이니<br>천 방 간 난 | 하늘이 지금 어려움을 내리니 |
| 曰喪厥國하리라<br>왈 상 궐 국 | 곧 나라를 망하게 하리라. |
| 取譬不遠이나<br>취 비 불 원 | 먼 비유로 말하지 않아도 |
| 昊天不忒이라<br>호 천 불 특 | 넓은 하늘은 크게 틀림이 없거늘 |
| 回遹其德하여<br>회 휼 기 덕 | 그 덕을 그릇되게 하여 |
| 俾民大棘하리라<br>비 민 대 극 | 이 백성을 크게 위급하리라. |

{해설 및 감상}

모두 12장으로 되어 있으며, 3장은 장마다 8구체, 나머지 9장은 장마다 10구체로 구성되어 있다. 「모시서」에는 위나라 무공(武公)이 여왕(厲王)을 풍자하기 위한 것이라고 했고, 또 스스로를 경계한 시라고도 하였다. 또 위나라 무공이 몸소 지어서 날마다 외우도록 하여 자신의 방만함을 경계하기 위함이라고 했다.

{어려운 낱말}

[抑抑(억억)] : 치밀하고 빈틈없는 모양. [愚(우)] : 어리석은 듯 지내는 철인을 말함. [戾(려)] : 상식에 어긋남을 말함. [覺(각)] : 곧고 크다. [辰告(신고)] : 때에 맞추어 시행함. [迷亂(미란)] : 혼란. [荒湛(황담)] : 술이나 즐거움에 빠짐. [明刑(명형)] : 밝은 법률. [弗尙(불상)] : 싫어하여 버리다. [戎作(융작)] : 싸움이 일어나다. [侯度(후도)] : 제후가 지키는 법도. [屋漏(옥루)] : 방의 서북쪽 모퉁이. [僭(참)] : 거짓말을 함. [柔木(유목)] : 잘 휘어지는 나무. [溫溫(온온)] : 온화한 모양. [攜(휴)] : 끌어주다. [示之事(시지사)] : 일의 시비를 알려줌. [匪但(비단)] : ~할 뿐 아니라. [抱子(포자)] : 자식을 낳아 기르다. [孔昭(공소)] : 매우 밝다. [夢夢(몽몽)] : 혼란스러워 어리둥절함. [慘慘(참참)] : 시름겨워 마음이 아픈 모양. [諄諄(순순)] : 상세하고 익숙한 모양, 간절한 모양. [藐藐(막막)] : 소홀히 대충 듣는 모양. 듣기 싫어 귓전으로 흘러버림. [耄(모)] : 나이가 많은 사람. 80세 늙은이. [大棘(대극)] : 크게 위급함.

## 3. 상유(桑柔) - 부드러운 뽕나무

| | |
|---|---|
| 1/ 菀彼桑柔는<br>울 피 상 유 | 저 울창하고 부드러운 뽕나무는 |
| 其下侯旬이로다<br>기 하 후 순 | 그 아래 그늘 넓게 깔렸네. |
| 捋采其劉하여<br>날 채 기 류 | 잎이 성긴 그 가지를 훑으니 |
| 瘼此下民이로다<br>막 차 하 민 | 아래 백성들이 병이 나겠네. |
| 不殄心憂하여<br>부 진 심 우 | 끊임없이 마음은 상하여 |
| 倉兄塡兮로다<br>창 형 전 혜 | 병이 나서 가슴 아픈데 |
| 倬彼昊天은<br>탁 피 호 천 | 밝으신 저 하늘은 |
| 寧不我矜이로다<br>녕 불 아 긍 | 이 몸 불쌍히 여기지도 않네. |
| 2/ 四牡騤騤하고<br>사 모 규 규 | 4필 수말은 늠름하게 달려가고 |
| 旟旐有翩이로다<br>여 조 유 편 | 깃발은 높이 펄럭이도다. |
| 亂生不夷하니<br>난 생 불 이 | 난리가 일어나서 평화롭지 못하니 |
| 靡國不泯도다<br>미 국 불 민 | 망하지 않는 나라가 없도다. |
| 民靡有黎하나<br>민 미 유 여 | 많은 백성이 죽어 없어지거나 |
| 具禍以燼이로다<br>구 화 이 신 | 모두 화를 입었구나. |

| | |
|---|---|
| 於乎有哀라<br>어 호 유 애 | 아, 슬프다! |
| 國步斯頻이로다<br>국 보 사 빈 | 나라의 운명이 정말 위급하구나. |
| 3/ 國步蔑資하니<br>국 보 멸 자 | 나라의 운명을 돌이킬 수 없으니 |
| 天不我將이로다<br>천 불 아 장 | 하늘은 우리를 돕지 않는구나. |
| 靡所止疑하니<br>미 소 지 의 | 머물러 쉴 곳도 없으니 |
| 云徂何往고<br>운 조 하 왕 | 간다고 하나 어디로 갈 것인가? |
| 君子實維하니<br>군 자 실 유 | 군자는 진실로 |
| 秉心無競이로다<br>병 심 무 경 | 좋은 정사를 펼칠 생각마저 없으니 |
| 誰生厲階하여<br>수 생 려 계 | 누가 재앙을 더하여 |
| 至今爲梗이리요<br>지 금 위 경 | 지금 같은 괴로움을 만들었나? |
| 4/ 憂心慇慇하여<br>우 심 은 은 | 마음의 시름 하염없어 |
| 念我土宇로다<br>념 아 토 우 | 나는 이 나라를 생각하네. |
| 我生不辰이니<br>아 생 불 신 | 좋지 않을 때에 나 살고 있으니 |
| 逢天僤怒로다<br>봉 천 탄 노 | 하늘의 큰 노여움을 만났도다. |
| 自西徂東으로<br>자 서 조 동 | 서에서 동에 이르기까지 |

靡所定處하니
미 소 정 처

정처(定處)하여 살 곳 없으니

多我覯痻하며
다 아 구 민

많은 고생 겪게 되었으며

孔棘我圉로다
공 극 아 어

우리 변방은 더욱 위급하네.

5/ 爲謀爲毖이면
위 모 위 비

정책을 신중히 하면

亂況斯削이리니
난 황 사 삭

어지러운 상황이 좋아지리니,

告爾憂恤하여
고 이 우 휼

그대에게 근심 걱정 고하여

誨爾序爵하노라
회 이 서 작

그대께 인재 등용하도록 가르쳤노라.

誰能執熱하여
수 능 집 열

누가 뜨거운 것을 잡으면

逝不以濯하리
서 불 이 탁

찬물에 손 씻지 않으랴.

其何能淑고
기 하 능 숙

그 누가 능하고 착하단 말인가?

載胥及溺이로다
재 서 급 익

모두가 물에 빠진 꼴이 되었네.

6/ 如彼遡風이니
여 피 소 풍

저 모두 바람 안고 있듯이

亦孔之僾로다
역 공 지 애

또한 심히 숨 막히도다.

民有肅心이나
민 유 숙 심

백성은 착한 마음 있으나

荓云不逮로다
병 운 불 체

나아가지는 못하게 되네.

好是稼穡하여 / 호 시 가 색 — 좋을시고! 어진이는 들에서 농사짓고

力民代食하여 / 역 민 대 식 — 백성들과 함께 식록을 대신하여

稼穡維寶이니 / 가 색 유 보 — 농사짓는 것이 보배로우니

代食維好로다 / 대 식 유 호 — 식록을 대신하니 좋은 일이로세.

7/ 天降喪亂하니 / 천 강 상 란 — 하늘이 난리를 내리시니

滅我立王이요 / 멸 아 입 왕 — 우리 임금님 멸하시고,

降此蟊賊하여 / 강 차 모 적 — 많은 해충 내리시어

稼穡卒痒이로다 / 가 색 졸 양 — 지은 농사 병들게 하도다.

哀恫中國이 / 애 통 중 국 — 슬프다! 온 나라가

具贅卒荒하고 / 구 췌 졸 황 — 모든 농사가 황패해졌고,

靡有旅力하니 / 미 유 여 력 — 기운마저 떨어졌으니

以念穹蒼이로다 / 이 념 궁 창 — 저 하늘만이 생각할 뿐이네.

8/ 維此惠君을 / 유 차 혜 군 — 인자하신 우리 임금님을

民人所瞻이로다 / 민 인 소 첨 — 백성들은 우러러 받드네.

秉心宣猶하사 / 병 심 선 유 — 마음가짐이 밝고 착하시어

考愼其相이라 신하들을 신중히 생각하시네.
고 신 기 상

維彼不順은 저 도리를 따르지 않는 것은
유 피 불 순

自獨俾臧하며 자기 홀로 잘난척하며,
자 독 비 장

自有肺腸하여 자기만의 혼자 생각으로
자 유 폐 장

俾民卒狂이로다 백성들을 모두 미치게 만드네.
비 민 졸 광

9/ 瞻彼中林하니 저 숲을 바라보니
첨 피 중 림

甡甡其鹿이로다 사슴들이 우글우글하네.
신 신 기 록

朋友已譖하여 여러 신하들이 서로 속여서
붕 우 사 참

不胥以穀이로다 서로 사이좋게 지내지 못하구나.
불 서 이 곡

人亦有言하되 옛사람들이 말하기를
인 역 유 언

進退維谷이라 하다 진퇴유곡이라 했다네.
진 퇴 유 곡

10/ 維此聖人은 이같이 어진 사람은
유 차 성 인

瞻言百里어늘 백리 앞을 바라보시거늘
첨 언 백 리

維彼愚人은 이같이 어리석은 사람은
유 피 우 인

覆狂以喜로다 덮어놓고 못된 것만 기뻐하네.
유 광 이 희

| | |
|---|---|
| 匪言不能이나<br>비 언 불 능 | 말할 줄 모르는 것도 아닌데 |
| 胡斯畏忌오<br>호 사 외 기 | 어찌 두려워 말도 못하는가. |
| 11/ 維此良人을<br>유 차 량 인 | 이렇게 선량한 사람을 |
| 弗求弗迪하며<br>불 구 불 적 | 구하지도 등용하지도 않고, |
| 維彼忍心을<br>유 피 인 심 | 저 잔인한 사람만은 |
| 是顧是復하나니<br>시 고 시 복 | 돌아보고 또 돌아보나니, |
| 民之貪亂이니<br>민 지 탐 란 | 백성들은 혼란으로 망하기 바라니 |
| 寧爲荼毒이요<br>녕 위 도 독 | 어찌 쓰고 괴로움만 겪고 있나요? |
| 12/ 大風有隧하니<br>대 풍 유 수 | 대풍(大風)이 불어도 길은 있나니 |
| 有空大谷이로다<br>유 공 대 곡 | 그것은 큰 골짜기로 불어오네. |
| 維此良人은<br>유 차 량 인 | 이 같은 선량한 사람은 |
| 作爲式穀이어늘<br>작 위 식 곡 | 하는 일 모두 훌륭하거늘, |
| 維彼不順은<br>유 피 불 순 | 저 순종하지 않는 사람은 |
| 征以中垢로다<br>정 이 중 구 | 더러운 일만 행하는구나. |

| | |
|---|---|
| 13/ 大風有隧하니<br>대 풍 유 수 | 큰 바람이 불어와도 길은 있나니 |
| 貪人敗類로다<br>탐 인 패 류 | 탐욕스런 사람은 착한 이를 해치네. |
| 聽言則對하나<br>청 언 즉 대 | 순종하는 말에는 상대하지만 |
| 誦言如醉로다<br>송 언 여 취 | 거슬리는 말에는 술 취한듯하네. |
| 匪用其良하고<br>비 용 기 량 | 선량한 사람은 쓰지 않고 |
| 覆俾我悖로다<br>복 비 아 패 | 반대하는 일만을 하게 하네. |
| 14/ 嗟爾朋友여<br>차 이 붕 우 | 아, 친구여! |
| 予豈不知而作고<br>여 기 부 지 이 작 | 내 어찌 모르고 이것 하겠는가? |
| 如彼飛蟲을<br>여 피 비 충 | 저 날아다니는 벌레들을 |
| 時亦弋獲이로다<br>시 역 익 획 | 때로는 작살로 잡기도 한다네. |
| 旣之陰女어늘<br>기 지 음 녀 | 이미 그대를 감추었거늘 |
| 反予來赫이로다<br>반 여 래 혁 | 도리어 나에게 성을 내도다. |
| 15/ 民之罔極은<br>민 지 망 극 | 좋지 못한 백성들은 |
| 職涼善背니라<br>직 량 선 배 | 배신을 잘도 하니라. |
| 爲民不利하되<br>위 민 불 리 | 백성들께 불리한 일 하기를 |

| | |
|---|---|
| 如云不克이로다<br>여 운 불 극 | 꼭 마지못해 하는 것 같구나. |
| 民之回遹은<br>민 지 회 휼 | 간악한 백성들은 |
| 職競用力이라<br>직 경 용 력 | 오로지 그런 일에만 힘쓰네. |
| 16/ 民之未戾와<br>민 지 미 려 | 좋지 못한 자들과 |
| 職盜爲寇니라<br>직 도 위 구 | 관리들은 도둑질만 힘쓰네. |
| 涼曰不可라도<br>양 왈 불 가 | 정말로 말하기를 '불가하다' 해도 |
| 覆背善詈로다<br>복 배 선 리 | 돌아서면 욕설만 잘하네. |
| 雖曰匪予라 하니<br>수 왈 비 여 | 비록 나 때문은 아니라 하지만 |
| 旣作爾歌로다<br>기 작 이 가 | 그대를 위하여 이 노래지었도다. |

{해설 및 감상}

모두 16장으로, 8장은 장마다 8구절이요, 또 다른 8장은 장마다 6구절로 구성되어 있다. 내백(芮伯)이 여왕(厲王)을 풍자한 사라고 하였다. 예백(芮伯)은 경내의 제후이며, 부(夫)는 그의 자(字)라고 한다. 이는 곧 주나라가 동천(東遷)한 뒤, 동주(東周) 초의 시국을 한탄한 시라고 하는 것이 좋은 것으로 보고 있다. 또 춘추전(春秋傳)에는 예량부(芮良夫)의 시라고 하였는데, 이 설도 옳은 것 같다. 제일 끝 연에 보면 '그대를 위하여 이 노래를 지었도다!' 하고, 이 시를 지은 이유를 노래 끝에 밝혔다.

{어려운 낱말}

[菀(울)] : 무성한. [桑柔(상유)] : 부드러운 뽕나무. [劉(류)] : 가지와 잎이 다 떨어지고 조금 남음. [下民(하민)] : 뽕나무 밭에 쉬는 백성. [騤騤(규규)] : 말이 건장한 모양. [翩(편)] : 펄럭이다. [泯(민)] : 어지럽다. 혼몽하다. [靡有黎(미유여)] : 백성이 남아있지 않음. [於乎(어호)] : 슬프다. 아(감탄사). [國步(국보)] : 국운. [蔑資(멸자)] : 힘이 결핍됨. [天不我將(천불아장)] : 하늘이 도와주지 않으니. [厲階(여계)] : 악으로 나아가는 단계. [慇慇(은은)] : 한이 없는 모양. [土宇(토우)] : 나라. 고향 가는 길. [僤怒(탄노)] : 큰 노여움. [圉(어)] : 변방. [序爵(서작)] : 어진 사람을 찾아 순서대로 벼슬을 주는 것. [遡風(소풍)] : 얼굴을 향해 부는 바람. [肅心(숙심)] : 선으로 나아가려는 마음. [旅力(여력)] : 체력이나 근력. 여기서는 힘이 모자란다는 말. [穹蒼(궁창)] : 하늘. [甡甡(신신)] : 많은 사람들. 함께 가는 모양. [胥以穀(서이곡)] : 서로 착해지는 것. [忍心(인심)] : 잔인한 마음. [荼毒(도독)] : 독한 풀 이름. [式穀(식곡)] : 선함. 착함. [弋獲(익획)] : 주살로 쏘아 잡음. [回遹(회휼)] : 정도가 아닌 것. [爾歌(이가)] : 너를 위하여 노래함.

## 4. 운한(雲漢) - 은하수

| | |
|---|---|
| 1/ 倬彼雲漢이여<br>탁 피 운 한 | 저 밝은 은하수여! |
| 昭回于天이로다<br>소 회 우 천 | 밝게 하늘에 둘려있도다. |

| | |
|---|---|
| 王曰於乎라<br>왕 왈 어 호 | 임금님께서 이르시기를, |
| 何辜今之人고<br>하 고 금 지 인 | 아! 백성들은 무슨 죄인가? |
| 天降喪亂하사<br>천 강 상 란 | 하늘이 재앙을 내리시어 |
| 饑饉薦臻이로다<br>기 근 천 진 | 흉년이 거듭해서 들도다. |
| 靡神不擧하며<br>미 신 불 거 | 모든 신에게 제사 지내며 |
| 靡愛斯牲하여<br>미 애 사 생 | 희생물을 아끼지 아니하고 |
| 圭璧旣卒이어늘<br>규 벽 기 졸 | 옥구슬까지 모두 바쳤거늘 |
| 寧莫我聽이로다<br>녕 막 아 청 | 어찌 내 청을 들어주지 않구나. |
| 2/ 旱旣大甚하여<br>한 기 대 심 | 가뭄이 너무 심해서 |
| 蘊隆蟲蟲이로다<br>온 륭 충 충 | 뜨거운 기운만 훅훅 달아오르네. |
| 不殄禋祀하여<br>부 진 인 사 | 끊임없이 제사를 올리고 |
| 自郊徂宮하여<br>자 교 조 궁 | 하늘 제사와 종묘 제사에 이르기까지 |
| 上下奠瘞하며<br>상 하 전 예 | 아래위 제물을 바쳤으며 |
| 靡神不宗이로다<br>미 신 부 종 | 어느 신이든 모두 받들었도다. |
| 后稷不克이시며<br>후 직 불 극 | 후직께서도 모르는 체하시고 |

上帝不臨이시니라 상제께서도 강림하지 않으셨네.
상 제 불 림

耗斁下土하사 세상을 멸망시키려고 하심이
모 두 하 사

寧丁我躬이로다 어찌하여 내 몸에 이르렀는가.
녕 정 아 궁

3/ 旱旣太甚하여 가뭄이 너무 심해서
한 기 태 심

則不可推로다 가히 막을 도리가 없었네.
즉 불 가 추

兢兢業業하여 두렵고 위태로워서
긍 긍 업 업

如霆如雷로다 천둥 치고 벼락 치는 것 같네.
여 정 여 뢰

周餘黎民이 주나라 남은 백성들이
주 여 려 민

靡有孑遺어늘 몇 사람 안 남은 것 같거늘,
미 유 혈 유

昊天上帝가 하늘의 상제님께서
호 천 상 제

則不我遺로다 나머지도 남기지 않으려 하도다.
즉 불 아 유

胡不相畏리오 어찌 서로 두렵지 않으랴?
호 불 상 외

先祖于摧로다 조상의 제사도 끊어지겠네.
선 조 우 최

4/ 旱旣太甚이라 가뭄이 너무 심하여
한 기 태 심

則不可沮로다 막을 길이 없게 되었네.
즉 불 가 저

赫赫炎炎하여 불꽃처럼 메마르고 뜨거워서
혁혁염염

云我無所로다 이 몸 둘 곳 없도다.
운아무소

大命近止에 하늘의 운명이 다함에
대명근지

靡瞻靡顧로다 아무도 돌아봐주지 않는구나.
미첨미고

羣公先正은 선왕과 그 신하들은
군공선정

則不我助하여도 나를 돌보지 않는다 하여도
즉불아조

父母先祖는 부모님과 선조들께서는
부모선조

胡寧忍予리오 어찌 나를 버리실까요?
호녕인여

5/ 旱旣太甚하여 가뭄이 너무 심하여
한기태심

滌滌山川이로다 가뭄으로 온 산천이 말랐도다.
척척산천

旱魃爲虐하여 한발 귀신이 너무 포악하여
한발위학

如惔如焚이로다 마치 불붙어 타는 듯하구나.
여담여분

我心憚暑하여 내 마음 더위에 지쳐서
아심탄서

憂心如薰이로다 근심하는 마음 타는 듯하구나.
우심여훈

群公先正은 어진 대신과 신하들은
군공선정

| | |
|---|---|
| 則不我聞이라도 (즉 불 아 문) | 내 말 듣지 않아도 |
| 昊天上帝는 (호 천 상 제) | 넓은 하늘 저 상제께서는 |
| 寧俾我遯이로다 (녕 비 아 둔) | 어찌 나를 도망치게 하시는가! |
| 6/ 旱旣太甚하니 (한 기 태 심) | 가뭄이 너무 심하니 |
| 黽勉畏去로다 (민 면 외 거) | 어디에 떠나갈 곳도 없네. |
| 胡寧瘨我以旱고 (호 녕 전 아 이 한) | 어찌 나를 가뭄으로 괴롭히실까? |
| 憯不知其故로다 (참 부 지 기 고) | 진실로 그 까닭을 알 수 없도다. |
| 祈年孔夙하며 (기 년 공 숙) | 풍년의 제사는 이미 올렸고 |
| 方社不莫나 (방 사 불 모) | 방사(方社)의 제사도 늦지 않았는데 |
| 昊天上帝는 (호 천 상 제) | 넓은 하늘의 상제님은 |
| 則不我虞로다 (즉 불 아 우) | 나를 헤아려주지 않네. |
| 敬恭明神이니 (경 공 명 신) | 신에게 공손하고 정성 다하였으니 |
| 宜無悔怒니라 (의 무 회 노) | 마땅히 성냄이 없어야 하느니―. |
| 7/ 旱旣太甚하니 (한 기 태 심) | 가뭄이 너무 심하니 |
| 散無友紀로다 (산 무 우 기) | 어지러워 기강도 없어졌도다. |

| | |
|---|---|
| 鞫哉庶正이며<br>국 재 서 정 | 여러 관청 대신들 궁지에 빠져있고 |
| 疚哉冢宰며<br>구 재 총 재 | 여러 고급 관리들 병이 났으며 |
| 趣馬師氏와<br>취 마 사 씨 | 말 다스리는 관리와 |
| 膳夫左右는<br>선 부 좌 우 | 선부와 좌우의 여러 신하들은 |
| 靡人不周하며<br>미 인 부 주 | 아무도 구원하지 못하며 |
| 無不能止로다<br>무 불 능 지 | 그 가뭄을 막을 수도 없도다. |
| 瞻卬昊天하니<br>첨 앙 호 천 | 넓은 하늘 우러러보니 |
| 云如何里리오<br>운 여 하 리 | 이 시름을 어이하면 좋을까? |
| 8/ 瞻卬昊天하니<br>첨 앙 호 천 | 넓은 하늘을 우러러보니 |
| 有嘒其星이로다<br>유 혜 기 성 | 별들만이 반짝이네. |
| 大夫君子는<br>대 부 군 자 | 대부와 군자들은 |
| 昭假無贏이로다<br>소 격 무 영 | 정성을 다해 제사를 지냈다. |
| 大命近止나<br>대 명 근 지 | 하늘의 명이 다해간다 해도 |
| 無棄爾成이어다<br>무 기 이 성 | 그대들은 정성을 버리지 말라. |
| 何求爲我리오<br>하 구 위 아 | 어찌 나만을 위해 빌겠는가? |

以戾庶正이니라 서정(庶正)들을 위해서이니라.
이 려 서 정

瞻卬昊天하니 넓은 하늘 우러러보노니
첨 앙 호 천

曷惠其寧고 언제 그 편안함을 주시려는가?
갈 혜 기 녕

{해설 및 감상}

모두 8장에 장마다 10구체로 구성되어 있다. 이 시는 가뭄이 계속되는 날씨를 걱정하여 지은 시라고 한다. 농본시대에는 비가 적당히 내려야 하고, 날이 가물면 농사에 큰 피해를 주며 정사까지 어려움을 주게 된다. 「모시서」에는 선왕이 여왕(厲王)의 포학한 정사의 뒤를 이어 안으로 난을 평정할 뜻을 품고, 재앙을 만나 두려워하여 잠시도 몸을 편히 하지 않고 행실을 닦아 재앙을 사라지게 하려고 하자, 천하 사람들은 왕화(王化)가 다시 시작되는 것을 기뻐하였는데, 이에 이어 잉숙(仍叔)이 선왕을 찬미하여 이 시를 지었다고 하였다.

{어려운 낱말}

[雲漢(운한)] : 은하수를 말함. [薦臻(천진)] : 거듭 이르다. [擧(거)] : 거행. 제사를 거행함. [牲(생)] : 제사에 쓰는 희생물. [圭璧(규벽)] : 신에게 예물로 드리는 옥. [蟲蟲(충충)] : 뜨거운 기운이 훅훅 달아오르는 모양. [郊沮宮(교조궁)] : 천지에 제사를 올리는 것. [后稷(후직)] : 주나라 시조. [耗斁(모두)] : 못살게 멸망시키는 것. [兢兢(긍긍)] : 두려운 모양. [業業(업업)] : 위험하여 불안한 모습. [靡有孑遺(미유혈유)] : 해를 입지 않는 자가 하나도 없다. [摧(최)] : 꺾여 없어짐. 멸하다. [赫赫(혁혁)] : 가뭄의 기운. [炎

炎(염염)] : 뜨거운 기운. [大命(대명)] : 나라의 운명. [羣公(군공)] : 제후. [滌滌(척척)] : 가물어서 메마른 모양. [先正(선정)] : 공을 세운 신하들. [祈年(기년)] : 상제께 올리는 그해의 첫 제사. [方社(방사)] : 사방의 지신에게 올리는 제사. [旱魃(한발)] : 가뭄 귀신. [膳夫(선부)] : 음식을 맡은 관리. [瞻卬(첨앙)] : 우러러보다. [昭假(소격)] : 신의 강림. 밝음이 이르다.

## 5. 숭고(崧高) - 높은 산

| | |
|---|---|
| 1/ 崧高維嶽이<br>숭 고 유 악 | 높이 솟은 산봉우리가 |
| 駿極于天이로다<br>준 극 우 천 | 하늘에 닿을 듯하네. |
| 維嶽降神하여<br>유 악 강 신 | 이 산에 신령님이 내려오시어 |
| 生甫及申이로다<br>생 보 급 신 | 보(甫)씨와 신(申)씨를 낳으셨구나. |
| 維申及甫는<br>유 신 급 보 | 그 신씨와 보씨는 |
| 維周之翰이로다<br>유 주 지 한 | 주나라의 기둥이로다. |
| 四國于蕃이며<br>사 국 우 번 | 사방 나라의 울타리가 되고 |
| 四方于宣이로다<br>사 방 우 선 | 온 세상의 담이 되었도다. |
| 2/ 亹亹申伯을<br>미 미 신 백 | 부지런한 신백을 불러 |

| | |
|---|---|
| 王纘之事하사<br>왕 찬 지 사 | 임금님의 일을 이어받게 하시어 |
| 于邑于謝하여<br>우 읍 우 사 | 사(謝) 땅에 도읍을 정하시어 |
| 南國是式이로다<br>남 국 시 식 | 이 남국의 법도가 되게 하셨도다. |
| 王命召佰하사<br>왕 명 소 백 | 임금께서 소백에 명하시여 |
| 定申伯之宅하사<br>정 신 백 지 택 | 신백의 거처를 정해주시어 |
| 登是南邦하시니<br>등 시 남 방 | 이 남쪽 나라로 가시니 |
| 世執其功이로다<br>세 집 기 공 | 대대로 그 정사를 맡게 하셨네. |
| 3/ 王命申伯하사<br>왕 명 신 백 | 임금께서 신백에게 명하시어 |
| 式是南邦하시고<br>식 시 남 방 | 남쪽 나라의 법도가 되게 하시고 |
| 因是謝人하여<br>인 시 사 인 | 이 사(謝) 땅의 사람들로 하여 |
| 以作爾庸하시다<br>이 작 이 용 | 그대의 성을 쌓으라 하셨네. |
| 王命召伯하사<br>왕 명 소 백 | 왕께서 소백에게 명하시어 |
| 徹申伯土田하시고<br>철 신 백 토 전 | 신백의 땅과 밭에 부세를 정하시고 |
| 王命傅御하사<br>왕 명 부 어 | 임금께서 신백의 가신께 명하시어 |
| 遷其私人하시다<br>천 기 사 인 | 그 집안사람들을 옮기게 하셨네. |

| | | |
|---|---|---|
| 4/ 申伯之功을 | 신백지공 | 신백의 일을 |
| 召伯是營이로다 | 소백시영 | 소백이 맡아 경영하셨도다. |
| 有俶其城이러니 | 유숙기성 | 그곳에 성을 쌓기 시작하더니 |
| 寢廟旣成이로다 | 침묘기성 | 궁궐과 종묘도 다 이루어졌네. |
| 旣成藐藐하니 | 기성막막 | 그 이룬 모습이 아름다우니 |
| 王錫申伯하시니라 | 왕석신백 | 왕께서 신백에게 그 땅 주시니라. |
| 四牡蹻蹻하며 | 사모교교 | 4필의 수말은 건장하고 |
| 鉤膺濯濯이로다 | 구응탁탁 | 말 가슴의 고리는 찬란하여라. |
| 5/ 王遣申伯하시니 | 왕견신백 | 왕께서 신백을 보내시니 |
| 路車乘馬로다 | 노거승마 | 큰 수레와 4필 말을 보내셨도다. |
| 我圖爾居하니 | 아도이거 | 내 그대 살 곳을 찾아보니 |
| 莫如南土로다 | 막여남토 | 이 남쪽 땅만한 곳이 없도다. |
| 錫爾介圭하여 | 석이개규 | 그대에게 큰 구슬을 내려 |
| 以作爾寶하노니 | 이작이보 | 그대 보배로 삼게 하노니 |
| 往近王舅여 | 왕근왕구 | 가시라! 남쪽 외숙이시여! |

| | |
|---|---|
| 南土是保어다<br>남 토 시 보 | 남쪽 땅을 보존할지어다. |
| 6/ 申伯信邁어늘<br>신 백 신 매 | 신백께서 진실로 나아가거늘 |
| 王餞于郿로다<br>왕 전 우 미 | 임금님은 미(郿) 땅까지 전송하셨네. |
| 申伯還南하니<br>신 백 환 남 | 신백이 남쪽으로 돌아나가시어 |
| 謝于誠歸로다<br>사 우 성 귀 | 사(謝) 땅으로 돌아가셨도다. |
| 王命召伯하사<br>왕 명 소 백 | 임금님이 신백에게 명령하시어 |
| 徹申伯土疆하시고<br>철 신 백 토 강 | 신백의 땅 부세를 걷도록 하시고 |
| 以峙其粻하사<br>이 치 기 장 | 그 양식을 쌓아두었다가 |
| 式遄其行이로다<br>식 천 기 행 | 빨리 가게 하셨도다. |
| 7/ 申伯番番이라<br>신 백 번 번 | 신백께선 늠름한 기상이라 |
| 旣入于謝하여<br>기 입 우 사 | 이미 사(謝) 땅에 돌아가시어 |
| 徒御嘽嘽하니<br>도 어 탄 탄 | 따르는 무리 많기도 하니 |
| 周邦咸喜하여<br>주 방 함 희 | 주나라가 모두 기뻐하여 |
| 戎有良翰이로다<br>융 유 량 한 | 훌륭한 인재라 하였도다. |
| 不顯申伯이여<br>불 현 신 백 | 매우 크신 신백님이여! |

| | |
|---|---|
| 王之元舅시니<br>왕 지 원 구 | 임금님의 외삼촌이시니 |
| 文武是憲이라<br>문 무 시 헌 | 문무백관의 법도 되시다. |
| | |
| 8/ 申伯之德은<br>신 백 지 덕 | 신백의 덕행은 |
| 柔惠且直하니<br>유 혜 차 직 | 유순하고 곧으니 |
| 揉此萬邦하여<br>유 차 만 방 | 온 세상 바로잡으시어 |
| 聞于四國이로다<br>문 우 사 국 | 모든 나라에 명성이 자자하네. |
| 吉甫作誦하니<br>길 보 작 송 | 길보가 노래를 지으니 |
| 其詩孔碩이라<br>기 시 공 석 | 그 시가 매우 훌륭하여라 |
| 其風肆好를<br>기 풍 사 호 | 그 노랫소리 매우 아름다우니 |
| 以贈申伯하노라<br>이 증 신 백 | 그것을 신백에게 드리노라. |

{해설 및 감상}

모두 8장에 8구씩 배치하여 이루어진 노래다. 윤길보(尹吉甫)가 이 시를 지어 선왕(宣王)의 큰 외숙인 신숙(申伯)을 사(謝) 땅에 봉하여 그가 떠날 때 길보가 선왕을 찬미한 시라고 하였다. 끝 연에 보면 '길보가 노래를 지으니  그 시가 매우 훌륭하여라. 그 노랫소리 매우 아름다우니 그것을 신백에게 드리노라.' 하고 노래하고 있다. 그러니 지은이가 명확히 드러난 시라고 할 수 있다.

{어려운 낱말}

[崧高(숭고)] : 높은 산. [駿極(준극)] : 높이 솟다. [甫申(보신)] : 보(甫)는 여형(呂刑)이요, 신(申)은 신백(申伯)임. [翰(한)] : 줄기. [蕃(번)] : 번국(蕃國 : 식민지). 울타리. [亹亹(미미)] : 힘쓰는 모양. [召伯(소백)] : 소목공(召穆公)이며, 이름은 호(虎)이다. [庸(용)] : 성(城)을 말함. [濯濯(탁탁)] : 빛나는 모양. [錫(석)] : 주다. 임금이 신하에게 내리다. 賜와 같음. [介圭(개규)] : 제후로 봉할 때 내리는 옥. [番番(번번)] : 용감한 모양. [嘽嘽(탄탄)] : 여럿이 많은 모양. [元舅(원구)] : 큰 외숙. [聞(문)] : 명성. [四國(사국)] : 모든 나라. [吉甫作誦(길보작송)] : 윤길보가 지은 시.

## 6. 증민(烝民) - 백성들이여!

| | |
|---|---|
| 1/ 天生烝民하시고<br>천 생 증 민 | 하늘이 많은 백성들을 내시고 |
| 有物有則이로다<br>유 물 유 칙 | 사물의 법칙을 정하셨네. |
| 民之秉彝하니<br>민 지 병 이 | 백성들은 떳떳함을 지녔으니 |
| 好是懿德이로다<br>호 시 의 덕 | 아름다운 덕을 좋아하셨도다. |
| 天監有周하시고<br>천 감 유 주 | 하늘은 주나라를 굽어보시고 |

| | |
|---|---|
| 昭假于下하사<br>소 격 우 하 | 밝게 세상으로 내려오셔서 |
| 保茲天子하여<br>보 자 천 자 | 우리 천자님을 보호하시어 |
| 生仲山甫로다<br>생 중 산 보 | 중산보(仲山甫)를 낳게 하셨네. |
| 2/ 仲山甫之德은<br>중 산 보 지 덕 | 중산보의 덕은 |
| 柔嘉維則이라<br>유 가 유 칙 | 훌륭하고 법도가 있음이라. |
| 令儀令色이며<br>영 의 영 색 | 훌륭한 거동, 훌륭한 모습이며 |
| 小心翼翼하고<br>소 심 익 익 | 세심하고 공경하고 |
| 古訓是式하며<br>고 훈 시 식 | 옛 교훈을 본받으며 |
| 威儀是力하고<br>위 의 시 력 | 위의에 힘을 쓰고 |
| 天子是若하며<br>천 자 시 약 | 천자님을 따르며 |
| 明命使賦로다<br>명 명 사 부 | 밝은 명령을 널리 폈도다. |
| 3/ 王命仲山甫하사<br>왕 명 중 산 보 | 임금님은 중산보에게 명하시어 |
| 式是百辟하며<br>식 시 백 벽 | 모든 제후의 법도가 되라 하시며 |
| 纘戎祖考하여<br>찬 융 조 고 | 너의 조상을 계승하여 |
| 王躬是保하시고<br>왕 궁 시 보 | 왕의 몸 보호하라 하시고-. |

| | |
|---|---|
| 出納王命하니<br>출 납 왕 명 | 왕의 명을 내고 받아들이시니, |
| 王之喉舌이며<br>왕 지 후 설 | 왕의 목도 되고 입도 되며 |
| 賦政于外하니<br>부 정 우 외 | 밖으로 정사를 널리 펴시니 |
| 四方爰發이로다<br>사 방 원 발 | 온 세상이 널리 호응하도다. |
| 4/ 肅肅王命을<br>숙 숙 왕 명 | 엄하신 임금님의 명령을 |
| 仲山甫將之하고<br>중 산 보 장 지 | 중산보가 받들어 행하고 |
| 邦國若否를<br>방 국 약 부 | 나라의 정치가 잘되고 못됨을 |
| 仲山甫明之로다<br>중 산 보 명 지 | 중산보가 밝히고 있도다. |
| 旣明且哲하여<br>기 명 차 철 | 이미 밝히고 또 밝혀서 |
| 以保其身이며<br>이 보 기 신 | 그의 몸 잘 보존하여 |
| 夙夜匪解하여<br>숙 야 비 해 | 밤낮 게을리하지 아니하고 |
| 以事一人이로다<br>이 사 일 인 | 한 분의 왕만을 섬기도다. |
| 5/ 人亦有言하되<br>인 역 유 언 | 옛말에 이르기를 |
| 柔則茹之하고<br>유 즉 여 지 | 부드러운 것은 먹고 |
| 剛則吐之라 하니<br>강 즉 토 지 | 딱딱한 것을 뱉으라 했으니 |

維仲山甫는 — 그러나 중산보는
유 중 산 보

柔亦不茹하며 — 부드러워도 먹지 않고
유 역 불 여

剛亦不吐하며 — 딱딱해도 뱉는 일 없으며
강 역 불 토

不侮矜寡하며 — 홀아비 과부도 업신여기지 않고
불 모 긍 과

不畏彊禦로다 — 강하고 사나운 자도 두려워하지 않았네.
불 외 강 어

6/ 人亦有言하되 — 또한 옛말에 이르기를
인 역 유 언

德輶如毛나 — 덕이 가볍기 터럭 같으나
덕 유 여 모

民鮮克擧之로다 — 백성은 덕을 드는 이 적었도다.
민 선 극 거 지

我儀圖之컨대 — 내가 헤아려 보건대
아 의 도 지

維仲山甫擧之하니 — 오직 중산보를 들었으니
유 중 산 보 거 지

愛莫助之로다 — 그를 사랑하는데 안 도와줄 이 없네.
애 막 조 지

袞職有闕이며 — 왕의 일에 결함이 있으면
곤 직 유 궐

維仲山甫補之로다 — 중산보는 바로 그것을 보충했네.
유 중 산 보 보 지

7/ 仲山甫出祖하니 — 중산보 길을 떠나 제사 드리니
중 산 보 출 조

四牡業業하며 — 4필 수말도 건장하며
사 모 업 업

| | |
|---|---|
| 征夫捷捷하며<br>정 부 첩 첩 | 따르는 병사들이 씩씩하니 |
| 每懷靡及이로다<br>매 회 미 급 | 행여 못 미칠까 두려워하네. |
| 四牡彭彭하며<br>사 모 방 방 | 4마리 수말은 건장하며 |
| 八鸞鏘鏘하니<br>팔 란 장 장 | 말방울은 짤랑거리니, |
| 王命仲山甫하사<br>왕 명 중 산 보 | 임금님은 중산보에게 명하시어 |
| 城彼東方하시도다<br>성 피 동 방 | 동쪽 제나라에 성을 쌓게 하셨네. |
| 8/ 四牡騤騤하며<br>사 모 규 규 | 사마는 튼튼하고 |
| 八鸞喈喈로다<br>팔 란 개 개 | 말방울 소리는 짤랑거리네. |
| 仲山甫徂齊하니<br>중 산 보 조 제 | 중산보가 제나라로 가니 |
| 式遄其歸로다<br>식 천 기 귀 | 그가 빨리 돌아오기를 바라네. |
| 吉甫作誦하니<br>길 보 작 송 | 길보가 노래를 지으니 |
| 穆如淸風이로다<br>목 여 청 풍 | 부드럽기가 맑은 바람 같네. |
| 仲山甫永懷하니<br>중 산 보 영 회 | 중산보가 길이 생각하니 |
| 以慰其心하노라<br>이 위 기 심 | 이로써 그 마음 위로하노라. |

{해설 및 감상}

모두 8장으로 장마다 8구절로 구성되어 있다. 주나라 선왕이 제후인 중산보(仲山甫)에게 제(齊)나라에 성을 쌓게 하였는데, 떠날 때 윤길보(尹吉甫)가 시를 지어 읊은 노래라고 한다. 끝 구절에 내용을 표현하고 있으니, "길보가 노래를 지으니 부드럽기가 맑은 바람 같네. 중산보가 길이 생각하니 이로써 그 마음 위로하노라." 고 하였으니, 이가 곧 증민(烝民)이란 노래다.

{어려운 낱말}

[烝民(증민)] : 여러 백성. [秉彝(병이)] : 항상 지녀야 할 아름다운 도리. [仲山甫(중산보)] : 번(樊)나라 제후의 字. [柔嘉(유가)] : 온화하고 선량함. [令色(영색)] : 아름다운 행동과 거동. [翼翼(익익)] : 공경하고 근신하는 모양. [百辟(백벽)] : 여러 제후들. [喉舌(후설)] : 목구멍과 혓바닥. [肅肅(숙숙)] : 엄함 모습. [解(해)] : 게으름. 해(解)는 해(懈)와 통함. [疆禦(강어)] : 횡포한 짓을 하는 것. [袞職(곤직)] : 천자의 직책. [業業(업업)] : 건장한 모양. [捷捷(첩첩)] : 빠른 모양. [彭彭(방방)] : 소리가 많은 모양. [鏘鏘(장장)] : 방울소리.

## 7. 한혁(韓奕) - 높고 큰 한나라

1/ 奕奕梁山을 (혁혁양산)　　높고 높은 양산은

| | |
|---|---|
| 維禹甸之로다<br>유 우 전 지 | 우임금님이 다스리던 땅이로세. |
| 有倬其道에<br>유 탁 기 도 | 넓고 큰 길로 나아감에 |
| 韓侯受命이로다<br>한 후 수 명 | 한나라 후작에 명받으셨네, |
| 王親命之하사<br>왕 친 명 지 | 왕께서 친히 명하시어 |
| 纘戎祖考하여<br>찬 융 조 고 | 그대 조상의 공적을 이어서 |
| 無廢朕命하고<br>무 폐 짐 명 | 나의 명령을 저버리지 말고 |
| 夙夜匪解하며<br>숙 야 비 해 | 밤낮으로 게으르지 말며 |
| 虔共爾位하면<br>건 공 이 위 | 그대 지위를 삼가 공경하면 |
| 朕命不易하리라<br>짐 명 불 역 | 짐의 명령을 바꾸지 않으리라. |
| 幹不庭方하여<br>간 불 정 방 | 조회에 오지 않는 신하를 바로잡아 |
| 以佐戎辟하라<br>이 좌 융 벽 | 그대의 임금인 나를 보좌하라. |
| 2/ 四牡奕奕하니<br>사 모 혁 혁 | 사마가 웅장하고 혁혁하니 |
| 孔脩且張이로다<br>공 수 차 장 | 키 큰 몸집이 대단하구나. |
| 韓侯入覲하니<br>한 후 입 근 | 한후(韓侯)가 들어와 왕을 뵈오니 |
| 以其介圭하고<br>이 기 개 규 | 그 큰 홀[圭]을 받들고 |

| | |
|---|---|
| 入覲于王이로다 (입근우왕) | 들어와 임금께 인사 올리네. |
| 王錫韓侯하시니 (왕석한후) | 왕께서 한나라 제후를 하사하시니 |
| 淑旂綏章과 (숙기수장) | 무늬 있는 깃대와 새 깃 깃발과 |
| 簟茀錯衡과 (점불착형) | 대자리 덮개와 고운 멍에와 |
| 玄袞赤舃과 (현곤적석) | 검은 곤룡포와 붉은 신과 |
| 鉤膺鏤鍚과 (구응루석) | 고리 달린 말 배띠와 무늬 있는 당노와 |
| 鞹鞃淺幭과 (곽굉천멸) | 가죽 붙인 수레 앞턱 나무며 |
| 鞗革金厄이로다 (조혁금액) | 호피 덮게 고삐 줄 황금 고리로다. |
| 3/ 韓侯出祖하고 (한후출조) | 한후(韓侯)로 돌아가려 노제를 지내고 |
| 出宿于屠로다 (출숙우도) | 가다가 도(屠) 땅에 머무셨도다. |
| 顯父餞之하니 (현보전지) | 현보가 전송 잔치 벌이니 |
| 清酒百壺로다 (청주백호) | 맑은 술이 백병이나 되도다. |
| 其殽維何오 (기효유하) | 안주는 무엇이었나? |
| 炰鱉鮮魚로다 (포별선어) | 구운 자라와 생선이었네. |
| 其蔌維何오 (기속유하) | 나물은 무엇인가? |

| | |
|---|---|
| 維筍及蒲로다<br>유 순 급 포 | 죽순과 부들이었네. |
| 其贈維何오<br>기 증 유 하 | 그 선물은 무엇인가? |
| 乘馬路車로다<br>승 마 로 거 | 사마와 큰 수레였네. |
| 籩豆有且하니<br>변 두 유 차 | 대그릇 나무 그릇 많기도 하니 |
| 侯氏燕胥로다<br>후 씨 연 서 | 한씨는 기뻐서 잔치를 즐기네. |
| 4/ 韓侯取妻하니<br>한 후 취 처 | 한후가 장가를 드니 |
| 汾王之甥이요<br>분 왕 지 생 | 분왕(汾王)의 생질이요, |
| 蹶父之子로다<br>궤 보 지 자 | 궤보의 따님 되시네. |
| 韓侯迎止하니<br>한 후 영 지 | 한후가 장가를 드니 |
| 于蹶之里로다<br>우 궤 지 리 | 궤씨네 마을까지 가셨네. |
| 百兩彭彭하며<br>백 양 방 방 | 많은 수레들 덜컥거리고 |
| 八鸞鏘鏘하니<br>팔 란 장 장 | 말방울소리 딸랑거리니 |
| 不顯其光이로다<br>불 현 기 광 | 그 빛이 밝게 나타났도다. |
| 諸娣從之하니<br>제 제 종 지 | 여러 종자들 뒤따라오니 |
| 祁祁如雲이로다<br>기 기 여 운 | 구름처럼 많기도 하여라. |

韓侯顧之하니 한후가 뒤돌아보니
한 후 고 지

爛其盈門이로다 찬란한 빛이 문 안에 가득하네.
난 기 영 문

5/ 蹶父孔武하여 궤보는 매우 용감하시어
궤 보 공 무

靡國不到하며 가보지 않는 나라가 없었으며
미 국 부 도

爲韓姞相攸하니 딸 시집보낼 곳을 찾아 알아보니
위 한 길 상 유

莫如韓樂이로다 한나라만한 좋은 곳이 없었도다.
막 여 한 락

孔樂韓土여 즐겁다 한나라 땅이여!
공 락 한 토

川澤訏訏하며 냇물이 봇물처럼 넘쳐흐르고
천 택 우 우

魴鱮甫甫하며 방어와 연어 뛰어놀며
방 서 보 보

麀鹿噳噳로다 암사슴 수사슴 우글거리네.
우 록 우 우

有熊有羆하며 곰과 말곰[羆]이 있으며
유 웅 유 비

有貓有虎로다 살쾡이도 있고 범도 있다네.
유 묘 유 호

慶旣令居하여 좋은 곳을 가려 출가시키니
경 기 령 거

韓姞燕譽로다 한나라 길씨는 편히 즐겁게 되셨도다.
한 길 연 예

6/ 溥彼韓城이여 높고 커다란 한나라 성이여!
부 피 한 성

燕師所完이로다　연나라 백성들이 완성시켰네.
연 사 소 완

以先祖受命으로　선조들이 받으신 명을 받들어
이 선 조 수 명

因時百蠻하니　많은 오랑캐를 다스리니
인 시 백 만

王錫韓侯하사　왕께서 한나라 제후에게 주셔서
왕 석 한 후

其追其貊이로다　추나라 맥(貊) 땅까지 다스렸네.
기 추 기 맥

奄受北國하여　북쪽 나라들을 모두 맡아서
엄 수 북 국

因以其伯하니　그 나라의 방백이 되니
인 이 기 백

實墉實壑하며　성을 쌓고 구덩이를 파고
실 용 실 학

實畝實藉하고　밭이랑을 다스리고 세금을 정하고
실 무 실 자

獻其貔皮와　비휴 가죽과 표범 가죽과
헌 기 비 피

赤豹黃羆로다　붉은 표범 누런 말가죽도 바치셨네.
적 표 황 비

{해설 및 감상}

모두 6장에 12구로 구성된 노래다. 비록 6장으로 되어 있으나 12행이란 엄청남 행으로 이루어진 장시에 해당된다. 내용이 모두 사건 중심으로 이루어졌기 때문에 다분히 서사적이라 할 수 있다. 내용은 한나라 제후가 제후로 봉함을 받고 천자를 대하여 천자의 명령을 받들어 돌아올 때까지 그 상황을 노래로 지어 전송할 때 송가(頌歌)로 사용한 것이라 한다. 전편의 내용으로는, 한후(韓侯)를 기리는 것으로 되어 있기에 앞의 시편 길보(吉甫)의 작품과 매우 비슷한 특징이 있다.

{어려운 낱말}

[奕奕(혁혁)] : 매우 큰 모양. [梁山(양산)] : 산 이름으로, 지금의 통주(通州) 고안현에 있는 산. [韓侯(한후)] : 韓은 나라 이름으로, 무왕의 후손이라 함. [纘戎(찬융)] : 纘은 잇다. 융(戎)은 너(女)－汝로 통함. [戎辟(융벽)] : 천자 자신을 말함. [覲(근)] : 천자를 찾아뵙다. [介圭(개규)] : 제후로 봉해질 때 받은 구슬. [淑旂綏章(숙기수장)] : 무늬 있는 깃발과 깃대. [玄袞(현곤)] : 제후들의 곤룡포. [赤舄(적석)] : 제후들이 신는 붉은 신. [鉤膺(구응)] : 고리 달린 말 배띠. [顯父(현보)] : 주나라 卿士. [蹶父(궤보)] : 주나라의 벼슬아치. [彭彭(방방)] : 소리가 많이 나는 모양. 彭(팽)을 '방방' 으로 읽음. [祁祁(기기)] : 느릿느릿하고 얌전한 모양. [甫甫(보보)] : 크다. [百蠻(백만)] : 많은 변방의 오랑캐들. [伯(백)] : 방백. [貔皮(비피)] : 貔는 맹수의 이름. 그 짐승의 가죽.

## 8. 강한(江漢) - 장강과 한수

| | |
|---|---|
| 1/ 江漢浮浮하니 (강 한 부 부) | 강수와 한수가 넘실거리고 |
| 武夫滔滔로다 (무 부 도 도) | 병사들은 씩씩하구나. |
| 匪安匪遊하니 (비 안 비 유) | 즐기는 것도 노는 것도 아니니 |

淮夷來求니라
회 이 내 구

회(淮) 땅의 오랑캐 찾아간다네.

旣出我車하고
기 출 아 거

이미 내 수레를 보내고

旣設我旟하니
기 설 아 여

우리의 깃발을 세우니

匪安匪舒라
비 안 비 서

즐기는 것도 쉬는 것도 아니라

淮夷來鋪로다
회 이 내 포

회(淮) 땅의 오랑캐 치는 것이네.

2/ 江漢湯湯하고
강 한 탕 탕

강수와 한수가 출렁거리고

武夫洸洸이로다
무 부 광 광

병사들의 모습은 씩씩하도다.

經營四方하여
경 영 사 방

사방을 평정하여

告成于王이로다
고 성 우 왕

성공을 임금께 아뢰네.

四方旣平에
사 방 기 평

사방을 이미 평정함에

王國庶定이로다
왕 국 서 정

왕국이 거의 안정되었네.

時靡有爭하니
시 미 유 쟁

때맞추어 전쟁이 없으니

王心載寧이로다
왕 심 재 녕

임금님 마음 편안하시겠네.

3/ 江漢之滸여
강 한 지 호

강수 한수의 물이여!

王命召虎하사
왕 명 소 호

왕께서 소호에게 명하시어

式辟四方하여
식벽사방
온 세상 평정하여

徹我疆土하시니라
철아강토
이 강토 바르게 정리하셨네.

匪疚匪棘하니
비구비극
어려움도 위급함도 없으니

王國來極이로다
왕국래극
우리 왕국 바로잡았네.

于疆于理하여
우강우리
국토를 정하고 다스려

至于南海로다
지우남해
남쪽 바다까지 이르렀네.

4/ 王命召虎하여
왕명소호
임금님께서 소호에게 명하시어

來旬來宣이니라
내순래선
널리 펴시고 널리 베푸시니라.

文武受命하시니
문무수명
문왕과 무왕의 땅을 이어받으시니

召公維翰이로다
소공유한
소공께서 기둥이 되었네.

無曰予小子하라
무왈여소자
나를 부족한 왕이라 하지 말라,

召公是似니라
소공시사
소공의 일과 같이 하시라.

肇敏戎公하여
조민융공
군사 일을 민첩하게 처리하여

用錫爾祉로다
용석이지
그대 일에 복을 내리리라.

5/ 釐爾圭瓚과
이이규찬
그대에게 구슬 잔과

秬鬯一卣하노니 검은 기장 술 한 통을 내리니
거 창 일 유

告于文人하여 덕 있는 선조들께 고하여
고 우 문 인

錫山土田하노니 산과 밭을 주노니,
석 산 토 전

于周受命하여 주나라 명을 받들어
우 주 수 명

自召祖命이어다 소공 할아버지 명을 따르시오.
자 소 조 명

虎拜稽首하여 소호는 절하고 조아려
호 배 계 수

天子萬年이로다 천자의 만수를 빌었다네.
천 자 만 년

6/ 虎拜稽首하여 소호는 절하고 머리 조아려
호 배 계 수

對揚王休하고 임금의 은덕을 칭송하고
대 양 왕 휴

作召公考하니 소공을 추모하여 섬기노니,
작 소 공 고

天子萬壽니라 천자의 만수를 빌었네.
천 자 만 수

明明天子는 밝으신 천자께서는
명 명 천 자

令聞不已하고 아름다운 명성 그치지 않고
영 문 불 이

矢其文德하사 그 문덕을 널리 펴시어
시 기 문 덕

洽此四國하니라 온 천하를 흡족케 하니라.
흡 차 사 국

{해설 및 감상}

모두 6장에 장마다 8구로 구성된 시다. 주(周)나라 선왕(宣王)이 소목공(召穆公)에게 명하여 회수(淮水) 남쪽의 오랑캐를 정벌하게 하였다. 선왕(宣王)의 치정을 소호(召虎)의 공으로 예찬한 시라고 하였으니, 시인이 이런 선정을 찬미한 노래라고 하였다.

{어려운 낱말}

[江漢(강한)] : 강수와 한수. [浮浮(부부)] : 물이 많고 세찬 모양. [武夫(무부)] : 군사들. [滔滔(도도)] : 물이 광대한 모양. [來求(내구)] : 토벌하러 찾아가는 것. [淮夷(회이)] : 회수 가에 있는 오랑캐. [湯湯(탕탕)] : 물결치는 모양. [洸洸(광광)] : 씩씩한 모양. [召虎(소호)] : 소목공(召穆公). 소(召)는 봉지(封地), 이름은 호(虎). 작위가 백(伯)이라서 소백(召伯)이라 함. [圭瓚(규찬)] : 옥으로 만든 술잔. [秬鬯(거창)] : 검은 기장으로 빚은 술. [卣(유)] : 술통, 술병. [文人(문인)] : 선조의 문덕. [稽首(계수)] : 머리를 조아리다. [王休(왕휴)] : 왕의 은덕. 休는 美.

## 9. 상무(常武) - 늘 무덕 있어라

| | |
|---|---|
| 1/ 赫赫明明하고 (혁 혁 명 명) | 빛나고 빛나서 밝은 왕께서 |
| 王命卿士하시고 (왕 명 경 사) | 경사(卿士)에게 남중을 명하시고 |

| | |
|---|---|
| 南仲大祖며<br>남 중 태 조 | 남중을 경사에, |
| 大師皇父하사<br>태 사 황 보 | 황보(皇父)를 태사에 임명하시어 |
| 整我六師하여<br>정 아 육 사 | 우리 6군을 정돈하고 |
| 以脩我戎하며<br>이 수 아 융 | 군사를 다스리게 하며 |
| 旣敬旣戒하여<br>기 경 기 계 | 공경하고 경계하여 |
| 惠此南國이로다<br>혜 차 남 국 | 남쪽나라를 편안케 하셨네. |
| 2/ 王謂尹氏하사<br>왕 위 윤 씨 | 왕께서 윤씨(尹氏)에 이르시되 |
| 命程伯休父하여<br>명 정 백 휴 보 | 정(程)나라 휴보에 명하시어 |
| 左右陳行하여<br>좌 우 진 항 | 좌우로 항렬을 벌려 |
| 戒我師旅하되<br>계 아 사 려 | 우리 군사에게 훈시하시되 |
| 率彼淮浦하여<br>솔 피 회 포 | 저 회수 기슭을 따라 |
| 省此徐土하여<br>성 차 서 토 | 이 서주 땅을 순찰할 것이니 |
| 不留不處하라<br>불 류 불 처 | 머무르지 말고 쉬지도 말라 하시니 |
| 三事就緖로다<br>삼 사 취 서 | 삼경(三卿)이 모두 이에 따랐다. |
| 3/ 赫赫業業하며<br>혁 혁 업 업 | 빛나고 빛나며 크고 크며 |

| | |
|---|---|
| 有嚴天子로다<br>유 엄 천 자 | 위엄 있는 천자로다. |
| 王舒保作이시나<br>왕 서 보 작 | 임금님은 천천히 편안히 가시지만 |
| 匪紹匪遊하시니<br>비 소 비 유 | 서서히 이끌고 급하지도 않으시니 |
| 徐方繹騷하고<br>서 방 역 소 | 서주 땅에 소란이 일어나고 |
| 震驚徐方하니<br>진 경 서 방 | 서(徐)나라를 격동시키니 |
| 如雷如霆하여<br>여 뢰 여 정 | 벼락 치고 천둥 울리듯 하여 |
| 西方震驚이로다<br>서 방 진 경 | 서주 땅이 진동하고 요동치도다. |

| | |
|---|---|
| 4/ 王奮厥武하시니<br>왕 분 궐 무 | 왕께서 그 무용을 떨치시니 |
| 如震如怒로다<br>여 진 여 노 | 천둥 치듯 성내듯 하네. |
| 進厥虎臣하시니<br>진 궐 호 신 | 범 같은 군사를 진격시키니 |
| 闞如虓虎로다<br>함 여 효 호 | 성난 호랑이 울부짖듯 하네. |
| 鋪敦淮濆하고<br>포 돈 회 분 | 회수 가에서 진을 치고 |
| 仍執醜虜하니<br>잉 집 추 로 | 많은 추악한 포로를 잡으시니 |
| 截彼淮浦는<br>절 피 회 포 | 다스리는 저 회수 가에는 |
| 王師之所로다<br>왕 사 지 소 | 왕의 군사가 머무르는 곳일세. |

| | |
|---|---|
| 5/ 王旅嘽嘽하니<br>왕 려 탄 탄 | 임금님 군사 위엄 당당하니 |
| 如飛如翰하며<br>여 비 여 한 | 나는 듯 활개 치는 듯하며 |
| 如江如漢하며<br>여 강 여 한 | 강수 같고 한수 같으며 |
| 如山之苞하며<br>여 산 지 포 | 산 밑동처럼 튼튼하고 |
| 如川之流하며<br>여 천 지 류 | 시냇물 흐름처럼 |
| 綿綿翼翼하며<br>면 면 익 익 | 끊임없이 정연하며 |
| 不測不克하여<br>불 측 불 극 | 헤아릴 수도 이길 수도 없는 |
| 濯征徐國이로다<br>탁 정 서 국 | 서(徐)나라를 크게 정벌하였도다. |
| 6/ 王猶允塞하니<br>왕 유 윤 색 | 왕의 길은 진실로 착실하여 |
| 徐方既來로다<br>서 방 기 래 | 서(徐)나라가 항복하였도다. |
| 徐方既同에<br>서 방 기 동 | 서(徐)나라가 항복하니 |
| 天子之功이로다<br>천 자 지 공 | 천자님의 공이로다. |
| 四方既平에<br>사 방 기 평 | 사방이 이미 평정되니 |
| 徐方來庭이로다<br>서 방 래 정 | 서(徐)나라도 조회에 참석하네. |
| 徐方不回하니<br>서 방 불 회 | 서(徐)나라 배반 않게 되니 |

**王曰還歸**라 하시다　임금님께 귀환하라 하셨네.
왕 왈 환 귀

{해설 및 감상}

모두 6장으로 장마다 8구체로 구성되어 있다. 주나라 선왕(宣王)이 군사를 거느리고 회수 북쪽 오랑캐를 정벌할 때 경사(卿士)인 남중(南仲)을 태조라 하고, 태사를 겸임시켜 자를 황보(皇父)라 하여 6군을 거느리고 군사를 조련시켜 회수(淮水)에서 오랑캐를 평정하고 남국에 은혜를 베푸니 시인이 이 시를 지어 찬미한 노래라고 한다. 그 내용을 1연에서부터 노래하고 있다. [빛나고 빛나며 밝으며, 경사(卿士)인 남중 태조이시니, 남중은 경사이며, 황보(皇父)를 태사에 임명하시어 우리 6군을 정돈하고 군사를 다스리게 하며 공경하고 경계하여 남쪽나라를 편안케 하셨네.] 라고 시작하고 있다.

{어려운 낱말}

[卿士(경사)] : 皇父(황보)의 벼슬. [南仲(남중)] : 선왕 때의 사람. [六師(육사)] : 6군. [戎(융)] : 병기. [尹氏(윤씨)] : 尹吉甫. [休父(휴보)] : 주나라의 대부. [師旅(사려)] : 군사의 단위. 1사는 2천 5백 명, 1여는 5백 명의 군사 단위. [三事(삼사)] : 三卿. [赫赫業業(혁혁업업)] : 어마어마하게 나타나다. [震驚(진경)] : 흔들리다, 혹은 천둥으로 흔들리다. [震(진)] : 천둥. [虎臣(호신)] : 용맹이 호랑이 같은 장사. [虓虎(효호)] : 호랑이가 울부짖는 것. [嘽嘽(탄탄)] : 많은 모양. [苞(포)] : 뿌리 밑둥치. 산이 움직이지 않고 튼튼한 모양. [綿綿(면면)] : 길어서 끊이지 않음. [回(회)] : 왕명이나 정도를 어기다.

## 10. 첨앙(瞻卬) - 우러러보다

| | |
|---|---|
| 1/ 瞻卬昊天하니<br>첨 앙 호 천 | 넓은 하늘을 우러러보니 |
| 則不我惠로다<br>즉 불 아 혜 | 조금도 나를 사랑하지 않으시네. |
| 孔塡不寧하니<br>공 전 불 녕 | 오랫동안 불안하니 |
| 降此大厲로다<br>강 차 대 려 | 이 큰 재앙을 내리셨도다. |
| 邦靡有定하니<br>방 미 유 정 | 나라는 안정되지 않으니 |
| 士民其瘵로다<br>사 민 기 채 | 백성들은 지쳐서 있네. |
| 蟊賊蟊疾이<br>모 적 모 질 | 해충들이 곡식을 해치듯이 |
| 靡有夷屆하며<br>미 유 이 계 | 그 고난 끝이 없으며 |
| 罪罟不收하니<br>죄 고 불 수 | 죄의 그물을 거두지 않으니 |
| 靡有夷瘳로다<br>미 유 이 추 | 병이 좋아질 틈이 없도다. |
| 2/ 人有土田을<br>인 유 토 전 | 남이 가진 논밭을 |
| 女反有之하고<br>여 반 유 지 | 그대 도리어 빼앗기고 |
| 人有民人을<br>인 유 민 인 | 다른 사람의 백성을 |
| 女覆奪之하며<br>여 복 탈 지 | 그대는 오히려 빼앗아가고 |

| | |
|---|---|
| 此宜無罪를<br>차 의 무 죄 | 이 죄도 없는 사람을 |
| 女反收之하니<br>여 반 수 지 | 그대는 오히려 가두어두니 |
| 彼宜有罪를<br>피 의 유 죄 | 저 죄 없는 사람을 |
| 女覆說之로다<br>여 복 열 지 | 너는 도리어 좋아한다고 하네. |
| 3/ 哲夫成城하고<br>철 부 성 성 | 지혜로운 사람은 나라를 이루고 |
| 哲婦傾城이라<br>철 부 경 성 | 지혜로운 여자는 나라를 망치네. |
| 懿厥哲婦가<br>의 궐 철 부 | 아, 저 똑똑한 여자가 |
| 爲梟爲鴟로다<br>위 효 위 치 | 올빼미, 솔개 같은 짓만을 하도다. |
| 婦有長舌하여<br>부 유 장 설 | 여자에겐 긴 혀가 있어 |
| 維厲之階로다<br>유 려 지 계 | 나라 어지럽히는 근원이로다. |
| 亂匪降自天이요<br>난 비 강 자 천 | 화란은 하늘이 내린 것이요, |
| 生子婦人이니라<br>생 자 부 인 | 여자로부터 생긴 것이니라. |
| 匪教匪誨하며<br>비 교 비 회 | 가르쳐도 깨우쳐도 안 되는 것은 |
| 時維婦寺니라<br>시 유 부 시 | 부인과 내시의 말뿐이니라. |
| 4/ 鞫人忮忒하고<br>국 인 기 특 | 사람을 궁지에 몰아 악언을 하고 |

| | |
|---|---|
| 譖始竟背니라<br>참 시 경 배 | 끝내 배반하는구나. |
| 豈曰不極이리요<br>기 왈 불 극 | 어찌 바르지 않다고 말하리오. |
| 伊胡爲慝고<br>이 호 위 특 | 어찌 잘잘못을 따지랴? |
| 如賈三倍를<br>여 가 삼 배 | 세 곱절의 장사함을 |
| 君子是識이리요<br>군 자 시 식 | 군자가 어떻게 알리요. |
| 婦無公事어늘<br>부 무 공 사 | 여자는 공사가 없는데 |
| 休其蠶織이로다<br>휴 기 잠 직 | 누에치기와 길쌈은 하지 않네. |
| 5/ 天何以刺고<br>천 하 이 척 | 하늘을 어찌 해치며 |
| 何神不富오<br>하 신 불 부 | 귀신들이 언제 부를 안 내리셨던가? |
| 舍爾介狄이요<br>사 이 개 적 | 나라의 큰 걱정은 버리고, |
| 維予胥忌로다<br>유 여 서 기 | 우리에 대해서는 투기만 하고 있네. |
| 不弔不祥하며<br>부 조 불 상 | 불행하게 상서롭지 못하고 |
| 威儀不類하며<br>위 의 불 류 | 위의(威儀) 또한 엉망이며 |
| 人之云亡이니<br>인 지 운 망 | 어진 사람이 없으니 |
| 邦國殄瘁로다<br>방 국 진 췌 | 온 나라가 병들어 허덕이네. |

6/ 天之降罔은
천 지 강 망

維其優矣로다
유 기 우 의

人之云亡하니
인 지 운 망

心之憂矣로다
심 지 우 의

天之降罔이여
천 지 강 망

維其幾矣로다
유 기 기 의

人之云亡이여
인 지 운 망

心之悲矣로다
심 지 비 의

하늘이 악의 그물을 내리심은
너무도 벌이 무겁도다.
어진 사람이 없으니
마음은 시름에 잠기도다.
하늘이 벌을 내리심이여!
재난이 다가옴이로다.
어진 사람들이 망해가니
이 마음 슬플 뿐이네.

7/ 觱沸檻泉이여
필 비 함 천

維其深矣로다
유 기 심 의

心之憂矣여
심 지 우 의

寧自今矣로다
녕 자 금 의

不自我先이여
부 자 아 선

不自我後로다
부 자 아 후

藐藐昊天이여
막 막 호 천

솟아오르는 샘물이여!
깊고 또 깊도다.
마음의 시름이여!
어찌 지금부터 시작되었으랴.
내게서 먼저 시작된 것도 아니요,
내게서 뒤에 시작된 것도 아니로다.
막막하고 먼 하늘은

| | |
|---|---|
| 無不克鞏이니 (무불극공) | 튼튼한 것 아닌 게 없으니 |
| 無忝皇祖면 (무첨황조) | 선조께서 욕됨이 없으면 |
| 式救爾後리라 (식구이후) | 그대의 후손들은 구원받으리. |

{해설 및 감상}

두 7장으로 되어 있는데, 4(4, 5, 6, 7)장은 장마다 8구절로 구성되어 있고, 나머지(1, 2, 3)는 10구절로 되어있다. 이 시는 주나라 유왕(幽王)이 포사(褒姒)를 지나치게 총애를 하여 나라가 어지럽게 되니, 이것을 풍자한 시라고 한다. 여기서 포사라는 여자는 미모는 아름다우나 간사하고 사치하여 나라가 어지럽게 되니 오랑캐의 침입을 받아서 주나라가 동천(東遷)을 하게 된 동기가 되기도 했다. 이러한 사실들을 풍자한 시라고 한다.

{어려운 낱말}

[瞻卬(첨앙)] : 우러러보다. [孔塡(공전)] : 매우 고난을 당함. [大厲(대려)] : 큰 재난. [蟊賊(모적)] : 해충을 말함. [夷瘳(이추)] : 병이 낫다. [成城(성성)] : 나라를 세우다. [哲婦(철부)] : 포사를 가리킴. [傾城(경성)] : 나라를 기울게 하다. [梟鴟(효치)] : 올빼미, 부엉이. [婦寺(부시)] : 내시. [忮忒(기특)] : 사납고 엄하다. [爲慝(위특)] : 사악하고 간사함. [公事(공사)] : 조정의 일. [蠶織(잠직)] : 누에 치고 베 짜기. [介狄(개적)] : 큰 오랑캐. [觱沸(필비)] : 샘이 솟아오르는 모양. [藐藐(막막)] : 높고 먼 모양.

## 11. 소민(召旻) - 소공의 하늘

| | |
|---|---|
| 1/ 旻天疾威시니<br>민 천 질 위 | 하늘이 미워하고 벌하시려고 |
| 天篤降喪하시어<br>천 독 강 상 | 하늘이 이런 재앙 내리시어 |
| 瘨我饑饉이로다<br>전 아 기 근 | 우리를 기근으로 괴롭히시네. |
| 民卒流亡하니<br>민 졸 류 망 | 백성들이 모두 흩어져 떠나니 |
| 我居圉卒荒이로다<br>아 거 어 졸 황 | 내 살던 곳까지 모두 황폐해졌네. |
| 2/ 天降罪罟하사<br>천 강 죄 고 | 하늘이 죄의 그물을 내리시어 |
| 蟊賊內訌이로다<br>모 적 내 홍 | 해충이 들끓듯 난리가 일어나도다. |
| 昏椓靡共하여<br>혼 탁 미 공 | 모함하고 행패부리는 자들 어지럽고 |
| 潰潰回遹하니<br>궤 궤 회 휼 | 어지럽고 간사한 자 들끓으니 |
| 實靖夷我邦이로다<br>실 정 이 아 방 | 진실로 그들이 나라를 다스리는구나. |
| 3/ 皐皐訿訿나<br>고 고 자 자 | 서로 속이고 헐뜯으나 |
| 曾不知其玷하고<br>증 부 지 기 점 | 일찍 알지 못하는 무리들, |
| 兢兢業業하여<br>긍 긍 업 업 | 서로 다투고 시끄러워 |

| | |
|---|---|
| 孔塡不寧하니<br>공 전 불 녕 | 매우 오래도록 편치 못하니 |
| 我位孔貶이로다<br>아 위 공 폄 | 내 위치도 매우 위태롭게 되었네. |
| 4/ 如彼歲旱에<br>여 피 세 한 | 이같이 날 가문 해에 |
| 草不潰茂하니<br>초 불 궤 무 | 풀 한 포기 자라지 못하듯 |
| 如彼棲苴로다<br>여 피 서 저 | 이처럼 시든 풀처럼 되었도다. |
| 我相此邦컨대<br>아 상 차 방 | 내가 이 나라를 보건대 |
| 無不潰止로다<br>무 불 궤 지 | 어지럽기 짝이 없도다. |
| 5/ 維昔之富면<br>유 석 지 부 | 옛날 부유할 때면 |
| 不如時하며<br>불 여 시 | 이 같은 때가 없었으며 |
| 維今之疚도<br>유 금 지 구 | 근래에 병들어도 |
| 不如玆로다<br>불 여 자 | 이 같음이 없었도다. |
| 彼疏斯粺하니<br>피 소 사 패 | 저것은 거칠고 이것은 고운 것이거니 |
| 胡不自替리오<br>호 부 자 체 | 어째서 스스로 그만두리오. |
| 職兄斯引고<br>직 형 사 인 | 하물며 시름만 더해 가는가? |

6/ 池之竭矣하니
지 지 갈 의
못의 물이 말라가는 것은

不云自頻하며
불 운 자 빈
물길에서 물이 흐르지 않아서이며

泉之竭矣는
천 지 갈 의
샘물이 마르는 것은

不云自中이로다
불 운 자 중
안으로부터 솟아나지 않기 때문이로다.

溥斯害矣라
부 사 해 의
이 해가 너무 큰지라

職兄斯弘하니
직 형 사 홍
오로지 두려움이 더 크니

不災我躬이랴
부 재 아 궁
내 몸에 재앙이 안 닥칠 것인가?

7/ 昔先王受命에는
석 선 왕 수 명
옛날 선왕이 명을 받으실 때는

有如召公하여
유 여 소 공
소공 같은 사람 있어

日辟國百里어늘
일 벽 국 백 리
날로 백 리씩 나라를 넓혔는데

今也日蹙國百里로다
금 야 일 축 국 백 리
오늘날은 날로 백 리씩 줄어들도다.

於乎哀哉라
어 호 애 재
아, 슬프도다!

維今之人에는
유 금 지 인
지금의 사람들에는

不尙有舊아
불 상 유 구
옛날 같은 분은 없단 말인가?

{해설 및 감상}

모두 7장에 4장은 장마다 5구절이요, 3장은 장마다 7구절로 구성되어 있다. 이 시는 유왕(幽王)이 소인을 등용하여 나라의 정치가 어지러워지고 근간이 흔들리는 것을 풍자한 시라고 한다. 제목이 소민(召旻)인데, '민천질위(旻天疾威)' 라 하여 하늘도 미워한다는 내용으로 시작하고 있다. 그래서 기근이 들고 적국의 침입이 잦아 백성의 고통이 심하여 이것을 풍자하고 있다.

{어려운 낱말}

[疾威(질위)] : 포악함. 즉 하늘이 벌을 내리다. [居圉(거어)] : 나라의 중앙과 변방. 전국을 말함. [罪罟(죄고)] : 죄의 그물. [內訌(내홍)] : 내란이나 내분. [昏椓(혼탁)] : 혼란하고 남을 해치는 것. [靡共(미공)] : 함께 같은 일을 할 수 없다는 말. [潰潰(궤궤)] : 어지러운 모양. [回遹(회휼)] : 바르지 못함. [皐皐(고고)] : 완악하고 게으름. [訿訿(자자)] : 서로 헐뜯다. [潰茂(궤무)] : 무성한 모양. [自替(자체)] : 스스로 물러감. [先王(선왕)] : 문왕 무왕을 가리킴. [召公(소공)] : 召康公. [蹙(축)] : 쭈그러들다.

# 제4부: 송(頌)

송(頌)은 주송(周頌), 노송(魯頌), 상송(商頌)을 말한다. 즉 종묘(宗廟)의 노래를 말하고 있으며, 그 서(序)에는 융성한 덕을 찬양했으며, 그 모양[容]을 아름답게 한 공덕을 하늘에 고하는 것이라고 말했다. 대체적으로 송(頌)과 용(容)은 고자(古字)에서는 서로 통용한 것으로 알려져 있다.

주송(周頌) 31편은 대체로 주공(周公)이 지은 것이요, 강왕(康王) 이후의 시가 몇 편 있다고 했다. 모두 주송이요, 노송은 4편, 상송은 5편이 있을 뿐이다 이 노송도 모두 송(頌)으로 묶어 만들어져 있다. 그 내용을 보면 다음과 같다.

1) 주송청묘(周頌淸廟)

2) 주송신공(周頌臣工)

3) 주송민여소자(周頌閔予小子)

4) 노송(魯頌)

5) 상송(商頌)

## 제1장
# 주송청묘(周頌淸廟)

주송(周頌)은 주나라 왕실이 공을 이루어 태평(太平)하고 덕이 왕성하던 때의 시다. 주공(周公)이 섭정하던 성왕(成王)의 즉위 초의 작품이라고 한다.

송(頌)이란 종묘(宗廟)의 노래이다. 융성한 덕과 형용의 아름다움과 성공한 덕을 신명(神明)에게 고하는 노래라고 한다.

아! 아름답고 깨끗한 사당에
정숙하고 온화한 대신들이로다.

많은 선비들이 제사에 참여하여
문왕의 덕을 받들어
하늘의 신령을 대하고
바삐 분주하게 신주에 나아가니
어찌 나타나지 않으며 받들지 않으랴?

사람들 싫어하는 기색이 없으셨다.

–청묘의 1절

## 1. 정묘(淸廟) - 청아한 사당

| | |
|---|---|
| 1/ 於穆淸廟에<br>어 목 청 묘 | 아! 아름답고 깨끗한 사당에 |
| 肅雝顯相이로다<br>숙 옹 현 상 | 정숙하고 온화한 대신들이로다. |
| 2/ 濟濟多士하여<br>제 제 다 사 | 많은 선비들이 제사에 참여하여 |
| 秉文之德하여<br>병 문 지 덕 | 문왕의 덕을 받들어 |
| 對越在天하고<br>대 월 재 천 | 하늘의 신령을 대하고 |
| 駿奔走在廟하나니<br>준 분 주 재 묘 | 바삐 분주하게 신주에 나아가니 |
| 不顯不承인가<br>불 현 불 승 | 어찌 나타나지 않으며 받들지 않으랴? |
| 3/ 無射於人斯셨다<br>무 사 어 인 사 | 사람들 싫어하는 기색이 없으셨다. |

{해설 및 감상}

모두 3장으로 되었는데, 그 구절은 들쭉날쭉하여 1구는 2절, 3구는 단구로 되어있다. 주공이 낙읍을 정리하고 제후들을 불러 문왕의 사당에 제사를 올리게 할 때 아악으로 부르던 노래라 한다.

{어려운 낱말}

[於(어)] : 감탄. [穆(목)] : 삼가. 공경. [淸廟(청묘)] : 밝고 고요한 사당. [肅

雝(숙옹)] : 공경하고 온화함. [顯相(현상)] : 밝고 서로 돕다. [濟濟(제제)] : 많은 모양. [多士(다사)] : 제사에 참예하는 집사.

## 2. 유천지명(維天之命) - 오, 천명이여!

| | |
|---|---|
| 1/ 維天之命이<br>유 천 지 명 | 오, 하늘의 명령이 |
| 於穆不已하니<br>어 목 불 이 | 그윽하고 끝이 없으니 |
| 於乎不顯이랴<br>어 호 불 현 | 아, 밝지 아니한가, |
| 文王之德之純이여<br>문 왕 지 덕 지 순 | 문왕의 지순한 덕이여! |
| 假以溢我리오<br>가 이 일 아 | 무엇으로 우리 구제하리요. |
| 2/ 我其收之하여<br>아 기 수 지 | 내 그것을 받아서 |
| 駿惠我文王하니<br>준 혜 아 문 왕 | 크게 우리 문왕을 따르니 |
| 曾孫篤之로다<br>증 손 독 지 | 증손은 독실할지로다. |

{해설 및 감상}

1장에 8구로 구성된 시다. 역시 문왕의 종묘에 제사를 올리며 그 예를 숭상하는 노래다. 하늘의 명을 받았기 때문에 그윽하고 밝음이 끝이 없다고 노래하고 있다. 그 덕을 입어 후손(증송)들도 길이길이 번창할 것이라는 덕을 칭송하고 있다.

{어려운 낱말}

[不已(불이)] : 말지 아니하다. [純(순)] : 순수한 덕. [溢(일)] : 넘치다. [收(수)] : 받다. [駿惠(준혜)] : 큰 은혜. [曾孫(증손)] : 후왕을 말함. [曾孫篤之(증손독지)] : 이어가는 뒤 왕들의 덕이 두텁다는 뜻임.

## 3. 유청(維淸) - 청명함이여!

1/ 維淸緝熙하니 (유 청 집 희) — 맑게 이어서 빛이 나니

文王之典이로다 (문 왕 지 전) — 문왕의 법전이로다.

肇禋으로 하여 (조 인) — 처음 제사 지냄으로 하여

迄用有成하니 (흘 용 유 성) — 큰 업적을 이루어 놓았으니

維周之禎이로다 (유 주 지 정) — 오직 주나라의 복됨이로다.

{해설 및 감상}

1장으로 되어 있으며, 5구절로 구성되어 있다. 이 노래 역시 종묘제악으로 사용한 노래로, 주나라의 복됨을 노래로 찬송하고 있다.

{어려운 낱말}

[緝熙(집희)] : 빛남을 이어가다. [肇禋(조인)] : 처음 제사를 지낼 때부터. [迄(흘)] : 이르다. [禎(정)] : 복됨.

## 4. 열문(烈文) - 무공(武功)이 있음이여!

| | |
|---|---|
| 1/ 烈文辟公이<br>열 문 벽 공 | 빛나고 덕이 있는 제후들이 |
| 錫玆祉福하니<br>석 자 지 복 | 이에 복을 받게 되니 |
| 惠我無彊하여<br>혜 아 무 강 | 우리를 사랑함이 끝이 없어서 |
| 子孫保之로다<br>자 손 보 지 | 자손들을 보호할지로다. |
| 2/ 無封靡于爾邦이라<br>무 봉 미 우 이 방 | 그대 나라 성실하면 왕께서 도와주시리. |
| 3/ 維王其崇之며<br>유 왕 기 숭 지 | 왕께서 그대를 도와주시며 |
| 念玆戎功이라<br>념 자 융 공 | 큰 공을 생각하리라. |
| 繼序其皇之며<br>계 서 기 황 지 | 차례를 이어 더욱 빛내며 |
| 無競維仁을<br>무 경 유 인 | 이를 데 없이 훌륭한 사람을 |

四方其訓之하도다 온 세상이 본받으리로다.
사 방 기 훈 지

不顯維德을 더없이 밝은 그 덕행을
불 현 유 덕

百辟其刑之하며 온 제후들이 본받으리니
백 벽 기 형 지

於乎前王不忘이로다 아! 선왕들의 덕을 잊을 수 없구나.
어 호 전 왕 불 망

{해설 및 감상}

3장으로 구성하고 있으며, 제 3장은 8구절로 이루어져 있다. 종묘에 제사 지낼 때 제사를 돕는 제후들에게 바치는 노래라고 한다. 「빛나고 덕이 있는 제후들」이란 호칭이 이 시의 시작으로 본다면, 그 선왕들의 덕을 잊을 수가 없다고 노래함을 끝 행에서 볼 수 있다.

{어려운 낱말}

[烈文(열문)] : 빛이 나는. [辟公(벽공)] : 제후들. [錫(석)] : 사(賜)와 같음. 복을 주고받다. [戎(융)] : 크다. [皇之(황지)] : 더욱 빛이 나다.

## 5. 천작(天作) - 하늘이 산을 만드시고

1/ 天作高山하시어 하늘이 높은 산을 만드시어
천 작 고 산

大王荒之로다 대왕께서 이를 다스리셨다.
대 왕 황 지

彼作矣를 (피작의) — 저렇게 만들어 놓으신 것을

文王康之로다 (문왕강지) — 문왕께서 편케 하셨도다.

彼徂矣岐에 (피저의기) — 저 험준한 기산에

有夷之行하니 (유이지행) — 평탄한 길이 있었으니

子孫保之로다 (자손보지) — 자손들이 그것을 보전할지로다.

{해설 및 감상}

1장으로 7구로 구성되어 있다. 하늘이 고산을 만들고 대왕이 이를 다스리는데, 그분이 바로 문왕이셨다. 험준한 기산(岐山)을 만드셨지만 거기에는 평탄한 길도 있어 후손들이 그것을 보존한다는 내용이다.

{어려운 낱말}

[高山(고산)] : 여기서는 기산을 가리킴. [荒(황)] : 다스리다. [岨(저)] : 험하고 가파르다.

## 6. 호천유성명(昊天有成命) - 넓은 하늘, 밝은 명

1/ 昊天有成命이거늘 (호천유성명) — 하늘이 이룬 명령이거늘

二后受之하시고 문왕과 무왕이 받으셨고
이 후 수 지

成王不敢康하시다 성왕이 편안하지 못하셨다
성 왕 불 감 강

2/ 夙夜基命宥密하사 밤낮 천명을 쫓아 애쓰셔서
숙 야 기 명 유 밀

於緝熙하시고 아, 이어서 빛나시고
어 즙 희

單厥心하시니 그 마음 두텁게 하시니
단 궐 심

肆其靖之로다 드디어 편안하게 되셨네.
사 기 정 지

{해설 및 감상}

모두 2장으로 되어 있으며, 1장은 3구절, 2장은 4구절로 구성되어 있다. 첫 구절에서 하늘이 내린 명령을 문왕과 무왕이 받으시어 이 빛나는 명령으로 드디어 편안함을 찾았다는 내용이다.

{어려운 낱말}

[二后(이후)] : 문왕과 무왕. [成王(성왕)] : 무왕의 아들로, 이름은 송(誦). [宥密(유밀)] : 크고 정밀함. [緝熙(즙희)] : 계속해서 밝음이 이어짐. [靖(정)] : 편안함.

## 7. 아장(我將) - 제물을 드립니다

| | |
|---|---|
| 1/ 我將我享하니<br>아 장 아 향 | 내 정성으로 제물을 드리오니 |
| 維羊維牛로다<br>유 양 유 우 | 양과 소로 하였사옵니다. |
| 維天其右之리요<br>유 천 기 우 지 | 하늘이 이 높음으로 받으실까? |
| 儀式刑文王之典하여<br>의 식 형 문 왕 지 전 | 문왕의 법도를 본받아서 |
| 日靖四方하면<br>일 정 사 방 | 나날이 사방을 편안하게 하면 |
| 伊嘏文王이<br>이 하 문 왕 | 복을 주시는 문왕께서 |
| 旣右饗之하시리라<br>기 우 향 지 | 오셔서 흠향하시리라. |
| 我其夙夜로<br>아 기 숙 야 | 나는 밤낮으로 |
| 畏天之威하여<br>외 천 지 위 | 하늘의 위엄을 두려워하여 |
| 于時保之로다<br>우 시 보 지 | 때에 맞게 보존하리로다. |

{해설 및 감상}

1장으로 10구절로 구성되어 있다. 이 시는 문왕(文王)을 모시고 상제(上帝)와 배향하는 가악이라 적고 있는데, 하늘의 위엄과 문왕에게 복을 빌어 흠향하시기를 기원하며, 복을 받아 모든 것이 때맞추어 보존하기를 기원하고 있다. 첫 구절에는 '정성으로 제물을 올립니다.' 로 시작하여 끝에서 '때맞게 보존하리리다.' 했으니, 두미(頭尾)가 상응하고 있다 하겠다.

{어려운 낱말}

[將(장)] : 정성껏 받드는 것. [右(우)] : 높이다. [儀,式,刑(의식형)] : 이 모두 법을 의미한다. [嘏(하)] : 복을 주다.

## 8. 시매(時邁) - 때에 따라 순방

| | |
|---|---|
| 1/ 時邁其邦하니<br>시 매 기 방 | 때맞추어 제후국을 순방하니 |
| 昊天其子之하고<br>호 천 기 자 지 | 하늘이 자식으로 여기시고 |
| 實右序有周로다<br>실 우 서 유 주 | 실로 주나라를 도우셨도다. |
| 薄言震之하니<br>박 언 진 지 | 잠시 위엄을 떨치시니 |
| 莫不震疊하고<br>막 불 진 첩 | 두려워하지 않는 이 없고 |
| 懷柔百神하여<br>회 유 백 신 | 모든 신들을 달래시어 |
| 及河喬嶽하며<br>급 하 교 악 | 황하와 교악에 이르게 하며 |
| 允王維后이로다<br>윤 왕 유 후 | 진실로 왕다운 임금이셨도다. |

| | |
|---|---|
| 明昭有周에<br>명소유주 | 밝고 밝은 주나라에 |
| 式序在位하며<br>식서재위 | 법과 서열을 제자리에 있게 하며 |
| 載戢干戈하며<br>재집간과 | 방패와 창을 모두 거두며 |
| 載櫜弓矢하고<br>재고궁시 | 활과 화살을 모두 자루에 넣고 |
| 我求懿德하여<br>아구의덕 | 우리의 아름다운 덕을 구하여 |
| 肆于時夏하니<br>사우시하 | 온 나라에 고루 베푸시니 |
| 允王保之로다<br>윤왕보지 | 진실로 왕께서 나라를 보존하셨도다. |

{해설 및 감상}

이 시는 1장 15구절로 구성하고 있다. 천자가 제후국을 순방하면서 조회를 하고 천제의식에 고하는 악가(樂歌)라고 했다. 때맞추어 제후국을 순방하는 것으로, 하늘이 자식을 사랑하는 마음과 동일시하고 노래를 펴나가고 있다. 그래서 진실로 왕께서 나라를 보존하셨다고 힘주어 노래하고 있다.

{어려운 낱말}

[邁其邦(매기방)] : 천자가 제후의 나라를 순방하는 것. [右序(우서)] : 차례로 돕다. [震(진)] : 진동. 움직인다. [懷柔(회유)] : 편하고 부드럽게. [載戢(재집)] : 창을 한데 모으다. [載櫜(재고)] : 활을 활집에 넣다. [時夏(시하)] :

時는 베풀다, 夏는 중국 천지, 즉 전국에 베풀다.

## 9. 집경(執競) - 집념을 가지심

1/ 執競武王이여 (집경무왕) 굳세고 굳센 무왕이시여!

無競維烈이로다 (무경유열) 견줄 곳 없이 크도다.

不顯成康이시여 (불현성강) 성왕과 강왕이시여! 밝지 아니한가?

上帝是皇이로다 (상제시황) 하느님이 아름답게 여기시네.

自彼成康으로 (자피성강) 저 성왕 강왕으로부터

奄有四方하시니 (엄유사방) 문득 사방을 다스리시니

斤斤其明이로다 (근근기명) 밝게 살피시도다.

鐘鼓喤喤하며 (종고황황) 종과 북이 둥둥 울리고

磬筦將將하니 (경관장장) 경과 피리를 연주하니

降福穰穰이로다 (강복양양) 많은 복을 내려주시네.

降福簡簡하며 (강복간간) 내리시는 복이 너무 크고

威儀反反하니 (위의반반) 위의가 삼가 신중하니

既醉既飽하여　　　이미 취하여서 벌써 배부르니
기 취 기 포

福祿來反이로다　　　복록을 겹쳐 돌려주시네.
복 록 래 반

{해설 및 감상}

1구의 시가 14구절로 구성되어 있다. 「모시서」에는 무왕을 제사하는 시라고 했고, 주자는 무왕과 성왕, 강왕을 제사하는 시라고 했다. 첫 구절을 보아도 굳세고 굳센 무왕이시여 견줄 곳 없이 크도다 하고 무왕의 공덕을 노래하고 있다. 여기에 성왕과 강왕의 이야기도 나오는데, 취하여 이미 배부르니 복록을 겹쳐 돌려준다는 표현이 재미있다.

{어려운 낱말}

[執競(집경)] : 강하여 쉬지 않는 마음. [成康(성강)] : 성왕과 강왕. [斤斤(근근)] : 밝게 살피는 것. [喤喤(황황)] : 화합하는 소리. [磬筦(경관)] : 경과 관의 악기. 경은 타악기요, 관은 관악기. [將將(장장)] : 소리가 모이는 모양. [簡簡(간간)] : 크다. [反反(반반)] : 신중하고 무거운 모양.

## 10. 사문(思文) - 문덕 많으신 후직

1/ 思文后稷은　　　문덕이 많은 후직께서는
사 문 후 직

克配彼天이로다　　　능히 저 하늘을 짝하셨네.
극 배 피 천

立我烝民은
입 아 증 민

莫匪爾極이로다
막 비 이 극

貽我來牟하사
이 아 래 모

帝命率育하시니라
제 명 솔 육

無此疆爾界하시고
무 차 강 이 계

陳常于時夏로다
진 상 우 시 하

우리 백성들이 안정된 것은

모두 그분의 은덕 아님이 없네.

우리에게 밀과 보리를 주시어

하늘이 백성을 기르시게 명하셨네.

이곳저곳 막론하고

온 나라에 펴시었네.

{해설 및 감상}

1장이 8구절로 구성된 시다. 주나라의 시조인 후직을 상제에 배향하고 제사 지내며 부르는 노래라고 한다. 그래서 문덕(文德)이 많은 후직이라 했고, 하늘의 명에 의하여 온 나라에 그의 덕을 펴게 했다.

{어려운 낱말}

[思文(사문)] : 문덕이 있음을 말함. [極(극)] : 덕이 이르다. [貽(이)] : 끼치다. [疆界(강계)] : 지역의 경계. [夏(하)] : 夏는 중국임.

## 제2장
# 주송신공(周頌臣工)

제후(諸侯)들이 제사를 돕고 돌아가자 사당(祠堂)에서 그들을 보내는 가악(歌樂)이라고 했다. 또 집전(集傳)에는 농사를 맡은 농관(農官)을 훈계한 시라고도 했다. 또 이 시는 봄에 풍년을 비는 기곡제(祈穀祭) 때 부른 노래인 듯하다. 이 송(頌)에 들어있는걸 보면 별다른 언급은 없지만 제사와 관련 있는 시만은 틀림없다.

아, 관리들이여!
그대들의 직무를 신중히 할지어다.
왕이 그대에게 농사일을 알려주시니
와서 묻고 헤아릴지어다.
아! 보개여!
이미 늦은 봄이 되었으니
또한 무엇을 구하랴,
새로 만든 밭은 어찌할꼬?

—「신공」에서

## 1. 신공(臣工) - 관리들이여!

| | |
|---|---|
| 1/ 嗟嗟臣工이여<br>차 차 신 공 | 아, 관리들이여! |
| 敬爾在公이어다<br>경 이 재 공 | 그대들의 직무를 신중히 할지어다. |
| 王釐爾成하시니<br>왕 리 이 성 | 왕이 그대에게 농사일을 알려주시니 |
| 來咨來茹어다<br>내 자 래 여 | 와서 묻고 헤아릴지어다. |
| 嗟嗟保介여<br>차 차 보 개 | 아! 보개여! |
| 維莫之春이어니<br>유 모 지 춘 | 이미 늦은 봄이 되었으니 |
| 亦又何求리오<br>역 우 하 구 | 또한 무엇을 구하랴, |
| 如何新畬리오<br>여 하 신 여 | 새로 만든 밭은 어찌할꼬? |
| 於皇來牟여<br>어 황 래 모 | 아, 아름다운 밀과 보리여! |
| 將受厥明이로다<br>장 수 궐 명 | 장차 하늘의 은혜를 받으리라. |
| 明昭上帝는<br>명 소 상 제 | 밝으신 하느님께서는 |
| 迄用康年이로다<br>흘 용 강 년 | 편안한 한해를 마련하셨도다. |
| 命我衆人하여<br>명 아 중 인 | 우리 백성에게 명하여 |
| 庤乃錢鎛하라<br>치 내 전 박 | 가래와 호미를 잘 준비하도록 하라, |

奄觀銍艾로다　　낫으로 곡식을 거둘 때가 왔구나.
엄 관 질 애

{해설 및 감상}

1장에 15구절로 구성된 시다. 농관(農官)을 훈계하는 시라고 하였으며, 또 농관을 경계하는 노래라고도 했다. 여기에서 이 노래는 제사와 관련된 내용은 없지만 송(頌)에 예속된 노래로 은근히 제사와 관련이 있는 노래라고 했다.

{어려운 낱말}

[嗟嗟(차차)] : 탄식하는 소리. [公家(공가)] : 군신들의 공적인 곳. [咨來茹(자래여)] : 묻고 헤아리다. [保介(보개)] : 농관(農官)의 부(副)에 해당하는 벼슬. [莫春(모춘)] : 중국의 3월. [新畬(신여)] : 신답. 새 논. [康年(강년)] : 풍년을 말함. [錢鎛(전박)] : 농기구. 즉 가래와 호미. [銍艾(질애)] : 곡식을 베는 낫. 베다.

## 2. 희희(噫嘻) - 아, 성왕이시여!

1/噫嘻成王이여　　아아, 성왕이시여!
희 희 성 왕

既昭假爾로다　　밝은 덕이 강림하셨도다.
기 소 격 이

率時農夫하고　　농부들 친히 거느리고
솔 시 농 부

播厥百穀하라 온갖 곡식의 씨를 뿌려라.
파 궐 백 곡

駿發爾私하여 각각 그대들의 밭을 갈아
준 발 이 사

終三十里하고 30리의 넓은 땅을 이루고
종 삼 십 리

亦服爾耕하여 그대의 밭을 부지런히 갈아서
역 복 이 경

十千維耦하노라 많은 사람들 짝지어 갈게 하라.
십 천 유 우

{해설 및 감상}

1장에 8구로 구성된 노래다. 이 시 역시 농관(農官)을 경계하는 노래라고 한다. 그래서 이 시는 봄에서부터 여름에 이르기까지 풍년을 기원하며 부르던 악가(樂歌)라고 했는데, 성왕 시절의 그 풍년을 생각하여 첫째로 감탄사로 표현하고 있다. 끝에서 그대의 밭을 부지런히 갈아서 온 백성들이 짝지어 농사를 지으라고 권유하고 있다.

{어려운 낱말}

[噫嘻(희희)] : 감탄사. [昭假爾(소격이)] : 밝은 빛이 이르는 것. '假' 은 '격' 으로 읽는다. [駿發(준발)] : 밭을 갈다. [十千(십천)] : 일만(一萬) 사람. 즉 만 명을 말함. [維耦(유우)] : 짝을 지어 갈다.

## 3. 진로(振鷺) - 백로들은 날다

| | |
|---|---|
| 1/ 振鷺于飛하니<br>진 로 우 비 | 백로가 떼 지어 날고 있으니 |
| 于彼西雝이로다<br>우 피 서 옹 | 저 서쪽 옹택(雝澤)으로 가도다. |
| 我客戾止하니<br>아 객 려 지 | 우리 손님 오시니 |
| 亦有斯容이로다<br>역 유 사 용 | 그 얼굴 모양 곱기도 하네. |
| 在彼無惡하고<br>재 피 무 오 | 저쪽에서도 미워하지 않고 |
| 在此無斁하니<br>재 차 무 역 | 이쪽에서도 싫어하지 않으니 |
| 庶幾夙夜하여<br>서 기 숙 야 | 늘 밤낮으로 노력하여 |
| 以永終譽로다<br>이 영 종 예 | 길이 영예 누리리로다. |

{해설 및 감상}

1장 8구로 이루어진 노래다. 이 시는 하(夏)나라 은(殷)나라인 두 왕조의 후손이 와서 제사를 돕는 것을 노래한 것이라고 한다. 특히 은나라는 주왕의 학정을 주나라가 쳐부수면서 개국한 나라가 바로 무왕이다. '재피무악(在彼無惡)하고 재차무역(在此無斁)' 이란 내용은 과연 무엇을 애기하는 것일까?

{어려운 낱말}

[振鷺(진로)] : 무리 지어 나는 백로. [西雝(서옹)] : 서쪽에 있는 연못. 서택(西澤)임. [客(객)] : 주나라의 제후들. 기나라와 송나라를 가리킴.

## 4. 풍년(豊年) - 풍년이라!

| | |
|---|---|
| 1/ 豊年多黍多稌하여<br>풍 년 다 서 다 도 | 풍년들어 기장과 벼가 풍성하여 |
| 亦有高廩이<br>역 유 고 름 | 또한 높이 솟은 곳간이 있어 |
| 萬億及秭로다<br>만 억 급 자 | 억만도 넘는다네. |
| 爲酒爲醴하여<br>위 주 위 례 | 술을 빚고 단술을 만들어서 |
| 烝畀祖妣하고<br>증 비 조 비 | 조상님께 바쳐드리고 |
| 以洽百禮하니<br>이 흡 백 례 | 온갖 예절 다 갖추니 |
| 降福孔皆로다<br>강 복 공 개 | 모두 다 복을 내리심이로다. |

{해설 및 감상}

1장이 7구절로 구성된 시다. 이 시는 풍년이 들어 많은 곡식을 거두어들이고 조상님께 음식을 바쳐 제사로 드림으로서 조상의 복을 받는다는 내용이다. 특히 술과 단술을 만들어 먹고 즐긴다는 내용은 공감이

가는 표현이다.

{어려운 낱말}

[稌(도)] : 벼, 찰벼. [秭(자)] : 만억(萬億)을 말함. [烝畀(증비)] : 진상하다. [洽(흡)] : 넉넉하고 흡족하다.

## 5. 유고(有瞽) - 악공들

| | |
|---|---|
| 1/ 有瞽有瞽여 (유고유고) | 장님 악사여! 장님 악사님이여! |
| 在周之庭이로다 (재주지정) | 주나라의 종묘 뜰에 있구려. |
| 設業設虡하고 (설업설거) | 작은북 큰북 매달고 |
| 崇牙樹羽로다 (숭아수우) | 숭아(崇牙) 위에는 5색 깃발 꽂았네. |
| 2/ 應田縣鼓하고 (응전현고) | 작은 북 큰북 매달아 놓고 |
| 鞉磬柷圉하고 (도경축어) | 도, 경, 축, 어 걸어놓고 |
| 旣備乃奏하니 (기비내주) | 모두 갖추어 연주하니 |
| 簫管備擧로다 (소관비거) | 퉁소와 피리도 갖추어 연주하네. |

| | |
|---|---|
| 3/ 喤喤厥聲이<br>황 황 궐 성 | 둥둥거리는 그 소리가 |
| 肅雝和鳴하니<br>숙 옹 화 명 | 그 소리 엄숙히 조화하여 울리니 |
| 先祖是聽하시고<br>선 조 시 청 | 선조께서 들으시고 |
| 我客戾止하여<br>아 객 려 지 | 우리의 손님도 오셔서 |
| 永觀厥成이로다<br>영 관 궐 성 | 오래토록 그 곡조 들으시네. |

{해설 및 감상}

모두 3장으로 1, 2장은 4구요, 3장만 5구로 구성되어 있다. 처음으로 아악을 제정하여 종묘에서 연주하는 광경을 노래하고 있다. 특히 이 연주에서 유고(有瞽)가 등장하여 종묘의 뜰에서 연주하는 광경은 사치할 정도로 장엄했다. 조상께서 들으시고 기뻐한다는 것은 당시 아악의 시작이었는지도 모른다.

{어려운 낱말}

[瞽(고)] : 맹인 악관. [業虡(업거)] : 종이나 경쇠를 매달다. [崇牙(숭아)] : 업 위에 경쇠나 종을 매다는 곳. [樹羽(수우)] : 5색의 깃을 숭아에 꽂다. [應田(응전)] : 작은북, 큰북. [顯鼓(현고)] : 북을 매달다. 주나라는 '현고', 은나라는 '영고' 라고 했음. [簫管(소관)] : 퉁소와 피리. [我客(아객)] : 왕의 후손. [成(성)] : 음악이 끝날 때까지.

## 6. 잠(潛) - 물속에는

1/ 猗與漆沮에 의여칠저 — 아, 칠수(漆水)와 저수(沮水)에는

潛有多魚로다 잠유다어 — 그 속에 고기도 많네.

有鱣有鮪하고 유전유유 — 철갑상어 다랑어도 있고,

鰷鱨鰋鯉로다 조상언리 — 피라미 동자개 메기 잉어도가 있네.

以享以祀하여 이향이사 — 그것으로 제사에 흠향케 하고

以介景福이로다 이개경복 — 큰 복을 내리게 하리라.

{해설 및 감상}

1장으로 구성되어 6구로 이루어진 시다. 겨울에는 어사(漁師)를 명하여 첫 고기를 잡으면 천자가 오시어 친히 맛을 보고 종묘에 올리어 이 음악으로 경복을 빈다고 했다. 고기의 명칭이 다양하여 놀랍고, 고기의 명칭에 따른 글자가 많음에 놀랐다.

{어려운 낱말}

[猗與(의여)] : 감탄사. [潛(잠)] : 물속에 나무를 넣어 놓고 거기에 고기가 모이면 잡는 방식.

## 7. 옹(雝) - 온화한 모습

| | |
|---|---|
| 1/ 有來雝雝하여<br>유 래 옹 옹 | 올 때는 온화하고 |
| 至止肅肅이로다<br>지 지 숙 숙 | 이르러서는 공경하도다. |
| 相維辟公이어늘<br>상 유 벽 공 | 제사를 돕는 제후들이거늘 |
| 天子穆穆이샷다<br>천 자 목 목 | 천자께서는 아름답기만 하시네. |
| 於薦廣牡하여<br>어 천 광 모 | 큰 짐승을 제물로 바쳐서 |
| 相予肆祀하니<br>상 여 사 사 | 나를 도와 제사를 지내니 |
| 假哉皇考가<br>가 재 황 고 | 크신 문왕께서 |
| 綏予孝子하시어<br>수 여 효 자 | 아들을 편안히 하시어 |
| 宣哲維人이시다<br>선 철 유 인 | 밝고 명철하신 분이시다. |
| 文武維后시니<br>문 무 유 후 | 문무를 겸한 임금이시니 |
| 燕及皇天하여<br>연 급 황 천 | 편안히 하늘에 이르러서 |
| 克昌厥後샷다<br>극 창 궐 후 | 능히 그 후손을 창성케 하셨네. |
| 綏我眉壽하며<br>수 아 미 수 | 나를 편하게 장수케 하시며 |
| 介以繁祉하여<br>개 이 번 지 | 복을 주시어 번성케 하시어 |

**旣右烈考**요 (기우열고) — 공 높은 아버님(무왕)께 제사 올리고

**亦右文母**샷다 (역우문모) — 덕 많은 어머님(무왕의)께 제사 올리네.

{해설 및 감상}

1장 16구로 구성된 시다. 이는 무왕이 아버지인 문왕에게 제사 올리는 시라고 한다. 무왕이 아버지께 올리는 제사이기에 제물에 더욱 정성을 쏟은 것 같고, 아버지와 어머니에게 더욱더 정성을 쏟아 복을 비는 것이다.

{어려운 낱말}

[雝雝(옹옹)] : 和를 뜻함. 화합. [肅肅(숙숙)] : 공경하다. [辟公(벽공)] : 제후. [穆穆(목목)] : 천자의 위용을 말함. [廣牡(광모)] : 큰 짐승. [皇考(황고)] : 아버지로 문왕을 가리킴. [文母(문모)] : 무왕의 어머니인 태사(太姒).

## 8. 재현(載見) - 사당에 알현하고

1/ **載見辟王**하여 (재현벽왕) — 천자님을 알현하고

**曰求厥章**하니 (왈구궐장) — 그 법도를 구하니

**龍旂陽陽**하고 (용기양양) — 용을 그린 깃발은 선명하고

| | |
|---|---|
| 和鈴央央하며<br>화 령 앙 앙 | 수레와 깃대 방울 딸랑거리며 |
| 鞗革有鶬하니<br>조 혁 유 창 | 고삐고리 울리니 |
| 休有烈光이로다<br>휴 유 열 광 | 아름다운 광채가 빛나네. |
| 率見昭考하여<br>솔 견 소 고 | 모두들 무왕의 묘를 참배하고 |
| 以孝以享하니<br>이 효 이 향 | 효심으로 제사 지내니 |
| 以介眉壽하여<br>이 개 미 수 | 만수무강을 빌어 |
| 永言保之하여<br>영 언 보 지 | 오래도록 길이 보호하시어 |
| 思皇多祜하니<br>사 황 다 호 | 크고도 많은 복 내리시니 |
| 烈文辟公이<br>열 문 벽 공 | 공 많고 문덕 있는 제후들이 |
| 綏以多福하여<br>수 이 다 복 | 많은 복 누리게 하여 |
| 俾緝熙于純嘏로다<br>비 집 희 우 순 가 | 계속 밝은 복을 누리게 하셨네. |

{해설 및 감상}

1장 14구로 구성된 시다. 이 시는 제후들이 무왕의 종묘에 제사를 올리는 노래다. 무왕을 찬양하는 노래라고 할 수 있다.

{어려운 낱말}

[載見(재현)] : 곧 알현하다. [章(장)] : 법도. [龍旂(용기)] : 용이 그려진 깃

발. [陽陽(양양)] : 밝은 모양. [央央(앙앙)] : 화합하는 소리. [鞗革(조혁)] : 말고삐 끝에 고리가 달려있는 것. [昭考(소고)] : 무왕을 말함. 중앙은 태조, 左는 소(昭). 右는 목(穆)으로. [思皇(사황)] : 크고 아름다움. [純嘏(순가)] : 큰북.

## 9. 유객(有客) - 손님들

1/ 有客有客이여 (유객유객) — 손님이여, 손님이시여!

亦白其馬로다 (역백기마) — 그 말 희기도 하여라.

有萋有且하니 (유처유차) — 손님 있어 공경하고 삼가니

敦琢其旅로다 (퇴탁기려) — 아, 선택받은 그 사람들이여.

有客宿宿하니 (유객숙숙) — 손님이 묵고 또 묵으니

有客信信이로다 (유객신신) — 그 손님 하루를 더 묵으시네.

言授之縶하여 (언수지집) — 타고 온 말 고삐를 주어

以縶其馬로다 (이집기마) — 그 말의 고삐 매어 놓게 하구나.

薄言追之하여 (박언추지) — 잠깐 쫓아 전송하여

左右綏之로다 (좌우수지) — 좌우를 편하게 해 드리네.

| | |
|---|---|
| 旣有淫威하니 (기 유 음 위) | 선왕의 큰 위엄을 두었으니 |
| 降福孔夷로다 (강 복 공 이) | 복 내림이 매우 크도다. |

{해설 및 감상}

1장 12구절로 구성하고 있는 시다. 이 시는 은(殷)나라의 후예인 미자(微子)가 찾아와서 조상의 사당에 참배할 때 부르는 노래라고 한다. 그래서 제목이 '유객(有客)' 이라고 했을 것이다.

{어려운 낱말}

[客(객)] : 은나라 후예인 미자(微子)를 가리킴. [亦白(역백)] : 흰말을 가리키는데, 은나라에서는 흰색을 숭상했다. 그래서 백마(白馬)가 나온다. [敦琢(퇴탁)] : 선택하다. '敦' 를 '퇴' 로 읽는다. [宿宿(숙숙)] : 묵고 또 묵다. [信信(신신)] : 하루를 더 묵다. [追(추)] : 전송하는 것. [左右(좌우)] : 성왕의 신하들. [淫威(음위)] : 큰 위의. [夷(이)] : 크다.

## 10. 무(武) - 위대한 무왕

| | |
|---|---|
| 1/於皇武王이여 (오 황 무 왕) | 아, 위대한 무왕이시여! |
| 無競維烈이로다 (무 경 유 열) | 그 공이 비할 곳 없이 빛나도다. |

允文文王이 　　　진실로 문덕 높은 문왕은
윤 문 문 왕

克開厥後하시어 　　　능히 후손을 열어주시어
극 개 궐 후

嗣武受之하사 　　　문왕이 뒤를 이으시어
사 무 수 지

勝殷遏劉하니 　　　은나라를 이기고 포악을 없애니
승 은 알 류

耆定爾功이로다 　　　큰 공을 정하기에 이르렀네.
지 정 이 공

{해설 및 감상}

1장에 7구절로 구성된 시다. 주공(周公)이 형인 무왕(武王)의 공을 상징하여 그 무공을 음악으로 만들어 연주한 가악이라고 하였다. 그래서 첫 음절부터 '위대한 무왕이시여!' 하고 노래하기 시작했다.

{어려운 낱말}

[於皇(오황)] : 아, 크신 임금님. 於(오)는 감탄사. [遏劉(알류)] : 죽이는 것을 그치게 함. [耆(지)] : 이르다. 耆를 '지' 로 읽는다.

## 제3장
# 주송·민여소자(周頌 · 閔予小子)

「모시서」에는 사왕(嗣王)이 묘당(廟堂)에 아침에 알현하는 것이라 하였고, 정전(鄭箋)에는 사왕은 성왕(成王)을 말한다고 했다. 또 성왕이 상을 마치고 선왕들의 사당에 참배하며 이 노래를 불렀다고 한다.

가없는 소자여!
집안의 큰 불행을 맞아
외로이 애통하고 있으니
아, 황고이시여!
영원히 효도하게 하소서.

–'민여소자' 일부

## 1. 민여소자(閔予小子) - 가없다 소자여!

| | |
|---|---|
| 1/ 閔予小子여<br>민 여 소 자 | 불쌍하다 소자여! |
| 遭家不造하여<br>조 가 부 조 | 집안의 큰 불행을 맞아 |
| 嬛嬛在疚하니<br>현 현 재 구 | 외로이 애통하고 있으니 |
| 於乎皇考여<br>어 호 황 고 | 아, 황고이시여! |
| 永世克孝하소서<br>영 세 극 효 | 영원히 효도하게 하소서. |
| 念玆皇祖시여<br>념 자 황 조 | 생각합니다 황조이시여! |
| 陟降庭止하시니<br>척 강 정 지 | 뜰에 오르내리시는 것 같으니 |
| 維予小子여<br>유 여 소 자 | 이 소자여! |
| 夙夜敬止로다<br>숙 야 경 지 | 밤낮으로 공경하도다. |
| 於乎皇王이시여<br>어 호 황 왕 | 아아, 임금이시여! |
| 繼序思不忘이로다<br>계 서 사 불 망 | 차례로 이어감을 잊지 않겠나이다. |

{해설 및 감상}

1장 11구로 구성된 노래다. 제목이 '민여소자(閔予小子)'로, 불쌍하다 소자여! 로 해석이 되어있다. 이 시는 성왕이 상(喪)을 마치고 선왕(先王)들의 묘에 참배하며 이 노래를 불렀다고 한다. 이 노래에는 감탄

형이 많이 등장하는 것이 특징이다. 소자(小子)여! 황고(皇考)여! 황조(皇祖)여! 했으며, 차례로 이어감을 잊지 않겠다는 의지가 표현되어 있다.

{어려운 낱말}

[閔(민)] : 가없다. 병들다로 되어있고, 소자(小子)는 성왕 자신을 말하고 있다. [皇考(황고)] : 성왕의 아버지 무왕을 가리킨다. [皇祖(황조)] : 할아버지 문왕을 가리킨다. [皇王(황왕)] : 문왕과 무왕을 말함.

## 2. 방락(訪落) - 처음부터 물어가며

| | |
|---|---|
| 1/ 訪予落止하여 (방여락지) | 나 처음부터 물어서 |
| 率時昭考나 (솔시소고) | 아버지의 뒤를 따르려 하나 |
| 於乎悠哉라 (어호유재) | 아아, 슬프다 멀기만 하네. |
| 朕未有艾하니 (짐미유애) | 나는 따르지 못하고 있으니 |
| 將予就之나 (장여취지) | 내 나아가서 힘쓰려 하나 |
| 繼猶判渙이로다 (계유판환) | 잊지 못할까봐 두렵네. |
| 維予小子는 (유여소자) | 이 소자는 |

| | |
|---|---|
| 未堪家多難하여<br>미 감 가 다 난 | 집안의 다난(多難)을 감당치 못하여 |
| 紹庭上下라<br>소 정 상 하 | 뜰을 오르내리고만 있다네. |
| 陟降厥家하여<br>척 강 궐 가 | 집안을 오르내리시어 |
| 休矣皇考로<br>휴 의 황 고 | 거룩한 황고로 하여금 |
| 以保明其身이로다<br>이 보 명 기 신 | 밝게 그 몸 보전할지로다. |

{해설 및 감상}

1장 12구로 구성된 노래다. 성왕이 종묘를 참배하고 이 노래를 지었다고 한다. 성왕이 조부와 아버지를 따르려는 의지를 보이고 있으나 자신은 미치지 못한다고 한탄하고 있다.

{어려운 낱말}

[訪(방)] : 묻다. [予落(여락)] : 나는 처음부터 묻는다는 것이다. [悠哉(유재)] : 아득히 멀도다! 감탄형. [艾(애)] : 다스리다. [判渙(판환)] : 흩어짐. [保明(보명)] : 편안히 보전함.

## 3. 경지(敬之) - 그분을 공경하라

| | |
|---|---|
| 1/ 敬之敬之어다<br>경 지 경 지 | 공경하고 또 공경할지어다 |

| | |
|---|---|
| 天維顯思라<br>천 유 현 사 | 하늘은 오직 뚜렷한 것이니라. |
| 命不易哉니<br>명 불 이 재 | 그 명은 쉽지 않으니 |
| 無曰高高在上하라<br>무 왈 고 고 재 상 | 높고 높아 위에 있다고 말하지 말라. |
| 陟降厥士를<br>척 강 궐 사 | 오르내리며 그 일에 대해 |
| 日監在茲니라<br>일 감 재 자 | 날마다 살피고 계시니라. |
| 維予小子는<br>유 여 소 자 | 나 이 소자는 |
| 不聰敬止하니<br>불 총 경 지 | 총명하고 공경하지도 못하니 |
| 日就月將하여<br>일 취 월 장 | 날로 달로 나아가서 |
| 學有緝熙于光明하여<br>학 유 집 희 우 광 명 | 학문을 닦고 빛나게 하여 |
| 佛時仔肩하여<br>필 시 자 견 | 그대는 나를 도와서 |
| 示我顯德行이어다<br>시 아 현 덕 행 | 나에게 밝은 덕 보여주시길–. |

{해설 및 감상}

1장 12구로 구성된 시다. 성왕이 모든 신하들에게 경계하고 자기를 낮추어가면서 내리는 경계로 하늘의 현명함을 들어 밝히고 있다. 자기는 비록 현명하고 공경하지도 못하나 일취월장 학문을 닦아서 빛나게 할 것이니, 그대들은 나를 도와달라는 내용이다.

{어려운 낱말}

[顯思(현사)] : 현명함. [厥士(궐사)] : 그 하는 일. [將(장)] : 나아가다. [佛(필)] : 도우다. 필(弼)과 같음. 불(佛)은 '필' 로 읽음. [仔肩(자견)] : 맡기다.

## 4. 소비(小毖) - 조심하라

| | |
|---|---|
| 1/ 予其懲은<br>여 기 징 | 내가 삼가고 조심하는 것은 |
| 而毖後患이라<br>이 비 후 환 | 후환을 조심하는 것이라. |
| 莫予荓蜂하라<br>막 여 병 봉 | 그대 날아가는 벌을 조심하라, |
| 自求辛螫이로다<br>자 구 신 석 | 스스로 독침을 찾는 것이다. |
| 肇允彼桃蟲이라<br>조 윤 피 도 충 | 처음에는 진실로 작은 새였는데 |
| 拚飛維鳥라<br>변 비 유 조 | 훨훨 나니 큰 새가 되네. |
| 未堪家多難커늘<br>미 감 가 다 난 | 집안일 다난하여 난감하거늘 |
| 予又集于蓼하리라<br>여 우 집 우 료 | 나 또 여뀌 풀이나 뜯을까. |

{해설 및 감상}

1장 8구로 구성된 노래다. 이 시 역시 종묘에 사용된 아악이다. 그냥 일반적인 종묘제악으로 평범함 속에 비범함을 구사하고 있다. 항상 조심하여 어려운 일을 극복해야 한다는 내용이 들어있다.

{어려운 낱말}

[懲(징)] : 경계함. 조심함. [毖(비)] : 삼가다. [莽蜂(병봉)] : 벌의 독침. [桃蟲(도충)] : 뱁새. [拚(변)] : 날아가는 모양. [蓼(요)] : 여뀌 풀. 쓴 나물.

## 5. 재삼(載芟) - 풀을 베다

| | |
|---|---|
| 1/ 載芟載柞하여 (재삼재작) | 풀을 베고 나무를 베어서 |
| 其耕澤澤이로다 (기경택택) | 그 땅을 갈아 일구었네. |
| 千耦其耘하니 (천우기운) | 많은 사람 밭 갈고 김을 매니 |
| 徂隰徂畛이로다 (조습조진) | 진펄 밭 언덕 길로 나아가네. |
| 侯主侯伯과 (후주후백) | 주인과 큰아들들과 |
| 侯亞侯旅와 (후아후려) | 작은아버지와 아들들과 |
| 侯彊侯以가 (후강후이) | 품앗이꾼과 일꾼들이 |
| 有嗿其饁이로다 (유탐기엽) | 맛있게 점심밥을 먹는구나! |

| | |
|---|---|
| 思媚其婦는<br>사 미 기 부 | 밥 이고 온 아름다운 부인들은 |
| 有依其士하며<br>유 의 기 사 | 그들의 남편을 위로해주고 |
| 有略其耜로<br>유 략 기 사 | 날카로운 보습으로 |
| 俶載南畝로다<br>숙 재 남 무 | 양지 밭 갈기 시작하도다. |
| 播厥百穀하여<br>파 궐 백 곡 | 여러 가지 곡식을 파종하며 |
| 實函斯活하니<br>실 함 사 활 | 곡식이 흙 가운데 자라니 |
| 驛驛其達하여<br>역 역 기 달 | 곡식 뾰족이 돋아나서 |
| 有厭其傑하고<br>유 염 기 걸 | 아름답게 자라나고 |
| 厭厭其苗하니<br>염 염 기 묘 | 곡식 싹 무성하니 |
| 緜緜其麃로다<br>면 면 기 포 | 빈틈 없이 김을 매주네. |
| 載穫濟濟하니<br>재 확 제 제 | 풍성한 곡식 거두어들이니 |
| 有實其積이<br>유 실 기 적 | 커다란 노적가리가 |
| 萬億及秭어늘<br>만 억 급 자 | 한없이 많기에 |
| 爲酒爲醴하여<br>위 주 위 례 | 술을 빚고 단술 빚어서는 |
| 烝畀祖妣하고<br>증 비 조 비 | 조상님께 제사로 바치옵고 |
| 以洽百禮로다<br>이 흡 백 례 | 모든 예절 갖추어 제사 지내도다. |

| | |
|---|---|
| 有飶其香하니<br>유 필 기 향 | 향기로운 그 향기는 |
| 邦家之光이로다<br>방 가 지 광 | 나라의 빛이로다. |
| 有椒其馨하니<br>유 초 기 형 | 은은한 향기 풍기니 |
| 胡考之寧이로다<br>호 고 지 녕 | 늙은 어버이 편안하심이로다. |
| 匪且有且요<br>비 차 유 차 | 이곳만 즐거운 것이 아니요, |
| 匪今斯今이니<br>비 금 사 금 | 금년만 풍년인 거 아니니 |
| 振古如玆로다<br>진 고 여 자 | 예부터 이와 같음이로다. |

{해설 및 감상}

1장에 모두 31구절로 형성되어 있다. 이 시는 어디에 쓰인 것인지는 자세하지는 않지만 「모시서」에 의하면, 임금님께서 봄이면 몸소 밭 갈고 농사를 권장하며 사직에 풍년이 들도록 비는 악가라고 하였다. 마찬가지로 일 년의 수확이 끝나면 조상에게 제사를 드리며 올렸던 가악(歌樂)이라고 하였다.

{어려운 낱말}

[芟(삼)] : 풀을 베다. [柞(작)] : 나무를 베다. [澤澤(택택)] : 흙이 부드럽게 부서져 흩어지는 모양. [耦耘(우운)] : 쟁기로 밭을 갈고 김을 매다. [隰畛(습진)] : 습은 습지, 진은 밭의 언덕. [亞(아)] : 亞는 仲父, 혹은 叔父를 말

함. [饁(엽)] : 점심을 내오다. [媚(미)] : 예쁘다. 여자가 아양 부리다. [耜(사)] : 보습. [俶載(숙재)] : 처음 시작하는 일. [播(파)] : 곡식의 씨를 뿌리다. [驛驛(역역)] : 곡식의 싹이 나오는 모양. [厭厭(염염)] : 곡식의 싹이 가지런히 자라는 모양. [緜緜(면면)] : 빈틈없는 모양. [濟濟(제제)] : 사람이 많은 모양. [烝畀(증비)] : 재물을 바쳐 제사를 지냄. [胡考(호고)] : 늙은 아버지. [振古(진고)] : 예부터.

## 6. 양사(良耜) - 좋은 보습으로

| | |
|---|---|
| 1/ 畟畟良耜로 (측측량사) | 날카로운 좋은 보습으로 |
| 俶載南畝하리라 (숙재남무) | 비로소 남쪽의 밭을 갈리라 |
| 播厥百穀하니 (파궐백곡) | 온갖 곡식 씨를 뿌리니 |
| 實函斯活이로다 (실함사활) | 여러 곡식이 다 살아나도다. |
| 或來瞻女하니 (혹래첨녀) | 저 여인들 오는 것을 보니 |
| 載筐及筥에 (재광급거) | 모난 광주리와 둥근 광주리에 |
| 其饟伊黍로다 (기양이서) | 가득 담아온 건 기장밥이로다. |
| 其笠伊糾며 (기입이규) | 삿갓 비스듬히 비껴쓰고 |
| 其鎛斯趙로 (기박사조) | 호미 들고 김을 매어가며 |

| | |
|---|---|
| 以薅荼蓼로다<br>이 호 도 료 | 온갖 잡초 뽑아내도다. |
| 荼蓼朽止하니<br>도 료 후 지 | 잡초들 시들시들하니 |
| 黍稷茂止로다<br>서 직 무 지 | 기장과 오곡들 무성히 자라나네. |
| 穫之挃挃하여<br>확 지 질 질 | 써걱써걱 곡식을 베어서 |
| 積之栗栗하니<br>적 지 율 율 | 수북하게 쌓아 놓으니 |
| 其崇如墉하고<br>기 숭 여 용 | 높이가 담벽과 같고 |
| 其比如櫛하니<br>기 비 여 즐 | 빗살 같이 늘어서니 |
| 以開百室이로다<br>이 개 백 실 | 모든 곳간 열어 곡식을 들이도다. |
| 百室盈止하니<br>백 실 영 지 | 모든 곡간이 가득 차니 |
| 婦子寧止로다<br>부 자 녕 지 | 아내와 자식이 편안하도다. |
| 殺時犉牡하여<br>살 시 순 모 | 큰 황소 잡아서 보니 |
| 有捄其角이로다<br>유 구 기 각 | 그 뿔만 구부정하도다. |
| 以似以續하여<br>이 사 이 속 | 이같이 대를 이어 또 이어서 |
| 續古之人이로다<br>속 고 지 인 | 선조들의 제사를 이어가리로다. |

{해설 및 감상}

1장으로 모두 23구절로 구성되어 있다. 주나라 임금이 가을을 수확한 후 조상들에게 감사를 드리는 뜻으로 사직제단에 제사를 올리는 내용으로 되었다. 농사를 짓기 위해 쟁기로 밭을 가는 것부터 시작하여 씨를 뿌리고 온갖 곡식들이 자라나는 괴정을 노래했고, 오곡들이 익어서 늘어지면 그것을 베어서 곡간을 채우고, 누런 황소 잡아 선조들의 제사를 이어나가겠다는 그 과정까지 노래하고 있다.

{어려운 낱말}

[畟畟(측측)] : 날카로운 모습. [耜(사)] : 보습. [筐筥(광거)] : 모난 광주리와 둥근 광주리. [糾(규)] : 동여매다. 삿갓을 동여매다. [趙(조)] : 찌르다. [荼蓼(도료)] : 잡초. [黍稷(서직)] : 곡식. [挃挃(질질)] : 곡식을 거둘 때 베는 소리. [栗栗(율율)] : 많은 모양. [如櫛(여즐)] : 빗과 같음. [百室(백실)] : 모든 집. [犉牡(순모)] : 입술이 검은 누런 소. [續古(속고)] : 선조의 제사를 이어나감.

## 7. 사의(絲衣) - 제복(祭服)을 입고

| | |
|---|---|
| 1/ 絲衣其紑하며 (사 의 기 부) | 제사 의복은 정결하며 |
| 載弁俅俅로다 (재 변 구 구) | 관을 쓴 것이 공손하구나. |

自堂徂基하니 당(堂)에서 내려와 문전으로 가니
자 당 조 기

自羊徂牛하며 양과 소 잡아 놓은 것과
자 양 조 우

鼐鼎及鼒로다 크고 작은 가마솥이 있네.
내 정 급 자

兕觥其觩하니 소뿔 잔 구부정한데
시 굉 기 구

旨酒思柔로다 맛있는 술 부드럽구나.
지 주 사 유

不吳不敖하니 떠들지도 오만하지도 않으니
불 오 불 오

胡考之休리오 어찌 아버지 편안 때문이 아니리요.
호 고 지 휴

{해설 및 감상}

모두 1장에 9구절로 구성된 시다. 사의(絲衣)는 제복을 입는다는 뜻이다. 왜 제복을 입을까? 제사를 지내기 위함이다. 제사를 지낸 뒤에 다시 제사를 지내는 것을 역제라 하는데, 이것은 제사를 지낸 뒤에 다시 지내는 제사를 말한다고 했다. 제왕은 제사를 지낸 다음 날에 지내고, 경대부는 빈시(賓尸)라 하여 제사 지낸 당일에 지낸다 했다.

{어려운 낱말}

[絲衣(사의)] : 제복을 말함. [紑(부)] : 깨끗하다 [俅俅(구구)] : 공손한 모양. [堂(당)] : 명당. [鼐鼎(내정)] : 큰 솥과 일반의 솥. [鼒(자)] : 작은 솥. [兕觥(시굉)] : 외뿔 소의 뿔로 만든 술잔. [吳(오)] : 떠들어대는 것. [休

(휴)] : 복을 받다.

## 8. 작(酌) - 잔

| | |
|---|---|
| 1/於鑠王師여<br>어 삭 왕 사 | 아아, 왕성한 임금님의 군사들이여! |
| 遵養時晦하다가<br>준 양 시 회 | 복종해서 봉양하는 때를 기다려 |
| 時純熙矣하여<br>시 순 희 의 | 크게 빛내시어 |
| 是用大介시로다<br>시 용 대 개 | 위대하고 훌륭하셨네. |
| 我龍受之하니<br>아 룡 수 지 | 우리는 이런 은혜 입었으니 |
| 蹻蹻王之造로다<br>교 교 왕 지 조 | 용맹스런 임금의 업적이로다. |
| 載用有嗣는<br>재 용 유 사 | 우리가 선인들의 유업을 계승함은 |
| 實維爾公允師로다<br>실 유 이 공 윤 사 | 실로는 그 공을 본받을지어다. |

{해설 및 감상}

1장 8구로 구성된 노래이다. 이 시는 무왕을 칭송하는 노래라고 하였다. 첫 구에 '아 왕성한 임금님의 군사여!' 라고 감탄하는 동시에, 이런 용감한 임금님의 은혜를 힘입어 그 유업을 계승했다고 하여 그 공을 본받아야 한다고 했다.

{어려운 낱말}

[於鑠(어삭)] : 어는 감탄이요, 삭은 아름다움. [遵養(준양)] : 다스림에 따르다. [大介(대개)] : 큰 갑옷. [龍受(용수)] : 문왕의 은덕을 받다. [蹻蹻(교교)] : 용맹스런 모양. [有嗣(유사)] : 선인의 유업을 이어나감. [允師(윤사)] : 스승이 될 만한 사람. 사(師)는 스승이 될 만한 사람.

## 9. 환(桓) - 용감함이여!

| | |
|---|---|
| 1/ 綏萬邦하시니 (수 만 방) | 온 세상 편안하게 하시니 |
| 婁豊年하여 (루 풍 년) | 풍년이 거듭 들어서 |
| 天命匪解로다 (천 명 비 해) | 하늘의 명은 게으르지 않음이로다. |
| 桓桓武王은 (환 환 무 왕) | 용감하신 무왕께서는 |
| 保有厥士하사 (보 유 궐 사) | 그 군사를 보호하사 |
| 于以四方하여 (우 이 사 방) | 사방을 다스리시어 |
| 克定厥家하시니 (극 정 궐 가) | 왕실을 든든하게 하시니 |
| 於昭于天이라 (어 소 우 천) | 아, 하늘에 그 덕이 밝혀져 |

皇以間之로다 은나라를 대신하셨네.
황 이 간 지

{해설 및 감상}

1장 9구절로 구성된 시다. 이 노래 역시 무왕(武王)의 공을 찬미한 노래라고 한다. 그래서 강무(講武)를 하고 유제(類祭)나 마제(禡祭)를 지낼 때 부르는 악가(樂歌)라고 하였다. 첫 구에서 만방이 편안하니 해마다 거듭 풍년이 든다고 했고, 축의로부터 시작하여 끝에 가 은나라를 정벌하고 천하를 얻었다고 했다.

{어려운 낱말}

[桓桓(환환)] : 씩씩하고 늠름한 모양. [厥士(궐사)] : 신하를 가리킨다. [間(간)] : 여기서 은나라를 대신한다고 보고 있다.

## 10. 뢰(賚) - 천명 내리다

1/ 文王旣勤止하니 문왕께서 고생하여 업적을 이루시니
문 왕 기 근 지

我應受之로다 우리 무왕께서 물려 받으셨도다.
아 응 수 지

敷時繹思하여 문왕의 공덕을 생각하시어
부 시 역 사

我徂維求定하니 우리 무왕께서 안정을 구함이니
아 조 유 구 정

時周之命이오니 이는 주나라가 받은 명령이오니
시주지명

於繹思이로다 아아, 잘 찾아 살펴야 하느니라.
오역사

{해설 및 감상}

1장 6구로 구성된 시이다. 문왕과 무왕을 크게 칭찬하고 공신들을 책봉하여 부른 노래라고 한다. 문왕이 건국의 기초를 닦은 그 위에 무왕이 주나라를 건설했고, 그 못된 은나라를 쳐부순 것은 천명이라는 것이다. 이는 주나라가 받은 명령이기 때문에, 이것을 잘 찾아 살펴야 한다는 내용으로 끝을 맺었다.

{어려운 낱말}

[應(응)] : 마땅히. [敷時(부시)] : 이것을 잘 펴서. [繹思(역사)] : 궁리하여 살피다. [於繹思(오역사)] : '於(오)' 는 감탄사. '역사' 는 찾아 살피고 생각하다.

## 11. 반(般) - 산과 바다여!

1/於皇時周여 오! 아름다운 주나라여!
어황시주

陟其高山하니 높은 산에 올라가 보니
척기고산

| | |
|---|---|
| 隋山喬嶽이<br>타 산 교 악 | 긴 산줄기의 높은 산이 |
| 允猶翕河로다<br>윤 유 흡 하 | 진실로 황하의 물줄기가 합치네. |
| | |
| 2/敷天之下를<br>부 천 지 하 | 온 천하의 산들이 |
| 裒時之對하니<br>부 시 지 대 | 모여서 마주 대하고 있으니 |
| 時周之命이로다<br>시 주 지 명 | 이것이 주나라의 운명이라네. |

{해설 및 감상}

2장으로 구성되어 있으며, 1장은 4구요, 2장은 3구로 구성되어 있다. 이 시는 임금이 나라를 순방하면서 산과 물의 흐름과 산천의 유구함을 들어 노래한 시라고 한다. 예부터 치산과 치수를 잘해야 임금으로서 훌륭한 정치를 한다고 했다. 산들이 높이 솟아있고 강물이 하나로 흘러가는 것, 이것이 주나라의 운명이라고까지 하고 있다.

{어려운 낱말}

[高山(고산)] : 높은 산으로 이루어져 있음. [隋山(타산)] : 폭이 좁고 높으며 기다란 산. [喬嶽(교악)] : 거대한 높은 산. [翕河(흡하)] : 강물이 서로 합치는 것. [裒(부)] : 모으다.

## 제4장
# 노송(魯頌)

노나라의 고성(故城)은 산동성 곡부(曲阜)에 있다. 주공(周公)이 성왕(成王)을 도와 천하를 평정하고 법전을 제정하는 등, 큰 공훈을 세워 성왕이 나라를 맏아들 백금(伯禽)을 이곳 노나라에 봉하여 천자의 예악으로서 하늘과 산천과 바다에 제사를 지내도록 했다. 그래서 노나라의 송(頌)이 있고, 이것을 「魯頌」이라고 했다. 그래서 성왕은 주공이 큰 공훈을 천하에 세움으로서 천자의 예악을 하사하였다. 이에 주나라의 송(頌)을 모방하여 노송(魯頌)을 지었다고 한다.

살찌고 튼튼한 수놈 말이
먼 들 밖에서 뛰놀고 있구나.
살찌고 큰 말은
검은 말과 황백색의 말들
검은색 말과 누런 색 말들이니
수레를 힘차게 끌고 가도다.

-'좋은 말'의 일부

## 1. 경(駉) - 좋은 말

| | |
|---|---|
| 1/ 駉駉牡馬가<br>경 경 모 마 | 살찌고 튼튼한 수놈 말이 |
| 在坰之野로다<br>재 경 지 야 | 먼 들 밖에서 뛰놀고 있구나. |
| 薄言駉者는<br>박 언 경 자 | 살찌고 큰 말은 |
| 有驈有皇하며<br>유 율 유 황 | 검은 말과 황백색의 말들 |
| 有驪有黃하니<br>유 려 유 황 | 검은색 말과 누런 색 말들이니 |
| 以車彭彭이로다<br>이 거 방 방 | 수레를 힘차게 끌고 가도다. |
| 思無疆하니<br>사 무 강 | 끝없이 달려가는 걸 생각하니 |
| 思馬斯臧이로다<br>사 마 사 장 | 정말로 좋은 말이라 생각하도다. |
| 2/ 駉駉牡馬가<br>경 경 모 마 | 살찌고 큰 수놈 말이 |
| 在坰之野로다<br>재 경 지 야 | 먼 들 밖에서 놀고 있도다. |
| 薄言駉者는<br>박 언 경 자 | 살찌고 큰 말은 |
| 有騅有駓하며<br>유 추 유 비 | 청백색의 말과 얼룩말이며 |
| 有騂有騏니라<br>유 성 유 기 | 붉은말과 청색의 얼룩말들이네. |
| 以車伾伾로다<br>이 거 비 비 | 수레를 끌고 힘차게 달리네. |

| | |
|---|---|
| 思無期하니<br>사 무 기 | 생각은 기약 없으니 |
| 思馬斯才로다<br>사 마 사 재 | 이것은 재주 있는 말이로다. |
| 3/ 駉駉牡馬는<br>경 경 모 마 | 살찌고 수놈 말들이 |
| 在坰之野하니<br>재 경 지 야 | 들에서 멀리 뛰놀고 있으니 |
| 薄言駉者로다<br>박 언 경 자 | 살이 찐 것이 큰 말이로다. |
| 有驒有駱하며<br>유 탄 유 락 | 돈짝박이 무늬 말과 낙타 말이며 |
| 有騮有雒이<br>유 류 유 락 | 월다말과 갈기 검은 말들이 |
| 以車繹繹이로다<br>이 거 역 역 | 수레를 끌고 잘도 달려가네. |
| 思無斁하니<br>사 무 역 | 잘 달리는 말이라 생각하니 |
| 思馬斯作이로다<br>사 마 사 작 | 활발한 말이라 생각하네. |
| 4/ 駉駉牡馬가<br>경 경 모 마 | 살찌고 큰 수놈 말이 |
| 在坰之野하니<br>재 경 지 야 | 먼 들판에서 뛰놀고 있는데 |
| 薄言駉者는<br>박 언 경 자 | 살찌고 큰 말은 |
| 有駰有騢하며<br>유 인 유 하 | 은총이 말과 얼룩말들이며 |
| 有驔有魚하니<br>유 담 유 어 | 무릎이 흰말과 눈언저리 흰말이 |

以車祛祛로다 씩씩하게도 수레 끌고 달리네.
이 거 거 거

思無邪라 하니 사특함이 없다 했으니
사 무 사

思馬斯徂로다 정말 달려가는 말만을 생각하네.
사 마 사 조

{해설 및 감상}

모두 4장 8구로 구성된 시다. 노(魯)나라의 희공(僖公)이 말을 기르는 것을 찬미한 노래라고 한다. 옛날에는 주로 말을 이용하여 다닐 뿐 아니라 전쟁터에서도 이 말을 많이 이용하기 때문에 말을 기르는 것은 큰 일이었다. 그래서 국방의 힘은 군사력에 있었으며, 마찬가지로 말의 힘도 대단한 힘인 것이었다. 더구나 임금이나 장군들은 호화로운 말 타기를 좋아해서 수많은 말의 종류를 기르고 있었다. 여기에 나오는 말의 종류도 한없이 많다. 현대인은 듣도 보도 못한 말의 종류에 아마 놀랐을 것이다.

{어려운 낱말}

[駉駉(경경)] : 말이 비대한 모양. [坰(경)] : 먼 들판. [有皇(유황)] : 황백색의 말을 일컬음. [彭彭(방방)] : 힘 있게 수레를 끌고 가는 모양. [思無疆(사무강)] : 생각은 경계가 없다. 생각의 무한함. [臧(장)] : 착하다. 善과 통함. [有騂(유성)] : 적황색의 말. [有騏(유기)] : 청흑색의 말. [伾伾(비비)] : 힘이 있는 모양. [有駵(유류)] : 붉은 몸에 검은 갈기 말. [繹繹(역역)] : 끊이지 않는 모양. [祛祛(거거)] : 힘 있게 수레를 끌고 가는 모양.

## 2. 유필(有駜) - 살찌고 강한 말

| | |
|---|---|
| 1/ 有駜有駜하니<br>유 필 유 필 | 살찌고 억세니 |
| 駜彼乘黃이로다<br>필 피 승 황 | 저 살찐 누런 말이로다. |
| 夙夜在公하니<br>숙 야 재 공 | 밤낮으로 조정 일에 매이니 |
| 在公明明이로다<br>재 공 명 명 | 조정 일에 현명하게 하도다. |
| 振振鷺여<br>진 진 로 | 훨훨 나는 백로여! |
| 鷺于下로다<br>노 우 하 | 백로가 날아 내리네. |
| 鼓咽咽하니<br>고 인 인 | 북소리 둥둥 울리니 |
| 醉言舞하니<br>취 언 무 | 술에 취해서 춤을 추니 |
| 于胥樂兮로다<br>우 서 락 혜 | 아, 즐거워하네. |
| 2/ 有駜有駜하니<br>유 필 유 필 | 기름 지고 살이 찌니 |
| 駜彼乘牡로다<br>필 피 승 모 | 저 살찐 말을 타고 오네. |
| 夙夜在公하니<br>숙 야 재 공 | 밤늦게부터 공사에 얽매이니 |
| 在公飮酒로다<br>재 공 음 주 | 조정 일에도 매여 술을 마시네. |
| 振振鷺여<br>진 진 로 | 훨훨 나는 백로여! |

| | |
|---|---|
| 鷺于飛로다<br>노 우 비 | 저 백로가 날아오르도다. |
| 鼓咽咽이어늘<br>고 인 인 | 북소리 둥둥 울리거늘 |
| 醉言歸로다<br>취 언 귀 | 술에 취해 돌아가도다. |
| 于胥樂兮여<br>우 서 락 혜 | 아, 서로 즐거워함이여! |

| | |
|---|---|
| 3/ 有駜有駜하니<br>유 필 유 필 | 기름지고 살이 찌니 |
| 駜彼乘駽이로다<br>필 피 승 현 | 저 살찐 검푸른 말이로다. |
| 夙夜在公하니<br>숙 야 재 공 | 밤낮 공적인 일에 매이니 |
| 在公載燕이로다<br>재 공 재 연 | 조정일 땜에 잔치도 벌이네. |
| 自今以始하여<br>자 금 이 시 | 지금부터 시작하여 |
| 歲其有로다<br>세 기 유 | 해마다 풍년이 있으리로다. |
| 君子有穀하면<br>군 자 유 곡 | 군자에게 복록이 있으면 |
| 詒孫子하니<br>이 손 자 | 자손에게 돌려보내나니 |
| 于胥樂兮여<br>우 서 락 혜 | 너도 나도 서로 즐거워함이로다. |

{해설 및 감상}

모두 3장에 장마다 9구절로 구성된 노래다. 이 노래는 희공(僖公)이

군신 간에 도리가 있음을 기뻐하여 찬양하는 노래라고 했고, 또 잔치를 베풀어 군신 간에 술을 마시고 즐기는 것을 노래하고 있다고 했다. 첫 장에는 살찌고 억센 말이 등장하여서 나라의 강건함을 노래하면서 조정의 일을 마치고는 어울려 술을 마시며 즐긴다는 내용으로 되어있다. 그래서 끝 연에서는 아, 즐거워함이여! 하고 영탄을 노래했다. 그래서 끝 연에는 '너도 나도 서로 즐거워함이로다.' 고 하면서 끝을 맺는다.

{어려운 낱말}

[駜(필)] : 말이 살찌고 굳센 모양. [明明(명명)] : 밝게 잘 다스리는 모양. [振振(진진)] : 떼 지어 나는 모양. [鷺(로)] : 백로. 여기서는 백로가 날개를 펄럭이는 모양. [咽咽(인인)] : 북소리의 의성어. 둥둥하는 소리. [胥(서)] : 서로. [駽(현)] : 푸르고 검은 말. 철총이라 함. [有(유)] : 유년. 풍년. [詒孫(이손)] : 자손에 내려주다.

## 3. 반수(泮水) - 반궁(泮宮)의 물

| | |
|---|---|
| 1/ 思樂泮水여<br>사 락 반 수 | 즐겁다, 반궁의 물이여! |
| 薄采其芹이로다<br>박 채 기 근 | 그 미나리를 캐도다. |
| 魯侯戾止하시니<br>노 후 려 지 | 노나라 임금님께서 오시니 |
| 言觀其旂로다<br>언 관 기 기 | 그 깃발이 보이는도다. |

| | |
|---|---|
| 其旗茷茷하며<br>기 기 패 패 | 그 깃발 펄럭이며 |
| 鸞聲噦噦하니<br>난 성 홰 홰 | 말방울 소리 딸랑거리니 |
| 無小無大가<br>무 소 무 대 | 젊은이 늙은이 할 것 없이 |
| 從公于邁로다<br>종 공 우 매 | 임금님 뒤를 따르네. |
| 2/ 思樂泮水여<br>사 락 반 수 | 즐겁다, 반궁의 물이여! |
| 薄采其藻로다<br>박 채 기 조 | 마름 풀을 뜯도다. |
| 魯侯戾止하니<br>노 후 려 지 | 노나라 임금님 오시니 |
| 其馬蹻蹻로다<br>기 마 교 교 | 그 말이 건장도 하도다. |
| 其馬蹻蹻하니<br>기 마 교 교 | 그 말이 건장하니 |
| 其音昭昭로다<br>기 음 소 소 | 그 소리 밝기도 하네. |
| 載色載笑하시니<br>재 색 재 소 | 밝은 얼굴에 웃음 띠시니 |
| 匪怒伊敎로다<br>비 노 이 교 | 화내는 것은 아니라 가르치시네. |
| 3/ 思樂泮水여<br>사 락 반 수 | 즐겁다, 반궁의 물이여! |
| 薄采其茆로다<br>박 채 기 묘 | 마름 풀을 뜯도다. |
| 魯侯戾止하니<br>노 후 려 지 | 노나라 임금님 오시니 |

| | |
|---|---|
| 在泮飮酒로다<br>재 반 음 주 | 반궁에서 술을 드시네. |
| 旣飮旨酒하시니<br>기 음 지 주 | 맛나는 술을 드시니 |
| 永錫難老로다<br>영 석 난 노 | 불로(不老)하는 선물 받으셨네. |
| 順彼長道하시어<br>순 피 장 도 | 저 큰 도를 따르시어 |
| 屈此羣醜로다<br>굴 차 군 추 | 이 오랑캐를 굴복시키도다. |
| 4/ 穆穆魯侯는<br>목 목 노 후 | 점잖으신 노나라 임금님은 |
| 敬明其德이로다<br>경 명 기 덕 | 그 덕을 밝히셨도다. |
| 敬愼威儀하시니<br>경 신 위 의 | 위의를 신중히 여기시니 |
| 維民之則이로다<br>유 민 지 칙 | 만백성의 법이 되셨도다. |
| 允文允武하사<br>윤 문 윤 무 | 문과 무를 갖추시어 |
| 昭假烈祖하시니<br>소 격 열 조 | 선조들 밝게 빛내시니 |
| 靡有不孝하여<br>미 유 불 효 | 효도하지 않는 이 없어서 |
| 自求伊祜로다<br>자 구 이 호 | 스스로 복을 구하시도다. |
| 5/ 明明魯侯는<br>명 명 노 후 | 밝고 밝은 노나라 임금님은 |
| 克明其德이로다<br>극 명 기 덕 | 능히 그 덕을 밝히셨네. |

| | |
|---|---|
| 旣作泮宮하니<br>기 작 반 궁 | 이미 반궁을 지으시니 |
| 淮夷攸服이로다<br>회 이 유 복 | 회 땅의 오랑캐를 굴복시켰네. |
| 矯矯虎臣이<br>교 교 호 신 | 범같이 씩씩한 무사들이 |
| 在泮獻馘하며<br>재 반 헌 괵 | 반궁에 있는 적의 귀를 바치니 |
| 淑問如皐陶가<br>숙 문 여 고 요 | 심문을 고요처럼 잘하는 이가 |
| 在泮獻囚로다<br>재 반 헌 수 | 반궁에서 죄수를 바치도다. |
| 6/ 濟濟多士가<br>제 제 다 사 | 많고 많은 신하가 |
| 克廣德心하여<br>극 광 덕 심 | 덕스러운 마음을 넓혀서 |
| 桓桓于征하여<br>환 환 우 정 | 씩씩하게 출정하여 |
| 狄彼東南이로다<br>적 피 동 남 | 저 동남 오랑캐를 물리쳤네. |
| 烝烝皇皇하여<br>증 증 황 황 | 그 빛나는 무공으로 하여 |
| 不吳不揚하고<br>불 오 불 양 | 떠들거나 자랑하지 않고 |
| 不告于訩하여<br>불 고 우 흉 | 서로 다투는 일도 없이 |
| 在泮獻功이로다<br>재 반 헌 공 | 반궁에서 공로를 아뢰도다. |
| 7/ 角弓其觩하여<br>각 궁 기 구 | 뿔로 만든 활이 굳세어 |

束矢其搜로다　묶음씩 화살 묶어 놓았도다.
속 시 기 수

戎車孔博하며　병거는 한없이 넓고
융 거 공 박

徒御無斁이로다　사졸들은 싫어할 줄 모르도다.
도 어 무 역

旣克淮夷하니　이미 회 땅 오랑캐 모두 정벌하니
기 극 회 이

孔淑不逆이로다　심히 착하여 거역하지 않네.
공 숙 불 역

式固爾猶하여　그대의 계략 굳게 행하여
식 고 이 유

淮夷卒劃이로다　회수의 오랑캐 마침내 평정했도다.
회 이 졸 획

8/ 翩彼飛鴞여　펄펄 나는 저 올빼미여!
편 피 비 효

集于泮林하여　반궁의 숲에 모여 앉아
집 우 반 림

食我桑黮하고　내 뽕나무의 오디 따 먹고
식 아 상 담

懷我好音이로다　나에게 좋은 소리 들려주도다.
회 아 호 음

憬彼淮夷가　잘못을 깨달은 저 회(淮) 땅의 오랑캐
경 피 회 이

來獻其琛하니　찾아와서는 보물을 바치니
내 헌 기 침

元龜象齒와　큰 거북과 상아를
원 귀 상 치

大賂南金이로다　남쪽의 금(金)도 뇌물로 바치도다.
대 뢰 남 금

{해설 및 감상}

모두 8장으로, 장마다 8구절로 구성된 노래다. 노(魯)나라 왕이 반궁(泮宮)을 잘 다스렸음을 노래한 것이라고 하였다. 노나라는 공자가 태어나서 살았던 나라임과 동시에 회이(淮夷)의 침범을 여러 번 받아서 이를 정벌하는 내용으로 되어 있으며, 노나라 임금과 신하들이 회이(淮夷)를 물리친 공덕을 송축하고 축배를 드는 장면이 여기에 나온다. 여기에 잡은 오랑캐를 귀를 베어 바친다는 내용이 경이롭다. 임진왜란 때 조선인의 귀를 베어다가 만든 일본의 이총(耳塚)이 생각난다.

{어려운 낱말}

[泮宮(반궁)] : 제후의 학당. 鄕射를 하는 궁이다. [芹(근)] : 미나리. [戾止(여지)] : 이르다. [茷茷(패패)] : 깃발이 펄럭이다. [噦噦(홰홰)] : 방울소리. [蹻蹻(교교)] : 무성한 모양. [茆(묘)] : 순채. 오리 풀. [長道(장도)] : 큰 도. 대도. [昭假(소격)] : 밝게 이르다. [烈祖(열조)] : 주공(周公). 노공(魯公). [矯矯(교교)] : 씩씩한 모양. [淑問(숙문)] : 숙(淑)은 선함. 문(問)은 심문함. [東南(동남)] : 회 땅의 오랑캐. [烝烝皇皇(증증황황)] : 성대한 모양. [不吳不揚(불오불양)] : 엄숙한 것. [觩(구)] : 활이 굳세다. [搜(수)] : 화살이 빨리 날아가는 소리. [琛(침)] : 보물.

## 4. 비궁(閟宮) - 깊숙한 사당[宇堂]

1/ 閟宮有侐하니 깊숙한 사당은 깨끗하고
비 궁 유 혁

| | |
|---|---|
| 實實枚枚로다<br>실 실 매 매 | 조용하고 튼튼하고 아름답구나. |
| 赫赫姜嫄은<br>혁 혁 강 원 | 밝고 밝으신 강원은 |
| 其德不回하사<br>기 덕 불 회 | 그 덕이 어긋남이 없으시어 |
| 上帝是依하시어<br>상 제 시 의 | 하늘이 이를 돌보시어 |
| 無災無害로다<br>무 재 무 해 | 재앙도 없고 해로움도 없도다. |
| 彌月不遲하사<br>미 월 부 지 | 달이 차도 늦지 아니하여 |
| 是生后稷하시고<br>시 생 후 직 | 이에 후직을 낳으시고 |
| 降之百福하시니<br>강 지 백 복 | 온갖 복을 내리시니 |
| 黍稷重穋과<br>서 직 중 륙 | 기장과 피에 이른 곡식과 늦은 곡식과 |
| 稙穉菽麥이로다<br>직 치 숙 맥 | 올벼 늦벼 콩과 보리였네. |
| 奄有下國하사<br>엄 유 하 국 | 이에 나라 다스려 |
| 俾民稼穡하시니<br>비 민 가 색 | 백성들께 농사짓게 하시니 |
| 有稷有黍하며<br>유 직 유 서 | 피와 기장이 있으며 |
| 有稻有秬하고<br>유 도 유 거 | 벼와 검은 기장이 있게 되었고 |
| 奄有下土하시니<br>엄 유 하 토 | 이에 세상 다스리시니 |
| 纘禹之緒로다<br>찬 우 지 서 | 우임금님 업적을 계승하셨도다. |

| | |
|---|---|
| 2/ 后稷之孫이<br>후 직 지 손 | 후직의 자손이 |
| 實維大王이라<br>실 유 대 왕 | 실제로는 대왕이시니라. |
| 居岐之陽하여<br>거 기 지 양 | 기산 남쪽에 거(居)하시어 |
| 實始翦商하니라<br>실 시 전 상 | 처음부터 상나라를 끊으려 하셨네. |
| 至于文武하사<br>지 우 문 무 | 문왕과 무왕에 이르시어 |
| 纘大王之緒하니<br>찬 태 왕 지 서 | 태왕의 업적을 계승하시니 |
| 致天之屆하여<br>치 천 지 계 | 하늘의 벌이 이르러서 |
| 于牧之野를<br>우 목 지 야 | 목 땅에 이르는 것을 |
| 無貳無虞로다<br>무 이 무 우 | 두 마음 갖지 말고 근심하지 말라 |
| 上帝臨女로다<br>상 제 임 녀 | 하늘이 그대 위에 다다르셨도다. |
| 敦商之旅하여<br>돈 상 지 려 | 그렇게 상나라 군사를 다스리어 |
| 克咸厥功이로다<br>극 함 궐 공 | 큰 공을 이루었도다. |
| 王曰叔父여<br>왕 왈 숙 부 | 왕께서, 숙부시여! |
| 建爾元子하여<br>건 이 원 자 | 그대의 맏아들을 세워서 |
| 俾侯于魯하노니<br>비 후 우 노 | 노나라라 제후로 봉하나니 |
| 大啓爾宇하여<br>대 계 이 우 | 그대의 나라를 크게 열어 |

| | |
|---|---|
| 爲周室輔어다<br>위 주 실 보 | 주나라 왕실을 보좌하리로다. |
| 3/ 乃命魯公하사<br>내 명 노 공 | 노공에게 명하시어 |
| 俾侯于東하시고<br>비 후 우 동 | 동쪽 나라 제후로 삼으시고 |
| 錫之山川하여<br>석 지 산 천 | 산천의 땅과 논밭과 |
| 土田附庸이로다<br>토 전 부 용 | 그에 따른 성들도 내어주셨도다. |
| 周公之孫이며<br>주 공 지 손 | 주공의 손자시며 |
| 莊公之子가<br>장 공 지 자 | 장공의 아들이 |
| 龍旗承祀하시니<br>용 기 승 사 | 교룡기 세우고 제사 받드니 |
| 六轡耳耳로다<br>육 비 이 이 | 여섯 줄 고삐 출렁이네. |
| 春秋匪解하사<br>춘 추 비 해 | 봄가을 게을리하지 않게 |
| 享祀不忒하사<br>향 사 불 특 | 향사 어기는 일 없으시어 |
| 皇皇后帝와<br>황 황 후 제 | 저 높으신 상제님과 |
| 皇祖后稷께<br>황 조 후 직 | 위대하신 선조 후직님께 |
| 享以騂犧하시어<br>향 이 성 희 | 붉은 황소 제물로 바치시어 |
| 是饗是宜하고<br>시 향 시 의 | 이에 흠향하여 잡수시고 |

| | |
|---|---|
| 降福旣多하소서<br>강 복 기 다 | 많은 복 내려주소서 |
| 周公皇祖도<br>주 공 황 조 | 위대하신 주공 할아버지도 |
| 亦其福女하소서<br>역 기 복 여 | 또한 복을 내려주소서. |
| 4/ 秋而載嘗이라<br>추 이 재 상 | 가을 제사 지내려고 |
| 夏而楅衡하니<br>하 이 복 형 | 여름부터 소뿔 가로 막고 |
| 白牡騂剛하며<br>백 모 성 강 | 흰 황소 붉은 황소 |
| 犧尊將將하니<br>희 존 장 장 | 희생물로 잡아 바치니 |
| 毛炰胾羹이며<br>모 포 자 갱 | 굽기도 하고 국도 끓여 |
| 籩豆大房이로다<br>변 두 대 방 | 대제기 나무 그릇 다 갖추었네. |
| 萬舞洋洋하니<br>만 무 양 양 | 만방 춤 너울너울 추니 |
| 孝孫有慶이로다<br>효 손 유 경 | 효성스런 손자 경사로다. |
| 俾爾熾而昌하고<br>비 이 치 이 창 | 그대를 더욱 번창하게 하고 |
| 俾爾壽而臧이로다<br>비 이 수 이 장 | 그대 장수하고 번창케 하리라. |
| 保彼東方하여<br>보 피 동 방 | 저 동쪽 땅 보존하여 |
| 魯邦是嘗하니라<br>노 방 시 상 | 노나라를 떳떳하게 하리라. |

| | |
|---|---|
| 不虧不崩하며<br>불 휴 불 붕 | 이지러지지도 무너지지도 않게 |
| 不震不騰이로다<br>부 진 부 등 | 놀람도 흔들림도 없이 |
| 三壽作朋하여<br>삼 수 작 붕 | 삼수(三壽)토록 장수하는 벗들처럼 |
| 如岡如陵하리라<br>여 강 여 릉 | 뫼처럼 언덕처럼 영원하리라. |
| 5/ 公車千乘하니<br>공 거 천 승 | 임금님 수레가 천대이니 |
| 朱英綠縢이며<br>주 영 록 등 | 붉은 실 푸른 실 매단 활대이며 |
| 二矛重弓이로다<br>이 모 중 궁 | 창도 두 개 활도 두 개로다. |
| 公徒三萬이니<br>공 도 삼 만 | 공을 따르는 군사가 3만이니 |
| 貝冑朱綅이며<br>패 주 주 침 | 자개 갑옷에 붉은 투구며 |
| 烝徒增增이로다<br>증 도 증 증 | 무리의 군사들 많기도 해라, |
| 戎狄是膺하며<br>융 적 시 응 | 서쪽 북쪽 오랑캐 무찌르고 |
| 荊舒是懲하니<br>형 서 시 징 | 남쪽의 형(荊)과 서(舒)를 치니 |
| 卽莫我敢承이로다<br>즉 막 아 감 승 | 나에게 아무도 대항할 자 없도다. |
| 俾爾昌而熾하며<br>비 이 창 이 치 | 당신을 창성케 하며 |
| 俾爾壽而富로다<br>비 이 수 이 부 | 그대 장수하고 부귀하여 |

| | |
|---|---|
| 黃髮台背가<br>황 발 태 배 | 노란 머리털 태배(台背)까지 |
| 壽胥與試하며<br>수 서 여 시 | 나이를 서로 견주며 |
| 俾爾昌而大하며<br>비 이 창 이 대 | 당신은 번창하여 크게 하고 |
| 俾爾耆而艾하여<br>비 이 기 이 애 | 그대 오래오래 살게 하여 |
| 萬有千歲하세<br>만 유 천 세 | 천세만세 누리도록 하세 |
| 眉壽無有害로다<br>미 수 무 유 해 | 미수토록 재앙 없이 살리리로다. |
| 6/ 泰山巖巖하여<br>태 산 암 암 | 태산은 높고도 높아 |
| 魯邦所詹이로다<br>노 방 소 첨 | 노나라 어디서나 볼 수가 있다네. |
| 奄有龜蒙하여<br>엄 유 구 몽 | 이에 구산과 몽산을 차지하고 |
| 遂荒大東하여<br>수 황 대 동 | 대동 땅까지 넓혀 |
| 至于海邦하니<br>지 우 해 방 | 바닷가 나라까지에 이르니 |
| 淮夷來同하여<br>회 이 래 동 | 회수의 오랑캐까지 와서 함께하니 |
| 莫不率從하니라<br>막 불 솔 종 | 따르지 않음이 없음이라. |
| 魯侯之功이로다<br>노 후 지 공 | 이것은 노후의 공이로다. |
| 7/ 保有鳧繹하여<br>보 유 부 역 | 부산과 역산까지 보유하고 |

| | |
|---|---|
| 遂荒徐宅하여<br>수 황 서 택 | 드디어 서(徐)나라까지 넓혀 |
| 至于海邦하니<br>지 우 해 방 | 바닷가까지에 이르니 |
| 淮夷蠻貊과<br>회 이 만 맥 | 회 땅 오랑캐와 만맥의 오랑캐와 |
| 及彼南夷도<br>급 피 남 이 | 그리고 남쪽 오랑캐들도 |
| 莫不率從하니<br>막 불 솔 종 | 우리를 따르지 않는 것이 없으니 |
| 莫敢不諾하니라<br>막 감 불 락 | 감히 복종하지 않음이 없어라. |
| 魯侯是若이로다<br>노 후 시 약 | 이 모두 노나라에 순종하도다. |
| 8/ 天錫公純嘏하시고<br>천 석 공 순 하 | 하늘이 임금님께 복을 내리시고 |
| 眉壽保魯하사<br>미 수 보 노 | 오래도록 노나라를 보호하사 |
| 居常與許하여<br>거 상 여 허 | 상읍(常邑)과 허읍(許邑)을 차지하여 |
| 復周公之宇이로다<br>복 주 공 지 우 | 주공의 영토를 회복하셨도다. |
| 魯侯燕喜하시니<br>노 후 연 희 | 노후 임금님, 기쁜 잔치 여시니 |
| 令妻壽母시니라<br>영 처 수 모 | 착한 아내 수하신 어머니 계시니라. |
| 宜大夫庶士하사<br>의 대 부 서 사 | 대부들과 여러 관원을 거느리시고 |
| 邦國是有하시니<br>방 국 시 유 | 이 나라 길이 보존하시니 |

| | |
|---|---|
| 旣多受祉하사<br>기 다 수 지 | 이미 많은 복 받으시어 |
| 黃髮兒齒로다<br>황 발 아 치 | 늙으셔도 아이들처럼 오래 사시네. |
| 9/ 徂來之松과<br>조 래 지 송 | 조래산의 소나무와 |
| 新甫之栢을<br>신 보 지 백 | 신보산 잣나무 베어다가 |
| 是斷是度하며<br>시 단 시 도 | 이에 자르고 이에 헤아려 |
| 是尋是尺하여<br>시 심 시 척 | 재고 또 치수 맞추어 |
| 松桷有舃하니<br>송 각 유 석 | 큰 소나무 서까래로 하니 |
| 路寢孔碩이로다<br>노 침 공 석 | 웅장한 궁전이 이루었네. |
| 新廟奕奕하니<br>신 묘 혁 혁 | 새로운 묘당이 혁혁하니 |
| 奚斯所作이로다<br>해 사 소 작 | 해사(奚斯)가 지었다고 이르도다. |
| 孔曼且碩하니<br>공 만 차 석 | 새 묘당 길고 커서 |
| 萬民是若이로다<br>만 민 시 약 | 온 백성들 따르며 순종하리로다. |

{해설 및 감상}

모두 9장으로 되어있는 장시로서 1~5장은 장마다 17구요, 4장은 16구, 6, 7장은 8구, 8, 9장은 10구절로 형성되어 있다.

이 시는 노나라 희공(僖公)의 치덕을 칭송한 시라고 한다. 희공은 묘당을 구축하고 이것을 송축한 시로서, 이 묘당에 모셔진 주나라의 시조 후직, 문왕, 무왕, 주공, 백금의 후손인 희공의 일을 서술한 일종의 장시적 성격을 띠고 있다.

{어려운 낱말}

[閟宮(비궁)] : 깊숙히 닫혀있는 사당. [實實(실실)] : 견고한 모양. [枚枚(매매)] : 매우 세밀하다. [姜嫄(강원)] : 주나라의 시조 후직의 모친. [回(회)] : 사특하다. [彌月(미월)] : 아이가 뱃속에서 달이 꽉 차다. [菽麥(숙맥)] : 숙과 보리. 어리석은 사람. [翦商(전상)] : 상나라를 정벌함. [王曰叔父(왕왈숙부)] : 왕은 주의 성왕, 숙부는 주공. [元子(원자)] : 주공의 큰아들 백금(伯禽)으로 노공(魯公). [魯公(노공)] : 伯禽을 가리킨다. [錫(석)] : 사(賜)와 통하며 '주다' 이다. [附庸(부용)] : 큰 제후 아래 속해 있는 작은 나라. [耳耳(이이)] : 부드럽게 따라감. [白牡(백모)] : 흰색의 수소(황소), 주공에게 바치는 제물. [將將(장장)] : 엄정한 모양. [毛炰(모포)] : 털째로 짐승을 흙에 싸서 굽는 것을 말함. [籩豆(변두)] : 제기. [洋洋(양양)] : 변화가 많은 모양. [三壽(삼수)] : 장수의 3종류. 즉 상수(上壽), 중수(中壽), 하수(下壽)를 말함. [千乘(천승)] : 제후의 나라. [增增(증증)] : 많은 모양. [眉壽(미수)] : 장수를 말함. [泰山(태산)] : 노나라에 있는 산. [巖巖(암암)] : 높은 모양. [龜蒙(구몽)] : 구산과 몽산. [鳧繹(부역)] : 부산과 역산. 모두 산 이름. [令妻(영처)] : 훌륭한 아내. [徂來(조래)] : 산 이름. [新甫(신보)] : 산 이름. [路寢(노침)] : 왕궁의 정침. [奕奕(혁혁)] : 웅장함. [奚斯(해사)] : 노나라의 대부. 이름은 자어(子魚). [曼(만)] : 긴 것. [若(약)] : 복종, 순종.

## 제5장
# 상송(商頌)

상(商)은 나라의 이름이다. 순(舜)임금 때 설(契)이라는 사람을 사도(司徒)로 봉하여 나라를 상(商)이라 했다. 契(설)의 14대손에 이르러 탕(湯)이 하(夏)나라의 걸왕(桀王)을 멸망시키고는 천하를 얻어서 상(商)나라라고 이르고 '박(亳)' 이라는 곳에서 도읍을 했다. 나중에 은(殷)나라로 국호를 바꾸었다.

그 뒤에 주(紂)임금 때 이르러 그는 폭군으로 백성을 괴롭히고 무도한 행위를 일삼아서 나라꼴이 말이 아니었다. 그래서 무왕이 일어서서 은나라를 정벌하고 은나라 임금 주(紂)를 쫓아내고 주(周)나라를 건설했다. 그러니 은나라는 이때에 멸망하게 되었다.

그래서 상(商)나라의 노래가 상송(商頌)이다. 상의 도읍지는 박(亳)이고, 송(宋)나라의 도읍지는 상구(商丘)이니, 지금의 응천부(應天府)가 거기다.

아, 아름답고 웅장하구나!
우리의 작은북 늘어놓고
북을 둥둥 울리니
공덕 있는 우리 선조 즐거워하시네.
탕임금님 자손의 풍악이 이르니
우리의 뜻을 들어주시네.

–'나' 의 첫 부분

## 1. 나(那) - 아름답고 웅장함

| | |
|---|---|
| 1/ 猗與那與라<br>의 여 나 여 | 아, 아름답고 웅장하구나! |
| 置我鞉鼓하여<br>치 아 도 고 | 우리의 작은북 늘어놓고 |
| 奏鼓簡簡하니<br>주 고 간 간 | 북을 둥둥 울리니 |
| 衎我烈祖로다<br>간 아 열 조 | 공덕 있는 우리 선조님 즐거워하시네. |
| 湯孫奏假하시니<br>탕 손 주 가 | 탕임금님 자손의 풍악이 이르니 |
| 綏我思成이로다<br>수 아 사 성 | 우리의 뜻을 들어주시네. |
| 鞉鼓淵淵하며<br>도 고 연 연 | 작은북 큰북 둥둥 울리며 |
| 嘒嘒管聲이로다<br>혜 혜 관 성 | 날라리 관악기도 울리는구나. |
| 旣和且平하여<br>기 화 차 평 | 평화롭고 또 화합하여 |
| 依我磬聲하니<br>의 아 경 성 | 경쇠 소리도 잘 어울리니 |
| 於赫湯孫이여<br>어 혁 탕 손 | 아, 빛나는 탕왕의 손자여! |
| 穆穆厥聲이로다<br>목 목 궐 성 | 그 소리 아름다기도 하여라. |
| 庸鼓有斁하며<br>용 고 유 역 | 쇠북과 큰 북소리 이어 퍼지고 |
| 萬舞有奕하니<br>만 무 유 혁 | 만무를 너울거리며 춤추니 |

我有嘉客하니 우리의 아름다운 손님들 있으니
아 유 가 객

亦不夷懌이로다 또한 이 기쁘지 아니한가!
역 불 이 역

自古在昔에 먼먼 옛날 옛적부터
자 고 재 석

先民有作하니 조상께서 정하신 법이 있으니
선 민 유 작

溫恭朝夕하여 아침저녁으로 온순하고 공손하여
온 공 조 석

執事有恪하니라 정성껏 일하고 신중히 하여라.
집 사 유 각

顧予烝嘗하시니 우리, 제사 때마다 돌아보시니
고 여 증 상

湯孫之將이니라 탕왕의 후손들이 받드나이다.
탕 손 지 장

{해설 및 감상}

1장으로 구성되었으며, 1단락이 22행으로 되어있다. 성탕이 제사 지내는 것이라고 했다. 이것은 후손인 송나라 양공(襄公)이 탕(湯)임금께 제사 드리는 것으로 보인다고 했다. 상(商)나라 사람들은 소리를 즐겨하여 제사를 지낼 때도 음식이 진열되기 전에 반드시 주악을 세 차례나 울리고 제사를 준비한다고 한다.

{어려운 낱말}

[猗與(의여)] : 감탄사. [簡簡(간간)] : 크게 화하다. 대화(大和). [烈祖(열조)] : 탕임금을 이름. [淵淵(연연)] : 북소리가 나직하고 굵게 울리는 모양.

[嘒嘒(혜혜)] : 관악기 소리의 형용. [夷懌(이역)] : 기뻐하다. [恪(각)] : 신중히 하다.

## 2. 열조(烈祖) - 선조들이여!

| | |
|---|---|
| 1/ 嗟嗟烈祖여<br>차 차 열 조 | 아, 여러 조상님들이시여! |
| 有秩斯祜로다<br>유 질 사 호 | 그 복록 변함없이 두셨도다. |
| 申錫無疆이니<br>신 석 무 강 | 끝없는 복을 내리시니 |
| 及爾斯所로다<br>급 이 사 소 | 이곳까지 이르렀어라. |
| 旣載清酤하니<br>기 재 청 고 | 이미 맑은 술 올리오니 |
| 賚我思成이며<br>뇌 아 사 성 | 우리에게 복 주심을 빌며 |
| 亦有和羹이니<br>역 유 화 갱 | 고깃국에 양념도 알맞으니 |
| 旣戒旣平이로다<br>기 계 기 평 | 이미 조심하여 맛도 잘 갖추었구나. |
| 鬷假無言하여<br>종 가 무 언 | 조용히 신령의 강림을 빌어 |
| 時靡有爭하니<br>시 미 유 쟁 | 시끄럽게 다투는 일도 없으니 |
| 綏我眉壽하여<br>수 아 미 수 | 나에게 미수(眉壽)를 내리시어 |

| | | |
|---|---|---|
| 黃耇無疆이로다 | 황구무강 | 늙도록 만수무강하리로다. |
| 約軝錯衡이며 | 약저착형 | 가죽으로 감은 수레바퀴와 |
| 八鸞鶬鶬하여 | 팔란창창 | 여덟 개의 말방울 딸랑거리며 |
| 以假以享하니 | 이가이향 | 이에 이르시어 써 제사 올리니 |
| 我受命溥將이로다 | 아수명부장 | 우리가 받은 천명 넓고 크도다. |
| 自天降康하여 | 자천강강 | 하늘로부터 편안함이 내려서 |
| 豐年穰穰하니 | 풍년양양 | 풍년들어 곡식이 풍부하니 |
| 來假來饗하소서 | 내가래향 | 강림하시어 흠향하소서. |
| 降福無疆이로다 | 강복무강 | 끝없는 복을 내리리로다. |
| 顧予烝嘗하시어 | 고여증상 | 우리들 드리는 제사 돌보시어 |
| 湯孫之將이로다 | 탕손지장 | 탕왕의 후손 제사 받드나이다. |

{해설 및 감상}

모두 1장으로 22구절로 형성된 시이다. 역시 탕왕을 제사하는 시이다. 송나라 양공이 탕임금께 제사를 지내는 내용으로 되어있다.

{어려운 낱말}

[烈祖(열조)] : 탕임금을 가리킨다. [秩(질)] : 떳떳하다. [和羹(화갱)] : 맛이

잘 이루어진 국. [溥將(부장)] : 넓고 크다. [穰穰(양양)] : 풍성한 모양, 즉 많다.

## 3. 현조(玄鳥) - 제비

| | |
|---|---|
| 1/ 天命玄鳥하사<br>천 명 현 조 | 하늘이 제비께 명하시어 |
| 降而生商하여<br>강 이 생 상 | 상나라 조상을 낳게 하시어 |
| 宅殷土芒芒이로다<br>택 은 토 망 망 | 광막한 은(殷) 땅에 살도록 하셨네. |
| 古帝命武湯하사<br>고 제 명 무 탕 | 옛 상제께서 용맹한 탕임금 도와 |
| 正域彼四方하시니<br>정 역 피 사 방 | 온 천하를 바로잡으시니 |
| 方命厥后하사<br>방 명 궐 후 | 사방 제후께 명하시어 |
| 奄有九有하시니<br>엄 유 구 유 | 구주 천하를 차지하셨으니 |
| 商之先后가<br>상 지 선 후 | 상나라의 옛 임금들이 |
| 受命不殆라<br>수 명 불 태 | 받으신 천명 위태로움 없이 |
| 在武丁孫子시로다<br>재 무 정 손 자 | 후손이신 무정(武丁)에 이르렀네. |
| 武丁孫子는<br>무 정 손 자 | 후손인 무정 임금은 |

| | |
|---|---|
| 武王靡不勝하시니<br>무 왕 미 불 승 | 용맹하신 탕왕만 못함이 없으시니 |
| 龍旂十乘으로<br>용 기 십 승 | 용의 깃발 단 열 채의 수레로 |
| 大饎是承이로다<br>대 희 시 승 | 제사 음식 갖다 바쳤도다. |
| 邦畿千里는<br>방 기 천 리 | 천리 넓은 왕기(王畿)는 |
| 維民所止니<br>유 민 소 지 | 오직 백성들이 사는 곳이니 |
| 肇域彼四海로다<br>조 역 피 사 해 | 사해를 다스리기 시작하셨네. |
| 四海來假하니<br>사 해 래 가 | 사해에서 모두 와서 이르나니 |
| 來假祁祁로다<br>내 가 기 기 | 와서 이르는 이 많기도 하여라. |
| 景員維河며<br>경 원 유 하 | 경산(景山) 아래서 두루 황하까지 닿고 |
| 殷受命咸宜라<br>은 수 명 함 의 | 은나라가 받음이 마땅함이라. |
| 百祿是何리오<br>백 록 시 하 | 그 많은 복 다 어찌하리오. |

{해설 및 감상}

이 시는 1장으로 22구로 구성된 시다. 그리고 이 시는 송나라의 종묘에 제사 지내는 묘악(廟樂)이라 하였다. 탕(湯)의 현손(玄孫)을 제사 지냈기 때문에 현조(玄鳥)라고 했다고 한다. 현조는 상나라를 중흥시킨 임금으로 고종을 제사의 대상으로 삼았을 것이다. 무정은 상나라 20대 임금으로 그의 백부 반경(盤庚) 임금이 수도를 은(殷)으로 옮기고, 국호도 은

(殷)이라 고친 후에 상(商)나라를 중흥시킨 임금이다.

{어려운 낱말}

[玄鳥(현조)] : 제비. 간적이 제비 알을 삼키고 契(설)을 낳았다. [生商(생상)] : 상을 낳다. 즉 상나라 시조 契(설)을 말함. [宅殷(택은)] : '은' 땅에 살다. [九有(구유)] : 중국 천지. [武丁(무정)] : 고종(高宗), 은(殷)나라를 중흥시킨 임금. [龍旂(용기)] : 제후들이 꽂는 용을 그린 깃발. [肇域(조역)] : 세상을 열다. [祁祁(기기)] : 무리가 많은 모양.

## 4. 장발(長發) - 오래 또 오래

| | |
|---|---|
| 1/ 濬哲維商에<br>준 철 유 상 | 어질고 생각 깊은 상나라에 |
| 長發其祥이로다<br>장 발 기 상 | 그 상서로움이 오래 있도다. |
| 洪水芒芒이어늘<br>홍 수 망 망 | 홍수가 망망하거늘 |
| 禹敷下土方하고<br>우 부 하 토 방 | 우임금이 세상을 다스렸고 |
| 外大國是疆하여<br>외 대 국 시 강 | 밖으론 큰 나라를 경계하여 |
| 幅隕旣長이로다<br>폭 운 기 장 | 나라의 영토를 크게 넓혔도다. |
| 有娀方將에<br>유 융 방 장 | 유융(有娀)씨의 나라가 장차 커질 때 |

| | |
|---|---|
| 帝立子生尙하시다<br>제 립 자 생 상 | 하늘이 아들 세워 상나라를 낳게 하셨네. |

| | |
|---|---|
| 2/ 玄王桓撥하사<br>현 왕 환 발 | 현왕께서 용감하시어 |
| 受小國是達이며<br>수 소 국 시 달 | 작은 나라 받아서 잘 다스리며 |
| 受大國是達이로다<br>수 대 국 시 달 | 큰 나라 받아서도 잘 다스렸도다. |
| 率履不越하시니<br>솔 리 불 월 | 예법에 따라 벗어남이 없으니 |
| 遂視旣發이로다<br>수 시 기 발 | 두루 명령에 잘 호응하였네. |
| 相土烈烈하시니<br>상 토 열 렬 | 손자 상토께서는 열렬하시니 |
| 海外有截이로다<br>해 외 유 절 | 나라의 밖까지 다스렸도다. |

| | |
|---|---|
| 3/ 帝命不違하사<br>제 명 불 위 | 하늘의 명령을 어김이 없으시어 |
| 至于湯齊로다<br>지 우 탕 제 | 탕왕에 이르러 업을 이루었도다. |
| 湯降不遲하시며<br>탕 강 부 지 | 탕왕께서 때맞추어 나시어 |
| 聖敬日躋하시니<br>성 경 일 제 | 하늘이 이에 공경하시니 |
| 昭假遲遲하시며<br>소 가 지 지 | 신령께서 오래 강림하시고 |
| 上帝是祗하시니<br>상 제 시 지 | 상제께서 이에 공경하시니 |
| 帝命式于九圍로다<br>제 명 식 우 구 위 | 하늘의 명이 온 천지를 쌌도다. |

| | |
|---|---|
| 4/ 受小球大球하사<br>수 소 구 대 구 | 작은 법, 큰 법 다 받으셔 |
| 爲下國綴旒하고<br>위 하 국 철 류 | 온 세상의 본보기 되시고 |
| 何天之休니라<br>하 천 지 휴 | 하늘의 큰 복 누리셨네. |
| 不競不絿하고<br>불 경 불 구 | 다투지도 늦추지도 않고 |
| 不剛不柔하사<br>불 강 불 유 | 강하지도 부드럽지도 않으셔 |
| 敷政優優하시니<br>부 정 우 우 | 넉넉하게 정사를 베푸시니 |
| 百祿是遒로다<br>백 록 시 주 | 온갖 복록이 이리 따라왔도다. |
| 5/ 受小共大共하사<br>수 소 공 대 공 | 작은 것 큰 것 다 받으시어 |
| 爲下國駿厖하니<br>위 하 국 준 방 | 나라의 울타리 되시니 |
| 何天之龍하사<br>하 천 지 룡 | 하늘의 은총을 누리시어 |
| 敷奏其勇 이라<br>부 주 기 용 | 그 용맹 널리 떨치니 |
| 不震不動하고<br>부 진 부 동 | 떨치지도 움직이지도 않고 |
| 不戁不竦하시니<br>불 난 불 송 | 겁내지도 두려워하지도 않으시니 |
| 百祿是總이로다<br>백 록 시 총 | 온갖 복록 다 받으셨도다. |
| 6/ 武王載旆하시고<br>무 왕 재 패 | 탕왕께서 깃발을 세우시고 |

| | |
|---|---|
| 有虔秉鉞하시니<br>유 건 병 월 | 위무 당당 도끼를 굳게 잡으시니 |
| 如火烈烈하여<br>여 화 열 렬 | 타오르는 위엄은 열화 같아서 |
| 則莫我敢曷이로다<br>즉 막 아 감 갈 | 아무도 감히 막을 자 없도다. |
| 苞有三蘖이<br>포 유 삼 얼 | 같은 뿌리에서 난 세 개의 움이 |
| 莫遂莫達하여<br>막 수 막 달 | 이루지도 달하지도 못하고 |
| 九有有截이어늘<br>구 유 유 절 | 구주가 떨어지거늘 |
| 韋顧旣伐하시고<br>위 고 기 벌 | 이미 위(韋)와 고(顧)를 치시고 |
| 昆吾夏桀이로다<br>곤 오 하 걸 | 곤오(昆吾)와 하의 걸(桀)을 치셨네. |

| | |
|---|---|
| 7/ 昔在中葉하여<br>석 재 중 엽 | 옛날 중엽(中葉)에 있어서도 |
| 有震且業이러니<br>유 진 차 업 | 나라가 위태로운 때 있었으니 |
| 允也天子하시고<br>윤 야 천 자 | 참으로 하늘이 인재를 내리시고 |
| 降于卿士하시니<br>강 우 경 사 | 훌륭한 신하 내려주시니 |
| 實維阿衡이여<br>실 유 아 형 | 진실로 아형(阿衡)이신 이윤(伊尹)이여! |
| 實左右商王이로다<br>실 좌 우 상 왕 | 실로 상(商)나라 임금을 도우셨네. |

{해설 및 감상}

모두 7장으로 1장은 8구, 4장은 장마다 7구절, 1장은 9구절, 끝장은 6구절로 구성되어 있다. 대제(大祭) 때 부른 노래라고 한다. 대제란 천자가 정월달에 남교(南郊)에서 하늘과 선조에게 제사를 지내는 나라의 큰 행사의 하나였다.

{어려운 낱말}

[濬哲(준철)] : 깊은 지혜를 말함. [長發(장발)] : 상서로움이 오래가다. [芒芒(망망)] : 광대한 모양. [外大國(외대국)] : 먼 제후국. [幅隕(폭운)] : 강역의 폭과 둘레. [玄王(현왕)] : 契(설)을 말함. [相土(상토)] : 契(설)의 손자. [遲遲(지지)] : 오래다. [九圍(구위)] : 구주(九州). 온 천하. [優優(우우)] : 너그럽다. [夏桀(하걸)] : 걸(桀)왕을 말함. 하(夏)나라의 폭군. [中葉(중엽)] : 중세의 뜻. [阿衡(아형)] : 이윤의 벼슬. 호칭임.

## 5. 은무(殷武) - 은나라의 무사들

| | |
|---|---|
| 1/ 撻彼殷武여<br>달 피 은 무 | 날렵하고 씩씩한 은나라의 무사여! |
| 奮伐荊楚로다<br>분 벌 형 초 | 형초(荊楚)의 오랑캐를 쳐부수고 싶구나. |
| 罙入其阻하여<br>미 입 기 조 | 험준한 곳까지 깊숙이 쳐들어가서 |
| 裒荊之旅하여<br>부 형 지 려 | 초나라의 무리들을 사로잡아 |

| | |
|---|---|
| 有截其所하니<br>유 절 기 소 | 그 땅을 평정하였으니 |
| 湯孫之緖로다<br>탕 손 지 서 | 탕왕 후손의 공로로다. |
| 2/ 維女荊楚가<br>유 녀 형 초 | 너의 형초의 오랑캐가 |
| 居國南鄕이로다<br>거 국 남 향 | 남쪽 고을에 살고 있었도다. |
| 昔有成湯에는<br>석 유 성 탕 | 옛날 탕왕 계실 때에는 |
| 自彼氐羌하여<br>자 피 저 강 | 저기 저강(氐羌)의 오랑캐로 하여 |
| 莫敢不來享하며<br>막 감 불 래 향 | 감히 조공하지 않는 이 없으며 |
| 莫敢不來王하여<br>막 감 불 내 왕 | 감히 왕으로 삼지 않은 이 없어서 |
| 曰商是常이로다<br>왈 상 시 상 | 오직 상나라만이 받들었네. |
| 3/ 天命多辟하사<br>천 명 다 벽 | 하늘이 여러 제후에 명하여 |
| 設都于禹之績하시니<br>설 도 우 우 지 적 | 우임금님 치적의 땅에 나라 세우시니 |
| 歲事來辟이러니<br>세 사 래 벽 | 해마다 내조하여 섬기더니 |
| 勿予禍適이어라<br>물 여 화 적 | 나를 탓하지 마십시오. |
| 稼穡匪解라 하니라<br>가 색 비 해 | 농사일 게을리하지 않았노라 하다. |

| | |
|---|---|
| 4/ 天命降監하니<br>천 명 강 감 | 하늘이 내려다보실지니 |
| 下民有嚴이로다<br>하 민 유 엄 | 온 백성 두려워하리로다. |
| 不僭不濫하여<br>불 참 불 람 | 잘못됨도 지나침도 없어서 |
| 不敢怠遑하니<br>불 감 태 황 | 감히 게으르지 아니하니 |
| 命于下國하사<br>명 우 하 국 | 하늘이 이 나라에 명하시어 |
| 封建厥福하시니라<br>봉 건 궐 복 | 크게 그 복을 받게 하시니라. |
| 5/ 商邑翼翼하니<br>상 읍 익 익 | 상나라 성읍이 정돈되어 있으니 |
| 四方之極이로다<br>사 방 지 극 | 천하의 중심이요 본보기로다. |
| 赫赫厥聲이며<br>혁 혁 궐 성 | 빛나고 빛나는 명성이며 |
| 濯濯厥靈이어라<br>탁 탁 궐 령 | 밝고 밝은 그 영혼이시다. |
| 壽考且寧하여<br>수 고 차 녕 | 오래 사시고 또 편안하시여 |
| 以保我後生이시니라<br>이 보 아 후 생 | 우리 후생을 보호하시니라. |
| 6/ 陟彼景山하니<br>척 피 경 산 | 저 경산에 오르니 |
| 松栢丸丸이로다<br>송 백 환 환 | 소나무 잣나무 곧게 뻗었구나. |
| 是斷是遷하여<br>시 단 시 천 | 이걸 베어서 옮겨다가 |

| | |
|---|---|
| 方斲是虔하니<br>방 착 시 건 | 자르게 깎고 이걸 잘라서 |
| 松桷有梴하며<br>송 각 유 천 | 소나무 서까래 길게 하며 |
| 旅楹有閑하여<br>여 영 유 한 | 여러 기둥마다 커다랗게 하여 |
| 寢成孔安이로다<br>침 성 공 안 | 침묘(寢廟) 이루니 심히 편안하구나. |

{해설 및 감상}

6장에 3장은 장마다 5구절이요, 2장은 장마다 7구절, 1장은 6구절로 구성되어 있다. 이렇게 고르지 않게 구성되어 있다. 전해오는 말에 의하면, 은나라의 고종을 제사 지내는 악가(樂歌)라고 하였다. 「모시서」에서는 은나라 고종, 즉 무정(武丁)을 제사하는 시라고 하였으나 역시 송나라 때의 시로 보고 송나라 양공(襄公)을 기린 것으로 봄이 좋겠다.

{어려운 낱말}

[罙(미)] : 무릅쓰다. [裒(부)] : 모으다. 취하다. [湯孫(탕손)] : 탕왕의 후손. [氐羌(저강)] : 추나라의 서쪽 오랑캐. [享(향)] : 헌납하다. [來王(내왕)] : 와서 왕으로 섬김. [多辟(다벽)] : 여러 제후. [商邑(상읍)] : 상나라의 도읍지. [翼翼(익익)] : 정연한 모양. [赫赫(혁혁)] : 빛이 나다. [濯濯(탁탁)] : 밝은 모양. [後生(후생)] : 후손. [景山(경산)] : 상나라 도읍지에 있는 산. [丸丸(환환)] : 곧다. [方斲(방착)] : 바르게 깎다. [寢成(침성)] : 사당 가운데 침묘(寢廟).

詩經 시경

초판 인쇄 2022년 4월 15일
초판 발행 2022년 4월 20일

현토·풀이·주해 정민호
발행자 김동구
디자인 이명숙 · 양철민
발행처 명문당(1923. 10. 1 창립)
주소 서울시 종로구 윤보선길 61(안국동)
우체국 010579-01-000682
전화 02)733-3039, 734-4798, 733-4748(영)
팩스 02)734-9209
Homepage www.myungmundang.net
E-mail mmdbook1@hanmail.net
등록 1977. 11. 19. 제1~148호

ISBN 979-11-91757-45-3 (03140)
**30,000**원

* 낙장 및 파본은 교환해 드립니다.